박정희 시대의
유령들

박정희 시대의 유령들

기억, 사건 그리고 정치

김원 지음

현실문화

유령과의 동거를 위하여

김원 교수와 처음 안면을 트면서 느낀 나의 첫 인상은 한마디로 '무난한 사람 같다'는 것이었다. 둥글둥글한 외모가 넉넉해보였고 어디 하나 모난 데가 없어 보였다. 게다가 왠지 내 눈에는 그 얼굴이 장난기 가득한 동안으로 느껴져 귀엽기까지 했다. 이런저런 인연으로 10여 년을 보내면서 애초의 첫인상은 묵직한 무게감으로 변해갔다. 연배로야 후배이지만, 김원 교수는 선배 같은 후배가 되었다. 이번 책을 보면서 그 무게감의 일단들을 들여다보게 된 것은 부수적 소득이었다.

무게감의 한 토막은 불편함이다. 김원 교수의 글쓰기는 종종 지배적 서사와 익숙한 문법을 거스르는 도발을 감행한다. 즉, 기존의 상식화된 인식 패러다임이나 역사 해석에 이의를 제기하고 끊임없이 '딴지'를 걸어댐으로써, 스스로를 '몰상식한 사람'으로 만들고 그리하여 모두를 불편하게 한다. 물론 엄밀히 말해 여기서 '모두'는 '주류'로 대체되어야 할 것이다. 한국 사회에서 주류를 거슬러 움직인다는 것은 분명 '비정상인'의 행동처럼 보일 수 있다. 그는 상식이 통하지 않고 정상적 인간 행동이 예측되지 않는, 경계선상의 모호한 비식별역으로 우리를 안내함으로써 불편함의 임계치를 시험하고 있다.

몇 년 전 김원 교수의 전작 『여공 1970, 그녀들의 반역사』의 제목을 보고 시비 아닌 시비를 건 적이 있었다. 왜 굳이 '여공'이라는 비하적 표현을 고수하느냐고. '여공'을 '여성 노동자'로 만들기 위한 지난한 투쟁사를 모르느냐고. 그 당시 즉답을 들었는지는 분명치 않은데, 이번 책은 그 답변으로 부족함이 없다. 김원 교수의 첫 저작 『잊혀진 것들에 대한 기억』을 보면서도 마음이 편치 않았었다. 1980년대에 대학을 다닌 사람의 하나로서, 그 책은 잊힌 것들에 대한 '불편한 기억'을 헤집어대는 것이었다.

사람을 불편하게 만드는 김원 교수의 글쓰기는 특히 윤리적, 과학적(?) 정당성에 안주해왔던 저항운동에 대한, 통렬한 아픔과 성찰일 수 있다. 이번 책은 민중과 노동계급이라는 불세출의 영웅적 집단 주체를 통해 목적론적 역사서사를 구축해왔던 기존의 저항 담론을 심각하게 심문하고 있다. 심문의 주체는 서발턴이다.

많이 알려지기도 했지만, 또한 여전히 낯설게 느껴지기도 하는 서발턴은 무엇인가. 이 책에 따르면 서발턴은 지배적인 앎에 의해 배제당하고 침묵을 강요당한, 전체적 사실에 부수하는 국부적 조각이자, 심지어 저항 담론에 의해서도 가시화될 수 없거나 본질주의적 집단 주체로 호명되는 대상에 불과했던 전(前)주체 내지 비(非)주체적 존재이다. 다시 말해, 분명 존재하지만 존재하지 않는 존재, 보이지 않는 존재가 서발턴이다. 그렇기에 그들은 오직 기존의 지배적 의미 질서가 교란되는 사건을 통해서만 가시화되고 의미화된다.

무엇보다 서발턴은 자신의 언어를 가지지 못한 존재들이다. 자기의 언어로 스스로를 재현할 수 없기에 항상 누군가의 호명에 의해 의미화되고 가시화되는 존재로서 서발턴은 역사의 부스러기였을 뿐이었다. 그래서 자신의 재현체계를 갖지 못하고 지배적 앎에 국부적 조각들로 배치된 서발턴을 호출하는 유력한 방법은 구술이 된다. 비록 구술조차도 지배적 앎의 체계로부터 자유로울 수 없기에 지배의 언어로 스스로를 드러내야만 하는 딜레마에 빠지기도 하지만, 그들은 중요한 불연속을 만들어낸다.

지배적 앎의 주체가 아니기에, 체계적 과학적 인식론으로 무장된 주체가 아니기에 그들의 지배담론 재현은 늘 불완전하고 모호하고 불연속적이다. 명료한 진술 대신 모호한 웅얼거림, 일관된 언설 대신 갈라진 혀로 말하는 서발턴은 지배적 앎의 체계가 작동하기 위한 불가결한 대상이자 그 체계를 교란시키고 완성을 불가능하게 하는 아포리아로 남는다. 그들은 거대 담론과 합리적 이성의 잔여처럼 남아 있지만, 그 존재 자체로 사건을 예비하는 불온한 존재이기도 한 것이다.

편안한 지배의 일상을 교란시키는 이들의 존재는 엘리트 지식인들의 오래된 공포의 근원이었다. 동비(東匪)에서 공비(共匪)까지 한국 근대 100년은 비적(匪賊)의 역사이자 지배 엘리트들의 공포의 역사이기도 했다. 서발턴이 출현하는 사건, 즉 봉기의 순간이야말로 벤야민이 말한 '신의 폭력'이 재림하는 순간이자 모든 것이 가능한 '광기의 순간'일 것이다. 이광수가 3.1운동의 대중을 향해 퍼부은 저주, '무지몽매한 야만 인종의 분별없는 망동'은 서발턴에 대한 엘리트의 공포를 대변한다.

·이 지점에서 하나의 역설이 나타난다. 서발턴은 지배적 앎에 의해 비가시화되는 대상이자 그 비가시성으로 인해 엘리트의 두려움과 공포의 근원으로 등장하게 된다는 것이 그것이다. 그렇기에 이광수가 그랬던 것처럼 엘리트에게 계몽은 한가한 교육 사업이 아니라 사활이 걸린 정언명령이다. 엘리트의 계몽 기획이 개인의 계몽활동부터 국가의 공교육에 이르기까지 한국 근현대사의 일관된 서사를 이룬 것은 결코 우연이 아닌 것이다. 그것은 '문화민족'의 징표가 아니라 '야만적 별종'의 징후인 것이었다.

그런데 계몽 기획은 또 하나의 아포리아이기도 했다. 서발턴의 계몽적 재생산은 거의 반드시 불완전 재생산이었다. 지배적 앎의 재생산은 언제나 억압된 앎의 귀환을 촉구하는 것으로 연결될 수도 있었다. 서발턴은 지배적 앎을 단순 반복하는 것이 아니라 비틀고 변형시켜 전혀 엉뚱한 의미 효과로 연결하곤 했다. 때로 지배자의 언어로 지배질서를 공격하는 '되받아쓰기(writing back)' 전략도 나타났다. 지배와 저항의 이항대립은 '저항을 내장한 지배, 지배를 내장한 저항'의 딜레마를 노정했지만, 그래서 지배질서는 저항의 무화가 아니라 일정한 강도로 유지하는 것이었지만, 저항은 또한 언제나 초과된 저항 또는 잉여의 저항으로 나타났다.

이 책과 그 저자는 지배적 앎의 불연속성과 단절에 대한 훌륭한 사례임에 틀림없다. 명색이 한국현대사를 공부하는 사람의 하나로서, 나는 이 책을 읽으면서 어쩔 수 없는 자괴감과 또 하나의 불편함을 느껴야만 했다. 공식 역사와 지배적 앎에 익숙하고 또 그것의 임계치를 알고 있다고 자부한 나머지, 그 불연속의 구체적 실감과 공감(empathy) 대신 동감(sympathy)을 강요하고 있었다는 자괴감이 그것이었다. 마치 이광수가 '동정(同情)'을 통해, 파시즘적 감정의 일체화를 통해 일괴암적 민족을 상상했던 것처럼 말이다. 확실히 동감의 정치는 유령과 함께 살아가는 좋은 방법이 아니다.

유령과 망령으로 가득한 현재는, 분명 과거의 흔적들로 채워진 시공간임이 틀림없다. 이곳에서 동질화의 정치로 그들을 불편하게 만드는 것은 예의가 아닐 것이다. 유령과 함께 공감의 정치를 할 수 있는 곳, 그곳이라면 불편하지 않을 것이다. 김원 교수의 차기작이 벌써부터 기대되는 것은, 그가 그곳으로 가는 암표를 가지고 있다는 서발턴의 '유언비어' 때문이다.

황병주

(국사편찬위원회 편사연구사)

더 가난하고 무식한 자들로 번창하라

여태 '민중'이나 '노동' 따위를 붙잡고 있는 이들이 있다. 이상과 사상의 시대가 다 끝장나고, 심지어 '역사'가 '종언'되고, 오로지 돈과 각자도생만이 '유일사상'이 되고, 속물독재(snobocracy)의 쓰나미가 세계를 덮쳐 바야흐로 서형(鼠形) 인간이 인간들의 대표자로 군림하는 그런 시대에도 말이다. 이런 자들은 남들보다 시세에 한참 둔하고 얼빠진 것처럼 순진하거나, 아니면 초고차원의 위선자일지도 모른다. 물론 오늘날 그들이 '위선'을 통해 누릴 것은 고작 '좌파' 딱지 같은 매우 허접한 것 외에는 거의 없을 것이다. 그럼에도 그들은 숙명처럼, 누가 시키지 않은, 내면에서 우러나오는 선(善)의 요청에 답하려는 듯하다.

그런 사람들 중에 이 책의 저자 김원도 있다. 나는 그가 '87-91세대'에 속한다는 것 외에, 어떻게 자라 그의 '계급'을 '생득'하고 이런 '사상'을 체화한 학인이 된 것인지 잘 모른다. 내가 본 범위 안에서 그는 아주 얌전하고 진중한 사람이다. 몸가짐도 말씨도 언제나 부드럽고 조용하다. 어느 자리에서든 주로 남의 말을 경청하고 있는 편이다. 술도 조용히 꼴깍꼴깍 마신다. 낯가림이 심한 건지 말수가 아주 적어 때로는 답답할 지경이다. 그러나 그가 써내는 글은 완연 딴판이다. 그는 외양과 '글'이 심히 불일치하는 글쟁이의 한 '전형'인 것이다. 글 속에서 그는 '다변(多辯)'이며 격렬하다.

아마도 그의 연구 소재가 점잖고 '착한' 것들과는 거리가 멀어 그런 것 아닐까. 그는 저 '무식한' 70년대의 '공순이'들로부터 본격적으로 나서더니, 진폐증 걸린 '막장 인생'들, 총이나 화염병을 들고 국가에 저항했던 '폭도'들, 드디어는 '무등산 타잔' 같은 '살인자'에까지 이르고 있다. 그러니까 한편 그의 글은 얌전한 언동을 대신한 것이고 가슴 속에 숨겨진 화통의 '증상'이겠다. 물론 이 화통은 '민중'이나 '노동' 따위들과 직결될 터이다.

그렇게 인상과 다른 그의 글은 또 한편으로는 '목소리(voice)'이다. 그는 글로써, 역사라는 서사(敍事)판에서 '목소리'를 갖지 못했던 사람들을 대신하고자 하는 듯하다. 그 목소리의 주인공들은 한편 '풀꽃'이고 한편 '파렴치한'들이고, 한편 '역사의 주인'이거나 한편 '희생자'이다. 말하자면 그들은 '유령'이다. 이태 전인가, 6월항쟁에 대한 김원의 책을 보다 그 과감한 진지함에 기절초풍하는 줄 알았다. 거기서 김원은, 그들의 '목소리'를 옮겨 쓰다 못해 거칠디거친 내 고향(부산)의 중국집 배달부에게까지 직접 '빙의'하고 있었던 것이다. 이는 소위 '연구자'가 할 수 있는 '재현'의 최고·최후의 단계, '소설 쓰기'가 아닌가.

프롤로그에서 김원은 자기 연구의 '주변성'을 서발터니티에 유비해놓고 있지만, 그런 식의 비유에는 별로 믿음이나 동의가 가지 않았다. 그러나 나는 '민중'이니 '노동'이니 하는 데에 여전히 집착하는 일종의 숙명이라 할, 또는 끝없이 그들의 '삶／죽음'에 미메시스─아도르노의─또는 '연대'하려는 그런 마음 자체에는 믿음을 갖는다. 스스로 품는 이 믿음들의 격차 사이에서, 타자에 '빙의'하거나 목소리를 재현하는 방법 자체에 대한 깊은 고민들이 존재하는 것이리라. 오늘날에도 노동·미시·민중·서발턴 따위를 공부하는 이들은 계속 진지하게 궁구하고 있다. 그것은 '타자적인 것'뿐 아니라 '삶／죽음'

과 같은 존재자의 근본 문제를 방법론 자체에 끌어안고 싶어 하는 궁극의 공부다. 이런 견지에서 나는 김원의 공부를 존경해 마지않으며, 박정희나 그 꼬붕들의 잘난 '역사' 위에, 말이나 목숨까지 빼앗긴 못난이들의 '이야기'를 겹쳐 놓겠다는 그 역사학·정치학 프로젝트가 자라나서, 더 '가난하고 무식한 자'들로 번창하게 되기를 바라는 것이다.

천정환
(성균관대 교수·역사문제연구소 민중사반 반원)

■ 감사의 말

이 책을 준비하는 데 주변의 여러 사람들과 연구기관이 많은 도움을 주었다. 먼저 2003년부터 노동문화와 서발턴 연구 등을 같이 진행해온 '노동문화연구모임'은 2주마다 내게 새로운 지적 활력을 주는 자리였다. 같이 세미나에 참여했던 심성보, 김영선, 김직수, 박선영, 강양미, 유성규, 이경환 등에게 감사드린다. 이 자리를 통해 나는 서발턴을 좀 더 심도 있게 고민하고 읽을 수 있는 기회를 얻었던 것 같다. 또한 2003년 이래 박정희 시기의 다양한 1차 자료와 잡지를 함께 읽어온 '박정희 시기 강독회'의 황병주, 이상록, 이동헌, 이용기, 김춘수, 홍현영, 김보현, 노지승, 이현석, 윤상현 등은 지루한 사료를 같이 읽고 토론하는 즐거움을 내게 주었다. 역사학, 사회과학 그리고 문학을 넘나드는 이들 연구자들과 함께한 뒤풀이는 강독회 자리 못지않게 즐거운 시간이었다. 2007년에 만든 '대안지식연구회'는 새로운 지식생산, 지식인으로 다른 삶을 고민하게 해준 '터'였다. 김윤철, 김정한, 이명원, 오창은, 하승우, 이영제, 이승원 등 연구회 벗들에게도 고맙다는 인사를 전한다. 그 외에 서발턴과 냉전 문제에 대해 다시 고민할 기회를 준 연구밴드 '사문사'의 정근식, 유선영, 한기형, 김수진, 천정환, 김백영, 이혜령 선생에게도 감사 인사를 드리고자 한다.

이 책이 준비되고 발표되는 과정에서 많은 연구기관의 도움을 받았다. 1979년 부산과 마산의 도시봉기란 주제를 다루는 과정에서, 대중독재론을 지속적으로 논의해온 한양대학교 비교문화역사연구소와 임지현 소장님이 초고를 발표할 수 있는 기회를 제공해주었다. 민주화운동기념사업회는 1971년 광주대단지 사건을 연구할 수 있도록 연구비를 지원해주었고, 연구소에서는 발표 자리를 마련해주었다. 연구소의 정해구 소장님과 김혜진 선생에게 감사의 인사를 드린다. 박현채에 관한 초기 연구를 진행하는 데에는 518기념재단이 2007년 연구비를 지원해 주었으며, 이후 연구 결과물을 이 책에 사용하도록 허락해주었다. 역시 감사드린다. 1977년 무등산 타잔 사건은 2010년 고려대학교 민족문화연구원에서 초청받아 발표문을 준비하며 처음 고민을 발전시킬 수 있었다. 초청해주신 원장님과 발표를 제안해준 진태원, 김항 선생에게 감사드린다. 소년원 탈출 사건과 파독 여성에 관한 연구를 시작할 수 있게 도움을 준 한국학중앙연구원 현대한국연구소와 김경일 선생님에게도 감사의 말을 전한다. 또한 파독 여성 원고를 다듬어서 원고로 만들 수 있는 기회를 제공해주신 워싱턴대학교 남화숙 선생님께도 감사의 인사를 드리고 싶다. 마지막으로 탄광지역에 대한 기초 구술자료와 연구를 시작할 수 있게 지원해준 성공회대학교 노동사연구소와 이종구 소장님께도 감사를 드린다.

그밖에도 연구자로서 자유롭게 연구할 수 있는 환경을 제공해준 한국학중앙연구원, 특히 한국학대학원 정치학 전공 박병련, 정윤재, 정영훈, 이완범 선생님 등 동료 교수님에게도 감사의 말을 전하고 싶다. 현대한국구술자료관에 김선정, 윤충로 선생님 이하 여러 선생님들에게도 감사의 인사를 빼놓을 수 없다.

오랫동안 출판을 위해 기다려주신 현실문화연구 김수기 대표님과 길고 난삽한 문장을 깔끔하게 편집해준 신헌창 선생에게 감사의 말을 전한다. 그리고 이 책에 실린 사진들은 여러 소장 기관의 도움을 받아 싣게 되었다. 경향신문과 박현채전집출간위원회, 광주시청, 대한석탄공사, 박찬경 선생님 그리고 부마항쟁 관련 사진을 사용할 수 있게 해주신 김탁돈 선생님께 감사하다는 인사를 드리고자 한다. 또한 부족한 책에 과분한 '발문'을 써주신 국사편찬위원회 황병주 선생님과 성균관대학교 천정환 선생님께도 감사를 드린다.

이 책에 수록된 글 가운데 일부는 다음의 책과 잡지에서 최초로 발표한 것이다. 「미래는 오래 지속되지 않는다: 박정희 시기 근대화 속에서 잊혀진 이야기들」(『역사비평』 여름호, 역사문제연구소, 2008), "Memories of Migrant Labor: Stories of Two Korean Nurses Dispatched to West Germany"(The Review of Korean Studies Vol.12 No.4, 2009, 2008년 한국학중앙연구원 연구과제), 「1971년 광주대단지 사건 연구」(『기억과 전망』 18호, 민주화운동기념사업회, 2008), 「박정희 시기 도시하층민: 부마항쟁을 중심으로」(『근대의 경계에서 독재를 읽다』, 그린비, 2006), 「광산 공동체 노동자의 일상과 경험: 1950년대 광산 노동자를 중심으로」(『1950년대 한국 노동자의 생활세계』, 한울, 2010), 「서벌턴은 왜 침묵하는가?: 구술, 기억 그리고 재현을 중심으로」(『사회과학연구』 17집 1호, 서강대 사회과학연구소, 2009). 글의 전제를 허락해준 한국학중앙연구원, 도서출판 그린비, 도서출판 한울에 감사드린다. 다만 전체적으로 책을 재구성하는 과정에서 애초의 글은 대폭 수정되어 원래 모습과 달라진 경우도 있음을 밝힌다.

끝으로 늘 애정을 갖고 연구를 지켜봐주는 어머니와 늘 내 책의 첫 번째 독자인 아내 은정에게 고맙다는 말을 전하고 싶다.

2011년 5월
운중동 연구실에서 김원

차례

에필로그 박정희 시대, 서발턴 그리고 유령들의 역사 _502

프롤로그
유령을 찾아가는 길

유령은 평소 우리들의 눈에 잘 보이지 않는 비가시적인 존재이다. 동시에 괴이한 모습과 복수로 상징되는, 공포를 불러오는 이미지 탓에 사람들이 그 모습과 목소리를 듣고 싶어 하지 않는 존재이기도 하다. 또 유령은 대화를 나누거나 그들의 억울함을 공감하기 불가능한 존재로 여겨져 왔다. 유령은 기억하는 것조차 불길하고 인간에게 해를 끼치는, 가까이해서는 안 되는 이질적인 타자(他者)로 여겨졌던 것이다. 이처럼 한국의 근대화의 파고 속에서 유령이나 귀신은 인간 사회(그리고 인간)의 이질적인 존재였다. 유령과 마찬가지로 이 책에서 '서발턴'이라고 불리는 존재들—도시하층민, 이주민, 언어를 상실한 지식인, 소년원생 등—도 근대화 과정에서 한국 사회가 배제하고, 가능하면 잊고자 했던 존재들이었다. 이 책에서 사용하는 서발턴이란 계급, 민족 혹은 민중 등으로 대표되는 고정적이고 통합된 주체가 아닌, 비서구 사회의 종속집단을 의미하는 상황적인 개념이다.

프롤로그에서 '유령'이란 낯선 은유를 사용한 계기 가운데 하나는 영화 〈하녀〉의 모티브였다. 몇 년 전 박정희 시기 식모(食母)에 대한 글을 쓰면서 본 이미지는 충격적이면서도 유쾌했다. 1960~70년대 산업화 시기에 하녀는 현실에는 있었으나 우리의 시야에는 들어오지 못한 존재였다.[1] 하지만 〈하녀〉의 감독 김기영은 목소리가 없던 하녀에게 발언권을 허락하면서도, 중산층 가부장제를 뒤흔든 악마적 이미지를 그녀(들)에게 덧씌웠다.

공포, SF 그리고 포르노그래피를 포함하는 1960~70년대 판타스틱 영화는 근친상간, 동성애, 난교, 시체 애호증, 육감적 과잉 등을 통해 당대의 검열과 억압 양식을 위반했다.[2] 특히 1960년대 공포영화는 귀신, 유령 그리고 구미호 등을 등장시켜 근대 한국 사회에서 주변화된 민담이나 구전, 무속, 불교, 여성, 육체성 등을 중점적으로 다루었다. 이 영화들에 등장했던 여성은 남성에게 공포를 가져다주는, 더 적극적으로 해석하자면 남성적인 가부장제 사회를 위협하는 존재인 유령이었다. 이들은 이질적이며 지속적으로 지배질서의 경계에 침투하여 사회적 상승을 갈망했다. 그리고 이는 남성적 근대성을 위협하는 요소였다. 근대화 과정에서 주변화된 동시에 근대화 주체로서 자격을 박탈당했던 전통적 여성들은 어두침침한 스크린 속에서 유령으로 등장해 지배질서와 전투를 벌였다. 스크린 속 여성들을 따라가는 것은 타자화된 이성(理性)의 '외부세계'를 탐사하는 여행이었다.[3] 한마디로 말해서 스크린과 브라운관 속 유령들의 목소리는, '나를 잊지 말아요'란 망각에 대한 거부의 몸짓이었다.

비슷한 맥락에서 조국 근대화를 국가의 지상 과제로 내세웠던 박정희 정권은 근대화에 방해가 된다고 여겨진 이질적인 요소들을 국가적 차원에서 제거하고자 했다. 1961년 군사 쿠데타 이후 군사정권은 전통적인 집을 파괴했고, 4.19 시절 거리를 활보했던 소년들을 우범소년으로 그리고 동네 무당들을 위험한 존재로 낙인찍어 공동체로부터 추방했다. 비록 이들은 추방되어 보이지 않게 되었지만 비정상적인 복수와 욕망 그리고 성애를 상징했던 천년호(天年狐), 무당, 괴물, 귀신으로 가득 찬 공포영화들은 여전히 극장을 밝혔다. 이들은 실제와 환상 사이의 경계, 문지방(liminal) 공간인 영화에서 다시 출현했다.[4] 박정희 시기 현실 속의 서발턴도 당시 공포영화에 등장했던 유령들과 마찬가지로 비가시적이고 말할 수 없는 존재로 한국 사회를 배회했다. 한국 사회는 그들의 이야기를 듣고 싶어 하지 않았으며, 그들에게 오염되어 근대화가 지체되고 사회 질서가 혼란스러워질까 봐 두려워했다.

이처럼 서발턴이란 한국이라는 로컬(local) 공간에서 생성된 유령이었고 한국 사회가 늘 불편하게 생각했던 존재였다. 하지만 비가시적이고 민중답지도 않았으며 자신의 언어조차 갖지 못했던 서발턴은 군사정권이 문란하고 악마적이라고 비난했던 경계를 위반하면서 차이의 공간—이른바 도시봉기, 탈출, 범죄 등—에 출몰했다. 서발턴들이 존재했던 공간 그리고 그들의 봉기, 집단행동, 범죄야말로 근대(화)에 역행하는, 전근대와 비근대가 공존하는 유령들의 공간이 아니었을까?

그러나 한국 현대사에서 서발턴은 버려진 동시에 망각된 주체들이었다. 4.19 당시 거리를 활보했지만 사라진 넝마주이, 5.18 광주항쟁 직후 떠돌았던 사라진 구두닦이들에 대한 기억들이 가장 대표적인 예다. 이는 4.19와 1980년 광주만의 문제는 아니었다. 1991년 5월 투쟁 당시 민주화운동을 오염시키는 폭도로 여겨졌던 밥풀떼기 이야기[5] 그리고 2008년 촛불시위에서 마지막까지 폭력 시위를 주장한 집단들은 아직도 불순하고 위험한 집단으로 지배담론에 의해 매도되고 민중사에 의해서도 망각되어 왔다.[6]

이처럼 서발턴은 저항서사인 민중사의 주인공도 아니었으며, 연구자의 시야 안에도 보이지 않던 존재들이었다. 정확히 말해서 서발턴은 민중사가 '혁명적—이성적 민중'이란 이름으로 통합하려던 욕망의 대상인 동시에, 민중사에 포함시키기엔 부적절한 '민중답지 못한 존재'였다.

한편, 이 책에서 유령이란 '은유'를 사용한 또 다른 이유는 이미 서구 지식 사회에서 진행된 서발턴 논의가 한국에서 유사한 방식으로 반복되는 것을 '경계'하기 위해서이다. 애초 서발턴 연구는 민족주의와 마르크스주의 역사서사에 대한 반론으로 제기되었다. 하지만 점차 포스트식민주의와 근대 역사서사에 대한 비판이란 방향으로 문제의식이 전환되어 더 이상의 연구가 정체된 상태이다. 보는 시각에 따라 서발턴 개념은 지식권력을 지닌 비서구 출신 지식인이 생산한 문제 틀이 한국에서 반복되는 것으로 비춰질 수도 있다. 나는 서발턴의 고유성과 이질성을 '유령'이라는 은유를 사용함으로써, 서발턴이 또 다른 지식권력으로서 한국 내 논의에서 반복될 수 있다는 점을 경계하고자 했다.[7]

더불어 이 책에서는 박정희 시대에 '아비 세대'로 상징되는 이들의 유산에 관해서도 논할 것이다. 군사주의, 지도자와 영웅 숭배, 개인보다 국가와 민족을 절대적으로 여기는 경향, 표준에서 벗어난 인간 집단에 대한 배제와 차별, 순수 혈통에 대한 우월감 등 한국 사회가 의식하지 못한 채 간직하고 있는 세계관과 가치는 현재 '또 다른 아비'들을 낳고 있다. 박정희 시대에 관한 문제는 아비들의 정신세계와 단절하는 것에서 출발한다고, 나는 믿는다. 결국 내가 이 책을 통해 질문하고 싶은 것은 두 가지이다. 하나는 망각된 유령과 같은 존재인 서발턴을 한국 사회가 어떻게 기억할 것인가라는 재현을 둘러싼 문제이다. 다른 한 가지는 민족, 국가 그리고 표준화된 근대를 정상사회의 기준으로 만든, 이른바 '박정희 시대'와 단절은 과연 가능할 것인가에 대한 물음이다. 이제 본격적으로 유령을 찾아가는 여행을 같이 떠나보도록 하자.

서발턴을 만나러 가는 길

나에게 연구는 늘 '자서전'이다. 2000년대 중반, 일상과 지식생산 과정에서 느낀 '단절' 속에서 나는 타자와 비정상인을 사유하게 되었다. 서발턴은 그 과정에서 우연하게 내 시야 속으로 들어왔다. 하지만, '서발턴이란 무엇인가' 혹은 '서발턴은 누구인가'라는 질문은 나에게 하나의 알리바이에 불과했다. 나 스스로 살아가는 공간에 고립되어 있고, 이질적인 존재라는 깊은 감정은 지금도 진행 중이다. 말과 글 그리고 기억에 대한 자기검열, (비)의도적인 대인기피 혹은 침묵 등이 그것이 아닌가 싶다.

"언제 선배 얘기해줄 겁니까?"
"별로 하고 싶지 않아…"
"선생님의 전공은 무엇이십니까?"
"정치학인데 잘 모르겠네."
"노동사 전공자?"
"70년대 여성 노동에 대한 지식생산 과정…"
"왜 이런 자신과 별로 어울리지 않는 주제를 연구하시나요?"
"글쎄. 나도 그들과 아주 다르지 않다고 늘 생각…"
"에이, 말도 안 되는 소리!"
그러면 나는 속으로 이렇게 중얼거린다.
'외양은 몰라도 나를 둘러싼 이질감이나 고립감은 아마 그들과 비슷하지 않을까?'

이런 생각은 가급적 입 밖으로 내지 않는 것이, 침묵하는 것이 옳다고 생각해왔다. 2007년 겨울에서 이듬해 봄으로 가는 사이에 나는 티브이 프로를 보며 '열패자'에 대해 다음과 같이 토로했다.

세상에 못나고 못생기고 가진 것 없는 사람들은 참 많다. 오직 가진 것은 몸뚱이거나, 아무리 뭘 하려고 해도 학벌, 배경, 재산, 외모, 아부능력 그 아무것도 없어서 늘 전전긍긍하며 사는 사람. 그런 사람들이 참 많다.

요즘 방영 중인 드라마 〈하얀 거탑〉을 보면 더 위로 올라가려는 욕망과 천재적인 수술 능력, 거기다가 파이팅까지 갖춘 장준혁과 휴머니즘으로 뭉친 최도영이란 두 주인공이 대립각을 세우며 등장한다. 하지만 〈하얀 거탑〉을 보며 왠지 뒷맛이 씁쓸한 것은 어차피 저들은 좋건 싫건 간에 한국 사회에서 어느 정도 성공한 사람들이기 때문이다. 악한 사람과 선한 사람으로 상징되는 두 인물도 어느 정도 한국 사회에서 기득권을 누리고 사는 사람들이다. 그 안에서 권력의 화신과 휴머니즘의 전사로 상징되는 두 주인공은 다른 사람들에게는 극적이고 감동적일 수도 있으나, 솔직히 내게는 정이 안 가고 살갑지도 않다.

사람들은 코미디나 리얼 버라이어티 프로그램을 바보상자의 바보천국이라고 부를지 모르지만, 나에게 시트콤이나 코미디는 일상에서 유일하게 실컷 웃을 수 있는 시간이다. 요즘에는 〈거침없이 하이킥〉과 〈무한도전〉을 재방송이라도 꼭 보고, 예전 것도 자주 본다. '유치하다', '몸개그다'라고 말도 많지만, 나는 그것도 선입견이 아닌가 생각한다. 적어도 그 안에는 작가나 프로듀서가 의도하지 않은, 사회와 인생에서 열패한 자들의 페이소스(pathos)가 진하게 배어 있다.

누구도 삶에서 지고 싶어 하지 않지만, 패자와 성공할 수 없는 개인은 있기 마련이다. '과연 그들의 고통이 무엇일까?'에 대해 진지하게 생각해보는 것, 그들의 어려움을 같이 웃음으로 날려버리는 것. 그것 가운데 하나가 박명수와 정준하의 페이소스다.

〈무한도전〉에서 박명수와 정준하는 동시에 출연한다. 특히 박명수는 주된 웃음거리다. 실패한 쌍꺼풀 수술, 못생긴 얼굴, 가수라고 할 수 없는 노래 실력, 진행도 웃기는 것도 뭐 하나 제대로 할 줄 아는 것이 없는 무능력, 시간만 나면 부업인 닭집을 선전하려고 안달하고 남이 잘되는 꼴을 늘 시샘하는 극심한 이기주의, 그 나이까지도 결혼을 못해서 받는 놀림, 자신에게 불리하면 나이를 무기로 남을 공격하고 호통치는 모습… 아마 현실에서 그와 같은 인물은 왕따 당하기 십상이었을 것이다.

정준하. 〈무한도전〉에서 그는 천덕꾸러기 동네북이다. 뚱뚱보, 물장사, 몸 개그, 귀여운 척 한다는 비난, 펑퍼짐한 엉덩이, 바보 제스처 등이 그를 상징하는 단어들이다. 그 역시 잘하는 것은 없다. 〈거침없이 하이킥〉에서는 어떤가? 실업자 3년차에 먹는 것만 밝히고 방귀만 뿡뿡 뀌어대는 무능한 가장, 잘 나가는 부인에 비해 초라하기만 한 무능력자, 부인은 물론 아버지 하다못해 아들에게까지 웃음거리가 되는 존재, 술 마시면 인사불성이 되어 집안을 뒤집어놓는 술에 약한 사람, 취직하려고 해도 어디서나 잘 안 풀리는 운도 지지리 없는 사내, 그래서 늘 가족들이나 주변 사람들에게 한심하다는 소리를 듣는 사내. 이런 모습이 정준하. 아마 실제로 그와 함께 지낸다면 답답해 미쳐버릴지도 모른다. 만일 누군가 저런 인간들의 모습이 뭐가 재미있냐고 묻는다면, 나는 저것이 바로 내 모습이기에 서러워서 같이 웃는다고 대답할 것이다. 물론 그들의 모습은 설정에 따른 것이고 이제는 그들도 연예계에서 더 이상 열패자가 아니지만, 그들은 변변히 내세울 것 없는 대부분의 사람들의 마음 한구석을 대변해주고 있다.

인기를 얻기 위해 경쟁자를 이지매하고, 여자 친구가 헤어지자고 해서 징징대다가도 여느 때와 다름없이 유재석의 진행자 자리를 빼앗으려는 속내를 노골적으로 드러내는 박명수의 모습. 간만에 들어간 회사에서 하루 만에 잘려 통곡하고, 다른 여자와 영화 본 것을 아내에게 들킬까봐 전전긍긍하고, 잘 나가는 아내의 주변 사람들 사이에서 주눅 들어 시무룩해하는 정준하의 모습. 이런 모습들이 우리 주위에서 흔히 볼 수 있는, 어쩌면 자신은 아니라고 강변하는 열패자의 모습일지도 모른다.

이 두 사람은 그들의 의도와 무관하게 자신을 망가트려가며 쉽지 않게 인기를 얻었고 어쩌면 지금의 인기가 오래가지 못할지도 모른다. 하지만 나는 약하고 내세울 것 하나 없고 늘 성공하지 못하는 이들의 모습 속에서 세상을 살아가는 페이소스를 느낀다.

그들이 주는 웃음은 어쩌면 보는 이들에겐 웃음이 아니라 눈물이기 때문이다.[8]

서발턴을 주제로 별 관계가 없어 보이는 이런 이야기를 하는 이유는 내가 쓰는 텍스트 역시 '자서전'으로서 의미를 지니고 있기 때문이다. 글로 표현되는 연구는 기존 연구의 검토에서 도출된 것이다. 하지만 연구는 글쓴이의 존재 문제이자, 연구자 개인의 주관적인 감정이 들어간 것이다. 다른 식으로 말하자면, '구조적 맥락에서 쓴 개인의 역사'라고나 할까? 연구란 자신이 일상적으로 겪는 실존적 경험을 초월하는 것이 아니다. 연구 속 어딘가에 새겨진 한 개인의 실존적인 경험 안에는 당대를 관통하는 역사·사회적 조건이 내재되어 있다. 이를테면, 왜 나는 이런 식으로 분류되었고 이것은 나만의 문제인가에 대한 질문이 필요하다. 마찬가지로 정치학, 역사학, 구술사, 노동사 등 '경계에 선' 나의 존재로부터 서발턴 혹은 경계에 관한 고민들이 시작되었다.

여기서 '글을 어떻게 쓰는가'를 자문할 필요가 있다. 흔히 글은 문제 제기, 기존 연구 검토, 방법론 등 '다른 학자의 견해'를 선행 연구 검토라는 이름으로 참조한다. 여기서 선행 연구에 대한 검토는 본문에서 글의 위치를 잡아주는 장치이다. 하지만 푸코의 작업을 참조해 보면, 그의 글 속에 중요한 선행 연구들이 빠져 있다. 다만 동화, 희극, 소설, 조서, 판결문, 임상치료 기록 등 1차 자료만이 포함되어 있다. 그에게 이들 자료는 인간학의 맥락에서 구성된 자료들이었다. 푸코에게 근대 공간이란 비정상인을 훈육하는 지식과 연결된, 바로 공간-지식-기록이 연계된 곳이었다. 그에게 중요했던 것은 무엇에 선행하는 것으로서의 개념이나 이데올로기의 역사를 쓰는 것이 아닌, 사전에 미리 결론을 내리지 않는 방법이었다.

글쓰기에 관한 내 생각처럼, 나의 생각이나 사유가 지닌 이질성은 나의 존재도 그러하게 만든 셈이다. 나는 학문공동체의 특정 분야에 속해 있지만, '동질감'을 느끼지 못했다. 서발턴이라고 불리는 개인들도 정상적이라고 이야기되는 사람들과 비교해서, 이질적이고 비정상적이라고 여겨졌으며 언급되는 것조차 불길했던 사람들이다. 이들은 시대와 상황에 따라 매우 유동적인 동시에 민중이나 노동계급처럼 하나의 개념으로 통합하기 어려운 집단이다. 하지만 내가 보기에 무엇보다 중요한 것은 서발턴을 통해 한국 사회의 정상적인 집단이 부각되었으며, 서발턴이 비정상적임을 합리화시키기 위한 지식이 과학이라는 이름으로 널리 유통되었다는 사실이다.

하지만 근대 역사학의 전통은 침묵이 아닌, 이성의 언어인 외침에 대한 서술이다. 언어를 가진 자들은 이성적인 자인 반면 비이성적인 자들은 언어를 소유하지 못한, 소통할 수 없는 자들이다. 이들의 침묵은 광기의 침묵이며, 이를 가능케 하는 것은 이성의 제도와 담론 그리고 지식이다. 푸코의 지적처럼 '광기'를 '비정상'과 일치시키는 지식은 인간에 대한 '억압'을 심화시켜왔다. 푸코는 비정상인을 둘러싼 제도, 규범 그리고 도덕의 '역사적 계보'를 분석함으로써 비정상인에 대한 억압의 역사를 서술하고자 했다. 이러한 맥락에서 비정상인을 둘러싼 지식의 역사에 관한 서술은 '자유로운 서발턴의 가능성'을 찾는 작업의 일환이기도 하다.

앞서 말한 것처럼 비정상인, 도시하층민, 범죄자를 포함한 서발턴이란 개념이 내 시야에 들어온 것은 우연이었다. 노동사나 현대사에서 타자화된 주체의 재현과 지식체계에 관심이 있었지만, 특정한 목표를 정해놓고 서발턴을 찾아갔던 것은 아니었다. 오히려 서발턴을 찾아가는 길은 다소 울퉁불퉁

했다. 그 길을 따라가다 보니 나를 둘러싼 현실과 비정상인과 타자들의 또 다른 역사와 만났고 서발턴 개념이 내 시야 안으로 들어온 듯싶다. 그런 와중이었던 2005년 봄 즈음, 「세계화 이후 한국 이주노동을 둘러싼 담론들에 대한 분석」이란 글을 쓴 일이 있다. 지금은 다문화주의라는 이름으로 수다한 논문이 발표되고 있지만, 그때만 해도 이주민을 다룬 글은 많지 않았다. 당시 처음으로 그에 관한 글을 준비하면서, 한국인의 타자인 이주민에 대한 담론과 지식체계를 찾아보다 소스라치게 놀랐다. 당시 내 생각의 일단은 다음과 같다.

> 문제는 이주노동에 대한 담론이 '예비범죄자'로서 이주노동자를 '일반화'한다는 점이다. 사회병리, 위생학의 차원뿐만이 아니라 2002년 아모르 파업 당시 작업장에서 이주노동자들이 회사가 버린 비품을 농성장에 가져다가 사용한 것에 대해서 상무는, "이거는 또 뭐야, 이거[옷장을 지칭-인용자] 여기 놓지 말라고 내가 몇 번 말했어. 엉? 당장 밖으로 옮기지 못해. 왜 회사 물건을 니네들이 아무 데나 옮겨 놓고 그래? 이 도둑놈 새끼들"이라고 호통을 친다. 산업화 시기의 제조업 여성 노동자들도 '검신(檢身, 몸수색)'을 통해 매일 고용주들에게 '범죄자' 취급을 받았다. '몸수색'이야말로 여성 노동자들의 여성성이 훼손되는 동시에 계급 사이의 차별이 일상적으로 드러나는 순간 (…) 이주노동자의 존재 자체가 사회 질서를 흔드는 문제의 근본적인 원인이라는 전제 아래에서 '모든 이주노동자들이 불만에 가득 찬 예비범죄자'라는 담론이 형성되었다. 언론은 임금 체불과 폭행, 거액의 송출 비용에 따른 부채 누적에 시달린 이주노동자들이 공공연히 '분풀이 범죄'를 저지르고 있다고 단정했다.[9]

이주노동자에 대한 담론에서 드러나듯이 정상인과 다른 비정상인의 존재는 노골적으로 그들의 이질성, 혼종성 그리고 위험성 등을 강조하는 형태로 담론화되었다. 이는 박정희 시기 여성 노동자들에 대해 작동했던 '남성중심주의적 지식체계'를 통해 그들이 이질적이고 불결하며 열등한 개인으로 자리매김된 것과 유사하지만, 2000년대 이주민들은 또 다른 모습으로 재현되고 있었다. 이때부터 이른바 역사적으로 존재해왔던 '타자 혹은 비정상인'이 어떤 방식으로 한국 사회와 우리들에게 다가왔는지에 대해, 또 이들을 어떻게 재현해야 할 것인지에 대해 고민하기 시작했다.

비정상인이란, 같은 세계에 살지만 '동질성'을 느끼지 못하는 존재, 혹은 정상인의 습속이 습관화되지 못한 개인을 의미한다. 하지만 비정상인들은 그 존재 자체가 '정상인'을 전제로 한다. 비정상인은 정상인의 가치를 만들어주며, 늘 정상적인 것을 입증하기 위해 동원되는 존재다. 예를 들어 살인자, 범죄자, 빨갱이, 동성애자 등은 광인이나 비정상인으로 끊임없이 분류되고 배제된다. 반면에 정상인들은 민족서사와 지식체계 아래에서 사회구성원으로서 자격을 부여받은, 근대화·발전에 포섭된 존재로서 국민이란 이름으로 불렸다.

그렇다면 서발턴은 무엇을 통해 어떻게 분류되었나. 푸코는 비정상인들이 인간을 대상으로 하는 담론인 '인간학'—예를 들어 정신의학, 법의학, 심리학, 교육학, 범죄학 등—에 의해 분류된다고 보았다. 비정상인들의 무질서의 체계를 새롭게 설계하여 재배치해 질서를 만들고, 이들을 규율 잡힌 인간으로 만들기 위한 과학적 지식체계가 동원되었다. 박정희 시기 한국에서도 정치학, 역사학, 안보학, 유교, 국민윤리, 범죄학, 심리학, 서구 비판으로서 대중문화, 가정관리학, 인류학이 그런 지식체계였다. 냉전 지식체계는 서발턴에게 냉전 근대화를 예비하는 '문명인'이 될 수 있다는 '자기예언적 주문'을 반복하면서 통합과 질서의 중요성을 강조했다. 그렇다면 서발턴을 둘러싼 담론과 지식체계는 나와는 무관한 문제였을까?

타자와 경계에 선다는 것의 의미

먼저 몇 년 전 나와 지인들이 나누었던 '한담'의 기억을 잠시 살펴보자.

간만에 선배와 그 선배의 '또 선배'를 만나 식사를 하며 한담을 나누었
다. 사실 '한담 아닌 한담'이지만. 박사학위라는 '자격증'을 지닌 이들의
가장 주된 화제—마치 직장인들에게 화제가 주식투자와 상사에 대한
험담이듯이—는 교수 임용과 지식사회에 대한 뒷담화들이다. 대부분
이야기한 뒤에는 무척 허탈해지는 뒷담화지만.

세 사람의 이야기는 영어 강의에 관한 것에서 시작되었다. 최근 서울
소재 4년제 대학의 상당수는 "지원자는 임용 후 모든 강의를 영어 또
는 기타 외국어로 하는 것을 원칙으로 한다"는 구절이 지원 자격에 '명
시'되어 있다. 쉽게 이야기하자면 '영어로 강의할 능력이 없다면—바꾸
어 말해 유학을 다녀오지 않았다면—지원 자격 자체를 박탈당하는 것
이다.

세계화와 국제화가 외쳐진 지 15년이 지났는데, 아직도 우리에게 세계
화는 '영어 능력'으로 등치되어 이해되기 일쑤이고, 이런 경향은 대학
사회에서 더욱 심하다. 나는 연구자가 연구를 위해 영어와 다른 외국
어를 익히는 것은 중요하다고 생각한다. 좋은 연구들 가운데 영어로
된 저작물들도 많기 때문이다. 이들의 연구를 주체적으로 소화하고 자
기 것으로 만드는 작업은 아무리 강조해도 지나치지 않다.

하지만 영어를 대학 연구교원 임용의 제1기준으로 삼는 것은 어처구
니없음을 떠나, 식민주의적인 발상과 다르지 않다. 연구는 쓰인 언어
가 무엇이든 그 자체로 평가받고 이를 통해 연구자의 자질이 검증되어

야 할 것이다. 그러나 연구 내용에 앞서 '영어라는 언어'에 의해 쓰인 연구—속칭 SCI(Science Citation Index)—가 한국어로 쓰인 연구보다 3배 높은 점수—정확히는 "외국 저명 학술 잡지 게재자 우대"—를 부여하는 것은 어느 나라에서도 찾아볼 수 없는 현상이다.

한 동안 SCI 잡지에 실린 논문이 없으면—이건 대부분 '외국에서 학위를 받아서 그 실적이 영어로 쓰이지 않으면 안 된다'의 다른 표현이다—교원 임용 시 서류 심사에서 통과조차 어려웠는데, 이제는 한술 더 떠서 "영어로 강의가 안 되면" 서류조차 제출할 수 없는 형편이 된 것이다. 솔직하게 이야기하자면, 나는 이것은 헌법에 규정된 평등권에 대한 위반이라고 본다. 왜 모든 연구자가 자신의 연구와 수학(修學) 조건과 무관하게 영어로 강의를 할 수 있어야 임용 자격을 갖는지에 대해 의문을 제시해야 하지 않을까?

한 가지 더 흥미로운 것은 이중적 잣대가 여전히 대학 사회에서 횡행하고 있다는 사실이다. 그 잣대 가운데 하나는 '편 가르기'이고, 다른 하나는 '논문의 숫자'로 연구자를 평가하는 것이다. 편 가르기는 익히 알려진 사실이다. 하지만 다른 하나의 새로운 잣대인 논문의 숫자로 연구자를 평가하는 것은—물론 나도 여기서 자유롭지 못하다—연구자의 창조적이고 질 높은 연구를 저하시키는 결과를 초래하고 있다. 이른바 등재지와 등재후보지라고 불리는, 학문 분과마다 100여 개에 달하는 '인증제 잡지'들에 몇 개의 글을 실었느냐는 '수량적 계산'이 임용의 1차 관문을 넘는 바로미터다. 사실 연구자가 한 해에 1개 정도의, 정성스럽게 준비한 논문을 쓰는 작업도 녹녹한 일은 아니다. 그런데 요즘 보면, 한 해에 2~3편은 물론이요, 4~5편씩 '대량생산 방식'으로 논문이 생산되고 있고, 대학에서는 이를 부추기고 있다. 이런 현상이 일어나는 이유는 교원 임용 시 이들 잡지에 2개 정도—보통 3년 이내—의 논문이 없으면, 지원 자격조차 주어지기 않기 때문이다.

연구는 오랜 시간이 필요한 지적인 작업이다. 그런데 마치 컨베이어벨트에서 제품을 대량으로 찍어내듯이 생산된 논문—물론 모두가 그렇다는 말은 아니다—의 숫자가 연구자에 대한 평가의 기준이 된다는 현실은 매우 암담한 것이다. 더욱이 문제가 되는 것은 이런 세태에 대해 지식사회 내에서도 '술자리의 안주'로 삼을 뿐 제대로 된 문제 제기조차 없다는 사실이다. 비판되고 정정되어야 하는 현실이 존재함에도 불구하고, 연구자 본인들도 이러한 경쟁에 몸을 담그고 '공모'하고 있는 것이다. 이러한 현실을 무엇이라고 이야기해야 할까.

이 정도 글을 읽고 나올 수 있는 반응은, "당신도 영어 공부를 하면 되지 않느냐?" "논문 많이 쓰는 게 뭐가 나쁘냐?" "괜한 콤플렉스로 억지를 부리는 것이 아니냐?"는 목 메인 말들이다. 물론 나도 이러한 지식생산 과정에 공모했고, 지금도 무의식적으로 공모하고 있다. 하지만 내가 동의할 수 없는 점은, 왜 모든 연구자가 취업을 위해 영어회화를 공부해야 하며, 긴 시간 동안 숙고하여 써야 하는 논문을 왜 시간에 쫓기며 생산해야 하고, 왜 이것이 차별이 아니라 콤플렉스로 여겨져야 하는가를 둘러싼 문제이다.

얼마 전 학위논문 마무리를 하는 후배에게 "너도 영어논문 써두라"고 이야기했더니, 그의 답변이 걸작이었다. "유학을 가는 것이 중요하지 않냐"는 것이었다. 바로 이것이 우리들의 현실 인식이고, 이른바 '변화하는 지식사회에서 생존하는 방법'이다. 내 앞에 존재하는.

내가 자주 사용하는 말인 '우공이산(愚公移山)'처럼 약삭빠르게 사는 것이 아닌, 세상을 돌아가지 않고 진실하게 맞서고자 하는 생각이 절실한 시절이다. 남들이 "저 바보를 봐라, 세상이 어떠한지도 모르고 저런 식으로 살다니"라며 말을 부끄러워하기보다 자기 자신에 대한 부끄러움을 잊고, '삶의 진정성을 상실하는 것이야 말로 죽은 삶이 아니던 가? 우공이산의 마음으로 살아야겠다'는 것이다. 더 큰, 자신에 대한 실수를 하지 않는다면 언젠가 막힌 산을 우공의 마음을 가진 이들이 하나하나 옮겨갈 것이다.[10]

이런 와중에 우연히 '타자'라는 존재와 경계에 선 나 자신과의 관계에 대해 고민하게 되는 계기를 만났다. 그것은 다름 아닌 학문공동체에 대한 자기평가였다. 박사학위를 받은 이후 '나의 존재'에 대해 다시 생각해본, 우연한 '사고의 전환'의 계기였다. 처음 글을 부탁받았을 때 원고의 주제는 87년 이후 지식사회의 변화를 둘러싼 문제였다. 그러나 관련된 자료들을 보면서 평소 나의 생각을 정리하다 보니, 진보적 지식공동체의 폐쇄성, 제도권과 분별되는 실천의 실패와 더불어 민간정부 아래에서 정부의 연구비 지원으로부터 자율성을 지켜내지 못한 지식사회의 현실을 목도할 수 있었다.

이제 시간이 지났지만 이 글에 대한 반응은 상반된 것이었다. 일부에서는 일종의 '내부 고발'처럼 읽히기도 했다. 그러나 적어도 나에겐 어디에서나 쉽게 섞이지 못하고 기름처럼 흘러 다니는 자신을 둘러싼 문제에 대해 성찰한 계기였다. 어차피 현실과 글쓰기라는 실천은 분리해 사고하기 어렵다. 그럼에도 불구하고 글쓰기라는 실천 행위를 통해 드러나는 정치적 효과를 스스로 부정하는 경우도 존재한다. 이런 생각을 하면서 나는 다른 지식생산의 가능성에 관해 모색하기 시작했다. 그런 와중에 몇몇 친구들과 작은 연구회를 만들어 이 문제에 대해 고민하기도 했다. 이즈음 내가 고민했던 것은 '경계로서 삶―지식'에 대한 문제였다. 당시 쓴 글 가운데 일부를 보면 다음과 같다.

필자는 이상의 논의를 통해 젊은 지식생산자들의 자기 존재 찾기를 '경계'로써 자기 존재 찾기의 형태로 제기하고 싶다.[11] 경계에 발을 딛고 산다는 것은 이질적인 경향과 사상과의 혼합이나 잡종을 포함할 것이다. 경계에 서 있는 사람에게 중요한 것이 그가 특정한 사상이나 이론 등을 얼마나 정확하게 이해했는가 혹은 기존에 존재하는 경향 내에서 그의 사고가 차지하는 위치는 아닐 것이다. 그렇다고 필자는 흔하게 지적되는 '이론의 수입상화' 자체를 문제 삼고 싶지는 않다. 오히려 '한국적' '한국적 정체성' 등 수사학이 붙은 대안 담론들은 한국 지식사회의 고질병인 '민족' '한국적'이란 이름하에 이론 자체에 대한 논쟁보다, '이론으로부터 초월'을 정당화하는 '습관적 기제'라고 생각한다. (…) 오히려 중요한 것은 내재·외재적인 이질적인 분절 속에서 지식담론 생산자가 외래의 것을 어느 정도로 소화하고, 그 자신의 사유 속의 커다란 변화를 이루었는가, 혹은 다별적인 외래의 것을 받아들이지만 그 속에서 얼마만큼 자신의 문제의식이나 사유를 만들고 견지하고자 했는가일 것이다. 그러나 경계에 서고자 할 때 그의 위치는 불안하다. 또한 다른 분명한 경계 내부에 선 개인과 집단—기존의 제도권이나 학술단체, 학회 등—으로부터 끊임없는 거리감이나 고독감을 느낄 수밖에 없다. '경계에 선다' 함은 지식담론 생산자 자신이 특정한 사상이나 사유방식을 수용하고 그 틀 속에서 사유하고 실천한다기보다, 경계를 부수며 불안하게 그 사이를 오가면서 자신의 것을 만들고자 하기 때문이다.[12]

경계에 선, '나라는 존재' 그리고 그 속에서 타자를 독해하는 방식을 둘러싼 문제들이 똬리를 틀고 머리 주변을 맴돌았다. 『여공 1970, 그녀들의 반역사』에서 내가 다루었던 박정희 시기 여성 노동자들은, 공식적인 기록과 기억은 존재했지만, 지배적 담론에 의해 침묵을 강요당했던 존재들이었다. 반면, 이들과 달리 기록조차 존재하지 않았고 침묵을 강요당했던, 언급되는 것조차 위험스러웠던 주체들은 어떤 방식으로 재현될 수 있을까. 이에 대한 방법과 시각의 문제가 나에게 무겁게 다가왔다. 더불어 국가라는 경계 내에 포함되지 못하는 비가시적 집단이 연구 대상에서 배제되듯이, 지배적 개념이나 패러다임에 속하지 못하는, 경계를 넘나드는 연구는 학문공동체라는 '제도'에 안착하기 어렵다는 생각이 깊어졌다. 이것이 서발턴과 경계에 선 연구자가 공유하는 비가시성과 경계성이 아닌지 생각하기 시작했다.

'민중'이란 용어에 대해 다시 생각해보다

그 와중에 나는 서발턴에 관해 좀 더 고민하게 된 두 가지 계기를 맞았다. 하나는 부마항쟁에 관한 연구였고, 다른 하나는 서발턴에 대해 본격적으로 읽기 시작한 것이었다. 전자는 부마항쟁을 도시하층민의 도시 봉기로 해석한 작은 글이었다.[13] 그즈음 나는 밑으로부터 민중사의 재구성이라는 방향으로 서발턴의 재현 문제에 접근하고자 했다. 1980년대 민중 개념이 지닌 일국성, 목적론적 성격 그리고 계몽의 대상으로 민중을 여겨온 문제에 대해 생각하기 시작했던 것이다. 그런 맥락에서 1979년 부마항쟁을 도시하층민의 시각에서 다시 평가해볼 필요성을 느꼈다. 당시 썼던 글 가운데 일부는 이렇다.

민중이란 용어와 담론은 시기에 따라 다소 의미와 결이 달랐지만,
1970~80년대 담론 생산자층—아마도 저항적 지식인층—이 스스로
(혹은 자신의 역사성)를 기술하는 과정에서 자신과 다른 정체성을 지닌
'타자들'을 통합·배제하려는 하나의 정치적 기획이었다. 예를 들어 "도
대체 민중이나 도시하층민, 거리의 양아치가 뭐가 다르냐"든지, 혹은
"부산과 마산에서의 투쟁에서 도시하층민을 과도하게 강조하는 것은
당대 지식인-대학생의 역할을 과소평가하는 것이 아닌지" 또는 "지식
인의 반독재 민주화운동과 도시하층민의 투쟁을 대립시키는 것이 아

니라, 양자가 수렴되는 것이 타당한 것이 아닌가" 혹은 "국가가 개인[대중-인용자]을 국민, 민족 혹은 계급으로 호명하고 개개인이 그 부름에 자발적으로 응할 때 이들은 이미 지배계급의 헤게모니에 종속된 것이 아닌가?" 등의 질문이 이런 문제를 드러내준다. 이들 질문 속에서는 여전히 이질적 주변인과 소수자들은 '통합되어야 하는' 강박증적인 대상으로 간주되고 있다. 혹은 이들은 '지식인-저항엘리트'들과 관계 속(혹은 전체 민중·민중운동의 '부분'으로서)에서만 의미를 지니는 '타자'로 간주되고 있다. 다시 말하자면 이들을 민중이라고 '명명'하는 문제 설정 자체에 대해 재고할 필요가 있다. (…) 따라서 기존 박정희 시기 연구가 지닌 근대적 문제 설정을 넘기 위한 하나의 발본적인 방식 가운데 하나가 민중 혹은 민중운동이란 언어가 아닌, 이질적 소수자, 사회적 타자, 주변부 사회집단의 '환원불가능한 주체성'에 대한 탐구이다. (…) 이제 '질문 자체'를 바꾸어서 기존에 박정희 시기 연구에 사용되던 범주와 용어, 개념 자체를 문제시해야 한다. 다시 말해서 이 시기에 이질적이고 중층적인 주체들이 형성되고 재구성되는 과정에서 특정한 보편적 주체—대중, 민중, 계급 등—를 만들어 가던 지식 구성 과정 자체를 '해체적으로 재독'하는 것이 1차적으로 필요한 작업이다.

나는 박정희 시기 이질적인 주체들을 구성하는 지식 자체에 대해 의문을 가질 필요를 느꼈다. 이런 문제의식의 연장선상에서 엘리트와 거리가 존재하는 통합되기 어려운 주체들을 다른 시각에서 읽어 나가는 작업이 필요하다고 생각했다. 그러나 이러한 주장에 대해 폭력적이라는 반론들이 이어졌다. 예를 들자면 봉기 주체 문제에 대한 신경질적 반응, 민중답지 못한 동시에 운동사의 정전(正典, cannon)이나 민주화운동으로 회수 불가능한 이들이 과연 진정한 주체인가, 오히려 이들은 이성의 언어로 규율되거나 계몽되어야 한다는 시각들이 그것이었다. 당시 나는 개인 홈페이지에 다음과 같이 고백했다.

이번 달에는 강의 이외에 하나의 특강과 발표를 해야 했다. 늘 발표는—강의도 그렇지만—부담스럽다. 말을 능숙하게 하는 것이 서툰 데다가, 한국 풍토상 토론을 무척이나 거칠게 하는 습성들에 내가 익숙하지 못해서 마음의 상처를 안고 돌아서는 일이 적지 않기 때문이다. 지난 3년간 여기저기서 얻어맞고 치이고 한 것을 생각하면서 혼자 진저리를 치기도 한다. 하지만 그럴 때마다 내 이질적이며 묘한 '위치'에 대해 다시금 생각하곤 한다.

부산은 부마항쟁 27주년 발표 때문에 갔다. 올 봄에 발표했던 도시하층민의 봉기로서 부마항쟁에 관한 발표문 탓에 그 먼 길을 가야만 했다. 언젠가 『민주화 이후의 민주주의』에 대한 토론 이후 최장집 선생님이 "이 자리에 서니 내 위치를 알겠다"고 했는데, 가끔 발표를 하러 가서 토론과 이야기를 가만히 듣다보면 내 위치를 알게 되곤 한다. 그래도 다행인 것은 부산에서 아직도 본격적으로 진행되지 않던 부마에 대한 연구와 자료 수집 의욕을 목격했다는 점이랄까? 지역사와 지역운동사 연구의 주체가 지역연구자여야 한다는 당위는 없지만, 한국의 경우 광주가 그러했듯이 다소간 어쩔 수 없는 현실이 존재하는 듯싶다.

다만 발표나 토론을 들으면서 아직 부마의 경우 서로 간에 바라봄의 차이, 해석을 둘러싼 방식의 차이 그리고 그 안에 미묘하게 돌고 도는 힘의 관계 등이 아로새겨진 듯했다. 예를 들어 민중(혹은 도시하층민)과 대학생 주도성을 둘러싼 문제라든지, 성격 규정의 방식 그리고 낯선 접근에 대한 이질감(혹은 반감) 등이 그것이다.

부마에서도 제일 큰 화두는 '민주화운동의 정통성과 계승'을 둘러싼 문제이다. 한편으로는 이는 이미 존재하는 민주화운동 단체, 기관 등이 갖고 있는 특정한 시각의 문제다. 민주화운동의 정통성에 입각한 해석(혹은 입장)들은 이에 대한 반론이나 비껴나감에 대해 부정적인 태도를 취하거나 불편함을 느낀다. 또한 심할 경우 적대감을 무의적으로 드러내기도 한다. 나는 이런 문제를 표면적으로 드러나는 사실과 해석의 문제라기보다 민주화운동에 대한 지배적인 해석을 낳는 권력관계, 사회적 힘의 영향력을 둘러싼 문제라고 생각한다. 마치 단단하게 뭉쳐진 찰흙에 구멍을 내려는 나쁜 의도가 있는 것처럼 여겨지거나 과거 『우리 안의 파시즘』 논쟁 시기 '문부식 사태'를 둘러싸고 전개되었던 '매명'의 비난이 그 예이다.

다른 하나는, 부산만의 문제는 아니지만 새로운 이론의 도입, 낯선 인식론이나 문제 틀에 대한 불편함 혹은 거부감이다. 대표적인 예가 욕망이나 담론 같은 이미 한국 지식사회에서 걸러진—제대로는 아니지만—문제 틀에 대해 뭔가 낯설고 불편한 마음들이 없지 않아 있는 듯하다. 마치 새로운 문제 틀이나 개념의 도입이 과거의 것에 대한 전면적 부정—그런 경우도 있지만—처럼 오해되기도 한다. 이것은 한국 지식사회가 지닌 지식의 '이중식민지'–'내부식민지' 그리고 서구 지식체계에 대한 콤플렉스 등이 착종된 결과이다. 개인적으로 무척이나 안타까운 일이다.

하지만 이번에 부산에 다녀오며 또 하나 느낀 것은 지역공동체에 대한 열정과 애정은 그 지역의 주체들이 누구보다 강하고 치열하다는 사실이다. 이것은 '상승'을 희구하는 서울에서는 느끼지 못하는 분위기이다. 그것이 운동이건 다른 형식의 공동체이건 간에 말이다. 아주 보잘것없는 한 편의 화두에 대한 생각들이 이리도 많으니, 앞으로 헤쳐 나갈 일들이 까마득하다. 몇 해 뒤에는 지금보다 더 공감할 수 있는 연구를 생산하고, 이곳에서 이야기할 기회가 또 있기를 고대해본다. 그래서 연구는 지속되어야 한다. 오늘도.

사건, 그들과 만나는 '길 가운데 하나'

한동안 '개인적인 사정'으로 이 문제에 대해 손을 놓고 있던 차에, 광주대단지 사건에 대해 다뤄볼 기회가 있었다.[14] 광주대단지 사건은 1971년 8월 도시하층민들이 일으켰던, 4~5시간에 걸친 단말마 같은 사건으로 기록되어 있다. 하지만 여러 가지 기록과 증언 그리고 대단지 사건을 둘러싼 지배적 지식체계들을 살펴보면 1970년대에 들어서 가시화된 도시하층민에 대한 체제의 공포와 위기감 그리고 광주대단지 사건에 대해 '침묵'하고 있는 대중들을 목도할 수 있었다. 이들은 '거대 서사'라고 불리는 사건과 운동 속에서 '묻혀버린 서발턴'이며, 이제는 목소리조차 되살려내기 어려운 사람들이다. 사회운동이 발전하기 이전 시기 대중의 저항 형태는 매우 다양하며, 특정한 형태로 고정된 것이 아니다. 1971년 광주대단지 그리고 1979년 부마항쟁으로 이어지는 한국의 '도시봉기'는 국가와 정부의 도시하층민에 대한 무시, 경멸, 차별에 대항한 '언어 없는 대중들의 역사'를 보여준다. 문제는 '언어 없는' 그리고 '침묵하는' 존재들을 연구자인 내가 어떻게 드러내고 말할 수 있게 하느냐였다.

시간이 갈수록 나의 연구가 '언어를 지니지 못한 집단'이란 방향으로 나아가고 있다는 사실을 알게 되었다. 이 시점부터 '사건'에 대해 관심을 갖기 시작했다. 내 관심은 민족공동체 내에서 지식인이나 민주화운동에 의해 그 어떤 이름으로도 명명되지 않은 서발턴의 '우발적 사건', 이들이 몸으로 말하는 시공간에 관한 문제였다. 목소리조차 제대로 기록되어 있지 않은 이들을 재현하는 문제는, 사료의 문제라기보다 인식론의 문제로 다가오기 시작했다. 구체적으로 내가 관심을 가졌던 것은 사건 자체의 경험적 재구성보다, 왜 박정희 시기 빈곤에 빠졌던 개인, 제대로 먹지 못했던 개인 그리고 열악한 주거 환경 속에서 살아야 했던 개인을 '인간 이하의 존재'로 여겼느냐는 점이었다. 이성과 계몽의 빛으로 무장한 운동 진영의 이들에 대한 담론도 지배담론과 크게 다르지 않았다. 우선 사건의 재구성 과정에서 작동했던 지배담론과 지식체계에 대해 정리해보기로 했다. 그 와중에 나의 정치적 경험으로부터 인식론적 단절을 거쳐 시작했던 연구 가운데 하나가 '소년원 탈출 사건'이었다.

다른 소년들을 만나다

범죄자, 아니 비정상인이라고 불리는 이들과 내가 만나기 시작한 때는 2008년 여름 즈음부터였다. 그 첫 장소는 안양교도소였다. 내가 소년원 탈출 사건에 관심을 가지게 되었던 계기는 '나 자신의 관계 맺음'과 연관되어 있다. 청소년기에 나는 제도교육의 규율에 순종했고, 이른바 '문제아'라고 불렸던 주변 사람들에 대해 비정상이나 일탈이란 시각을 가졌다. 이러한 시각은 꽤 오래 지속되었다. 어찌 보면 1980년대 급진화된 학생운동과 전투적 노동운동 역시 운동의 질서나 문법으로부터 벗어난 집단이나 개인에 대해서 비슷한 태도를 취했다. 내가 즐겨 읽던 김소진의 소설 「열린 사회와 그 적들」에 묘사된 '91년 5월'의 '민중답지 못한 위험한 폭도'였던 밥풀떼기에 대한 시각은 이러한 사실을 증명해준다.

> "당신들 밥풀떼기들 때문에 민주화 시위가 일반 시민들한테 얼마나 욕을 먹는 줄이나 아쇼? 당신들 도대체 누구, 아니 어느 기관의 조종을 받고 이런 망나니짓을 하는 거요?" (…) "누가 쓰기 시작한 말인지는 모르지만 소위 밥풀떼기라고 불리는 우리 같은 축들을 학생인지 아니면 대책위 사람인지가 손가락 끝으로 백골단에게 찍어주는 바람에 달려

갔시다." (…) "무슨 소리야. 가장 앞장서서 싸워야 할 대학생들이 시신 사수에만 정신이 팔린 나머지 시위를 해서 싸울 생각은 안 하니 그게 바로 문제가 아니고 뭐란 말이야. 싸우기가 겁나는 놈들은 당장 이 자리를 뜨라구." (…) "필요 없다. 기회를 따지는 놈들이야말로 바로 기회주의다. 우리에게 토론은 더 이상 필요 없어. 당장 청와대로 가자." 밥풀떼기로 불린 사내들은 들고 있던 각목으로 시멘트 바닥을 두들기며 구호를 외치기 시작했다. (…) "그만들 두지 못해! 그게 뭐 하는 짓거리야. 더 이상 두고 볼 수가 없다구. 이 따위로 나오면 우리는 당신들[밥풀떼기—인용자]을 적으로 규정할 수밖에 없어. 어서 그 각목을 바닥에 내려놓고서 순순히 물러서라구. 아니면 이후로 당신들이 어떻게 되든 우리 책임이 아니야."[15]

그러다가 2008년 여름부터 한 인권 단체가 주관한 교정시설 '평화인문학 강좌'에 강사로 참여하게 되었다. 교정시설 강좌는 처음이라서 무척 긴장한 데다 당시까지만 해도 내가 비정상이라고 여겼던 수강생들과 어떻게 대화해야 할지도 의문스러웠다. 솔직히 무척 두려웠다. 하지만 간략한 한국 현대사 강의, 글쓰기 실습 그리고 자기 역사 연표 만들기 등을 함께하는 과정에서 생각이 달라졌다. 이들은 분명 비정상인이 아니며, 충분한 '자기성찰'과 '자기치유' 능력을 지닌 개인이라는 것을 공감하게 된 것이다. 하지만 여전히 남는 숙제가 있었다. '왜 이들은 위험한 비정상인으로 불렸을까?'라는 질문이 그것이었다.

그 와중에 1960~70년대 자료를 찾다가 신문 지상에 빈번하게 등장하던 '소년원 탈출 사건'을 발견했다. 나와 유사한 시대를 살았던 사람들이 왜 소년원에 감금되었는지 혹은 왜 그곳에서 탈출했는지에 대해서도 궁금했지만, 이제는 드문 소년원생들의 반복적인 탈출 사건과 소년원에 감금되었던 이들을 둘러싼 지배적 지식체계를 통해, 한국 사회는 왜 현재까지 이들을 '비정상인'으로 문제시하고 있는지 근본적으로 다시 생각해보고 싶었다.

이러한 점에서 교정시설 평화 인문학 강좌는 나에겐 '인식론적 단절'의 계기였다. 당시 내 주된 관심은 노동자계급의 재현이었으나, 이 강좌의 경험 덕분에 광주대단지 사건과 부마항쟁 연구에서 의문을 품었던 문제에 대해 좀 더 고민을 진전시킬 수 있었다. 특히 나는 강의를 하면서 푸코를 생각했다. 일찍이 교정시설에 대한 운동을 했던 그의 경험을 반추해보며, '범죄자들은 어떤 모습을 하고 있을까'라는 기초적인 질문에서, '무엇이 이들을 범죄자이자 비정상적인 개인으로 만들었는가'로 질문을 바꿨다. 이러한 맥락에서 나는 타자와 관계를 맺는 정치적 경험을 했던 것이다. 개인적인 지적 관심도 분명히 작용했겠지만 비정상인과 타자의 역사를 구성한 푸코에게 '자신의 타자화 경험'—구체적으로 동성애자로서의 경험—은 연구에 큰 영향을 미쳤을 것이다. 푸코도 자신에게 비정상적인 굴레인 동성애를 자신의 문제로만 파악했을 때, 본인의 문제로 협소화되었고 자신을 상대화시키지 못했다. 하지만 20대 후반 정신병원 근무 경험을 통해 이전까지 당연하게 여겼던 '동성애-비정상-부도덕'이란 도식을 다른 시각에서 파악할 수 있게 되었다. 특히 푸코는 인식론적 단절의 힘으로 '정치적 경험'을 강조했는데—여기서 정치적 경험이란 나의 순수한 경험이 아닌 타자와 관계되는 사회적·개인적 경험이다—다시 말해서 자신이 처한 고통이 자신의 문제일 뿐만이 아니라, 사회적 문제임을 자각할 때 정치적 경험과 인식론적 단절은 가능하다.[16]

물론 한국 현대사에서 무엇보다 큰 인식론적 단절의 계기는 1980년 광주였다. 광주는 한국 사회를 이전과 전혀 다르게 볼 수 있게 해준 '정치적 경험'이었다. 그러나 인식론적 단절은 개인적 수준에서 드러나기도 한다. 푸코에게 정신병원의 경험도 마찬가지였다. 그는 이를 통해 자신의 숨겨야 할 고통이었던 동성애-비정상-비도덕이라는 틀에 대하여 재고하게 되었다. 그렇다면 어떻게 비정상인과 동질감을 느낄 수 있을까? 그것은 아마도 공감이 아닌가 싶다. 즉, 자신도 '비정상인'으로 분류될 수 있으며 그것이 자신만의 문제가 아님을 인식할 때 가능하다.

범죄자와 시민군

박흥숙의 무등산 타잔 사건은 앞의 문제의식을 좀 더 진전시킨 글이었다. 예전부터 이 사건에 대해 써보겠다고 생각은 했지만 엄두를 내지 못하던 차에 소년원 탈출 사건의 연장선상에서 탐색하기로 했다. 나의 물음은 이런 것이었다. '무엇이 박흥숙 그리고 무당촌에 살던 도시하층민들을 범죄자로 기억하게 만들었을까?' 박흥숙은 철거반원 4명을 살해하여 사형당한 자였다. 그는 이소룡에 빠져 영웅 심리로 가득 찬, 심리적으로 불안정하고 가난하고 무식한 인간으로 색칠되었다. 당시 김현장이 르포를 통해 이 사건이 지닌 사회구조적 측면을 증언했지만 머지않아 잊혀졌다. 지금까지도 박흥숙은 살인자이자 범죄자란 오명을 지닌 채 기억되고 있다. 그는 언급하는 것조차 불길한 존재였다.

내가 보기에 박흥숙은 도시화와 강제철거 등 구조적인 희생양이었지만, 희생양으로 전형화될 수 없는 의미를 지니고 있었다. 특히 사건 직후 그를 비정상인으로 만든 지식과 담론은 매우 의심스러웠다. 당시 각종 신문과 저널은 그를 무당의 아들이자 사이비종교 신자, 이소룡과 폭력에 사로잡힌 도시빈민으로 그렸다. 그리고 무등산타잔 사건은 박흥숙 단독범죄가 아닌, 불길하고 비정상적인 무당촌 도시빈민의 집단범죄로 의미화되었다.

근대화, 합리화, 질서 그리고 반공문명인 등은 1970년대를 지배하던 지식체계였다. 또한 서양풍 저질 대중문화에 대한 지식사회의 히스테리컬한 반응은 박흥숙을 폭력을 숭배하는, 이소룡과 같은 '국적조차 불분명한 대중문화'에 물든 비정상인으로 만들었다. 이들을 가르쳐서 제대로 된 인간으로 만드는 것이 질서 있고 조화로운 사회로 가는 길이라 여겼다.

그러나 이들을 비정상인으로 규정했던 지식사회는 아직도 변화하지 않았다. 글을 마치며 나는 다음과 같은 질문을 던졌다. '만일 1980년 5월 박흥숙이 감옥이 아닌 광주 거리에 있었다면, 시민군에 동참했을까?' 박흥숙의 동생 박정자는 1980년 5.18 당시 계엄군이 물러난 5월 21일에 어머니 심금순과 함께 주먹밥을 만들어 시민군에게 전달했다. 그 후 17년이 지난 2007년, 박정자와 심금순은 오월 어머니의 집이 제정한 제1회 오월 어머니상을 수상했다. 계엄군의 외곽 봉쇄 조치로 외부로부터 식량 공급이 중단된 광주에서 가장 큰 어려움은 먹는 문제였는데, 박흥숙의 가족은 시민군을 물심양면으로 지원했던 것이다. 1980년 5월 광주의 충격은 감옥 안의 박흥숙에게도 전해졌으며 그도 다른 광주 시민과 마찬가지로 분노하며 괴로워했다. 여기서 나는 하나의 의문이 생겼다. 그 의문은 다름 아닌 '만일 박흥숙도 1980년 광주 거리에 있었다면 국가폭력을 증언하는 데 함께 하지 않았을까'였다. 거꾸로 가정하면 1980년 5월 시민군이었던 한 개인이, 만일 1977년 4월 20일에 박흥숙이 선 자리에 있었다면 박흥숙과 다른 선택을 할 수 있었을까? 그런 가정이 성립될 수 있다면 박흥숙은 근대의 폭력을 사건이란 형태로 증언했던 '훼손된 영웅'이 아닌 '시민군'으로 우리에게 기억되진 않았을까라는 의문이 아직도 남아 있다.[17]

하지만 30여 년이 지난 2010년에도 이러한 가능성에 대한 반응은 차가웠다. '시민군과 범죄자는 동일시할 수 없다'는 것이 그 반응이었다. 과연 1980년 5월 광주에서 국가권력에 의한 집단학살에 맞섰던 도시하층민들은 박흥숙과 전혀 다른 존재들이었을까? 그러나 그들 역시 시민군으로 불리기 전에는 비정상인이자 위험한 도시하층민이었다. 또한 1980년대 광주가 금지된 언어였을 때 이들도 폭도이자 범죄자였다. 문제의 핵심은 이들이 범죄자인가 아닌가를 둘러싼 증거의 문제가 아니라, 왜 이들이 비정상적이고 부도덕하며 타락한 혹은 더럽고 불결하며 언급되는 것조차 위험스러운 존재인지를 둘러싼 지식의 문제였다. 이상에서 본 것처럼 다소 울퉁불퉁했던 길을 따라오면서 나의 시야에 서발턴이란 문제 틀이 들어오게 된 배경을 좀 더 체계화시켜서 정리해보면 다음과 같다.

첫 번째, 아래로부터 역사 혹은 민중사의 탈식민화라는 문제의식 때문이었다. 그간 민중사에서 밑으로부터의 봉기와 범죄, 탈출 등은 전정치적인 것이거나 탈식민지 대중의 낮은−후진적 의식의 반영물로 간주되어 왔다. 또한 봉기, 범죄 등을 일삼는 이들은 변화의 주체가 될 수 없는 민중답지 않은 자들로 여겨졌다. 무질서하고 규율도 없으며 종잡을 수 없던 이들은 민중사가 지향하는 집단적이며 이성적 주체인 민중과는 거리가 멀다고 여겨졌던 것이다. 나는 이처럼 민족국가의 구성원에서 배제된 동시에 민중사의 시야에서 벗어난 주체들을 어떻게 재현할 것인가란 문제에 천착했다.

두 번째, 조금이라도 한계를 넘어서면 흔들리는 계급과 민중 개념의 '불충분함'에 대한 불만 때문이었다. 서발턴은 계급과 민중 등 이른바 '과학적'이라고 불린 개념을 통해 그 이질성을 충분하게 드러낼 수 없었다. 동시에 이들은 국가가 전유한 '근대화−경제성장'과 지식인들에 의해 전유된 '투쟁하는 민중' 사이에서도 비가시적인 존재였다. 오히려 나의 시야로 이들이 들어왔던 것은 '사건'이란 형태였다. 민중사에서 주체인 민중은 '외침'의 형태로 재현되었던 반면, 침묵했던 비가시적 존재들은 드러나지 않았다. 나는 서발턴이라는 문제 설정이 기존 민족서사와 민중사라는 거대담론의 토대를 의심하는 계기가 될 수 있다고 생각했다.

세 번째, 그간 역사학과 사회과학에서 보편적인 동시에 기원적이라고 당연하게 여겨왔던 지식체계를 문제시하기 위한 것이었다. 냉전하에서 현대사는 두 가지 대립 축을 중심으로 서술되었다. 이른바 관 주도 민족주의, 그리고 이에 맞서는 대항 민족주의와 그 주체로서의 민중(사)이 그것이었다. 하지만 이들 간의 대립은 '진정한 민족' 혹은 '국민 되기 프로젝트'의 일환, 다시 말해서 누가 진정한 근대적인 국민/민족을 구성하느냐를 둘러싼 쟁투였다. 하지만 그 경계에 존재하는 집단과 개인은 인식되기 어려웠다. 이러한 서구─냉전적 지식생산 과정에 대한 유효한 비판의 무기 가운데 하나가 서발턴 연구였다. 예를 들어 에드워드 팔머 톰슨(E. P. Thompson)의『영국 노동자계급의 형성』을 보면 영국에서 '자유의 나무 심기' '독학자적 문화' 등은 보편적인 것으로 여겨진다. 반면 비서구 사회에서 이런 요소들이 결핍된 노동계급은 낮은 계급의식을 지닌 주체로 여겨지곤 한다. 이런 인식은 타자가 서구적 자아를 모방해야 비로소 '인간'—해방의 내러티브를 부여받은 보편 주체—이 된다는 흉내 내기─모방 사례 가운데 한 가지였다. 이러한 관점에 입각한다면 서구─유럽이 모든 역사의 이론적 주체로 설정되는 결과를 초래하지만, 서발턴이란 문제를 설정한다면 기존 서구─유럽 역사를 보편적으로 여겨온 지식 체계를 문제시할 수 있다.

더 나아가 이런 사유는, 역사학이란 학문체제─지식에 대한 비판과 밀접하게 연관되어 있다. 근대 역사학은 문명과 야만, 발전과 정체, 남성과 여성이란 이항대립을 전제로 서사화되었고, 이는 서구와 대조를 통해 정상적이고 진정한 민족과 근대국가를 구성하기 위한 기획이었다. 그리고 근대 역사학은 공적 영역에서 '외침'이라는 존재를 가정했는데, 이를 위해선 반드시 증명할 수 있는 자료가 전제되어야 했다. 바로 역사학에서 '역사(History)'란 과학과 이성을 통해 재현되는 보편적 지식 형태이다. 하지만 거꾸로 이 대문자 역사는 근대 서구─유럽을 중심으로 한 역사 담론 외부의 존재와 이를 둘러싼 사고, 행동 양태 등을 비합리─비정상화시키는 지식이다. 이런 맥락에서 서발턴이란 문제 설정은 서구 중심적 근대 역사학에 대한 비판으로서 효과를 지니는 동시에, 그간 근현대사의 지배적 패러다임이었던 대항 민족서사/민중사의 보편성을 비판할 매개이다. 하지만 냉전 시기 근대 역사학과 근대화 이론 등이 '깊은 공모' 관계를 형성해온 탓에 여기서 빠져나오는 것 자체가 어렵다. 이 점에서 "학문 분과 내 존재하며 공문서를 파고들어 역사적 지식을 극한까지 밀고 나아가 그 모순, 이중성, 균열의 역사를 쓰는 기반이 되도록"[18] 하는 작업이 필요할 것이다. 아마도 그 길은 유령이 지배의 경계를 혼돈시키는 것처럼 위험한 동시에 이질적인 작업일 것이다.

책의 구성에 대하여

이 책은 크게 4부로 구성되어 있다. 먼저 제1부에서는 뉴라이트를 중심으로 전개되고 있는 박정희 시대 역사서사의 내적 한계와 모순을 지적할 것이다. 다음으로 1980년대 민중사와 상이한 서발턴이란 문제 설정이 지니는 함의와 서발턴을 둘러싼 냉전 지식체계가 박정희 시기에 생산되는 과정을 살펴볼 것이다. 마지막으로 박정희 시대 서발턴의 역사들을 베트남 파병 병사, 파독 노동자의 기억, 기지촌 여성 그리고 도시하층민의 봉기적 실천을 통해 개괄할 것이다.

다음으로 제2부에서는 타자의 기억을 파독 간호사의 이주노동에 대한 기억, 탄광촌 광부들의 기억공동체 그리고 소년 빨치산 박현채의 자기 검열이라는 세 가지 기억의 재현 형태를 통해 살펴볼 것이다. 이를 통해 한국 사회에서 타자에 대한 집단적 망각의 문제를 다루어볼 것이다.

제3부에서는 박정희 시기 서발턴이 봉기, 범죄, 탈출 등 기존의 정치적 행동의 임계를 넘어서는 사건의 형태로 재현된 사례들을 재구성하고자 했다. 구체적으로 광주대단지 사건(1971년), 무등산 타잔 사건(1977년), 소년원 탈출 사건 그리고 부마항쟁(1979년)을 통해 서발턴이 자신을 드러냈던 사건으로서 정치를 분석할 것이다.

마지막으로 제4부에서는 정치라는 주제로 앞의 1~3부의 이론적 함의를 정리할 것이다. 우선 서발턴의 재현과 관련하여 기억에 관한 이론적 논의를 정리하면서, 기억과 침묵, 기억과 상상력, 증언이나 자기 역사 쓰기 등의 실험에 대해 평가하고, 2011년 한국 사회는 과연 박정희 시대 서발턴의 목소리를 듣고자 하는가라는 질문을 던질 것이다. 다음으로 제3부에서 재현된 박정희 시기의 사건에 내재한 정치성을 구하, 랑시에르의 사건 해석에 관한 논의로 평가하면서 차이의 공간에서 재현되는 서발턴의 정치가 지니는 이질성과 고유성을 이야기할 것이다.

끝으로 이 책 전체에 걸쳐 나는 박정희 시기 아비의 유산을 현재화하려는 뉴라이트 논자들의 역사서서사에 관해서 검토할 것이다. 그 이유는 이들이 내세우는 부국을 위한 근대화 혁명, 다시 말해서 자본주의적 근대화는 그 자체로 서발턴에게 '폭력적'이었음을 이야기하기 위해서이다. 나는 완성된 형태의 해방된 근대도, 아직 가야할 길이 남은 미완의 근대 역시 존재하지 않는다고 생각한다. 근대로 가는 과정, 특히 한국의 근대는 특정한 개인과 집단에게는 폭력이었다. 하지만 뉴라이트 논자들은 이를 자연적인 것—어쩔 수 없는 희생—으로 해석하고 있다. 이 책을 통해 나는 뉴라이트 논자들의 인식 구조가 얼마나 폭력적인지 이야기할 것이다.

동시에 뉴라이트 논자들이 박정희 시대에 관한 '선별적인 기억'만을 주목하고 있음을 강조할 것이다. 역사는 현재와 교섭해 재현되는 '현재의 역사'임을 상기해 볼 때, 뉴라이트는 위로부터 자본주의화 과정에서 여성, 도시하층민, 이주자 등 서발턴들이 경험했던 고통, 희생 그리고 차별의 기억을 역사 서술에서 배제하고 침묵으로 대체시켰다. 이는 단지 이들이 서발턴의 기억에 주목하지 않았다는 것 때문은 아니다. 오히려 모든 희생과 억압의 현존에도 불구하고 '장밋빛 미래'가 조만간 올 것이라는 자기 확신의 이야기 구조가 문제이다. 다시 말해서 착취, 인권 탄압, 비민주성, 빈부 격차 등은 머지않아 소득 증대, 복지, 번영 등으로 열매 맺고 '그대들은 근대화의 위대한 주역'이 될 것이라는 '불확정적 자기 주문'을 반복하고 있다는 점이 이들의 문제

적인 역사 인식이다. 내가 문제 삼고 싶은 것은 박정희 시대에도 그리고 서발
턴들에게 반복적으로 이야기했던 '번영의 80년대와 그 이후' 역사에서도 이들
이 확신했던 미래는 다가오지 않았다는 사실이다. 이제 제1부를 통해 본격적
으로 박정희 시대의 역사서사가 현재 어떻게 재구성되고 있는지 살펴보도록
하자.

제1부

박정희
시대와
서발턴들

1. 박정희 시대의 역사서사

2011년 한국인에게 박정희 시대는 어떤 의미일까? 잦아드는 듯하다가도 되살아나는 그 시대에 대한 이야기(혹은 서사)가 사람들의 뇌리에 이토록 오랫동안 남아 있는 이유는 무엇일까? 최근 박근혜는 아버지의 '유산'을 무기로 2012년 대통령 선거에서 가장 강력한 후보로 가시화되고 있으며, '사회보장기본법 전부 개정'이란 슬로건으로 자신을 한국형 복지의 기수로 내세우고 있다.

2011년 2월에 실시한 여론조사에서 박근혜는 지지율 35.4%로 여전히 가장 유력한 대권 주자임을 확인했다. 응답자들의 17.5%가 '여성 대통령이 나올 때가 됐다' 또는 '여성이기 때문'이라고 지지 이유를 밝혔으며, 그다음으로 10.5%가 '아버지가 훌륭했기에 좋은 영향을 받았을 것'이라고 응답했다. 흥미로운 사실은 박근혜가 '여성'이기 때문에 지지한다는 비율이 높은 수치를 기록하고 있다는 점이다. 표면적으로는 박근혜가 박정희의 유산으로부터 상대적으로 자유로워지고 '여성 후보'로서 정체성을 확보하고 있다고 해석될 수 있다. 이러한 기대는 2000년대 중반부터 적지 않게 있었던 같다. 하지만 2004년 탄핵 사건 직후 한나라당을 이끌던 박근혜에 대해 나는 다음과 같이 생각했다.

　박근혜는 서강대 70년대 초반 학번으로 정계에서 최고 자리에 오른 자랑스러운 서강인으로 상을 받기도 했다. 박근혜가 대권 주자라는 편한 자리를 던지고 선거용 대표—2004년 탄핵 정국 직후 한나라당 대표—에 나선 것은, 더 이상 정치적 계산이 어려운 한나라당의 사정에서 기인할 것이다. 그 사정은 '제2의 자민련화'를 목전에 둔 민주당도 마찬가지이다. 추미애가 정치 생명을 걸고 선대위 위원장을 수락할지야 미지수지만, 추미애 이외에 10여 석도 건질 가능성이 없기 때문에 추미애에게 매달리는 것 같다.

　이번 탄핵 국면에서, 박근혜와 추미애라는 '여성 정치인'이 수장(首長)이 된 것은 여러 가지 해석의 가능성이 있다고 이야기할 수도 있을 것이다. 하지만 내 생각에 그들이 '여성' 정치인인지에 대해서는 유보적, 아니 반대 입장을 내세우고 싶다.

　우선 호주제 등 중요 여성 입법에 대해 보수적 입장을 견지하던 한나라당이 박근혜를 당의 얼굴로 내세운 이유는 탄핵 과정에서 벼랑 끝에 몰렸기 때문이다. 더불어, 박근혜—박정희로 이어지는 '경북 지역의 지역주의'를 통해 TK '수성'을 위한 전략으로 풀이된다. 그 이외에 박근혜 카드를 선택할 이유는 별로 없다. 박근혜의 의정활동으로 미루어 볼 때, 그녀는 '여성 정치인'이라기보다, '지역주의'에 기댄 정치인 이상으로 평가되기 어렵다. 따라서 박근혜 카드는 지역주의 투표 행위를 확장시키기 위한 '전략적 선택' 이상이 아니다.

　다음으로 추미애를 보자. 한때 정동영과 더불어 민주당의 미래로 노무현에게 '낙점된' 그녀의 상대적으로 성실한 입법 활동—한총련 사태 당시 성추문에 대한 고발, 4.3 관련 입법 활동, 시민권을 제약하는 전자

주민증 반대 등—은 높이 평가할 수 있다. 그러나 그녀가 과연 진입장벽을 넘을, 가능성 있는 정치인일까? 표면적으로 보이는 탄핵을 둘러싼 입장 변경이나 호남 지역구로 인한 태생적 한계는 그다지 중요하지는 않은 듯싶다. 오히려 추미애도 여성 의제와 관련되어 자기 정체성을 가진 정치인은 아니며 어쩌면 과도기적 여성 정치인일지도 모른다.

이런 점에서 야당의 얼굴이 여성으로 교체된 것을 '가능성'으로 확대해석하지 말았으면 한다. 자유주의 페미니즘은 이전부터 여성 쿼터제 등 조치를 통해 여성의 법적 제도적 지위 향상 가능성을 주장했다. 이들 조치의 중요성에 대해서는 동의하지만, 현재 여성 정치인과 여성운동, 여성 의제 간의 문제 설정은 좀 더 근본적인 고민을 필요로 한다. 단적인 예로 '노동의 여성화'라고 표현되는 신자유주의 이후 하층 여성들의 생존권에 대해 두 여성 정치인이 얼마나 관심을 지녔는지 궁금하다. 인터넷을 찾아본 결과, 불행히도 입법 및 국회 발언이 보이지 않는다.

물론 좁은 기준으로 과도기 여성 정치인을 음해하지 말라는 반박이 있을 수도 있다. 하지만 내가 주장하고 싶은 것은 현재의 여성단체 및 여성운동이 급격히 '체제내화' '국가기구화'되고 있다는 사실이다. 김대중 정권 이후 한국 여성운동을 보라. 중심 층의 상당수가 정부에 포섭됨으로써 '젠더정치의 국가화'란 특이한 현상을 보여주고 있지 않은가.

나는 여성단체들이 여성 후보를 선거에서 많이 진출시키는 것은 매우 중요하다고 본다. 그리고 이런 시도들은 여성 정치인에 의한 젠더정치의 가능성을 보여주는 사례가 될 것이다. 하지만 여성 정치인들이 정작 중요한, 신자유주의 아래에서 다수 여성의 주변화라는 문제에 대해 어느 정도 공감하고 있는지에 대해서는 회의적이다.

내가 사는 지역구에도 여성 후보— 혜화동 '안토니아스 라인' 사장—가 나섰다. 나는 그 후보를 찍고 싶다. 그러나 전제 조건이 있다.

그녀가 앞에서 언급한 조건을 적어도 어느 정도 충족시키는 공약과 선거운동을 전개한다면, 나는 그녀에게 투표하겠다. 하지만 여성이 사회적 소수자이기 때문에 공적 영역에서 수적인 증가가 필요하다는 당위와 본질주의적 남녀 대립 구도에 대한 인식만으로 문제가 해결되지는 못할 것이다.

현재 한국의 젠더정치는 신자유주의하의 국가정치에 포획되는가, 아니면 사회운동과 주변화되는 여성권을 결합시킬 지점을 찾아낼 것인가를 둘러싸고 선택이 필요한 '시점'에 맞닥뜨리고 있다. 이 점에서 두 야당 여성 대표의 등장은 '환영'할 만한 일만은 아니다.[1]

7년 전 글이지만 여성 정치 지도자의 존재 그 자체가 젠더 의제를 확장시킬 것이라는 환상에 대해 지적한 듯싶다. 7년 전 그리고 지난 대통령 후보 경선 때 박근혜에게는 박정희의 그림자가 지금보다 훨씬 강했다. 하지만 2012년 대선을 앞둔 박근혜는 2007년과 다소 다른 모습이다. 아직도 박정희의 그림자가 존재하지만 그의 현재 화두는 '복지'이다. 박근혜는 2009년 5월 미국 스탠퍼드 대학에서 한 발언 이후 복지와 사회적 약자에 대한 언급을 급속히 강화했다. 몇 가지 예를 들면 다음과 같다. "정부는 공동체에서 소외된 경제적 약자를 확실히 보듬어야 한다."(2009년 5월 7일 스탠퍼드 대학 연설) "우리의 궁극적 꿈은 복지국가 건설이다."(2009년 10월 26일 박정희 전 대통령 30주기 추도식) "소외된 사람들도 똑같이 기회를 가질 수 있고, 자랑스럽고 품격 있는 선진 복지국가."(2009년 11월 14일 박 전 대통령 탄신제)

박근혜는 선제적 예방적 실질적이고 지속 가능한 통합 복지 시스템을 만들겠다고 밝히며, "소득 보장에 치우친 기존 복지 체계를 소득 보장과 사회 서비스가 균형을 이루도록 재편"하겠다는 청사진을 내세웠다. 이처럼 복지에 대한 그의 관심을 반영하듯 박근혜는 18대 국회 상반기에 상임위원회로 보건복지가족위원회를 고르기도 했다. 나는 박근혜가 신자유주의를 비판하면서 새로운 정치적 비전을 제시한다든지, 혹은 좌파 진영까지 아우르는 연합 정치를 구상할 가능성에 대해서는 판단할 위치에 있지 않다. 다만 박근혜의 행보 안에서 지울 수 없는 '아비의 흔적'에 대해 말하고자 할 뿐이다.

그렇다면 박근혜의 '한국형 복지'라는 구호 안에 '박정희라는 아비의 흔적'이 보이는 이유는 왜일까? 지난 2007년 대통령 선거의 슬로건이 선진화였다면, 현재는 복지화가 아닌가 싶다. 한나라당 내에서는, '가장 빨리 산업화와 민주화를 이룬 우리 민족의 다음 숙제는 복지화다. (…) 세계가 부러워하는 건강보험 체계를 1977년부터 만들어 왔다'는 말이 흘러나온다. 이는 박정희 정권 당시 근로자 의료보험이 도입된 사실을 들며 '박근혜＝복지' 이미지를 강화하려는 담론 정치의 일환으로 보인다. '아버지의 꿈은 복지국가였다'는 박근혜의 말은 아버지의 이미지를 대중적으로 전취하기 위한 정치적 전략이기도 하지만, 여전히 박근혜가 '아버지의 이름' 안에서 정치를 하고 있음을 단적으로 보여주는 대목이다. 박정희 시기에도 '80년대는 복지의 시대'임을 천명해 왔다. 하지만 박정희에게 복지는 근대화와 부국이라는 '미래'가 달성된 뒤에 사회구성원들에게 나누어져야 할 '시혜'에 가까웠다. 그의 조국 근대화는 경제성장의 과실을 복지로 나누어주겠다는, 경제성장에 우선순위를 둔 모델이었다. 어찌 보면 박정희 시대에 복지란 근대화라는 '미래가 완성된 이후의 일'이었을는지도 모른다.

더불어 냉정하게 따져볼 때 박근혜가 아버지 박정희로부터 자유롭지 못한 이유는 '혈연'이기 때문만은 아니다. 중요한 사실은 박근혜 자신도 유신체제에서 여성 노동자를 포함하는 대중들의 이데올로기적 통제를 위해 '새마음운동'을 주도했던, 유신체제의 '공조자'였다는 점이다. 1970년대 중반부터 전개된 새마음운동은 전국 규모의 '정신 개조 운동'이었다. 새마을운동이 농촌 중심의 개발 사업이었다면, 새마음운동의 목적은 유교적 윤리규범에서 도출된 충과 효라는 '유교 담론'을 부활시키는 것이었다. 이 운동을 담당한 단체는 박근혜가 총재를 맡고 있던 구국여성봉사단이었다. 1979년 이 단체에서 박근혜의 연설문을 모아 펴낸 『새마음의 길』이란 소책자를 보면, 계급, 계층, 지역 간 갈등이라는 한국의 사회문제에 대한 진정한 해결책으로 새마음운동을 제시하면서 민족의 지혜와 전통적 담론을 강조하고 있다.[2]

박정희 시대에 국가는 '보호의 주체인 가부장'으로 자리매김되었다. 박정희가 가부장의 역할을 조국 근대화에 두었다면, 이제 박근혜는 아버지가 미처 이뤄내지 못했던 복지라는 꿈을 전면에 내세우고 있다. 여기서 한 가지 더 지적하고 싶은 것은 박근혜의 담론 정치 안에는 아버지 박정희의 이미지만이 존재하는 것은 아니라는 점이다. 박근혜에게는 여리고 안쓰럽고 비운의, 그래서 지켜주고 싶은 정치인이란 담론이 걸쳐져 있다. 특히 박근혜는 '조국과 결혼했다'고 당당히 밝히는 독신이기에 비리와 야합으로 더러워질 대로 더러워진 남성 정치인에 비해 고결해 보인다. 그래서 혼자 있는 것이 더 자연스러워 보이기도 한다. 게다가 그는 일찍 사망한 육영수가 지녔던, '보호하는 국가'라는 이미지도 전유하고 있다. 이처럼 박근혜는, 각종 시혜와 보호의 담론으로 구성된 육영수의 '이미지'를 동시에 공유하고 있다. 이러한 자산은 우파 정당의 후보가 한국 현대사에서 처음으로 복지를 주요 화두로 들고 대선에 등장하는 역설을 낳게 될지도 모른다. 그렇다면 2011년 박근혜와 복지를 통해 다시 등장한 박정희 시대를 뉴라이트 그룹이 어떤 역사서사로 재구성하고 있는지 구체적으로 살펴보도록 하자.

만들어진 역사: 뉴라이트의 역사관

1987년 민주화 이후에도 현대사, 특히 박정희 시대는 지속적으로 '현재화되는 역사'로 인식되었다. 1960년대 후반 이후 국정교과서에서 한민족의 역사는 '민족중흥의 역사'로 채색되었다. 다른 한편으로는 '국적 있는 역

아버지 박정희에게서 서예 학습을 받고 있는 박근혜(1977년 8월 31일)
[출처: 『대한민국 정부 기록 사진집』]

박정희 시대에 국가는 '보호의 주체인 가부장'으로 위치 지어
졌다. 아버지인 박정희가 가부장의 역할을 조국 근대화에 두
었다면, 이제 박근혜는 아버지가 미처 이뤄내지 못했던 복지
라는 꿈을 전면에 내세우고 있다.

사교육'을 위해 자랑스러운 '한국적인 것'과 '한국 영웅'들이 세워졌다. 광화문 광장 한 가운데 자리 잡은 이순신과 최근 만들어진 세종대왕의 동상을 보면, '만일 저 두 사람이 없었다면 한국 영웅들이 만들어질 수 있었을까'라는 의문이 들 정도이다. 하지만 박정희 시기에 부정적인 현대사—식민지역사를 포함한 현대사—는 '병든 신체'에 비유되었고, 미래의 '생산적인 신체'—1960~70년대 근대화, 1980년대 복지국가—를 위해 버려져야 할 것으로 여겨졌다.

그러나 민족중흥과 조국 근대화의 시대로 칭송되던 박정희 시대는 1980년대에 들어서면서부터 '독재의 유산'으로 부정되었다. 1980년대는 뉴라이트 그룹이 비난하는, 386세대의 비뚤어진 '아비 지우기'가 벌어진 시기였다. 박정희 시대의 역사는 군사독재, 반민주, 인권유린 등 '악마적 이미지'로 조형되었고, '어둠'으로 채색되었다. 전태일의 죽음, 민청학련, 인혁당 사형 선고, 김대중 납치사건, 긴급조치 등 이루 말할 수 없는 참상들이 열거되면서, 그 시대는 1980년대 파시즘의 '원죄'로 서사화되었다.

하지만 그 사이에 점점 다른 해석의 기운들이 똬리를 틀고 있었다. 그것은 '검은 선글라스'에 군복을 입은 박정희가 아닌, 밀짚모자를 쓰고 농민들과 막걸리를 마시며 건설 현장에서 경제성장을 진두지휘하는 '다른 박정희'였다. 뉴라이트 논자들은 386세대의 역사 인식이 '아버지 지우기'에 급급한, 수정주의적 역사 해석에 기초한 편향된 역사관이라고 비판하고 있다.[3] 그리고 '악마적 이미지'로 취급되던, 과거의 박정희 시기를 '생산적인 무엇'으로 바꾸려고 한다. 하지만 역설적으로 뉴라이트가 아버지들의 역사와 경험을 다시 왜곡하거나 단일화하는 것 아닐까?

뉴라이트가 현대사를 인식하는 키워드는 '건국과 부국'—좀 더 정확하게는 국민국가 건설과 조국 근대화—이다. 특히 1960~70년대 박정희 시대의 키워드는 '부국(富國)'이다. 하지만 부국이란 키워드는 이미 특정한 결과가 전제된 역사 인식이다. 다시 말해서 어떤 비극적인 사건이나 희생이 있었더라도 이 시기에 가장 중요한 것은 부강한 나라, GNP가 높은 부자 나라를 만들기 위한 근대화였다는 점이다. 단적인 예로 한일국교 정상화, 베트남 파병, 파독 광부, 여공 등 개인적 집단적 희생은 모두 조국 근대화를 위해 '어쩔 수 없는 일'이며, 그 결과 빈곤과 실업률이 해소되었다는 통계 수치로 대체된다.[4] 이들의 눈에는 부국을 이루고 GNP 수치가 뛰어오르는 역사만이 보일 뿐, 산업전사와 애국자라고 불렸던 이 시기 대중의 고통은 '스쳐지나가는 어쩔 수 없는 에피소드'에 불과하다. 역설적으로 이들이야말로 '외눈박이 역사관'의 소유자들이 아니던가? 진실로 역사에 대한 '선택적 기억'을 강요하는 것은 이들이 아닌가 하는 질문을 던지지 않을 수 없다.

다른 한편으로 뉴라이트는 1960~70년대 한국 사회에 어느 정도 문제가 있었음을 인정하는 것처럼 이야기하면서 역사적 경험적 사실에 충실한 실증적 접근을 강조하고 있다.[5] 하지만 그 결론은 다시 '불가피론'으로 귀착된다. 이들은 산업화 초기 민주주의와 산업화를 동시에 이룬 국가는 없었으며, 더 나아가 초기 근대화보다 민주주의를 선택한 국가치고 성공적인 발전—'부국'이라고 읽자—을 이룬 국가는 존재하지 않았다고 역설한다. 바로 절대빈곤과 민주주의는 맞바꿀 수 없는 가치라는 것, 즉 발전과 부국이 민주주의보다 '선행하는 가치'라고 힘주어 이야기한다.[6]

이런 주장은 『대안교과서 한국 근현대사』(기파랑, 2008)에서도 비슷하게 반복되고 있다. 이들은 박정희를 전면에 걸쳐 소개하면서, 권위주의적 통치는 역사적으로 축적되어온 성장의 잠재력을 최대로 동원하는 역설을 낳았다고 논파하고 있다. 박정희 시기 역사에 대한 이러한 서술은 군사 쿠데타의 주도 세력들을 기득권 이해관계로부터 자유로운, 추진력 있는 '실용주의' 세력으로 규정하는 대목에서 절정에 달한다.[7] 5.16 군사 쿠데타 당시 존재하지 않았던, 누구도 사용하지 않았던 실용주의라는 슬로건이 군사 쿠데타 세력의 성격 규정에 버젓이 사용되고 있다. 이는 신자유주의 경제성장을 지향하는 자신들의 역사적 뿌리와 정통성을 5.16 군사 쿠데타에서 찾으려는 의도를 명시적으로 드러낸 것이다.

뉴라이트 논자들은 자본주의 발전 과정에서 희생은 '불가피한 손실'이며, 이러한 숙명을 이끌었던 박정희에게 시대의 모든 문제를 귀속시키는 오류를 범해서는 안 된다고 힘주어 말하고 있다.[8] 나는 근대화 과정에서 대중의 희생을 불가피하다고 이야기하는 이들의 역사 인식이 스스로 주장한 '역사적 경험과 사실'에 충실한지, 더 나아가 제3세계 자본주의화에 대한 올바른 역사 인식인지 의심스러울 따름이다.

예를 들어 뉴라이트의 한 논객은 근대화에서 영국적 길이 안정적인 민주주의에 친화적이라는, 베링턴 무어(B. Morre, Jr)의 이른바 '부르주아 없이 민주주의 없다'는 논리를 비판하고, 그런 역사는 전형적이지 않다고 말한다.[9] 하지만 '강한 부르주아지가 존재하지 않았음에도 불구하고 민주주의로 이행'한 사례도 얼마든지 존재한다.[10] 오히려 부국강병을 위한 불가피한 희생으로서 근대화 혁명을 '운명'이란 용어로 규정하는 것은 '선경제성장−후민주화'라는 '헌팅턴 테제'를 합리화시키기 위한 주장에 불과하다.

더 나아가 이들은 박정희 시기 민중의 고통과 현재 삶의 어려움에 대해 '미래가 당신들의 고통을 갚아줄 것'이라고 주문을 외웠다. 하지만 부국의 길과 권위주의적 근대화의 길은 현재뿐만 아니라 미래도 보상해주지 않았다. 여전히 이들은 '당신들의 희생은 어쩔 수 없었소. 참고 또 참고 인내하시오'라고 반복해서 당부하고 있다. 하지만 과연 인내가 답일까? 근대화를 주장하는 자들은 노동자, 빈민, 농민 등 민중의 고통과 경험을 외면해도 정당한가? 나는 그렇지 않음을 뉴라이트 집단이 비판했던 베링턴 무어의 말을 통해 이야기해볼까 한다.

공산주의자도 마르크스주의자도 아닌 무어는 근대화 과정에서 강한 부르주아지에 기초한 영국적 경로가 바람직하며, 그래야 파시즘이나 농민혁명 이란 파국적인 길을 막을 수 있다고 『독재와 민주주의의 사회적 기원』(1966) 에서 언급했다. 특히 주목해야 할 것은, 그가 산업화에 따라 민중생활이 향상되었다는 논지를 비판하면서 "어느 민중이든 산업사회를 원했다는 증거는 없으며 오히려 원치 않았다는 증거가 충분하며 (…) 실제로 모든 형태의 산업화는 위로부터의 혁명, 무자비한 소수의 작품"이었음을 강조했다는 사실이다.[11] 이는 계량사학자들이 주장하듯이 산업화 이후 민중생활이 나아졌다는 편견에 대한 도전, 즉 파국적 산업화와 도시화가 얼마만큼 민중을 나락으로 몰고 갔는가를 정확히 지적한 것이다. 다시 말해서 무어는 파국적이면서 엄청난 사회적 희생이 따르는 근대화 속에서 민중의 희생을 어떻게 최소화할지 고민했다. '근대화는 운명이고 희생은 어쩔 수 없다'는 뉴라이트 논자들의 주장과는 크디 큰 인식의 차이를 보여준다.

이처럼 뉴라이트 논자들이 주장하는 '불가피론'이란 민족구성원들이 근대화라는 운명을 받아들이고 불필요한 저항이나 반발을 최소화할 때에야 비로소 '최단 시간 내'에 빛나는 미래 혹은 문명인으로 가는 길에 도달할 수 있다는 '묵시록적 예언'에 기초한 것이다.

대중독재론과 도시하층민의 '정치'

다른 한편, 박정희 시기를 둘러싼 또 하나의 중요한 시각은 '대중독재론'이다. 박정희 시기를 대중독재로 파악한 이 이론은 여러 가지 논쟁을 촉발했다. 논쟁의 주된 내용은 대중독재론으로 박정희 시기 지배 메커니즘을 해명하고, 또 당대 대중의 존재와 주체 형성을 설명할 수 있는지에 대한 것이었다. 하지만 대중독재론을 둘러싼 비판과 반비판은 쟁점에 있어 '절반의 진실'만을 보여주고 있다. 독재에 '동의하는 대중'을 강조했던 대중독재론에 대해 '저항하는 대중'도 '경험적으로' 존재한다고 반박하는 것은 같은 인식의 지평

박정희의 휘호 〈싸우며 건설하자〉(위, 1968년 12월 16일), 〈총력안보〉(1971년 12월 30일)
[출처: 『대한민국 정부 기록 사진집』]

"어느 민중이든 산업사회를 원했다는 증거는 없으며 오히려 원치 않았다는 증거가 충분하며 (…) 실제로 모든 형태의 산업화는 위로부터의 혁명, 무자비한 소수의 작품이었다."

_베링턴 무어

아래에 있는 사고이다.[12]

대중독재론은 한국 민족주의 역사학이 전제하는, '통합된 주체'인 민족을 비판함과 더불어 근대성에 대한 근본적 성찰이란 맥락에서 제기되어 왔다. 바로 대중독재론은 근대적 지배 형태로서 독재(또는 파시즘)에 대한 대중들의 열광과 적극적인 동의를 부각하기 위한 논쟁 지형 아래에 서 있었다.[13] '대중독재와 박정희 체제: 근대의 경계에서 독재를 읽다'(2006년 4월 14일) 토론회 직후 정리된 내용에 따르면 다음과 같다.

> (…) 근대 독재들은 통상 억압과 폭력의 악마적 이미지들로 채색되어
> 왔으나 실제로 그것은 위로부터의 강제적 동원이 아닌 아래로부터의
> 자발적 동원 체제를 구축했으며, 나아가 대중의 광범위한 동의 기반을
> 향유했다. 이는 곧 대중이 독재에 연루되고 심지어 그것과 공모했음을
> 암시하며, 따라서 소수의 사악한 가해자와 다수의 선량한 피해자라는
> 도식은 순진함을 넘어 허구적이기까지 하다. 이런 도식을 고집하는 한
> 독재가 정치적 파산 선고를 받았음에도 독재자에 대한 향수가 끈질기
> 게 따라다니는 모순적인 현실을 설명할 길이 없다. 독재를 진실로 극복
> 하기 위해서는 그것을 단순히 비난하기에 앞서 그것에 대한 우리의 경
> 험을 통절하게 반성해야 한다. (…)[14]

그러나 대중독재 주창자들은 민족주의와 근대적 지배로서의 독재를 둘러싼 이분법적인 문제 설정 탓에 대중독재론을 '보편화'시키려는 욕망으로부터 자유롭지 못하다. 대중독재론은 근대적 지배에는 동의와 저항이 동시에 공존했다고 하면서, 억압이라는 독재의 일면만이 아닌, 독재의 '부름'에 적극적으로 답하는 '대중'을 부각시켰다. 하지만 대중독재론은 의도적으로 논쟁을 '동의 혹은 저항'이라는 구도로 전개하면서 스스로 비판하고자 했던, 80년

대 이래 민중사가 전제해온 근대적인 문제 설정에 함몰되었다.[15] 여기서 근대적인 문제 설정이란 민족, 민중, 대중, 시민, 남성 등 특정한 주체를 보편적이고 합리적인 주체로 '전제'하는 인식론을 총칭한다. 이런 문제 설정에 근거했을 때 보편적인 범주들에 내재한 한계와 차이를 인식하지 못하게 된다. 오히려 중요한 점은 저항과 동의라는 설정(혹은 이를 구성하는 지식체계) 자체를 이론적이고 역사적으로 '문제시'하는 것이다. 특히 대중독재론에서 중요한 대중 혹은 민중이라고 불리는 집단은 통일적이거나 균질적이지 않다. 이들을 민중으로 환원시키고자 했던, 민중사를 포함하는 한국 현대사 해석의 '근대적인 문제 설정' 자체를 문제시할 때에야 대중독재론이 제기했던 근대적 지배에 대한 비판이 정당성을 지닐 수 있을 것이다. 그렇다면 이런 근대적 문제 설정을 흔들 수 있는 틀로는 무엇이 있을까? 그에 대한 하나의 접근으로서 서발턴에 관해 살펴보도록 하자.

2. 왜 서발턴인가?

내가 왜 서발턴에 천착했는지는 앞서 프롤로그에서 밝혔다. 이 책에서 내가 사용하는 서발턴이란 근대 보편주체인 산업 프롤레타리아트, 공장 노동자로 대표되는 고정적이고 단일하게 통합된 주체가 아닌 비서구 사회의 종속 집단을 지칭하는 '상황적인 개념'이다. 이는 구하(Ranajit Guha)와 라틴아메리카 서발턴 연구에서 사용했던, 단일화되고 통합된 개념에 대한 경계라는 맥락과 유사하다. 여기서 서발턴은 그 역사를 발견해야 할 대상이 아니라 시기마다 이질적일 수 있는 가변적 인식의 대상이다. 또한 본래 서발턴 개념이 "계급, 카스트, 젠더, 연령 등으로 표현되는 남아시아에서 일반적 종속의 측면"을 지칭하듯이, 그들이 저항하고 봉기하는 사건의 공간과 순간조차 지배 집단에 대해 종속적이었다.[16] 라틴아메리카 서발턴 연구 집단도 서발턴을 정해진 '어떤 것'이 아니라 '변전하고 표류하는 주체'로서 농민, 프롤레타리아트, 공식-비공식 부문의 노동자들, 저소득-불완전 취업자들, 노점상들, 화폐경제 외부나 주변에 있는 자들, 모든 부류의 룸펜, 아동들, 노숙자 등 광범한 대중들이 포함된다고 언급했다. 그렇다면 서발턴이라는 낯선 개념은 언제, 어디에서부터 나왔을까?

서발턴(subaltern)에 관한 지적 관심은 20세기 초반 이탈리아의 안토니오 그람시(A. Gramsci)에서부터 시작되었다. 그람시는 비조직화된 이탈리아 소농 계급을 보며, 이들이 통일된 주체가 될 수 없지만 그들만의 자율성과 자율적 제도를 지니고 있음을 강조했다.[17] 그 뒤에 서발턴 개념은 인도의 구하와 인도 출신 탈식민주의 이론가 스피박(Gayatri Spivak)에 의해 발전되어 왔다. 앞에서 말한 대로 서발턴은 엄격한 계급 분석이나 계급으로 환원(혹은 특권화)되지 않는 집단의 사회적 정체성과 이를 둘러싼 투쟁을 수용할 수 있는 유연한 개념으로 제기되었다. 하지만 서발턴이라는 개념을 사용하는 논자들 사이에도 입장의 차이는 다소간 존재한다. 단순화의 위험성이 존재하지만, 이는 구하를 포함하는 서발턴 그룹이 표방하는 '구성적 입장'과 호미 바바(Homi Bhabha)와 스피박으로 대표되는 '해체적 입장'으로 구분할 수 있다.

먼저 '구성적 입장'을 대표하는 서발턴 그룹은 인도 민중사에서 주류 부르주아지 민족운동과 분리되어 자율적으로 전개된 서발턴의 봉기에 착목했다. 이들은 1982년부터 서발턴들의 독자적인 역사를 재구성하기 시작했으며, 이들의 정치적 목소리, 의지 그리고 행위성 복원에 대해 주로 연구했다. 서발턴 그룹 가운데 한 명인 구하는 인도 식민주의 역사학과 민족주의 마르크스주의 역사학이 공히 서발턴의 '봉기'를 정치적 프로그램과 의식이 부재한 '자발적인 반란'으로 다룬 것을 비판하면서, 자율적이고 독자성을 띤 서발턴의 '정치의식'을 서술 대상으로 삼았다. 이들의 연구는 생산양식을 중심으로 한 서사가 아닌, 봉기와 저항을 일으킨 서발턴에서 역사 변화의 동인을 찾았다는 점에서 기존 민중사와 '차별적'이었다.[18] 이처럼 서발턴 그룹은 서발턴들의 행위와 저항을 '자연발생적'이고 '전정치적인 것(pre-political)'이라고 폄하해온 민족주의와 마르크스주의 해석에 반대하면서, 민족주의 엘리트의 제도화된 정치 영역과 동등한 차원에서 존재했던 서발턴들의 '정치 영역'을 재구성하고자 했다. 다시 말하자면 보편적인 근대적 서사에 편입되지 않는 서발턴의 역

사를 서술하고자 했던 것이다.[19]

반면 '해체적 입장'을 대표하는 바바와 스피박은 지배와 피지배 사이의 경계를 오가는 '양가적 정치행위자'로 서발턴을 가정하면서, 탈중심화된 다중적 주체와 주체의 혼종성을 통해 지배 대 대항이라는 이항대립 구조를 해체하자고 주장했다.[20] 이들과 '구성적 입장' 간의 차이를 간략히 살펴보면 다음과 같다.

스피박은 구하 등의 서발턴 그룹을 다음과 같이 비판하고 있다. 첫 번째, 서발턴 그룹이 서발턴의 의식과 경험을 완벽하게 설명하거나 알려고 시도한다는 점을 지적한다. 다시 말해서 서발턴 그룹이 실증을 통해 순수한 서발턴 의식을 발견하려는 욕망을 가지고 있다고 비판한다. 이런 구하와 서발턴 그룹의 연구 전략은 기존 역사 연구가 인과관계와 객관성이란 지식을 통해 서발턴를 통제해왔다는 그들 자신의 문제의식과 '모순'된다는 것이다. 두 번째, 서발턴 그룹이 서발턴들의 복잡하고 차별화된 투쟁에 '거짓된 일관성'을 부여하고 있다고 비판한다. 이는 서발턴을 '대상화'하는 동시에 지식인들이 생산한 지식으로 서발턴들을 '통제'하는 결과를 낳는다는 것이다. 바로 스스로 비판하던 실증주의와 본질주의의 덫에 걸렸다는 것이 이들의 지적이다. 세 번째로, 봉기 등 서발턴의 정치 영역에 대한 분석에서 서발턴 여성을 다시 주변화시켰다고 서발턴 그룹을 비판하고 있다.[21] 이 가운데 가장 큰 논점은 서발턴의 재현을 둘러싼 문제다.

스피박은 「서발턴은 말할 수 있는가」라는 글을 통해, 비록 서발턴들의 저항을 입증하는 '공식적 문서'가 존재한다고 해도 이들의 저항을 재현한 것은 지배체계를 통해 '여과'된 것이라고 주장했다. 여기서 '서발턴은 말할 수 있는가'란 질문이 지닌 의미는 이들이 근본적으로 자기 목소리를 지니지 못했다는 의미가 아니라, 이들의 '발화(發話)' 행위가 지배적인 재현 속에서는 '인식 불가능'하다는 것이다.[22] 그간 국내 민중사 연구에서는 구술이나 기억 자체가 주체의 경험이나 인식을 그대로 반영한다고 생각하는 측면이 적지 않았다. 하지만 이러한 방식으로 서발턴을 재현하려는 것은 '주체의 구술(혹은 발화)'이 지닌 현재성, 복합성 그리고 기억이나 구술조차 지배이데올로기로부터 자유롭지 못한 점을 간과하는 인식이다. 서발턴의 위치에서 쓰여야 할 대안적 역사는 존재하지 않으며 탈식민 비평가는 서발턴의 목소리를 찾으려고 하지 말고 침묵을 지적하는 법을 배워야 한다는 스피박의 말처럼 서발턴 재현과 관련해서 중요한 방법론적 문제는 공식 역사가 무시한 '목소리'를 복원하는 동시에 왜 그들이 '침묵할 수밖에 없었는지'를 밝히는 작업이다.[23]

다른 식으로 표현하자면, 서발턴을 '완벽하게 재현하는 것'은 불가능하다. 이러한 욕망은 의식주의, 실증주의, 방법론적 순환론(혹은 전략적 본질주의)에 빠질 수 있다.[24] 다시 말해서 서발턴의 의식이 지닌 명료함과 깊이를 과대평가해서는 안 된다. 이는 본질적으로 서발턴에게 자기 목소리가 없기 때문이 아니라, 지배적 재현과정 속에서 이들의 목소리가 '순수하게 인식되는 것이 불가능'하기 때문이다. 더불어 서발턴 연구자는 텍스트 안에 존재하는 지배담론과의 공모를 경계해야 한다. 이른바 침묵된 목소리를 회복하려는 욕망 혹은 진정한 개인성의 자유로운 표현으로서 목소리라는 휴머니스트적인 개념에 대한 경계를 늦추지 말아야 한다.[25]

서발턴, 민중사 그리고 근대 역사학

그렇다면 한국에서 서발턴 개념은 왜, 어떠한 방식으로 수용되었을까? 서발턴은 하위(sub)와 타자(altern)가 결합된 말이다.[26] 단어의 의미처럼 이들은 주체로서 위상을 부여받지 못하고 주체화 과정에서 배제되는 타자를 지칭한다. 이들은 한편으로 냉전 근대화 과정에서 비가시화된 동시에, 냉전 지식생산 과정과 이에 대항하기 위해 구성되었던 민족-민중서사에 의해서도 보편·통합되기를 강요받은 '이중적 존재'이다.

한국에서 서발턴 개념이 수용된 데에는 크게 두 가지 이유가 있다. 하나는 '민중 재현의 위기'이다. 더 이상 민중이란 개념이나 지식체계로 재현할 수 없는 개인과 집단의 존재를 연구자들이 파악했기 때문이다.

1980년대 이후 한국에서 상당수 민중사와 노동사는 사전에 전제된 이데올로기와 개념을 통해 주체를 파악했으며, 이런 방법론을 과학적인 동시에 사회적이고 실천적이라고 인식했다. 하지만 이미 전제된 특정한 문제 틀이나 메커니즘에 따라 역사(와 주체)가 작동한다고 부당하게 설정한 문제점은 여전히 존재했다. 이들의 이론적 기반인 마르크스주의는 "비가시적인 스크린, 다시 말해 여성·인종·소수집단·다양한 방식으로 억압받아온 이들"을 보이지 않게 하는 레이더스크린으로 기능했다는 비판에서 자유롭지 못했다.[27] 비서구 사회 서발턴에서는 서구와 같은 순수한 형태의 계급의식으로 이상화된 주체를 발견하기 어려우며, 오히려 상이한 차이에 의해 매개되곤 했다. 이런 맥락에서 현재의 민중사와 노동사 연구는 서구중심적인 보편주의적 가정과 비서구의 특수한 지적 기원 간에 발생하는 모순 속에서 영원히 포로로 남게 될지도 모른다.[28]

서발턴이 수용된 또 다른 이유는 증언할 수 없거나 공식적 지식체계 속에서 자신의 언어를 재현하는 것이 불가능한 개인을 둘러싼 지식생산과 주체형성에 대한 문제 때문이다. 즉, 목소리가 없거나 침묵하는 주체를 둘러싼 냉전 지식체계의 문제였다. 2000년대 들어 일각에서 서발턴 연구가 소개되었지만 1980년대 민중사학 계열에서 제기한 민중사와 유사한 것으로 오해하거나, 미시사와 일상사 등 서유럽에서 제기된 새로운 형태의 역사 서술로 잘못 인식하는 경우가 적지 않았다. 좀 더 구체적으로 살펴보면, 한국에서 서발턴 개념은 크게 세 가지 방향에서 받아들여졌다. 첫 번째는 종군위안부 여성의 증언을 놓고 민족주의 서사와 대립각을 세우는 와중에서 서발턴 논의의 수용이 이질적·균열적 주체로서 증언 여성을 재현한 것이다. 다른 하나는 구하, 서발턴 그룹 그리고 스피박의 논의가 역사학, 여성학, 문학 분야에서 받아들여진 것이다. 여기에서는 국내 사례에 대한 적용보다 근대 역사학 비판, 서발턴의 재현 가능성, 서구 중심적 역사 서술 비판을 중심으로 논의가 전개되었다. 마지막 수용 방향은 민중사 분야였다. 1990년대 후반 민중사에 대한 비판적 논의가 '밑으로부터의 역사' '밑으로부터의 사회사' '구술사' 등을 통해 전개되었다. 2000년대 들어서 일군의 민중사 연구자들이 민족서사에 포획된, 1980년대의 목적론적이고 일괴암적인 민중사 연구를 자기비판하면서 '새로운 민중사' 혹은 '민중사의 탈구축─탈식민 민중사'를 대안으로 내놨다. 통일된 견해는 아니지만 역사학 연구자들 간에 제기된 민중사에 대한 자기비판의 내용은 (1) 단일한 변혁 주체에 대한 회의, (2) 민중의 대상화─운동 주체로서 민중 특권화, (3) 지배와 저항의 이분법의 한계, (4) 민중사가 국민국가의 완성을 위한 국가프로젝트로 전유되는, 즉 지배층의 민족서사에 대항하는 또 다른 국민 형성 프로젝트로의 자리매김 등이었다.[29] 이들은 구술사, 일상사, 포스트식민주의 역사와 서발턴 등 각각 상이한 맥락이지만 겹쳐지는 문제 제기를 거쳐 새로운 민중사 혹은 화생(化生)하는 민중사라는 논의를 전개했다. 아직 소수이기는 하나 이러한 자기비판은 민중의 이질적 경험, 목소리 그리고 다양한 역사 서술 등의 방식으로 서발턴 논의에 접근했다.

다만 민중사와 민족서사에 대한 재평가에 근거한 논의들은 기존 민중(사)에 대해서는 비판적 인식을 보이지만 1980년대 역사적 실천의 주요 개념인 '민중사의 대체물'에 대해서는 아직 유보적이다. 그뿐 아니라 '서발턴으로서 민중'에 관해 논의하지만 여전히 '실증'을 넘어선 민중의 재현, '근대 역사학'에 대한 자기비판과 대안 모색까지 문제의식이 진전하지는 못했다. 이는 민중사 연구자들이 대부분 역사학 관련 전공자들로 구성되어 있어서 근대 역사학이라는 지식생산 체계에 대한 발본적 비판으로까지 나아가기 어렵기 때문인 것으로 보인다.

이상에서 살펴본 것처럼 한국 학계에서 서발턴 수용은 여성주의, 증언 및 구술사 연구와 친연성을 지니면서 제기되었고, 종군위안부 여성과 여성의 전쟁 경험 등에 대한 증언을 통해 민족주의 역사서사와 쟁점을 형성해나갔다. 그러나 최근의 상황은 '서발턴 연구는 곧 소수자 연구'라는 식으로 서발턴 논의가 잘못 이해되는 측면도 있다. 거칠게나마 한국에서 서발턴 수용이 지닌 문제점을 정리해보면 다음과 같다.

첫 번째, 1980~90년대 민중사와 노동사에 대한 '비판적 전유'를 주장하지만, 여전히 과거에 존재했던 서발턴을 어떻게 '실증적으로 복원시킬 것인가' 혹은 '어떻게 과거 민중의 리얼리티를 규명할 것인가'라는 실증주의와 본질주의라는 한계로부터 자유롭지 못하다. 이는 근대 역사학 비판이라는 문제와 연결되어 있다. 두 번째, 구술과 증언 등 기존에 사용하지 않았던 연구 방법과 텍스트들을 통해 역사 서술이 시도되고 있지만, 이들의 존재와 다양한 목소리를 '재현할 방법론'이 부재하다. 스피박의 말처럼, 서발턴이 말을 하려고 해도 그것을 의미화할 인식론이 존재하지 않는 한 서발턴들에게 '말 걸기'는 불가능하다.[30] 따라서 문제는 구술이나 증언 등 사료를 둘러싼 문제뿐만 아니라, 이들을 재현하는 시각과 방법이다. 이런 맥락에서 서발턴이 지배 담론 간의 경계와 차이의 공간에서 재현되는 방식에 주목할 필요가 있다. 그 방식은 이른바 결기한 투사들, 조직된 노동자, 계급의식으로 무장된 노동자뿐만 아니라 역사 서술에서 주변화되어온 존재, 다른 식으로 말해 민중사에서 '민중답지 못한 존재'로 여겨졌던 "겁쟁이들"—예를 들어 도망자, 전향자, 비겁자, 탈출자 등—을 역사 서술의 중심으로 가져옴으로써, 기존 역사 서술의 개념과 공간에서 설명되기 어려운 '잔여의 공간'을 드러내야 하는 것이다.[31] 마지막은 가장 논쟁적인 문제로, 서발턴 연구가 제기한 근대 역사학 비판과 지식체계 검토를 둘러싼 핵심 문제에 관한 논의가 한국에서 여전히 초보적이며, 근대/서구/보편의 비판적인 극복을 둘러싼 문제가 방법론과 인식론 차원에서 본격적으로 논의가 진행되고 있지 못하다는 점이다. 그렇다면 앞서 소개한 한국에서 서발턴 논의가 수용된 맥락과 한계를 유념하며 박정희 시기 서발턴의 재현을 둘러싼 특성을 좀 더 자세히 살펴보도록 하자.

냉전과 서발턴

냉전 국가 형성기에는 빨갱이, 부역자, 비국민 등 이데올로기적 역사적 차원에서 배제되어온 집단이 존재했다. 한국의 반공국가 형성 과정에서 공권력은 법과 폭력을 독점하였으며, 국민국가 구성원의 일부를 비국민으로 배제하고 또 다른 일부에게만 국민의 자격을 부여했다. 특히 탈식민 과정의 남북 간 시간 차는 내부적 적대를 강화했고, 이런 적대성은 '반동'과 '빨갱이'란 용어로 의미화되었다. 특히 한국전쟁 시기 이들은 승리한 자와 패배한 자 그리고 패배했지만 승리한 자 등의 형태로 등장했다. 또한 전쟁이 끝난 뒤에는 희생자, 간첩, 이중간첩, 프락치 등 '가사자(假死者)'의 형태로 다시 태어났다.[32] 이처럼 냉전 시기의 국민은 동질적 집단을 의미하지 않았으며, 보이지 않는 타자이자 비가시적 존재들이 국가 형성 시기 좌우익 간 정치투쟁, 국가와 민중 간의 정치투쟁이라는 스크린 속에 존재했다.

이처럼 냉전, 국민국가 형성 그리고 근대화는 한국의 주체 형성에서 중요한 역사적 단락들이었다. 한국전쟁을 거치며 동아시아에서 냉전이 정착되는 과정에서도 한국은 여전히 '냉전의 쇼윈도'였다. 다른 식으로 표현하자면, 사회주의 진영과의 대립에서 자본주의의 우위를 증명하기 위한 '전시장'이었다. 이 과정에서 '냉전 동아시아의 지정학'이 강하게 작용했다. 냉전 형성기에 중국과 한반도에 대한 미국의 동아시아 전략이 결과적으로 실패하면서 전략 수정이 불가피해지자, 시베리아~만주~한반도 북부에 걸친 사회주의 블록에 대항하기 위한 '지역 안보'라는 문제가 핵심 사안으로 등장했기 때문이었다.

특히 한국에서 국가폭력의 내재화 과정은 국민국가 형성과 겹쳐지면서 특정 인민에 대한 배제와 승인의 체계를 구축했다. 대표적인 예가 1945년 8.15 직후에 일어난 제주4.3항쟁, 추수봉기 그리고 한국전쟁에서 노골화된 국가폭력이었다. 이 시기의 폭력과 학살은 새로이 건설해야 할 반공국가의 정체성을 오염시킬 수 있는, 위험하고 열등한 인종인 '빨갱이'의 몸을 제거하는 과정이었다. 이들에 대한 학살의 배후에는 인종적 증오에 버금가는 집단적 증오가 자리 잡고 있었다. 당시 서북청년단 등이 지목했던 폭력의 대상은 개인의 몸이 아닌, 빨갱이라는 '인종의 몸'이었다.[33]

1960년대 중반 이후 베트남 전쟁을 수행하는 과정에서도 한국에서 지배적 담론은 '인종주의'에 기반을 둔 것이었다. 구체적으로 말하자면 문명–문화 전파론에 입각해서 베트남과 인민들을 파악했던 것이다.[34] 한편으로는 한국인과 베트남인 간의 인종–문화적 친근함과 유사성을 강조했지만, 다른 한편으로는 베트남인을 오리엔탈리즘적 시선으로 바라봤다. 다시 말하자면, 문화–생물학적 열등화 담론을 통해 베트남인을 미개인이자 열등 인종으로 취급했다. 동시에 전쟁을 먼저 체험했던 반공문명인으로서 이들을 관리하고 훈육하는 체계를 확립했다.[35] 이처럼 '베트남인＝열등 국민＝열대인 후진성'이라는 담론은, 복원된 동아시아 냉전 질서 아래에서 한국인이 2등 국민으로서 자기 정체성을 확보하기 위한 식민지성이 재현되는 장이었다. 동시에 탈식민 근대화 추진이 식민지 시기 제국 지식체계에 의존해서 모방된 것을 의미했다.[36]

하지만 주목해야 할 사실은 냉전을 이데올로기와 국가폭력으로 제한해 해석하면 안 된다는 점이다. 오히려 냉전 그리고 자본주의와 사회주의 양 진영 간에 총력전은 그 밑에 사는 대중들의 마음, 정신, 도덕 그리고 습속을 둘러싸고 다차원적으로 진행되었다. 실제로 1, 2차 세계대전, 한국전쟁 그리고 베트남전이란 전면전, 일상적 시기를 항상적 전시 상태로 만든 냉전까지 포함해서 한국인은 20세기 대부분을 '전쟁'과 연관된 삶을 살아왔다.[37] 총력전이 일상에서 생활방식, 규범, 의식, 세계관 등을 전쟁 상태로 몰아넣었다면 냉전도 진영 간의 총력전으로 큰 차이는 없었다. 미국은 한국전쟁과 베트남전쟁을 자유 진영 전체의 전쟁으로 만들려고 했으며, 이를 위해 무력전뿐만 아니라 경제원조, 사상전으로서 심리전이란 차원에서 진영 총력전을 전개했다. 냉전 시기 동안 동아시아에서는 전후방 구분 없이 체제 경쟁이 벌어졌고, 전쟁이 개인의 심성과 일상생활을 지배했으며, 양 진영 간에 대중을 동원하는 사상과 문화 전쟁이 치열하게 전개되었다.[38] 이처럼 냉전은 위로부터의 동원과 치안으로서의 정치 등을 통해 대중들에게 각인되었으며, 자본주의와 사회주의 간 체제—이념적 구분선뿐만이 아닌, 대중의 일상에서도 냉전의 경계가 구축되었다. 다시 말해서 냉전 시기 국민국가라는 경계 자체가 대중들에게는 '공포'와 다름없었다. 바로 국민국가라는 상상적 공동체에 속하지 않으면 존재할 수 없는 동시에, 이에 귀속된 삶인 '국민'만이 제대로 된 삶이란 공포가 내재했던 것이다. 이는 냉전 시기 국민국가와 민족주의(그리고 그 질서)가 지니는 억압성과 매한가지였다. 냉전 시기 반공국가는 반공문명인이자 "정화된 남성의 건강한 몸"으로 자신을 재창조하기 위해 빨갱이의 몸을 제거하고, 오염될 가능성이 높은 인종과 집단에 대한 비가시화와 침묵을 강제했다.[39]

오염에 대한 공포

냉전 시기 한국에서 서발턴의 재현과 관련해서, 특히 세 가지 역사적 계기에 주목할 필요가 있다. 하나는 1961년 군사 쿠데타이고 다음으로 1965년 베트남전이라는 1960년대 냉전의 위기, 그리고 1970년 데탕트라는 또 다른 냉전의 위기이다. 이 점에서 이 시기는 '위기의 연속'이었다. 1945년 8.15 직후부터 1950년대까지 시기에는 대한민국의 주권성을 위협하는 요소를 지난날 외세라고 불렸던 '외부'에서 찾았다면, 1961년 군사 쿠데타 직후부터 위기의 요소는 풍기문란, 특수범죄, 특수반국가사범, 소년범 등으로 '내부화'되었다.[40] 1961년 군사 쿠데타 이후 체제를 위협하는 오염 요소들은 점차 '내부화' 되어 위기를 가속화시켰다. 실제로 1961년 군사 쿠데타 이후에는 4.19 시기 폭발했던 도시하층민에 대한 사회적 불안이 각종 법규, 제도 그리고 담론의 형태로 가시화되었다. 또한 1960년대 후반 이후 도시빈민, 공식-비공식 부문의 노동자들, 저소득-불완전 취업자들, 노점상들, 건달, 룸펜, 소년원생, 노숙자는 개별적으로 이름은 있었지만 근대 역사학의 분석 대상으로 여겨지지 못했다. 비판적 지식인들의 개념과 시각 속에서도 이들은 의미 있는 존재로 파악되기 어려웠다.

군사 쿠데타 세력은 4월 혁명 이후, 사회질서의 문란을 경계하고 질서를 회복한다는 명분으로 도시빈민 등 하층민을 독자적인 관리 대상으로 간주하고 처벌과 훈육 체계를 제도화했다. 1961년 국가재건최고회의는 비상조치법 22조 1항에 특수범죄처벌특별법을 마련해 사회를 교란시키고 용공행위를 하던 자를 "특수반국가행위자"로 규정했고, 1962년 최고회의 차원에서 소년원 운영을 '합리화'할 것을 지시했다.[41] 뒤에서 서술할 '소년원 탈출 사건'에서 자세히 다루겠지만 4.19 시기 구두닦이로 표상되었던, 시위에 적극적으로 참여했던 도시하층민의 분출하는 열정은 '무지한 대중'의 부정적인 정념으로 표상화되었다. 하층 남성과 여성 역시 사회 혼란과 여기서 비롯되는 '특수범죄'라는 독자적 범주 안에 설정되면서 규율과 훈육의 대상으로 변했다.[42] 이는 1960년 4.19 시위 과정에서 가시화된, 혹은 그 이전에 이미 형성된 도시하층민, 그리고 하층민의 자녀들에 대한 '사회적 불안'을 반영했던 것이었다.

도시하층민의 불온한 정념이 사회적으로 확산될지도 모른다는 오염의 공포는 1960년대 후반 이후에 다른 양상으로 확산되었다. 먼저 1965년 베트남 파병은 주한미군 감축 억제와 한일 국교 정상화 반대라는 여론을 잠재우기 위한 것이었다. 박정희 정부는 동아시아 반공 블록에서 '인정받는 주권국

서울 광화문 부근의 승공반공 가장행렬(위, 1969년 6월 14일),
국민교육헌장 선포식(아래, 1968년 12월 5일),
민주공화당 임시전당대회(오른쪽, 1969년 8월 30일)

[출처: 『대한민국 정부 기록 사진집』]

1960년대 후반 이래 박정희 정권은 안보 위기론을 극대화시키면서 총력전 체제를 전면적으로 구축했다. 또한 국내 냉전 질서의 위기를 민족의 위기로 담론화하면서 1967년 '제2경제론', 1968년 '국민교육헌장' 등을 내세워 민족담론의 전면화를 꾀했다.

가'로 위상을 재고하기 위해 베트남전 특수를 통한 일본판 마셜플랜으로서 참전을 사고했다. 베트남전 파병은 동아시아에서 유일한 전투병력 파병국으로서 한국의 '냉전 경제성장'과 '한미 군사동맹'에 대한 자신감을 불러일으키는 계기였다. 이제 냉전은 한반도를 둘러싼 남북 간의 문제가 아닌, 한반도와 아시아에 걸친 문제로 확장되었다.[44] 베트남전쟁을 통해 한국, 미국, 일본, 대만으로 국한된 동아시아 개념이 확장되었던 것이다. 1966년 서울에서 개최된 아시아-태평양지역 각료회의에서는 "평화, 자유, 균형된 번영의 위대한 아시아, 태평양 공동사회의 건설"을 공식적으로 천명했으며, 이를 통하여 냉전의 중심으로 한국을 내세우고자 했다.[45]

다음으로 1970년 닉슨독트린 이후의 데탕트는 한국 내에서 '안보 위기'로 등장했다. 이미 1960년대 중반을 거치면서 총력전과 국가총동원체제는 예고되었다. 1965년 베트남전 파병 이후 박정희 정권은 1966년 국가안전보장위원회 산하에 국가동원체제연구위원회를 만들었다. 이 위원회는 국가 비상사태에 대비하기 위해 국가안전보장과 연관된 군사 및 국내 정책 수립에 따르는 국가동원체제 개선 관련 사항을 조사 연구하기 위한 조직이었다. 이런 일련의 조직과 조사 연구는 국가총동원체제를 준비하기 위한 것이었다.[46] 한편, 1970년대 초반에 본격화되었던 냉전 균열은 1960년대 중반 이래 준비해오던 '국가동원체제'를 본격적으로 실행하도록 강제했다. 사실 1968년 1.21사태로 대표된 안보 위기는 이미 그 전해부터 예고된 것이었다. 1967년부터 증가했던 남북 간 긴장은 북한 무장부대의 청와대 습격 사건과 푸에블로호 납북 사건, 하반기 울진·삼척지구 무장유격대 남파 사건 등을 거치며 급격히 냉전 한반도의 '안보 위기'를 고조시켰다.[47] 그리하여 미·중과 일·중 국교정상화, 데탕트, 미군 철수 그리고 1975년 베트남 패망 등의 냉전 균열에 대해 박정희 정권은 안보 위기론을 극대화시키면서 총력전 체제를 전면적으로 구축했다.[48]

한편, 베트남전 참전을 통해 상승 이동하려는 박정희 정부의 시도가 실패로 끝난 반면, 미국은 '동아시아 냉전구도의 전환'을 시도했다. 그 전환의 방향은 일본에게 동아시아 질서 유지의 부담을 맡기는, 이른바 '일본을 중심으로 하는 동아시아 질서의 하위 파트너'로 한국을 위치시키는 것이었다. 이런 변화는 아시아 냉전 균열에 따라 총력전을 준비하던 박정희에게 또 다른 위기를 '예감'하게 해주는 사건이었다. 하지만 국제적 냉전의 균열보다 더 주목해야 하는 것은 국내 냉전 질서의 위기였다. 이러한 위기는 '민족의 위기'로 담론화되면서 근대화의 정신적 바탕을 구축하기 위한 '제2경제론'(1967년)과 '국민교육헌장'(1968년) 그리고 '국적 있는 교육'에 기초한 민족사관 강조(1972년) 등 민족담론의 전면화를 통해 '정체성의 위기'를 극복하고자 했다.

구체적으로 살펴보면 박정희 정부가, 베트남전에서 반공전선은 한반도 휴전선과 직결되어 있는 '제2의 전선'이란 식으로 위기를 증폭시켰던 것은 국내에서 '위험스러운 존재들'이 가시화되었기 때문이었다.[49] 이른바 제2전선론은 일상에서 저항이나 반대, 불만을 가진 개인이나 집단을 '적'으로 간주하고 봉기나 집단행동을 하는 개인과 집단을 '베트남 공비'처럼 섬멸해야 하는 대상으로 사고하게 만들었다. 냉전 국가 형성 과정에서 '비국민—적'으로 배제되었던 집단과 다소 다른 맥락으로, 1960년대 근대화 과정에서 눈에 띄기 시작했던 이들은 범죄자, 무지한 집단, 미개인의 형태로 존재했다. 그러나 이들은 정상인들과 다른 도덕, 규범, 윤리를 지닌 존재로 간주되었다. 앞서 언급했던 바와 같이 반공 냉전을 먼저 경험한 한국인—'반공문명인'—은 반공의식이 박약한 베트남과 비교되며, '베트남=야만, 비문명, 미성숙' 등으로 담론화되었다.[50] 이러한 비유를 통해 한국인은 반공으로 무장된 문명인이므로, 반공—총력전 체제를 거스르는 실천이나 사고는 곧바로 베트남인과 유사한 야만, 비정상, 범죄자란 의미로 고착화되었다. 단적인 예로 검은 땅이라 불렸던 탄광촌, 기지촌 그리고 무질서의 도시로 불린 도시빈민촌 게토는 더럽고 비정상적이며 위험스러운 공간인 도시위생학의 대상이자, 반공국가의 정체성을 오염시킬 수도 있는, 위험스런 적을 양산하는 공간으로 여겨졌다. 마치 인종주의가 그랬듯이 냉전 체제하에서 적을 생산하는 '식민담론'이 여기서도 작동했다. 다만 피부색이 아니라, 습속으로 규정되었을 뿐이었다.

동시에 유령과 같은 서발턴이 어느 순간 일으켰던 사건들은 체제에 있어서는 '공포'였다. 바로 위기와 공포감이 공존하는 동원체제의 균열이라는 맥락에서 도시하층민, 기지촌 여성의 존재 그리고 '사건'의 형태로 표출했던 집단행동으로부터 이들은 비정상인, 예비 범죄자, 비국민이자 적으로 호명되었다. 바로 서발턴은 근대화 시기를 경과하며 위험한 존재인 동시에 규율화되어야 했던 대상이었다.

이러한 서발턴의 봉기와 범죄 그리고 집단행동을 비정상적이고 체제에 대한 오염 요소로 만들기 위해 정치학, 역사학, 안보학, 유교, 국민윤리, 범죄학, 심리학, 서구 비판으로서 대중문화, 가정관리학 등 냉전 지식체계가 동원되었다. 이들 지식체계는 과학이란 이름으로 냉전하의 근대화를 예비하는 '문명인'과 '자기 예언적 주문'을 반복하면서 서발턴들에게도 미래의 중요성을 강조했다. 특히 냉전 지식체계 가운데 강조되었던 것은 '대중정치의 위험성'이었다. 냉전 시기의 정치학에서, 국가는 내·외부의 적에 맞서 자유주의 체제를 수호하는 것을 그 목적으로 했다. 냉전 정치학의 주도자들인 자유주의자들은 엘리트의 특별한 역할, 대중 불신 그리고 절차와 제도를 강조했다. 이들에게 가장 큰 골칫거리는 통합되지 못한 비정착민들이었으며 이들은 반민주적 이데올로기와 운동에 가장 취약한 위험한 집단으로 간주되었다. 바로 제도화의 경계를 넘어서는 대중정치는 비정상적인 동시에 근대와 거리가 먼 후진적이고 미개한 것으로 여겨졌다.[51] 따라서 무지하고 비이성적이며 질서나 법을 지키지 않는 서발턴의 집단거주와 집단행동은 공포의 대상이자 규율화되어야 하는 대상이었다.

하지만 냉전 시기 서발턴을 둘러싼 가장 중요한 지식체계는 '민족주의 역사서사'였다. 저항 진영이 생산했던 민족주의 역사서사는 박정희 정권이 강조했던 민족정체성 강화를 위한 민족주의와 구분되는 것처럼 보인다. 하지만 민족주의와 역사서사는 궁극적으로 민족국가 형성을 위한 역사학이라는 점 그리고 식민주의의 극복을 표방했지만, 그것의 모방-연속이란 성격이 강했다. 냉전 시기 민족주의 역사서사는 자본주의 맹아론 혹은 내재적 발전론이란 이름으로 구체화되었다. 여기서 '내재적(內在的)'이란 탈식민 사회에서 근대화-자본주의화의 주체로서 민족과 민족주의를 뜻했고, 발전론(發展論)이란 서구와 같은 정상적인 자본주의 발전이란 궁극적인 지향을 의미했다. 민족주의 서사는 식민주의와 식민지 역사서사에 의해 지체된 한국 근대의 완성—그 종착점으로 분단 극복과 국민국가의 정상화—을 내세웠다. 하지만 그 안에 숨겨진 담론은 한국이라는 특수한 공간 내에서 서구라는 근대의 시간이 펼쳐지는 '보편화 과정'을 전제했다. 다시 말해서 민족-민족국가라는 '일국적 프레임' 안에서 근대화-정상적 자본주의의 유일한 행위자는 민족과 민족국가 내의 국민(혹은 민족으로 의제화된 국민/엘리트)으로 제한되었다. 민족주의 역사서사는 탈식민 하에서 발전이론·근대화론과 공명하면서 정상적인 근대를 위한 성장(growth)과 이륙(take-off)이라는 냉전 시기 지배담론과 '공조'하고 있었다. 이런 맥락에서 민족주의 역사서사는 냉전적 사유와 공범관계에 있었다. 민족주의, 정상적 민족국가론(또한 정상적 자본주의화) 그리고 민족공동체에 근거한 발전 개념을 주요한 구성 요소로 했던 민족주의 역사서사는, 냉전 근대화론을 주창하던 박정희 체제의 발전주의 국가와 공명했다. 민족주의, 민족 주체성 그리고 발전주의의 결과는 민족국가의 국민을 만드는, 민족국가 형성의 지배담론과 유사한 논리였다.[52] 이처럼 냉전 지식체계인 정치학과 민족주의 역사서사에는 민족과 국민이라는 주체 이외의 존재가 들어설 공간이 존재하지 않았다.[53] 이런 지식생산이 지배적인 가운데 서발턴은 민족주의 역사서사와 냉전 자유주의 정치학의 틈바구니 속에서 '비가 시적'인 대상이었다. 또한 정상적 민족국가, 발전, 민족주체성과 '국가-없는-자들'인 서발턴은 공존하거나 융합하기 어려웠다.

이상에서 본 바와 같이 1960년대와 1970년대 동아시아 냉전 체제의 전환은 동아시아 냉전 체제에서 상승 이동하려는 지배블록의 입장에서는 위기의 연속이었다. 동시에 위기를 넘어서기 위한 총력전 체제-준전시 동원체제 경계 외부에 있는 서발턴에 대한 '공포'를 동반하는 것이었다. 냉전 시기 서발턴은 반공국가를 오염시킬 수 있는 혹은 잠재적인 적으로 체제의 경계 외부로 격리되어 '침묵'을 내면화하도록 강요받았다.

다음으로 이 책에서 다루는 박정희 시대의 유령들인 베트남 참전 병사, 기지촌 여성, 파독 노동자 그리고 도시하층민 봉기의 재현 양상을 살펴보고자 한다. 각각 상이한 시공간에서 존재했던 이들의 목소리를 왜 한국 사회는 듣고자 하지 않았고, 왜 이들은 재현되어서는 안 되는 위험한 존재들이었는지 살펴보도록 하자.

3. 박정희 시대 서발턴의 역사들

산업전사의 이름으로: 베트남 파병 병사와 파독 노동자의 기억

최근 한국은 이주민이 갈수록 증가하고 있는 사회가 되고 있다. 이에 따라 이주노동자에 대한 차별, 폭행, 인권 유린 등이 중요한 사회문제로 대두되고 있다. 하지만 조금만 뒤돌아보면, 1960년대 냉전 시기에 현재 한국에 체류 중인 이주노동자와 유사한 조건에 처했던 한국인들을 어렵지 않게 찾을 수 있다. 그들 가운데 일부가 베트남 파병 군인과 기술자 그리고 파독 노동자들이었다. 이들 가운데 상당수는 경제적 곤란을 해결하기 위해 머나먼 타국에서 젊은 시절을 보냈다. 그렇다면 생과 사가 갈리는 전장, 목숨을 걸고 들어가야 했던 이국땅의 갱도를 경험했던 이들은 당시와 현재를 어떻게 기억하고 있을까?

앞서 이야기한 『대안교과서』에는 이들의 고통이나 기억은 누락되어 있다. 다만 베트남 파병으로 한국이 흑자 경제로 돌아섰으며, 파견 군인과 노동자의 소득 그리고 한국 기업의 수익이 올라갔다는 단지 몇 줄로만 기록되어 있을 뿐이다.[54] 이들이 전장과 갱도 속에서 느꼈던 공포, 귀국 후 고엽제 피해자라는 사실을 숨기고 살아갈 수밖에 없던 고통 그리고 이국땅에서 방

베트남 파견 장병 환송식(위, 67년 8월 13일)
한국군 장교와 월남군(오른쪽 위)
패티김 베트남 파견 한국군 위문 공연(오른쪽 아래, 1967년 5월 5일)
[출처: 『대한민국 정부 기록 사진집』]

1966년부터 정부는 베트남 파병을 독려하기 위해 다양한 '경제적 유인책'을 제시하기 시작했다. 베트남에 가면 월급이 보장되고 한국에서보다 돈을 더 벌 수 있다는 것에서부터 귀환한 병사가 들려주는 이국적 풍경에 이르기까지, 더 이상 베트남은 죽음의 땅이 아닌, 병사들에게 '가난에서 탈출하는 출구'로 인식되었다.

랑했던 역사는 삭제되어 있다. 먼저 베트남 파병자부터 살펴보자.

한국은 냉전 시기 동아시아에서 어느 국가도 직접적인 군사적 개입을 하지 않았던 베트남전에 참전했다. 이는 동아시아와 세계로 진출하려는 공간적 팽창을 시도하기 위한 것이었다. 식민지 시기 남방(南方)과 남양(南洋)은 조선인이 대거 진출한 지역은 아니었지만, 판타지적인 남방 담론, 일제의 인종주의적 식민 담론을 통해 조선인에게 비춰졌다. 식민주의에 포섭된 조선인들에게도 남방은 개척과 진출의 대상이었다. 이러한 역사적 맥락에서 과거 대동아공영권 내 일본-조선-신생식민지로 이어지는 식민지적 위계질서가 냉전 시기에는 미국-일본-한국-동남아시아로 이어지는 구도로 부활되었다.[55]

냉전 시기 베트남에 대한 시선도 식민지 시기 남방을 대하던 것과 크게 다르지 않았다. 김추자의 동명(同名) 노래가 전편에 깔린 이준익 감독의 영화 〈님은 먼 곳에〉에서 드러나듯이 베트남은 이국적인 풍광으로 관객들의 시야 속에 자리 잡았다. 냉전 시기 베트남 파병도 과거 존재하지 않던, 동남아시아라는 시공간이 1960년대 들어 한국인의 눈에 들어왔던 시점에 진행되었다. 인근 일본과 달리 반전의 무풍지대였던 1960년대 한국의 지식인, 언론 그리고 정부는 베트남을 자유와 평화수호 그리고 조국의 새로운 역사가 이루어지는 곳으로 선전했다. 심지어 1968년 서울대 교수들이 만들었던 월남 민족지 조사 보고서에는 일제가 만든 식민지 민족지 조사 자료들이 재활용되었다고 한다.[56]

베트남전 초기인 1965년에 한국군을 처음 파병할 때는 자원보다 차출이 많았다. 하지만 1966년부터 정부는 베트남 파병을 독려하기 위해 다양한 '경제적 유인책'을 제시하기 시작했다. 예를 들어 베트남에 가면 월급이 보장되고 한국에서보다 돈을 더 벌 수 있다는 것에서부터 귀환한 병사가 들려주는 이국적 풍경에 이르기까지, 당시 사회적으로 조성되었던 '월남 붐'은 베트남전에 대한 인식을 변화시켰다. 1968년에 이르러서는 베트남에 가기 위해서 상납이 이루어졌을 정도였다. 이제 더 이상 베트남은 죽음의 땅이 아닌, 병사들에게 '가난에서 탈출하는 출구'로 인식되었다. 당시 대한뉴스의 첫 화면은 파월 장병의 업적들로 장식되었고, 전국에서 위문품, 위문편지, 펜팔 등이 쇄도했다.[57]

그러나 전쟁이 끝난 지 20여 년이 지난 1990년대 이후 베트남 파병자들은 고엽제 피해자나 베트남전에서 벌어진 민간인 린치와 폭력의 가해자 혹은 우익 단체들에 의해 동원되는 존재로 기억되고 있다. 특히 '용병(傭兵)'이라고 불리는, 이들에 대한 레테르는 잦은 분노의 원천이 되어 왔다. 물론 당시 저질러졌던 전쟁 폭력은 부인할 수 없는 사실이다.[58] 하지만 당사자였던 이들에게 전쟁 기억은 수출경제를 위한 '경제적 비용'만으로 환원할 수 없다. 다시 말해서 베트남전 이후 냉전의 범위 내에서 이들의 기억은 국가와 사회에 의해 치유되기보다 지속적으로 재생·재구성되었으며, 정치적인 목적으로 재해석되곤 했다.[59]

역설적인 사실은 이들이 냉전 시기 파병으로 인한 정신적 물질적 피해와 함께 여전히 가난과 소외를 겪고 있지만 이들에게서 박정희 시대에 대한 향수를 여러 곳에서 발견할 수 있다는 점이다. 바로 베트남 파병은 국가경제를 되살리기 위한 것이었으며, 가난으로부터 탈출을 가능하게 해준 애국이었고, 각자가 잘 살기 위해 스스로 선택한 것이 아니냐는 것이다. 잠시 몇 사람의 기억 일부를 보면 다음과 같다.[60]

> 독재를 했어도 가난한 사람들 살리려고 노력했잖아요. (…) 다만 가난
> 에서 구하려고, 독일에 간호사 파견, 월남 파병 결정은 우리가 살기 위
> 해서 한 거예요. (…) 가난, 가난을 구했다! 우리도 같이. (…) 대한민국
> 이 경제적으로 부흥된 초석은 경부고속도로예요. (…) 우리가 전쟁에
> 참여를 했기 때문에 오늘날의 경제부흥을 가져다 준 거예요. (…) 경부

고속도로를 보면 우리 동료가, 동지가, 우리 같은 군인들이 피 흘려 만든 길이구나, 이렇게 생각하고 갈 때가 많아요.

하지만 이들의 기억은 항상 동질적이라기보다, 내적인 균열의 요소를 안고 있다. 한 구술자의 기억을 보면, 장성급 임원들로 이루어진 베참(베트남참전전우회)은 재향군인회나 보훈처 등과 긴밀한 협조를 통해 지속적으로 일반 병사들의 전쟁 기억을 정치적으로 이용하려고 한다고 말하고 있다.[61]

참전 용사들은 죄다 빽 없는 놈들이에요. 그런데 떠드는 놈들은 빽 있고 후방에서 전투도 직접 안 해본 놈들이죠. 월남전쟁을 통해 경제건설이 어떻게 되었고 하면서… 전쟁이라는 특수 상황에서 전쟁에서 살아온 사람들 입장에서의 이야기가 아니고 정치이데올로기적인 그런 쪽으로 이용당해 가지고 말이야.

자기 영달을 위해서 작전을 하는 장교들과 실제 소모품보다 못한 졸병으로 총을 쏘고 전쟁을 한 사람과는 엄청난 차이가 있다. 지금 그 사람들이 자기 부하들을 위해 앞장서고 명예회복을 위해 싸울 수 있겠는가?

일반 사병들에게 베트남 전쟁은 '감추어진 트라우마'인 경우가 많았으며, 외상 후 스트레스 증후군(PTSD, post traumatic stress disord)에 시달리고 있는 사람도 적지 않았다.[62] 인간 의지로 도저히 감당해낼 수 있는 범위를 넘어선 압도적인 스트레스 경험, 즉 전쟁, 고문, 강간이나 재난 이후 나타나는 정신병리 현상을 이들은 겪고 있는 것이다. 인명에 대한 잔인한 살상, 동료 병사의 죽음을 현장에서 목격한 것은 전장의 사병들이었기 때문이다. 이들의 기억을 다시 들어보면 다음과 같다.

> 내가 누구를 쏴 죽였을 때 우리 부상당한 전우가 뭐라고 했느냐 하면,
> 발로 눈을 감기면서 "아야, 이 사람아! 자네가 운이 없어서 이렇게 되
> 었네. 우리가 또 언제 자네 꼴이 될 줄 아나! 원망하지 말고 눈이나 감
> 게" 이러면서 혼잣말을 하는 거예요. (…) 몇십 년이 지나도 그 참혹했
> 던 기억들이 영화 필름 돌아가듯이 그렇게… 그러니까 밤에 잠을 못자
> 요. 이런 고통을 장군들이나 영관급들은 잘 모르죠. 저들이 어떻게 알
> 아요. 상상도 안 할 거예요. 우리가 겪은 이 고통을….[63]

이들의 전쟁에 대한 기억은 공식적인 기억, 다시 말해서 동아시아 냉전
하에서 공산주의로부터의 자유 수호와 경제발전을 위한 애국에 의해 억압되
었다. 또한 현실에서 이들에게는 '용병' '우익단체의 들러리'라는 모멸적인 오
명이 붙여졌다.[64] 이 과정에서 병사들의 고통스러운 기억이나 트라우마는 추
방되고 은폐되었다. 이들은 베트남전쟁에 관한 '공식적 서사(official narrative)'
는 경제성장을 위한 전쟁 혹은 부끄러운 전쟁 이야기일 수 있지만, 자신들의
이야기는 공식적 서사와 구분된다는 점을 강조했다.[65]

더 나아가 이들은 전쟁이 끝난 이후에도 가해자와 피해자라는 양자 구
도 속에서 혼돈에 빠져 있다. 국익을 위한다는 명분으로 베트남 전쟁에 참전
했지만, 전쟁이 끝난 뒤 이들은 또 다른 서발턴이자 하층민으로 삶을 꾸릴
수밖에 없었다. 각자 중동, 호주, 미국으로 이주하거나, 아직 산업 기반이 취
약한 한국에서 팔당댐 공사 현장에서 '잠수 교육' '시체 인양' '고층건물 유리
창 닦기' 등 닥치는 대로 일을 해야만 했다. 그리고 1970년대 해외 취업을 위
해 중동, 태평양, 동남아 등지를 떠돌면서 가난을 대물림하기 싫다는 생각으
로 살아왔다.[66]

현재 이들은 고엽제, 정신질환 등 각종 질병에 시달리면서도 자신들의 문제 해결을 위해 고엽제전우회 등을 통해 활동을 전개하고 있다. 하지만 상당수 고엽제 환자들은 여전히 가족과 자식에게 피해가 갈까봐 자신이 고엽제 환자라는 '사실'조차 감추고 있다.[67] 이제 이들은 국가로부터는 '잊혀진 애국자'로 찬밥 신세를 당하고 있고, 사회·시민운동으로부터는 베트남전쟁 당시 전쟁 폭력과 관련해 '용병'으로 불리는 양가적인 상황에 처해 있다. 특히 민주화운동 피해자에게는 사회적 보상이 이루어지는데, 자신들에게는 최소한의 지원조차 이루어지지 않는 현실에 대해 울분을 토하기도 한다. 한 참전병의 기억을 들어보자.

> 그냥 고엽제 환자로 남는 것보다는 죽을 때 우리 자식들이 우리를 국
> 립묘지에 안장하면서 국가유공자 예우를 받고 있다는 사실만으로 만
> 족해요. (…) 지금 전부 육십, 칠십인데, 십 년도 못 살아요. 십 년 안팎
> 동안만이라도 고엽제 환자가 아닌 국가유공자란 말을 듣고 죽자 이거
> 예요. 어딜 가든지 '나 국가유공자다!'라고 신분증을 제시할 수 있었으
> 면 좋겠습니다. (…) 명예만 회복해 달라는 것입니다.[68]

동아시아 냉전하에 안보와 성장이란 명분으로 파병되었던 베트남에서 전쟁 폭력과 전우의 죽음을 목도했지만, 과연 이들의 희생이 어쩔 수 없는 선택이었을까? 또 박정희 시대를 정당화하는 뉴라이트 논자들의 주장처럼 이들의 미래는 '장밋빛'이었을까? 다음으로 또 다른 냉전의 서발턴이었던, 이주노동을 경험한 파독 노동자들에 대해 살펴보자.

파독 노동자에 대한 관심은 매우 드문 편이다.[69] 대규모 노동력이 단기간 혹은 장기간에 걸쳐 이주했음에도 불구하고, 이들은 '경제성장의 숨겨진 주역'으로 짧게 기록될 뿐 공식 역사에서 주변화되어 왔다. 특히 이들은 '가난

하고 먹고살기 힘들었던 시절에 돈 벌러 간 사람들'이라는 전형화된 공식 기억으로 역사 속에 남아 있다. 물론 이들은 독일로 가서 냉전하의 한국과 유사하면서도 상이했던 독일 사회를 목격했으며, 한국보다 상대적으로 나은 임금을 받았다. 하지만 독일 사회에서 이방인이자 마이너리티로서 이들이 일상적으로 경험했던 차별, 인종주의, 막장에서 사고로 죽어간 동료들에 대한 기억은 '어쩔 수 없었던 에피소드'로 여겨지고 있다.

1963년경부터 한국인 광산 노동자들은 독일로 노동 이주를 시작했으며, 이는 1978년까지 이어졌다. 1980년까지 광산 노동자 7,936명과 간호사 1만 32명이 국내로 송금한 마르크화는 차관경제가 본격화되기 전인 당시에 외화벌이이자 고용불안을 해결하는 손쉬운 수단이었다. 하지만 더욱 중요했던 것은 서독으로부터 상업차관 1억 5,000만 마르크를 보증받기 위한 지급보증으로 광산 노동자와 간호사를 파견했다는 사실이다. 당시 지급보증을 할 만한 은행이 존재하지 않았던 조건하에서 독일 은행이 노동력과 노임을 담보로 지급보증을 섰던 것이다.[70] 당시 군사정부는 경제개발을 위해서 외자가 필요했기 때문에 미국뿐만 아니라 서독, 이탈리아 등 유럽과 일본의 투자가 필요했다. 그러나 박정희는 일본의 투자와 경제협조가 새로운 형태의 경제침략을 초래하지 않을까 우려했다.[71] 아마도 이러한 내외적 조건이 외자 도입의 다각화를 시도하게 했을 것이다. '파독'은 그중 하나의 선택지였다.

더불어 광산 노동자들의 파독은 국내의 잠재적 실업으로부터 탈출하기 위한 성격이 강했다. 하지만 독일로 가려면 매우 까다로운 취업 조건을 충족시켜야 했고, 중간에 브로커가 개입되기도 했다.[72] 파독 광부의 출신도 다양했는데, "광부들의 신상명세서에는 천차만별, 진짜 광부에서 명동에서 주먹깨나 쓰는 건달, 대학졸업자, 퇴직 고등학교 교사, 실패한 사업가, 예비역 중령, 국회의원 비서관 하다가 영감님이 다음 선거에서 낙선하니 광부로 둔갑, 서독으로 날아온 친구도 있었"을 정도였다.[73] 독일로 가기 위한 신체검사 등도 상당히 복잡했는데, 파독 광부 선발을 위해 필기시험을 치르고 도계 탄광에서 일정 기간 교육을 받은 뒤 독일로 파견되었다.[74] 1974년 독일로 건너간 이동수의 경우, 독일로 가기 전 꿈이 "그냥 밥 세 끼만 먹고살 수 있는 세상이 되는 것"이었다. 그는 십대 초반에 동네 머슴 노릇을 하다 군에 입대한 뒤, 달리 생계를 꾸려 나아갈 방도가 없어서 "이왕 머슴을 살려면 독일에 가서 살"라는 큰 형의 권유로 독일로 가게 되었다.

> 근까[그러니까] 우리 형은 일 년 동안 일해야 [쌀이] 열 가만데, 나는 한 달 일해서 일곱 가마를 산다는 것 아닙니까. 인자 거기에서 골 때리는 거죠. 도대체, 도대체 이 가난이라는 걸 보니까, 복이 없어서 가난하게 사는 것이 아니다. 어느 땅에 태어나느냐에 따라 잘살고 못사는 것이 결정된다…[75]

독일로 간 광산 노동자의 절반 이상은 3년 계약으로 고용되었으나, 계약을 연장해 광부 생활을 계속하거나 대학 진학과 이직을 통해 독일에 잔류했다. 상대적으로 미래를 예측할 수 있었던 직종인 간호사에 비해, 광산 노동자들은 한국과 독일 어디서나 미래에 대한 불확실성이 존재했기 때문에 이후 직업 역시 다양했고 이동이 잦았다.

더군다나 파독 광산 노동자들의 노동조건은 열악했고 노동시간 외 여가란 그림의 떡이었다.[76] 그들은 기숙사 생활도 비인간적이었다고 기억하고 있다. "4명이 써야 하는 기숙사 생활은 대단히 비인간적인 생활을 하여야 한다. 어떤 경우, 각자의 작업시간이 다를 경우, 일을 나가는 사람과 쉬는 사람이 엄청나게 불편하다 (…) 이런 형편없는 기숙사 환경의 생활은 특히 한국 광부들에게 심각한 상황이다. 다른 나라에서 오는 사람들은 대개는 거주 이전의 자유를 누리고 있기 때문이다."[77] 또한 집주인인 독일인은 자신의 말에 복종하지 않을 경우, 툭하면 경찰을 부를 것이라고 협박하기 일쑤였다. 탄광에서 이들은 자신의 고유번호로 지위를 확인받았다. "2365번! 그것은 내 고유번호다. 앞으로 광산측은 물론, 광산국, 병원, 동회, 경찰서, 세무서 등 어디서나 굴라이 광업소 2365번하면 바로 나를 가르킨다."[78] 이러한 악조건에서 1979년까지 광산 사고로 숨진 한국인은 모두 27명에 달했다. 장재영의 기억 가운데 몇 가지를 인용해보자.[79]

> 64년 11월 30일. 끝내 서독 파견 광부의 최초의 희생자가 생겼다. 충남 출신 이성재 군.

> 에센 광산 갱내에서 적탄작업 중이던 최대혁 군이 탄차 사이에 머리가 끼어 두개골 파열로 사망했다.

독일 탄광에서도 강한 노동강도를 요구해서 광부들이 여가나 자기 시간을 갖는 것은 쉽지 않았다. 갱도에 들어가는 시간과 나오는 시간 그리고 지하 휴식시간 이외에 휴식은 거의 허용되지 않았고, 쉬려고 하면 조장이 여러 종류의 협박을 했다.[80] '도펠(doppel, 한 번 입갱해서 두 공수, 즉 16시간을 일하는 것을 뜻한다)'을 통해 몸에 무리였지만 수입을 올리기 위해 연속 노동을 해야만 했고, 입갱할 때 제공되는 식사는 버터만 바른 빵, 사과, 오렌지 세 가지뿐이었다. 심지어 한국인 광산 노동자들이 일을 게을리 한다고 판단되거나 병원에 자주 가서 지하 광산노동에 종사하지 못하는 경우, 베트남으로 보낸다고 협박을 받거나 본국으로 강제 소환되었다. 그 밖에도 거친 일을 견디지 못해 제3국으로 탈출하는 경우도 적지 않았는데, 당시 기록을 잠시 인용하면 다음과 같다.[81]

"Hier integrieren wir drei Italiener, acht
Spanier oder zwölf KOREANER."

파독 광산 노동자들(위), "여기에 이탈리아인 세 명, 스페인인 여덟 명, 그리고 한국인 열두 명이 합숙한다"는 내용의 1970년대 독일 루르 지방 지역신문 만평(아래)

[아래 사진 출처: 『독일로 간 사람들』(박찬경 외, 눈빛, 2003)]

독일 탄광에서도 강한 노동강도를 요구해서 여가나 자기 시간을 갖는 것은 쉽지 않았다. 갱도에 들어가는 시간과 나오는 시간 그리고 지하 휴식시간 이외에 휴식은 거의 허용되지 않았고, 쉬려고 하면 조장이 여러 종류의 협박을 했다.

정각 6시에 목욕탕에 붙은 탈의실에서 작업복을 입고 한 뒷박짜리 플라스틱 물통 두 개에 물을 가득 넣은 다음, 승강기를 타고 지하 1,200미터까지 내려가면 동쪽으로 걸어서 다시 1킬로미터, 다시 이곳에서 작업복을 벗어놓고 팬티바람으로 일할 준비를 완전히 갖춥니다. 옆구리에 찬 안전등과 가스방지 필터를 점검해야 하고, 작업용 가죽장갑을 낀 손에는 두 개의 물통과 망치를 들고 무릎에는 무릎 덮개를 씌워 묶어가지고는 15도 경사길을 다시 아래로 5백 미터쯤 내려가야만 바로 막장에 들어서게 되는데, 이미 온몸은 땀에 젖어버렸고, 팬티에서는 땀이 뚝뚝 떨어집니다.

1960년대 후반 이후 독일은 급속한 경제성장으로 광산, 병원, 양로원 등에서 일할 이른바 '3D 업종' 노동력이 필요하게 되었고, 이런 요구를 충족시키기 위해 한국인들은 독일로 갔다. 파독 광산 노동자들은 3년 계약으로 일했다. 이 때문에 독일 측은 계약 기간이 종료된 뒤에도 임금, 퇴직금, 연금 등 부담을 줄일 수 있었고, 진폐 등 직업병에 걸릴 경우에도 책임을 지지 않아도 됐다. 이 제도는 '초빙노동자제'라고 불렸는데, 노동자의 단결과 노조의 힘을 약화시키기 위해 일찍부터 발달되었다. 노동력의 인종적 성분을 다양화함으로써 이들의 단결을 완화시키기 위한 전략이었던 것이다.[82] 바로 '파독'은 이주인 동시에 또 다른 지역에서 냉전, 그리고 근대의 폭력과 배제를 경험하는 시공간이었다.

하지만 시간이 지남에 따라 파독 광산 노동자들은 가난이 운명이 아니며, 자신이 독일에서 노동하는 것은 '권리'라는, 노동자로서 의식을 획득하기도 했다. 파독 간호사들도, 한국 여성 노동자들이 서울로 돈을 벌어 가족에게 송금하는 것과 자신들이 한국으로 송금하는 것이 다르지 않다는 인식을 하기도 했다.

연극[〈공장의 불빛〉을 지칭]을 했는데, 하면서, 사실은 여성 노동자를 여기 알리려고 연극을 시작했는데, 그게 사실 우리 이야기였어요. "오냐면 엠-엄, 엄마, 엄마 돈 벌어가꼬 올게" 하면서 인자, 고향을 떠나는 게 우리가 공항에서 "엄마 잘 다녀올께요", 그지, 그런 인자 좀 그런 생각이 나서 똑 같더라구. 우리가 그, 실전이 그러니까, 눈물, 눈물 바다를 쏟는 거예요, 연습을 하면서도 우리가.[83]

위의 기억처럼 파독 간호사들은 가족의 생계를 위해 고향을 등지고 도시로 향했던 같은 시기 여성 노동자의 모습과 자신을 '동일시'함으로써 자신의 정체성에 대해 다시 생각하게 되었던 것이다. 다시 말해서 가족 생계와 남성 형제들의 학비를 위해 한국과 독일에서 노동에 종사했던 여성의 '공유된 경험(shared experience)'이 형성된 셈이었다. 이렇게 공유된 경험과 독일에서 획득한 의식을 바탕으로 노동자들은 집단행동과 민주화운동 등을 전개하기도 했다.[84]

이런 점에서 파독 노동자들의 이주 경험을 경제성장을 위한 '불가피한 희생' 혹은 '경제적 동기'만으로 해석하는 것은 제한적이다. 이들은 각자의 경제적 계급적 조건이나 가족과 관계를 매개로 경제적인 어려움을 체험했다. 동시에 같은 시기 독일에서 근대화의 억압성과 이주민에 대한 사회적 배제를 공유했다. 그리고 이 과정에서 계급, 인종 그리고 여성으로서 능동적인 주체성을 공유하기도 했다. 이는 국가라는 경계 안에서나 국가 간 경계를 넘어서는 노동 이주가 빈곤만으로 설명되기 어려움을 보여준다.[85]

우리는 애국자인가?: 냉전과 기지촌 여성

기지촌 여성, 1960~70년대에는 양공주라는 차마 입에 담기 어려운 모멸적인 이름으로 불렸던 여성들을 지금 기억하고자 하는 사람들은 얼마나 있을까? 한국전쟁 이후 전쟁미망인을 포함해서 많은 여성들이 생존을 위해 일을 해야만 했다. 표면적으로 여성의 노동시장 진출 활성화가 여성의 사회적 지위를 상승시킨 것처럼 보일 수도 있다. 뉴라이트 논자들은 이 시기 가족 형태가 핵가족으로 변화한 것에 대해 정당하게 논하고 있다. 하지만 이들은 그 안에 내재된, 사적 가부장제에서 공적 가부장제로 이행한 것에 대해서는 눈을 감고 있다. 이들은 가족 형태의 변화가 곧바로, 가부장제와 친족 집단으로부터 여성이 독립하거나 개인으로서 여성의 해방을 가져왔다고 부당하게 전제하고 있다. 또한 부부가 평등한 생활공동체로 변했다는 주장 역시 실제 민중의 경험과는 거리가 멀다.[86]

1960~70년대 여성, 특히 노동을 하는 여성의 상황은 1950년대 보다 더욱 악화되었으며, 여성들은 사적 가부장제로부터 탈출을 시도했다. 그러나 가족으로부터 독립하려는 여성들은 '가부장의 보호로부터 내쳐진 존재'로 여겨졌다. 특히 기지촌 여성들은 미군에게 자신의 신체를 매매해서 생존한다는 이유로 사회뿐만 아니라 가족으로부터도 '민족을 더럽히는 존재'로 낙인 찍혔다. 그러나 역설적으로 이들은 국가에 의해 애국자이자 산업전사로 호명되었다. 1973년 6월 문교부 장관이 매매춘을 애국적 행위라고 장려했던 발언 이외에도 1971년 12월 22일 박정희 정권은 기지촌 정화 정책을 표방하면서 외화 획득 차원에서 기지촌을 육성하고, 이들에 대한 관리를 강조했다. 또한 클럽들은 관광협회에 등록되어 하와이 관광산업을 견학하기도 했다. 김연자는 송탄 기지촌에 온 직후 기지촌 여성들을 대상으로 한 교양강좌 시간을 다음과 같이 기억하고 있다.

여러분은 애국자입니다. 용기와 긍지를 갖고 달러 획득에 기여함을 잊어서는 안 됩니다. 에, 저는 여러분과 같은 숨은 애국자 여러분께 감사드리는 바입니다. 미국 군인들이 우리나라를 도우려고 왔으니 그 앞에

서 옷도 단정히 입고 그 저속하고 쌍스러운 말은 좀 쓰지 마세요.[87]

이승호도 자신의 중학교 시절 기지촌 여성에 관한 기억을 다음과 같이 기록하고 있다.

> 1974년, 제가 서울 동대문구에 있는 청량중학교 2학년생일 때 얘깁니다. 어느 따뜻한 봄날, 얼굴이 검었던 체육 선생 한 분이 애들을 운동장에 모아놓고 이런 훈시를 하셨습니다. (…) 미군에게 몸을 파는 우리 누나들은 애국자다. 그 누나들이 벌어들이는 달러는 가난한 우리나라 경제 발전에 큰 도움을 주고 있다. 너희들은 그 누나들을 양공주, 유엔 마담이라고 손가락질하면 안 된다.[88]

상당수 기지촌 여성들은 사적 가부장제에서 겪은 트라우마를 안고 생존을 위한 탈출구로 매매춘을 선택했다. 윤점균의 경우, 남편이 전쟁터에 끌려간 것에 대해 시댁 식구들로부터 이런 말을 듣고 쫓겨났다. "[무당이 말하길] 내가[구술자 지칭] 있으면 아들 죽는다 하더래요. 그니까 '나가라' 하더라구. 이제 뭐 [내가 있으면 남편이] 죽어서 돌아오고 내가 집을 나가믄 아들이 살아 돌아온다." 물론 그녀는 친정에서도 보호받지 못하고 거리로 내쳐졌다.[89] 김연자 역시 어머니를 버리고 새살림을 차린 아버지에 대한 참을 수 없는 분노로 집을 뛰쳐나왔다. 하지만 이들을 계도한다면서 기지촌에 온 대부분의 교회들 역시 이들에게 '이 더러운 죄인'이란 표현을 사용해 죄의식을 심어주었고, 동시에 더 많은 헌금을 바칠 것을 요구했다.[90]

이와 같이 기지촌 여성들은 '타락한 민족의 딸'로 여겨졌을 뿐만 아니라, 그들의 신체 역시 미군을 위해 관리·감독되었다. 기지촌 지역 활동을 했던 페이 문(한국명: 문혜림)은, "그들은 인권의 사각지대에 내버려져 있었던 것이다. 가족들도 이미 그들로부터 등을 돌린 지 오래였고, 사회나 정부에서도 그들을 미군이 주둔하는 데 필요한 하수구 정도로 생각했다. 미군 부대에서 가장 지위가 높은 군목이 나에게 이런 말을 한 적이 있다. '미군들은 일주일 내내 사람을 죽이는 고된 훈련을 받는다. 적어도 주말에는 부대 밖으로 나가 스트레스를 풀고 즐겨야죠'라고 당시를 기억했다.[91] 특히 성병으로 의심되는 여성들은 '몽키하우스'라고 불린 곳으로 강제로 끌려가서 주사를 맞아야 했으며, 포주의 이해를 위해 항상 감시당하고 감금되었다. 아래 두 기지촌 여성의 기억은 이를 극명하게 드러내준다.[92]

양색시를 툭하면 잡아가고 그랬지. 몽키하우스는 그거지. 영창이죠. (…) 미군하고 치고받고 그렇게 약들 먹고 그냥 그거하면, 몽키하우스 가지. (…) 광탄 포주들은 악질이었지. 색시 하나는 못나가게 해. 하나 나가면 하나 붙이고, 또 둘 나가면 또 하나 붙이고.

여자들은 하나 같이 몽키하우스 생활을 끔찍해했다. 침대, 담요, 약품, 의사… 모든 것이 온통 미제인 미제 수용소에서 범죄자 취급을 받으며 날마다 미군에게 가랑이를 벌리고 깨끗한 여자인지 아닌지 검사받는 일은 수치스러웠다.

뿐만 아니라, 1971년 5월 미군의 부당한 기지촌 여성들에 대한 조치—컴플레인 권리에 대한 부정—에 항의해서 "우리가 신발짝이냐"며 항의한 기지촌 여성들의 집단행동은 '북한과 연계'되었다는 의심을 샀다.[93] 냉전하에서 한국 정부는 한국의 안보를 담당하는 미군을 위해 존재했던 여성들의, 국가를 위한 희생은 장려했다. 하지만 사소한 반대는 적을 이롭게 하는 동시에 미래를 지연시킬 것이라고 생각했다.

순결한 민족을 더럽힌 여성이란 굴레는 기지촌 여성 자신들에게만 국한 된 것은 아니었다. 미군 사이에서 태어난 아이들은 '혼혈아'—당시 '튀기'라고 불렸던—란 이름으로 차별과 무시를 당했으며, 도저히 한국에서 살 수 없어 상당수가 해외로 입양될 수밖에 없었다. 당시를 윤점균은 다음과 같이 기억 하고 있다.

혼혈아 키우는 거 위험해요. 사고치지 마라… 사고치지 마라. 만나믄 사고치지 마라. 학교 댕길 때도 그렇게 애들이 몰아치더라고. 괄시하더 라고요. 학교 선생한테 하여튼 매 맞고 오는 데… 그냥 다리에 멍이 시 퍼렇게 들었어. (…) 한국 사람들은 무식한 사람들! 나도 무식하지만, 무식한 사람들. 애 세워놓고 '얜 미군애 같애~' 그래요. 이… 시골 쪽 에 사람들은 '아이요! 대가리는 왜 그러냐?' 그르구 그래요 (…) 아니 같은 말이라도 왜 그렇게 하냐고….[94]

기지촌 여성들은 가족과 민족 구성원으로부터 배제되고 미군으로부터 폭력을 당하면서, 미군에 의한 살해, 약물 과다 복용, 자살 등으로 삶을 마 치는 경우도 적지 않았다. 김연자는 한 해에 여섯 명의 동료들의 죽음을 보 며 당시를 다음과 같이 기억하고 있다. "해도 해도 이럴 수는 없었다. 다음은 누구 차례일까? 미군들조차 출입을 자제한 아메리카 타운은 귀신이 나올 것 처럼 썰렁했다. 지나가는 사람들을 보기도 힘들었다."[95]

과연 아이들에게 외화벌이 애국자라고 가르쳤던 기지촌 여성들의 미래 는 장밋빛이었을까? 이들의 미래는 기지촌 시기보다 결코 나아지지 않았다. 국가주도 자본주의화는 이들을 사회의 밑바닥으로 밀어 넣을 뿐이었다. 김 연자의 경우, 교회와 신학교 등을 통해 사회운동가로 스스로를 변화시켰다. 하지만 대부분의 기지촌 여성들은 공사판 막일, 식모 등 살아남기 위해 온

갖 일을 감내해야 했다.

> 식모살이도 해보고, 노가다 제일 많이 하고, 밭에 일도 많이 하고… 그
> 뭐… 색시들 방 치워주고, 왜냐면 여기 공장이 없었어요. 그래서 삯빨
> 래하고 색시들 방 치워주고, 색시들 방 청소는 한참 했는데…[96]

윤점균을 면접한 연구자의 면접 후기를 보면, 그녀는 구술 과정에서 전
세방이나마 마련해서 살고 있는 자신을 뿌듯해했다. 하지만 가난과 질병, 제
대로 된 방 한 칸조차 없는 그녀의 삶이 과연 박정희 시기 근대화가 약속했
던 미래일까? 윤점균의 구술자료를 보며 나는 한동안 망연자실할 수밖에 없
었다. 윤점균은 자신의 삶을, "엉터리로 살은 거지. 뭐가 어떻게 돌아가는지
도 모르고. 말도 잘 못하죠, 어설프죠. 또 그냥 영어도 못하죠. 그러니까 엉
터리로 살은 거예요"라고 말한다.[97] 하지만 진정 그녀의 삶을 엉터리로 만든
것은 그녀 자신이 아닌, 냉전과 근대화가 아닐까? 그렇다면 박정희 시기 대
거 도시에 형성되었던 도시하층민이란 유령들은 현재 한국 사회에서 어떻게
기억되고 있을까? 이를 1971년 광주대단지 사건과 1979년 부마항쟁을 실마
리로 살펴보자.

도시하층민, 더러운 것들

1961년 군사 쿠데타 이후 도시는 용광로였다. 1960년대 중반까지 낮은
고용률 때문에 한국 사회는 여전히 농촌 중심의 사회였다. 하지만 시간이 흐
르면서 이촌향도라는 흐름이 가속화되자 남부여대(男負女戴)로 도시를 향한
행렬이 이어졌다. 이 시기 도시하층민들은 도시의 가장 밑바닥 저류를 흐르
는 인간 군상들이었다. 요즘 노숙자, 실업자나 불안정노동자들이 '노동자 밑
의 노동자', 이른바 '언더클래스(underclass)'로 취급되듯이, 도시하층민들은 '사

람 밑의 사람'으로 여겨졌다. 윤흥길의 소설집 『아홉 켤레의 구두로 남은 사내』에서 묘사된 바와 같이, 1960년대 후반부터 서울은 '만원'이었고, 도시 주변에는 무허가 주택들이 난무했다.

일제 시기 '토막민(土幕民)'이 그러했듯이, 박정희 시기 도시 중산층과 정부의 도시하층민에 대한 시각은 '도시위생학'의 대상, 즉 '청소되고 격리되어야 할 주체'로 이들을 위치시키는 것이었다. 이를 대표했던 사건이 1971년 광주대단지 사건이었다.[98] 당시 서울시는, "인구 10만 명만 모아놓으면 어떻게 해서든 뜯어먹고 산다"는 기막힌 발상을 했다. 주민을 인터뷰한 자료를 보면, "서울 시내의 귀찮은 존재들인 무허가 주민들을 철거 이주시키자는 목적은 그대로 살아 있고, 광주단지의 유보지를 팔아서 자원을 마련하는 계획 또한 그대로 살아 있"었다.[99]

이처럼 도시하층민은 그 존재 자체로 '불안과 오염'의 가능성을 내포했다. 산업화 시기 도시하층민은 지속적인 불안정 상태이자, 도시 정상인—중산층, 소시민 등으로 묘사된—에 대한 '위협'으로 간주되었다. 도시하층민이 정주하는 '변두리'는 자본주의적 삶의 양식에서 배제된 불안정, 궁핍, 무질서, 비도덕, 비윤리적인 타락한 성벽처럼 묘사되었다. 이처럼 도시 사회관계를 둘러싼 '공간적 분화와 차별화'는 심화되어 갔다. 특히 1970년대 들어서 '문화주택(국민주택)'의 보급 이후 도시를 둘러싼 중심–주변화가 더욱 가시화되었다.[100]

이러한 도시하층민에 대한 공간적 차별과 배제는 1971년 광주대단지 사건 직전 정부 보고서(『광주대단지 철거민 현황, 문제점 및 대책』)에도 드러난다, 정부는 이들을, "식생활에 쪼들린 나머지 대부분의 주민들은 신경질적이며 저녁에 폭행 등 싸움이 많음"이라고 기록하고 있다.[101] 또한 정착지에 이주한 도시하층민들에 대해 '비정상인', 인간 이하의 '주변계급'이라는 말을 흘리기도 했다.[102]

그렇다면 이런 도시하층민에 대한 시각은 사라졌나? 불행하지만 전혀 그렇지 못하다. 촛불시위가 한참이던 2008년 어느 날 나는 우연히 몇 명의 사람들을 만나게 되었다. 이야기가 흐르고 흘러 2008년에 쟁점이 되었던 촛불시위로 옮아갔다. 흔히 '빨갱이'나 '노빠' 등 단골 메뉴처럼 등장하는 시위에 대한 악감정은 어제 오늘 일이 아니지만, 나는 아주 자연스럽게 그들의 입에서 흘러나온 놀라운 얘기를 듣게 되었다. "시내 온갖 노숙자들이 온통 촛불시위에서 우글거린다네…."

나로서는 섬뜩한 동시에 충격적인 말이 아닐 수 없었다. '노숙자'란 단어로 상징된 도시하층민에 대한 이러한 시각은 박정희 시대의 시각과 거의 일치한다. 놀라운 점은 이런 시각이 『대안교과서』에도 흡사하게 변주되어 나타난다는 사실이다. 이들은 빈민촌의 집단행동이 사회적 물의를 일으켰으며, 빈민촌 주민은 농촌 출신 저학력이며 건축, 토목, 청소, 운반 등 미숙련 잡직 등에 종사하고 있다고 서술하고 있다.[103] 이러한 도시하층민에 대한 시각이 현재화된 뿌리를 1970년대의 밑으로부터 대중봉기였던 광주대단지 사건과 부마항쟁에서 찾을 수 있다. 광주대단지 사건이 일어났던 당시 대통령에게 보고된 1971년 8월 11일자 「보고서」(보고번호 제71-458호, 보고관 정종택)의 첫 페이지에는 도시하층민의 '집단 거주'에 대한 공포를 은연중에 드러내고 있다. 이는 박정희가 8월 10일 발생한 광주대단지 사건을 도시폭동으로 간주하고, 「보고서」에 "主動者를 嚴斷에 處하라"라고 직접 쓴 메모로도 확인할 수 있다.

이처럼 냉전 시기 근대화와 도시화는 도시하층민에 대한 폭력의 구조였으며, 도시하층민은 '더러운 청결 대상'에 불과했다. "우리들 중대가 평정지역의 베트콩 잔비(殘匪)를 깨끗이 소탕질했듯이"라는 구절에서 비유되듯이, 도시하층민의 주거지역과 사창가는 욕망의 도가니인 도시의 중심부에 진입하지 못하고 주변으로 밀려났던 사람들의 참담하고 절망적인 삶의 역설적 표현과 마찬가지였다.[104] 실제 1968년부터 외국인 관광객이 증가하자, 박정희는 주요 철도역 주변을 말끔하게 정리하라는 지시를 내렸다. 이에 따라 각 구청 관내 철거민들은 '도시미화'라는 이름으로 강제로 이주되었다.[105]

이러한 사회적 배제와 차별의 형태로 드러났던 폭력의 기억은 1979년 부산과 마산에서 벌어졌던 도시봉기를 통해 극적인 형태로 드러났다. 당시 항쟁에 참여해서 방화 혐의로 구속된 한 노동자의 구술을 보면, "저도 뭐 부마로 인해서 경찰서로 간 것은 처음이었습니다. 근데 모르겠습니다. 저가 그 부마 일어나기 당시 살아온 과정 그 당시 보면 어떤 공무원, 특히 경찰관들에게 아무 그것도[악감정도] 없었지만 뭔가 모르겠지만 경찰관이라는 어떤, 그게 많았습니다. **불신감이라든지 경찰이란 그 자체는 저건 싫다.** 부마가 터지고 나서 인제 제가 파출소 방화를 한 게 이… 마음속에 경찰이란 자체가… 방화를 하지 않았을까"라고 당시를 기억한다.(강조는 인용자)[106]

1979년 당시 부산과 마산에서 도시하층민들은 평소에 반감을 지녔던 관공서—경찰서, 사무소, 세무서 등—에 대해서는 무차별적으로 공격을 가했지만, 주민들에게 도움을 주었던 기관에 대해서는 그렇지 않았다. "밤에 가서 불 지르고 관공서를 다 불 질렀는데 보건소만 불 지르지 않았다. (…) 그것이 전달하는 메시지가 있다. 다 도둑놈이지만 니네는 좋다… 이런. 옛날에도 폭동이 일어나면 땅문서부터 불 지른 것처럼, 보건소야 불태우면 자기 손해니까."[107]

그렇다면 그때 거리에 있었던 도시하층민들은 지금 어떻게 살고 있을까? 부마항쟁에 참여했던 주영목은 출소 이후 동네 사람들에게 방화범이라는 지탄을 받게 되자 그런 분위기를 못 견뎌 제주도로 떠났다. 그러나 거기서도 적응할 수 없어 결국 돌아왔다. 또한 군대 갈 나이가 되어 방위병으로 배치된 곳이 하필이면 그가 방화한 파출소였기 때문에 복무 기간 내내 심리적 고통을 받는 등 갈등과 방황의 시기를 겪었다. 이후 그는 노동운동가로 변신했으나, 6월 항쟁에 이은 7·8월 노동자대투쟁으로 노동운동이 활성화하면서 개인적으로 더욱 어려워졌다. 노조 결성이 늘어나면서 대기업은 이전과 달리 철저한 신원조회를 하게 되었고 그의 부마항쟁 경력이 취업에 걸림돌이 되었기 때문이다. 또한 민주화운동 유공자 보상 과정에서 그가 겪었던 경험은 명예가 회복되기보다, '굴욕에 가까운 것'이었다.

부마항쟁 이게 딱 걸렸다보니까 어떤 회사에 서류를 넣을라 해도 받아주지도 않고 회사에 서류를 넣을려고 해도 용기가 안 나고 자신이 없었어요. 그러다 보니까 인원이 작고 임금이 작고 열악한 조건에 내몰릴 수밖에 없는 그런 상황이 오게 되죠. 지금도 마찬가집니다. (…) 지금도 큰 회사는 못 가고 노조가 있는 데는 더군다나 인제 쳐다도 못 보고 조그만한 작은 중소기업에서 제 과거에[부마항쟁 참여 경력에] 대해 혹시나 하는 그런 마음을 숨기면서 지금도 회사 생활하고 있습니다. 제가 평범하게 살려던 삶을 너무 고단한 어떤 힘든 삶을 살게 만들은 것 같습니다. (…) [민주화운동 보상금 액수가] 월급의 반 조금 되는 돈인데 그거를 저가 부마항쟁과 화해를 하는 조건으로 제가 보상을 받았습니다. 부산시청에 신청을 하면서도 오면서도 정말 같이 했던 분들한테 어떻게 참 제가 고개를 들어야 할 건지 앞을 못 볼 정도로 많이 울었습니다. (…) 보상금 신청을 하신 분들은 다 아실 겁니다. 보면은 서약서, 각서… 그리고 부마항쟁에 어떤 뭔가 모르지만은 부마항쟁으로 인해 가지고, 앞으로 어떠한 이 돈을 지급함으로써 어떤 다음에 어떤 재심이라든지 어떤 그기 다시 문제가 있을시 절대 요구를 하지 않겠다는 어떤 그런 게 있었습니다. 그래서 지금 한 30년 동안이나 정신적으로 이렇게 살아오고 육체적으로 겪은 고통에 비하면 이 돈은 정말로 아[아이]들 껌 값도 안 되는 이런 돈으로 화해하는 걸 저도, 집사람도 거부를 했지마는 이 돈도 안 주면, 안 줄 것 같다. 차라리 이 돈이라도 받자. 그래서 신청해 받기는 받았지마는 정말 기분이 많이 안 좋습니다."
[108)

1961년 군사 쿠데타 이후 1970년대에 이르기까지 도시하층민에게도 근대화는 '미래'로 다가왔을 것이다. 하지만 박정희 시대나 2008년 촛불이 밝혀진 현재에도 이들은 더럽고 위험하며, 무지하고 불안을 일으킬 수 있는 '잠재적 공포의 대상'으로 여겨졌다. 이들은 주거, 생활방식, 교육 등 모든 면에서 차별과 배제 그리고 무시를 인내해야 했다. 하지만 여전히 변하지 않는 이들에 대한 한국 사회의 삐뚫어진 시각은, 주영목 씨가 굴욕감을 느꼈던 몇 푼의 돈으로 보상될 수 없을 것이다. 이들에게 다른 미래를 상상할 기회조차 주어지지 않는다면 이들의 분노는 계속 될 수밖에 없을 것이다.

살부지의(殺父之意)

세기 초, 지금부터 100년 전 아버지가 없는 고아였던 이광수는 '아버지들'을 죽이려고 했다. 그는 전통, 가까운 과거의 유습, 낡은 습관 등을 증오했고, 서구 문명 혹은 할아버지—단군 성조와 고구려, 화랑도 등—를 숭상했다. 물론 그의 아버지 살해의 꿈—이른바 살부지의(殺父之意)—은 꿈으로 끝났다. 1920년대 들어서 그는 서구를 위기라고 판단—역설적이지만 서구의 사회심리학을 빌어—했고, 쇠퇴한 민족성을 근본적으로 바꿔야 한다는 길로 나아갔다. 그리고 얼마 되지 않아 할아버지 대신 '일본'이라는 '대타자'에 스스로를 맡기고자 했다.

1980년대의 논리 역시 이광수의 그것과 유사했다. 가족, 권위, 반공주의, 금기된 이념, 개인주의적 성향, 출세와 신분상승 등은 아직 채 식지 않은 1980년 광주의 피를 나누어 마신 청년들에 의해, 분서갱유(焚書坑儒) 때 불살라진 책들처럼 부정되었다. 신분상승과 현상유지적인 가족 그리고 그 가족을 기본 구성 요소로 버티고 선 개발독재 시기를 살아온 아버지 세대는 '기회주의'로 매도되었다. 조국과 민족 그리고 가족밖에 모르는 아버지 세대의 사고방식은 비수에 베이듯 잘려 '혁명적 동지애'라는 새로운 공동체로 대치되었다. 대학 시절, 법정에서 논란이 되었던 『한국민중사』를 읽으며 들었던 생각은, 비록 당시 글들은 거칠었지만 언젠가 민중이 승리할 것이라는 암묵적인 가정을 깔고 있지 않았나 싶다. 1980년대 역사서사는 해방 혹은 운동을 위한 역사, 바꾸어 말하자면 역사 서술에 일정한 목적성이 내재되어 있었다. 이 점이 뉴라이트 논자들이 '386의 역사관'이라고 비판하는 내용 가운데 하나이다. 이것이 1980년대 추체험 속에서 아비 부정이 아닌가 싶다.

그러나 결코 아버지들 그리고 아버지 세대는 죽지 않았다. 오히려 시간이 갈수록 더욱 강한 힘과 접착력으로 아버지를 죽이고자 했던 우리들을 설교하고, 아버지를 닮으라고 명령한다. '아직도 철이 덜든 것들!' '아직도 어린애 같은 생각을 하냐'고 꾸짖으면서 말이다. 돌이켜 보건대, 1980년대조차 아버지 세대를 부정하지 못했을 뿐만 아니라, 부정했던 적도 없었다. 오히려 아비 부정이란 수사학 속에는 아버지 세대의 습속과 유산이 고스란히 남겨져 있었다. 다만 그때 그것을 인식하지 못했을 뿐이다.

가부장과 같은 권위를 지닌 의장님, 철의 규율로 서로를 강제하는 '개인 없는 공동체'였던 민중공동체, 동지가 아닌 개인에 대해 가해지는 심리적 린치와 그로 인한 트라우마, 전투적이라는 이름으로 모든 것을 흑과 백으로 나누는 사고방식 그리고 근본적인 방식으로—혁명적이 아닌—사유하는 것을 가로막았던 지식을 둘러싼 위계질서… 이 모든 것이 뒤늦게 고개를 들고 있는 아버지의 힘이자, 지금 아버지의 정신세계를 다시 부정해야 하는 이유이다.

나는 아버지를 제대로 부정하지 못한 세대들이 아버지를 닮아가는 모습을 더 이상 술자리 한담(閑談)으로 남겨두어서는 안 된다고 생각한다. 그러나 아버지들이 유년기부터 따랐던 성장과 발전, 지도자와 영웅 숭배, 개인보다 국가와 민족에 최우선적 가치를 부여함, 표준에서 벗어난 인간 집단에 대한 배제와 차별, 순수 혈통에 대한 무의식적인 우월감, 민주주의는 토론이 필요 없다는 사고방식, 성공과 성취를 위해서는 어떤 방법을 써도 무관하다는 내면세계 등은 지금도 반복되고 있다. 이미 식민지 시기부터 존재했지만, 이를 '공리(公理)'로 보편화하고자 한 것이 박정희 시대였다.

그러나 지식의 측면에서나 인간관계의 측면에서나, 또한 일상의 부면에서 박정희 시대와 아버지 세대의 삶은 단순화되고 특정한 면만이 부각되었다. 한편 민주주의를 위한 헌신과 투쟁, 반유신 투쟁, 인권과 민주주의 등 아버지 세대와 어울리지 않는 단어들로 박정희 시대는 착종되어 있다. 그리고 다른 한편에서는 박정희 시대를 칭송하기 위해 '다른 아버지들'의 영웅담을 반복해서 불러낸다. 뉴라이트 그룹의 박정희 시대에 관한 역사서사는 또 다른 목적론을 '시대불가피론'이란 이름 아래 현재화하고 있다. 그들은 객관적 사실과 실증에 입각한다고 주장하지만 내 생각은 그렇지 않다. 이들은 박정희 체제와 근대화의 방향에 이질적이거나 문제를 제기하는 개인과 집단, 즉 근대화를 지체시키는 이질적인 요소들은 그 존재 자체로 근대화와 다가올 미래를 지연시키는 요인인 동시에 '역사적 반동(historical reaction)'이라고 분명한 태도를 보이고 있다.[109] 그리고 그러한 이질적인 요소들을 1960~70년대에 현실화될 수 없는 '자가당착적인 것'인 동시에 미래를 퇴보시키는 '퇴영적인 것'이라고 비판한다.

그러나 뉴라이트 역시 박정희 시기의 근대화와 그 속에서 망각을 강요당했던 서발턴이란 유령들의 존재를 '특유의 내러티브 구조'를 통해 끊임없이 삭제하는 '세련된 해석자'일 따름이다. 현재의 국면—이들이 주장하는 '잃어버린 10년' '좌파 정권'의 부정 그리고 실용주의에 입각한 부국강병—에서 지적 도덕적 헤게모니를 선취하려는 '역사의 이용(use of history)'이라고 볼 수 있다. 뉴라이트 그룹이 주장하는 불가피론이 최종적으로 도달할 길은 근대화 이후 민중의 삶과 자유가 보장된 미래인데, 현실은 그렇지 않았다. 베트남 참전병들은 아직도 용병의 멍에와 숨길 수밖에 없는 병마에 시달리면서 기약 없는 명예회복을 기다리고, 기지촌 여성은 여전히 민족을 더럽힌 여성이란 낙인을 품은 채 사회 밑바닥에서 막일로 하루하루를 연명하고 있다. 또한 자기검열과 침묵을 강요당한 이들은 죽음에 이르기까지 자기 목소리를 감추었다. 도시하층민들은 여전히 자신들을 무질서, 무지 그리고 혼란의 상징으로 여기는 사회의 시선에 힘겨워 하고 있다. 불확정적인 미래의 지속, 이것이 '뉴라이트 역사 인식의 딜레마'이다.

나는 이 책에서 왜 우리는 현재에도 '아버지 세대를 부정해야' 하는지 독자들과 대화하고 싶다. 아버지 세대로부터 이어져 1980년대에도 부정하지 못했던 사유방식을 근본적으로 문제 삼지 않는 한, 그리고 그것이 한국 사회에서 공공연하게 이야기되지 않는 한, 박정희 시대로 상징되는 아버지 세대와 단절하는 것은 불가능하다. 아버지 세대를 상징하는 박정희 시대는 우리들이 스스로 부정해야 할 '현재 모습'이기 때문이다.

진정한 폭력은 공권력에 의한 물리력만을 의미하는 것은 아니다. 기억을 침묵으로 정지시키고 상상력의 가능성을 제약하며 미래에 다른 삶의 가능성을 봉쇄하는 것이 더 큰 폭력이다. 뉴라이트 그룹에게 미래란 늘 현재를 지연시키는 자기 암시적 주문이었다. 그러나 더 이상 '그들의 미래'는 지속될 수 없다. 근대화와 부국이라는 '하나의 미래'가 아니라 복수(複數)의 미래를 상상하고 그 속에서 과거 그리고 현재 서발턴들의 목소리를 재현하고자 하는 움직임이 물결칠 때, 박정희 시대와 뉴라이트의 미래는 종언을 고할 것이다. "그들의 미래는 오래 지속되지 않는다."

제2부

타자의
기억

1. 두 이주여성 이야기
파독 간호사의 이주노동에 대한 기억

"우리는 이주노동자가 필요해서 초청했는데 온 것은 사람이었다."
─독일 이민국 담당자의 말

제2부에서 나는 파독 이주여성, 광산 노동자 그리고 일상적 검열에 시달린 지식인의 기억과 침묵에 대해 살펴볼 것이다. 여기서 키워드는 '기억'이다. 2008년에 두 개의 다른 성을 가진 여성들과 이제는 사라진 탄광촌의 광부들을 만났던 일은 내 의지와 무관했던 우연한 일이었다. 이처럼 우연히 이뤄졌던 만남을 나의 정치적 선택이라고 말한다면 올바른 표현일까. 1990년대에 처음 인터뷰를 시작했을 때, 나는 인터뷰의 의도가 명백한 상태에서 구술자와 이야기를 나누었다. 하지만 파독 간호사들과 광부들과의 만남은 그 성격이 다소 달랐다. 나는 그들의 '열린 이야기'를 들었고 글쓰기란 나의 욕망보다는─그 욕망이 전적으로 부재하다고 이야기할 수는 없지만─이주여성과 광부들이 현재 되살려내는 이야기에 귀를 기울였다. 그리고 그들을 '전형화'시켜 식민화된 주체로 만들기보다, 나를 그들의 생애 속으로 집어넣어보려고 애를 써보았다.

내가 처음 구술 인터뷰를 했던 1990년대 중반까지만 해도 기록 없는 주체들의 자기 기록이나 구술, 증언 등을 둘러싼 연구가 지니는 중요성이나 사료로서 가치는 중요하게 여겨지지 않았다. 그러나 최근 들어서 일상사, 미시사, 신문화사, 구술사 등 연구가 활발하게 진행되고 있다. 이런 흐름은 기록이나 자기 목소리를 지니지 못했던 이들의 구술, 기억 그리고 자기 역사 쓰기의 중요성을 드러내주고 있다. 단적인 예로 기존의 실증적 경험적 역사 서술의 한계가 지적되면서 구술 텍스트를 중심으로 한 역사 서술이 등장했다. 구술자료는 역사 속에서 자기 기록을 지니지 못한 사람들의 구전, 구술증언 그리고 구술생애사 모두를 지칭한다. 구전은 문자가 존재하지 않거나 문자해독 능력이 부재했던 지역이나 전근대 시기 민(民)의 구술문화를 지칭하며, 구술증언은 특정한 사건이나 경험을 현재로 불러내어 오는 텍스트이다. 그리고 구술생애사는 한 개인의 출생에서 현재까지 이르는 전체 삶의 경험을 현재화시키는 역사 텍스트로, 역사적 사료로서 의미뿐만 아니라, 구술자의 자기 진술과 과거와 현재에 관한 적극적인 자기표현이란 특성을 지니고 있다.

이처럼 구술사와 기억 연구는 개인과 사회, 주체와 세계 등에 기초한 데카르트적인 이분법을 극복하고자 하는 연구 방법이다. 또한 구술사는 합리적이며 규범적인 특성으로 환원되지 않는 행위의 특성을 연구 영역 안으로 끌어들임으로써 기존의 원인-결과론적 설명 모델을 넘어설 수 있는 가능성을 제시해주고 있다. 한국에서도 현대사 증언 사료 채록에서 출발해서, 1990년대 들어서면서 서구 구술사 방법론이 도입되고 새로운 역사 서술 가능성이 실험되면서 구술사는 역사 서술의 새로운 방법으로 자리 잡고 있다. 이를 반영하듯이 1990년대 이후 구술과 기억에 기반을 둔 연구 현황에 대한 평가와 정리가 이루어졌고 연구 성과들도 확산되고 있다. 하지만 아직도 개인의 기억에 기초한 연구에 대한 의문이 제기되고 있으며, 방법론, 인식론 그리고 실천적인 논의는 아직 부족한 실정이다.

제2부에서는 박정희 시대 이름과 기록 없는 개인들의 역사 서술을 둘러싼 문제들을 다루어볼 것이다. 구체적으로 제2부에서 탐색하고자 하는 내용은 다음과 같다. 첫 번째, 문자(혹은 자신의 언어)를 지니지 못한 주체들에 대한 대부분 자료들이 엘리트들에 의해 작성된 조건 아래에서 이들의 의식과 행동 그리고 침묵을 어떻게 독해할 수 있을까? 두 번째, 지금까지 민족과 국가의 구성원으로서 삶 이외에 노동자, 농민, 여성의 체험이나 기억이 역사적 사회적 의미를 지니지 못했다면, 과연 이들은 민족·계급담론을 통해서 '충분히' 재현될 수 있는 주체인가? 마지막으로, 박정희 시기라는 역사적 맥락에서 파독 간호사, 광부 그리고 자신의 언어를 스스로 검열하는 지식인이 선택한 기억하기, 침묵하기 그리고 스스로의 언어를 검열하기라는 재현이 지닌 정치적 의미를 구체적으로 살펴볼 것이다. 먼저 파독 간호사의 이야기에서 이러한 문제들을 짚어 나가보자.

두 여성과 만나다

'파독', '간호사'. 이 두 단어는 내게 아주 낯선 어감으로 다가오는 말들이었다. 그녀들과 이야기를 나누기 전까지 독일은 아우슈비츠로 상징되는 유태인 집단학살, 한국과 유사한 분단국가, 동베를린 사건 그리고 독일 통일 때 티브이에서 본 베를린 장벽 붕괴라는 기억이 머리 주변을 맴돌았다. 그런 와중에 파독 간호사에 대해 관심을 가지게 된 것은 우연한 계기 때문이었다. 1960년대 여성에 관한 신문 자료에서 자주 눈에 띄는 기사 가운데 하나가 '파독'이란 단어였다. 그때부터 신문과 관련 뉴스 그리고 교포신문 등에 난 기사들을 하나씩 살펴보기 시작했고, 파독 여성들을 만나려고 했다. 그러나 정작 당사자를 찾는 것은 간단한 일이 아니었다. 상당수가 현재까지 독일에 거주하고 있는 경우가 적지 않았으며, 국내에 돌아온 경우에도 연락처를 알아내기 쉽지 않았다. 그러다 마침 2008년 '건국 60주년'을 계기로 1948년에 출생한 개인들에 대한 구술 조사를 할 수 있는 기회가 생겼고, '건국둥이'를 수소문하던 와중에 이 글에 등장하는 두 여성과 대면하게 되었다.

두 여성 모두 연구자인 나와 과거에 개인적인 친분 관계가 없는 상태에서 이야기를 시작했다. 하지만 두 여성 모두 나의 구술면접에 매우 적극적으로 임했고, 자신의 개인사에 대해 솔직하게 이야기해주었다. 아마도 박한쫌은 나와 유사한 일을 하는 '연구자'라는 동질성이 존재했기 때문에, 신길순은 같은 '서울 토박이'란 이유 때문에 편하게 이야기를 나눌 수 있었지 않나 싶다. 박한쫌과 신길순은 각각 26년과 4년이라는 시간 동안 독일에 머물렀던 기간의 차이만큼 꽤 다른 삶의 궤적을 지니고 있었다. 그럼에도 불구하고 두 여성과 이야기를 나누면서 내가 공통적으로 느꼈던 점은 여성으로서 자신의 삶에 대해 긍정적이며 적극적으로 기억해내는 방식이었다. 한국 사회에서 여성이 자신의 꿈을 펼치기 어려웠던, 1960~70년대라는 시대를 살아왔던 그녀들의 기억은 내가 상상했던 것과 달랐다. 자신감, 당당함 그리고 아직도 끝나지 않은 꿈들, 이런 단어들이 그녀들을 만난 뒤 내 머릿속에서 웽웽 울려댔다.

박한쫌은 1948년 충남 부여 양암면에서 5남 2녀 가운데 장녀로 태어났다.[1] 그녀는 10리, 20리씩 걸어 다니면서 중학교를 졸업했지만 상급 학교에 진학하지는 못했다. 하지만 중학교를 졸업한 덕분에 국립중앙의료원에서 1년 동안 공부한 뒤, 부여 보건소에서 결핵 요원으로 2년 동안 일할 수 있게 되었다. 1970년에 독일에 간호사로 파견되었던 박한쫌은 1979년까지 9년 동안 독일 베를린 시립병원에서 간호사로 일했다. 당시 파독 간호사는 3교대 근무를 해야 했고, 월급이 다른 직업에 비해서 많은 편은 아니었다. 독일인 간호사들이 야간 근무를 기피했으므로 이는 주로 한국인 간호사들의 몫이었다. 박한쫌도 야간 학교를 다니면서도 밤 근무를 하고 낮에는 몇 시간밖에 자지 못하는 생활을 할 수밖에 없었기에 잠 부족을 가장 힘들어 했다. 이런 어려움에도 불구하고 그녀는 독일인들이 고마워하는 간호사라는 직업이 제일 좋은 직업이라고 지금도 기억하고 있다.

그녀는 1980년에 베를린 국립자유대학에 입학하여 10여 년에 걸친 연구 끝에 사회학 박사학위를 취득했다. 1980년 5월 광주항쟁에 관한 독일 방송의 보도 태도가 5.18이 한 달 정도 지난 6월 무렵에 변해버린 것을 보고 그녀는 큰 분노를 느꼈고, 그것이 미국의 영향 때문이라고 생각했다. 또한 1980년 이화여자대학교에서 1년 동안 공부하면서 군과 경찰이 대학생의 일거수일투족을 감시하는 1980년대 대학 캠퍼스의 분위기를 경험하기도 했다. 그녀는 현재도 파독 간호사들의 모임인 '재독한국여성모임' 등에서 활동하고 있다.[2] 하지만 자신의 표현처럼 박한봠은 아직도 한국 사회에서 '시행착오' 과정에 있다. 박한봠은 현재 함양 녹색대학 주변 농가에서 생활하고 있다. 1984년, 그녀는 10년 동안 함께 살아온 독일인 남편을 갑작스럽게 잃고, 1996년에 한국으로 돌아왔다. 하지만 너무나 변화해버린 한국 상황에 쉽게 적응하기 어려웠다. 한국에서 겪은 시행착오를 그녀는 다음과 같이 기억하고 있다.

> 오산에서 살면서, 한신대학교 일하는 사람이, 그래도 한신대학교는 그래도 우리나라에서 제일 [많이 사회]운동을 하고 아주 제일 서울대 다음으로 사회 활동을 잘한다고 알고 있었는데, 그렇게 [알고] 왔는데 보니까, 거기에 보니까 교수진들도 자기한테 이익 가지 않으면 한 발짝도 안 떼더라고요. 너무 어려운 그런 경험을 했어요. 그래서 아, 내가 한국에서 있을 곳은 아니다. 그리고 일을 하려면 서울에서 해야 된다는 그것밖에 [생각이] 안 들더라고요. 그래서 내가 서울여대로 와서, 서울여대에서 3년 있었는데, 너무 힘들어서 내가 살 곳이 아니[더]라고. 내가 독일로 돌아가려고 하는데 오마이뉴스에서 녹색대학이 딱 뜬 거예요. 그래서 상당히 어디 붙어 있나도 모르고 함양으로 간 거예요. 저

는 함양이 참 좋아요. 지금은, 지난해까지만 해도 [전망이] 안 보였어요. 그런데 지금은 내가 한 2~3년 더 고생하면… 2012년을 딱 찍었어요. 2012년이면 내가 정말 하고 싶은 일을 시작이라도 할 수 있지 않을까. 그렇게…

녹색대학은 대안교육기관이지만 인프라가 매우 취약한 비인가 교육기관으로, 박한샘에게는 자그마한 연구실 하나만이 제공되고 있었다. 대학 교육과 대학원 교육을 독일에서 받았지만, 한국에 아무런 인맥이나 지인이 없는 상태에서 그녀가 한국 대학사회에 적응하는 것은 쉽지 않은 일이었다. 마침 독일로 귀국하려던 참에, 녹색대학 창립을 보고 함양에 내려왔지만 아무런 지원도 없는 이곳이 그녀가 있어야 할 곳인지에 대해 내내 의문이 들었다.

다음으로 신길순은 1948년 7월 5일에 서울 효창동에서 태어나, 비교적 유복한 가정에서 자랐다.[3] 비록 어린 시절의 소아마비로 신체적인 불편함이 있었지만, 사업을 하는 부친과 빙과업에 종사했던 모친은 그녀의 유년 시절을 넉넉하게 만들어 주었다. 신체적 제약과 미술에 대한 남다른 재능 때문에 그녀는 유달리 다른 형제들에 비해 부모님으로부터 사랑을 받았다. 그래서인지 부친은 그녀에게 서라벌예술대학에 진학하라는 권유를 하기도 했는데, 이는 미술을 전공하고 싶었던 부친의 오랜 꿈을 딸을 통해 이루려는 생각의 일단이었다. 그러나 대학 진학에 실패한 뒤, 재수를 준비하다가 문득 자신까지 대학에 진학하기에 어려워진 집안 사정을 듣고, 그녀는 독일로 갈 것을 결심했다. 어린 나이에도 불구하고 그녀는 학업을 병행하면서 다른 간호사들보다 독일어에 능숙해져서 병원에서 인정을 받게 되었다. 그녀는 남들보다 끈질기게 독일어를 배우면서 상급 학교에 진학하고자 했으나 여러 가지 사정으로 어려워졌다. 하지만 그녀는 희망을 잃지 않고 컴퓨터 프로그래머와 통역사 등에 도전했다. 독일에 간 지 4년째 되던 해에는 마침내 슈투트가르트에 가서 코레스폰덴츠 슐레(Korrespondenz Schule)라고 불리는 통번역 학교에 다니게 된다. 하지만 1972년 서독 경제의 불황으로 파독 간호사의 귀국 흐름이 확산되자 가족의 희망에 따라 4년 만에 귀국하게 된다. 1974년에 결혼한 뒤에도 신길순은 독일문화원, 경희대의료원 그리고 각국 대사관에서 통역과 한국어 교육에 활발하게 참여하였다. 그녀는 아직도 스페인어를 배우고 있으며, 5개 국어를 구사하는 것이 꿈이라고 한다. 1990년대 후반 갑작스런 뇌종양 발병으로 생사의 기로에 섰지만, 고려수지침이란 대체의학의 힘을 빌려 완쾌되었다. 현재 그녀는 유럽 각지에서 고려수치침을 가르치고 통역일도 여전히 하고 있다.

앞선 제1부에서 간략히 다루었듯이 파독 여성들의 독일 이주는 경제성장을 위한 외화벌이 등 근대화나 민족주의 서사 형태로 전형화되어 재현되곤 한다. 하지만 나는 이런 해석에 동의하지 않으며 그녀들의 기억을 문헌을 보조하는 사료로 사용하지 않을 것이다. 대신 두 여성의 이야기 속에서 드러난 서사구조에 주목하려고 할 것이다. 하지만 연구자인 내가 그녀들의 깊은 내면을 속속들이 모두 이해할 수는 없으리라고 생각한다. 다만 왜 파독 이주 여성들의 기억은 경제성장 등 특정한 서사로만 반복되어 기록되는지, 더 적극적으로 말하자면 '과연 한국 사회는 그녀들의 기억을 듣고 싶어 하는가'에 대해 질문을 던지고 싶다. 이제 왜 두 여성이 20대 초반에 한 번도 가본 적이 없었던 독일로 가게 되었는지 좀 더 구체적으로 살펴보도록 하자.

1960~70년대 여성과 이주노동

내가 두 여성의 생애를 들으면서 다소 당황스러웠던 점은 자신들의 독일 생활은 스스로의 선택에 의한 것이며, 흔히 알려진 것처럼 독일에서 차별은 존재하지 않았고 오히려 대우받고 살았다는 기억들 때문이었다. 즉, 그들에게 독일은 '기회의 땅'이라고 기억되고 있다. 그녀들은 정부와 일부 글에서 말하는 것과 달리 본인들이 경제성장에 기여했다고 자부하기보다, 단지 그런 기여를 본인들이 했다면 좋은 일이라고 생각하고 있다. 나는 그녀들과 이야기를 하면서 무의식적으로 독일에서 받은 차별과 고통 등에 대한 기억을 이야기해주기를 기대하고 있었다. 하지만 그녀들의 기억은 내 예상과는 다른 방향으로 나아갔다. 바로 이러한 기억의 차이들이 내가 두 이주여성의 생애에 관심을 갖게 된 배경 가운데 하나였다.

1960~70년대 파독 여성들이 그러했듯이 최근 한국도 이주민이 갈수록 증가하고 있다.[4] 하지만 이주민의 증가에 따라 이들에 대한 차별, 폭행, 인권유린 등이 점차 사회문제로 대두되고 있다. 하지만 조금만 뒤돌아보면, 현재 한국에 체류 중인 이주노동자와 유사한 조건에서 살아왔던 한국인들이 1960~70년대 독일에도 존재했다는 것을 기억하고 있는 사람들은 그다지 많지 않다. 그렇다면 40여 년이 지난 오늘날 이들은 당시와 현재를 어떻게 기억하고 있을까? 1964년부터 1972년까지 대규모 노동력이 서독으로 이주했지만 이들은 '경제성장의 숨겨진 주역'으로 부각될 뿐 공식적 역사에서 잊혀왔다. 이들은 '가난하고 먹고살기가 힘들었던 시절에 돈 벌러 간 사람들'이라는 전형화된 기억으로 역사 속에 파편처럼 흩어져 있다.

우선 1960년대부터 1970년대에 걸쳐 독일로 간 여성들에게 '간호'가 지녔던 의미에 대해 살펴보자. 그녀들은 백의의 천사나 나이팅게일처럼 여겨졌을까? 그러나 실제 당시를 기억하는 그녀들의 이야기는 달랐다. 독일에서 '간호일'이 지니는 의미가 한국과 달랐기 때문이었다. 당시 대다수 유럽 국가에서 간호는 종교적 선행 그리고 빈곤 구제와 밀접하게 연관되어 있었다. 간호가 가정 외부에서 이루어지는 경우 거리의 빈자나 부랑아 구호와 관련되어 있었으며, 이런 일들은 주로 수녀들이 담당했다. 역사적으로 보더라도 근대 이후 간호는 수도원이나 시립병원에서 도맡아왔다. 가난한 사람들에게 이런 서비스를 제공하는 일은 이들과 유사한 지위의 사람들이나 더 천한 사람들의 일

루프트한자 여객기에 탑승하고 있는 파독 간호사들(1966년).

자신들의 독일 생활은 스스로의 선택에 의한 것이며, 흔히 알려진 것처럼 독일에서 차별은 존재하지 않았고 오히려 대우받고 살았다고 기억한다. 즉, 그들에게 독일은 '기회의 땅'이었던 것이다.

로 여겨졌다. 독일 역시 간호일은 독일 여성이 선호하지 않던 직업이었고 주로 교회 기관이 중심이 되어 이루어졌다. 요즘 식으로 말하자면 한국 여성들의 파독이 이루어질 무렵 독일에서 간호일은 '3D 업종' 가운데 하나였다.[5]

〈표2-1〉 해외 취업자 실태(1966년~1975년)

	66년	67년	68년	69년	70년	71년	72년	73년	74년	75년
서독	723	216	9	450	832	360	624	763	962	407
스위스	14				-		14			
호주	39						20	19		
스페인	1									
일본	233						47	78	78	
월남(미상)	—	—								

출처: 김문실 외, 『간호의 역사』, 대한간호협회, 2003, 300쪽

여기서 또 한 가지 의문이 드는 점이 있었다. 왜 한국 여성들은 왜 하필이면 독일로 갔을까? 〈표2-1〉에서 확인할 수 있는 것처럼, 1966년에서 1975년 사이에 독일로 해외 취업한 사람들의 숫자는 다른 국가에 비해 압도적이었다. 하지만 역사적으로 한국과 독일 간에는 식민지 경험이나 역사적 연관(성)에 의해 국제이주가 형성될 수 있는 기초가 없었다.[6] 오히려 파독은 독일 내 노동력 부족 때문에 이루어졌던 국제이주였다. 1955년 12월 독일 연방노동국 장관이 이탈리아 외무부 장관과 최초 지원 협약을 맺은 것을 계기로 독일에서 외국인 노동자 취업 정책이 시작되었다. 초기에는 주변 유럽 국가들, 터키 등과 국가 간 협약이 이루어지면서 독일은 이주노동자들로 넘쳐났다. 1955년부터 1973년 사이에 서독으로 이주했던 이주노동자 수는 8만 명에서 260만 명으로 증가했다. 그러나 1964년 이후 유럽의 고용 사정이 개선되어 독일로 노동 이주하는 수가 줄어들면서 독일은 노동력 부족 현상에 빠지

게 되었다. 특히 독일의 노동력 부족은 1967년에서 1970년 사이에 정점에 달했다. 이른바 로테이션 정책 대신 이주민에게 5년 이상 체류를 허가한 시점이 바로 이때부터였다.[7]

그렇다면 왜 한국에서 간호원을 구했을까? 결론부터 말하자면 독일의 외국인 고용정책 범위인 유럽 지역 내에서 간호 인력을 구하는 것이 더 이상 불가능해졌기 때문이었다. 역내 유럽 국가들도 독일인들이 일하기 꺼려했던 병원, 휴양시설, 양로원 등에 자국 여성을 보내는 것을 꺼렸다. 터키와 그리스 등지에서는 결혼 전 여성이 가족과 떨어져 사는 것은 안전에도 위협을 받으며, 귀국 후에도 결혼하는 데 지장을 받는다고 생각했다.[8] 하지만 이 점은 한국도 마찬가지였다. 대부분의 여성과 가족들은 한국도 아닌, 외국에서 여성이 오랫동안 홀로 생활하는 것을 불안하게 생각했다. 이러한 우려에도 불구하고 여성들이 독일로 떠났던 이유는 무엇일까? 그 실마리를 찾기 위해 한국인 여성들이 독일로 갔던 역사를 간략하게 살펴보도록 하자.

간호유학에서 파독 간호사로

〈표2-2〉에서 확인할 수 있는 것처럼 1970년대를 중심으로 많은 여성들이 독일로 노동이주를 했다. 1959년 12월, 독일 뒤셀도르프 공항에 고교를 졸업한 10명의 한국인 여성과 2명의 한국 학생이 내렸던 것을 시작으로, 1976년 5월에 이르기까지 약 1만 32명이 독일로 향했다.[9] 한국 간호사들이 독일로 갔던 역사는 크게 세 시기로 구분해볼 수 있다. 첫 번째 시기는 1950년대 후반에서 1966년 사이이다. 초기 파독은 기독교 단체들에 의해 이루어졌다. 최초의 파독 여성들은 독일 천주교 계열 선교 단체인 슈타일러 선교회(Steyler Mission)의 초청으로 독일에 오게 되었다. 이들은 '간호 학생' 신분이었으며 언어와 독일 사회 적응, 3년간 직업교육을 마치고 시험을 통과하면 정식 간호사가 될 수 있었다. 당시 간호학생으로 갔던 여성들 사이에 독일행은 '간

호유학'으로 불렸다. 1960~70년대 한국 사회에서 여성들은 본인이 아무리 원하더라도 상급학교 진학이나 교육 기회를 갖는 것이 쉽지 않았기 때문에 그렇게 불렸다.[10] 독일행을 추진했던 기독교 단체들은 저개발 국가들에 대한 개발원조의 일환으로 가난한 여성들에 대한 교육과 직업 교육을 실시하고자 했다. 1950년대 후반 독일 뒤셀도르프 대학 이종수 박사도 봉사 요원 양성을 위해 독일에서 이들을 훈련시키고자 했으나, 초기에는 잘 이루어지지 않았다. 독일은 과거에도 개발도상국 원조의 일환이라는 목적으로 아프리카에서 간호학생을 초청했다. 하지만 독일인의 눈에는 이들이 성적이 불량하거나 불성실하게 보였다. 결국 이들에 대한 독일인의 신뢰도는 낮아졌다.

〈표2-2〉 독일로 건너온 간호사 및 간호보조원 수

연도	노동자 수
1959~1964	1,043
1966	627
1967	421
1968	91
1969	837
1970	1,717
1971	1,363
1972	1,449
1973	1,182
1974	1,206
1975	459
1976	62
총계	10,457

출처: 재외동포재단, 『유럽 한인사: 프랑스와 독일을 중심으로』, 재외동포재단, 2003, 445쪽

이후 1960년 3월 베를린 감리교 부녀 선교회 본부 사무총장의 도움으로 한국감리교회가 여비를 부담하기로 하고 파독이 이루어졌다. 1963년 당시 이들의 서독 파견에 관해서, "수녀 26명 향독", 1964년에는 "성모회 예비수녀 72명, 성모병원 간호원 8명, 가톨릭 노동전형회원 2명 (…) 서독 바다본 교구 5개 병원에서 4년간 일하며 공부하기 위해 (…) 김포공항을 떠났다" 등으로 신문에 기록되어 있다. 과거 독일에 왔던 다른 국가와 달리 한국 여성들은 성실하게 근무했기 때문에 독일 측 태도가 바뀌어 1962년에 20명, 1963년에 26명 그리고 1964년에 82명이 독일로 떠나게 되었다.[11]

두 번째 시기는 1966년부터 이수길 박사에 의해 시작된 대규모 파독이었다.[12] 이 시기부터 한국에서 정식 간호교육을 받은 여성들이 독일로 가기 시작했다. 한국 측에서도 인력 수출을 주관할 해외개발공사가 중개기관으로서 자리 잡기 시작했다. 마지막 시기인 1969년 8월에는 독일과 한국 양국의 간호사 고용 문제에 관한 정식 협약이 체결되었다. 이 협약으로 고용 인원의 일원화가 이루어짐으로써 국가 간 사업으로 파독이 진행되었다. 양국 간 협정은 1974년 12월 31일로 만료되는 기한부 협정으로 간호원과 보조간호원 비율을 1 대 5로 정했다. 그 이외에도 간호원은 만 42세, 간호보조원은 35세 이하로 연령을 제한했고, 간호원은 국가고시 합격자, 간호보조원은 9개월 이상 교육과정을 이수한 뒤 국가고시에 합격한 여성만이 독일로 갈 수 있었다.[13] 하지만 애초 설정했던 간호원 대 보조간호사 간 비율은 1970년에 1 대 1.05, 1971년에 1 대 2.74, 1972년에는 1 대 1.13으로 협정대로 지켜지지 못했다.[14]

이들의 파독은 처음부터 정부가 주도해서 이루어졌던 집단 취업으로 알려졌다. 그러나 실제로 시작에서 마무리까지 정부가 이를 주도했던 것은 아니었다. 일각에서는 파독을 박정희 정권의 업적처럼 서술하고 있으나, 정부 간 협정이 처음 맺어진 것은 1969년에 이르러서였다. 그전에는 양국의 민간단체 혹은 의료기관 사이에 계약을 맺어 파독이 이루어졌다. 또한 한국 정부는 간호사 파독에 대한 정책, 이들의 독일 적응을 위한 편의 제공, 귀국 후 대책 등 체계적인 대책을 거의 마련하지 않았다. 고작 한국 정부가 제공했던 것은 해외인력공사 창설, 식료품 공수, 전직 장관 등 위문단 파견이었다.[15]

비슷한 시기에 한국인 광산 노동자의 파독도 1963년부터 시작되어 1978년까지 지속되었다. 1980년까지 7,936명의 광산 노동자와 1만 32명의 간호원이 국내로 송금한 마르크화는 차관경제가 본격화되기 전인 당시에 이른바 '외화벌이'로 불렸다.[16] 현재 전체 2만여 명 가운데 5,000여 명이 독일에 체류하고 있으며, 5,000여 명은 미주지역으로 이민을 가기도 했다. 지금도 독일에 체류하고 있는 한국인 가운데 간호사 숫자는 500여 명이라고 알려져 있다.[17] 노동력의 국제 이동이란 측면에서 본다면 파독 간호사와 광산 노동자들의 노동이주는 다른 지역에 비해 역사가 짧고 후속 이주가 단절되었음에도 20세기 초반 하와이 노동 이민 이후 가장 커다란 규모로 이루어졌던 '자발적 이주'였다.[18] 이제 구체적으로 두 여성의 독일 이주를 전후로 한 체험과 기억을 차례대로 살펴보도록 하자.

누가 독일로 갔나

"그때[파독 이전 어린 시절] 우리들이 산 것들이, 생각해보면 가난했지만 참 좋았던 것 같아요. 건강에도 좋고 기억하기에도 좋고. 아주 좋은 추억들인 것 같아요. 그런데 하도 가난하고 지저분하고 먹고 살기 어렵고 그러니까 저는 고등학교, 대학교 가려고 생각 안 했어요. 우리 가난한 집을 도우려면 내가 직업학교, 간호학교를 가거나 그래야 된다고 했지. (…) 공주의 간호학교 시험을 봐서 떨어졌어요. 그런데 공주에서 보니까, 학생들이 나무숲에, 나무숲에 산자락에 앉아서 책을 보는데 너무 부럽더라고요. 쟤네들[학교에 다니는 아이들]은 무슨 복이 많아서 저렇게 공부하고 있을까. 그러면서 이렇게 버스를 타고 오는데 그때는 신작로가 있어서 포장을 안 했기 때문에 먼지가 얼마나 많이 나요. 그런데 제가 탄 버스가 앞의 버스를 추월했어요. 그런데 [그 순간] 내가 [간호사 시험에] 떨어졌지만 나도 잘 살 수 있다. 이런 희망을 가진 거예요. 나는 그 기억이 잊혀지지 않아요."

－박한봠

방금 박한봠의 기억에서 엿볼 수 있듯이 대학 진학에 실패했던 신길순 그리고 집안 사정으로 진학이 불가능했던 박한봠, 두 여성은 간호학교와 재수라는 선택을 했지만, 같은 시절 대학이나 상급 학교에 다니던 친구들을 보며 콤플렉스를 느끼기도 했다. 이는 파독을 준비했던 여성들의 기억에서 자주 등장한다. 당시 신촌 이화여자대학교 주변에 해외개발공사가 있어서 독일어 교본을 가지고 시내버스를 타면, 누가 '이대 독문과에 다니느냐'고 물을까 봐 조마조마한 경우도 있었다고 한다.[19]

그렇다면 두 여성이 독일에 가게 된 배경은 무엇일까? 앞서 언급한 바와 같이 1969년 8월에 한국과 독일 정부 간 간호원 협정 체결로 정식 고용 계약에 근거한 파독이 이루어지기 전까지, 교회 단체 그리고 이종수 박사와 이수길 박사의 주선으로 간호사들은 독일로 갔다. 이 시기의 파독 간호사 수는 2,080명이었다. 1975년까지 해외개발공사가 파견한 간호사와 간호조무사 파견 내역은 〈표2-3〉과 같다.[20]

〈표2-3〉 한국해외개발공사 서독 파견 실적

	65년 이전	66년	67년	68년	69년	70년	71년	72년	73년	74년	75년	총계
간호사	870	723	216	9	450	832	360	624	763	962	407	6,216
간호조무사	0	297	191	0	62	875	988	815	419	255	63	3,965
계	870	1,020	407	9	512	1,707	1,348	1,439	1,182	1,217	470	10,181

출처: 김문실 외, 『간호의 역사』, 대한간호협회, 2003, 300쪽

　　그렇다면 독일에 간호사로 갔던 여성들은 어떤 사람들이었을까? 먼저 출신 지역에 관한 자료를 살펴보도록 하자. 초기에는 서울 출신 간호사들 비중이 컸지만 점차 지방, 특히 호남 출신 간호사들의 비중이 커졌다. 1966년 『해외취업백서』를 보면, 서울 출신이 53.1%, 경북 10.7%, 전남 8.5% 순이었다. 그러나 1973년 12월 통계를 보면 서울 출신이 13.3%, 지방 출신이 86.7%로 비율이 역전되었다. 지방 출신으로는 전남이 21.3%로 가장 많았고 다음으로 경북이 13.2%, 전북이 13.0% 순이었다. 전남 출신 파독 간호사 비율이 급증했던 이유는 이 지역에 여러 종교 계통 학교들이 일찍부터 설립되었으며, 빈농 출신 여성들이 생계를 위해 간호원과 조산원 등에 진출해 정규 간호교육을 받았기 때문이었다. 이처럼 호남과 영남 출신 간호사들이 많아 이들 사이에 공동체 의식이 강했으며, 출신 지역이 같은 간호사들이 독일로 이주해오는 경우 정착을 도와주기도 했다.[21] 한편 출신 지역 간에 갈등도 존재했는데 신길순은 당시를, "저도 서울 사람[이었고요]. 경상도 사람이 제일 많았던 거 같아요. 거기[독일] 가서도 경상도하고 호남 쪽하고 파가 갈리더라구요. 정권은 다 경상도 판이고―그쪽에도 뭐 간호원장이라 그러죠―그 사람도 그쪽 사람이고 파벌이 되고 그러더라구요"라고 기억하고 있다.

　　다음으로 파독 간호사들의 학력을 보자. 1969년 한국과 독일 간 간호협정이 체결되기 이전인 1966년 『해외취업백서』에 따르면, 파독 간호사 가운

데 대졸은 14%, 초대졸 5%, 고졸 78%, 중졸 3%로, 전체 파독 간호사의 97% 이상이 간호고등학교를 졸업한 고졸 이상 고학력자였다. 한편 협정이 체결된 이후인 1973년 12월 파독된 간호사에 대한 조사를 보면, 중졸이 18.9%, 고졸이 65.7%, 초대졸 혹은 중퇴가 11.8%, 대졸이 3.5%의 순이었다. 특이한 사항은 중졸자가 1966년에 비해 6배 이상 증가한 사실이었다. 이런 증가 원인은 1969년 간호 협정을 체결할 때 보조간호원을 간호사의 5배로 하기로 한 결정 때문이었다. 다시 말해서 보조간호원을 확충하기 위하여 훈련생을 모집할 때 중졸 정도 학력자에게도 응시 자격을 부여했기 때문이었다. 1972년 독일로 갔던 이영숙도 자신의 회고록에서, "해외개발공사에서 교육받는 사람들의 학력 수준은 제각각이었다. 초등학교 교사, 사무원, 독일에 광부로 가 있는 남편을 따라가기 위해 교육받는 사람 등"이라고 기록하고 있다.[22]

딸이라는 이름

그렇다면 두 여성들은 왜 독일에 가고자 했을까? 박한봄은 국립의료원을 거쳐 주변의 추천으로 독일에 가기로 결정했는데, "[1967년에] 중앙의료원에서는 1년짜리. 그래도 내가 중학교라도 졸업했으니까 응시할 수 있었어요. 중학교 졸업한 사람들이 간호보조원, 그러니까 보건간호원을 뽑은 거예요. 충청남도에서, 부여군에서. 그래서 부여군에서 보낸 거죠. (…) 저보다 먼저 [독일로] 간 사람들이 있었어요, 부여에서. 거기 제가 그때 충화가 우리 외가 동네인데, 외가 동네 충화면에서 일을 했는데, 구룡면이나 예산면에서 한 사람들이, 충화면의 한 사람이 먼저 독일에 간 사람들이 있었어요. 그 사람들 소식 듣고, 그 사람들이 베를린으로 오라고. 베를린이 무섭지 않다고, 학교도 갈 수 있고 그렇다 해서 갔어요"라고 당시를 기억하고 있다.

신길순의 경우, 재수하는 과정에서 본인까지 대학에 가는 것을 부모님이 부담스러워 하는 사실을 알게 되자 새로운 비전을 찾고자 파독 간호사에 지원했다. 그녀는 당시를, "취직하고 싶지는 않았고, 한국에서. 그땐 다 배지 달고 다녔거든요. (웃음) 친구들이 뭐 배지, 여기저기 대학교 배지 달고 다니는데, 저는 그것도 못 달고 그냥 후줄근하게 하고 재수합네 하고 돌아다니고 하는데, 그것도 싫더라고요. 그래서 그냥 훌쩍 떠났는데, 떠나고 나서 독일 가니까 좋더라고요. 여기저기 여행도 하고. 저희 나라에서 그땐 뭐 꿈도 못 꾸는 상황이었거든요"라고 기억하고 있다.

그 외에도 아버지나 가족의 권유로 독일에 가는 경우도 있었다. 그만큼 장녀들은 부모에게 부담을 주지 않고 오히려 집안을 위해 자신을 희생해야 한다는 '착한 딸'에 대한 부담이 적지 않았다. 신길순은 우연히 들었던 부모님의 걱정을 다음과 같이 또렷하게 기억하고 있다.

> 저희 친정이 가난하지는 않았어요. 아버지는 알루미늄 그릇 공장[에서] 생산하는 직원을 하셨고, 엄마는 엄마대로 사업을 하셨고. 그런데 밤에 저희가 육남매니까, 오빠가 연년생이었고, 여동생이 한 살 반, 그러니까 두 살 어린 여동생이 있었는데, 엄마, 아버지가 걱정하시더라고요. 자식들이 다 자는 줄 알고, "저것들 딸아이가 취직을 했으면 좋겠는데, 무슨 또 재수를 하려고 한다고." 저것들 다 학교를 어떻게 해야 할지 걱정을 하시더라고요. 그게 좀 마음에 걸렸는데, 어떻게 신문을 보니까 독일에 가서 간호 공부를 하면 돈도 벌 수가 있대요. 그래서 저는 참 착한 딸이어서… (웃음)

이영숙도 독일로 가기 전에 자신은 어렸지만 아이가 아닌 집안 대소사를 조정해야 하는 "작은 성인"이었다고 기억하면서, "맏이로서의 책임은 무겁고 막중했다. 집안에 불화가 있거나 경제적인 어려움 때문에 갈등이 생길 때는 (…) 큰딸인 내가 판사라도 된 것처럼 조정을 해드려야 했다. 특이했던 점은 부모님께서 내 의견을 존중해주셔서 갈등이 해결되었다는 것이다. (…) 어렸지만 걱정 많던 시절을 살면서 나는 이미 작은 성인이 되었다"고 당시를 기록하고 있다.[23]

가족에 대한 부담은 파독 이후 송금 과정을 보면 잘 드러난다. 먼저 당시 한국인 노동자들의 송금액을 보면, 1965년 270만 달러, 1967년 570만 달러가 국내로 유입되었다.[24] 1972년에 독일로 간 이영숙은 첫 월급으로 500마르크를 받았는데, 이는 의료보험, 연금, 무직자 수당, 종교세, 일반 세금, 기숙사비 등을 제외한 금액이었다. 그녀는 생활비인 80마르크를 제외한 420마르크 전액을 한국으로 송금했다.[25]

구체적으로 파독 간호사 임금 액수를 살펴보면, 간호협정 체결 이전에는 임금이 불규칙했다. 초기 간호학생은 훈련생 시기에는 연간 100마르크 이하를, 1년 후에 간호학생이 되면 100마르크 이상을, 3년 후에는 200~300마르크 정도를 받았다. 보조간호원과 간호사 임금도 이 시기에는 불투명했는데, 1966년 10월 보조간호원은 400~796마르크를, 간호사는 최소한 800마르크를 받는 경우가 66.7%였다. 하지만 간호보조원도 세금, 보험, 기숙사비 등을 제외하고 받았던 실수령액이 350마르크 정도로 한국에서 간호사 임금보다 3.5배 정도 높았다.[26] 당시 700마르크는 원화로 4만 5,000원이었는데 이는 당시 한국 장관 월급과 비슷한 수준이었다.[27] 1969년 이후 표준노동계약서를 기준으로 해 파독 간호사들의 임금은 독일연방 임금 및 보상협정에 근거해서 결정되었는데, 월 최저임금은 대도시가 792마르크, 기타도시는 767마르크였다. 월 최저임금 외에 가족수당은 기혼 간호사의 경우 별거수당의 성격으로 52~60마르크가 지급되었다. 또 간호사와 보조원 사이의 임금 차이는 거의 없었다. 보조원은 환자에 대한 책임이 없고 승진 기회가 주어지지 않았을 뿐이지, 간호사를 보조해 근무했고 노동시간도 같았다. 이처럼 간호사들은 3년 계약이 보장된 조건에서 임금과 여러 가지 면에서 독일인과 '동등한 대우'

를 받았다. 그 외에도 필요에 따라 서비스를 받을 수 있는 의료보험제도, 내외국인을 막론하고 무료로 공부할 수 있는 무상교육제도는 한국 여성들에게 경이로운 체험이었다.[28]

두 여성 모두 번 돈의 대부분을 가족에게 보내서, 땅을 사는 등 가족의 부를 늘리는 데 기여했다. 심지어 밤 근무나 휴가 때 블랙아르바이트로 다른 병원에서 추가로 일을 하거나 주유소에서 다른 일을 하기도 했다. 이런 사실들로 미루어 볼 때, 파독 간호사들은 공간적으로는 한국 가족과 떨어져 있었지만 여전히 가족과의 관계는 밀접했다. 두 여성은 개인의 문화생활, 여가나 취미생활을 거의 하지 않으면서 자신이 번 돈을 한국으로 송금했다. 신길순의 경우, 융자를 내서 부모님의 집 신축에 보태기도 했다. 아래 구술에서 드러나듯이 박한쫌도 마찬가지였다.

그때 내 기억에는 [월 임금이] 한 750만 원, 750마르크 그렇게 됐었어요. 임금이, 그러면 우리는 50마르크도 안 썼었던 것 같아. [한 달] 한 달, 저축했지. 저축했어요. 다른 사람들은 옷도 사 입고 막, 사실 그 돈 다 써야 거기 문화 수준에 맞게 살지. 지금처럼 비문화인으로 살았으니까. 어, 그러니까 집에서 가져갔던 옷 그냥 입고.

야간에 학교가 끝나면 밤 9시쯤 돼요. 5시나 6시에 학교 시작해갖고 학교가 9시에 끝나는데 10시부터 밤 근무거든요. 밤 근무 가려면, 진짜 죽으러 가는 것 같아요, 진짜. 그리고 다른 애들은 술 마시러 가고, 영화관에 가고 이러는데 나는 근무 가야 돼가지고. 돈을 벌어서 아버님 논도 여덟 마지기 사드렸어요. 그래야 되기 때문에 옷을 사 입어본 적도 없고. 공부하는 데 돈 쓰고…

하지만 이주여성들의 헌신이 반드시 가족의 생활을 나아지게 하는 것으로 귀결되진 않았다. 신길순의 경우, 상대적으로 가정 형편이 나아서 두드러지지 않았다. 하지만 박한쌈이나 다른 자료들을 참조해 볼 때 독일에서 보낸 송금에도 불구하고 가족 생활은 나아지지 않았다. 오히려 부모들은 딸이 송금한 돈을 아들에게 줄 생각으로 가득 차 있거나, 밑 빠진 독처럼 빈곤은 재생산되었다. 이영숙도, "우리 영숙이는 독일에서 우리한테 꼭 돈을 보내 줄 거야"란 아버지의 기대에 지속적으로 부담을 느꼈다. 이는 그녀가 독일에서 의과대학에 진학한 이후에도 계속되었다.[29] 마치 같은 시기 한국 여성 노동자들이 가족을 위해 희생하는 것을 사회적으로 당연히 여겼듯이, 파독 간호사들의 경우에도 크게 다르지 않았다. 박한쌈은 당시 심경을 다음과 같이 기억하고 있었다.

이제 맏딸들이 거의 희생양 역할을 하는 것 같아요, 어느 집이나. 이거는 국제적인 것 같아요. 맏딸이 아닌 사람들은 그래도 자기 몫을 챙기고 잘 살더라고요. 그런데 맏딸들이, 그렇게 장녀들이 그런 역할을 많이 한 것 같아요. 제가 볼 때, 저도 장녀로 (…) 오빠를 도와주려고 한 것보다, 제가 아버님 논 사드리고 그렇게 했는데, 결국은 오빠들한테 가고…

우리 어머님은 그 비싼 걸[가족과 같이 여행을 갔을 때 든 비싼 숙박비용을 지칭] 보고 안 편하신 거예요. 그 돈을 아들들한테 줬으면 좋겠는데 그 돈을 쓴다는 게. 그래서 그 표[상품가격표를 지칭] 붙어 있는 걸 제가 다 뗐어요. 우리 어머니 못 보게. 그렇게 지냈는데, 사실 독일에 비하면 안 비쌌죠.

이런 상황은 여성들에게 송금에 대한 두 가지 기억을 뚜렷하게 했다. 독일에서 문화나 여가생활을 희생하면서 한국 가족에게 돈을 부쳤다는 하나의 기억과 비록 돈을 부쳤지만 자신에게 돌아오는 것은 거의 없었다는 또 다른 기억을 지니고 있다. 이러한 상황에서 이영숙처럼, 점차 송금 액수를 줄이고 가족으로부터 거리를 두기도 했다. 그녀는 독일에 간 뒤 처음 한국에 돌아왔을 때, 아버지가 딸이 독일에서 대학 공부를 하고 있음에도 독일에 따로 모아둔 돈이 있어서 한국에 돌아올 때 큰돈을 가지고 올 것이라고 생각하는 것에 대해, "아직도 쪼들리게 살고 있는 우리 가족들이 내게 너무 많은 기대를 걸고 있다는 사실에 나는 큰 부담을 느꼈다. 식구들을 만난 기쁨만큼 부담감도 비례해서 마음을 눌렀다"고 술회했다. 1974년에 독일에 온 유희자 역시 "이렇게 매달 돈을 보내고 임기가 끝나 빈손으로 귀국하면 어떻게 될까"라고 자문하다가 송금을 중단하고 저축, 운전면허, 수영 등 자신을 위해 돈을 사용하기 시작했다.[30] 이는 한국으로 돌아온 파독 간호사들에 대한 설문을 통해서도 확인할 수 있다. 독일에서 장기 거주 계획을 세우기 전에는 평균 수입의 66%를 한국으로 송금했다. 하지만 장기 이주 계획을 세운 국내 송금 비율이 26%로 줄어들고 현지 생활비와 저축이 45%로 증가했다.[31] 이처럼 여성들은 '일정 기간' 동안 독일이란 낯선 곳에 거주했음에도 가족주의의 강제력으로부터 완전히 자유롭지 못했다.

특히 주목해야 할 것은 두 이주여성의 파독과 가족 내 그녀들의 위치에 관한 기억들이다. 다소 차이는 존재했지만 두 여성은 빈곤으로부터 혹은 미래에 대한 비전이 존재하지 않는 가족으로부터 벗어날 것을 희구했다. 그 와중에 간호사 혹은 보조원으로 독일에 가기로 결심했던 것이다. 그녀들이 기억하는 독일행에 대한 기억은 가난 탈출, 진학, 비전 부재 등이었다. 그녀들에게 독일행은 두려운 선택이기도 했지만, 가족경제 지원, 진학과 자신이 원하는 일을 이루고 싶은 욕구가 복합된 것이었다. 박한쌈과 신길순은 독일에서 돌아오면 검정고시를 보고 대학에 다닐 수 있을 것이라는 희망을 가지고 독일행을 선택했다. 다시 말해서 그녀에게 파독은 슬픈 선택이 아닌, 장래를 위한 더할 나위없는 기회였다. "우리 가족과 나라는 내게 능력을 펼 수 있는 기회를 주지 못했기 때문"이란 파독에 대한 기억은 그녀만의 것은 아니었다.[32] 그리고 가족과 가부장제로부터 상대적으로 자유로웠던 독일 생활은 그녀들이 독일어 학습, 상급 학교 진학 등 자신의 가능성을 키워나갈 수 있는 기회를 제공했다. 이런 의미에서 그녀들이 독일 생활에 '감사'하고 있는 것(혹은 독일을 기회의 땅으로 기억하는 것)은 한편으로 당연한 일이다. 이제 두 여성이 독일행을 결심하게 된 계기를 쫓아가보도록 하자.

결심, 독일로 가다

박한쁨은 전형적인 농촌 가정의 장녀로 가족에 대한 경제적인 지원과 독일에서 더 공부하고자 하는 파독의 동기가 공존했다. 한편 신길순은 대학에 진학하는 데 실패한 뒤 새로운 삶의 가능성을 독일에서 찾고자 했다. 차이는 약간 존재했지만 신길순과 박한쁨에게 독일행은 '노동이주'였다. 해외로 나가는 일이 쉽지 않았던 1960년대 후반과 1970년대 초반에 독일로 노동이주가 가능했던 조건은 무엇이었을까? 박한쁨은 1970년에 부여 사무소에서 주변의 권유로, 신길순은 1966년에 주변 지인과 신문기사를 보고 독일로 갈 것을 결심했다. 박한쁨의 어머니는 딸이 결혼을 해야 할 나이에 식모처럼 외국에 나가는 것이 마땅치 않았고, 신길순의 부모 역시 어린 딸을 객지인 독일로 보내는 것에 반대했다. 박한쁨은 어머니가 자신이 독일로 간다고 했을 때 했던 말을 지금도 기억하고 있다.

우리 어머니는 대성통곡을 했는데, 아들들은 삼 년 군대 보내는데, 니가 삼 년 거기 식모살이 가는 거랑 비슷한 건데 거기 뭐 하러 가냐고,

시집갈 나이에. 빨리 저기[결혼]해야 된다고. 그런 데 가는 데 웃돈을 주고 가다니. (하하하) 저는 [브로커 등에게] 돈도 한 푼도 안 주고 [독일에] 갔어요.

이영숙도 어느 날 아버지가 고향 사람으로부터 해외개발공사에 1년간 다니면서 간호보조원 자격증을 따면 독일에서 일할 수 있다는 이야기를 듣고, 군대에 가는 대신 독일에 갈 것을 권유한 것을 계기로 독일행을 결심했다. 물론 이런 이유 이외에도 3년간 돈을 벌고 귀국해서 야간대학이라도 다닐 생각이 그녀 마음속 깊이 자리 잡고 있었다.[33] 이들의 파독 결심에 대한 조사에 따르면, 538명 가운데 40.1%가 경제적 이유, 59%는 다른 이유를 들었다. 특히 미혼 파독 간호사들이 든 이유는 학비, 가족 생계 지원, 빚 청산, 혼수 비용 해결 등이 대부분이었다.[34]

박한쏨과 신길순 이외에도 많은 여성들이 독일로 떠났다. 당시 박정희 정부는 산업화로 인해 심화될 가능성이 높은 실업률과 인구 문제를 해결하기 위해 해외 인력 송출이 필요했고, 이를 위해 1962년에 '해외이주법'을 만들었다.[35] 물론 더욱 중요했던 것은 앞서 간략히 밝힌 대로 독일의 인력 부족 현상이 갈수록 심화되는 상황이었다. 1945년 이후 인력 부족은 독일의 사회적 시장경제 체제 아래에서 중요한 문제였다. 당시 독일이 필요했던 노동자들은 낮은 수준의 기술을 요하는 서비스업에 해당되는 인력이었고, 그 가운데 하나가 간호 노동자들이었다.[36] 1955년 외국인노동자취업(Anwerben) 허용 정책을 시작할 무렵에 독일은 일시적으로 노동력만을 들여오려고 했다. 이들은 이른바 손님의 지위로 체류의 한계가 정해졌던 '손님노동자(Gastarbeiter)'였다. 이들은 3년, 최대 5년 뒤에는 새로운 지원자로 교체되도록 규정되었다. 더불어 가족의 동반 이주를 금지했던 사실은 순수한 노동력만을 '구매하고자' 했던 독일 정부의 의도를 잘 드러낸다. 하지만 애초 의도와는 달리 1970년대에 이르자 이주노동자들은 독일 사회의 구성원이 되기 시작했다.

이러한 배경에서 설립된 국내 이주 대행기관이 '해외개발공사'였다. 1960년대 독일로 이주했던 신길순과 달리, 박한밤은 해외개발공사를 통해 독일로 파견되었다. 해외개발공사는 중앙정보부의 주도로 만들어져 1965년 중반부터 서울 청진동에 사무실을 두고 인력진출사업을 독점했다.[37] 구체적인 선발과정을 살펴보면, 전형위원들이 임상문답과 면접을 나누어 실시했다. 그외 신원조회, 실습과정 등 간단한 절차를 거쳤다.[38] 당시 파독을 둘러싼 문제들이 상당히 알려졌으나 박한밤과 신길순의 기억에는 독일로 가는 과정에서 뇌물이나 청탁 등은 남아 있지 않았다. 박한밤의 기억을 보면 아래와 같다.

제 기억에는 해외개발공사가 혜화동에 있었던 것 같아요. 어렴풋이 이렇게 대학로 그쪽에 있었는데. 거기 갔는데 뭐 웃돈을 주거나 그런 일은 없어요. 그런데 이렇게 거기 갔는데, 거기 인터뷰 한 사람이 자기 이야기하면서 우리 그 외가를 알더라고요. 우리 집 외가를 알더라고요. 그래서 나는 우리 어머니 애인인가 그랬어요. 하하하. 우리 어머니도 알고 그래서… 그런데 부여에서 [독일로] 많이 갔어요.

하지만 실제 파독 과정에서 뇌물이나 비리를 둘러싼 문제들은 당시 신문 지상에 자주 등장했다. 몇 가지 예를 들면, 간호사 파독을 주선했던 이수길 본인도 1966년 선발과정에서 30세 이상의 인원이 선발되어 '얼굴이 예쁘지 않으면 독일에 못 나간다'는 등 주무관청의 압력 행사에 대한 고발 등이 있었다고 기록하고 있다. 또한 I.L.I 어학 학원의 퀸터라는 인물이 보사부 허가를 받고 150여 명의 간호 요원을 독일에 취업시키는 과정에서 뇌물이 오갔다는 것도 보도되었다. 그밖에도 이종수 박사가 주도했던 난민구제회 간호사들은 3년 계약기간 동안 병원 건립비로 매달 20마르크와 회비로 다달이 2.5

마르크를 송금했다.[39] 하지만 결국 병원이 지어지지 않아 큰 사회 문제가 되었다. 그밖에 해외 송출사업을 하던 여행사 운영 과정에서 여비의 이중 납부를 요구하는 등 인력수출 사기 행각에 따른 피해자가 속출하기도 했다.[40] 또 1974년에는 서베를린 후생성 관리가 체제 기간 연장 및 취업 허가를 미끼로 파독 간호사들에게 성적 협박, 생명보험 강제 가입, 불입금 착복을 했던 사건이 일어나기도 했다.[41]

다른 한편 파독 간호사를 둘러싼 국내 여론도 좋지만은 않았다. 그 이유 가운데 하나는 정식 간호사들을 독일에 보냄으로써 국내 간호사 부족 사태를 심화시켰기 때문이었다. 실제 국내 간호 인력은 절대 부족 상태였는데, 1966년만 해도 6,000여 명이 부족했다. 특히 간호사의 해외 취업으로 병원 간호 인력의 연간 이동률이 50%를 넘어서 임상간호 업무의 혼란을 가져왔고 간호조무사의 대량 기용에 따른 간호의 질적 저하가 초래되었다. 여론이 간호사의 파독에 우호적이지 않았던 또 다른 이유는 해외 개발원조로 교육된 인력들이 독일에서 일하게 되었기 때문이었다. 유엔, 제3세계 지원 단체, 한국간호사협회 그리고 언론 등은 독일이 개발원조의 혜택을 가로챘다는 이유로, 한국은 외화벌이를 위해 여성들을 거래한다는 이유로, 간호사 파독 사업을 비난했다.[42] 간호사 파독을 주선했던 이수길에 따르면, 1966년 5월 세계보건기구 사무총장은 이수길이 주도했던 대량 파독에 대해 반대 의견을 표명했으며, 1967년 서독간호협회장 엘스터의 보고서에서도 개발도상국에서 많은 수의 간호사가 서독으로 들어오는 것은 잘못이라고 지적했다. 그리고 한국 기독교 계통의 파독 반대 운동에다 1967년 주한서독대사 페링이 파독 과정의 불미스러운 사건을 언급하며 한국 간호사의 취업 허가 보류를 권고한다는 발언을 하면서 정부가 특별담화를 통해 간호사 파독을 중지시켰다. 그래서 1967년과 1968년에는 파독이 일시적으로 중지되었다.[43]

이러한 문제들이 불거졌지만 독일로 가기 위한 준비 과정에서는 간단한 독일어와 반공교육만이 형식적으로 이루어졌다. 정부는 어학, 실습 등 여성들이 독일 생활에 적응하는 데 충분한 교육과 대책을 마련하지 않았다. 대부분 형식적인 교육이었으며, 숫자 채우기에 급급한 모양새였다.[44] 또한 1967년 간호사 수급 대치란 명목으로 간호보조원법이 공포되어, 고교 졸업 후 9개월간 학원이나 양성소에서 훈련을 받은 여성에게만 간호조무사 자격이 주어졌다. 특히 1969년부터 간호조무사들이 해외로 진출하게 되자 사설 양성기관이 난립해서 1970~1973년 사이에 34개 기관에서 연간 7,000여 명의 간호조무사가 배출되기에 이르렀다. 그 가운데 일부는 독일로 가지 못하고 국내에 남아서 취업 문제가 발생하기도 했다.[45] 독일로 가기 전의 교육과 관련해서 신길순은, "그때 해외개발공사라는 게 있었거든요. 해외개발공사에서 신차식 교수님이세요. 지금도 개인적으로 친분을 갖고 지내는데, 그분이 독일에서 독문학을 하고 오신 거예요. 그래서 저희들[에게] 구텐 모르겐이니 뭐니 몇 마디 가르치셨는데, 그거보다 난수표 조심해라, 뭐, 맨 반공교육, 그런 것만 엄청시켰어요"라고 당시 교육을 기억하고 있다.

더군다나 애초 정부가 이들에게 약속했던 귀국 이후 직장 주선이나 체류 기간 연장 청원 등은 지켜지지 않았다. 이를 두고 파독 광산 노동자 가운데 일부는 정부가 '거짓말을 했다'고 비난했다. 단적인 예로 1964년 박정희가 독일을 방문했을 때 한, 귀국 후 직장 마련, 강제 송환 방지, 송금 환율 인상을 도와주겠다는 약속이 지켜지지 않았다는 것이다.[46]

하지만 파독 간호사는 체류 연장이 상대적으로 용이했던 조건 덕분이기도 했지만, 파독에 대한 긍정적인 기억이 대부분이다. 이런 자료와 기억을 볼 때, 여성들이 경제성장과 수출을 위한 외화 송금 등을 처음부터 염두에 두고 독일에 갔을 가능성은 거의 없다. 오히려 이는 사후적으로 제기된 경제성장이나 근대화 등 파독의 민족사적 의미 체계를 둘러싸고 만들어진 해석들일 가능성이 높다. 오히려 20대 초반 미혼 여성들이 독일로 갔던 이유는 진학, 직장, 자아실현 등 삶의 기회를 가족이나 국가가 제공해주지도, 보장해주지도 못했기 때문이었다. 당시 한국에서 여성이 취업할 수 있는 직종은 간호사, 교사, 비서, 사무원, 경리, 미용사, 양재사 등에 불과했다.[47] 이처럼 좁은 사회적 통로 안에서 여성들에게 독일은 기회의 땅으로 인식되었고, 현재에도 그렇게 기억되고 있다. 그렇다면 현재 그녀들이 독일을 제2의 고향이자 기회의 땅이라고 기억하는 이유를 독일 땅에 발을 디딘 직후의 기억에서부터 살펴보자.

파독 간호사가 되다

이제 한국은 해외여행을 포함해서 이동이 자유로운 사회지만, 파독 간호사들이 독일로 갔던 1960년대 중반을 전후로 한 시기는 그렇지 않았다. 여권과 비자를 받아서 해외에 나가는 일 자체가 특수한 사람이 아니면 어려웠다. 실제 1960년 공무와 사무를 포함한 해외여행자 수는 8,000여 명—당시 한국 총인구는 3,000만 명—에 불과했다. 여권도 극소수층만이 받을 수 있는 전용물로, 수속에만 6개월 이상이 소요됐고 4개 부처에 24개의 도장이 필요했다.[48]

파독이 결정된 뒤 두 여성들은 당시 소련과 직항로가 존재하지 않았기 때문에 알래스카를 경유하여 스물여덟 시간에 가까운 비행 끝에 서독에 도착했다. 도착하자마자 각 병원에서 마중 나온 간호사들이 그녀들을 데리고 갔다. 그 시점은 파독 간호사들에게 막연한 기대와 공포가 겹쳐진 때였다. 이들은 독일에 대한 막연한 기대는 존재했으나 정작 독일에서 자신이 해야 할 일에 대해선 거의 알지 못했다. 이영숙도 독일 도착 당시 기분을, "우리들은 잘 모르는 세계로 떠나는 기분이었다. 6개월 동안 배운 독일어 외에 독일에 대해 아는 것이라고는 2차 대전 후 복구되어 다시 잘사는 나라가 되었고 국민성이 강하다는 정도뿐"이라고 떠올린다.[49]

프랑크푸르트 국제공항에 도착한 파독 간호사들(1966년 1월 31일).
[김무현 제공]

파독이 결정된 뒤 간호사들은 당시 소련과 직항
로가 존재하지 않았기 때문에 알래스카를 경유하
여 스물여덟 시간에 가까운 비행 끝에 서독에 도
착했다. 도착하자마자 각 병원에서 마중 나온 간
호사들이 그녀들을 데리고 갔다.

그렇다면 독일에 도착한 그녀들은 어느 병원으로 가서 어떤 일을 시작했을까? 당시 독일에는 외국인의 이주와 정착에 대한 전권을 지닌 중앙 정부 기구가 없었고 이주 정책은 연방정부에 따라 달랐다. 예를 들어 남부의 주들이 이주 및 정착에 대해 강경한 제한 정책을 취했던데 비해, 헤세, 브레멘 등은 온건한 입장이었다.[50] 파독 간호사들이 근무했던 병원은 크게 대학병원, 주립병원, 시립병원 등 공립병원과 종교 계통 병원, 개인병원 등이었다. 1966년 10월말 91개 취업 병원별 규모를 보면 〈표2-4〉와 같다.

〈표2-4〉 **파독 간호 요원의 고용 규모별 병원 수**

취업간호원수	1~4	5~9	10~14	15~19	20~24	합계
고용병원수	29	28	16	6	12	91

파독 간호사들이 파견되었던 35개 도시는 대부분 대도시로, 북쪽으로 함부르크에서 남쪽으로 뮌헨에 이르기까지 독일 10개 주에 고루 분포되어 있었다. 파독 간호사들이 가장 많았던 주는 뮌스터, 도르트문트, 뒤셀도르프, 쾰른, 본 등이었다. 1973년 12월 자료에 따르면, 452개 병원에 간호사 3,412명과 보조간원 2,711명이 근무했다. 1966년과 비교해보면 전체 간호사 수는 다섯 배로 증가했고, 근무 병원 수도 91개에서 452개로 다섯 배나 늘었다. 특히 이 시기에 들어서 주로 프랑크푸르트, 뮌헨 등 대학병원의 근무가 많았다. 가장 많은 간호사들이 일했던 지역은 여전히 노르트라인베스트팔렌 지역으로 전체 23.3%를 차지했고, 그다음이 베를린[51]으로 21.1%가 근무했다.[52]

공항에 도착한 그녀들은 각 병원에서 마중 나온 사람들의 손에 이끌려, 혹은 플랜카드를 따라 배정받은 병원으로 이동했다. 이렇게 병원에 도착한 한국인 간호사들은 처음부터 병원에 배치되기도 했고 몇 달간 독일어 교육을 마치고 일을 시작하기도 했다. 입국 후 독일 내 교육은 모두 같지는 않았지만 2주 정도 독일어 교육을 받거나 8주간 근무를 하면서 독일어를 익히기도 했다. 또 이들의 숙소는 기숙사인 경우가 많았다. 한국인 전용으로 기숙사를 사용할 때도 있었으며 기숙사 안에는 목욕탕, 샤워시설, 취사장, 전화가 그리고 응접실에는 전축과 티브이 등이 구비되어 있었다.[53] 독일 도착 직후에 대해 박한빔은 다음과 같이 기억하고 있다.

저는 처음 근무지에서 계속 있었어요. 거기 우르반 시립병원이라고 (…) [처음 도착했을 때 병원] 공사가 끝나지 않아갖고 우리는 3개월 병원에서 일 않고 괴테학원에서 공부만 했어요. 다른 사람들은 일하고 괴테학원에 가고 이랬는데. 우리는 운 좋게 공부만 할 수 있게 [괴테학원이란 곳에서] 언어, 독일어 언어를 배우고 가르쳐주고. 거기는 시립병원이라 50명, 거의 60명의 한국 간호사들이 있었어요. 아마 3분의 1은 한국 간호사들이 거기서 일했어요. (…)

저는 운이 좋은 것이, 운 좋게 시립병원, 중심가에 있는 시립병원에서 일을 해서, 사람들도 많이 접하고, 또 한국 간호사가 3분의 1 정도 됐었어요. 그래 가지고 한집에 살았어요. 같은 집에서 80명이 같이 한집에서…

하지만 한국과 전혀 다른 사회에 던져진 그녀들에게 어려운 점은 한두 가지가 아니었다. 그 가운데 가장 많이 이야기되는 것이 '언어' 문제였다. 같이 파견되었던 광부들과 다른 종류의 일에 종사했던 이들에게 일상적으로 환자와 의사소통, 의사의 치료 지시를 위해 가장 절실했던 것은 '원활한 언어소통'이었다. 박한빔과 신길순 모두 한국에서 간호대학이나 전문적인 간호교육을 받지 않았지만, 빠른 시간 내에 독일 병원에 적응할 수 있었던 이유는 빠른 '언어 습득' 때문이었다. 실제로 독일어 의사소통 능력에 따라 한국에서 위치와 상대적으로 무관하게, 독일 병원에서 대우가 달라졌다. 파독 간호사의 독일 적응에 대한 설문조사 결과를 보더라도 언어문제가 78.6%로 다수를 차지했고, 음식이 14.3%, 외로움 7% 등이었지만, 인종차별 등에 대해서는 응답이 없었다. 특히 독일문화 적응에 있어서 남성이 이질감 없다는 응답이 44.4%였는데 비해, 여성인 간호사들은 78.6%가 이질감이 없다고 응답했다.[54] 이러한 언어소통의 어려움은 한국과 독일 간호사 간의 의사소통을 둘러싼 문제를 야기하곤 했다. 특히 한국에서 정식 간호사 교육을 받았지만 독일어 능력이 취약했던 간호사들의 경우 자신이 독일에서 배변, 침대 시트 갈기 등 부적절한 일을 하며 고생을 한다고 믿었다. 심지어 이영숙은 너무 긴장한 나머지 환자 혈압을 잴 때, 본인 심장 소리가 더 크게 들리기도 했다고 기억하고 있을 정도였다.[55] 박한뽐과 신길순은 모두 시간을 쪼개서 독일어를 익혔고, 이는 상대적으로 순탄한 독일 생활의 바탕이 되었다. 독일 적응에서 언어가 얼마나 중요했는지는 두 여성의 기억을 통해 알 수 있다.

저는 그나마 독일어를 열심히 했던 것 같아요. 한국 사람들 같이 살 때에도, 독일에는 옛날 집은 열쇠구멍이 이렇게 보여요, 밖에서. 그러면 막 밖에 나가서 놀자, 춤추러 가자 그러면 그게 싫어서 까만 수건으로 싹 씌워 놓으면, 문을 두드리고 별 소리를 다 해도 안 나가고, 방에서 공부만 했어요. 아침에는 그 어린애가, 지금 생각해도 신통한 게, 졸음이 많이 오는데, 시계를 알람을 세 시에 해 놔요. 문 앞에다 놓고. 침대에 놓으면 자꾸 끄고 자니까. 30분을 일찍 일어나요.
−신길순

간호사들 중에서도 우리나라에서 간호학교 졸업하고 간 [사람들에게는]―우리는 간호보조원으로 갔으니까 제일 하층이죠―옷도 다른 색깔을 주고. 그런데 독일에서는 말을 잘하면 인정받고 잘 대우해줬어요. 그러니까 저는 열심히 독일어를 배웠으니까 혜택을 많이 받죠. 그런데 간호대학교 졸업한 사람도 있었거든요. 그런 사람들 독일어 못하면 대우 못 받으니까 엄청 힘들어하고 그랬죠.

―박한맘

저는 그렇게 독어를 열심히 하려고 노력하니까. 그래도 이렇게 독어를 잘하는 사람을 대우를 해줬어요. 간호사들보다. 그러니까 간호대학 졸업한 사람들이 엄청 억울하게 생각하기도 하고, 저는 보조원으로 갔는데 독일어를 잘하니까. 그런 억울한 거나 뭐…

―박한맘

제가 한두어 번 겪은 이야기인데, 혈압을 재러 가잖습니까. 그러면 이불을 이렇게 딱 제끼면요, "게 벡, 게 벡" 막 그래요. "꺼져, 노랭이." 그래요. 그런 사람들도 있었어요. 그런데 독일 사람들이 그런 자기 국민성에 대한 우월감이 있다는데, 저희들한테 그렇지는 않았던 것 같아요. 워낙 열심히 일을 하니까. 저희도 뭐 독일 간호사들 서서 담배 피우고, 커피 마시고 노닥거릴 때 계속 일했으니까요. 그러니 언어 장벽 말고는 뭐 없죠.

―신길순

그러나 모든 차이를 독일어 의사소통 능력만으로 설명할 수는 없을 것이다. 병원에 적응하는 데 언어와 더불어 중요했던 것은 독일의 간호 시스템을 이해하느냐 여부였다. 한국에서 간호사와 간호보조원이라는 지위와 무관하게 모든 파독 간호사는 씻기기, 입히기, 배변과 소변 돕기, 침대 시트 갈기, 식사 가져다주기, 같이 일하는 간호사와 수녀들의 주거 공간 정리하기 등 기초 간호를 해야만 했다.[56] 두 여성은 이런 기초 간호를 당연하게 생각했지만, 그렇지 않은 여성들도 존재했다. 이는 한국과 다른 독일의 간호 시스템 때문이었다. 한국과 달리 독일에서는 간호사들이 대부분 병원에서 일하기는 했지만 양로원, 요양기관, 정해진 시간 없이 독일 가정에서 필요로 하는 시간에 요구를 들어주는 공동체 간호사(Gemeindesschwester)로 일하기도 했다. 이는 당시 독일 간호노동의 역사적 전통과 관련된 문제였다. 독일 간호노동은 의료행위라기보다 간병과 연관된 각종 육체서비스노동을 포함하는, 병원과 의료인의 행위를 보조하는 광범위한 서비스노동을 의미했다. 이를 반영하듯이 독일에서 간호사가 되려면, 초등학교 9년을 졸업하고 직업학교를 다닌 뒤에 1년은 가정이나 사회사업기관에서 일한 뒤 간호학교에 입학해서 3년간 교육을 받아야 했다. 이는 한국과 독일에서 간호사를 이해하는 방식이 교육 시스템에서부터 달랐음을 보여준다.[57]

더불어 독일에서는 일과 급여에서 간호사와 보조원 간에 차이가 없었기 때문에, 한국인 대학 출신 간호사들은 자신의 일과 대우에 대해 못마땅해했다. 특히 나이가 많고 국내에서 수간호사 생활을 했던 여성들은 적응이 쉽지 않았다. 일부 간호사들은 독일 간호사들이 한국인에게 간호 업무 가운데 허드렛일에 속하는 일을 준다는 불만을 토로하거나 이로 인해 상처를 받는 경우도 있었다.[58] 이런 이유로 1966년 이후 대졸 정식 간호사들이 독일에 가서 험한 일을 한다는 한국 언론 보도로 논란이 되기도 했지만, 이는 독일 사회에서 간호노동이 지닌 성격을 미리 이해하지 못한 데서 오는 오해였다. 독일이 한국 간호사들에게 원했던 노동은 이러한 기초 간호들이었다. 당시 독일은 한국에서 간호사가 오지 않으면 병원 운영이 어려울 정도였고, 독일인 수녀 이외에는 독일인 간호사가 없는 병원도 있었다. 독일 간호사들 역시 한국인 간호사들과 같은 일에 종사했다는 점에서 차별이 아니었다.[59] 당시 독일의 간호노동에 관해서 두 여성은 다음과 같이 기억하고 있다.

> 자기네들이 아무리 인터내쇼날 이그자멘 너스라도 로마에 가면 로마법을 지켜야죠. 근데, 그 친구들은 자기네들은 이런 건 안 하는 사람이다. 그야말로 우리말로 하면 요강이죠. 침대에서 쓰던 거. 그런 거 다 닦고 그랬거든요. 근데 한국에서는 그런 거 안 하잖아요. 그걸 적응을 못하는 거예요. (⋯) 우리나라는 인터내쇼날 에그자멘(International Examen)이래요, 근데 독일은 완전히 소치알 볼레(Sozial Wohles)라 해서 사회봉사 기제예요. 레알 슐레(Real Schule)하면 실과학교이거든요. 레알 슐레 나온 사람들이 병원에서 일하면서 조금씩 해서 3년 과정을 마치면 간호사가 되는 거예요. 그거는 국제 간호사가 아니에요. 정말 간호사로서 해야 하는 일만 배우는 거예요. 베드메이킹(bed making) 한다든지, 환자들 돌봐주는⋯ 우리나라로 말하면 간병인들 수준이라 그럴까.
> ─신길순

그렇게[한국 일간 신문에 보도된 것처럼 파독 간호사들이] 시체 닦지는 않았고. 우리는 환자들 똥 치워주고 얼굴 [닦고], 그것은 기본 간호거든요. 독일에선. 참 중요한 거예요. 우리는 기본 간호를 각 병원에서 하지 않고 있는 거예요. 기본 간호는 밥 먹여주고 세수시켜주고 똥 치워주고 이게 기본 간호예요. (⋯) [한국에서는 그 일을] 간병인이 하는데, 간병인이 해야 될 일이 아니에요. 간병인이 하니까 환자가 부담되고 걱정하고, 간병인을 사야 되니까. 환자들이 부담을 가져요. 그리고 중산층일수록 며느리가 해야 된다는, 딸이 해야 된다고 요구해서 엄청 고생하고 있어요. 병원에서 하면 끝나요. 그런 요구할 필요도 없이. 구조적으

로 고쳐야 돼요. 독일에서, 그 일을 우리가 한 거예요. 그러니까 우리
를 좋아한 거지.

－박한뫔

어떤 친구들은 막 일이 여러 가지 있잖아요. 사실 병원에서 하는 일
뭐, 이렇게 밥을 먹이거나, 이제 이렇게 대소변을 받아주거나 [하는] 기
초 간호거든요. 그거 난 중요하다고 봐요. 우리나라도 간호사들이 그
런 일 해야 된다고 봐요. 그런 중요한 일들을 그렇게, 뿐만 아니라 뭐
침대를 닦는다거나 이런 것은 간호사들이 하지 않거든요, 독일에서도.
그런데 개인병원 같은 데서는, 내가 간 병원에서는 환자가 퇴원하면 침
대를 가져가요. 첸트라라고 해서, 침대 첸트라에서 다 소독해서 오는
거예요. 침대 시트까지 다 가져가서 거기서 소독해서 시트 새 걸로 해
서 딱 올라오거든요. 그렇기 때문에 우리는 관여하지 않았어요. 제가
일한 새로운 병원에서는, 그런데 다른 병동에서 말 들으니까, 간호사들
한테 막 청소, 매트 닦는 것이 사람이 없을 때는—청소부가 매일 있지
않거든요—없을 때는 빨리 닦아놔야 환자가 오면 받으니까 간호사가
하고, 수간호 언니가 할 때도 있어요. 자기네들이 아쉬우니까. 그러니
까 그런 거 시켰나봐요.

－박한뫔

그 외에도 독일에서는 성별과 무관하게 병실을 배정했고, 남성 환자들
의 간호를 맡기는 등 업무의 효율성을 강조했다. 박한뫔도, "저는 이렇게 환
자를 닦아줘야 되고 그런데 남자 병동에서 일 못하겠더라고요. 닦아주면 성
기도 만지고 그래야 되는데, 내가 하기 싫어서 무서워하면 얼마나 환자가 이
상하게 생각하겠어요. 그래서 안 했어요. 원래 [남자 병동 간호는] 남자들이

하거든요. 남자가 없으니까 여자들이 대신 하는 거예요"라고 당시의 어려움을 기억하고 있다. 실제로 한국인 간호사들이 여성 병동으로 이동을 요청하면 독일 간호사들은, '환자를 환자로 대하면 되지 왜 성별에 그렇게 민감한지'에 대해 의문을 제기하기도 했다. 박한몸과 신길순과 달리, 공동화장실 청소, 환자 침대시트를 바꾸는 일, 아침상 차리는 일 등을 천한 일이라고 여겨 이에 대해 격하게 항의하는 한국인 간호사도 있었다. 하지만 노동의 귀천을 따지지 않고 영역별 경험을 중시하는 독일인은 한국인 간호사의 태도가 쉽게 이해가지 않았을 것이다.[60]

다음으로 파독 간호사들의 독일 적응을 둘러싼 또 하나의 문제는 음식이었다. 밥과 김치, 된장, 마늘 등을 주식으로 했던 한국인들이 빵, 우유, 소시지 등이 주식인 독일 음식에 적응하는 데에는 시간이 필요했다. 두 여성도 처음 독일 음식에 적응하는 데 어려움을 생생하게 기억하고 있었다.

집에서 어머니가 곶감도 보내주고, 나물도 보내주고 막 이렇게 오징어
같은 것, 냄새가 얼마나 나요. 독일 애들은 히~ 냄새가 난다고 도망가
요. 그러면 미안하잖아요. 나는 먹고 싶고 궁금하고 그런데 그러면 이
제 의사가 와갖고 보고, 뭐가 그렇게 좋은 것이 왔냐고. 나도 조금 맛
보게 주라고 그래요. 하하하 그러면 이렇게 맛있다고. 이렇게 맛있는
것을 너희들은 안 먹느냐고. 맛있었겠어요? 용기 있는 척하느라고 그러
지. 그런 것들이, 곶감이나 오징어가 맛있을 리가 없지요.

－박한몸

다른 한국 사람들은, 경상도, 호남 쪽에서 온 사람들은 막 젓갈까지
부쳐 와요. 청국장까지. (웃음) 그것도 겨울에 문도 안 열고. 그리고 막
고사리 뜯어다가 막 라디에이터에다 말리고 그러니 냄새가 얼마나 나

요. 그러니까 여기 사람들이 병원에다 컴플레인을 한 거예요. 한국 간
호사들하고 못 살겠다고. 그랬더니 일은 잘하지, 내쫓을 수는 없지, 그
러니까 병원 뒤 숲속에다 커다란 집 한 채를 마련을 해 주더라고요.
한국 사람들은 거기 들어가서 하고 싶은 거 다 하며 살으래요

―신길순

특히 파독 간호사들은 밀히라이스(Milchreis, 밥을 우유에 넣고 삶아서 계
피가루와 설탕 등을 넣어먹는 요리)에 대한 기억을 강하게 지니고 있다. 처음
병원에 온 17명 가운데 누구도 밀히라이스를 먹지 않아서 이를 준비했던 간
호원장이 이유를 몰라 당황했다고 한다. 박한쁨은 자신의 밀히라이스에 대
한 기억을, "한국 사람들은 쌀을 많이 먹는다고 우유를 넣고 한 쌀밥이 있어
요. 그걸 설탕 넣어서 먹거든요. 우리는 그거 먹으면 구역질나요. 그런데 우
리[에게] 그거 대접한다고 꽃 들고 와서 이렇게… 그 성의가 대단했던 것 같
아요"라고 회고했다. 상당수 여성들도 밀히라이스에 대해 기억하고 있었다.
밀히라이스의 닝닝한 맛에 대비되는 김치, 마늘, 고추장의 맛은 독일인들이
기피하는 맛과 냄새지만 스스로 단절하기 어려운 미각으로 자신들의 정체성
을 확인하는 매개였다.[61] 하지만 앞서 말한 것처럼 심한 경우에 독일인들은
한국 간호사들의 음식이나 반찬 냄새를 참지 못해서 한국인 전용 숙소를 별
도로 만들어주는 경우도 적지 않았다.[62]

그 외에 문화적 차이도 적지 않았는데, 신길순은, "근데 [서울에서] 카드
가 왔어요. 동생이, '언니, 광화문이 이렇게 변했어.' 그러니까 너무 자랑스러
운 거예요. 그래서 그걸 독일 애들한테 보여주면서 이게 서울이라고 그랬더
니, 거기 남학생이 있었어요, 의대생이. 그 사람이 '와, 한국에 차도 있어?'
그래서 제가 얼마나 민망해하고 그 학생 야단을 쳤는지… 그때엔 저희한테는
그랬어요. 독일 사람들이 한국을 잘 모르니까. 한국이 계란 먹느냐고 그러

고. 또 조그만 애들이 길을 가면 물어봐요. '너 어디서 왔어?' 그래서 '한국, 코레아' 그러면… '코레아가 중국이야, 일본이야?' 그래요"라고 기억한다. 이 영숙도 한국인들이 개고기를 먹는다는 이유로 개가 분실될 경우 독일인들이 한국인 거주지 쓰레기통에서 개 뼈를 찾는 등 한국인을 미개인처럼 본 경험을 기억하고 있다.[63]

오염된 여성들: 한국에서의 담론

그렇다면 가족으로부터 떨어져 독일에서 자유로운 생활을 할 수 있었던 여성들의 일상은 어땠을까? 독일로 온 여성들은 지역이나 학력과 무관하게 가부장제와 유교적인 교육 시스템 아래에서 자라왔다. 이들은 유년기부터 남성과 별도의 가치 체계를 내면화하도록 강요받아왔으며, 본인들도 그것을 당연한 것으로 여겼다. 그러나 아버지와 남성 형제로 대표되는 가부장의 보호 아래에서 자라다가 이로부터 자유로워진 경우, 다른 문화적 패턴을 받아들이는 경우가 존재했다. 대표적인 것이 1972년 즈음 국내 신문에 등장했던 파독 간호사들의 사치와 성적 문란을 둘러싼 담론이었다. 두 구술자의 경우, 사치나 성적 문란 등과 거리가 있었으나, 이런 사실이 전혀 없지는 않았다고 한다. 신길순의 기억을 빌면 다음과 같다.

> 72년도에 5월에 귀국했는데, 그전에 티비 하고 신문지상에, 한국 간호사, 독일에 있는 한국 간호사 보도가 났었데요. 한국에서요. 자료 찾아보시면 있을 거예요. 그때 독일에 있는 한국 간호사들이 담배 피고 술 마시고 문란하게 산다고 크게 보도가 되었데요. 한국은 그런 상황이니까. 저는 하나도 부끄러움이 없으니까 당당하게 이야기하거든요. 독일 가서 간호증 받고 일했다 그러면 그다음에 [자신과 맞선을 봤던 남성이] 안 나타나요. 연락 없어요. 나중에 알고 보니까 그런 보도가 있었다고

하더라구요. 저 같은 사람은 억울하죠.

1974년 언론에는 파독 간호사들의 사치와 성적 문제에 관한 기사가 실렸다. 당시 "고독한 서독의 한국 간호원"이란 기사를 살펴보면 파독 간호사들이 국내에 풍기문란 등에 대한 기사가 난 것을 알고 인터뷰조차 꺼리며, "만나서 좋은 얘기 쓰겠냐"며, "돈이고 뭐고 빨리 집어치우고 귀국하라"는 편지가 쇄도한다고 씌어져 있다.[64] 그 외에도 파독 간호사들 가운데는 아프리카나 남미 등 경비가 많이 드는 곳으로 여행을 가서 사치라는 비난을 받기도 했다.[65] 파독 간호사들이 1968년 유럽혁명 이후 독일의 자유분방한 사회·문화적 분위기에 휩쓸려 문제가 된다는 기사들이었다. 이영숙도 초창기 독일 길가에서 남녀가 손을 잡고 다니거나 키스를 하는 모습, 남성이 히피처럼 머리를 기른 모습 등이 무척 큰 문화적 충격이었다고 기억한다.[66] 당시 문화적 쇼크를 신길순도 생생하게 기억하고 있다.

저는… [72년 한국에 돌아와서] 근데 와서 시집가기 얼마나 힘들었다구요… 그때 한창 72년도였잖아요. 기록 찾아보시면 알 거예요. 독일 갔던 간호사들에 대해서 얼마나 네거티브하게… 사치보다도 그… 성이 굉장히 문란하다고 그랬습니다. 선생님. 외람된 말씀이지만… 굉장히 뭐… 저는 그래도… 아버지가 원래 그렇게… 그래서 저는 수영을 할 줄 몰라요. 어디 여자가 그렇게 벌거벗고 사람들 앞에 서느냐고. 그렇게 굉장히 완고하게 키우셨거든요. 그래서 손만 잡아도 나쁜 남자고. 너손 잡혔지 않느냐고. 시집 가야 한다는 식으로. 그땐 막 그랬거든요. 그래서 저는 담배 피우는 것도 이해를 못 했고. 술도 아버지하고 약속을 했으니까 안 먹었고. 근데, 그때 그랬어요.

다른 파독 간호사도 비슷한 내용을 동생으로부터 온 편지에서 보았다. 동생의 편지는, 파독 간호원들이 고국에 더 많은 돈을 송금하려고 오전 병원 근무가 끝나면 오후에 몸을 팔아 돈을 번다는 소문이 돌아, 국내에서 결혼하기가 어려우니 귀국을 잘 생각해보라는 내용이었다.[67] 하지만 이런 이야기가 확산된 것은 이주여성도 가부장의 보호하에 규제되어야 한다는 지배담론의 효과였다. 유사한 시기 남성 지식인들의 여대생의 사치에 대한 담론도 유사했다. 『여성』(1965년 6월)에 실린 「여대생을 위한 한국 근대화에 있어서 여성의 의무와 책임」이란 기사를 보면, 여성 지도자들은 여대생들이 현모양처가 되기를 바라고 있었다. 그 내용 가운데 일부를 보면 아래와 같다.

> 남편에게 이해와 애정을 베풀어줄 사람은 아내이다. 가정은 안식처이다. 경쟁에 시달리고 피로한 가족성원들에게 애정으로 힘을 북돋아주고 나아가서 우리는 반드시 잘 살아야겠다는 의욕을 일으켜주며 실지에 있어서 창조력과 합리성으로 근대화의 환경적 조건을 이룩하도록 하는 것이 여성의 근대화에 있어서 역할 (…)

더 나아가서 남성 지식인들은 여대생들이 공적 영역에서 소비와 향락을 즐기는 데에 신경질적일 정도로 비판을 가했다. 시인 양명문은 여대생들이 어두침침한 음악 감상실에서 "어깨를 들썩이며 박수로 장단을 치고, 꽥꽥 기성(奇聲)을 지르는 것은 흡사 '발광(發狂)'"에 가깝다고 힐난하며, "썩었다는 말은 바로 이런 데 해당되는 말 (…) 이러한 간판파[68] 출신의 아가씨들이 그래 점잖게 시집을 가서 신부가 되고 주부가 되고 어머니가 될 것을 생각하니 실로 한심하고 암담한 이미지밖에 더 떠오를 것은 없다"라고 비난했다.[69] 이것은 조국 근대화라는 국가 프로젝트의 기초 단위인 가정을 운영할, '미래의 모성'으로서 자질이 의심스러운 '미래 주부'들에 대한 '위기감'의 일부분이었다.

이런 위기감은 여대생에게만 해당했던 것이 아니라, 파독 여성들에게도 미쳤던 것이다.

특히 당시 신문에는 여러 가지 파독 간호사 관련 사건들이 기사화되었는데 대표적인 예가 정신병, 강간, 임신, 자살[70] 그리고 간호사들이 독일과 계약을 파기하고 미국 등지로 간 사건과 관련된 것이었다. 파독 간호사와 관련해서 1973년 12월까지 133건의 사건이 일어났는데, 이 가운데 이성 문제로 인한 사고가 34건(25.6%), 향수병과 의사소통 부재로 인한 현실 부조화가 21건(15.8%), 중도 귀국 15건 등이었다.[71] 당시 신문을 보더라도, "서독 보낸 간호원에 임부, 정신질환자도"[72]라는 기사와, 파독 간호원이 기숙사에서 목 졸려 피살된 사건[73], 파독 간호사 가운데 봉급 일부를 가족에게 보내지 않고 동방교라고 불리는 종교 단체에 송금했던 사건[74] 등을 확인할 수 있었다. 또 3년을 마치기 전에 혹은 마친 뒤에 미국이나 캐나다 등으로 이주한 사람도 적지 않았다. 1966년 파독 직후 미국의 한국인들이 경영하는 직업알선소 소장이 프랑크푸르트 등에 상주하면서 대사관의 협조를 얻어 간호사들의 미국 취업을 적극적으로 추진했다. 독일 신문들은 "골치 아픈 한국 간호사들"이란 제목으로 계약을 어기고 제3국으로 빠져나간 한국 간호사들을 비난했으며, 각 병원 책임자들은 더 이상 한국 간호사들을 채용하지 않겠다고 통지했다.[75]

한국 사회는 이런 담론을 통해 독일에 있는 여성들도 민족과 조국의 명예에 누를 끼쳐서는 안 되며, 불순한 서구 문화에 오염되어서는 안 된다고 경고했던 것이다. 그렇다면 이런 비난에도 불구하고 이주여성들이 자신의 노동에 어떤 의미를 부여했는지 구체적으로 살펴보자.

노란 천사

7:00 출근

7:00~8:00 침상 정리

8:00~8:30 시험실에 보낼 피 뽑고 혈침

8:30~9:30 간호사 아침 식사

9:30~10:30 정맥주사 준비 및 근육주사 처치, 얼음찜질 주머니 마련

10:30~12:00 수술환자 회복기에 전신욕 및 좌욕하고 국부처치 및 주
사 부위 및 다리 마사지

12:00~12:30 환자 점심식사 준비

12:30~13:00 점심 체온 측정

13:00~16:00 휴식

16:00 출근하여 침상 정리하되 수술환자일 때에는 수술환자의 일반상
태 점검

17:00 수술환자 일반상태 및 정맥주사 준비 및 맥박과 체온 측정

17:30 저녁식사 마련

18:00 의사 회진하고 진찰하는 데 조력

19:00~20:00 변비약과 수면제를 원하는 환자에게 약품 투여

20:00 퇴근

빡빡하게 짜인 근무시간표는 한 외과수술환자 입원실 간호사의 일과였
다.[76] 침상 정리, 채혈, 식사 준비, 체온 측정, 약품 투여 등 아침 7시부터 저
녁까지 빡빡한 일과의 연속이었다. 이런 일과는 다른 파독 간호사들도 크게
다르지 않았다. 아침부터 일이 끝날 때까지 일과에 관한 신길순의 기억을 들
어보면 다음과 같다.

아침 6시 반에 근무를 시작하는데, 기숙사에서 6시에 버스를 타고 6시
10분이나 15분쯤 도착을 해서 옷 갈아입고 6시 반부터 병동에서 일을

하고. 오전에 식사는… 뭐라고 그러죠?… 구내식당에서 먹어요. 먹는데, 그때 가격이 60페니였어요. 근데, 굉장히 비싼 가격이었어요, 저희수준에는. 우리나라 돈으로 환전을 하면… 그래서 8시나 되면 아침을 먹고… 교대로 먹죠. 같이 다 못 가고. 그리고 와서 한 1시나… 아, 12시였구나, 12시부터 3시까지는 미탁파우제(Mittags-pause)에요. 게네는 낮에 꼭 그렇게 쉬어요. 낮잠들을 자고. 부지런한 것 같은데도. 그리고 저녁에 7시쯤 되면 하루 일과가 끝나는 거죠.

그렇다면 파독 간호사들은 자신들의 이주노동에 대해 어떻게 기억하고 있을까? 소제목으로 붙인 '노란 천사'란 단어에서 드러나는 바와 같이, 내가 만난 2명의 파독 간호사들은 자신들의 이주노동에 대해 긍정적인 기억을 간직하고 있다. 파독 광부들의 노동조건은 매우 열악했고 사망자도 적지 않았다.[77] 반면 독일에서 간호사들의 노동 경험은 힘들었지만 최악은 아니었다는 기억이 대부분이다. 물론 한국과 달리 환자의 배변 청소, 침대 갈기, 목욕, 치매 노인을 돌보는 양로원 근무 등 '어려운 일'들도 존재했지만, 독일 사회와 병원은 '노동력 부족'이라는 조건 아래에서 이들에 대해 우호적인 태도를 보였다. 두 여성들도 독일 사회에서 자신들은 차별이나 인종차별 등을 경험하지 않았고 '꿀벌' '개미' '친절' '미소' '인내' 등 가치를 중심으로 대우받고 살아왔음을 반복적으로 강조했다. 다시 두 여성의 기억을 살펴보면 다음과 같다.

우리는 키가 작으니까 의자에 올라가서 이불을 깔아서, 땅에 닿지 않게 이렇게 해서 주고 그러면 지혜롭다고 얼마나 환자들이 칭찬하고 그러는데요. 우리는 머리가 다 까맣잖아요. 독일 사람들은 여러 색깔이 있는데, 우리는 개미처럼, 너희는 머리가 다 똑같이 까매가지고 개미처럼 왔다갔다 왔다갔다 한다고, 그렇게 이뻐 했어요. 우리를….

–박한맘

제 별명이 클라이네 비네(kleine biene), 비네는 꿀벌이거든요. 클라이네
는 조그만 것. 꼬마 꿀벌이죠. 그러니 얼마나 열심히 했으면, 원장님이
"클라이네 비네 어디 있냐"고 저를 찾으셨겠어요.

–신길순

제가 굉장히 가슴 아픈 게, 저희 나라에 와 있는 노동자들[국내 이주
노동자를 지칭]한테 굉장히 막 대접이 안 좋잖아요. 근데 저희는 동등
한 대접을 받았고, 저희는 엄청 부지런했어요. 그러니까 독일 초청자
측에서 저희들을 굉장히 우대를 해줬고, 자기네 간호사들보다 더 우대
를 해줬거든요. 그런데 보니까 말을 못 하면 구박을 하더라고요. "이거
가져와라, 저거 가져와라" 구박하고. 그래서 나름대로 독일어 공부를
열심히 했고….

–신길순

이처럼 두 여성은 힘든 서비스 육체노동을 했음에도 불구하고 독일은
자신들의 존재를 인정받을 수 있고, 한국에서 상상하지 못했던 교육을 받을
수 있는 공간이었다. 그런 의미에서 독일은 그녀들에게 기회를 제공해준 땅
으로 기억되고 있다. 박한맘에게 독일은 자신이 안 모든 것을 가르쳐준 땅이
었으며, 신길순에게도 독일은 평생을 안고 간, 독일어를 가르쳐준 동시에 자
신을 인정해준 곳 그래서 아직도 토요일마다 집 안에서 독일 음악 틀어놓고
빵을 먹으며 향수를 느끼는 곳이다. 어쩌면 이들에게 고향은 두 군데일지도
모른다.[78] 그렇다면 그녀들은 독일에서 차별을 받았던 기억이 없는 것일까?

앞에서 언급했지만 '절대 차별대우는 안 받았어요' '감사하다' '대우받았다' '혜택받았다'는 것이 두 여성의 반복되는 기억들이다. 잠시 두 여성의 기억을 교차시키며 살펴보도록 하자.

독일에서는 아시아 여자들은 그렇게 차별, 그렇게 특히 이쪽 동아시아, 그렇게 하지 않았어요. 남자들은 힘들어한 것 같아요. 나는 그렇게 차별 대우 받아본 적이 없어요. 오히려 더 혜택을 더 받은, 그냥 도와주려고 하는 사람들이 많으니까. 말을 잘 못해도 막 귀 기울여 듣고, 경찰 같은 데 부딪혔을 때도, 경찰들이 우리 편에 서고, 자전거 타고 가다가 그런 거 막 있거든요. 그러면 경찰이 부딪히면 편들어주고 … 오히려 이렇게 독일 사람보다 어떨 때는 혜택 볼 때도 있었어요.

—박한뫔

저는 외람된 말씀인데, 살아온 것에 항상 후회가 없어요. 항상 감사해요. 거기서 뭐 코레스폰덴츠슐레 졸업 못 하고 왔어도, 여기 와서 저는, 뭐 되로 배우고 말로 가르치는 사람이 있고, 말로 배우고 되로 못 가르치는 사람 있고 그래요. 근데 저는 제가 배운 것보다 훨씬 많이 저걸 하고, 응용하고 산 것 같아요.

—신길순

[차별이] 거의 없는 게 아니라 없었어요. 저희는 그 환자들이 뭐… 3번인가 그 꼴 봤는데… 그냥 편하게 나왔어요. 나는 모르는 사람이니까 저 사람은 환자니까… 절대 저희는 차별 대우 안 받았어요. 대접을 받고 살았으면 받고 살았지. 뭐… 병원을 떠난다 그래서… 저는 간호원장이 프랑크푸르트 공항까지 데려다줬어요. 휴가를 내서… 송별파티 하

는데 병원 원장이 참석을 하고….

—신길순

　　두 여성에게서 차별에 대한 기억이 거의 없는 이유는 무엇 때문일까? 병원 생활이나 일상에서 이들은 차별을 경험했을 수도 있다. 박한봄은 '독일도 계급사회'라고 말하면서 상당수가 청소부였던 터키인과 한국인 간호사를 비교하며 당시를 다음과 같이 기억해내고 있다.

　　우리들이 청소부나 그렇게 갔으면 대우 못 받았을 거예요. 간호사로 갔으니까 더러운 일 안 하니까 대우받은 거예요… 터키인들은 그렇게 문맹인도 많고, 거의 청소부들이고, 대개 외국인들이, 우리나라도 그렇지만 더러운 일을 한다던가, 3D라고 그러나요. 디피컬트[difficult] 그러니까 간호사같이 이렇게 밤 근무까지 해야 하는 일을, 독일 사람들이 안하니까. 뭐 광부같이 위험한 직업 이런 직업들을 [독일인이 안 하려고 하니까]

　　하지만 다른 기록을 통해서 일상에서 차별을 발견할 수 있었다. 이수길의 자서전에는 환자 병실 청소를 1년간 전적으로 맡아서 한 경우, 사적인 감정에 치우쳐 일을 처리한 독일 간호사에 대한 분노 등이 기록되어 있다. 또한 버스에서 독일인 노인이 '왜 아이를 낳아서 우리 세금으로 키우려고 하느냐, 너희 나라로 돌아가라'는 항의를 받았던 경험도 존재했다.[79] 이처럼 파독 간호사들의 주변에는 소소한 차별이나 인종주의가 존재했을 것이다. 하지만 두 여성의 기억 속에 독일은 대학 진학, 독일어 교육, 선진 문화 습득 등 자신에게 기회를 제공한 시공간으로 남아 있다. 비록 학교를 다니기 위해 밤 근무를 해서 고통스러웠으며, 근무 시간을 줄여서 수입이 적어져 아르바이트를 해야 했지만 통역사나 대학생으로서 한국에서 꿈꾸지 못했던 삶의 가능성을 제공해준 공간이 독일이었다는 것이다.

두 여성의 파독 기억에서 차별이 어느 정도 존재했느냐는 중요한 문제가 아닐지도 모른다. 오히려 중요한 문제는 독일에서 삶을 왜 이런 방식으로 기억하고 있느냐이다. 현재 두 여성들이 자신의 독일 경험을 왜 특정한 방식으로 기억하고 있는지는 신길순이 신문에 기고했던 독자투고라는 실마리를 통해 살펴볼 수 있다. 2005년 5월 9일자 조선일보는 서독에 파견된 간호사들이 했던 일이 시체를 하루 종일 닦는 일이었다고 보도했다. 이 기사를 보고 신길순은 조선일보(2006년 1월 23일자) 독자투고란에 다음과 같은 글을 기고했다.

나는 독일에서 근무하다 귀국한 간호사 700여 명이 모인 우정회 전 총무다. 며칠 전 독일 마인츠에 거주하는 이수길 박사가 독일 외무부 장관에게 보낸 편지를 주한 대사관을 통해 받아보았다. 이 박사는 1966년 한국 간호사들의 파독을 주선했던 분이다. 그는 편지에서 파독 간호사를 다룬 이 기사 내용 중, 한국 간호사들이 독일 병원에서 시신을 닦았다는 대목은 만에 하나에 불과한 일이라는 점을 지적했다. 한국 간호사라고 해서 독일 정부나 병원으로부터 차별대우를 받지 않았다는 것이다. 우리가 현지에서 일한 경험으로 볼 때도 간호사가 직접 시신을 병동에서 수습하는 예는 없었다. 특히 울면서 시체를 닦았다는 표현은 과장됐다. 파독 근무는 힘들었지만 보람도 컸다고 우리는 자부한다. 애정을 가지고 파독 간호사 관련 기사를 다뤄주고 있음에 감사드리지만, 이 박사의 우려처럼 적절치 못한 사례나 불쾌한 표현이 반복되는 것은 양국 유대관계에 누가 될 뿐 아니라, 우리 파독 간호사들의 마음을 아프게 한다는 점이 고려됐으면 한다.[80]

신길순이 화가 났던 이유는 시체 닦기로 상징되는 천한 일로 파독 간호사들이 했던 일을 비하시켰기 때문이었다. 비록 짧은 기간이었지만, 독일어를 익혀 한국에 돌아온 뒤 독일문화원 강사, 각종 통역 활동을 가능하게 해준 독일에서 시간과 공간이 비하되는 것을 그녀는 참기 어려웠을 것이다. 박한쌈도 마찬가지였다. 그녀의 부모도 정부도 그녀에게 더 공부할 기회를 제공해주지 않았다. 간호학교를 마치고 결핵진료소와 국립의료원에서 간호보조사로 일했던 그녀는 가난에서 벗어나기 위해 독일로 향했다. 그녀는 그곳에서 독일인 남편을 만나서 결혼을 했으며, 베를린 자유대학에서 박사학위도 받았다. 1960년대 후반 부여에서 자란 한 젊은 여성이 꿈꾸기조차 어려웠던 일이 이루어졌던 것이다. 그래서 그녀는 독일에서 '모든 것을 배웠다'고 기억하고 있는 것이다.

하지만 1975년 파독 간호사에 대한 추방 정책에 가시화되었을 때 그녀와 동료들은 참지 않았다. 1974년 경제 불황으로 독일 정부가 귀국을 요구하자 한국인 간호사들은 집단적이고 조직적으로 대응했다. 그녀들은, "우리는 물건이 아니다"라고 주장하면서 독일 언론의 지원과 독일연방 상원의 법률 입안으로 독일에서 '유일한 무기체류 노동자'로 인정받게 되었다. 당시 상황을 박한쌈은 다음과 같이 기억하고 있다.

> 75년에 이제 간호사들을 보낸다고 그랬어요. 거기에 세계 불황이 생겨서요. 우리는 서명운동 했어요. 저기에서 '우리는 물건이 아니다. 필요할 때 데려오고 필요 없을 때 버리고 그러지 마라' 그런 표어를 걸고 사인[sign]을 받았어요. 한 사람도 사인 안 해준 사람 없었어요. '아, 간호사 있어야지.' 그런데 터키 사람들은 보내는 데 이러는 거예요. 그런데, 그런 식으로 저기 했는데. 물론 이제 거기 인식들이 다르니까…

"독일이 한국 간호사를 필요로 했던 시기는 지나갔다"는 내용의 당시 서독의 신문 기사.

1975년 파독 간호사에 대한 추방 정책에 가시화되었을 때 그녀와 동료들은 참지 않았다. 1974년 경제 불황으로 독일 정부가 귀국을 요구하자 한국인 간호사들은 집단적이고 조직적으로 대응했다.

1960년대 중반 독일인들이 기피하던 업종인 간호사로 성실하게 일해온 자신들을 이제 경제가 어려워져서 독일인들에게 그 자리를 주기 위해 쫓아낸다는 것은 그녀들로서는 참기 어려운 일이었다. 박한쌈과 파독 간호사들은 자신들을 '노동력'으로 여기는 독일 사회를 향해 갖은 수단을 써서 호소했던 것이다.

나의 첫 질문은 파독 간호사들이 자신들의 이주노동에 대해 어떻게 기억하느냐를 둘러싼 문제였다. 파독에 관한 그녀들의 현재 기억은 긍정적이지만, 독일 사회를 무조건 찬양하는 것은 아니다. 그녀들은 자신들에게 교육의 기회, 언어 습득, 경제적인 기회 등을 제공해준 독일 사회를 고맙게 생각하고 있다. 동시에 여성이자 독립적인 개인으로서 자신을 인정해준 시공간으로 독일을 기억하고 있다. 다시 말해서 그들에게 독일이란 장소는 문명의 시혜를 받은 '은혜 받은 장소'였다. 아마도 그들의 기억 안에는 인종주의와 차별 등은 가려지고, 자신도 '문명인'이라고 동일시(同一視)하는 무의식이 존재했을지도 모른다. 더불어 파독 노동자들의 이주 동기는 경제적 이유로 설명되는 경우가 많지만, 독일에서 4년간 근무했던 신길순이나, 9년간 간호사 생활을 했던 박한쌈은 밤 근무, 잠 줄이기 등 어려움을 극복하고 어떻게 해서든 독일어 능력을 향상시켜 상급 학교 진학을 통해 한국에서 이룰 수 없었던 자신의 꿈을 실현시키기를 강하게 열망했다. 파독 간호사에 대한 공식 서사와 비교해 보았을 때, 이는 두 이주여성의 '다른 기억'임에 틀림이 없을 것이다. 하지만 1960~70년대 독일은 평화롭고 자유롭기만 한 땅은 아니었다. 그곳에는 한국에서 경험했던 남과 북, 즉 냉전의 흔적이 살아 있었다.

공포와 회색인

두 여성의 독일에 관한 기억 속에서 파독 간호사(그리고 광산 노동자)를 제외한 한국인은 대부분 '경계의 대상'이었다. 왜 그랬을까? 그녀들에게 한국인들이 공포와 두려움 그리고 경계의 대상으로 자리 잡았던 이유는 무엇이었을까? 그 이유는 멀리 찾을 것도 없이 1969년 동베를린 사건으로 상징되는 냉전의 공포 때문이었다. 한반도에서 멀리 떨어진 독일 사회에도 냉전은 엄연하게 존재했다. 동베를린 사건은 관련자뿐만 아니라 직접 관련이 없었던 교민들의 삶에도 적지 않은 영향을 미쳤다. 이처럼 1960년대 후반 이후 서독 한국인 사회는 동백림 사건으로 상당히 얼어붙은 상태였다.[81] 주변 사람이 구금되거나 납치되고 주변 한국인을 믿지 못하는 일도 많았다. 단적인 예로 "한국인은 간첩이다. 친절하면 주의하라"는 식의 말이 그것이었다. 신길순은 냉전 시기 한국 사회에서도 낯익은 난수표, 간첩 등의 단어를 떠올리며 그때를 다음과 같이 기억하고 있다.

> 공항에 갔다가 되돌려서 쫓겨 갔었어요. 처음에 베를린으로 배치가 됐었거든. 근데, 베를린에서 동백림 사건이 나서, 공항까지 갔다가 되돌아 왔었어요. (…) 저희들 구텐 모르겐이니 뭐니 몇 마디 가르치셨는데, 그거보다 난수표 조심해라, 뭐, 맨 반공교육, 그런 것만 엄청 시켰어요… 처음부터. 예, 예. "한국 사람들은 다 간첩이다. 친절하면 더 조심하라"고 그랬어요. (웃음)

박한쭘은 대학에서 여성학과 사회학을 전공했지만 독일에 오기 전 한국에서 배웠던 반공 이데올로기와 내면화된 금기로부터 자유롭지는 못했다. 재독 한국인(혹은 한인 사회)에 대한 공포와 거리두기 등은 자유로운 독일 생활의 한 구석에 드리웠던 암실이었다. 26년 동안 독일에 거주했던 박한쭘도 1990년에야 비로소 동독 지역에 가게 된 자신을 보며 자신 안에 깊숙이 똬리를 틀고 있던 '내면화된 반공의식'에 대해 놀랐다고 기억한다.[82]

그렇지 않아요. [동베를린 가는 것이] 자유롭지 않아요. (…) 그때 노태우 시대 때 그 무슨 선언을 했지요. 어~ 그 외국에 사는 교포들이 이제 그 공산 진영에 가도 된다는 선언을 했어요. 그 8월 달인가 언제, 엄청 오래됐어요. 그때 8월인가 언제였어요. 그랬는데 나는 그때 깜짝 놀랐어요. 그때 베를린에 살고 내가 사회학을 했는데. 그런 거[냉전의식 같은 것을], 다 이렇게 내 생각으로 다 버렸다고 생각했거든요. 사회학을 했으니까 내 정신적으로는 내 그 이념을 떠나서 그렇게 내가 그렇게 살고 그랬는데. 내가 한번도 [동베를린에] 안 간 거예요. 너무 놀랜 거예요. 그렇게 갈 수 있었는데. 나는 독일 국적 갖고 있었거든요. 8월, 81년 그때부터, 내가 국적도 갖고 있고, 갈 수 있는 여건이, 가깝고 또 갈 수 있는 여건이 다 있었는데 한 번도 안 간 거예요. 그래서 바로 그때 프라하에 갔어요. 그때 봄에 갔어요. 프라하에 도장 찍은 것을 보면 몇 년인가 알 거예요. 그때 여름에 프라하에 갔어요. 프라하도 가고, 저쪽에 헝가리도 가고. 너무 놀랜 거예요. 우리가 반공교육 받은 것이 아무리 우리가 저기한다고[영향력이 크다고] 해도, 어렸을 때 교육받은 것이 얼마나 지배하는지, 그때 나 스스로도 놀랬어요. 나는 내가 사회학을 공부하고, 나는 이념을 뛰어넘고, 모든 것을 초월하고 산다고 생각했는데. 아니에요. 나도 너무 놀랬어요.

이런 상황을 반영하듯이 박한봄은 재독 한인 사회와 어느 정도 거리를 두었던 것으로 보인다. 이는 설명하기 쉽지 않은 다소 복잡한 기억으로 나타났다. 그녀는 독일에서 이주민이자 유학생이었지만, 냉전과 분단의 영향으로부터 자유롭지 못했던 독일 한국인 사회에서 다시 모호한 존재로, 아니 남한과 북한 가운데 어느 쪽도 선택하기 어려운 자리에 홀로 서게 된 것이었다. 교민사회에서조차 대한민국이냐 조선민주주의인민공화국이냐란 '선택'이 은

연중에 강요되던 냉전 시기에 한국인 사회와 그 안의 사람들은 그녀에게 부담으로 다가왔다. 최인훈의 소설 『광장』의 주인공 이명준처럼, 그녀는 어느 쪽도 선택할 수 없는 혹은 선택하고 싶지 않았던 '회색' 빛깔로 스스로를 덧칠했다. 냉전이 강요했던 선택은 그녀가 꿈꾸었던 독일의 빛깔과는 전혀 달랐기 때문이었다. 또한 그녀 역시 냉전 시기 불순한 이념으로 '오염될 위험'을 무의식적으로 인식할 수도 있었을 것이다. 당시를 그녀를 아래와 같이 기억한다.

저는 한인 사회에서는 사회운동 못했어요. 한인 사회에 가면 그냥 북의 편을 들거나 아니면 남의 편을 들어야 돼요. 나같이 아무 북편도 안들고[남북한 중 어느 쪽도 지지하지 않는], 나는 간첩[어느 쪽도 지지하지 않는 회색인의 의미로 보임]이에요. 북[쪽] 사람도 싫어하고, 남쪽 사람도 싫어하고. 한국 사람들 별로 안 만났어요. 나는 독일 사회에 뭔가 배우고 그래야지, 그러고 싶고 …

저는 그런 것[북한 선전물 등을 지칭] 못 봤어요. 그러고 제가 그런 것 때문에 베를린 간 것이 아니고, 돈 벌러 갔어요. 아무것도 몰랐어요. 제가 70년 5월에 갔는데 너무 가난하고, 공부도 하고 싶고, 돈도 벌고 싶고, 그래서 독일 간 거지, 그리고 또 독일이라는 나라에 대해서 알고 싶고 그래서 간 거지. 정치적으로 그래서 간 거 아니에요. 그리고 그런 것을 너무 우리는 과장하는 것 같아요.

더불어 그녀의 기억 속에 잔상처럼 남아 있는 것 가운데 하나는 한국인 사회운동의 가부장성이었다. 이는 1996년에 그녀가 귀국한 뒤 현재도 느끼고 있는 것이다. 이런 그녀의 기억은 여성을 남성과 대등한 주체로 여기지 않거나, 통일이나 민주화 등 거대 담론 속에서 여성-이주여성들의 이야기를 무시하는 남성 사회운동가들의 태도에서 기인하는 듯싶다. 다시 그녀의 기억을 들어보도록 하자.

거기 여성운동에서 그리고 한국 사람들 지금까지 만난 사람들, 남자들 학교에, [베를린] 자유대학에서 일했거든요. 거기서 직장도 좋은 직장 갖고 일했는데, 그 한국 사람들[이 제게] 와서 통성명을 안 해요. 그 사람들 알거예요, 내가 누군지. 한국 사람들 와서 아무갭니다 하고 통성명하잖아요. 이응노 화백[재불화가] 그 분밖에 통성명을 안 했어. 여자들한테 통성명 안 해요. 다른 남자들도. 너무 놀랬어요.

〈공장의 불빛〉[83] 연극했거든요. 참 잘했어요. 막 굉장히 눈물 나데요. 저는 연습 많이 안 했는데, 베를린에서 이제 연극작가가 유학 온 거예요. 참 잘했어요. 이제 자기들도 그걸 느끼고 하니까 저기 그걸 보고 우리가 그 연극하자 그런 거예요. 어… 간호사로 가자 [파독 간호사를 주제로 공연을 하자] 그런 거예요. 공장극을 하면서 우리 간호사 연극을 하자. 그러니까. 황석영 씨가 그러는 거예요. "왜 그런 시시한 연극을, 우리 통일연극을 해야지" 그런 거예요. 그래 갖고 무산된 거예요. 우리가 그걸 해야 통일극이 되지. 그 사람들이 겪은 저기가 잘 조명이 돼야… 분단의 아픔은 어디나 있거든요. 잘 조명했으면 얼마나 좋아. 거기 사는 사람들…

타자의 다른 기억: 이야기하기 위해 살다

박한쌈과 신길순, 두 여성의 이주노동에 대한 이야기는 파독 간호사에 대한 지배적 내러티브와는 다르다. 국가와 민족의 경제성장을 위해 이들이 기여했다든지, 성공한 해외이주 한인류의 이야기와는 꽤나 먼 거리가 존재한다. 물론 두 이주여성의 이야기가 파독 이주여성에 대한 모든 기억을 대표한다고 논할 생각은 없다. 또한 그들의 증언이나 구술이란 재현이 결코 투명한 것은 아니다. 증언자나 구술자가 지배적 담론이나 역사서사에 따라 스스로를 재현하는 경우가 드문 일이 아니기 때문이다. 따라서 증언자와 구술자의 언어를 그대로 사용한다고 해서 의미가 그대로 전달된다거나 증언자의 주체성이 구현되었다고 단언할 수는 없다.

다만 박정희 시기 파독 이주여성이 경제성장을 위해 독일에 갔다거나 가부장의 보호로부터 탈출해서 문란하고 사치를 일삼는다는 지배적 기록과 두 여성이 현재 기억한 이야기는 상당히 다르다. 내가 보기에 이주여성들이 경제성장과 수출을 위한 외화 송금 등을 처음부터 염두에 두고 독일에 갔을 가능성은 거의 없다. 오히려 이는 사후적으로 제기되는 경제성장이나 근대화 등 파독의 민족사적 의미체계를 둘러싸고 만들어진 해석이었다. 또한 한국에서 만들어진 '오염된(혹은 오염될 수 있는) 여성' 같은 이야기와 이의 사건화는 이주여성조차 가부장의 보호하에 두어야 하며 혹은 민족의 명예에 누를 끼쳐선 안 된다는 남성(혹은 가부장 국가)의 시각을 드러내 주는 담론이었다. 이처럼 아직도 이들을 규정하는 담론은 민족주의와 근대화라는 사회적 담론의 형태로 굳건하게 자리 잡고 있다.

두 이주여성의 독일에서 삶(의 일부)은 그들의 전체 인생에서 '생애사적인 사건'인 동시에 개인사에서 어떤 기회로 현재까지 기억되고 있다. 그리고 박한꽃과 신길순, 두 여성은 이주를 통해 독일인 그리고 자신에 의해 인정받은 본인의 인생을 나와 한국 사회에 이야기하기 위해 여러 가지를 기억해주었다. 물론 두 여성을 포함한 간호사들의 노동 이주는 가족과 본인을 위한 개별적인 선택이나 국가의 강제적인 조치만으로 가능한 일은 아니었다.

1960년대 한국은 국가주도 산업화 과정에서 도농 간 격차가 커지고, 도시로 인구가 집중됨에 따라 실업이 증가하는 등 사회적 모순이 본격적으로 드러나기 시작했다. 이러한 상황에서 여성들의 인력 수출과 이들의 외화는 수출 주도 산업화에 부합하는 것이었다. 독일 역시 독일 여성들이 기피하는 간호라는 사회적 서비스를 담당할 이주노동자의 확보는 사회적 시장경제를 위해 필수적이었다. 제2차 세계대전 패전 이후 냉전 체제하에서 미국의 지원으로 급성장했던 독일은 자국에서 긴급하게 필요했던 노동력을 한국으로부터 공급받았으며, 이 점에서 독일은 한국으로부터 서비스노동 분야에 원조를 받은 셈이다.

그 밖에도 간호노동을 둘러싼 양국의 직업관과 역사적 차이 등이 존재했다. 하지만 두 여성의 구술로 미루어 볼 때, 가난과 장녀로서 가족에 대한 부담감에 억눌려있던 여성들에게 독일행은 하나의 기회로 기억되고 있다. 물론 그녀들의 기억은 거시적인 파독의 원인과는 궤를 달리할 수 있지만, 현재 그녀들이 이러한 기억을 어떻게 이야기하고 있는지는 간과되어서는 안 될 문제이다. 여기서 내가 묻고 싶은 것은 과연 이주여성들의 이야기를 '들을 수 있는가'를 둘러싼 문제이기도 했지만, 다른 한편 이들의 '다른 이야기'를 한국 사회가 '과연 듣고 싶어 하는가'를 둘러싼 문제가 더욱 핵심적이었다. 물론 이주여성과 연구자인 나 사이에는 '통역불가능성'이란 건너기 쉽지 않은 강이 놓여 있다. 동시에 내게는 무의식적으로 이주여성들의 기억을 대상화해서 무엇인가 이론화하려는 욕망도 존재할지도 모른다. 하지만 그럼에도 불구하고 나는 그들의 다른 이야기와 기억을 들으려고 노력해야 한다는 점을 다시 강조하고 싶다.

가브리엘 마르케스가 자서전 『이야기하기 위해 살다』에서 말한 것처럼, "삶은 한 사람이 살았던 것 그 자체가 아니라 현재 그 사람이 기억하고 있는 것이며, 그 삶을 얘기하기 위해 어떻게 기억하느냐"를 둘러싼 문제이다. 그리고 그녀들은 아직도 자신들의 삶을 이야기하기 위해 기억하고 있다. 그것은 민족주의, 근대화-발전주의 그리고 가부장제 등 역사서사로 덮여있는, 그녀들의 말을 들으려는 윤리학의 문제일 것이다.

　나는 뒤이어 한국 사회에서 망각을 강요당했던, 검은 마을인 탄광촌 사람들의 기억을 살펴볼 것이다. 그들은 좀 더 깊은, 다른 형태의 '트라우마'를 지닌 사람들이다.

2. 죽음의 기억, 망각의 검은 땅
광부들의 과거와 현재

탄광촌. 사람들의 기억 속에 박정희 시기 탄광촌 그리고 그 안에 살던 광부들은 어떻게 기억되고 있을까? 이 글을 준비하면서 나는 '광부'라는 키워드로 1960~70년대 일간신문들을 검색했다. 수천 개의 신문 기사를 읽으면서 든 생각은, '참으로 많은 광부들이 죽어갔구나' 하는 것이었다. 1968년 한국의 직업을 소개하는 기사에서 광부를, "생과 사를 넘나드는 생활단위"라고 기록했던 것처럼[84] 실제 광부 그리고 탄광촌에 대한 기사의 절반 이상은 낙반, 폭파 등으로 인한 광부들의 '죽음'을 다룬 것들이었다.

광산 공동체에서 이루어지는 모든 관계의 중심에는 석탄이 있다. 한국에서 석탄은 석유, 원자력, 수력 등 에너지원 가운데 한 종류가 아니라, 박정희 시기 국내 유일한 자원이었으며 한국 경제성장의 원동력인 '구국자원'으로 불렸다.[85] 광산 공동체의 전성기는 박정희 정부 집권기인 1960년대 중반부터 1970년대 하반기까지로, 당시 탄광산업의 호황으로 수입이 좋았던 대한석탄공사 선탄부에게는 '딸을 그냥 줄 정도'였다. 이를 반영하듯이 1952년 도계읍의 전체 인구는 1만 6,199명(남성 8,072명, 여성 8,127명)이었지만, 1968년에는 전체 3만 7,582명(남성 1만 9,479명, 여성 1만 8,103명)으로 두 배나 증가했고, 특히 남성 인구가 더 늘어났다. 하지만 1979년 조사에서 탄광촌 주민의 72.8%가 돈을 번 뒤 이곳에서 떠나기를 원했을 정도로 탄광은 경제적 목적으로 이루어졌던 단일 업종 도시였다. 이런 현실을 반영하듯이 1989년 이후 석탄산업 합리화에 따라 폐광이 확산되자 이곳의 인구는 급격하게 감소했다.[86]

나는 2008년에 만났던 광부들의 '현재화된 기억'에 관해 다룰 것이다.[87] 내가 만났던 광부들은 유사한 지역에 거주하며 막장에서 노동을 해온 '집단적 경험'을 지닌 사람들이다. 막장에서 노동, 사택 집단 거주, 임금체불, 사회적 금기 등 노동현장의 현실, 1980년 사북항쟁과 같은 사건, 폐광 이후 탄광촌의 변화 등은 그간 어느 정도 다루어져 왔다.[88] 나는 박정희 시기 광부들의 역사적 리얼리티 복원에 초점을 맞추기보다, 광부들의 과거를 반영하되 그것이 현재화되어 재현된 '현재화된 기억'에 초점을 맞출 것이다. 특히 4명의 광부들의 '생애사적 사건'과 동료의 죽음, 광부였던 아버지 그리고 현재 광부들에 대한 사회적 망각이란 '기억'에 주목하고자 한다. 자칫 광부들의 기억은 그들을 산업화의 피해자나 희생자로 '전형화'할 위험성이 있다. 나는 이런 방식으로 광부들을 전형화하는 것을 피하기 위해 이들이 자신의 체험과 기억을 현재 어떻게 이해하고 있는지, 즉 '자기이해'에 초점을 맞출 것이다.[89]

다른 식으로 말하자면 30여 년 넘게 광부로 살아온 이들이 꿈꾸어온 것, 무엇을 갈구했는지에 관해 이들의 현재적 기억을 중심으로 재구성해보고자 했다. 이들은 대부분 '억울함' '허무' '서운함' '할 말이 없음' 등으로 자신의 역사를 재현했다. 하지만 그들의 기억과 서사 속에 자리 잡은 '행위지향성'은 그들이 안고 있는 트라우마를 증언함으로써 망각된 주체의 굴레에서 벗어나는 것이었다. 다른 식으로 말하자면 억울하게 이름 없이 죽어간 동료들과 점차 잊혀가는 자신의 문제가 '구술'이란 기억의 역사화 작업을 통해 해결될 수 있기를 강하게 열망했다.[90] 광부들의 생애에 관한 이야기는 단지 자신들의 억울한 과거를 들려주는 것이 아닌, 이야기를 듣는 면접자인 나를 의식한 '교화(敎化)' 효과를 노린 것이기도 했다.[91] 그들의 목소리는 논문이란, 어쩌면 개인적인 목적을 위해 그들에게 다가온 연구자인 내게 들려주는 외침이었다. 더 나아가서 죽음의 공포 속에서 하루하루를 살아가고 있는 진폐증에 걸린 불쌍한 광부들과 '고통의 연대'를 호소하는 것이기도 했다. 나는 그들의 호소를 광부들의 기억 그리고 깊은 기침소리를 통해 확인할 수 있었다.

여기서 다루는 각각의 이야기는 과거의 체험에서 그치지 않고, 광부들의 자기 경험의 표현으로서 주체성이 '현재의 시점'—폐광과 망각 그리고 진폐가 공존하는 사회적 시공간—에서 재구성된 창작물의 성격을 지닌다.[92] 특히 광부들의 생애 이야기는 '반복적 서사'의 특징을 지닌다. 뒤에서 살펴보겠지만 이들의 이야기는, "탄광은 암울했다" "탄광, 참말로 허무했어" 그리고 "부탁드리고, 더 할 말이 없네요"란 서사구조를 지닌 하위 텍스트로 이루어졌다. 이처럼 같은 주제와 어구의 반복은 이들이 이야기에 '의미를 구축'하는 기법이라고 볼 수 있다.[93] 이제 이들의 목소리를 한 사람씩 들어보도록 하자.

탄광은 암울했다: 김성탁의 기억

김성탁은 2008년 구술 당시 도계 진폐협회 회장이었다. 1946년 안태에서 태어난 김성탁에게 광산이란 공간과 광부라는 정체성 안에는 자기긍정과 상실감이 공존하고 있었다. 내가 처음 김성탁에게 이메일로 구술증언을 요청했을 때, 그는 흔쾌히 도계에서 만날 것을 약속했다. 이미 그는 몇 권의 책에서 자신의 이야기와 탄광의 역사에 관해 구술을 했던 경험이 있으며 본인이 탄광촌의 역사 쓰기에 참여하고 있었기 때문에 더욱 적극적이었다. 도계 인근 식당에서 만난 그는 훤칠한 키에 '남성다운 풍모'를 풍겼다. 실제 이야기 과정에서도 그는 농담을 내게 던지며 자신감 있는 어조로 대화를 이어갔다. 그는 1968년에 고등학교 광산과를 졸업한 뒤, 주경야독으로 대학까지 졸업한 인물이다. 향토 역사와 광산의 역사 등을 정리하는 일을 하고 있는 그는, 1971년부터 36년간 광부 생활을 한 자신을 광산의 "산증인"이라고 불렀다.

우선 그의 기억에서 주목되는 점은 아버지에 대한 기억이었다. 김성탁의 부친은 평양 출신 숙련공이자 기술자로 1952년부터 1963년까지 대한석탄공사(이하 석공) 도계광업소에서 일했고, 이승만 정권 시기 산업훈장을 받기도 했다. 그만큼 김성탁은 광부인 아버지와 2대 광부에 대한 자부심이 강했다.[94] 산업전사, 모범 근로자라는 명칭은 박정희 시기부터 사용된 용어처럼 알려졌지만, 실제로는 1950년대 중반부터 사용되었다. 열악한 조건에서 일하는 광부들의 불만을 약화시키기 위해 이승만 정권은 모범 산업전사에 대한 대대적인 홍보 작업을 진행했고, 이들을 서울에 불러 평소 상상하지도 못한 사람들과 같은 자리에 서게 해주곤 했다. 단적인 예로 이승만은 석탄 증산과 광부들의 사기 증진을 위해 1955년 2월에 19명의 모범 산업전사를 서울로 초청해서 대대적인 위로 행사를 개최했고, 이는 1960년까지 계속되었다. 이들이 서울로 초대되면 "환영 탄광 모범 산업전사"라는 플랜카드가 붙었으며, 이기붕 국회의장 공관 방문, 이승만의 경무대 초청 그리고 서울 시공관에서 대대적인 환영식을 열어주었다. 그 외에도 1955년에는 모범 산업전사에게 돌로 지어진 특별 사택 19채가 제공되었다.[95] 하지만 이들에게도 실질적인 국가 지원이나 보호는 이루어지지 않았으며, 광부들은 진폐증으로 죽어가야만 했다. 이는 김성탁의 부친 역시 예외가 아니었다. 1968년 진폐로 사망한 아버지에 대한 김성탁의 기억을 잠시 살펴보면 다음과 같다.

면담자 인제 부모님 같은 경우는…

김성탁 부친은 대한석탄공사 도계광업소에 오래 재직하시고, 결국 진폐로 사망하셨어요. 그땐 진폐환자들은 국가 보호책이 없어서 그때 약도 없고 그렇게 돌아가셨고, 고 다음은 인제 부친이 초대 대통령, 이승만 대통령으로부터 산업훈장을 받았어요. 그만큼 이제 숙련공이었고, 기술자, 탄광에 기술자로서 이북에서 오셔가지고, 평양에서 오셔가지고,

면담자   네…

김성탁   네. 그거 또 광산에 근무를 하셨대요. [근무를] 하시다가 인제 여기 오셔가지고 도계광업소에서 재직하시다가 인제 하여튼 그 기록은[산업훈장 받은 기록은], 사진이, 아버지 사진이 그 청와대… 그니까 그때 이화정[이화장]이지요? 경무대. 그 찍었던 사진들이 다 집에 보관돼 있어요. 다른 거는 다 버렸는데, 고것만큼은 제가 가지고 있어야 되겠더라구. 그래서 지금 가지고 있고. 아버지도 광산이고 아들도 광산이고…

동시에 김성탁에게 공존하는 것은 벗어날 수 없는 탄광촌에 관한 기억이다. 쉽게 말해서 자식은 광부를 시키지 않겠다는 생각들이다. 김성탁뿐만 아니라, 광부들은 자식이 '광부가 되는 것', 이른바 2대 광부를 거부하고 싶었다. 광산 공동체내 차별과 사회적 고립 등을 뼈저리게 경험했던 아버지 세대는, 자식이 '차별의 세대 재생산'에서 벗어나는 것을 소원으로 여겼다.[96] 하지만 열악한 교육 환경과 자원의 미비, 탄광 공동체의 고립 때문에 자녀들이 상급 학교에 진학하는 비율은 낮았다. 물론 장성읍에서 주민들이 교육보험에 100% 들었던 사례에서 보이듯이, 부모의 지위 상승 욕구는 존재했다.[97] 우수한 학생은 원주 등 타지에 가서 상급학교에 진학하기도 했다. 하지만 부모의 관심으로부터 멀어졌던 상당수 자녀들은 도계에 계속 머무를 수밖에 없었다. 1980년 조사에 따르면 자녀 가운데 대학 재학생은 10명 가운데 1명 꼴이라고 기록되어 있을 정도였다.[98] 김성탁의 기억을 짧게 인용해 보면 다음과 같다.

옷 같은 거는 이제 아까 얘기했지만은 아버지 직책[관리직이냐 광부냐

에 따라]에 의해서 [자식들의] 옷이 깨끗하고 남루하고에[서 차이가] 나온다. 차이는 있다. 그 아들을 보면 다 나와요. (…) 중학교 3년 동안에 120명이 졸업해서 고등학교 60명이 갔다. 30명씩 네 개 크라스[학급]니까… 그럼 대학은 누가 갔느냐? 하나, 내가 갔다. [그 이외에는 대학에 간 사람이] 없다는 거야. 그만큼 1970년대 고 당시는 교육에 열은 없었다. 없다. 그니깐[그러니까] 비참하단 얘기지. 아버님들이 뭔 얘기를 하냐면, 내가 비록 광산쟁이지만은 아들들만큼은 광산에 보내지 않겠다는 각오는 있었어요. 아버지들이…

김성탁에게 2대 광부로서 고통은 자식이 광부가 되는 것을 '거부하지 못했던' 아버지의 존재로부터 소환된다. 다른 식으로 말하자면 자신의 어려움과 수난의 원초적 기원이자 벗어날 수 없는 운명으로 '광부–아버지'라는 존재는 이들의 이야기 속에서 재구성된다.[99]

특히 김성탁에게 탄광에 대한 기억은 대부분 '죽음'과 연관된 것이다. 그에게 아버지 세대에 관한 기억은, "어려운 시절" "암울했다" "개죽음"이라는 단어로 재현되었다. 광부들의 집단기억 가운데 하나인 탄광 사고에 대한 그의 '생생한 기억'을 보면 아래와 같다.

면담자 그땐 뭐 매몰사고 같은 것도 굉장히 많았죠?

윤덕호 아유, 많죠.

김성탁 그걸 알면서도 그랬어요. 뒤에 형님[구술에 동석한 윤덕호를 지칭] 말씀대로 뒤에 반장이, 직장이, 노가다 직장이, "야, 임마! 저 안에 들어가." 안 들어가면 그 이상 작업이 안 되니까… 그 드가요[들어가요]. 그거 하다가 그냥 꽝 해버리면 그냥 죽어. 그냥 묻어버려요. 참… 그런 그러니 나는 73년돈가, 혈암광업소[100], 혈암광업소… 떨어졌을 때… 스물한 명 죽었을 때, 야… 그거 참 드가보니[들어가 보니] 팔은 팔대로, 다리는 다리대로 대가리는 대가리대로 돌아다니는데, 고무다라[고무통]에다 주워 담았다니까… 그 시체를… 아휴… 아니, 스물한 명 갖다 놔봐요. 육백메다[600m] 경사가 십팔메다[18m] 내려가서 그냥 날아가서 다 떠가고 아주 똘똘똘 말아버렸는데 팔 다리가 어딨어요? 고무다라 가지고 가서 그냥 주워 모다 가지고 갖다놓구 병원에서 의사들이 맞춰보는거야. (웃음) 아휴… 그게, 두 번 연속, 두 번 그랬어[사고가 일어났어].

면담자   어…

김성탁   그 광업소에서… 그래 가지고 저도…

면담자   그 광업소 이름이 어디라구요?

김성탁   혈암…

면담자   혈암이요?

김성탁   그… 지금 지금은 인제 뭐 사라졌는데, 그때 혈암이 하두 사고 난다 해 가지고 한성으로 바꿨다니까, 한성으로…

면담자   광업소 이름을 바꿨어요?

김성탁   네. 혈암이 피 흐르는데[흐르는] 암석에다 박는다 해 가지고…

당시 광부들이 마시던 막소주 이야기를 나누다 스치듯이 김성탁이 불러낸 '암울했다'는 단어는 마스크조차 없이 일했던 죽음에 대한 공포, 동료의 죽음, 가족에 대한 애증 등 차마 언어로 담기 힘든 광부들의 트라우마의 흔적일 것이다.

면담자   막소주…

김성탁   응. 그때 그래 갖고 [소주에] 참 불이 붙어요. [소주 도수가] 35도였어요. 그 당시 그게. 그거는 드러 마시는 걸 주로 했어요.

면담자 (웃음)

김성탁 저도 그 술로 술을 배웠는데, 하여튼 뭐, 이 탄광은 암울했다. 정말 자기 육신은 어떻게 되든 간에 가족 사랑을 못 받고 못 주고 아버지들은 그렇게 일생을 끝냈다는 겁니다. 그래서 그때는 마스크라든지 보호 장구가 없다 보니까 죽으면 개죽음이고 보상이 없으니까.

면담자 그렇죠.

김성탁의 아버지 그리고 내가 도계진폐협회와 사북의 병원에서 마주쳤던 진폐환자들은, 김성탁이 이야기했던 암울하고 보호장비조차 없이 '개죽음'이 될 것임을 알았지만, 갱도로 들어갈 수밖에 없었다. 이제는 그들의 '억울하다'는 목소리보다 진폐로 인한 '거친 숨소리'가 더 잦게 되었다. 그렇다면 진폐증은 얼마나 광부들이게 치명적인 질병인가?

이제 진폐증은 많은 사람들에게 알려진 질병이다. 45개의 알파벳으로 이루어진 병명인 진폐증(塵肺症, pneumonoultra microscopicsilicovolcanoconiosis)은 아주 미세한 가루인 규소가 폐에 들어가 폐 세포에 달라붙음으로써 폐를 굳게 만드는 불치병으로 분진이 날리는 곳에서 장기간 호흡할 경우 발생될 수 있는 질병이다. 전체 진폐 환자의 70%가 광부들로, 진폐증의 역사는 광산의 역사라고 해도 과언이 아니다. 탄광 사고 사망자보다 진폐증 환자가 더 많을 정도로 광부들에게 진폐증은 공포의 질병이었다. 진폐증은 국내에서 최초로 발견·보고된 직업병으로, 1954년 장성의료원의 석공 소속 광부들에 대한 건강조사를 통해 보고되었다. 하지만 발견 이후에도 진폐증을 예방하기 위한 건강진단은 형식적으로 이루어졌다. 매년 두 차례에 걸쳐 의료 진단이 이루어 졌지만 탄광주는 7~8%에 달하는 산재보험을 부담하지 않으려고 피검자인 광부에게 검사 결과를 통보하지 않는 경우도 존재했다.[101] 2002년 노동부 조사에 따르면 전국의 진폐환자 수는 1만 6,709명으로, 그 가운데 입원 요양 중인 진폐환자는 2,825명에 불과하고 나머지는 집에서 치료를 받고 있다. 진폐환자는 크게 병원에 입원 요양 중인 진폐환자와 재가(在家) 진폐환자로 구분되지만 전체 진폐환자 가운데 입원 요양환자는 10%도 미치지 못한다. 합병증을 인정받은—다른 식으로 말해서 죽음 직전에 이른 환자—진폐환자는 의료 혜택과 휴업급여, 문화활동비 등을 지원받고 있다.[102] 하지만 진폐법이 인정하고 있는 합병증이 없어서 입원이 불가능한 재가 진폐환자는 의료 혜택도 받지 못하고 있다.[103]

진폐환자들에 대한 한 사목의 이야기를 빌면 다음과 같다.

진폐환자들을 봤는데 어항 속의 물고기가 생각나더라. 중환자실에서 호흡기를 꼽고 산소발생기를 빼버리면 금방 죽을 수밖에 없는 금붕어들. 그 분들의 가족으로부터 격리되어있고 명절에도 상태가 안 좋은 분들은 집에도 못가고… 재가 환자들에게 대해서 아무 것도 지원이 되지 않는다. (…) 합병증이 없는 사람들은 결핵균이라도 사서 먹어서 병원 생활을 하길 원한다.[104]

이처럼 광산 지역의 가장 큰 질병인 진폐증은 박정희 시기 사회구조가 만들어낸 역사적 산물인 동시에 국가적 지상과제였던 개발모델의 병리현상이었다. 바로 진폐증이 개발주의의 중심체였던 국가, 탄광자본 그리고 광부들 간의 사회문화적 산물이었다는 해석은 이런 맥락에서 설득력을 지닌다.[105]

특히 1980년대 후반부터 진폐증으로 인한 사망자들이 급증하게 된 이유는 마스크 등 보호장비조차 없는 조건 아래에서 일을 해야 했던 1950~70년대 광부들의 노동의 결과였다. 당시 탄광에서 10년 만 일하면 절반 이상이 진폐증에 걸렸다. 그러나 탄광에 취직하기 전 그리고 취직 이후에 진폐증

갱도차에 올라 탄 강원도 탄광지대의 광부들(1976년 7월 12일).
[출처: 『대한민국 정부 기록 사진집』]

시간이 지날수록 진폐증이 확산되었지만 정부와 사회의 관심은 미미하기 짝이 없었다. 박정희 시기—이른바 광산의 호경기라고 불렸던 시기—산업전사로 불렸던, 박정희가 직접 언급하기도 했던 광부들의 '자긍심'은 현재화된 기억에서는 '공허함'으로 남았다.

에 대한 정보를 알았던 사람은 3.9%에 불과했으며, 76%는 광산에서 일하면서, 20.1%는 퇴직 후에야 진폐증에 대해 알게 되었다. 또 1985년 이전에는 보상금이 100일치 임금이었고, 사고로 사망했을 때 지급되었던 유족 급여는 1,000일분의 임금에 불과했다.[106]

이렇게 시간이 지날수록 진폐증이 확산되었지만 정부와 사회의 관심은 미미하기 짝이 없었다. 박정희 시기—이른바 광산의 호경기라고 불렸던 시기—'산업전사'로 불렸던, 박정희가 직접 언급하기도 했던 광부들의 '자긍심'은 현재화된 기억에서는 '공허함'으로 남았다.[107] 김성탁의 기억 구조 속에도 '잊혀짐'에 대한 서운함이 진하게 배어져 있었다. 잠시 그의 말을 들어보도록 하자.

> 김성탁   박정희 대통령까지는 그런대로 광산쟁이들이 그래두 전부 다 '산업전사' 이 명칭이 붙었어요. 그런데 전두환 대통령 들어오고부터는 그것이 우리 기억 속에서 사라졌다. 그래서 여기 여 태백에 가면은 산업전사 위령탑이, 박정희가 직접 지은 시어로—자기 자필입니다—그래서 세워줘 가지고 광부들 죽으면은 그 거서[거기에서] 저 위로하는 위령탑인데, 그 이제 그렇게 하다가 지금은 인제 뭐… 다 끝났죠. 인제 끝나고 대한민국 광산이 386개 광산에서 일련에 여섯 개 광산이 남아 있으니까. 아… 좀 아쉽다…

김성탁이, "인제, 다 끝났죠. 아… 좀 아쉽다"라고 이야기하는 '아쉬움' 혹은 '잊혀짐'이란 어떤 의미일까? 현재 그의 기억 속에 잊혀짐 혹은 공허함은 어려웠지만 인정받았던 1970년대라는 '과거'와 대비되면서 드러났고, 차별이나 자존감의 상실도 그 시기와 '대조'를 통해 드러나고 있다. 이 문제는 뒤에서 소개할 윤덕호와 이영희의 기억에서 좀 더 자세히 다룰 것이다. 동시에 김성탁의 기억의 흔적 속에 탄광촌은, "무법천지" "갱단" "텍사스촌" "법보다 주먹"으로 채색되어 있다. 물론 탄광 형성기에 전국 팔도에서 모여든 광부들은 거친 장난, 힘자랑이나 싸움, 음주와 성행위 등을 자신의 자긍심으로 삼았다고 알려지기도 했다. 그래서 삼척은 '도둑골'이라고 불리기도 했고 아편쟁이, 문둥이 등이 아옹다옹댄다는 편견도 존재했다. 하지만 이런 편견은 광부들 간의 폭력이라기보다, 60대 초반 깡패들이 모여 "근로대"를 결성해 이 지역에 거주하며 노동조합이나 불만세력을 위협하는 도구로 사용된 역사에서 기인한 것이었다. 광부들의 기억에도 경상북도 상주나 포항 등지에서 온 깡패들의 폭력에 대한 기억이 대다수를 차지하지만, 광부들 간의 폭력에 대해서는 거의 기억하지 않고 있다.

또한 광부들에게 '시커먼 나'는 자연스러운 것이었다. 이들은 탄광과 '관계' 속에서 자신의 정체성을 만들 수 있었다. '검은 공간'은 탄광 공동체 주민들의 의식, 사고, 신체를 규정했다. 탄광이란 공간 자체가 광부들의 삶을 조직하는 방식이자 경험의 지반이었기 때문에, 아이들이 광산의 땅, 하늘 그리고 하천을 검은 색으로 그리는 것도 당연했다.[108] 이러한 이질적인 삶에 관한 기억은 도시로 상징되는 정상적인 삶과 '달랐던' 이들의 과거가 현재화되어 드러난 것이다. 김성탁은 아이와 떨어져 살고 있는데, 그 이유는 관리자와 그들의 자식 때문에 자신의 아이가 상처를 받는 것이 두려웠기 때문이다. 그는 적어도 아이가 자신이 관리자들에게 받았던 차별이나 무시로 인한 트라우마를 지니길 원하지 않았던 것이다.

김성탁 우리 식구[아내가] 그래요. "다른 데로 이사 가자" 이기야[이거야]. "왜?" 그러니까 아니, 우리 아가[아이가] ○○○[109]가 학교에서 얻어 터져왔다 이기야. 왜 터졌냐니까, 소장님 아가 때렸대. 가서 대들질 못 하잖아요.

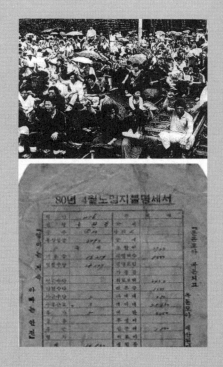

**1980년 사북항쟁 당시 사북역 인근 갱목 야적장 집회에 참여한 광부와 주민(위),
사북광업소 선산부에 근무한 광부의 월급봉투(아래)**
[출처: 『가려진 역사 밝혀낸 진실』, 진실·화해를위한과거사정리위원회, 2009]

1980년 사북항쟁 당시 언론은 광부들을, "술에 취해 기물을 부수고 몽둥이와 곡괭이를 휘두르며 난동" 혹은 "공포의 거리" 등의 표현을 쓰며 광부와 가족들을 비정상적이고 이질적인 존재로 묘사했다. 이는 강원도 지역민에 대한 차별과 겹쳐져서 나타나기도 했다.

면담자 그렇죠.

김성탁 그래서 참 우리 식구도 집안에, 족보 있는 집안의 여잔데, 울분
을 참을 수가 없잖아요. 이사 안 가면 자기 친정 가겠다 이거에요.

면담자 음…

김성탁 그래서 우리 ○○○이 4학년 때, 국민학교 4학년 때 이사 갔잖아
요. 가가[그 아이가] 할머님[댁]에 갔다니까… 처남인데 데리고… 갔어.
지금두 거기… 나는 내 혼자 있잖아요. 지금… 왜냐면은, 하기 싫은 것
도 억지로 해야 되고, 남편 뒷바라지 하기 위해선 방법 없잖아요.

김성탁이 관리자가 광부인 자신에 대해 가했던 무시와 차별이 자식까
지 이어지는 데 대한 두려움을 느꼈던 것 이외에도 광부들의 삶을 둘러싼 이
질성은 여러 차원에서 드러났다. 1980년 사북항쟁 당시에 언론은 광부들을,
"술에 취해 기물을 부수고 몽둥이와 곡괭이를 휘두르며 난동" "술에 취한 채
사복에서 외곽으로 통하는 육로에 바리케이트를 쳐 교통을 차단, 광업소 사
무실을 파괴" 혹은 "공포의 거리" 등의 표현을 쓰며 광부와 가족들을 비정상
적이고 이질적인 존재로 묘사했다. 이는 사북항쟁과 같이 집단행동이 격화되
었던 시기뿐만이 아니라, 강원도 지역민에 대한 차별과 겹쳐져서 나타나기도
했다. 김성탁의 증언에 따르면, "강원도는 그때만 해도 뭐, 교통편도 나쁘고,
뭐… 그때만 해도 뭐… 50년대만 해도 강원도라 카만[라고 하면], 호랑이가
나올 정도니까. 예, 형편없어요. 사람 사는 곳이 아니, 그때만 해도 강원도…
부산이나 인자 가보면은, 뭐 강원도는, 강원도서 왔다 이카면은[이러면], 사
람 취급을 안 했어요. 짐승 취급을 했지"라고 기억한다. 단적인 예로 막장에
서 고된 노동을 마친 뒤 빈속에 술을 마시고 길거리에 쓰러진 광부들이 적지
않았는데, 이런 이유로 이들은 '미개인'처럼 여겨지기도 했다.[110]

태백 지역 탄광촌에서 불렸던 〈삼척어러리〉는 당시 광부들이 겪었던 사

회적 차별을 잘 드러내 주고 있는데, "남양군도 검둥이는 얼굴이나 검다지 장성 황지 사는 사람 얼굴 옷이 다 검네"라면서 자신을 흑인—당시 한국 사회에서 검둥이나 튀기라는 이름으로 차별을 당했던—보다 못한 존재처럼 묘사했다.[111] 이는 현재 탄광을 재현하는 방식에 대한 광부들의 불만에서도 다음과 같이 드러났다.

> 지금까지도 서울이나 광주나 대도시에 가 가지고 강원도 삼척 광산촌
> 이라고 그러면 그 사람들은 제대로 안 봐요. 여기서 영화를 찍거나 드
> 라마를 찍어서 가는데 〈꽃피는 봄이 오면〉이라고 최근에 찍은 것이 [영
> 화가] 있어… 그걸 개봉해가지고 도시 사람들이 그 영화를 볼 때, 삼척
> 도계읍은 알겠지. "아직까지도 육칠십년댄가" (…) 내가 볼 때는 너무
> 이렇게[편향되게] 해서 찍어가지고, 여기 있는 사람들은 개떡같이 보이
> 고, 자존심 상하는 일이 한두 번이 아니에요. 왜 굳이 광산촌의 이미
> 지를 비참하게 만드느냐 이거야. 도계라 하면 우리는 괜찮은데 저놈들
> 은 알로 봐….[112]

탄광, 참말로 허무했어: 차효래의 기억

2008년 봄, 나는 사북으로 갔다. 이곳 출신인 대학원 후배의 소개로 1950년대 광부들의 체험을 듣기 위해서였다. 하지만 1950년대를 직접 체험했던 광부를 찾기는 쉽지 않았다. 안내를 해주시던 아주머님을 따라 진폐 병원과 요양시설 등을 돌아다니다가 마지막으로 만났던 광부가 차효래였다. 그는 예정되지 않았던 만남에 흔쾌히 응해주었다. 작은 연립아파트에서 그는 연신 기침을 하면서도 자신의 이야기를 시작했다.

차효래는 달변가였고 자신의 경험에 대해 진솔한 구술자였다. 기억을 살려내는 과정에서 몇 분마다 터져 나오는 '기침 소리'란 비문자적 소리는 이

제는 진폐증에 걸린 광부로서 그의 현재화된 기억들을 대변해주는 것 같았다. 1966년 4월부터 함태광업소에서 하청으로 광산일을 시작했던 그는, 1993년 퇴직할 때까지 적지 않은 시간을 광산에서 지냈다. 하지만 차효래는 처음부터 광산에서 일했던 것은 아니었다. 그는 일찍 병으로 아내를 잃게 되었는데, 아내의 병을 치료하려는 과정에서 진 빚을 갚기 위해 백방으로 노력했지만 쉽지 않았다. 농사를 지어서는 평생 빚을 갚기 어렵다는 이야기를 듣고, 그는 동부광업소에 입갱 했다가, 자식들의 교육환경 때문에 함태광업소로 삶의 터를 옮기게 되었다. 1968년에 처음으로 정식 종업원이 되었을 당시의 기쁨과 자긍심을 자세하게 기억하고 있었다. 당시 석공의 입사서류는 호적등본, 병역확인서, 주민등록등본, 신원증명서 등이었다. 다이너마이트 같은 위험물질을 다루기 때문에 신원증명까지 필요로 하는 복잡하고 까다로운 과정이었다.[113] 차효래가 "입적을 받는다"란 당시 표현과 "접수번호 575번"을 또렷이 기억하고 있는 것은 그만큼 정식 광부가 된다는 것이 그의 생애에서 '큰 의미'였다는 것을 드러내준다.

> 차효래　그래 하다가 인제 정식 종업원이 되는 때가 이때 60, 68년도, 68년도에 인제 그때 바로 정식 종업원이 그때 되는데, 그때… 실업자가 그때만 해도 얼매나[얼마나] 많았는지, 탄광에 이제 그때 이 정식 종업원을 그때 받는 거를 뭐이라 하나, 입적을 받는다 그랬어, 입적.
>
> 면담자　입적이요?
>
> 차효래　예, 입적을 받는다 그랬는데, 그래 입적을 받을라고 사람들이 막 모여들었는데, 순 젊은 사람들이 그때 군대 갔다 와 가지고 농촌에는 생활도 안 되고 하니까 인제, 전부 농촌에 그때는 뭐, 토지는 좁은데 뭐 젊은이들은 전부 농촌에만 들어 앉아 있으니까, 그러니깐 막 뛰쳐나오고 막 이래 가지고 탄광에 많이 들어왔는데, 인부 50명을 받는

데 말이요, 내 잊어버리지도 않아요, 50명을 받는데 내가, 접수번호가, 중간이 조금… 한 중간 조금 넘은데, 중간 조금 넘었는데, 접수번호가 575번이야. 접수번호가요. 50명 받는데 내가 접수번호가 한 중간쯤 넘는데 575번이니까, 한 1000명 왔단 얘기죠. 그렇게 많이 왔었어요. 그러니까, 그렇게 많이 모였으니까 회사는 심사를 3일 두고 했어요. 심사. 그땐 또 까다로왔어요. 심사를 3일 두고 했었는데, 그래서 봐 가지고 이제 뭐, 뭐 키도 보고 뭐 그 사람 일핸 거[일한 경력] 그것도 뭐 어데서 [어디에서] 일했나 그것도 물어보고 했는데 거게 또 받는 거는 '함태광업소' 또 인제, 하청에 일하던 사람들 이런 사람들을 주로 받고 이래. (헛기침) 그러이[그렇게] 3일 이래 [심사를] 하고 해 가지고, 그래 엑스레이꺼지 다 찍는데 하튼, 5일 걸렸어, 5일.

면담자 굉장히 까다롭게 했네요.

차효래 하, 까다로왔지. 그래 인제 첫 번은 보통 심사하고, 심사해 가지고 뭐 서류상에 이래 봐도 서류가 한 쪽으로 떨어지믄 이제 사람 이제 A, B, C, 이렇게 나눠 놓는다고. 그래놓고 인제 다 떨어지고 나믄 또 최종 심사가 또 있어.

그러나 차효래의 탄광촌에 대한 현재화된 기억에서 중심을 이루었던 것은 '억울한 죽음'에 관한 것이다. 특히 그에게 '생애사적 사건'은 탄광에 온 지 3일 만에 일어났던 폭발 사고로 보인다. 차효래는 그 사건을 무척이나 자세하고 생생하게 기억하고 있었다.

면담자 그전에 어떻게 사고가 나도 뭐 요즘처럼 산재나 보상 같은 것들도 어려웠죠.

차효래 그럼, 보상 제대로 못 받았죠. 내가 그때 처음 와 가지고, 그 우리 굴 안에서 사고가 났는데, (헛기침) 참 기가 맥혀서[막혀서], 그, 아까 내가 얘기했지만 이기철이라고 그 사람이 들어가서 하청 했다 사고가 났는데, (헛기침) 그때 내가 와 가지고 3일… 한 3일 돼 가지고 사고가 났어. 발파사고가. 그래 사끼야마[114]하고 가서 이래 천공(天空)을 구멍 뚫어[뚫어] 가지고, 그때 이 카는 걸[이렇게 하는 것을] 천공이라 하는데, 굴진 하는데 천공이라 해 가지고 인제, 약을 재워 가지고 불을 달고 이랬는데, 그 사람이 그때 인제, 결근했어. 그래 결근해서 아다마끼[115]란 아가[아이가] 인제 포항에 있는 안데[아이인데], (헛기침) 그 이름도 안 잊어뻐려, 포항에 있는 찬식이야. (헛기침) 찬식인데, 군대 갈 날을 매칠[며칠] 나두고[남겨두고] 인제, 거서 그러다가 고마네, 그날 저녁에 마저 하고 인제 다음부턴 군대를 [입대하기 위해] 집으로 갈라고 하는 모양인데, 마지막 날에 걔가 죽었어. (헛기침) 그래 인제 그, 동생이, 그 사람이 거서 그래 아다마끼가 안 나오니 지가 가서 대리를 들었어요. 사끼야마란 놈은 이게 잘 안 되니까 빨리 나와야 하는데, 나두고는 인제, 보니까 발파제가 터질라 싶으니까, 나가자 하니까 사끼야마[가] 데리고 나왔는데, 이누마[이 놈]가 나오다가 몽키를 놔두고 나왔대. 몽키를 놔두고 나와 '아, 몽키 놔두고 나왔다'고 하믄서, 되돌아 가드라구만. 그래 사끼야마가 [다급하게] "야, 야! 들어가지 마, 터진다, 터진다, 들어가지 마라" 하니까, "그냥 빨리 갔다 오께" 함 쫓아 들어갔다 고마[그만] 들어가자마자 터져 뻐렸어. 그래 터졌는데, 그러니깐 뭐 사끼야마가 나온 기 왜 그냐[그러냐] 하니까, 우린 그때 이제 발파해노믄 나가서 인제 돌을 보다 낸 거, 그 돌을 쳐내는 걸 보다라 한다고, 보다. 그래 그 보다를 쳐내고 해야 하는데, 발파만 해노믄[해놓으면] 우린 들어가서 보다 쳐내고 하거든. 그래 보다 쳐내서 발파할 때 밥 먹었는데, 밤에 병(丙) 반 나갔는데, 터졌다 하는 기야. 그래 들어가 보니까,

하, 눈뜨고 못 보겠어. 창지[창자] 여기가 이 반이 싹 끊겼는데, 다 떨어져 나갔는데, 배는 다 터져 가지고 뭐뭐뭐 창지가 싹 다 튀어나간 거야. 그러니 비린내에다가 똥내에다가 뭐 나 가지고 말도 못 하겠어. (어이없는 듯) 그, 그랬는데 그 병원에 간호원이 와 가지고 그때는 매번 간호원이 참 못 할 짓이라. 간호원이 와 가지고, 우린 한 번 보니까 다신 못 보겠어. 간호원이 와 가지고, 그 살이고 뭐이고 싹 주워다 갖다가, 창지고 뭐이고 주워서 막 끌고 와 가지고 창지고 해 가지고 그 다 꼬매 드라고. 의사도 거서[거기서] 가만히 서 있고. 하이고[아이고], 거 보니까 참 못 해먹을 짓이대. 다 꼬매 가지고 그래 가지곤 인제, 이 붕대 가지고 싹 감아 가지고 그래 나왔어. 나왔는데… (헛기침)

"눈 뜨고 못 보겠어"란 그의 말에서 드러나듯이, 차마 언어로 표현하기 어려웠던 당시 사건과 죽음에 대한 그의 이야기를 들으며, 광부로서 차효래의 삶에서 '죽음'은 일상인 동시에 과거가 아닌 현재에도 지속되고 있음을 감지할 수 있었다. 광산에서는 낙반(落磐), 붕락(崩落), 출수(出水), 가스폭발, 운반사고 등 각종 재해가 늘 존재했다. 1976년부터 1985년 사이 사망자 유형을 보면 낙반과 붕락 사고가 56%로 압도적이었다. 사고가 잦았던 1970년대에는 한해 230~250여 명이 막장에서 목숨을 잃었다.[116] 1960년대와 1970년대를 비교해보면, 광산보안법이 제정된 이후인 1964년 사망자는 138명, 1965년은 155명, 1966년에는 111명 그리고 1967년에는 전체 사고 6,571건 가운데 사망이 168명이었고, 1976년에는 5만 417건의 사고 가운데 사망이 총 201명이었다.[117] 1980년 사북항쟁 직후 보도에 따르면 석탄 1만 톤당 12명이 사망했고 320명이 다친 꼴이었다.[118] 하지만 수많은 죽음에도 불구하고 광부들의 죽음은 신문에 이름 석 자조차 제대로 기록되지 못했다. 차효래는 그들의 죽음이 기록되지 못함을 무척이나 분하게 여겼다. 몇 해 전에 일어났던 미군 장갑차

장성 화재 사고 당시 현장(1977년 11월 16일)
[출처: 『대한석탄공사 50년 화보』, 대한석탄공사, 2001]

사고가 잦았던 1970년대에는 한해 230~250여 명이 막장에서 목숨을 잃었다. 1976년에는 5만 417건의 사고 중 사망이 총 201명이었다. 1980년 사북항쟁 직후 보도에 따르면 석탄 1만 톤당 12명이 사망했고 320명이 다친 꼴이었다. 하지만 수많은 죽음에도 불구하고 광부들의 죽음은 신문에 이름 석 자조차 제대로 기록되지 못했다.

에 의해 죽은 두 소녀 이야기를 하며, "세상이 잘못됐다, 마이 잘못됐다"며 연달아 억울함, 애도되지 못한 죽음, 기록조차 되지 못한 광부들의 죽음에 대한 서운함이 그의 구술 속에서 서사화되었다.

그러니까 먹고살 길이 없으니까 그렇게 광산으로 몰려들은 거요. 그러니 광산은 돈벌이 좋다 하니까, 죽으면 죽고 살면 살고 막 몰려서, 여기서 사람들 엄청나게 죽어 나갔소. 참 지금도 여게, 저저저 내가 이래… 보믄, (헛기침) 요새 뭐뭐뭐, 그 놈들 뭐 그전에 뭐뭐 중학생[2002년 미군 장갑차에 의한 여중생 사망 사건을 지칭] 하나 죽은 거 가지고 촛불 들고 그 지랄하고 하지만, 그때 [1960~80년대에] 한 번 광업소 여기서 그저 광산에 사람 죽어나가는 그깐 일 또 그건 보도도 안 돼요. 깨스(gas)가 터졌다 하믄 말이지, 그 굴 안에서 일하다 보믄 탄광에 깨스가 터져요. 깨스가 터졌다 하믄 한꺼번에 그 저, 뭐뭐 일고여덟 명씩 한꺼번에 막 죽어 나와요. 금방 그 저 도시락 들고 나간 놈이 금방 시체가 [돼서] 말이지, 들어온 거 보믄 기절하지 뭐뭐 그래도. 그래 그런 걸 그때 참… 그거 말이지 그래 가지고 그거 정부에서 그 에너지를 갖다가 [석탄을 에너지로 가져다가 경제성장에] 잘 써먹었지 않았소. 그라고 그 외국, 미국[이나] 일본으로 수출해 가지고 우리나라 그 경제에 마이[많이] 보탬이 됐지 싶지만, 그래 해도 죽어 나가도 언론이 말 한마디 하는 거 없었소. 뭐 요즘에는 뭐, 툭 하믄 아[아이] 하나 죽은 것 가지고도 장사 지내고 지랄하고 말이 이래, 그 보믄 세상이 잘못됐다, 마이 잘못됐다 말이야. 그 숱한 젊은이[젊은 광부]들이 그렇게 많이 죽어도, (헛기침) 어느 정부가 말 한마디 하는 거 없이 말이야. 그 뭐 아 하나 죽은 뭐 갖다가 국화 갖다 놓고 뭐 갖다 놓고 이 지랄하고 말이야. 아이고… 더러워서 말도 하기 싫어. 그래 요즘 그, (헛기침) 그 뭐요, 그 뭐 쇠고기 문제 때문에 테레비 보믄, (웃으며) 요새 테레비도 안 봐요.

그에게 기억되지 못한 동료들의 죽음은 "개 값"이나 "개죽음"이란 단어를 통해 서사화되었다. 당시 죽음의 현장은 생생한 체험으로 기억되지만, 동시에 지금은 기억하기 어려운 죽음으로 그에게 흔적처럼 남아 있다. 실제 사고 직후 광부들은 관리자의 협박으로 사망자에 불리한 증언에 나서기도 했다. 도급제란 임금 지급 방식 때문에 광부들은 억울한 죽음을 알면서도 동료에 유리하게 증언을 할 수 없었다. 다만 '죽은 자는 그렇다 쳐도 산 자는 살아야지'란 중얼거림만이 입가에 맴돌 뿐이었다.[119] 차효래는 사고 이후 죽음에 대한 보상조차 제대로 받지 못했던, "무지의 소치"에 대해 되살리며 망각된 광부들의 죽음들에 대해 반복적으로 떠올렸다.

[자식이 산재로 사망한 뒤 보상을 받기 위해] 와서 살림들 깨고 사람 때리고 하는 놈은, 회사 뿌수고 사람 때리고 그런 놈들은 [회사의 입장에서] 겁이 안 난다 이기야. 모르니까 그 지경 한다 이기야. 아는 놈들은 그렇게 안 하거든. 법이 있으니 법대로 하라고 대들지. 그래 그렇게 한 놈들은요, 기껏 개 값뱀이[개 값밖에] 못 받아가. 돈 제대로 못 받아요. 요즘은 뭐 해주고 그람[그러면] 변호사 오고 내 같은 경우 다 산재 다 처리해주고 하지만, 그전엔 그런 게 어디 있습니까. 사고 났다 하면은, 우선 회사에서 사고 났다 하면, 강릉법원에서, 경찰서, (헛기침) 고 다음에, 노동부, 노동부엔 세 번째 노동부에 갔다고. 그 산재보험단 말한. 가서 얘기 하믄 사람 죽었다 하믄 그래서 어느 사람, 어느 놈이 와도 말도 한 번도 할 수가 없고, 그 가족들은 아무리 지랄해봐도 헛일이요. 그럼 또, 가족들 상간에 또 가족들 상간에도 알력이 생겨요. (헛기침) 어떤 일이 생기나 하면은, (헛기침) 아들이 죽으믄은, 아버지도 오고

뭐 형도 오고 뭐 그 처도 오고 싹 오잖소. 처도 있고 있으면, 여기 와서 있으면은, (헛기침) 광산에서 일한 놈들은 전부 젊은 놈들이니까 응? 인제, 아들이 죽거나 없으면은 며느리는 시집을 간다 이기야, 간다 이기야. 그럼 그 돈을 아버지가 찾을라 하는 거예요. 아버지가 찾을라 하면은, 합의는 부모들하고 보는데 회사에서 보는데, 실지 돈은 처를 준단 말이야? 그러니까, 이젠 뭐 부모들하고 [협상을] 하다가 말이 안 되면 그때는 인제, 그 여자를 불른단[부른다] 말이요. 그러니 그렇게 싸움이 그렇게 땡기고 오는 거야 대번 합의가 안 돼요. 보통 한 일주일씩 매칠[며칠] 가요. 그래 맥이 빠져 가지고. 그래 회사 놈들이 여자 보고, 여보 당신 말이야, (헛기침) 이 회사법이 이러니까 얼매[얼마를] 줄 테니까 당신 도장 찍어라. 당신들 말야 줘봐야, 저 아버지들, 저 부모들 돈 줘봐야 저 놈 싹 가져가모[가져가면] 그만이지 당신한테 뭐 돌아갈 게 뭐 있느냐. 여자도 또 마음이 실지로 그렇다 이기야. 남편이 죽었는데, 지는 자식도 없는데, 지가 살아야지. 뭐 아버지 돈 주믄 다 가져버리고 시부모가 가져가믄 지는 빈털터리 아니요. 그래 가지고는 도장 꾹 찍어 줘 뻐리는[버리는] 거요. 그럼 고마네 여자 모르게 당신 통장 만들어서 그 앞으로 딱 줘 뻐리는 거예요. 부모들은 엉뚱한 데 돈 줘가지고 주니까. (같이 웃음) 그래 가지고는, (헛기침) 쉽게 말하자믄 뭐, 그때 [보상금으로] 돈 한 1,000만 원 줄게믄[줄 거였다면] 고마네, 한 돈 100만 원이믄 해결 보는 거요, 쉽게 말하자면은. 그래서 전부 무지야. 한심했지 뭐 그때는 솔직한 얘기가, 광산 노다지 그 사람들 노다지요, 그래 돈을 노다지로 막 벌은 거요. 그래 아무리 사람 막 죽어도, 그 놈들 회사는 눈도 꿈쩍 안 하는 거예요. 요즘 같으면은 뭐 구속, 잘못 하믄 감독 갖다 구속시키고 뭐 우짜고 하지만 옛날에 그런 거 없어요. 사람이 그래 숱하게 죽어 나가도, 감독은 태연히 낯짝도 한 번 안 보이고 그냥 그

저, 그래 그냥 거저 뭐 잘 넘어가고 이런 거예요.

그에게 또 하나의 기억은 가난과 보호조차 받을 방법이 없는 현재 광부들의 '진폐'를 둘러싼 것이다. 이는 그의 기억의 순환 구조 속에서 "그때는 생활이 아니었소" "근로자들은 참말로 허무했어"라는 언어로 재현되었다. 차효래에게 진폐, 가난 그리고 허무한 죽음이란 현재는 당시 고된 노동과 그 고통을 풀기 위한 음주 그리고 "가정은 빵점"이란 기억으로 표현되었다. 당시 광부들은 3교대를 해야 했기 때문에 한 달 가운데 3분의 1만을 가족과 함께 보낼 수 있었다.[120] 졸음을 참으며 어두운 골목을 걸어가는 남편의 병방 출근길을 배웅하는 아내, 반드시 할 이야기가 있다며 12시가 넘도록 을방 퇴근에서 돌아올 아버지를 기다리는 자녀를 탄광촌에서 보는 것은 어려운 일이 아니었다.[121] 이처럼 3교대제는 정상적인 가정생활을 어렵게 만들었고, 퇴근 후 육체적인 피로로 인해 원만한 부부생활도 어려웠다. 실제 사고를 당하면 아내가 보상금을 챙겨서 아이들도 내버려두고 줄행랑을 치는 일도 있어서, 광부들은 자신을 '검은 돼지'라고 자조하기도 했다.[122] 이처럼 여성이 도망을 쳤던 데는 이유가 존재했다. 광부들은 무학(無學)이 많아서, 술값을 공제하고 남는 돈만큼 기재한 가짜 월급봉투를 만들어서 집에 가져오기도 했고, 아예 월급을 집에 가져다주지 않는 경우도 적지 않았다. 이런 일이 반복되자 여성들은 더 이상 참지 못하고 도망을 갔던 것이다. 당시 탄광여성들의 어려움을 광부의 부인이었던 이영옥의 기억을 통해 보면, 남편은 당시 혼자 벌어서 열세 식구를 먹여 살렸는데, 생활고보다 더 어려웠던 것은 남편의 옷 세탁이었다. 덕지덕지 붙어있는 탄가루는 아무리 방망이로 때려도 떨어지지 않았다. 더군다나 한겨울에 작업복을 빨려고 냇가로 나가려면 손이 얼어서 터질 지경이었다고 한다. 너무나 힘든 나머지 그녀는 첫 아이를 낳고 도망칠 생각도 했지만 새까맣게 변한 얼굴로 웃으면 이빨만 하얘져서 돌아오는 남편의 얼굴을 볼 때마다 참다보니 어언 60년의 세월이 흘렀다고 한다.[123] 강원도 박심리 광부의 부인인 장두영도, "온 얼굴에 탄칠을 하여 시커먼 아빠가 정말 내 남편인지 의심"했다고 기록되어 있을 정도였다.[124] 차효래에게도 가난과 고된 노동, 음주 그리고 가정불화는 '진폐'라는 질병으로 그의 신체에 흔적으로 남겨져 있다.

차효래　그때, 탄광, 근로자들은 참말로 허무했어. 그래 가지고 내중에 [나중에] 이게, 인식이 바뀌니까 점점 이제 자꾸 인제 안 되겠으니, 그 전엔 이 진폐, 규폐 그게, 그 이… 법적상의 뭐 규정이 전혀 없었어.

면담자　아무 규정상…

차효래　아무 규정 없고 뭐 진폐 걸려도 판정 뭐뭐 어느 규정이 있어야지 뭐 이걸 판결하지. 그래 가지고, 탄광에 일하러 들어가믄 그저 굴진하는… 이 마스크란 것도 없고, 그냥 하는 거요. 그냥.

면담자　아무 보호 장비 없이 그냥?

차효래　으, 보호 장비 없이. 그러니, 돌가루 전부 날려 가지고 하… 목구멍에 와서 뭐 폐에 와서 붙지 뭐. 저저 저기를[진폐병원을 지칭] 가 보면은, 전부 그 뭐뭐, 진폐환자들, 많이 있지만은, 참 그때 그랬소. 그것도 하마 그전에 좀 했던 사람들은 다 죽었어요. 그전에 있던 사람들은. 이 사람들은 그래도, 다행히 그래도 뭐, 그… 탄가루니 저 돌가루 먹어도, 좀 덜한 사람들, 이런 사람들인데, 냉중에 법이 생겨 가지고 이 마스크를 쓰고 이래 가지고 해 가지고 했던 사람들은 지금 살아 있어요. 그 전에 있던 사람들은 다 죽었어요. 그래 나도 지금 이 진폐 끼가 있어요. 있는데, 이노마들이 급수도 안 주고 뭐 이상이 없다고 지금 일년에 한 번씩은 신체검사해요. [검사를] 하면 이상이 없다 하고 이상이 없다 하고 이 지랄. 그 전에도 뭐뭐 하마 회사 댕길 적엔 진폐증이 있었는데 지금은 왜 이상이 없습니까. 이상이 없다 그래. 급수 못 받지. 그래, 자꾸 하다가 없어 가지고 하다가 이제는 그래 회사에선 퇴직해 나와 가지고 이 진폐에 대해선 뭐 병은 들었는데, 그래 회사에서 인제 해 가지고 소송을 하는 거예요. 소송하믄 진단 말이요 이게. 지고… 지 고 하니까, 이 사람들이 그때는 인제, 어떻게 됐나 하면은, 그때 '청와 대'에 박정희 그때 대통령 때 청와대에 자꾸 탄원서를 진정서, 탄원서 를 자꾸 넣는기라, 탄원서를.

면담자   아, 청와대에 직접 탄원서를?

차효래   예, 직접. 직접. 그러니 살 수밖엔 병은 들었는데 아무 보상도 없고 이렇게 하느냐, 탄원서가 자꾸 들어가니까, 그래 박정희가 가만… 박 대통령이 가만히 보니까 이거 탄원서도 희한하거든. 그래 가지고 알 아봐라 해 가지고, 그래 진폐법이, 그때 그 박정희 대통령 시절에 그때 그 법이 생긴 거요.

(…)

차효래   탄광에 장사꾼들은… 장사를 하게 만들어줘요. 그 사람들은. 쌀 갖다 주지 응? 계속 저녁 때 종업원들 술집에 가서 그냥 술 먹고 월 급 때 되믄 월급봉투 탁 갖다 꺼내서, 그래 집이도[집에도] 안 갖다 주 고 오다가 월급봉투 꺼내 가지고 오자마자 [술집에] 돈 주는 거야. 갚 아주믄 그 집에서 아이고 고맙소, 쏘주 한 고프[고뿌, 잔(盃)을 의미하 는 일본어] 주믄, 그라믄 또 한 잔 들이 마시믄 또 알딸딸해져. 술기운 들어가믄 완전히 또 술 퍼먹다가, (같이 웃음) 술이 취하믄 냉중엔[나중 에는] 월급봉투 다 날리고. 그런 일들 허다해요. 그래서 아들[아이들] 데리고 [다른 곳으로 이사] 갈 수 있소? 어디로? 못 가니 또 그냥 있을 수밖에, 또 그냥 그런대로 사는 거요. 다 지금 진폐로 다… 진폐로 다 죽었어요. 초창기 때 들어와서 60년도, 70년대 초, 그때 하던 사람들은 다 죽었어. 다 죽고.

면담자　그러면은 아까 말씀하신 것처럼, 다 일하시고… 또 주변에서 술 드시고 (웃으며) 뭐 2차, 3차 가셨다고 그런 것 때문에 가족들과 어떤 관계 같은 것들은 사실 상당히 좀 소원해질 수밖에 없지 않겠습니까? 어떻게…

차효래　그렇죠. 남자들이… 그러니까 이 쉽게 말하자믄 가정은 빵점이야, 가정은. 그럴 수밖에 없었어요. 그러니 여자들이, 여자들이 가족을 다 꾸려 지금도 어디는 안 그렇습니까만은, 여자들이 가정을 다 알뜰하게 여자들이 가정을 꾸며 놨는 집은 그래도 다… 뭐 냉중에라도[나중에라도] 괜찮았고, 여자들도 '에이 빌어먹을 니는 그래 나도 그런다' 이런 식으로 나간 집은 고마네 솔직한 얘기요. 그러니 가정은 그때 결과적으로 완전히.

　그렇다면 광부에게 술이란 어떤 의미였을까? 단지 막장에서 노동의 고통을 잊기 위한 '도구적 음주'였을까? 흔히 광부들의 과도한 음주가 작업 규율 혼란, 무질서나 사고 유발의 원인이었다고 이야기되지만, 광부들에게 음주는 다른 의미였다. 아무런 여가시설이나 휴가시설이 없었던 광산에서 술자리란, 동료들과 더불어 고통과 즐거움을 공유했던 '사회적 음주(social drinking)'였다. 광부들이 술을 마시며 부르던 〈광부아리랑〉에 등장하는 '노부리 고개'라는 상징은 한 많고 설움 많았던 광부들의 허무함과 현실의 억울함을 잘 드러내주고 있다.[125]

　니기미 씨부랄 것 농사나 짓지
　강원도 탄광에는 X빨러 왔나
　아리랑 아리랑 아라리요

노부리 고개를 넘어 간다

산지사방이 일터인데
그리도 할 일이 없어 탄광에 왔나
아리랑 아리랑 아라리요
아리랑 막장으로 들어 간다

이판 저판이 공사판인데
한 많고 설움 많은 탄광에 왔나
아리랑 아리랑 아라리요

이런 맥락에서 광부들에게 음주는 거친 노동에 지친 삶의 고통을 풀어주는 일종의 '여가'였다. 매일 생사를 넘나드는 막장의 고통을 선술집에서 막걸리와 값싼 안주로 풀어야 했던 그들을, 외부인들은 술주정뱅이처럼 여기기도 했다. 하지만 그들에게 동료들과 술을 마시는 때는 가장 즐거운 시간이었다. 외부인들은 체력의 소진으로 길거리에 쓰러졌던 광부들을 비정상적이며 무질서한 인종같이 보았을지 모르지만, 지옥 같은 막장에서 바로 올라온 이들에게 선술집과 막걸리는 유일한 휴식처이자 자율적인 복지시설이었다.[126]

그렇다면 죽음의 공포를 껴안은 채 고된 노동과 빈곤을 경험했던 광부들은 탄광 공동체로부터 벗어나려고 하지는 않았을까? 앞서 광부들이 2대 광부를 거부하려고 했던 기억에서 짐작할 수 있듯이 '탈출 욕구'는 분명히 존재했다. 1968년 기록에 따르면 당시 광부들의 이동률은 155%에 달했다. 12년이 지난 1980년 사북 사건 직후 사북과 도계 광부 995명에 대한 조사결과를 보더라도, 76.2%가 탄광을 떠나고 싶다고 응답했다.[127] 그러나 내가 만난 광부들은 비록 그런 생각이 있었다고 해도 탄광을 떠나는 것은 쉽지 않았고 이직을 해도 조건이 더 나은 광산으로 이동하는 것이 대부분이었다.[128] 탄광일 이외에 기술을 갖고 있지 못했으며 낮은 학력을 지닌 광부들에게 고립된 탄광촌 생활은 다른 세계와 직업에 대한 정보를 근본적으로 차단했고, 이동을 위한 방법도 거의 없었다.

또한 광부들은 번 것을 모두 써야지 하루하루를 살 수 있었기 때문에, 저축 등을 통한 사회적 이동 가능성도 낮았다. 1970년대까지 탄광에서 임금 지급은 대부분 현물급여 형태였다. 임금은 현물로 지급되었고, 기타 필요한 생활비는 쌀이나 전표 등을 할인—이른바 "와리깡"—하고 되팔아서 현금을 마련해야만 했다. 특히 지리적으로 고립되었던 광산은 다른 도시에 비해 20~30% 정도 물가가 비쌌고 의류, 식료품, 건축자재, 내구용품 등은 심할 경우 2~3배나 비쌌다. 1950년대에는 매월 말 월급이 지급되는 시기에 3~4일간 장이 열리거나, 보따리장수들이 방문하는 '간조장' 혹은 '난전'이라고 불린 장시가 열렸다.[129] 이후 광업소가 외상거래 지점을 지정해서 공제액을 월급날 띄어가는 것이 일반적이었다.[130] 다른 산업적 인프라가 없는 조건 하에서 고물가, 전표제도 등으로 인해 넉넉한 생필품 구입이 어려웠으며, 저축을 한 광부는 거의 없었다.[131] 차효래도 자신의 경험을 다음과 같이 기억했다. "그기 처음에는 그 무렵에는 이제, 70년대, 어? 70년도 그럴 적에는, 이 은행에 저축이란 것을 안 했어요. 저축 같은 거 해는[하는] 사람이 그리 없어요. 없는 데 주로 계 같은 거 많이 했었는데…" 그렇다면 높은 물가와 늘 빈 월급봉투로 광부와 가족들은 어떻게 생활할 수 있었을까? 1972년 광산 노동자 생계비에 관한 자료를 통해 살펴보면 〈표2-5〉와 같다.[132]

〈표2-5〉에서 확인할 수 있듯이, 전체 지출 가운데 주식과 부식비가 50%를 상회했고, 교육비와 문화비 등은 낮은 비율을 차지하고 있다. 저축과 관련된 항목은 발견할 수 없었다. 쌀과 부식은 사전에 인감 등을 통해 공제되었을 것이고, 월급은 연 1~2회에 그쳤으므로 외부인들이 생각하는 것과

〈표2-5〉 광산 노동자 생계비(단위: 원)

비목별	소요액	내역
주식비	10,411	본인 180합, 가족 360합
부식비	11,800	부식비 및 김장대
광열비	1,500	연료 및 전기료
피복비	4,975	의류대
교육비	4,500	중학생 월 3000원, 국민학생 월 1500원
의료비	1,700	병원치료비 및 약대
문화비	1,450	신문구독료 및 영화관람대
기호품비	3,000	연초, 주대 및 아동과자대
경조비	1,500	관혼상제
잡비	3,000	가구 수리 및 내객 접대
공과금	1,500	갑근세 및 기타 공과금
합계	47,636	

같은 소득 수준은 아니었다. 이런 상황을 반영하듯이, 태백 지역 〈삼척아라리〉를 보면, "강원도라 황지 땅에 돈이나 벌러 왔다가 돈도 못 벌고 요 모양 요 꼴이 되었네"라고 탄광촌에서 벗어나지도 못하고, 돈을 넉넉히 벌지도 못하는 광부들의 신세를 한탄하고 있다.[133] 뿐만 아니라 광부들은 게토처럼 고립된 공간 속에서, 저항이나 다른 목소리를 낼 가능성을 차단당했다. 차효래는 1960~70년대 깡패와 청원경찰에 대한 공포는 일상적이었기 때문에 다른 목소리를 내는 것 자체가 어려웠다고 기억하고 있다. 이런 그의 기억은 '고립감'이란 형태로 반복적으로 드러났다.

> 차효래   회사에서 일부러 인제, 아주, 그때 말하자믄 그 깡패, 그런 놈
> 들 불러들여 갖다 몇 놈아들 있었어요. 왜냐하면, 종업원들이 그 뭐

한 뭐 한 2,000명 가까이 되다 보니까, 회사 와 지랄하는 놈들 많거든. 그래 그런 놈들을 좀 처치하라고, 갖다 놓고 역부러[일부러] 월급 줘가며 일하고 있었다고. 그런 놈들도 있었어. 그래 그런 놈들은 다 떠나갔고마는. 그때 또 청원경찰 또 처음 생겼을 적에, 그노마[청원경찰]들도 맨 그런 종류였었어.

면담자 청원경찰도요?

차효래 예. 청원경찰도. 회사가 뭐, (헛기침) 그 살림을 보호한다… 핑계대고 있으이[있으니], 그누마[그 놈]들이, 사람을 더 뚜드러 패고 그랬이니까[그랬으니까]. (같이 웃음) 그래 그때 뭐 한마디로 말해서 무법천지요, 무법천지, 그때는. 그러이, 회사에서 그래 청원경찰 같은 경우에 종업원을 불러 들여서 한번 뚜들겨 골병이라도 시켜도, 그게 법적으로 소송해도 아무리 [해도] 안 돼요. 어떤 일이든지. 그 만약에, 뭐 감독[에게] 대꾸를 좀 했다, 뭐 감독하고 싸웠다 하면은, 그날 저녁이믄 그 놈[이] 나오다가 청원경찰한테 끌려가 반 죽어. 그러니 그 감독 입장에선 "야, 니 그 놈 그 아무개 그노므 새끼 좀 까부니 손 좀 봐줘라" 이라믄 고마네, 그 놈이 나오다 정문에 붙잡혀 집으로 나오지도 못 하고 정문에서 붙잡혀 들어가 가지고는, 그 저기, 그그, 예비군 중대본부라는 게 있어. 거기 끌고 가서 쥐도 새도 모르게 반 죽여서 내보내 뻐려. (헛기침) 그러니, 종업원은 말을 할 수도 없고 건[그런 일은 어떻게] 해볼 수가 없어.

일상화된 폭력 이외에도 광부들과 이들의 공동체인 사택 내 정보교환이나 의사소통도 발달하지 않았다. 유선 스피커를 통해 뉴스나 공지사항을 알려주거나, 탄광에서 사고가 났을 때 방송이 안 나오는 정도였다. 그밖에도 광산 내 구성원들은 힘든 탄광 일 때문에, 외부 정보에 대한 욕구도 크지 않았던 것으로 보인다. 차효래는 "암흑세계"와 같은 1960~70년대 탄광촌을 다음과 같이 기억하고 있다.

면담자　그럼 그거… 라디오는 그런 거 있기 전 같은 경우에는 뭐, 알릴 사항이나 그런 거 있으면은, 어떤 식으로 그걸 알렸습니까?

차효래　그러니 모르지 뭐, 그때는. 정부에서 뭐 당장 그때는 라디오 같은 거 없을 적엔 몰랐어요. 캄캄하니까.

면담자　전혀 그럼 뭐 정보가 전달될 만한 수단 같은 것들이 없었겠네요?

차효래　없었지 뭐. 그때는 그 뭐… 그 라디오 같은 것도 없고 이럴 적에는, 전혀 그런 정부에 뭐 어떤 일이 있었다, 뭐 세상 어떻게 돌아간다, 그런 거 몰랐어. 그래 그저 날마다 그저 뭐, 퇴근하다가 그냥 집이가 [집에 가서] 잠이나 자고 알뜰한 사람은 집이가 잠이나 자고, 뭐 술이라도 좋아하는 사람들은 들어가다 한잔 하자… 해 술 얼큰히 하고 먹고 들어오고 취하고 이런 게 그게 낙이었었지, 그러니 전혀 매스컴 같은 게 없으니 몰랐어요. 그래 라디오가 들어오고 부턴 좀 이게 뭐 뉴스 같은 것도 듣고… 아니믄 뭐 아, 정부가 어떻게 돌아가는구나 하는 것도 알고 이랬었죠. (헛기침)

면담자　그러면 여러 가지 정보로부터 차단돼서 좀 고립된 측면 같은 게 있었네요.

차효래　그렇죠, 고립된 측면이. 그럼요. '함태광업소' 같은 덴 덜 하는데 저어 저 '옥동광업소'란 데가 있는데, 그기[그곳의] 얘길 들어보면은, 그 있던 사람 들어보면, '옥동광업소'란 데는 들어가면은, 돈을 벌어 가지고 나온 놈은 한 놈도 없다. '옥동광업소'란 데는. 저… 지금 저 넘어가믄 저저 가믄 옥동이란 데 있었는데, 돈은 아무리 많이 벌믄[벌면] 뭐

해, 다 거기다 쓰고 나가야 하니까. (같이 웃음) 벌 수가 없거든. 전혀 아무것도 모르는 거요. 암흑세계에 사는 거요, 그거는 옥동이란 '옥동 광업소'란 데는. 그래 들어가긴 들어가도, 돈은 하나도 못 벌어 가지고 맨 몸뚱이로 겨우 그저 나올 이 정도야. 여서[여기에서] 뭐 그것도 그것도, 빨리 정신이 들은 놈은 야, 여기 살믄 안 되겠다, 이런 식으로 해 가지고, 빨리 기어 나오거나, 딴 데 나왔지, 거게[옥동광업소에서] 안에 살아 있는 놈은 거게 있으면 평생 가도 못 나와. 나올 수가 없어. 뭐 돈 을 벌 수가 있나, 거서. 거기 다 쏟아놔야 하니까.

부탁드리고, 더 이상 할 말이 없네요: 윤덕호와 이영희의 기억

윤덕호와 이영희는 도계 진폐협회를 통해 만난 분들이었다. 황량한 도계와 먼지 날리는 버스 정류장을 거쳐 나는 작은 진폐협회 사무실로 들어섰다. 당일 급한 일이 있었지만 이들은 나를 친절하게 맞이해주었다. 1946년에 태어난 윤덕호는 김성탁과 마찬가지로 2대 광부였다. 그의 부친은 1950년대 석공 석탄계 수리공이었다고 한다. 윤덕호는 1971년 1월에 처음으로 입갱해서 석공에만 35~36년간 근무했고, 퇴직 전에는 과장까지 승진해서 고향에서는 그를 '과장님'이라고 부른다고 한다. 면접 당시 그는 470명의 회원이 있는 도계 진폐협회 살림을 도맡아 하고 있는 사무국장이었다. 이영희는 1945년 8.15 직후에는 경찰 생활을, 1949년부터는 군 생활을 한 뒤 치안국 대공수사과에서 근무를 하다가 1950년대에 피신하다시피 도계로 들어왔다고 자신을 소개했다. 그는 처음에는 흥전항에서 일하다가 석공에 입사했고, 그 뒤에 잠시 개인 사업을 하다 다시 석공에 들어왔다고 한다.

이들의 기억은 전형적으로 광부들의 현재로부터 소환되어 재현되었다. 그들에게 현재란 석탄산업의 대체산업인 정선 카지노에서 출발했다. 폐광 이후에 1995년 광부, 진폐환자, 실직 광부 등 대부분 주민이 결집해서 철로 위에 연화하면서 정부에 대체산업 마련을 요구했다. 태백시민들은 여의도까지 가서 '태백시민 생존권 찾기 궐기대회'를 개최했고, 고한과 사북 주민들은 석탄감산정책 반대, 재고탄 전량 정부수매, 대체산업 추진 등을 요구하며 제2의 사북항쟁을 경고하기도 했다. 결국 1995년 3월 3일 '3.3투쟁'을 통해 정부와 합의를 보아 '폐광지역 개발 촉진 특별법'이 제정되었고 강원랜드 카지노 설립이 이루어졌다. 그러나 13년이 지난 구술 당시, 윤덕호와 이영희는 한 목소리로 비록 대체산업으로 정선 카지노가 생겼지만 광부들에게 돌아오는 혜택은 전혀 없음을 누차 강조하며, 광부로서 자신들의 억울함을 호소했다.

> 윤덕호 덕분에 나한데 목이[목에] 칼이 들어온 한이 있어도 그럼 여기 도계 사람들 카지노에서 요런 거 하나 혜택 보는 사람이 없어요. 서민들이 하나도 혜택 보는 것 없어요. 우선 단번에 거 진폐협회, 광산에 원인이 바로 진폐협횐데, 진폐협회에도 뭐 요런 거 간사 월급 주는 거 연간 한 500만 원 주는 거 뭐 그것 이외에는 뭐가 있어? 아무것도 없어요. 그럼 요. 무슨 노인정에서도 그렇잖아요. 노인정에서도, 이 노인정에 있는 사람들이 인자 전부 다 65세 이상 되는 사람들이 광산에서 썩은 사람들인데 그 사람들이 여기 저 진폐협회 회원이 아닌 사람이 없어요. 노인정에 노인이 있으면서도 진폐협회 회원이, 그런데 그 사람들이 아무런 뭐 못 봐요. 뭐 카지노에서 뭐 와가지고 하다못해 쌀이라도 한 포 갖다놓고 밥이라도 해 잡수라고 주는 것도 없고.

현재 억울함과 더불어 이들은 잊혀진 광부들을 떠올리며 "불쌍한" "병든" "억울한" 그리고 "너무해요" 등 단어를 반복적으로 불렀다. 차효래와 유사하게 베트남전 고엽제 피해자들과 자신들을 비교하며, '왜 우리는 방치된 무관심의 대상이며 망각되어야 하는지'에 대해 반복적으로 물었다. 이는 연구자인 나를 향한 물음인 동시에, 이들을 잊고자 했던 한국 사회에 대한 질문이기도 했다.

윤덕호   내가 뭐, 라이온스회장 몇 대 회장이다 뭐 제이씨 몇 대 회장이다, [이런 사람들은] 뭐 이래가지고 자기네 생색내는 거 돈 있으니까 그러지만, 우리 불쌍한 진폐 사단법인 이거는 순수한 병든 사람들이 모여가지고 어떻게 하더라도 참 돌아가실 때 좀 편하게 갈 수 있고 또 돌아가시더라도 우울하게 돌아가시더라도 보상이라도 뒤에서 살아 있는 사람들이 챙겨 줄려고 우리가 일하는 단첸데. 이거는 여기 우리가 어디 브렉벨리 저기 컨트리클럽 여기 골프장에 올라가 가지고 사무실비를 좀 달라, 우리가 이게 대체산업으로 들어온 거거든요. 들어와서 많이도 우리 바라지 않는단 이거야. 한 달에 20만 원씩 사무실비 20만 원, 1년에 240만 원이다. 좀 달라, 하니 이게 뭐 차일피일 '올라오라' 또 그카니[그렇게 하니] 그래 세 번 갔다 왔어요. '올라오라'. 야, 100만 원 주면 안 되냐? 안 줄려면 말고 줄라면 다믄 뭐 어차피 [쥐어] 주는 거 돈 100만 원 갖다가 머 한 달에 십만 원도 안 되는 거 갖다가 뭐 하라는 얘기야. 그래서 세 번 갔어요. 세 번을, 세 번을 갔는데 우리가 회장하고 사무국장이 점심 밥값이 아니다 이거야. 우리 거 사무실비 전화요금 나오는 거하고 보라 이거야. 그리고 우리 회원들이 와가지고 억울하게 이게 참 우리 [진폐] 13급을 받은, 급수 받은 환자가 아프다 이래가지고 내가, 죽을 때 자식보고 내가 아파가지고 죽을려고 그럴 때 태백 중앙병원이나 동해 산재병원을 보내라고 얘기는 하지마는 그[거기] 가면 그 병이 아니고 딴 병이 갑자기 생겼는데 그 병원은 안 간다 이거여. 그랬을 때 여기 저 강릉에 있는 사천 병원이 크다 이거야, 거기가 돌아가셨단 말이야. 그러면 그 보상을 찾아줄라 그러면 우리가 힘써야 하거든요. 협회서 그 루트를 또 누가 알아야 되고 그래야 되는데 그럴려면 뭐 이기[활동재원이] 있어야 되는데 기름을 넣어야지 공부하러 댕기지.

이영희   안 도와주면 이거는 정부 욕먹을, 국민에게 욕먹을 짓밖에 안 하는 거예요. 너무해, 너무해요. 그리 광산촌에 하는 사람들이 지금 뭐… 지대로[제대로] 요새 젊은 사람들은 지금 한 육십 칠팔 세 이상 된 사람들은요, 자기 얼굴에 혈색 제대로 가지고 있는 사람이 하나도 없어요. 전부 보면 누렇게 피부색이 안 좋고 다 병든 사람들 아니오? 참 아까도 얘기 했지마는 요 앉아있던 사람은 뭐 몇 급 받았는데, 여 올라갔다가 저 집에 저 위에 홍영이나 올라갈려면 몇 번씩 쉬어 가지고 올라가고 여기 내려갈려면 몇 번씩 쉬어 내려오고, 그 사람들 그랬다가 쓰러지면 만약에, 예를 들어 그 사람들이 딴 데 가 쓰러졌다면 난 진폐로 쓰러졌단 소리 안한다고, 딴 데 죽었다고 그리 그 사람 아무 보상도 없어요.

윤덕호   우리 회원들이 참 억울하게 지금 뭐 여기 계신 분들이 다 숨이 차지만 입원이 또 안 되거든요. 입원[이] 될려면 [합병증이] 여덟 가지가 돼야지 돼고. 저도 광산을 석탄 공사만 30년을 했고, 민영탄광, 군대 가기 전에 아르바이트 식으로 조금 했고 다 합치면 삼십 오육 년 되는데 이거는 '어중[疑症, 의심이 되는 증세를 잘못 발음한 것으로 보임]' 이래가지고 '어중'이다 이거야. '어중'이면 13급인데 그러면 13급 되며는 한 달에 뭐 약 사먹으라고 건강비 쫌[조금] 주며는 그런 거 아무것도 없거든요. 그 쪽에 우리 저 사이공 갔다고[베트남전에 참전했다고] 그 의사 뭐 고엽제 뭐 이래가지고 돈 나오잖아요. 우리는 그럼 뭐냐 말이에요. 그래 내가 뭐 탄광 안하고 탄광 했다고 뭐 어중인데 어찌 정부한테 돈 달라 합니까? 우리는 나와 있는 거 아니야 몸에, 고엽제 이 사람들은 가가지고 정말 그걸 맞았는지 그 사람들 농약 치는 거 맞았는지 안 맞

있는지 모르지만 월남만 갔다 온 사람들은 고엽제 다 인정해가지고 돈 주더라고, 한 달에 장애인이라 해가지고 삼십 몇만 원씩. 그러니 우리는 이게 정부에서 누가 참 지역에 된 국회의원이 가가지고 정부에 가가지고 이 정말 불쌍한 사람들, 노인들을 입원 못하고 있는 사람들을 약제비라도 줘야 된다.

이들도 자신들은 '산업전사'였고 자기 개인을 위해 일했던 것이 아니라고 말하면서 이를 현재 아무런 보상이 없는 억울함과 연결 짓는다. 이들은 자신의 구술과 기억이 현재의 억울함을 푸는 데—자신들의 트라우마를 해결하는 데—도움이 될 수 있기를 간절하게 바라며, "구술이 우리한테 어떤 도움이 될지는 몰라도" "부탁드리고 더 이상 할 말이 없네요" "진폐협회 간부들의 헌신" 등의 이야기를 반복했다. 이들이 진정으로 원했던 것은 망각으로부터 해방되는 것이라고 본다면 지나친 생각일까?

이영희　이런 거 더 할 말도 없고 하지마는 선생님[면담자인 필자를 지칭] 이거 뭐 하신 게[구술작업을 한 것이] 뭐 우리한테 어떤 도움을 줄 수 있는 머시[무엇이] 되는지는 모르겠습니다마는 사실 이 광산촌에 제일 문제가 이 진폐협회가 문젠데, 이거 어디 개인이 자기 이득과 자기 목적을 위해서 병이 든 사람 아니라요. 물론 먹고 살기 위해서 하기는 했지마는 지금 요기 진폐 회원들이 나이 70세 이상 넘은 분들이, 과거에 인력시절에 광산생활 하던 사람이 병 얻은 게 그 사람들이 그때 안 했더라면 우리나라 머시기[경제발전] 어떻게 되겠냐 이거여. 대한민국에 정부 기관 사업이 대한 석탄공사 하고 한전[한국전력]하고 두 군데밖에 없었는데 그것도 한전도 석탄공사에 탄이 안 나가면 한전을 운영 못했어요. 화력 발전소니까 그렇게 원동력인 생활을 했는데 우리가 광

산촌에 뭐이가 정부에서 좀 머시기[지원을] 해줘야 돼. [그런데 이것을]
정부에서 성가시어하고[귀찮아하고]…

윤덕호는 2008년 구술 당시를 "좋은 세상"이라고 부르며, 나이가 60~70
세에 이른 불쌍하고 억울한 "선배들"과 죽어간 동료들을 위해 자신의 "이름
석 자를 남기기 위해" 헌신적으로 활동하고 있음을 강조했다.

윤덕호   내가 여기[진폐협회] 사무국장 들어간 것도 내 봉사하면서 뭐
가 내가 이름 석 자를 남기고 가겠다 이거야. 기왕 내가 못 배워 가지
고 참, 우리 선배님들이 못 배워 가지고 가실 때 못 찾아간 거 내 이거
어떻게든 구명 운동을 해서 찾아주겠다. 내 이 한 목숨 바치겠다고 들
어왔거든요. 그래 들어와서 봉사 정신으로 하는 거지. 실제 이게요, 뭐
있겠어요. 돈 생각하면 못해요. 아무 누가 놀러가고 일요일, 토요일 날
가족들하고 놀러 가는데 내가 여기 와서 뭐 아침부터 오늘 약제비 신
청하고 이 양반들은[진폐협회 회원들] 개념이 없어요. 토요일, 일요일
우리[진폐협회 사무실이] 놉니다[라고 이야기 드리면], "네, 알았어요." 하
고 또 와요. 병원 갔다가 영수증 들고 온다고. 그래 왔다가 문이 딱 걸
려 있으면 얼마나 실망하겠어요. 그래 내 혼자 나와 있다가 이 [영수증
을] 받아주고…

1960~70년대 전반에 걸쳐 탄광 사고가 워낙 자주 일어나다 보니 사택
이나 광업소 근처에서 가장 먼저 눈에 띄는 것은, "아빠, 오늘도 안전"이라는
대형 표어와 포스터였다.[134] 1960~70년대에 탄광은 배수와 통기 과정만 어느
정도 기계화되었을 뿐, 채탄이나 굴진 작업은 전적으로 손노동에 의존했다.
고열과 분진에 시달렸던 광부들은 늘 사고의 위험에 노출되어 있었지만, 사

업주들은 안전시설 투자나 장비 구입에 미온적이었다. 초기 탄광에서 삽, 곡괭이, 톱, 도끼, 대부리, 홈노미 등 장비를 이용한 손노동이 중심적이었고, 직무 분화도 거의 이루어지지 않았다. 작업에 필수적이었던 안전모도 장날이나 철물점에서 개인적으로 구입해야 했다. 광부들의 증언에 따르면 1980년대에 들어서야 대형 목욕탕이나 세탁기 등이 도입되었으며, 그 이전에는 광부들이 작업복을 집에 가져가서 직접 빨아야 했다.[135] 하지만 세탁을 해도 바람을 통해 탄가루가 날아들면 금방 검게 변했기 때문에 밖에서 말리는 것도 어려웠다고 한다. 1970년대 들어서 장성탄좌 등 일부 지역에 중앙목욕탕과 중앙세탁소가 설치되자 대형세탁기로 작업복 세탁이 가능해졌다.[136] 하지만 1,000여 명을 수용하는 장성탄좌 이외에 대부분의 경우 사택촌에 16평 정도의 작은 목욕탕만 있는 경우도 적지 않았다.[137] 그 밖에도 당시 도로포장이 제대로 이루어지지 않아서 눈이 오면 길이 진창이 되어 장화가 없이는 생활이 곤란했고, 탄가루가 탄광 공동체 전체에 날려서 주택가 아이들까지 진폐증에 걸리기도 했다.[138]

늘 죽음과 위험 그리고 사고에 노출된 조건 하에서 이들은 마스크를 죽음을 예방할 수 있는 '상징'으로 기억하고 있다. 하지만 초기 마스크는 호흡하기도 어려웠고 방진(防塵) 효과도 적어서 광부들이 기피했다. 또 마스크를 쓰고 있다가도 작업할 때는 벗고 광목수건을 입에 말아 걸고 작업을 했다.[139] 바로 현재의 좋은 세상과 억울한 과거를 기억하게 해주는 매개가 '마스크'였다. 윤덕호는 현재의 "좋은 세상"과 비교를 하며 마스크 없이 일했던 시기 광부들의 몸에 깃든 흔적을 다음과 같이 증언하고 있다.

> 윤덕호 지금은, 요즘은 나도 작업장에 자주 들어가 보지만 이 마스크
> 필터가 요즘 미세한 먼지도 거를 수 있는 그런 걸로 되어 있어가지고
> 갱구에 들어갈 때 지금 젊은 사람들은 들어갈 때 딱 쓰면 안에 들어가

서 점심시간에 딱 벗고 밥 먹고 나가지고 필터 갈아가지고 쓰고. 요 갱
구에 나오며는[나오면] 이제 고 탈의실에 오며는 그때 벗어가지고 딱 탈
의실에서 마스크까지 다 세척해서 주거든, 거따[거기에다] 딱 놔두고 그
러니까. 지금은 내가 봐서 30년을 해도 [진폐증에] 안 걸려요. 진짜 안
걸려요. 그러니 이 좋은 세상에서 이런 직장생활을 해야 하는데 우리
또 그때 우리 정부가 잘 살지도 못하고 이러니까 후생시설이 너무 안
됐을 때 해 가지고 지금 제일 불쌍한 게 70 넘은 분들이 제일 불쌍하
고 그 다음에 60대 [넘은 분들이 안됐고]. 참 초년기에는 조금 그랬는데
이제 아마 80년 넘어 90년 넘어 가지고 2000년으로 향하니까 많이 이
제 좋아지고 우린 정말 그 80년대까지는 정말 고생 많이 했어요. 또 거
진급 쫌 한 번 해보겠다고 반장 한 번 해보겠다고, 남이 그래 또 뭐 한
번 순회 할 때 두 번, 세 번 해야 되고. 이 사람 욕심이라는 것이 반장
되면 반장에서 계장 되고 싶고, 계장 되면 과장 되고 싶고 이런 욕망
때문에. 그건 또 내가 노력하는 대가에 따라서 점수가 주어지니까 평가
가 되니까.

윤덕호는 마스크조차 없던 시절인 1960~70년대에 죽음의 공포를 예방
하기 위한 수단이 탄가루를 지우고, 죽음의 흔적을 잊기 위해 삼겹살을 구워
먹었던 것이라고 기억하고 있다. 당시 광부들은 진폐로 인한 죽음의 위험을
피하기 위해 탄가루가 낀 폐를 돼지기름으로 씻겨 내려야 한다고 믿었다. 이
는 직업병에 대한 예방과 치료가 거의 제도화되지 않은 상태 속에서 광부들
이 자신의 몸을 다루는 방식이 개별적이고 관습적이었음을 드러내는 대목이
다.[140] 하지만 당시에는 삼겹살도 귀해서 1960년대까지 선술집에서 탁주를 양
은 주전자에 담아 팔았으며, 왕소금에 들깨를 비벼 안주로 하거나, 꽁치 등
을 연탄불에 구어 먹기도 했다.[141]

윤덕호　다 끝나고 나오며는 한 대포 딱 이래 가지고 이게 항 입구 옆에 보면 대포집이 쫙, 지금은 하나도 없는데 갱구에 딱 나와서 목욕을 하고 딱 가며는[가면], 그 주위에는 대포집이라고 집에, 많은 데는 열 몇 군데씩 막 있으니까 거기서 먹고 발동이 걸리면 또 2차 가다 또 색시집, 옛날 여 뭐 1970년대만 해도 대포 집에도 색시가 다 하나씩… 먹고 놀다 또 조금 있다가 출근하고 또 주로 탄가루 벗긴다 이거야 고기 구워 먹는 거, 삼겹살이요 지금 삼겹살이지만 그때는 삼겹살 아니오, 돼지고기 썰어가지고 파 썰어 넣고 다마네기[양파의 일본어] 썰어 가지고 이래 주물럭 하는 거 그게 유행이거든.

다른 한편 사고와 진폐라는 일상적인 죽음의 공포는 광부들 사이의 독특한 죽음의 의례를 만들었다. 광부들은 동료들이 죽어나간 막장 노보리에 들어갈 때 공포를 없애고, 죽은 동료의 혼을 달래 갱구 밖으로 내보내기 위해 진혼의식을 치렀다. 이 의식은 막장 노보리를 올라갈 때나 내려갈 때 슈트(캐낸 탄을 광차까지 내려가도록 만들어 놓은 철판)를 두드리며 〈광부진혼가〉를 부르는 것이었다. 슈트를 두드릴 때마다 쇠가 부딪치는 소리가 막장에 울렸는데, 다이너마이트를 터트리면 그 소리가 더 커져 놀란 혼백이 쉽게 나간다고 믿었다. 그 외에도 갱구 입구에서 유족들이 혼백을 데려간다고 굿을 벌이기도 했다. 입갱하던 광부들은 그 광경을 볼 때 섬뜩해져서 갱구 입구에서 열리는 굿판을 몹시 꺼렸다. 사측에서도 유가족을 설득하여 입갱 퇴갱 시간을 피하도록 했다. 〈광부아리랑〉 가운데 일부를 보면 다음과 같다.[142]

휘휘
나가시오
이제 ○○○는 나가시오

우리는 발파를 한다오

나가시오

휘휘

○○○이는 나가시오

우리가 일해야 하니 나가시오

○○○아!

나가자.

함께 나가자

　윤덕호의 기억 가운데 또 한 가지 중요한 것은 헬멧으로 상징되는 사무
직의 흰 바가지와 광부들의 노란 바가지였다. 그는 지금도 "종들" "노예"라
는 단어로 당시 자신들의 '위치'를 기억하고 있다. 광부들은 막장에서 죽음
이 예상되는 위험을 강요당했으며, 이를 받아들이지 않을 경우 폭행을 당하
거나 해고되었다. 이들은 이러한 관계를 '노예식'이라고 불렀다. 이영희도 당
시를, "지금 여기서 말하는 현재로써 말하는 게 우스워 하는 말인데 (…) 그
시기만 해도 관리자가 됐다 하며는 뭐 참말이지, 하늘에 용 되는 시기고. 또
그 밑에 일하는 사람은 아주 옛날 그 상관시절에 그 종들하고 한가지야. [관
리자가] 너이 이제 앉아 가지고, '야, 이 의자 닦아' 하면 닦아야 돼"라고 기억
한다. 이처럼 관리자와 광부 간의 차이는 '하늘과 땅 차이'였으며, 흰 바가지
로 상징되는 군대식 위계질서가 탄광 공동체에 깊이 뿌리내리고 있었다. 광
부들이 '백바가지'라고 불렀던 단어의 이면에는 관리자에 대한 분노가 담겨있
었다. 심지어 술자리에서 광부들은, '우리가 벌어서 놀고먹는 백바가지를 먹
여 살리는 것이다'라든지 '백바가지 놈들을 없애 버려야 한다'는 말조차 했다

고 한다.[143] 이런 차별은 일상에서도 드러났는데 사원들은 월급을 탈 때 인감 (印鑑) 없이도 금방 탈 수 있었던데 비해, 광부들은 긴 줄을 서야만 했다. 동시에 사택도 직급에 따라 구분되어 있었다. 4칸과 6칸 사택은 과장이나 계장들이 거주했으며, 이는 탄광 내 위계질서가 사택 안에서도 관철됨을 의미했다. 관리자와 관계뿐만 아니라 정부와 광업소는 광부들의 사생활까지 개입했다. 정선이나 사북광업소의 '암행독찰대'는 막장뿐만 아니라 불만을 가진 광부들을 감시하려고 화투, 폭음, 폭력, 여자관계, 부부싸움까지 감시했다. 바로 사택을 통해 광부와 가족의 일상을 통제하려고 했던 것이다.[144]

윤덕호   그래 우리는, 우리 광산 할 때는 그렇게 [관리자의 명령에 복종] 했다고. 1970년대만 해도 그렇게 했는데, 80년대까지 그렇게 했는데 80년대부터 이제 민주화 바람이 불고 그때는 우리가 굴 감독이 백바가지 [흰 모자] 썼거든요. 공사판에 가며는 감독들은 보면은 하얀 모자잖아요. 종업원은 노란 모자고.

면담자   종업원은 노란 모자고…

윤덕호   그런데 그게 인제 80년대 민주화로 가면서 뭐 위압감을 준다 이래 가지고 모자가 노란 걸로 통일이 되었어요. 같은 색 됐는데 이 반장은 지금으로는 계장, 지금 직급이 뭐 작업반장은 옆에다가 야광 파란 줄 한 개.

면담자   야광색이…

윤덕호   야광색 하나, 계장은 두 줄 그 다음에 부부장은 세 줄, 부장이 제일 높은 거는 넉 줄, 그래 옆에 보며는 옆에 시파란[새파란] 줄이 많이 가면 저 높은 놈 오는 거여.

면담자   뭐 번쩍 번쩍…

윤덕호   네, 군화불을 보면 이 뭐 소장이나 사장을 보면 옆에서 사장,

소장 이렇게 야광으로 새겨가지고 은근[히] 그거고, 그러니까 그때 우리 옛날에 반장할 때 모자가 하얗고 노랗고 그럴 때는 죽으라면 반장이 가서 죽으라면 죽는 시늉도 다 했어요. 그때는 뭐 전쟁나면 뭐 1소대 약진 앞으로 하면 다 들어가는데 민주화 바람이 불고 나서는 안 해요. 내가 싫으면 안하는 거여. 또 내가 위험하다 이러면 "반장님! 난 저 위험해서 못 합니다". 지금도 그래요. 그러니까 광산이 좆 같은 거여. 그때 옛날에는 흰 모자가 "이 짜식 못해? 못하면 내일부터, 알았어." 이러면 뭐 작업장 좋은 데는 있는 것도 그런데, 이게 뭐 위압감을 준다 그래 가지고 없어져 민주환데 지금은 그리고 이게 사고율이 거의 없잖아요.

윤덕호　네, 생산량도 따라서 제일 목표가 생산, 그 다음에 사고, 사고가 없어야 되고 근무가 성실해야 되고 삼위일체가 되어야 진급이 되거든요. 그게 우리 작업반장들이 우리 계급이 보며는 처음에 용원이 있거든요, 용원(傭員). 고 다음에 인제 또 고원(雇員), 고 다음에 사원(社員)이 있거든요. 그러니까 제일 처음에 용원은 금방 6개월만 지나면 고원을 시켜주거든요. 고원이 고마 정년까지 가는 거예요. 사원 될려[고] 그러면 하늘에 별 따기 그리고 이것 또 봉급 주는 것도 이래 보며는 용원, 고원은 노무원하고 같이 줄을 서야 되거든요. 줄을 서야 되는데 우리 여게 80년대는 2,500명 도계광업소 종업원이 2,500명이까네[이니까] 한 항에 보통 칠팔백 명되는데 거가[거기 가서] 줄서가지고 한 시간에 이래서야[기다려야 봉급을] 타는데, 여[기] 사원은 말이야 인감증도 없어요. 도장만 하나 있으면 되거든요. 이름 누가, 사원 누가 '윤덕호' 이라면 도장만 있으면 사원 칸이 따로 있어요. 거가[거기에] 가면 남은 저 한 시간 줄을 서는데 창구에 가면 이름만 대면 방금 가지고 월급을 타가고. 고원에서 사원 해볼려고 우리가 데모껴진[까지] 했거든요. 80년도, 88년에 우리가 데모를 했어요. 반장들이 사원시켜달라고, 지금은 뭐 고마 직원이 되면은 바로 사원[증]을 주는데 그때는 참 자격증을 첨에 따도 이게 뭐 열심히 해가지고 용원이 되며는 용원은 저거는 뭐 1년 안에 떨거 주더라마는 고원은 저건 뭐 기능이 한정이거든[한정되어 있거든]. 1년 지나면 한 호봉 올려줘 뭐 한 돈 5,000원꼴 올라가면 그만이고, 그런데 참 돈 탈려[타려고]…

기억공동체: 망각의 트라우마

내가 만났던 광부들의 기억 속에서는 유난히 박정희 시대를 현재와 대비하는 이야기가 자주 등장한다. 광부들에게 박정희 시기는 산업전사로 그나마 광부들이 '대접받던' 시기로, 사정이 나았던 때로 기억되곤 한다. 그것은 김성탁이 기억했던, "박정희 대통령까지는 그런대로 광산쟁이들이 그래두 전부 다 '산업전사' 이 명칭이 붙었어요. 그런데 전두환 대통령 들어오고부터는 그것이 우리 기억 속에서 사라졌다. 그래서 여기 여 태백에 가면은 산업전사 위령탑이 박정희가 직접 지은 시어로…"라든지 목장, 양계장, 우유, 두부 등 후생시설이 늘어났던 시절로 기억하는 차효래의 아래와 같은 기억에서도 반복되었다.

면담자   고게 좀 1970년대 넘어서면서 좀 바뀌게 되나요?
차효래   그렇죠, 1970년대 넘어서면서 인제, 그리고 부텀[부터] 음…
이… 박대통령 때, 박정희가 인제, 그 서독 광부들[파독 한국인 광부들을 지칭] 보내고 서독에서 인제 그 광부들 [서독으로] 데리고 떠나면 저게, 우유 해 가지고 인제 뭐 우유 맥인다[먹인다]든지 뭐 광산에 그 뭐야, 목장을 그때 지어라 해 가지고, 목장을 지으라고 정부에서 그때 저게, 그 젖소를 한 마리 내려 보냈다고.

면담자　1970년대요?

차효래　예, 그 후반에. 그래 젖소를 한 마리 내려 보내 가지고, 그래 회사에서 그, 그 저기 목장을 했어요. 목장을 해 가지고, 그때 우유 나오고, 또, 양계장 해 가지고 이제 계란 나오고. 그때 후생시설이 그때부턴[그때부터] 좋아진 거요. 이게 계란 주고, 또 콩 사서 공장 만들어 두부 남거주고[나눠주고]. 그래, 그 퇴근 후 피곤하면 퇴근할 적에 우유 한 컵, 계란 한 개, 그래 그걸 공식적으로 먹게 먹고 댕겼고. 그럼 이제 하루 두 번, 이제 한 번씩은 두부 공장 와서 두부 타 가지고 개인이 타 가지고 먹고 이러니, 그래 그때 우리 광업소가 '함태'란 데는 이 후생시설이 잘 돼 있었어요. (헛기침)

면담자　1970년대에는 굉장히 많이 향상이 된 편이네요?

차효래　예, 많이 됐었죠. 그래 가지고, 그 우유도 그때, 소도 그때 많으니까, 많이들 우유도 그때 많이 주고. 한 1970년대 그때 후반부턴 차츰차츰 지나니까 많이 그땐 좋아졌었어. 그래 인제, 돼지도, 그때는 돼지고기도 사방 모두 맥여 가지고, 돼지고기도 흔하게 나왔고. (헛기침) 회사에서 돼지를 많이 맥여 가지고, 음… 한 달에 돼지를 몇 마리씩 잡아 가지고 종업원들 노나[나누어] 주고 이랬었다고.

1970년대 중반 이후 박정희가 광부들의 위험수당, 후생복지시설 등을 회의, 순시 등에서 지시하거나 언급했던 대목은 여러 곳에서 발견할 수 있다. 다소 길지만 신문을 통해 확인할 수 있는 것을 살펴보면, 1974년 12월에 박정희의 하사금 1억 원으로 공동목욕탕, 도서실, 소비조합 등이 포함된 장성 새마을회관이 개관되었다.[145] 이듬해인 1975년 12월에 정부는 광산촌 연립주택 건설을 위한 38억 지원을 발표했고, 박정희는 한 간담회에서 광부 병역 혜택과 부녀자 소득 증대 방안을 지시했다.[146] 1976년 1월에 들어서 박정희

1960년대 건립된 장성 평화동 사택(위). 석유 파동 직후 3,000세대의 블록 연립이 급속히 지어졌다. 1974년에 건립된 장성 문곡 사택(아래).

1974년 12월에 박정희의 하사금 1억 원으로 공동목욕탕, 도서실, 소비조합 등이 포함된 장성 새마을회관이 개관되었다. 이듬해인 1975년 12월에 정부는 광산촌 연립주택 건설을 위한 38억 지원을 발표했고, 박정희는 한 간담회에서 광부 병역 혜택과 부녀자 소득 증대 방안을 지시했다.

는 독일과 한국을 비교하며, 광부의 처우 개선, 특히 안전사고에 대한 관심이 필요하다고 언급했다. 그가 한 말을 직접 인용해보면, "나는 광부의 처우에 대해 특별한 관심을 갖고 있다. 시찰 간 사람도 안 들어가는 탄광에 새벽부터 어두워질 때까지 광부들은 일하고 (…) 안전사고도 많다. 인도적인 입장에서도 특별 수당을 주어야"한다고 말했다.[147] 같은 해 2월, 보사부 순시에서 박정희는 노동청 최저임금의 평균수준화와 광부의 처우 개선을 위한 '특별위험수당' 지급을 지시했다.[148] 다음해인 1977년 말에 박정희는 잇달아 광산과 광부들에 대한 지원을 시정연설에서 별도 항목으로 넣어 언급했다. 9월에는 석탄 산업이 다른 분야에 비해 전근대적 요소가 많기 때문에 과감한 투자로 국내자원을 최대 활용하기 위한 '정책역점'이 필요하다고 언급했다.[149] 10월 시정연설에서는 석탄 증산을 위해 광부들의 후생복지시설의 확충을 별도 항목으로 공표했다.[150] 다음 달인 11월에 열린 무역진흥확대회의에서 박정희는 직접 갱내 광부 안전대책의 미비를 지적하면서 대형 사고에 대한 대책을 촉구했다.[151] 마지막으로 1978년 2월에는 장성읍내 상수도 시설확장, 광업소 내 종합복지 회관(식당, 휴게소, 대합실, 세탁소 등) 그리고 새마을회관 건설 등을 지시했고[152] 동력자원부 연두 순시 때는 연탄 값 인상 후 광부 노임 인상여부를 직접 확인하면서, 안전시설의 현대화를 지시했다.[153]

물론 1970년대 제1차, 제2차 오일쇼크에 따라 석탄 증산을 위한 석탄산업 근대화의 필요성과 1970년대 빈번하게 일어났던 대형 탄광사고가 박정희의 관심을 끌었을 것이다. 또한 광부들의 기억―모든 광부들은 아니었겠지만―속에 1970년대는 가시적으로 후생시설이 개선된 시기였다. 특히 대통령이 직접 자신들의 임금, 복지, 후생 시설 등을 언급한다는 사실 자체가 커다란 의미로 다가왔을 것이다. 광부들이 이 시기를 망각된 현재와 대비시키는 이유는 물질적이고 제도적인 수혜가 실질적인 것이었다기보다, 적어도 막장이라는 현실과 처지가 '관심'을 받게 된 사실 때문이었다. 다른 식으로 표현하자면 산업전사로 '인정받았던 시기'로 기억되기 때문이다. 나는 이러한 광부들의 기억을 허위의식이나 환상이라고 보지 않는다. 오히려 망각된 광부들의 현재를 매개하는 것이라고 생각한다. 1970년대 중반 이후 광부들은 자신들도 검은 돼지가 아닌, '의미 있는 존재'로 호명되었다는 것을 스스로 인식했던 것이다. 이러한 기억들로 미루어 볼 때 이들은 산업화의 피해자로 '전형화'될 수 없는 다층적이고 복합적인 서사구조를 지니고 있다.

하지만 현재 광부들의 서사구조 속에는 망각, 잊혀짐, 서운함 등 트라우마가 강하게 자리 잡고 있다. 흔히 동시대인이 공유하는 기억이 의식 속에 유지되는 시간은 80년 정도라고 한다. 그렇다고 했을 때, 특정 시기나 사건이 역사화되기 위해선 사건 발생 직후 40~50년 내에 당시가 기록되어야 할 것이다. 이런 맥락에서 광부들의 역사화가 이루어 질 수 있는 시효소멸 시점은 점점 가까워 오고 있다. 그러나 이들이 과거에 겪었던 가난, 죽음, 차별은 여전히 기록되지 않은 채 집단적인 트라우마로 남아 있다. 나는 이 점에서 이들의 기억은 개인적인 동시에 집단기억(collective memory)의 성격을 지닌 '기억공동체'의 형태로 남아 있다고 생각한다. 알브바슈는 집단기억을 논의하면서, 모든 형태의 기억은 사회적 관계의 산물이며 비록 기억하는 주체는 개인일지 몰라도 기억의 소유자는 개인이 아닌 집단이라고 주장했다. 다시 말해서 개인의 기억은 사회적으로 각인된 것이며 현재 '사회'와 무관한 기억은 망각될 수밖에 없다는 것이다. 이러한 맥락에서 광부들의 기억은 자신들이 한국 사회에서 망각되고 있다는 서운함, 고통 등 트라우마를 공유하고 있는 집단기억으로서 성격을 지닌다.

공간적인 차원에서 광부들의 집단기억은 '검은 탄광'이라고 불렸던 막장에서 노동, 사택과 생활 공동체 그리고 폐광 이후 진폐협회 등 현재 삶의 공간과 이들의 신체와 언어에 강한 흔적으로 남아 있다. 또한 시간적 차원에서 광부들은 산업전사로 호명된 1950~70년대 그리고 망각된 현재라는 '대비되는 사회적 시간'을 공유하고 있다. 마지막으로 사회적 연관이란 차원에서 광부들은 진폐증, 죽음의 공포, 망각됨의 허탈함, 차별에 대한 분노 그리고 이들이 현재 머무는 진폐협회, 병원 등 사회적 관계망을 통해 유사한 기억을 공유하고 있다. 이들은 폐광 이후 버려지고 잊혀진 자신들에 대해, "우리는 산업폐기물이 아니다"라고 외치며 망각됨을 거부하고 대체산업 유치를 위한 집단행동을 조직했으며, 지금도 진폐협회 등 독자적인 모임을 통해 고유한 공동체를 꾸려나가고 있다. 바로 이것이 광부들이 지닌 집단기억의 형태로서 '기억공동체'라고 할 수 있다. 그렇다면 망각의 트라우마를 공유한 광부들이 갈구하고 꿈꾸었던 것은 무엇이었을까?

기억 연구는 단지 과거의 리얼리티를 재현하는 '사실적 진실성'에 머무는 것이 아닌, 기억 주체들이 자신의 삶과 체험을 이해하고 해석하는 동시에 현실에서는 그렇지 못했지만 꿈꾸던 세계에 대한 이야기(혹은 서사)를 재구성하는 것이다. 이러한 재구성된 기억 혹은 서사화된 기억을 통해 다른 사회적 변화 가능성, 즉 이야기함을 통해 이들이 스스로 말 할 가능성을 탐색하는 것이다. 아버지 세대에서부터 지속되었던 노예 같은 노동, 가난과 죽음을 동반하는 막장, 사고를 당했을 때 보상조차 받지 못했던 신체, 가족에게 애정을 주지도 받지도 못했던 고통 그리고 적어도 내 자식은 광부를 시키지 않으려고 했으나 그러지 못했던 아버지 광부들의 안타까움 등 세대를 걸친 이질성은 구국자원의 생산을 위해 '불가피'했던 것으로 여겨졌다. 그리고 한국 사회는 이들의 억울함, 허무함, 처절한 목소리에 귀를 기울이지 않았다. 이 점에서 광부들은 자기 목소리를 갖지 못했던 '서발턴'이었다. 이들은 자신들의 집단적 기억이 누군가에 의해 역사화되길 원했지만 경제성장을 찬양하는 뉴라이트 역사가들에게, 민중을 역사의 주체로 상정했던 민중사에서도 이들은 '비가시적인' 존재였다.

또한 조국 근대화와 가족의 생존을 위해 죽음의 공포를 무릅쓰고 들어

가야 했던 막장의 기억은, 1980년대 이후 진폐증이라는 몸의 흔적을 통해 또다른 공포로 현재화되고 있다. 다른 식으로 말하자면 '죽음의 기억' 혹은 '죽음의 자기화'로 재현되고 있다. 구국자원을 생산했던 산업전사에 걸 맞는 보호를 자신들이 받을 자격이 있으며 적어도 진폐증에 걸린 자신들을 한국 사회가 망각하지 않기를 원했다. 바로 이들이 희구했던 것은 경제적 보상으로 국한되지 않는, 폐광 이후에도 광부들이 기억되고 기록되는 것이다. 이영희의, "더 이상 할 말이 없어요"란 이야기나, 베트남전 참전자와 미군에 의해 죽임을 당한 소녀들과 자신들을 비교하며 광부들을 집단적으로 망각한 한국 사회에 분노를 떠트리는 광부들의 서사구조는 자신들이 잊히지 않길, 자신들을 기억해주길 바라는 안타까운 목소리이다. 하지만 나는 이들의 증언을 통해 광부들의 체험과 서사를 '모두 들을 수 없었다'고 고백해야겠다. 면접자이자 연구자인 나와 광부들 사이에 메울 수 없는 간극을 나는 인정해야만 했다. 이것이 바로 지식인이 서발턴을 번역함에 있어서 직면하는 자기 딜레마이다. 하지만 이들은 분명 '망각되길 거부한' 주체였다. 광부들은 누군가 자신들의 억울함을 대변해주길 간절하게 원했고, 그 가운데 한 사람이 면접자인 나였을 것이다. 망각을 거부한 광부들의 기억이 설사 통역하기 어렵고 듣는 것조차 고통스럽다고 할지라도, 지식인은 들으려고 귀를 열어 놓아야 할 것이다. 그것이 서발턴 혹은 망각된 개인들에 대한 '윤리적 태도'일 것이다.

　　망각이란 트라우마를 지닌 광부들의 집단기억은 한국 사회에 부담스러운 동시에 불편한 과거이다. 하지만 한국 사회가 망각되어 가는 불편한 과거와 부단히 대면해야 할 사회적 의미를 거부하거나 최소한의 논의의 지형조차 사라진다면, 민주화 이후 이제까지 만들어온 자기 성찰적 기억의 가능성조차 박제화되고 말 것이다.[154] 박정희 시대에 사회가 제기했던 미래는 광부들에게 오지 않았고, 이들은 여전히 죽음의 공포 속에서 살고 있다. 그러나 사회는 그들의 상처와 고통을 들어줄 생각이 없었다. 과연 한국 사회 그리고 구성원들이 지속적으로 자신을 되돌아보고 중요한 사안에 있어서 스스로 결정하며 폭력적인 역사의 공범이 되길 거부할 자율적인 주체가 될 수 있는가를 둘러싼 갈림길에서 망각의 기억공동체인 광부들의 기억은 중요한 시금석이 될 것이다. 이제 제3장에서는 광부들과 달리, 언어를 지니고 있었지만 말할 수 없었던 '노예의 언어'를 지녔던 지식인 박현채의 기억을 찾아가보자.

3. 박현채, 소년 빨치산과 노예의 언어

"동무덜, 믿으씨요. 우리가 바래는 시상이 꼭 올꺼싱께. 고것얼 믿고
용감허게 싸웁시다. 그러다가 죽으먼 아까울 것이 머시가 있소. 우리
뒤에는 또 우리 뜻얼 따라 싸우는 동지덜이…."
―조정래, 『태백산맥』 중에서

　　마지막으로 제3장에서는 냉전하에서 지식인의 기억과 언어를 둘러싼 문
제를 다룰 것이다. 구체적으로는 냉전 시기 비판적 지식인의 글과 표현이 검
열에 의해 제약되거나 스스로 이를 억제함으로써 나타났던 '자기검열'이라는
피할 수 없는 선택이란 문제를 다루고자 한다. 바로 박정희 시기 대표적인 비
판적 지식인 가운데 한 명인 박현채라는 창을 통해, 그의 자기검열과 글쓰기
가 지닌 특수성을 해방 직후 빨치산이라는 '원체험'을 통해 다루고자 한다.
더불어 검열과 이로 인한 노예의 언어라는 제약에도 불구하고 박현채가 주
어진 경계 내에서 지배의 언어 혹은 노예의 언어로 변용된 '대중경제'를 통해
외자주도 수출주도형 산업화에 대한 '희미한 대안적 모델'을 제기했던 과정
을 살펴볼 것이다.

흔히 서발턴(subaltern)이라면 연상되는 것은 민중, 노동자, 도시빈민, 여성 등이다. 하지만 그밖에도 정치적으로 배제되어 말하지 못하거나 소리를 내지만 의미를 쉽게 전달하지 못하는 존재들인 '냉전의 지식인'도 존재한다. 나는 이들 비판적 지식인들까지 서발턴이라고 생각하지 않는다. 하지만 이들은 반공체제 하에서 죽음을 각오하고 말하려고 했지만 그들의 존재와 언어는 '대한민국'이란 체제 속에서 계속 소거되어야 했다. 이들은 스스로 재현하는 것이 어려웠던 하층민, 여성 등과 다른 맥락에서 자신의 지식을 스스로를 검열했던 체계에 종속된 존재였다. 이들은 '어떤' 사상을 가진 존재였지만 거세되어 식물화된 존재이기도 했다. 또한 사상과 존재 근거 자체를 끊임없이 스스로 체크하면서 뭔가 웅얼거리거나 말을 하고자 했지만 이해하기 어려운 언어를 쏟아냈던 자들이었다.[155] 박정희 시기 간첩─지식인, 빨갱이, 대한민국을 부정하는 사상을 지닌 자(들), 그래서 이질적이며 위험한 동시에 자신의 언어를 자신의 의지대로 표현할 수 없는 '마음속의 검열'을 간직한 채 살아갔던 사람들이 박현채와 같은 지식인들이었다.

하지만 대한민국─남한에서 실천적인 지식인이 되는 것은 '사상'으로서 마르크스주의를 수용하느냐를 둘러싼 문제만은 아니었다. 더욱 중요했던 것은 냉전과 분단이라는 현실 정치권력 혹은 한반도 전체에 걸친 '예외상태'를 감당해야 하는 일이었다. 다시 말해서 지식인은 남과 북을 '마음속으로 만 넘나들거나' 혹은 둘 가운데 하나를 선택함으로써 죽어야(혹은 죽을 수도 있는) 하는 존재였다.[156] 이른바 '자기검열'이란 사회를 분열시키는 나쁜 본보기 혹은 공산주의라는 악에 동조하거나 이에 상응하는 일체의 담론을 스스로 검열하는 것을 지칭한다.[157] 쉽게 말해서 스스로 문제가 되는─혹은 될 수 있다고 스스로 판단한─언어, 표현, 개념 등을 소거시키는 행위이다. 이러한 맥락에서 박정희 시기 검열 역시 지식인─작가의 국민으로서 자격을 평가하고 등급을 매기는 '규준화' 작업의 일환이었다. 특히 그 안에는 반공주의 코드가 내재해 있었다. 검열은 정치적 억압이나 폭력으로 환수되지 않는 정신과 마음에 대한 자기규율화였다. 이러한 맥락에서 반공주의는 빨갱이의 몸을 제거할 뿐만 아니라, 보편화된 반공주의라는 언어와 문법으로부터 지식인의 지식이 벗어날 경우 다가올 공포와 두려움을 지속적으로 재생산하는 매커니즘이다.

1970년대 반체제운동의 상징적인 언어였던 민족경제론의 주창자로 알려진 박현채는 8.15 직후 광주서중 시절부터 좌익 학생 조직의 핵심 오르그였고, 한국전쟁기 입산하여, 정치소조 활동을 담당했으며, 실제 노동당에 입당했던 인물이다.[158] 박현채는 좌우 대립과 좌파의 괴멸, 해방 직후 좌익의 난맥상─박현채 자신이 급조된 분파조직이라고 혹평했던─과 무장투쟁의 결정적인 실패 등을 고스란히 경험했다. 다시 말해 한 사회의 가능한 변혁 가능성을 대부분 '소년기인 10대'에 체험했던 것이다. 무질서하고 분파적인 좌익조직과 당, 거대한 공포의 국가권력, 민중들의 이중성, 도시게릴라와 무장투쟁의 실패라는 소년기의 '추체험'은 박현채의 60평생을 지배했던 '원초적 체험'이었다. 이 점에서 민족경제론과 박현채 사상을 1960년 4.19의 직접적 산물이라고 추론하는 것은 '일면적'이다. 이른바 4.19세대와 박현채 간의 차이는 당대 민중에 대한 박현채의 판단에서도 드러난다. 1978년 4.19 직후 상황에 대해 서술했던 「4·19혁명의 경제적 의의」라는 글에서 그는 4.19 당시 정치조직의 부재, 민중의식의 취약성 그리고 민중의 소시민성과 보수성 등에 관해 다음과 같이 지적했다.

민중 구성원 가운데 능동적인 것은 지적 수준이 낮은 3차 산업에 있어서 저소득 취업자 및 실업자군과 소수 지식인층에게 기대 (⋯) 새로운 각성에 계기로 될 경제 불황과 원조 삭감에 대한 위기의식은 경제적 민족주의에 대한 자기 요구를 내재적인 것으로 갖게 하는 것 (⋯) 민중의 정치조직 부재, 민중의식의 민중 구성에서 오는 낮은 조건 속에서 지적인 각성자인 지식인의 민중 지도력은 지극히 한정적 (…) 4.19가 정치권력의 교체를 가져왔다고는 하나, 보수적 민주당에게 정치권력을 이양하는 한정적인 것 이상이 될 수 없다.

이처럼 그는 민중의 가능성을 신뢰했지만, 동시에 이들의 '이중성'도 적확하게 갈파했다. 박현채는 4.19혁명 직후 경제적 민족주의에 대한 민중의 요구가 존재했지만, 한국전쟁의 체험, 공포의 국가권력, 사회적 생산력의 저차성은 이들의 이중성과 보수성을 구성하는 핵심적 요인이라고 판단했다. 1950년대 원조경제와 1960년대 차관경제 하에서 민족경제의 기반인 민족자본(혹은 중소자본)의 맹아가 괴멸되는 과정은 사회변혁 주체의 재등장을 지체시키는 토대적 요인이라고 그는 판단했던 것이다. 그는 민중이 쉽게 움직일 것이라고 판단하지는 않았고, 그 근거는 해방 직후의 빨치산 경험에서 비롯된 것이었다. 그렇다면 먼저 한국전쟁 이후 1960년대와 1970년대 박현채의 '민족경제'가 구성된 과정에 관해 살펴보도록 하자.

민족경제론의 형성: 4.19 경험과 1960년대

흔히 박현채와 4.19이후 등장했던 1960~70년대 이른바 '조직 사건'의 한가운데 섰던 새로운 운동 세대 간의 '동질성'이 강조되면서, 박현채와 이들을 하나의 그룹으로 인식하는 경우가 있다. 물론 이들이 공유했던 지점은 존재했다. 하지만 뒤에서 이야기할 해방 직후 박현채의 빨치산 경험에서 볼 수 있듯이, 해방 직후 유격투쟁과 '이른 정치 활동'을 체험했던 박현채와 동년배들사이에는 '중요한 차이와 변주'들이 존재했었다. 단적으로 도시봉기와 정치투쟁에 대한 생각, 비합법적 조직이나 활동에 태한 태도, 민족경제의 대중담론화 가능성의 모색 그리고 마음속의 검열 등에 대한 공포 등이 이들 간의 차이였다.

1960년 4.19 직후 운동을 주도했던 지식인들의 지향은 크게 '민족민주혁명(National Democratic Revolution, 이하 NDR)'이라고 볼 수 있다.[159] 당시 제기되었던 민족민주주의는 제2차 세계대전 이후 발전도상국에서 들불처럼 일어났던 민족민주혁명 과제를 한국적 상황에서 제기한 것이었다. 구체적으로 이들의 정치경제적 요구는, "이승만 정권 퇴진-민주적 정부 수립, 부정축재환수-악질재벌 타도" 등 특혜와 독점을 배제한 매판독점자본 척결, 중소자본과 민족자본의 육성을 골자로 하는 경제적 민주주의를 위한 기업자유주의 실현, 미국과 평등한 관계 개선 등이었다. 이는 1950년대 갈등구조의 연장선에 있는 것으로, 체제적 성격을 둘러싼 것이라기보다, 자본주의 발전의 '방향'을 둘러싼 것이었다.[160]

1950년대 후반기 미국 무상원조의 급격한 감소와 절대빈곤의 심화는 산업화를 위한 '경제개발계획'을 선택의 여지가 없는 길로 받아들이게 했다. 이런 경제성장에 대한 대중적 동의에 기반을 두고, '민족자립경제'라는 제3세계적 사회발전의 방향성이 제기되었다. 하지만 이런 인식은 대중의 생존권적 요구와는 거리가 있었다. 당시 민중의 상황은 『사상계』에 실렸던 당시 대구지역의 현황에서도 '부분적'으로 드러난다.

사회 경제 정치의 어느 面치고 健全한 곳은 없었다. 사회 각층의 생활은 나날이 핍의 도를 가하여 양식 있는 안정 세력을 이룰 中産層은 극도로 위축된, 반면 免稅의 대상이 될 적빈자는 과반수이상에 달하는 기아선상 인구도 1할 4분에 달하였다.[161]

물론 4.19 이후 전개된 사회운동은 1950년대에 비해, 민족문제나 정치적 민주주의를 제기했다는 점에서 '상대적인 진보성'을 지녔다. 하지만 민중생존권 문제가 1차적이었음에도 불구하고, 운동 주체들은 아직 이 과제를 전면적으로 수용할 역량을 지니지 못했다. 단적으로 4.19 이후 5.16 군사 쿠데타에 이르기까지 운동주체들이 공유했던, '빈곤의 원인이 분단'에 있다는 인식은 민중들에게 설득력이 없었다. 물론 4.19는 민족문제를 복원시킨 중요한 계기였지만, 4.19를 일방적으로 '민족주의'로, 5.16 군사 쿠데타를 '반동과 반민족적인 것'으로 이분화시켜 이해하는 것은 '반민족성'과 '종속으로부터의 탈피'란 잣대만으로 한국 사회를 파악하는 것이었다.

비록 1960년대 박현채를 비롯한 일부 지식인들은 민족·민중모순을 한국 사회의 주요한 모순 구조로 인식했지만, 이것이 대중들의 경험과 결합되거나, 대중화되기까지는 시간이 필요했다. 오히려 박정희 정권에 의해 진행된 조국 근대화 프로젝트에 적지 않은 지식인과 대중들이 동조했다. 또는 여전히 소박한 반일주의에 기초한 민족주의나 기생·매판세력에 대한 반대에 근거한 운동 담론이 지배적이었다.

널리 알려져 있지 않지만 5.16 군사 쿠데타 직후 학생들과 『사상계』 가운데 일부 지식인층은 박정희 정권의 민족적 민주주의에 상당부분 동참했다. 특히 5.16 직후 "4.19와 5.16은 동일한 목표"라는 지지 성명을 내는가 하면, 과거 신진회나 신조회 등 이념 서클이나 민통련에 관계했던 그룹 주변에서도, '5.16은 민족주의 군사혁명이다. (…) 5.16을 지지하여 일터를 확보하자. 민족주의 운동의 틀을 마련하자'는 주장이 제기되기도 했다. 이처럼 5.16의 성격을 둘러싼 지식인 그룹의 분화가 가속화되었고, 그 가운데 일부는 박정희를 나세르 혹은 수카르노처럼 생각하기도 했다. 이 시기 지식인을 둘러싼 내부 분화 가운데 가장 두드러졌던 것은 중앙정보부, 자문위원회, 재건국민운동본부 등에 대규모로 지식인들이 동원된 사실이었다. 일찍이 미국 콜론 보고서에서 지적되었듯이, 효율적인 근대화 집단인 군부와 전문성, 기능성을 지닌 지식인 집단의 결합이 이루어졌다. 이는 경제성장과 근대화라는 패러다임에 기능적이고 순응적인 지식인 집단이 동원되는, 새로운 지식인의 분할 과정이었다.

더불어 향토개척단은 노골적으로 "굶주린 1,000만 농민을 두고 어떻게 정치적 민주주의를 논할 수 있겠는가"란 메시지를 통해 군사 쿠데타 세력의 논리를 반복하기도 했다.[162] 1963년에 들어서 각 대학에 향토개발연구회, 농촌문제연구회, 농어촌문제연구회, 총학생회, 농촌봉사부, 4H연구회, 자진근로반 등이 조직되어, 농촌진흥청과 농림부 후원 하에서 관제 민중주의 운동을 전개했다. 이러한 모습은 4.19 이후 시위가 계속되다 보니 점차 권태감을 느끼고, 학생들 사이에 운동의 간조(干潮)가 드러났던 징후였다.[163]

이처럼 조국 근대화 프로젝트가 부분적이건 전면적이건 힘을 가질 수 있었던 원인은 무엇이었는가? 당시 도시와 농촌 민중의 상황을 보면, 임금수준에 비춘 음식물 소비비율, 즉 엥겔지수가 50% 이상에 달했던 최악의 상태였다. 1960년대 민중 생활에서 절실한 했던 것은 근로기준법보다, 실업대책, 다시 말해서 먹고 살아야 하는 문제였다. 특히 다수를 차지했던 잠재적 농촌 과잉 인구 층은 기회만 되면 농촌에서 탈출할 수 있는 존재였다. 그러나 이농인구 가운데 도시에서 곧바로 취업을 할 수 있었던 인구는 극소수였다. 그결과로 도시는 불완전 취업자와 도시영세민으로 들끓었다. 이런 상황은 고용을 둘러싼 처절한 생존 경쟁으로 민중들을 몰아넣었고, 저임금에 불구하고 직장이 있는 것만으로 만족하는 소시민적 보수성이란 의식 상태를 만들어 냈다. 당시 상황에 대해 박현채는 「해방 후 한국노동쟁의의 원인과 그 대책에 관한 연구」(1971년)에서 다음과 같이 지적한 바 있다.

취업노동자는 미취업자들에 대하여 상대적인 유리성을 지니고 있다. 이로부터 그들은 취업에서 주어지는 안정감과 밖으로부터 주어지는 인구 압력 때문에 진취적인 자기요구보다는 불만족한 상태라도 상대적인 유리성에 의해 현실에 안주하려는 상태를 지니게 된다. 이런 조건이 우리나라 취업 노동자들로 하여금 무산자이면서도 사실상 소시민적 보수성을 지니게 하는 요인이 된다.

한마디로 대다수 민중들, 특히 농민들은 정권의 반민주성과 반민족성을 정확히 인식할 겨를이 없었고, 이들의 일상을 짓누르던 절망적 빈곤의 상황은 여전히 재생산되었다. 바로 이념보다는 일자리 확보 가능성에 더 기대를 걸던 시기였고, 그만큼 조국 근대화 담론이 힘을 발휘할 만한 물질적인 근거가 존재했다.

그럼에도 불구하고 한일국교정상화를 결정적인 계기로 자립·민족경제에 대한 지식인들의 초기적인 인식이 형성되었다. 1963년을 기점으로 박정희 정권이 쿠데타 직후에 내세웠던 민족적 민주주의와 내포적 공업화 전략을 수정하자, 군사정권에 대해 기대를 걸었던 대학생층을 포함한 지식인층은 박정희 정권을 반민족적인 정권으로 규정했다. 이들은 쿠데타 세력이 내세웠던 근대화 산업 혁명, 주체혁명, 재건혁명 등의 기치와 '국가를 바로 세우고 세대교체를 이룩한다, 자립경제를 달성한다'는 정책이 민족적 민주주의로 집약되었기에 이를 고리로 정권의 반민족성을 비판했다.[164] 단적인 예로 한일국교정상화 반대 투쟁 초기에는 "사수하자 평화선, 일본 제국주의 말살" 등의 구호가 중심적이었다. 그러나 점차 고교생도 시위에 참여하는 등 정세가 고조되자, 주된 슬로건은 변해갔다. 일본 독점자본의 국내 침투와 1961년 5월 군사 쿠데타는 4.19의 배신이며 4월 혁명의 참다운 가치성은 반외압세력, 반매판, 반봉건에 있다는 슬로건이 그것이었다. 특히 군사 쿠데타를 노골적인 대중탄압의 시작으로 규정하고, 1964년 5월부터는 군사정권의 하야를 주장하기에 이른다. 바야흐로 '민족적 민주주의'의 허상이 학생들에 의해 찢겨 나가는 순간이었다. 당시 선언문 가운데 일부를 인용해보면 아래와 같다.

4월 혁명의 참다운 가치성은 반외압세력, 반매판, 반봉건에 있으며 민
족민주의 참된 길로 나아가기 위한 도정 (…) 우리는 외세의존의 모든
사상과 제도의 근본적 개혁 없이는 외세의존과 그 주구 매판자본을 지
지하는 정치질서의 폐기 없이는, 민족자립으로 가는 어떤 길도 폐색되
어 있음을 분명히 인식한다.[165]

그럼에도 불구하고 대다수 학생들은 박 정권의 반민족적·반민주적 속
성에 대한 체계적인 인식보다 '반제 의식 없는 소박한 민족주의 감성', 혹은
'민족감정'에 머물러 있었다. 1970년 5월 장장 20여 쪽에 걸쳐 재벌, 국회의
원, 고급공무원, 장성 그리고 장관과 차관을 질타한 김지하의 담시 『오적』도
이런 현실을 반영하는 것이었다.[166]

하지만 유신 체제 성립 직전인 1970년과 1971년을 즈음해서, 농촌의 파
탄과 농민층의 하강 분해로 인한 대규모 이농 현상은, 도시를 둘러싼 각종
사회문제를 야기했다. 급격한 도시화는 도시빈민층, 완전실업자 그리고 룸펜
프롤레타리아트를 형성했고, 이러한 현상을 반영했던 대표적인 사건이 "배고
파서 못 살겠다 일자리를 달라"고 울부짖었던 1971년 8월 10일 광주(廣州)대
단지 사건이었다.[167] 하지만 이 시기는 상당수 지식인의 시각교정과 굴절이 이
루어졌던 시기였다. 비농업부문인 도시에서 42%에 실업자가 여전히 넘쳐났
고, 중앙정보부 요원을 뽑는다는 구직광고에 대졸출신자들이 대거 응모하
여, 공채 창립멤버가 되어 어제의 친구를 붙잡아다 가혹행위를 하는 풍경도
눈에 띄었다. 다른 한편 1971년 1학기 들어서면서 박정희 정권은 대학 교련을
강화하고, 집체교육까지 강요하는 동시에 교관도 전원 현역으로 교체하는 등
대학과 학생운동에 대한 통제와 검열을 강화했다. 이런 정세 속에서 민족경
제론은 탄생했다. 하지만 이는 박현채만의 사유는 아니었다. 오히려 민족·자
립경제란 흐름은 당대 비판적 지식인 그룹이 공유했던 흐름이었다.[168]

자립경제의 지향(指向)은 1960년대 중반부터 후반에 이르러 맹아적으로 형성되었다. 당시 박현채는 안재구(경북대 교수, 후일 남민전 참여)와 더불어 이론가로서 양대 산맥을 이루었으며, 김정강은 박현채의 입장을 핵심적 좌파라고 평가하기도 했다.[169] 특히 국가주도형 산업화에 대한 비판이 체계적인 형태를 갖추게 되었던 계기는 1960년대 후반 외자(外資) 문제를 둘러싼 논쟁이었다. 한일국교정상화가 이루어지고 일본 차관이 국내로 본격적으로 유입되기 시작하면서, 이에 대한 경계심과 함께 어떻게 내자(內資)를 동원할 것인가를 둘러싼 논쟁이 가속화되었다. 실제로 말년까지도 박현채는 '우리 민족은 발전할 수 있다. (…) 실천은 서민 대중이 해야 한다. 미국은 물러나야 한다. 일본은 다시 일어설 수 있으니 항상 경계해야 한다'는 말을 할 정도였다.[170] 특히 1960년대 중반 지식인들 사이에서 큰 영향력을 지녔던 잡지 『청맥』에서는 1965년 5월호와 6월호, 양호에 걸쳐 '매판자본' 특집을 연재하기도 했다.

초기 민족경제론의 모습은 외형적이고 외자의존적인 경제성장론에 대한 '비판'과 자립경제에 대한 '지향'이었다. 특히 1970년대까지 민족경제론은 마르크스, 미르달, 리스트 그리고 오오츠카의 영향을 강하게 받았다. 이런 입장에 근거해서 전개된 이론 체계로서 민족경제론이 제기했던 내용은 여러 가지였지만, 그 가운데 몇 가지를 초기 글을 중심으로 살펴보자. 먼저 한국 사회(및 경제)의 종속성과 계층 간의 부조화 원인을 국민경제의 '식민지 이식형 특수성'이란 자본주의의 역사적 전개과정에서 찾았다. 박현채는 1960년대 한국 사회를 자본주의 사회구성체로 보았지만 전근대적 생산관계가 온존되어 민족자본의 소멸되고 발전이 지체되는 민족경제의 위축 상황으로 파악했다. 그는 식민지 종속 아래에서 형성된 파행적 경제구조, 외국자본에 의한 경제 지배 등 식민지 유산의 전승으로부터 국민경제 재생산의 자기 근거를 도출했다.[171] 이러한 인식 하에서 박현채는 1960년대 한국 자본주의를 전근대성, 매판성, 민족자본의 소멸 등으로 특징 지웠다. 다시 말해서 원조물자의 도입과 관련해서, 해방 이후 자본축적은 정치권력의 시녀로서 관료와 결탁, 재정, 금융, 외환, 원조의 특혜와 기식(寄食)으로 이루어졌으며, 국가기구를 매개로 한 무환의 소득이전과 외국독점자본과의 매판적 결합에서 이루어 졌다는 것이다.

이처럼 민족경제론은 한편으로는 탈식민지 자본주의가 지니는 제3세계적 특수성을 강조하기도 했지만 동시에 서구 '정상적 자본주의'와 '대조'를 통해 제3세계 한국 자본주의의 기형성과 비정상성을 부각시켰다. 이런 비유는 1969년의 초기 저작에서도 확인할 수 있는데, 인용하면 다음과 같다. "고전적인 자본주의 전개가 (…) 통일된 경제권으로서의 국민경제를 형성하고 국민적 산업과 중소기업, 농업과 공업의 유기적 관계위에 이른바 내포적 공업화를 이룩하는 과정 (…) 식민지 종속국에 있어서 국민경제의 전개는 낡은 봉건적 재생산관계를 청산하는 대신 낡은 전근대적 관계를 온존한 채 그 위에 종주국의 식민지적 수탈관계를 접합한데 지나지 않는다는 것이다."[172] 이처럼 민족경제가 제기되었던 주된 근거 가운데 하나는 정상적 국민경제와 비교라는 준거 틀 속에서 도출된 한국 자본주의의 기형적이고 파행적인 성격이었다. 앞서 말한 바와 같이 1960년대 중반에 들어서면서 박정희 정권이 초기에 표방했던 민족민주적 성격을 탈각하고 한일국교정상화와 외자주도형 경제개발정책으로 나아가자 자립경제 건설을 대안으로 삼았던 것이다.

다음으로 박현채는 제2차 대전 이후—박현채는 이 용어를 의식적으로 사용했다고 한다—자본주의화 과정을 자율적이고 내생적인 국민경제의 발전 과정이 아닌, 전전 식민지 경제의 기본적인 특성이 '확장되는 과정'으로 파악했다. 다른 식으로 말하자면 탈식민지 한국의 자본주의화 과정은 종속국 민중의 자생적 기초에 근거한 자율적 사회발전 과정이 아닌, 민족경제 내부에 생산되었던 사회적 생산력 발전의 약간의 가능성마저 외래 자본에 의해 소멸당하는 민족경제의 파괴·몰락 과정이었다.[173] 한마디로 외자에 의한 민족경제와 국민경제간의 괴리가 재생산되는 과정이라고 정리할 수 있다.

이와 같이 1960년대 박현채의 글들은 현실 자본주의의 내재적 발전 가능성—부르주아적 의미의 자립경제—을 부정하고, 저발전의 결과로 민중의 빈곤과 모순이 배태된다는 주장이었다. 이른바 식민지적 기원을 갖는 한국 자본주의는 기형성, 외삽성, 비정상성, 생산력의 저차성 등 '이탈현상'으로 가득 차 있다는 것이었다. 이것이 50년대와 1960년대 중반까지 박현채가 지녔던 현실 인식이자, 민족경제론의 초기적 내용이었다. 이런 그의 글들은 민주민족청년동맹(민민청)과 통민청(통일민주청년동맹)의 반봉건, 반매판, 반식민지성 그리고 사회적 생산력의 증진 등의 주장과 본질적으로 유사한 것이었다. 박현채나 이들의 주장에 종속·이식형, 타율성 등의 개념이 등장하지만 이는 '일국적 시각'에서 파악되었으며, 그 역사적 기원은 반복적으로 '식민지'로부터 추론되고 있다. 즉 식민지 자본주의의 연장선상에서 1950~60년대 한국 자본주의를 파악했던 것이었다. 그렇다면 민족경제란 이론이 박정희 정권이라는 현실 속에서 자유롭게 확산되고 대중화될 수 있었을까? 이 문제는 냉전하 '자기검열'이란 문제를 중심으로 살펴보도록 하자.

마음속의 자기검열

박정희 시기 영화, 문학, 신문 등 매체에 대한 검열은 무차별적이고 비일관적인 것이었다. 지식인들과 작가들은 이러한 검열에 대해 우울증 증세를 보이거나 자기검열을 통해 우회하고자 했다. 식민지 시기 검열이 경찰이 중심이 되어 신문에 대해서는 탄압을, 잡지에 대해서는 회유하는 방식으로 제도화되었던 데 비해, 박정희 시기 검열은 중앙정보부와 반공법, 국가보안법에 기초해 진행되었으며 그 방식도 비체계적이며 무차별적이었다.[174] 다른 식으로 말하자면 반공이라는 내용적 규정력이 존재했을 뿐 검열 체계를 작동시킬 시스템이 부재했다. 하지만 영화, 문학작품 그리고 신문에 비해 잡지와 학술

논문은 검열로부터 상대적으로 자유로웠고 의도적으로 검열에서 무시되거나 배제되었다. 아마도 그 이유는 신문이 광범위한 대중에 대한 영향력을 발휘했던 데 비해, 잡지는 대중과 일정 정도 분리된 지식사회 내부에서만 유통되는 담론이기 때문이었다.[175] 역사학자 이이화의 증언에 따르면, 당시 학술 논문에 대해서는 유신을 반대하는 현실 정치문제를 직접 다루지만 않으면 정권은 방관하는 자세를 보였다고 한다. 다시 말해 순수학문 분야는 건드리지 않았는데 이는 당시 대통령 정치담당 특별보좌역을 지낸 서울대 정치학과 교수 이용희가 박정희에게 건의했던 것이라고 전해진다.[176]

그렇다면 비판적 지식인 박현채와 그의 글은 검열로부터 자유로웠을까? 〈부록 1〉에서 보이듯이, 표면적으로 그는 여러 매체에 다양한 글을 기고했던 것으로 보인다. 하지만 박현채라고 검열로부터 자유롭지는 못했다. 8.15 직후 유년기 빨치산과 좌익 경력은 그를 일상적 검열로부터 자유롭지 못하게 했다. 반공주의 하에서 빨치산 체험을 했던 박현채 같은 지식인은 위험하기 짝이 없는 존재였다. 실제로 1960~70년대 제1차 인혁당 사건, 통혁당 그리고 제2차 인혁당 사건 등 공안기관에 의해 만들어졌던 이른바 '조직사건들'에 따른 관련자의 투옥과 죽음은 비판적 지식인으로 하여금 '생물학적 생존'을 둘러싼 고뇌를 하게 만들었다.

박현채 역시 『민족경제론』 등 저술과 평론을 통해 일급 '경제평론가'로 문명(文名)을 떨쳤고 일부 4.19세대처럼 '사상적 전향'을 하지는 않았지만, 이러한 공포와 고뇌로부터 완전히 자유로울 수는 없었다. 같은 시기 역사학자 이이화가 겪었던 공포를 잠시 인용해보면 당시 박현채가 감내해야 했던 검열의 공포를 감지할 수 있을 것이다.

그렇지만[학술논문에 대한 검열은 상대적으로 약했지만] 짧은 글이나마 잡지 등에 발표하면 가끔 정보요원의 전화를 받았다. 예를 들면 '파벌'

같은 제목의 글에서, 이름 끝에 '스키'나 '프' 같은 음이 달려 있으면 '소련 학자가 아니냐'고 물었고, '아니, 미국 사회학자요'라고 답하면 전화를 끊었다. 그럴 때면 참 한심스럽기도 했지만 한편으로는 꼬투리를 잡히지 않으려고 자기 검열을 하게 되었다. 또 술에 취해 거리를 가다가도 미행자가 있나, 뒤를 힐끔힐끔 돌아보면서 실체 없는 공포를 의식하기도 했다.[177]

이이화가 느꼈던 공포뿐만 아니라 1971년 박현채가 공동으로 집필했던 『대중경제 100문 100답』이 출간된 이후, 이 책의 공동 집필을 책임졌던 김경광은 책이 나오자마자 체포돼 집필자를 대라는 모진 고문을 당해 좌우 턱뼈가 부러지고 위아래 어금니가 다 빠졌으며 몽둥이질과 발길질로 갈비뼈가 부러졌다.[178] 박현채도 이 소식을 듣고 자신에게도 화가 미칠 것에 대한 심리적 공포를 감지했을 것이다.

문제는 이들이 감지했던 일상적인 공포와 두려움에 그치지 않았다. 박정희 시기 반공주의는 '적과 우리' 혹은 '선과 악'이란 구도를 통해 특정한 장소와 시간에 특정한 가치와 이해를 모든 인류의 가치로 투사시켰다. 반공이라는 신성한 전제에 대한 어떤 도전도 허용되지 않았고, 그것이 허용되는 순간 신성한 반공주의를 오염시키는 돌림병처럼 확산될 가능성을 경계했다.[179]

이런 조건 아래에서 지식인들은 늘 국가의 경계를 응시하고, 자신이 대한민국이 경계 지은 악/나쁨에 동조하는지 스스로 확인했다. 그렇지 않을 때 그/그녀는 검열·공안기관으로부터 '간첩-지식인'이란 의혹을 받았다. 냉전 시기 간첩-지식인이란 이름은 가장 더럽고, 신성한 대한민국을 오염시키는 치졸한 자에게 붙여지는 굴욕적 이름이었다. 그 이름은 체제에 틈입한 타자나 믿을 수 없는 '인간말종' 혹은 음습한 공포와 이질감을 불러일으키는 비가시적인 유령 같은 존재였다. 마치 전염병 보균자가 사람과 접촉하면 돌림병이 퍼지듯이, 간첩—지식인은 오염의 위험으로 가득 찬 자로 간주되었다.[180] 그래서 지식인은 간첩이란 이름에 대한 '실체 없는 공포'를 늘 께름칙하게 지니고 있었다.

이처럼 반공주의의 규정력은 지식인에게 공포와 자기검열이란 심리적 현실을 창출했다. 바로 반공주의는 금기에 대한 공포, 늘 처벌당할지도 모른다는 두려움 등을 야기하는 '초자아'로 기능했던 것이다. 이러한 맥락에서 '마음의 검열관'이란 작가—지식인의 전의식과 의식세계를 검열하는 것으로서 반공주의를 통해 이들의 정신까지도 관장하는 규율체제임을 확인할 수 있다.[181] 이제 구체적인 박현채와 자기검열 문제를 1950년대부터 거슬러 올라가 살펴보도록 하자.

'간첩—지식인'이란 오명(stigma)

빨치산 활동 이후 풀려난 박현채는 1950년대 내내 외부에 두드러진 자기 목소리를 드러내거나 활동을 전개하지 않았다. 물론 4.19 이후 간혹 민민청이나 통민청 관련자들과 개인적인 만남은 존재했다. 이들의 만남은 통민청 김낙중의 회고를 통해 부분적으로 확인할 수 있다. 박현채는 제1차 인혁당 사건 관계자 가운데 '유일한 호남 출신'이었다. 그는 김낙중을 매개로 당시 청년들과 안면을 익히고 사회문제에 관심을 가졌지만 다만 그것은 '비공식적인 참여'였다.[182] 왜 그럴 수밖에 없었을까?

그 이유를 1950년대 고등학교와 대학 시절 경험에서 찾아볼 수 있다. 빨치산 활동 중 검거된 그는 재력이 있던 아버지의 힘으로 풀려났다. 그의 아버지는 박현채에게, "네가 입산한 줄은 아직 소문이 나지 않았다. 이 돈을 가지고 바로 고향을 떠나거라. 앞으로 내가 오라고 할 때까지는 집에 오지 마라"며 아들을 전주고등학교로 보냈다. 박현채처럼 부유한 집의 아들이 빨치산으로 입산했을 것이라고는 누구도 쉽게 짐작하기 어려웠을 것이다.[183]

그가 자신의 과거를 '지우는' 행적은 대학시절인 서울 상대 시절에도 이어졌다. 당시 박현채는 누가 자신을 알아볼까봐 두려웠다. 서울대학에 들어간 해에 우연히 고향 후배와 맞닥뜨린 박현채는 당황해서 다짜고짜 후배의 멱살을 잡고 화장실 안으로 들어가 문을 잠그고, 자기를 보았다는 사실을 입 밖으로 내면 죽여 버리겠다고 협박을 했다. 겁에 질린 후배는 잘못했다고 빌면서 아무에게도 알리지 않겠으니 살려달라고 사정했다. 이처럼 박현채는 대학을 졸업하기 전까지 빨치산 이력이 밝혀 질까봐 전전긍긍하며 지냈다.[184]

1950년대 후반 고향 친구 김경추에게 준 책 뒷면에 써준 메모에서 드러나듯이, '중용'이란 말이 상징하는 것처럼 박현채는 쉽게 한쪽으로 기울어져 움직이기 힘든 형편이었다. 그는 친구인 김석운이 경주호 해상 월북 미수사건[185]으로 죽음에 이르게 되자, 친구인 김경추를 아끼는 마음에서 저돌적·극단적인 사고를 경계하라는 의미로 책 한권을 선물했다.[186] 김경추에게 『채근담』을 선물로 주며 쓴 메모는 다음과 같다.

중용: 새 단계의 싸움에 주는 격문!

인생은 투쟁이며 젊음의 상징은 기대이다.
투쟁은 조직화되어야 하며 합리적이어야 한다.
이 이율배반적 사상의 예술적 통일!
그를 위해 나는 너에게 동양적 중용, 이를 제시한다.
편중하지 말라.
그러나 전투적이어야 한다.
우리의 삶은 투쟁에 있기에!

서기 1957. 2. 26. 민봉(民奉) 서.

4.19라는 격변이 지난 1960년대에도 박현채는 거의 움직이지 않았다. 다만 1963년 봄 학기에 경제학과 후진경제연구회에서, 회원이 아닌 후견인 역할을 하며 후일 한국의 대표적인 경제학자가 된 안병직, 정윤형, 이대근 등과 함께 절대빈곤하의 한국 농업에 대한 학문적 연구에 집중했다.[187] 일각에서는 박현채가 우동읍 등과 더불어 통민청과 사회당의 비밀조직원—혹은 조직화에서 주도적 역할을 했다는—이었다는 견해도 있지만, 그는 1960년대 초반에 공개적으로 운동에 참여하지 않았고, 단지 농업문제연구회의 멤버로 연구에 몰두했다.[188] 초대 농림부차관이었던 주석균이 만든 농업문제연구회는 1950년대 한국 농업의 특징을 가족경영, 영세경영, 분산경영, 낮은 농업생산성, 낮은 가격체제라고 보고, 이런 문제들을 어떻게 극복할 것인가를 둘러싼 문제의식에서 출발했다. 이들은 중간 결론으로 개별영농을 협업경영으로 조직 개편하는 구조개선안을 제기하는 정도의 연구 단체였다.[189] 이처럼 그는 4.19 이후에도 현실 정치실천과 거리두기를 거듭하며 석사논문을 쓰는 등 학자로서 일상을 꾸려 나아갔다.[190]

이러한 그의 행보를 어떻게 보아야 할까? 박현채가 4.19직후 생겨난 진보적 청년운동 집단과 알게 되었던 시점은 1961년 쿠데타 이후, 더 길게는 제1차 인혁당 사건 직후였다. 김금수는 자신과 박현채의 처음 만났던 인연을 1961년 말로 회고하며 다음과 같이 증언한다.

현채 형과의 만남은 결코 우연이 아니었던 것으로 여겨진다. 그와 처음으로 만난 것은 5·16쿠데타가 일어난 1961년 말이었다. 나는 당시 수배를 받고 있던 처지였는데, 한 선배의 자취방에서 여럿이 만나 이후의 정세변화와 민족민주운동의 방향에 대한 얘기를 나누게 되었고, 그 자리에서 그를 만날 수 있었다. 그때, 나는 현채 형이 학문에 정진하고 있는 몇 년 선배쯤으로만 알았지, '엄청난' 경력[8.15 직후 빨치산 경력]을

중부서 앞 국민경제연구소 사무실에서.
[출처: 『박현채 전집 제7권』, 박현채 전집 발간위원회 엮음, 해밀, 2006]

1차 인혁당 사건 직후 빨치산 출신이라는 것이 알려지고 '간첩-지식인'이라는 오명이 씌워진 뒤에도 박현채는 경제평론가의 '모습'으로 살았다. 그의 연구실인 국민경제연구소는 서울 중부경찰서 앞 골목에 있었고, 그는 늘 요시찰 인물이었다.

지닌 줄은 미처 몰랐다. 그런데도 그의 인상에서 읽을 수 있는 것은 범상한 사람은 아니라는 사실이었다. 그의 눈빛이 그러했고, 그가 펴는 논리가 그러했다.[191]

김금수의 말처럼 지인들은 그가 유년기 빨치산 체험을 했던 사실을 짐작조차 하지 못했다. 제1차 인혁당 사건 직후 빨치산 출신이라는 것이 알려지고 사상범—앞서 언급한 '간첩-지식인'이라 불렸던—이라는 오명이 씌워진 뒤에도 그는 경제평론가의 '모습'으로 살았다. 서울 중부경찰서 앞 골목에 위치하고 있던 국민경제연구소가 그의 연구실이었다. 그럼에도 불구하고 그는 늘 요시찰 인물이었다. 그가 통일사회당 당원 교육을 할 때는 교육장에 수십 명의 정보원들이 건물 주변을 에워싸고 있었고 강사들이 강의실로 갈 수 있도록 007 작전 같은 방법을 사용해야만 했다.[192] 박현채를 포함한 '지식인-간첩'으로 불렸던 요시찰 인물의 주변에는 경계의 눈길이 늘 끊이질 않았다.

특히 1960년대 통혁당 사건 그리고 지인들이 형장의 이슬로 사라져간 1970년대 제2차 인혁당 사건은 박현채를 포함한 박정희 시기 지식인의 행동 범위를 규정지은 결정적인 사건이었다. 박정권은 1975년 4월, 도예종, 하재원 등 인혁당 관련자들을 사법 살인에 처하고 사회안전법 등을 통해 사상전향 없이 출소한 개인들을 자의적으로 구금·검속하는 신체적 검열을 강제했다. 박현채 역시 제2차 인혁당 사건 당시 겉으로는 태연한 척했지만 속으로는 조마조마한 심정이었을 것이다.[193] 박현채는 국민경제와 민족경제의 통합을 위해서는 민주 정부가 수립되어야 한다고 생각했지만 그 방식은 매우 신중했다. 있는 듯 없는 듯한 무정형의 조직조차 매우 위험했던 당시 조건 하에서 섣불리 조직대중을 거리로 동원하는 것에 대해 그는 반대했다. 아마도 그는 경락회, 민청학련 그리고 남민전 등의 움직임에 대해 모두 감지하고 있었을 것이며, 실제 같이 참여하자는 제의를 받았을 것이다.[194] 남민전에 참가했던 임헌영은, "박현채─이재문 둘 다 인혁당 관련자들이라 나보다 더 잘 아는 처지였다. 나는 고향 의성 출신 이야길 하는 척 하면서 박 선생에게 이재문 선생의 안부를 묻는 척 화두를 잡기도 하는 등 여러 차례 거론했다. 그때 내 탐색전에 의하면, 박 선생은 인혁당의 수난 이후 어떤 작은 탄압의 빌미도 제공하지 않는다는 철저성이었다. 그 사건 관련자들에 대해서 깊은 애정을 가짐과 동시에 냉철한 한계성도 지적할 만큼 박 선생은 현실인식에 투철했다. 지나고 보니 아마 선생은 내가 뒤로 어떤 일을 하는 걸 낌새로 알았던 듯하다"라고 당시를 기억하고 있다. 그러나 그는 응하지 않았다. 다만 지켜볼 뿐이었다.[195]

이런 상황에서 그의 인간관계, 가족관계 그리고 경제활동에 극도의 제약이 뒤따랐을 것이다. 통혁당으로 옥고를 치렀던 오병철은 1960년대, 통혁당 사건이 일어나기 전에 박현채의 집 대문 앞에서 '박형! 박형!'이라고 부르면 그의 부인이 문을 열어주던 기억을 더듬으며 당시 박현채 부인의 불안했던 눈길을 기억한다. 오병철의 증언을 보면, "험악한 군사정권 시절 허름한 구제품 양복을 걸치고 [박현채의 집 앞에] 나타난 나를 어떻게 생각했을까. 군사독재를 어떻게 극복할 수 있을까 마음을 나누려 다니던 터에 두 사람만 모여도 의혹을 사던 워낙 엄혹한 시절인지라 그리 안온한 모습으로 비치지는 않았을 것이다. 그런 나를 보던 눈길. 지금도 그때 의혹과 두려움 같은 것이 스쳐 지나가던, 불안해하던 부인의 눈빛이 생각난다"고 당시를 기억한다.[196]

이러한 인간관계에서 불안감과 경계는 1988년 조선대에 교수로 부임한 뒤에도 크게 달라지지 않았다. 광주에서 그가 민주화운동을 하는 교수들과 상의 없이 보수적인 사람들과 '백인회' 등을 창립하자 논란이 일었다. 그때 후배인 이강에게 그는 다음과 같이 말했다고 한다. "광주는 모든 사람이 복잡하게 다 얽혀있는 곳이다. 여기서 박현채가 만날 민주화운동 교수들과 어울리면 그들이 어떻게 일을 계속할 것이냐. (…) 나는 어차피 찍혀 있으니까 광주에서는 언제나 우익들과 어울려야만 나에 대한 감시로 인하여 그들이 운동하는 데 크게 지장이 없을 것 아니냐? 여러 교수들은 물론 특히 송기숙이 보고 앞으로도 계속 틈만 나면 박현채 비판을 계속 떠들도록 방치 또는 오히려 유인하여라. 이것이 결국은 박현채도 살고 송기숙이나 다른 교수들도 살 길이다."[197]

동시에 인혁당 사건, 경제평론가로서 삶 그리고 늘 존재했던 감시와 검열 등은 박현채 개인의 문제가 아니었다. 가족의 문제이기도 했다. 박현채는 자식들에게, "나는 언제 죽을지 모르는 사람이다. 아빠가 없다고 생각하고 마음 든든히 먹고 커야한다"는 이야기를 귀에 못이 박히게 했다. 또한 박현채의 부인도 그의 행로가 자식들까지 이어지는 것은 바라지 않았고, 딸들은 모두 비사회과학을 전공하게 했다.[198]

검열과 공포가 박현채의 무의식을 늘 긴장시켰지만 무엇보다 어려웠던 것은 삶을 꾸려가는 것이었다. 본래 그는 석사 과정을 마치자마자 서울대 경제학과 전임강사로 채용될 예정이었고 인사위원회를 통과한 상태였다.[199] 그러나 제1차 인혁당 사건 이후 박현채는 요시찰 인물로 알려졌고 그의 빨치산 이력도 약간씩 알려지자 대학에서 자리를 잡기가 어려워졌다. 그 결과 박현채는 1987년 조선대학에 자리를 잡기 전까지 '보따리장수'를 하며 이 대학, 저 대학을 전전해야 했다. 일정한 수입이 없었기에 생활고를 조금이나마 해결하려고 그는 원고지에 청탁받은 원고를 메우기에 바빴다.[200] 박현채가 글을 쓰면 임동규가 정서를 해서 출판사나 잡지사로 보냈는데, 인혁당 사건 직후에는 대개는 가명이나 편집자의 이름으로 발표된 경우도 적지 않았다.[201]

마음의 검열관: 빨갱이의 침묵

이처럼 일상에서 박현채는 자신의 생각을 실천에 옮기지 못했으며 현실 정치에 대해서는 극도로 말을 아꼈다. 그렇다면 그가 쓴 글들은 어떠했을까?

1980년대 이후와 같이 마르크스주의가 대중화·합법화되지 않았던 1960년대와 1970년대에 공개적으로 마르크스주의를 옹호하는 뉘앙스를 풍기는 평론이나 논문을 쓰는 것은 금기시되었다. 신문이나 문학 작품에 비해 상대적으로 검열이 취약했던 학술논문이나 잡지의 경우에도 공식적인 지면에 실리는 글에 자신의 사유를 자유롭게 논하는 것은 어려웠다. 다시 말해 정도의 차이는 존재했지만 '자기검열'은 누구에게나 존재했다.

앞서 마음의 검열에 대해 간략히 언급했지만, 자기검열이란 말을 할 수 있게 함으로써 주체성을 재구성하는 것, 바로 말하는 주체인 지식인과 국가 사이의 관계를 변경시키는 것이다. 이른바 '대타자'인 국가는 사상을 가진 자로 하여금 국가의 '경계'를 늘 각인·응시하게 한다.[202] 그리고 이 경계를 넘어설 경우 지식인은 비국민–간첩이란 오명을 쓰게 된다. 처벌받을지 모른다는 두려움, 간첩이 되지 않으려고 과거에 부정하고자 했던 대한민국이란 체제를 고려해야만 하는 심리적 공포를 박현채도 지니게 된다.

이처럼 '마음의 검열관'이란 냉전 체제 하에서 지식인이 처한 심리학적 현실이었다. 가시적이진 않았지만 이 검열관은 지식인이나 작가의 의식과 무의식의 세계를 지배했다. 이로 인해 반복되는 두려움이나 불안감은 이들이 생산하는 논문 그리고 잡문 등 지식에 대한 검열과 관련된 지식인으로서 사회적 생존과 결부된 문제였다.[203] 김정남은 곁에서 본 박현채가 겪었던 글쓰기의 어려움에 대해 다음과 같이 증언하고 있다.

박 선생의 일생은 항상 위험 속의 그것이었다. 조마조마한 나날이었던 것이다. 빨치산 시절은 말할 것도 없고 그 이후에도 그렇기는 마찬가지였다. 박 선생의 전력은 독재 권력에게는 더 없이 좋은 먹잇감이었고 박 선생이 쓰는 글은 그들의 눈에는 언제나 삐딱한 눈의 가시였다. 그들은 호시탐탐 그를 노렸고 박 선생 역시 그것을 알고 몹시 조심스럽고

신중하게 글을 썼다.[204]

바로 지식인의 자기검열이란 권력(자)의 시선을 끝없이 의식하면서 글에서 표현이나 개념을 약화시키거나, 암시적인 처리, 핵심적 내용 등을 다른 내용 등으로 대체하는 모습이었다. 이른바 암시, 생략, 침묵, 대체 등으로 가시화되었던 것이다. 이런 자기검열을 박현채가 사용했던 몇 가지 개념 등을 통해 추측할 수 있다.

박현채의 글은 경제학, 경제사 그리고 현대사 등에 관한 글이 대부분이었고 일부 운동사 등에 관한 글도 접할 수 있다.[205] 특히 그의 글 가운데 상당수는 박정희 정권의 조국 근대화, 즉 수출주도형 경제성장에 관한 것이었다. 1970년대 들어서 위로부터 경제성장을 둘러싼 사회적 문제가 대두되면서 수출주도형 경제성장의 어두운 면들이 부각되었다. 그러나 경제성장–근대화의 필연성에 대해서 부정하는 논자는 찾기 힘들었다. 주류경제학에서 말하는 근대화론의 측면에서건, 마르크스주의에서 주장하는 한 사회구성체의 정상화란 측면에서도 사회관계의 부르주아적 길의 진보성 자체를 문제 삼지는 않았다. 이는 박현채도 크게 다르지 않았다.

1970년 박현채는 농공병진에 대한 글(「농공병진에로의 환상과 농업문제의 핵심」)에서, "경제계획은 자립적 국민경제의 성립과정으로 사후적으로 인간의 계획된 의지에 의해 실현하는 것이며, 후진국 경제개발 과정에서 **국가가 갖는 중립적, 전 사회적 구성원의 이해의 집약자로서 역할**에서 농업혁명(사회적 생산력의 확대)의 가능성을 발견 (…) 국가의 경제에의 변혁적 참여와 이를 기초 지우는 것은 민족자본과 근로자 계층의 적극적 정치참여"라고 규정했다. 또한 1981년 자립경제에 대한 총론적 성격의 글(「자립경제의 실현을 위한 모색」)에서도 자립경제와 민주주의 간의 관계에 대해 아래와 같이 주장했다.

자립경제 확립은 민중의 힘과 창의력이 총동원되는 문제, 민중의지를 민주적 절차에 의해 국가의지로 구체화시키는 문제 (…) 자립경제가 민족구성원 대다수를 차지하는 민중의 생활을 위한 소망과 합치하는 것이라면, 자립경제의 길은 한 나라 민주주의의 실현에서 시작 (…) 그런 의미에서 **경제자립화의 노력은 민주주의의 실현을 전제** (…)

박현채는 중립적 국가 혹은 사회성원의 이해 집약자로서 국가를 언급했지만 마르크스주의자라면 자본주의 국가의 본질이 부르주아 국가이며 중립적일 수 없다는 것은 자명하다. 아마도 박현채도 이것을 모를 리는 없었을 것이다. 또한 여러 글에서 그는 경제계획에 의한 국가자본주의의 가능성을 강하게 피력하는 동시에, 국가—권위주의적 발전국가가 아닌—의 민주적·변혁적 기능은 민주적 절차에 기초한 민중 부문의 정치 참여라고 주장했다. 여기서 흥미로운 점은 민중의 자립적인 재생산 기초를 구축하기 위해 '국가의지'를 구체화시켜야 한다는 언급이다. 이런 대목은 표면적으로는 박현채가 국가주도형 동원체계를 제기한 것처럼 보인다. 특히 1964~65년은 외자도입법 제정, 한국의 가트 가입 등 개방체제가 가속화되었고 이 시기를 중심으로 그의 고민과 관심은 소농경제와 농업문제에서 점차 경제개발 전반으로 확장·전환된 것으로 보인다.[206]

그는 1970년대에 이르러 자신의 논의에서 오오츠카류의 자급자족적 공동체를 약화시키고, 외자와 무역 비중의 최소화에 기초한 사회적 생산력 증대란 의제 설정을 변용했다.[207] 그는 박정희가 없었다면 한국이 현재와 같이—자본주의적 사회관계의 전일화—될 수 없었을 것이란 대목에서 박정희 정권의 경제성장을 인정했다. 또한 박정희 정권의 독재는 문제가 있지만 경제를 일으키고 국민의 의지를 하나로 모은 것은 인정해야 한다고 평가했다.[208] 그렇다면 박현채는 과연 성장—부르주아적 의미의 자본주의적 사회관계의 전일화—을 승인했던 것일까?

여러 글들로 미루어 보건데, 1970년대 초반 박현채에게 중요했던 것은, 첫 번째, 기형적·이식적 자본주의로 인한 사회적 생산력의 정체 해소('정상적인 국민경제'의 회복), 두 번째, 국민적 재분배 매커니즘의 확보를 통한 민족 구성원의 생존권 확보, 세 번째, 생산력 정체를 해소하기 위한 민중의 의지(혹은 생산력 향상 의지)를 '민주적 절차'에 의해 국가의지로 구체화시키는 것, 즉 '민주적 동원 매커니즘'의 창출 등으로 요약할 수 있다.

구체적으로 민족경제론에서 국민경제의 운영 방식으로 경제계획, 국영기업 등 국가자본주의적 경제영역의 확대와 민중적 참여에 기반한 계획경제를 강조했다. 또한 "경제계획이 자유방임이 갖는 사회적 생산력 발전에의 한계를 경제 외적인 국가의지의 개입으로 극복 (…) 자본주의 경제제도가 갖는 역사적 진보성을 최대한으로 보장하며 자유방임 상태에서 당위적으로 실현되지 않는 경제적 자유의 생존권 또는 생활권에로의 전화를 국가개입으로 실현한다"고 언급하고 있다.[209] 이처럼 박현채는, 국민경제의 자립 여부는 그 재생산의 조건을 민족자본이 장악하느냐 여부에 달렸다고 주장하면서, 이를 통해 국민경제 내에서 생산된 잉여의 유출을 막아야 한다는 점을 강조했다. 이 과정에서 외자와 매판자본 영역의 전제를 막기 위해 국가자본주의 부문의 창설과 경제계획의 불가피성을 주장했다.[210]

이처럼 1970년대 초반 박현채의 인식은 사회적 생산력의 향상, 민족구성원의 창조적 힘에 기초한 자력갱생(자립적 재생산구조), 외자와 단절, 중립적 국가(자본)에 의한 생산력 증진에 기초한 합리적 경제잉여의 분배 그리고 사회적 생산력의 증진이란 목적을 위한 정치적 민주주의의 실현—반매판집단 간 통일전선—이었다. 또한 1970년대 후반에 들어서면, 이전과 유사하게 박정희 정권의 경제개발 계획을 외자주도, 경제민족주의의 결핍, 대외의존성 심화 등으로 비판하지만, '국가계획에 의한 사회적 생산력의 증진'이라는 점에서 '진보'라고 평가했다.

　나는 이러한 박현채의 입장을 '이중적'으로 독해하고 싶다. 한 측면에서 박현채는 정상적인 국민경제의 회복을 위한 국가의지─국가동원 체제의 불가피성을 승인했다. 그리고 이를 현실화시키기 위한 '정치적 민주주의'—야당과 민족자본 등을 포괄하는 광범위한 통일전선을 통한 부르주아 민주주의—의 실현을 1차적인 과제로 삼았다. 하지만 다시 살펴보면 박현채의 글 속에는 '중립적 국가(의지)', '민주적 절차에 의한 민중·국가의 의지' 란 표현이 등장한다. 나는 박현채가 사용했던 중립적 국가를 통한 민중의지의 실현을 다음과 같이 이해하고자 한다. 식민지 이후 기형적·저차적 자본주의 발전이라는 한계를 박정희 정권이 근대화를 통해 어느 정도 해결했고, 이에 따른 자본주의적 사회관계에 기초한 운동주체들이 형성되었다는 의미를 '우회로' 표현했다고 본다. 문제는 부르주아 민주주의를 쟁취하기 위해서라도 야당, 재야, 학생운동 그리고 민중부문 간의 통일전선이 필요했다. 구체적인 실천 방향은 박정희 체제를 붕괴시키고 부르주아 민주주의 정부를 수립하는 것이었다. 그러나 검열 하에서 그 표현이 '중립적 국가', '민주적 절차에 의한 국가의지' 등 모호한 개념과 용어로 대치된 것이다. 이러한 모호함과 난해함은 이미 여러 주변 지인들을 통해 지적되고 있다.

계급조화, 개념의 우회

　표면적으로 박현채의 민족경제는 상대적으로 자급자족적인 체계의 실현, 다른 식으로 표현하자면 국제분업체계에 편입을 부인하는 '일종의 아우타르키(autarky)'처럼 들린다. 하지만 앞서 지적한대로 1970년대 후반부터 1980년대 초반에 들어와서 박현채는 민족경제를 외자의 '최소화'와 무역관계가 '부차화'되는 수준으로 정리했다. 이 점에서 박현채에게 1차적인 전술적 과제는 '정상적인 자본주의를 위한 투쟁', 즉 경제적 자유를 위한 투쟁이 아니었을까? 다시 1960년대 박현채의 글로 돌아가서 그의 생각을 쫓아가 보자. 당시 글들은 민족경제의 원형을 담고 있었지만, 투박하고 단순했다. 다소 도식적인 위험이 있지만 이를 정리하면 다음과 같다.

(1) 저개발국가에서 양적 성장은 경제자립의 길이 아니다, (2) 이는 식민지 초과 이윤의 수단으로 식민지 지배라는 외부 충격에 의해 자본주의가 전개되었던 역사적 단초를 갖기 때문이다(이식형 식민지 경제의 기원인 '국민경제의 외적 규정성'), (3) 도·농간의 균형 있는 사회적 분업이 아닌 '이중구조'가 고착화되었다('국민경제 이중구조의 고착화'), (4) 계층 간 부조화의 경제적 조건은 식민지 이식형 자본주의의 '특수성'에 기초한 국민경제의 자율적 재생산 구조의 결여와 종속성 때문이다, (5) 식민지 이식형 자본주의의 변형으로 전근대성과 매판성을 자기 속성으로 하는 '관료자본'의 형성(원조, 차관, 외자), (6) 대안으로서 식민지적 경제구조의 변혁적 극복, 상대적 자급자족 체제의 구축, 공업소도시를 기반으로 하는 촌락이 이룩하는 국지적 시장권 형성이 필요하다(오오츠카의 '국민경제론'의 변형, 즉 국지적 시장권에 기초한 촌락 공동체).

박현채는 1967년 「공업의 지역적 편재와 불균형발전의 요인 분석」과 1969년 「계층 조화의 조건」을 통해 민족경제론을 구상하기 시작했지만, 완결된 체계를 지향했던 것은 아니었다. 정작 박현채 자신은 민족경제론을 완결된 이론적 체계라기보다 하나의 수단이자 도구로 봤다. 그는 스스로 "민족경제론은 완결된 체계를 가질 수 없다"고 고백했다. 박현채는 자신의 이론을 '정치경제적 모순을 돌파하기 위한 실천적 수단'이라고 규정했다. 사람들이 오해하고 있던 점 가운데 한 가지는 1970년대에 이르러 민족경제론이 비판적 지식사회에서 주류담론으로 형성되었다는 사실이다. 하지만 이는 오해이다.

일부 관료 정책을 제외하고 1950년대 후반, 1960년대 초반에 공리처럼 생각되었던 것은 자립·민족경제론적 지향이었다. 당시 자립화를 향한 지향은 허상이 아닌 실현가능하다고 믿어진 '현실'의 문제였다.[211)

다만 여기서 다시 짚고 나아가야할 문제는 "계급 간 부조화"나 "계급조화", "국민경제의 자율적 재생산 구조" 등 란 낯선 단어들이다. 계급조화란 글 그대로 'class compromise'인데 박현채가 노동과 자본 간의 역사적 타협을 주장했을 가능성은 높지 않다. 대신 도시와 농촌, 지역 간, 계급 간 불균등한 발전이라는 모호한 개념과 암시를 통해 1960년대 후반부터 드러났던 박정희 시기 계급간의 대립과 균열을 '부조화'나 '조화의 조건'으로 에둘러 표현했던 것이다. 하지만 박현채에게 자기검열보다 더욱 난감했던 문제는 실천과 조직의 문제였다.

차마 하지 못한 말, 도시게릴라전

박현채는 1960년 4.19를 원조경제하 국민경제의 재생산구조의 파국이 낳은 정치적 변혁으로 규정하고, 이 안에 강한 경제적 민족주의 요구가 내포되어 있다고 주장했다. 더 나아가 1961년 5.16은 4.19의 역사적 수렴과정이자, 동일한 사회경제적 기초를 배경으로 하고 있었기에 민족주의 실현을 그 목표로 하고 있다고 언급했다. 바로 정치적으로 4.19 시기에 제시되었던 민족적 민주주의가 경제적으로 구체화된 것이 제1차 경제개발계획이라는 것이다. 이는 '정치적 민주주의' 대 '정치적 반동'으로 4.19와 5.16을 파악하는 시각과 이미 박현채가 분명한 선을 긋고 있음을 알 수 있는 대목이다. 이는 「농공병진에로의 환상」(1970)이란 글에서도 드러난다. 민족주의자들이 '박정희 = 친일파'라고 규정했던 것과는 달리 그는 5.16 군사정변의 담당주체를 그 출신에서 농민, 사회적 성향에서 중간층적 성향을 지닌 집단이라는 점에서 '중농정책의 계기'가 드러난다고 언급했다.

이는 민족주의적 시각에서 만주군 출신인 박정희의 친일 성향을 강조했던 함석헌이나 장준하 등 재야 지식인과 구분되는 사고였다. 다시 말해 1950년대 후반 이후 자립화와 근대화라는 사회경제적 요구를 최종적으로 수렴한 것이 박정희 정권이란 암시였을 것이다. 이와 달리 글에서 명시적으로 나타나진 않았지만 정치적 측면에서 박현채는 애초부터 박정희 정권에 대해 분명한 생각을 가졌던 것으로 보인다. 5.16 군사 쿠데타 직후 운동진영 내부에서는 박정희의 남로당 시기 좌익 경력 등에 대한 기대 섞인 이야기도 나왔다. 하지만 박현채는, "동지를 잡아준 덕택으로 살은 자—여순항쟁 당시 박정희의 남로당 조직원에 대한 밀고를 지칭한다—를 어찌 믿겠느냐, 일단 몸을 숨기고 한 달 뒤에 모이자"는 의견을 냈다. 이때 피신했던 운동가들은 대부분 제1차 인혁당 사건 관계자들이었다. 그만큼 5.16 군사 쿠데타와 박정희 정권의 본질에 대해서 이견은 없었다. 다만 그 체제를 어떻게 전환·변혁시키느냐를 둘러싼 태도에서 박현채와 다른 측면이 존재했다.

1972년 유신체제가 등장한 이후 학생운동을 중심으로 대중적 봉기에 의한 민주적 정부, 즉 부르주아 민주주의 정권의 수립을 모색했다. 그러나 박현채는 궁극적 지향에선 동일했을지 몰라도, 방법에서는 이에 동의하지 않았던 것으로 보인다. 실제로 1979년 박현채는 임동규 간첩 사건[212] 때문에 기소되었는데, 재소자 신분 카드 「범죄개요」란의 내용을 보면 아래와 같은 문구가 등장한다.[213]

72년 일자불상부터 78년 2월 일자 불상 사이에 마포구 상수동 144-1 소재 본인[박현채] 서재에서 조선에 농업기구, 독일농민전쟁, 농민분해론 등을 후배인 임동규한테 빌려줌. 78년 2월 미상일에 도시게릴라 가능성을 물었을 때 '안돼, 쓸데없는 소리하지마'라고 말했다.

위의 문구로 미루어 볼 때 박현채는 자신의 빨치산 경험과 이 시기 조직 사건으로 인한 운동 주체의 궤멸에서 보이듯이 1970년대 도시봉기에 이은 사회변혁은 근본적으로 한계가 있으며, 매우 모험주의적인 사고라고 생각한 것으로 보인다. 더구나 유신체제 하에서 봉기론적 사고와 대중적 기초가 없는 정치조직의 구축은 사회운동의 최소한의 핵심 분자마저 소멸시킬 수 있다는 생각을 지니고 있었던 것으로 보인다. 이것이 제2차 인혁당 사건, 이른바 '경락연구회' 멤버들과 박현채가 달랐던 점이었다.[214] 유신 이후 이수병과 견해차를 박중기의 회고를 통해 들어보자.[215]

두 사람[박현채와 이수병]이 은밀하게 만나기 시작한 건 70년부터다. 72년 7·4 공동성명 후엔 상당히 자주 만나 조직문제, 현실대응문제 등을 놓고 논쟁을 벌였다. 둘은 서로를 존경했다. 다만 유신 이후엔 두 사람이 의견을 조금 달리하기도 했다. 이수병은 조직을 갖춰 당장 싸워야 한다는 입장이었고, 박현채는 당시 상황에서 내용 없이 조직부터 만드는 것은 오히려 더 큰 상처를 몰고 올 수 있다는 입장이었다. 좀 더 느슨한 형태로 가자는 게 박현채의 생각이었다. "객관적 조건이나 변혁 주체의 능력을 냉철하게 평가하지 않고 모험주의나 극좌적 편향으로 치닫는 것은 운동에 치명적인 해를 끼칠 수 있다", 이는 박현채가 어린 시절부터 체득한 나름의 깨달음이었다.

하지만 박현채는 고려대 노동문제연구소나 한국노총 등 대중조직에 대해 불신이 강했다. 그런 어용노조와 무엇을 하느니 차라리 산악 게릴라전에 대비해서 등산을 하며 체력을 키우는 것이 낫다는 이야기를 하기도 했다.[216] 이는 1978년 임동규에게 말했던 '도시게릴라 불가론'과 사뭇 상반되는 이야기다. 하지만 1970년대 들어서 박현채는 다양한 색조의 잡지에 글을 발표했으며, 다양한 성격의 단체에서 강연을 담당했다. 도시산업선교회를 포함해서 통일사회당 당원교육,[217] 1972년에는 애초 거부했던 고려대 노동교육과 농민교육의 중요성을 느끼고 교육에 참여했다.[218]

당시 반유신 운동에 참여했던 이해찬의 증언을 보면, "[이해찬 본인은] 유신체제의 '교화' 노력이 실패한 살아 있는 표본답게 출옥 후에도 종로5가 기독교회관에서 매주 열린 인권기도회 등 좀 '삐딱한' 곳을 잘 찾아다녔는데, 덕분에 박현채 선생님을 뵈올 기회를 얻게 됐다"라고 할 정도로 박현채의 활동의 폭은 유연해졌다. 이를 베트남전의 종식과 중국과 미국 간 국교수립으로 게릴라전이 아닌 다른 전략적 구상이 필요하다는 박현채의 사고 변화라고 이해해야할까? 1980년대 이후에도 박현채는 광주항쟁조차 당이라고 표현될 수 있는 운동의 중심이 부재했던 조건에서 일어났기 때문에 근본적인 한계가 있다고 지적했다. 바로 한국적 조건에서 어떤 조직을 만들어도 발각될 수밖에 없으며, 조직을 만들고 싶으면 철저하게 무조직의 조직을 만들어야 한다고 생각했다. 이런 맥락에서 그는 남민전에 대해서도 모험주의적인 시도라는 비판적인 평가로 일관했다.[219]

하지만 이러한 박현채의 드러난 입장이 그의 진심이었을까? 혹시 박현채는 도시봉기에 대해 지지했지만 차마 이를 말하지 못했던 것은 아니었을까. 나는 이러한 실마리를 그를 둘러싼 '상반되는 증언들'을 통해 간략히 살펴보고자 한다. 결론부터 말하면 나는 박현채가 유신 체제 하에서 도시게릴라전이나 밑으로부터 대중투쟁에 기초해서 사회변혁을 해야 한다는 총론에서 다른 생각을 갖고 있지는 않았다고 본다.

먼저 1960년대 말의 상황을 살펴보도록 하자. 김낙중은 1967년 당시 박현채는 도시게릴라전이 불가피하다고 사고했다고 증언하고 있다. 박현채 본인이 경험했던 바와 같이, 한국전쟁 같은 정규전에 의한 해방투쟁이 미국의 간섭으로 한계에 부딪친 조건 하에서, 베트남과 같은 유격전에 의해 통일투쟁이 불가피하다고 생각했다는 것이다. 특히 1968년 김신조 사건과 울진과 삼척 등에서 무장공작원이 등장하자 박현채는 이에 고무되었으며, 1969년에 통일문제에 대한 새로운 전략이 가시화될 것으로 예상했다. 추측컨대 1971년 즈음까지도 박현채는 유격전 확대의 가능성을 포기하지 않았던 것으로 보인다.[220]

시간을 건너서 1980년대 후반에 박현채의 생각을 이강의 증언을 통해 살펴보면 그의 생각에 좀 더 가까워 질 수 있다. 1988년 전남대 강당에서 개최되었던 '5.18 민중항쟁의 내용과 성격'에 관한 발제와 토론 자리에서 이강은 5.18의 성격에 관해 '총체적 대중투쟁론'을, 박현채는 '도시게릴라 불가 및 필패론'을 주장하며 논쟁을 벌였다. 이후 박현채는 사석에서 이강에게 '너는 실천가냐 이론가냐'라고 물으며 자신이 도시게릴라 불패론을 강조했던 이유는 그것이 틀려서가 아닌, 실천가인 이강을 보호하기 위한 것이었다고 말했다. 이강의 회고를 보면 아래와 같다.

이론가는 언어에 대하여 사회적 책임이 없기 때문 (…) 그러나 실천가
는 언어에 대하여 책임을 담당해야 하는 데 실천가인 이강, 네가 만인
앞에서 고백하는 것은 중대한 과오다. 실제로 대중투쟁론이 5.18에 가
장 적절한 주장이라는 것을 인정한다. 다만 나는 이강, 너 하나를 살리
기 위해 나 혼자 억지 주장을 하였던 것이다.[221]

대중경제론: 노예의 언어와 대중의 언어

앞서 말한 대로 냉전하에 '지식인의 자기검열'은 '스스로 말하지 않는 자'가 되거나 '침묵하는 자' 혹은 권력을 응시하며 자신의 표현의 수위를 조절하는 것이었다. 이런 선택을 강제한 혹은 선택하도록 했던 기제가 '자기검열'이었다. 하지만 자기검열을 선-악이란 잣대로 볼 문제는 아니다. 자기검열이란

선택은 지식인이 냉전—반공주의 체제 하에서 생물학적으로 살기 위한 선택이기 때문이었다.[222]

하지만 이른바 빨갱이의 침묵은 다소 다른 콘텍스트에서도 독해할 수 있다. 그들은 언어를 갖지 못한 존재가 결코 아니었다. 그들은 매우 정교하고 세련된 언어를 지닌 존재들이다. 이들은 생물학적으로 사망하기 전에는 '늘 뭔가 말할 수 있는 가능성을 지닌 존재이다.[223] 그 경우를 나는 박현채로부터 찾을 수 있다고 본다.

박현채하면 생각하는 것은 그의 '난문', '일본어식 문체' 그리고 쉽게 이해하기 어려운 '이론적인 언어로 포장된 단어와 문장들'이다. 진의와 결론을 파악하기 쉽지 않았던 그의 완곡어법 등을 나는 잠정적으로 '의도된 것'이라고 생각한다. 당대 필화 사건 등을 포함해서 자신의 견해를 우회적이고 이해하기 어렵게 표현할 수밖에 없던 조건의 산물이었다.[224] 대학 후배였던 경제학자 이대근의 '왜 그렇게 글을 어렵게 쓰느냐'는 항변에 대해 박현채는, "자기가 하고 싶은 말을 다 할 수 없고 어느 정도 숨겨야 하기 때문에 그렇게 된다"고 하면서도, 다른 한 가지 이유로 "정상적인 국어교육을 제대로 받을 기회를 갖지 못한 탓이기도 하다는 것"이라고 말했다.[225]

그렇다면 1970년대 유신하에서 박현채에게 '정치적 실천'이란 무엇이었을까? 가슴은 용광로처럼 뜨거웠지만 조직에 속할 수도, 마음대로 글을 쓸 수도 그리고 쉽게 실천 활동을 전개하는 것 역시 불가능했던, 그래서 경제평론가임을 자임했던 그에게 정치적인 실천의 계기를 찾는 것은 쉬운 일이 아니다. 1961년 5.16 군사 쿠데타 직후부터 박정희에게 정치 혹은 '정치적인 것'은 부정적인 형태로 나타났다. 시간이 갈수록 박정희에게 선거, 정당 간 경쟁 등 서구 절차적 민주주의의 보편성은 '불필요한 것'으로 여겨졌다.

그렇다면 박현채는 어떠했을까? 이식형 자본주의의 정상화를 주장했던 것과 비슷한 맥락에서, 박현채는 공식적으로 부르주아 민주주의와 다른 차원의 민주주의를 이야기했던 것으로 보이지 않는다. 실제 그는 경제, 역사 등에 관해 많은 평론을 써왔지만 현실 정치에 대한 직접적이고 공개적으로 언급한 글은 발견하기가 쉽지 않았다. 사석에서도 그는 정치에 관한 이야기를 극도로 아꼈다. 일상적인 감시와 작은 꼬투리도 자신에게 큰 위협이 될 수 있다는 판단 때문이었을 것이다.[226] 마르크스주의자인 그가 설사 그런 생각을 가졌어도, 그것은 당시 '할 수 없는 말' 혹은 당시 한국에서 실현될 수 없다고 생각했을 것이다.

이러한 실천에 대한 자기억제에도 불구하고 1970년대 '예외적인 정치적 개입'으로 발견할 수 있는 것이 1970년 대선에서 『대중경제론』 공동 집필 작업이었다. 박현채는 민족경제를 금기된 노예의 언어인 '대중경제'로 번역함으로써 대중과 소통하고자 했던 것이다. 그렇다면 왜 박현채가 이런 생각을 지니게 되었는지 그의 생각을 쫓아가 보자.

정치적 실천에서 박현채는 민중 구성원 내부에서 노동자의 주도성을 인정하면서도, 그 외연을 넓게 잡고 '통일전선'을 통한 민주적인 정치세력으로 정권교체를 지향했던 것으로 보인다. 그리고 그 구체적인 방식 가운데 하나로 '민족자본 분파 내 상대적으로 진보적인 부문과의 연합' 가능성을 타진했고, 그 대상은 김대중이었다. 이미 김대중은 1970년 대선 이전부터 '대중경제'에 대한 구체적인 사고를 발전시켜왔다. 그는 1966년 민중당에서 "대중 자본주의 경제체제"를 주창하며, 외자중심의 수출주도형 산업화 전략으로 돌아선 공화당을 비판하기 시작했다. 또한 정부와 공화당을 '반대중, 반사회적이며 사회적 양극화를 부추기는 대공업 개발주의'라고 비판하면서, 중산층, 중소기업, 농공병진 그리고 내포적 공업화를 핵심으로 하는 대중경제를 주창했다.[227]

1970년 대선 시기에 공동으로 집필했던 대중경제론 역시 지식인, 민족자본가, 노동자, 농민 등 사회 각 계층이 경제건설에 직접적으로 참여하는 것을 의미했다. 다시 말해서 소수에게 내자와 외자 특혜를 주어 경제개발을 하느냐, 대중의 자본에 기초하느냐가 이른바 대중경제와 특권경제를 구분하는 경계선이었다. 바로 대중경제란 생산의 과실이 대중의 생활 향상을 위해 공정하게 분배되며, 특권경제, 의존경제, 산업 간, 기업 간, 계층 간 소득 격차를 약화시키는 것을 의미했다.

그렇다면 왜 박현채는 상당한 위험을 감수하면서 김대중을 적극적으로 지원했을까? 박현채가 판단하기에 1960년대 후반 그리고 1970년대 초반 정세에서 서민과 중산층을 중심으로 한 내포적 공업화를 주장했던 김대중은 충분히 '연대할 필요'가 있는 대상이었다. 이런 그의 생각은 무비판적인 보수야당에 대한 지지가 아닌, 기본적으로 '우리의 힘이 약하기 때문에 보수야당을 이용할 필요가 있다'는 사고의 맥락에서 이해되어야 한다. 이런 생각은 이후 1990년대까지도 상당기간 지속되었다. 1987년 대선을 전후한 시기에 박현채는, "우리의 힘이 크지 않기 때문에 보수 야당을 이용할 수밖에 없다. 김대중 후보는 보수 정치인으로서는 변화의 가능성을 최대한 추구하며 운동의 보호벽 역할을 할 수 있기 때문에 지지해야 (…) 이제 운동권은 합법 영역을 확장하기 위해 평민당에 들어가야 한다"고 밝혔다고 한다.[228]

이러한 맥락에서 박현채는 『대중경제론』의 일부분을 집필했고, 다양한 인맥을 통해 자신의 생각을 전달하고자 했다. 당시 『대중경제론』은 각 분야 14명 정도의 논문을 취합해 박현채, 정윤형, 김경광 등이 온양 온천장 여관에서 2주간 작업을 했다고 한다. 이처럼 박현채는 자신의 논리를 사회와 대중에게 인식시키기 위한 매개로 대중경제론을 집필했다.[229]

하지만 그의 『대중경제론』 집필 참여를 '보수 야당에 대한 무비판적 지지'로 평가할 필요는 없을 것이다. 1970년대란 조건에서, 특히 1960년대 제1차 인혁당 사건 이후 그는 과거보다 훨씬 더 신중해지고, 조심스럽게 행동해야만 했다. 여전히 그는 4.19 이후 등장했던 운동 세대—주로 통민청과 민민청 출신—와 비공식적인 교류를 가졌지만, 그들의 운동 전략이나 전술과는 일정 정도 생각을 달리 했다. 하지만 분명했던 사실은 '대중 시대의 문을 열자'는 슬로건과 더불어 선거 유세 현장에서 배포되었던『대중경제 100문 100답』은 10만 부가 발간될 정도로 큰 인기를 누렸다. 박현채는 변형된 모습이지만 '대중경제'을 통해 외자중심의 수출주도형 산업화에 대한 '희미한 대안적 모델'을 대중들 앞에 내밀 수 있었다.

그렇지만 박현채 그리고 국가주도 경제개발 프로젝트에 대한 대안적 이론으로서 민족경제는 1970년대에 '대중의 언어'는 아니었다. 여전히 사회적 대립구도는 서민이나 중산층 대 기생·매판집단이라는 소박한 인식이 강했다. 더군다나 국가보안법과 연이은 긴급조치 그리고 초헌법적인 유신 체제 하에서 이루어졌던 무차별적인 검열 속에서 민족경제는 '금기의 언어' 혹은 자기 언어를 우회적으로 감추어야 하는 '노예의 언어'로 사용되었다. 그는 현실 정치에 관해서는 침묵했으며 말을 할 수는 있는 존재였지만 그 말은 유통되기 쉽지 않았다. 특히 신체와 언어의 감옥으로부터 결코 자유롭지 못했던 박현채는 자신의 글과 언어를 통해 대중들과 '공통의 화제'를 만들지 못했다. 그는 매우 추상적이고 이론적 차원에서 민족경제를 다루었고, 이는 대중들의 언어로 번역되기 어려웠다. 이를 반영하듯이 박현채는 민족경제론을, "민족생존권의 확보와 발전이라는 민족주의적 요구에 의해 국민경제 안팎에서 이루어지는 민족경제의 주체적 발전과 그것에 따르는 외국자원, 매판자본의 상호관계를 밝히기 위한 것" 혹은 "정치경제학적인 경제이론의 식민지·반식민지에 대한 식민지 종속에 의한 자본주의 발전단계의 적용, 이들 국가에 있어서 경제이론과 현실의 발전을 위한 노력에 불과하며, 새로운 일반 이론을 적용하려는 의도가 아니"라고 밝혔다.[230]

하지만 역설적으로 검열을 피하기 위해 고안된 민족경제론의 추상성과 모호함은 1970년대 수출주도형 산업화에 따른 도시화와 계급구조의 진전으로 사회적 균열이 증폭되자 다른 효과를 낳게 된다. 비록 체계적이지도 않고, 파편적이었지만 빈부격차, 사회적 차별, 불공정한 정부의 행태, 기본권에 대한 대중들의 인식은 조금씩 확산되었다. 대중들 그리고 그들을 조직화하려고 했던 학생운동이나 노동운동 활동가들은 정부가 주도하는 국가주도 산업화 이외의 '다른 길'도 있다는 생각을 갖게 되었다. 아직 불투명하지만 그 몇 가지 예가 대학 이념서클, 민청학련 그리고 대중경제론 등이었다.

박현채 역시 자기검열로부터 자유롭지 못했지만 그에게 자기검열이란 언어의 억압·왜곡이라는 수동적이며 단순한 차원의 문제는 아니었다. 오히려 그는 제도적이며 심리적인 검열을 피해가며 말할 있는 전략을 고안했다. 그에게 자기검열은 냉전 체제 하에서 피할 수 없었던 선택이었다. 동시에 대중경제는 주어진 경계 내에서 지배의 언어 혹은 노예의 언어로 변용된 '자기보존적 방어기제'를 통해 표출된 셈이었다.[231]

'가슴은 뜨거웠지만 어떤 조직에도 속할 수 없었고 스스로 정치적 실천을 포기하거나 유예해야 했던' 박현채는 비록 노예의 언어였지만 각종 집필과 대중강연을 통해 민족경제라는 다른 정치경제 모델의 '포교자'가 되었다. 비록 그의 언어는 대중들에게 직접 번역될 수는 없었다. 하지만 대학가와 운동진영 내 그의 명성은 '민족경제'를 각각 다른 맥락에서 대중들이 자신의 언어로 '변형'해서 해석하게 만들었다. 대학생들은 복잡하고 어려워서 잘 읽히지는 않았지만, 난삽한 그의 민족경제를 통해 반식민, 반매판, 반봉건 등의 용어를 익혔다. 그리고 민중이 대중과 중산층으로, 변혁이 개혁으로 '변용'되었지만 대중들은 선거유세장에서 뿌려진 『대중경제 100문 100답』을 통해 '다른 사회'도 가능하지 않을까에 대한 희망을 '김대중의 대중경제'를 통해 상상하기도 했다. 물론 박현채 그리고 민족경제와 대중간의 간극이 지닌 한계는 분명했다. 하지만 노예의 언어로 인한 불투명성과 난해함은 역설적으로 대중경제와 민족경제에 어렴풋이 다가간 사람들에게 '다른 사회의 가능성'을 제공해준 '이데올로기적 원료'였다. 그렇다면 다음으로 자기검열과 정치적 실천의 억제 등 박현채의 전체 생애를 지배했던 1945년 8.15 직후 '원초적 체험'을 따라가 보자.

박현채와 빨치산 경험

박현채는 평생 자신이 '빨치산'이었음을 잊지 않았지만, 이 세 글자만큼 그의 전 생애를 규정했던 굴레 또한 없었다. 이미 언급했지만 빨치산 경력으로 인한 감시와 검열로 그는 늘 자식들에게 "너희들은 아버지가 없다고 생각해라"고 당부하곤 했다. 이는 자신을 둘러싼 상황이 워낙 불안했기 때문에 했던 이야기였을 것이다.[232] 박현채가 한국전쟁을 즈음했던 시기 빨치산 활동을 했다는 사실은 1964년 제1차 인혁당 사건 직후로 주변에 알려져 있다. 그 전에는 이런 사실조차 스스로 밝힐 수 없었다. 죽기 전 회고록을 집필하면서, 그는 빨치산 전사들에 대한 회한을 이기지 못한 채 눈물을 흘리기 일쑤였다. 그는, "집권조차 못하고 죽어간 빨치산은 순결하다"면서, 술자리에서 자주 "나는 라이플을 든 빨치였다고" 자신이 마지막 빨치산이었음을 강조했다.[233] 1964년 인혁당 사건 당시 같이 투옥되었던 김정남도 박현채는 빨치산 경험에 대한 '경건성'을 지녔으며, "하루하루가 생명을 건 나날이었던 소년 시절은 무엇과도 바꿀 수 없는 가치를 각인"시켰다고 회고했다. 제1차 인혁당 사건 관련자였던 김금수 역시 "많은 세월이 흐른 뒤에도 문화부 중대장 시절 품었던 그의 이상과 목표는 희석되거나 변형되지 않은 채, 오히려 실천을 통해 구체화되었다. 건강이 나빠지기 시작하면서, 그는 산에서 함께 지내다 총 맞아 죽어간 '전사'들을 생각하면서 자주 눈물을 떨구기도 했고, 격변하는 세태 속에서 변혁운동의 올바른 전략목표 수립에 대해 노심초사하는 모습을 보이기도 했다"고 그를 기억한다.[234] 이처럼 박현채에게 빨치산과 산 경험은 유년 시절 스쳐지나간 경험이 아닌, 그의 삶 내내 자긍심으로 살아 있었다.

1980년대 지리산 기행을 하면서, 박현채는, "산이란 사회적 관계로부터 벗어나는 소극적인 의미가 있기도 하지만, 세상을 바꾸려는 적극적인 의미가 동시에 존재 한다"라고 이야기하곤 했다. 그의 어린 시절 벗 김경추는 유년기 빨치산 경험이 박현채 인생에 미친 영향에 관해 아래와 같이 회고한다.[235]

> 현채는 죽음을 두려워하지 않고 살았어. '어떻게 의롭게 죽을까, 어떻게 조국을 위해 죽을까'를 항상 고민한 친구였는데… 천명을 거역하지 못하는 게 사람이야. 자기 몸 상태를 알면서도 그냥 내버려뒀어. 내가 술 먹는 거라도 막았어야 하는데, 아쉬움이 많아. 현채가 늘 했던 말이 있어. "진작 죽었어야 할 사람이 살아 있다"는 거야. 그런 생각이었으니, 그처럼 대담하게 살았겠지. 자기 하고 싶은 거 다 하다 갔으니까 한은 없을 거야. 조국의 평화적 통일을 못 보고 죽어서 그렇지.

소설 『태백산맥』을 쓰면서 그와 오랜 시간 대화를 나누었던 조정래 역시 박현채는, "활달하면서도 멋있고, 지혜로우면서도 따뜻한 사회주의자가 되고 싶어 했다. 그런 박현채에게 빨치산 경험은 그의 일생 삶의 방향을 결정짓는 '원체험'과 같다"고 말한다.[236] 그렇다면 해방 직후 박현채가 사회주의 운동에 투신하고, 소년 빨치산이 되었던 이유는 무엇이었을까? 단지 해방 직후 좌우대립이라는 시대적 상황 때문이었을까? 이 문제는 그의 출생과 유년기란 실마리를 추적하면 풀릴 수 있을 것이다.

좌익 친척들과 해방 맞이

박현채는 1934년 11월 3일, 전남 화순군 동복면 독상리 297번지에서 광주서중을 졸업하고 면서기로 근무하고 있었던 아버지의 맏아들로 태어났다. 식민지 시기 그의 아버지가 만주와 동남아로 갈 꿈을 버리고 곡성세무서에 부임하게 되어 박현채가 네 살 때 곡성으로 이사하게 되었다. 그러다가 1944년 아버지가 광주로 전근을 하여 이사를 가게 되었다.[237] 그의 친구들은 박현채의 아버지에 대해 다음과 같이 회고하고 있다. "박현채의 집안은 풍족했다. 박현채의 아버지는 세무공무원이자, 소작인들이 갖다 바치는 멍석이 수백 장 쌓일 정도로 부유한 지주였다." 전라남도 연식 정구 대표선수기도 했던 박현채 아버지의 사회주의 연관 사실에 대해서는 증언이 조금씩 엇갈린다. 박중기는 전혀 무관하다고 한 반면, 소설가 조정래는 박현채의 사회주의적 신념이 아버지의 영향 때문이라 말했다. 『태백산맥』에서 박현채 아버지를 조선노동당 비밀당원으로 기록한 것도 박현채의 증언을 따랐다는 것이다. 하지만 고향 친구 김경추의 말은 또 달랐다. 박현채가 아버지의 조선노동당 입당 원서를 대신 써주는 걸 봤다고 말하면서 오히려 아버지가 아들의 영향을 받았다는 말이다.[238] 어쨌거나 박현채의 이념적 신념을 가족이 인정했던 것만큼은 분명해 보인다.

이미 초등학교 시절, 박현채는 급변하는 민족의 운명 속에서 무엇인가 선택을 해야 한다고 생각했다. 1945년 8.15 당시 고민을 박현채는, "격동의 역사적 시기에 당하여 이 시기를 어떻게 역사와 자기에게 부끄럼 없는 삶으로 영위할 것인가 하는 것이 나의 고민이었다. 나는 민족적인 참여의 시기에 견결히 현실에 참여한다고 생각했으나, 어느 쪽으로 참여할 것인가가 문제였다"고 회고하고 있다.[239] 이처럼 어린 시절부터 박현채는 '어른 아이', 다시 말해서 아이 때가 없이 일찍 깨운 아이라고 불렸다.[240] 이미 박현채는 초등학생 때부터 남달랐는데, 독서회 활동을 했고 동맹휴학을 주도했으며 에드거 스노우의 『중국의 붉은 별』을 탐독했다. 특히 당시 좌익 서적의 남독(濫讀)이 그의 정치적 성향을 결정하는 데 중요한 요인이었다.

나는 좌경적인 책들을 읽기 시작했으며 주순 삼촌이나 재옥 매부의 이동문고로 가서 마르크스주의 글읽기 운동에 참여하였다. 이런 선택은 국민학교에서의 독서회 활동으로 연결됐다. 우리 국민학교에도 진보적 활동 조직은 있었다. 사로계[241]였지만 최충근 선생은 학교 안에서 독서회 써클을 지도하고 있었다. 우리는 토요일 오후나 일요일에 무등산 언저리에 모여 독서회 활동을 했다. 내가 에드가 스노의 『붉은 중국』[『중국의 붉은 별』―인용자]을 접하게 된 것도 이 모임에서였다. 그리고 이런 움직임은 관련서적에 대한 남독(濫讀)으로 되면서 나의 정치적 경향이 정해지게 되었다.[242]

중학생이 되면서 그는 본격적으로 『자본론』 등 마르크스 저술을 섭렵하기 시작했다. 이는 해방 직후 학생들이 즐길만한 오락도 없었거니와, 패전으로 일본인들이 귀국하면서 남기고 간 다양한 종류의 일본 서적이 범람했기 때문이기도 했다.[243] 당시 많은 소년들은 민애청(민주애국청년동맹)에 참여했는데, 이는 일종의 비밀 점조직으로, 전단이나 삐라를 붙이고 살포하는 활동이 주된 것이었다.[244] 같이 활동을 했던 김경추는 당시 박현채를 다음과 같이 회고하고 있다.[245]

나와 현채는 조선민주애국청년동맹 멤버였어. 중학생인 우리가 하는 일은 삐라 살포, 대자보 부착, 어두침침한 밤에 모여 기습적으로 소리 지르고 경찰 오기 전에 도망가기, 뭐 그런 거였지. 현채는 초등학교 때부터 사회주의 공부를 많이 했어. 항상 지도적인 역할을 했다고. 누구보다 나라를 사랑했고, 눈물도 많았지. 한마디로 의혈소년이었어. 가슴에 조국애가 충만한.

특히 그에게 큰 영향을 주었던 것은 해방 직후 유명했던 '화순탄광 노동자들의 모습'이었다.[246] 당시 광주에서 집회가 있으면 화순탄광 노동자들은 화순에서부터 광주까지 도보로 행진을 하며 오곤 했다. 긴 도보 행군에 지치고 피곤해 보였지만, 허리춤에 주먹밥을 매고 당당하게 행진하는 노동자들을 보며 박현채는 큰 감명을 받았다. 그들을 보며 박현채는 민족의 운명은 노쇠한 정객들이 아닌, '젊은 생산계급'에게 있다고 생각했고 자신도 그들과 같은 길을 걸어야한다고 결심했다. 이러한 생각의 연장선상에서 박현채는 일반 고등학교가 아닌, 공업고등학교에 진학하려고 했다. 이는 다소 '극좌적 시각'이었다. 비록 적녹색맹 때문에 신체검사를 통과하지 못해 공고 진학은 좌절되었지만, 박현채는 자신의 일생을 '생산적 작업'에 바치고자 했고, 그 첫 번째 선택이 공고 진학을 통해 미래의 노동자계급이 되고자 한 것이었다. 하지만 이러한 박현채의 선택에 영향을 준 다른 여러 가지 요인들이 있지 않았을까? 그 가운데 반드시 짚고 넘어가야 하는 것이 '가족'이었다.

앞서 이야기한 것처럼 박현채의 부친은 남로당과 직간접적인 연관이 있는 인물이었다. 그 이외에도 그의 주변 가족들과 친척은 대부분 좌익 활동을 했던 민족주의자와 사회주의자들이었다. 잠시 해방 직후 박현채 가족들에 관해 살펴보자. 회고록에 실린 가족들에 대한 박현채의 회상을 보면 다음과 같다.

해방은 박경민 당숙의 5구 라디오 앞에서 조주순, 박석민, 박경민, 아버지, 나 등 온 가족이 함께 맞이했다. 당시 조주순 삼촌은 그간에 우리 집을 박헌영 동지와의 접선을 위해 수시로 밤에만 드나들다가 8·15 이틀 전에는 화순을 떠나 아예 우리 집에 기식하고 있었다. 해방을 맞이하는 날 주순 삼촌은 방송 처음 부분을 듣고 일본의 패전을 결론짓고 일어서 나갔고, 우리는 다 듣고 나서 술 파티를 같이 가졌다. 온 동네가 시끄럽게 밤새 떠들어댔다. 해방을 같이 맞이한 분들의 정치적 성향은 모두 좌익 쪽이었으나 소속한 당은 저마다 달랐다. 주순 삼촌은 공산당의 전남공청위원장을 맡았다고 들었고, 나머지 분들과 경민이 당숙은 여운형 선생의 인민당원이 되었다. 주순 삼촌은 박헌영 선생과 함께 서울로 갔다가 며칠 후에 돌아왔고, 우리들은 각기 생활하랴 정치운동하랴 모두 바쁘기만 했다. (…) 우리는 1946년경에 남동에 집을 사서 이사 갔고, 얼마 안 있어 우리 사회에는 노동당이 결성되고, 아버지는 목포로 전근 가시게 되어 우리는 남동 집에서 자취하게 되었다.[247]

이처럼 소년 박현채가 매일 보았던 친지들의 활동과 주변 지인들 그리고 그들이 남겨놓은 마르크스주의 서적들, 이 모든 것들을 스펀지처럼 박현채는 빨아들였다. 특히 누구보다 빨치산 입산에서 검거 이후 생존에 이르기까지 박현채를 보호해준 사람은 그의 아버지와 어머니였다. 광주서중 시기 학교의 대표적인 활동가가 된 박현채는 광주에 남아 있으면 우익들에 의해 위태로운 상황에 처할 형편이었다. 이때 그의 입산 길을 열어준 것은 다른 활동가가 아닌 그의 어머니였다. 물론 어머니를 포함한 가족들의 입산에 대한 동의가 있었던 것은 물론이요, 어머니는 외가 쪽 친척들을 통해 입산 루트를 알려주었다.[248] 또 어머니는 빨치산 활동 과정에서 검거된 아들을 살리려고 박현채가 입산해 있는 동안 쌀 20가마어치의 돈을 모아서, 뒷돈을 써서 아들을 살리고, 타향인 전주로 전학시켰다.[249] 그의 아버지 역시 늘 그의 행보에 대해 조언과 지지를 아끼지 않았고, 박현채가 검거된 뒤를 미리 대비해서 많은 재산을 준비해 두었다. 『태백산맥』 10권에는 당시 상황을 다음과 같이 묘사하고 있다.

"알것다. 그 담 일부텀언 이 애비가 알어서 하겄다." 아버지가 허리를 폈다. "비용이 많이 들겄는디요." "일없다. 니가 입산헌 담부텀 이 애비가 헌 투쟁이 먼지 아냐. 요런 날에 대비혀서 정신없이 돈 모툰 일이었다." 아버지는 승자처럼 환하게 웃었다. "부탁이 한 가지 있는디요." "무신?" "지 혼자 쨉힌 것이 아니고 또 한 사람이 있구만요." "알것다. 당연히 항꾼에 혀야제." 조원제[『태백산맥』에 등장하는 박현채의 이름]는 아버지가 커다란 산으로 느껴졌다.

그는 박현채가 검거된 직후 구명탄원서를 돌리고, 경찰들에게 굴욕을 당하면서까지 아들을 살려내고자 했다. 당시 상황을 같이 검거되었던 친구인 장기형과 김경추는 다음과 같이 기록하고 있다.

아들을 구하기 위해 집안 전체가 총동원됐고, 결국 구명에 성공했다. '꼭 살아 돌아올' 아들을 생각하며 틈틈이 쌀을 비축해둔 어머니의 선견지명 탓이 컸다. 당시 부패한 이승만 정권은 쌀 삼십에서 오십 가마니만 내면 체포된 빨치산들을 풀어줬다. 이승만 정권의 부패와 타락이 박현채를 살린, 역사의 아이러니였다. 김경추도 구명됐다. 논밭을 다 판 그의 집안은 하지만 쫄딱 망했다.[250]

현채가 나 안 따라왔으믄 산 속에서 죽었제. 가족들이 공작해서 쨉혔지만, 또 그 때문에 살아남은 거여. 현채 아버지가 현채를 빼내려고 고생 많었어. 화순 경찰서장헌티 돈 갖다 바치믄서 무릎까지 꿇었다고. 나도 현채 아버지가 도와서 나갈 수 있었고….[251]

프롤레타리아트를 꿈꾸던 학내 지도자

다음으로 해방 직후부터 입산 직전까지 박현채가 몸담고 있던 광주서중 상황에 대해 살펴보자. 당시 광주서중은 좌우익 간 이념 대립의 각축장이

광주서중 시절 친구와 함께(왼쪽이 박현채).
[출처: 『박현채 전집 제7권』, 박현채 전집 발간위원회 엮음, 해밀, 2006]

당시 광주서중은 좌우익 간 이념 대립의 각축장이었으며 교내에서
이들 간 테러는 흔한 일이었다. 양측은 1947년까지 공개적으로 갈
등을 벌였지만, 1948년부터는 좌익조직의 비합법화, 구체적으로 여
순 사건이후 좌익학생을 우익 학생연맹(학련)에 잡아다가 테러하는
경우가 잦았다.

었으며 교내에서 이들 간 테러는 흔한 일이었다. 양측은 1947년까지 공개적으로 갈등을 벌였지만, 1948년부터는 좌익조직의 비합법화, 구체적으로 여순사건 이후 좌익학생을 우익 학생연맹(학련)에 잡아다가 테러하는 경우가 잦았다. 반탁학생의 전위대인 학련에 가입한 학생들은 좌익 학생들을 끌고 가 가죽장갑을 낀 주먹이나 목총으로 구타하기도 했다.[252] 박현채는 광주서중 1학년 때부터 반군정, 반미 시위, 봉화투쟁 등을 주도했다. 같이 광주서중에 다녔던 친구 김경추는, 당시를 다음과 같이 회고하고 있다. "등교 첫날이라고 학교에 갔더니, 목조 교실이 완전히 타버려 김이 모락모락나는 거야. 찬탁 학생들을 잡기 위한 우익의 방화라는 말이 떠돌았어. 축구 부장하던 사람이 좌파 학생운동의 중추적 역할을 했는데, 직속 선배였어. 그 선배 통해서 현채랑 가까워졌어."[253] 당시 좌익 학생들은 공부보다 조직 활동에 더 전념했다. 한마디로 학생이라기보다 운동가로서 삶을 유년기부터 경험했던 것이다. 박현채는 당시 자신을, "그 당시 내 생활은 조직활동(조직의 관리활동)이 중심이었고 학업은 부차적이었다. 공부를 열심히 하지 않았고, 안 해도 현상 정도는 유지할 수는 있었다. 이후로 조직이 와해되면서 부담은 더욱 많아졌다"고 회고했다.[254]

이처럼 박현채는 독서회, 비합법 활동, 학생위원회 조직 등을 맡았고, 학생이라기보다 활동가에 가까웠던, 이른바 광주서중 '좌파그룹의 리더'였다. 당시 활동을 박현채는, 다음과 같이 회고했다. "학년마다 약간씩 역할의 차이가 있었으나 나는 주로 조직을 담당했다. 우리가 민애청 조직원으로서 한 주요한 투쟁은 일상적인 것 외에도 큰 것으로는 인민공화국 수립투쟁이었다. 우리들은 선거참여를 위한 연판장 투쟁부터 참여해서 시위, 봉화투쟁, 국기 게양투쟁 등에 적극적으로 참여하였다. (⋯) 우리들이 이 시기에 가장 많이 한 투쟁은 삐라투쟁이었다. 한 집단의 삐라투쟁은 많은 주의를 필요로 하는 것이었다."[255] 그러던 와중에 박현채는 1947년에 처음으로 검거가 된다. 그 이유는 파업에 참여한 아버지로 인해 경찰에 의해 가택 수색을 당했는데, 그 와중에 박현채가 보던 좌익 서적과 그가 노트에 휘갈겨 놓은 "이승만, 김구의 초상과 매국노"라는 구절이 문제가 되었기 때문이었다. 김경추는 당시를 다음과 같이 기억하고 있다.

> 오르그(조직)가 현채를 리더로 지명했어. 워낙 활동이 두드러지니까. 6·25가 난 후 현채는 학교 재건에 앞장섰어. 청년동맹 활성화를 주도했고, 퇴학당한 사람, 결석하는 사람 찾아내서 등교도 시키고….[256]

이런 와중에 박현채는 한국전쟁을 맞이하게 되었다. 한국전쟁 발발 당시 상황을 박현채는, "6·25는 우리에게 큰 결단을 요구했다. 6·25 당일은 어찌할 수 없었다. 우리는 병사국 앞까지 시위에 참여하는 등 그들에 추종했다. 그러나 시간이 지남에 따라 전면전쟁이 일어났다는 것이 명백해졌다. 나는 동지들을 모아놓고 조국해방전쟁의 발발을 알리고 학교를 떠나 자기를 보존하면서 해방의 날에 대비할 것을 전했다. 나는 6월 26일로 학교를 그만둘 것을 선언하고 그날 오후에 학교를 떠났다"고 회상했다.[257] 박현채는 민족해방전쟁으로 한국전쟁을 사고했고 개전 초기 좌익과 보도연맹 관계자에 대한 테러를 피하기 위해 피신했다가 8월 1일 다시 학교로 돌아와 교내 학생위원회를 재건했다. 그의 주도로 학내 학생위원회 전원이 의용군에 지원을 했지만, 이는 당시 분위기였을 뿐 실행에 옮겨지지는 못했다. 그렇다면 박현채의 입산은 어떻게 이루어졌을까?

소년, 빨치산이 되다

15세였던 박현채는 9.28 수복 과정에서 입산하게 된다. 회고록에서 박현채는 1950년 9월 28일 인민군 철수를 다음과 같이 기록하고 있다.

1950년 9월 29일 아침. 23명의 동료학생들이 노령산맥 언저리의 도로 가에 모였다. 그들은 각자가 갖고 있는 각종 증명서와 서류들을 한 데 모으고 거기에 국기 등 깃발을 모았다. 그리고 불을 질렀다. 누가 시작 했는지 모르게 낮은 목소리로 국가가 불려졌다. 노래는 점점 커지면서 오열로 변해 갔다. 1950년 9월 28일. 인민군의 전면철수와 함께 우리들 은 학교단위로 1개 소대를 편성, 철수를 준비했다. 우리는 학교를 떠나 광주사범학교로 집결하여 최후 비상선에 대해 논의하였고 약간씩 자 금이 배분되었다. 최후비상선은 춘천이었고 노령산맥을 통해 정읍으로 철수하라는 지침이 시달되었다. 임시편제이기는 하지만 편성은 소대편 제로 하였다. 여름 반소매에 반바지를 입은 우리들의 철수준비는 9월 말이라는 가을 날씨에 비추어 그다지 충분한 것은 아니었다.[258]

하지만 입산 과정은 단순한 문제가 아니었다. 9.28 수복 후 광주서중 출 신 20명이 인민군의 인솔 하에 전라북도 쌍치면 부근까지 갔다가 유엔군의 인천상륙 등으로 인민군이 많은 인솔 수를 감당하지 못해서 해산하고 말았 다. 그 가운데 일부는 귀환하고, 일부는 입산을 하게 되었던 것이다.[259] 당시 상황을 박현채는 다음과 같이 생생하게 기록하고 있다.

우리는 모여서 소지품을 처리한 후에 상급생인 5, 6학년은 적진을 뚫 고 월북할 것을 결의하였다. 어린 4학년과 조직의 신규 참여자 등 나머 지는 집으로 귀환하도록 결의되었다. 하지만 나는 집으로 그냥 돌아갈 수는 없다고 생각하였다. 고향으로 돌아가거나, 아니면 다소 안이한 낭 만적인 생각이지만, 곡성에 있는 도림사로 가서 중이 되는 것이 그 당 시 상황으로서 선택할 수 있는 최선의 길이라고 생각하고 있었다. (…) 다시 담양으로 돌아가고 있을 때, 우리는 한 무리의 인민군과 민간인 철수 집단을 만났다. 이들 중에는 세 사람의 민간인이 있었는데 한 사람은 수창국민학교의 선생님이었고, 그를 따라가는 의용군 모습의 한 소녀가 있었다. 그녀는 나의 수창국민학교 여학생 동기 (…) 동기인 여자 의용군은 우리를 비난하기 시작했다. 남자새끼들이 총소리 몇 방에 떨어 북으로 가는 것을 포기했다는 것이다. 일단 가기로 마음먹었으면 모든 시련을 무릅쓰고 최선을 다하는 것이 조직원의 당연한 태도임에도 불구하고, 이를 쉽게 포기하고 되돌아가는 것은 투항의 의사가 있다는 것이었다. 그 소녀의 이야기는 우리 모두의 격한 감정을 자극시켜 그들과 함께 북을 향한 철수의 길로 다시 돌아서게 하였다. 그러나 얼마 가지 아니하여 대포소리와 소총소리가 뒤섞여나는 가운데 무장한 몇 명의 인민군들이 길에서 사라지더니 무기들을 버리고 다시 나타났다.[260]

박현채의 회고에서 알 수 있듯이, 입산은 지난 시기 가지고 있던 사고의 분출인 동시에, 전쟁 상황 속에서 피할 수 없는 선택이었다. 김금수는 박현채의 이야기를 빌어 당시 선택을, "[박현채는] '입산'하기 전인 중학교 시절부터 착취와 억압이 없는 인간해방 세상 실현을 위해 학습하고 실천했음을 기회 있을 때마다 고백했다. 그가 산으로 들어갈 수밖에 없었던 것도 한국전쟁을 겪으면서 첨예화된 이념 갈등 속에서 어쩔 수 없는 선택이었다. 그의 입산이 그의 어머니 손에 끌려 외가 쪽 줄을 통해 이루어졌다는 사실도 생각해보면 기구한 일"이라고 회고하고 있다.[261] 또한 김경추 역시, "미군이 전쟁에 개입하면서 빨치산 투쟁을 하라는 지령이 내려왔어. 시골에 내려가 있던 난 담양에서 입산했고, 현채는 광주 아니면 화순에서 입산했을 거야. 현채 부모도 말리기 힘들었을 테지. 올라가도 죽고, 안 올라가도 죽으니까"라고 당시 정황을 이야기하고 있다.[262]

소년 문화중대장

입산 후 박현채는 15세란 어린 나이였음에도 불구하고 눈부신 활동을 전개했다. 입산 직후 박현채는 보고서 전달 업무를 담당했다. 박현채는 당시 자신의 활동에 대해 다음과 같이 기록하고 있다.

> 야사[야전사령부]의 부대는 지구당의 정보과 분트(공산주의자 동맹)였다. (…) 적과의 접합지역에 주둔하면서 적이나 인민의 동향을 파악하는 것을 임무로 하고 있었다. 나의 임무는 정보보고를 수시로 사령부에 올리는 것이었다. 나는 매일 야사에서 540지구부대 사령부에 보고서를 전달하는 것을 임무로 하고 있었다. 주둔지에서 보고서를 갖고 가서 사령부에 전하고 점심을 먹고 원대로 다시 복귀하는 것이었다.[263]

이런 와중에 부대재편 직후 돌격중대라는 소년보위 중대가 조직되었다. 20세 미만의 소년들을 기간으로 조직된 소년 보위중대는 이미 조직되어 있었던 따발·강철·폭탄중대와 함께 540지구 부대 기동대의 일부분이 되었으며, 이때 박현채는 돌격중대 문화중대장으로 임명되었다.[264] 문화부 중대장이란 전술 지휘관 위에 정치적인 모든 것을 결정하는 직책이었다.[265] 특히 대다수가 문맹이었던 중대원들의 문맹퇴치를 통해 자주적으로 정치의식을 획득하도록 하는 것이 주된 임무였다. 열다섯 살의 박현채는 얼굴이 하얗고 풍채가 좋았으며 하얀 장갑을 끼고 권총을 차고 다녔는데, 이런 그의 모습은 여러 사람의 시선을 끌기에 충분했다. 박현채는 늘 '공부는 끝까지 해야 한다' '우리 민족은 반드시 하나로 뭉쳐야 한다' '우리가 해결할 최우선 과제는 경제문제다' '싸우면 반드시 이겨야 하고, 공격하면 반드시 얻어야 한다' 등을 강조했다.[266] 또한 정치소조 등을 운영하면서 활동가들로부터 인정을 받아 빨치산 대장 이태식과 광주서중 스승인 출판부장 박준옥의 입회 아래 조선노동당에 '입당'하게 된다. 박현채 입산 후 생활에 대한 두 친구들의 기억을 들어보면 다음과 같다.

현채가 열다섯에 입산혔어. 나이가 어렸어도 워낙 영리하고 이론이 정연하니께, 그 나이에 정치지도원 하믄서 대원들허고 당간부들 거꺼정 정신교육, 사상교육 시켰어. 현채가 나보고도 소양교육 받으라고 혀서, 난 "이 놈아, 여기꺼정 와서 뭘 배우라고 허냐"믄서 교육 안 받고 도망가불고 그렸제. 현채가 음성이 참 좋았어. 또랑또랑허고. 워낙 영리허니께 총대장도 총애했고, 특히나 여성 동무들이 지독허니 따랐어. 현채 얼굴이 잘 생겼거든.[267]

현채는 산에서도 인정을 받았어. 열여덟 살 나이에 문화부 중대장까지 했으니까. 1951년 3월쯤이었을 거야. 아직 추웠지만 장티푸스가 창궐했었지. 경찰이 백아산 총사령부 포위작전을 펼쳤어. 난 연락병이었는데, 총사에 전할 문서를 가져 가다가 백아산 바로 밑 북면이란 곳에서 포위당하고 말았어. 난 무장도 안 한 상태였어. 현채 부대는 '540부대'였는데, '가제부대'라고 불렀어. 적을 만나면 항상 뒷걸음질한다고. 문화부 쪽이니까 강한 부대는 아니었을 거 아냐…[268]

두 은인(恩人)

하지만 박현채 혼자 힘으로 산 생활에 적응했던 것은 물론 아니었다. 산 생활에서 박현채의 성장에 결정적인 도움을 준 인물은 2명이었다. 한 명은 머슴 출신 이태식 대장이었고 다른 한 명은 광주서중 교장이었던 박준옥 출판부장이었다. 두 사람 가운데 박준옥 출판부장은 박현채의 사상 형성과 경제학 연구에 있어서 큰 영향을 미친 인물이다. 박현채는 제2회 단재상 시상식 수상 소감(1987년 3월 13일)에서, "48년 어느 선배로부터 들은 말: 역사에 충실한 삶이란 오늘에 있어 보상받지 아니하고, 오늘에 있어 보상받길 원하지 않는 삶 (…) 지금까지 이것이 생활신조"라고 밝힌 바 있다.[269] 좀 더 구체적으로 박현채는 「민족경제론과 박준옥 교장 선생님」이란 글에서 다음과 같이 박준옥 선생을 기억하고 있는데, "나에게 경제학의 길과 학문하는 원칙을 가르쳐준 분은 중학시절 은사였다. 격동하는 역사적 시기에 민족의 장래와 역사가 전진하는 길을 알고 싶어했던 소년에게 그분은 역사의 발전법칙을 경제사에서 가르쳐 주셨다. (…) 민족경제론은 나의 고난에 찬 시절의 은사의 가르침을 따르면서, 이제는 그것이 제시하는 범위를 넘어서 민족, 민중적 소망을 우리 역사에 실현하고자 하는 능동적이고 창조적인 것으로 자기발전의 길을 모색하고 있다"라고 회고했다.[270]

박준옥은 일본 큐슈대학(九州大学) 출신으로 졸업 후 화신백화점에서 잠시 근무하다가, 1945년 8.15 직후 본격적으로 조선공산당에서 활동했다. 한때는 정읍을 중심으로 지방조직을 추스르다가, 한국전쟁 이후 빨치산 조직의 출판과장으로 활동했다. 그는 산에서 주로 사회발전사를 강의했는데, 오랜 교단 경험을 바탕으로 배움이 없는 기본출(기본계급 출신)에게 이를 아주 쉽게 풀어서 설명해서 기본출들은 거의 대부분 출판과장을 존경했다. 또한 이는 존경만으로 끝났던 것이 아니라, 보급투쟁을 나갔던 대원들은 꿀, 조청, 약 같은 것을 출판과장에게 따로 선물하기도 했다.[271] 뿐만 아니라, 문화중대장 시기 박준옥은 문맹퇴치 등 교양활동을 지원했고, 많은 교재를 주거나 시간이 있으면 강의를 직접 해주는 등 교양활동에 도움을 주었다. 그 결과로 부대의 정치적 수준은 비약적으로 높아졌으며, 대원들의 높은 정치의식으로 인해 보다 효율적으로 부대를 장악할 수 있었다.[272]

다른 한편 빨치산 생활에서 이태식과의 만남은 박현채에게 또 다른 의미에서 '행운'이었다. 이태식은 머슴 출신 구 빨치산으로, '강철'이란 별명을 지닐 정도로 싸움에 능했고 통솔력이 뛰어났다. '강철부대'로 불렸던 그의 부대는 백아산지구의 최강부대였다. 박현채의 벗 장기형은 이태식에 대해, "[내가] 현채랑 한 날 한 시에 붙잡혔어. 그게 어떻게 된 일인가 하믄 말이여. 난 그동안 여러 차례 화순을 드나들믄서 정보를 수집혀오곤 했다고. 내가 화순 출신인데다가, 입산 전에 농사짓는 엄마, 아버지 따라 댕기믄서 그 근방 지리를 잘 알았거든. 그때까지는 이태식 대장허고 같이 댕겼어. 이태식 별명이 '강철' 또는 '백아산 호랑이'였제. 얼굴이 진짜 호랑이여. 나도 그 얼굴 처음 봤을 때 질려버렸다니께. 나보다 한 살 많았는디, 머슴 출신 구빨치야. 일자무식이었는데도, 진짜 훌륭한 사람이었어. 현채를 아주 애꼈제"라고 기억한다.[273] 그러나 이태식과 첫 만남은 기분 좋은 것만은 아니었다. 원칙을 강조하는 박현채와 강철 부대장의 첫 만남이었다. 당시를 박현채는 다음과 같이 술회하고 있다.[274]

빨치산인 이태식 동지와의 관계이다. 어느 날 사령부에 가서 기동대가 모여 있는 곳을 우연히 지나가게 되었는데, 어떤 사람이 와서 내가 갖고 있는 M1소총에 대해 문제를 제기하였다. 그는 내가 소유하고 있는 소총을 내놓을 것을 요구하면서 나와 크게 다투었다. 그런 좋은 총은 자기들에게 와야 하는데 엉뚱한 곳에 가 있으니 자기들에게 돌려 달라는 것이었다. 그는 기동대 부대장이라고 했다. 나는 내 것이므로 줄 수 없다고 거부했다. 만약 이 총이 필요하면 정식절차를 밟아 참모부를 통해 요구하라고 하면서 우리 트(분트)로 와버렸다. 당연한 일이었지만 나의 이와 같은 행위가 그에게는 충격을 주었던 모양이다.

하지만 역설적으로 이태식이 박현채에게 신뢰를 가졌던 이유 가운데 하나는 '원칙'에 입각해서 물러서지 않고, 상급자인 자신과 맞섰기 때문이 아니었나 싶다. 처음에 이태식은 박현채가 기본출이 아니었기 때문에 무시했다. 여기서 이른바 '기본출' 문제에 대해 잠시 짚고 넘어갈 필요가 있다. 9.28 수복 이후 인민군의 지역정책에서 좌편향적인 측면들이 상당수 발견된다. 그 가운데 하나가 '기본출'에 대한 과도한 집착이었다. 이는 비 기본계급과 지식계급간의 연대를 어렵게 하고, 오히려 이들을 고립시키는 결과를 초래했다. 이태식의 박현채에 대한 태도도 이런 배경 때문이었다. 실제로 1950년 9월, 입산 직전 박현채는 아버지가 거주했던 동복지역을 마지막으로 방문했는데, 그때 전쟁과정에서 횡행하던 극좌적 경향을 발견한다. 그의 회고록에 따르면, "동복에는 사촌형과 외삼촌이 주요한 역할을 하고 있었으나 9·28 이후에는 주도권이 극좌적인 분자들에게로 이행되어 지식인들은 소외받고 있는 상황이었다. 양조업자였던 사촌형은 민청(조선민주청년동맹)위원장으로 있었지만 경성제국대학 중퇴자라는 이유로 지식분자로 몰려 소외되었다. (…) 큰 외삼촌은 유격대에 있었으나 초기 6·25후에 동복지서를 무장해제한 작은 외삼촌의 성분 때문에 극좌분자들로부터 아무런 임무가 주어지지 않은 채로 있었다"라고 기록했다.[275]

하지만 두 사람 사이에 원칙을 둘러싼 싸움 속에서 신뢰가 생겼고, 박현채가 문화중대장이 된 것도 이태식의 노력 덕분이었다. 박현채는 『회고록』에서 당시를, "이태식은 나에게 관심을 보이고는 있었으나 그다지 호의적이지는 않았다. 그의 내심이 어떠하건 그 표현은 거칠고 나를 화나게 하는 것이었다. 그는 나에게 지난 시절의 빨치산 지식인들처럼 도중에 탈락하느니 일찌감치 나갈 것을 권고했으며 그렇게 말함으로써 나를 분노케 했다. 나는 이 기동대장과의 대화 속에서 나의 삶이 비록 기본출은 아닐지라도 그간의 싸움에서 자기 위치를 굳힌 투사라는 것을 강조했다. 일반적인 규정은 우리의 경우에는 적용될 수 없는 것이라고 주장했다. 그런 문제로 나와 그는 항상 의견을 달리하면서 서로 싸웠다. 그러나 지금 생각하면 그것은 두 사람이 보다 친선을 돈독히 하는 과정이기도 했다"라고 밝히고 있다.[276] 그렇다면 도대체 박현채가 내세웠던 원칙이란 무엇이었을까?

박현채는 산 생활에서 원칙주의자이자 대꼬챙이로 불렸다. 일상생활, 전투 준비, 입당 등에서 그는 '철저한 원칙주의자'의 모습을 보였다. 훗날 그는 산을 오르며 당시를 회고하면서, "산은 정상까지 오르는 것이 아니다. (…) 사격의 대상이 되기에 항상 7, 8부 능선으로 다녀야 한다"고 당시 원칙을 이야기하곤 했다.[277] 하지만 그는 이태식의 '또 다른 원칙'을 실천하는 것을 목도하면서 현실주의를 동시에 학습하기도 했다. 이 문제는 소설 『태백산맥』에도 묘사되어 있으며, 김금수의 증언을 통해서도 확인할 수 있다.

그는 자신에게 붙여진 '대꼬챙이'란 별명을 영광스럽게 알았으면 알았지 조금도 흉이라고 생각하지 않았다. 연대장 이태식마저도 단둘이 있게 되면, "아이고, 자네넌 다 존디 그눔에 원칙 너무 허덜 말고 헹펜 바감스로 살살 혀, 살살" 하고 충고했다. "허먼, 나 보고 수정주의자가 되라 그것이요?" 조원제[소설 『태백산맥』에서 박현채]의 정색을 한 대꾸에 이태식은 그만 쥐어박는 시늉을 했던 것이다. 연락병으로 쓰기엔 그의 능력을 아까워한 당이 열여덟 나이의 그를 입당시키려 하자, 스무살이 돼야 입당할 수 있다는 당규를 들이대며 박현채는 주위 사람들을 무안하게 한다. 그는 철저한 원칙주의자였다. 반면 자기보다 어린 빨치산들을 먹이기 위해 규칙을 깨고 소를 잡았다가 견책을 받는 등, 인간과 원칙 사이에서 갈등하기도 한다.

머슴 출신 연대장[이태식을 지칭]과 벌였다는 '원칙'에 관한 논쟁이다. 현채 형은 그때만 해도 원칙론자여서, "밤에 능선을 타서는 안 되고 상대편의 시야 안에서 불을 피워서도 안 된다"는 등 빨치산이 지켜야 할

행동수칙을 강조했다고 했다. 이에 대해 그의 연대장은, "대원들 배 곯리지 않고 추위에 떨지 않게 하는 것이 원칙이 아니겠느냐"고 여유 있게 반론을 제기했고, 실제로 그렇게 행동했다는 것이다. 많은 시간이 흐른 뒤에도 과연 어느 쪽이 옳았는지를 잘 모르겠다는 것이 현채 형의 술회였다. (…) 현채 형은 내놓고 그런 티를 내지는 않았지만, '문화부 중대장'이란 그의 직책에 대해 내심 긍지 같은 것을 가지고 있는 듯했다. 10대의 어린 나이에 일정한 책임을 맡게 되었다는 사실 말고도 문화부가 정치사업을 담당하고 있었다는 점에서 그런 것 같았다.[278]

원칙주의와 헌신적인 활동 그리고 이태식과 박준옥의 도움으로 박현채는 16세란 어린 나이에 '정치지도원'으로 선출되었다. 당시 상황을 박현채는, "연대 결성 의례에 참여하고 돌아온 대원들의 나에 대한 축복은 대단했다. 1대대 정치지도원 겸 연대 부정치위원이 되었다는 것이다. 그동안 내가 문화부 중대장으로서 했던 역할이 높이 평가된 것이다. 당시 나의 행위는 별 것이 아니었으나 창립기의 빨치산 부대에서는 상당히 뜻있는 활동으로 높이 평가 받았던 듯하다. 경합자들이 20세를 넘는 당원들이었고 정치부의 현역지도원으로서 충분한 역량이 있는 사람들이었던 만큼 나의 임명은 의외였다. (…) 10명 가까운 정치부 지도원 중에서 내가 수석으로 뽑힌 것이었다"라고 회고하고 있다.[279]

당시 도당신문은, "재귀열 예방 위생투쟁에서 중대원 중 단 한 명의 희생자도 내지 않은 혁혁한 과업을 성취"했다고 박현채를 '백아산지구의 위대한 전사'라고 칭송하며 보도했다.[280] 하지만 이것은 박현채만이 아니라, 1950년을 전후로 반복적으로 불렸던 칭호였다. 한국전쟁 발발 직전 동계 토벌로 빨치산들은 유격전이 불가능할 정도로 무력화되었다. 그러나 역설적이게도 한국전쟁 발발 직전 북한 지도부는 유격투쟁에 대한 과장된 선전과 유격대

지도자를 '영웅'으로 부르면서 인민과 유격대의 '결합'을 강조하곤 했다. 박현채를 전사로 칭송했던 이유 역시 개전 직후 기대했던 남한 지역에서 인민봉기의 조건이 부재했던 상황에서 빨치산과 인민 간의 연대를 고무하기 위한 맥락에서 이해해야 할 것이다.[281] 이제 1950년 후반부터 1952년까지 박현채가 경험했던 빨치산으로서 일상을 살펴보도록 하자.

삶과 죽음 사이에서: 빨치산의 일상

한국전쟁이 일어난 뒤 입산한 빨치산들은 매우 다양했다. 인민군 점령기관 가운데 정권, 사회단체 참가자가 대다수였고, 그 외에도 낙오 인민군, 보도연맹가입자, 우익의 학살을 피하기 위해 입산한 사람도 있었다. 빨치산은 인민군이 후퇴하는 과정에서 구성되었기 때문에, 모두 무장을 갖춘 것도 아니었다. 그럼에도 불구하고 입산 후 생활은 기본적으로 '조직 속'에서 이루어졌다. 하루의 시작은 '인민의례'에서 시작되었고, 당 학습회, 독보회, 전원회합, 문화 써클, 환자 방문 등 일상적 활동이 이어졌으며 이것은 당위원회와 세포위원회 등을 중심으로 전개되었다.[282] 실제 산 생활은 소년 박현채에게도 결코 쉬운 것이 아니었다. 『태백산맥』 9권을 보면 당시 박현채의 모습을 다음과 같이 묘사하고 있다. "그의 하얗던 얼굴은 겨울 산 생활을 거치면서 흑갈색으로 변해 있었고, 포동포동하게 올랐던 살도 다 빠져버려 양쪽 살이 패일 정도였다".

그밖에 빨치산 생활은 음식, 연료, 무기 등 모든 보급품이 부족한 상황이었다. 특히 산에 지천에 깔린 것이 나뭇가지였지만, 적에게 노출되는 것을 피하기 위해 특정한 종류의 나무만을 땔 수 있었다. 그 나뭇가지는 '싸리나무'가지였다. 후일 그는 산행을 하다가 하얗게 말라죽은 싸리나무를 보면, "저게 빨치산들한테는 얼마나 귀한 것인 줄 아느냐"고 발걸음을 멈추곤 했다. 잘라서 말린 싸리나무와는 달리 저절로 하얗게 말라 죽은 싸리나무는

태워도 연기가 나지 않기 때문에 빨치산들이 밥 짓는 데는 그만큼 소중한 연료가 없다는 것이었다.[283]

하지만 빨치산에게 산 생활은 삶과 죽음이 일순간에 교차하는 시공간이었다. 빨치산은 일상적으로 보급과 유격전을 전개하며 매일을 살아가야 했기 때문에, 일상의 여유는커녕 '긴장감의 연속'이었다. 특히 빨치산들은 오늘 같이 생활을 하던 동지들이 다음 날 전투에서 '사라지는', 삶과 죽음의 경계 속에서 늘 공포에 떨 수밖에 없었다. 박현채는 아군의 실수로 인한 집단 사망 사건이후 '짚 타는 냄새'만으로도 죽음을 연상하곤 했다고 당시의 공포를 아래와 같이 술회했다.

> 1951년 초기에 우리의 활동영역은 백아산 주변이었는데, 후기에는 영역이 칼두 8·8고지 부근으로부터 무등산 주변으로까지 확장되었다. 1951년 초, 수리 이동에서 우리 중대는 많은 타격을 입었다. 수리 사건의 결과 나는 짚 타는 냄새를 기피하게 되고 이를 죽음과 연관 짓는 성향을 갖게 되었다. 죽은 동지들을 수리 동네의 뒷산에 묻고 나머지는 병원에 옮겨 인도한 뒤, 우리는 그 다음날로 다시 백아산 쪽으로 돌아왔다. 이것은 적과의 전투에 의한 것이 아니라 자기과오 때문에 많은 동지를 희생시킨 사건이었기에 무거운 고뇌를 안겨주는 일이었다. 사고의 원인은 부주의로 인해 예상하지 못했던 사고가 발생한 것에 있었다.[284]

동시에 일상 속에서 빨치산들이 모든 욕망을 억제하고 높은 도덕성을 유지하는 것은 쉽지 않은 일이었다. 박현채가 경험했던 죽기 하루 전 여성 빨치산의 신음 소리도 그런 것이었을 것이다. 송기숙은 박현채로부터 들은 여성 빨치산에 관한 이야기를 아래와 같이 회고하고 있다.

경찰의 백아산 토벌작전이 막바지에 이르러 포위망이 바짝 좁혀올 때였다고 한다. 그때 여자 빨치산은 마지막 한 사람이 남았는데 한겨울이라 모두 몸을 바짝 맞대고 잤고, 그 처녀는 나이가 가장 어린 박현채 씨 옆자리에 누웠다. 당연히 색정이 고개를 들 수밖에 없어 박현채 씨도 눈을 망똥거리고 있었다고 한다. 한참 동안 잠이 들지 않아 몸뚱이만 뒤채고 있는데, 처녀 입에서 '아아…' 하는 한숨소리가 길게 꼬리를 끌더라는 것이다. 그 처녀는 다음날 전투에서 죽었다는데, 그 긴 한숨소리가 오래오래 남아 있더라고 기억했다. 그 무쇠 같은 박현채 씨도 그 말을 할 때는 얄궂은 표정이었다. 그 말을 듣던 우리들도 그 긴 한숨소리가 그대로 들리는 것 같아 한참 말을 잇지 못했다.[285]

하지만 빨치산의 일상이 항상 죽음과 연결된 것만은 아니었다. 유격조직인 빨치산은 전황에 따라 조직 체계와 대원의 임무가 변했다. 그리고 해방 이후 '미래'를 위한 배치가 이루어지기도 했다. 1951년 1월 다시 서울이 인민군의 수중에 들어오자, 빨치산들의 분위기는 '죽음'에서 '미래'에 대한 기대로 변했다. 바로 어제까지만 해도 내일을 알 수 없던 빨치산들에게 '해방에 대한 대비'라는 새로운 임무가 주어졌던 것이다. 박현채는 당시 분위기를 다음과 같이 전하고 있다.

백아산으로 되돌아온 후 우리는 1월 중에 곡성군 겸면으로 보급투쟁을 갔다. 그리고 거기서 서울 해방의 소식을 듣는다. 우리는 기쁨에 들뜨면서 솔직히 너무 빠른 해방이라고 규정하고 있었다. 그때 우리는 소를 몇 마리 보급해다가 잡고 평리에서 대규모의 오락회를 가졌다. 오락회는 대규모로 해방을 축하하면서 진행되었다. 그때 나는 술을 많이 먹었다. 오락회에 참여한 전 대원들과 한 잔씩 교환하고 그 다음은 자유롭게 교환했다. (…) 이 시기 우리는 부대 재편의 방향을 내무서 부대의 조직을 정규군을 위한 기간 핵심부대의 창출이라는 형태로 진행한다. 나는 심사를 받았고 해방 후의 업무를 김일성대학 경제학과에의 진학이라는 형태로 배정받는다. 나는 내가 고등학교 1학년 곧 중학교 4학년이라는 것을 강조했으나 그것은 문제가 되지 않았다. 김일성대학에 가면 개별적으로 지도원이 배속되어 나를 지도함으로서 학력의 격차에서 오는 어려움은 당 지도의 차원에서 극복될 수 있고, 대학 과정은 충실하게 이수될 수 있다는 것이었다. 이 시기의 우리의 모든 활동은 해방에 대비하는 것이었다.[286]

어려운 시절: 밀리는 전선, 증가하는 이탈자

그러나 해방에 대한 기대로 충만했던 시기는 그리 오래가지 않았다. 1951년 중반 전쟁은 교착상태에 빠졌고, 휴전 회담이 재개되자 기존에 제기되지 않던 남한 유격투쟁에 대한 북한 지도부의 비판이 시작되었다.[287] 기대했던 남한 인민의 봉기가 전혀 일어나지 않았던 점에 대한 비판이 제기되던 것이다. 이 과정에서 빨치산은 무수한 희생에도 불구하고 비판의 도마 위에 올랐다. 하지만 빨치산에게 정작 중요했던 것은 물자, 의약품, 무기, 식량의 절대적인 부족으로 인한 빨치산들의 고립과 이탈 그리고 당 조직의 이완이었다. 전투 과정에서 부상을 입은 환자들에게 치료로 기대할 수 있었던 것은 민간요법과 자연치유력이외에는 아무 것도 없었다. 또한 재귀열 집단 발병 등 시시때때로 찾아드는 전염병으로 인한 또 다른 죽음의 공포 앞에서 빨치산들은 무력하기 그지없었다. 박현채는 이즈음 자신의 부상 경험을 다음과 같이 기록하고 있다.

일어나서 배를 보니 좌측 갈비 밑에 구멍이 뚫려 있었다. 나는 이태식 동지에게 부상을 보고했다. 이태식 동지는 자기가 주의를 주었음에도 불구하고 부상당했다고 말하면서 빨리 안전지대로 피신할 것을 명령했다. (…) 나는 병원 입원에서 김용길 사령관 동지의 특별명령을 갖고 있었다. 그것은 환자트에 가지 말고 병원 직원트에서 직접 치료를 받도록 하라는 것이다. 나는 보름재의 환자트에서 환자생활을 시작했다. 그러나 환자로서의 생활은 희비가 엇갈리는 것이었다. 환자트에 처음 와서 나는 신고 있던 신발을 잃어 맨발이 되었다. 통신원 등 신발 사정이 좋지 않은 요원들에 의한 소행이었다 할지라도 활동에서 불가결한 신발을 잃는다는 것은 중요한 문제였다.

더군다나 빨치산들이 지켜오던 해방구는 계속 위협을 받았으며 조국해방을 위한 유격투쟁의 도덕적인 명분도 점차 바래가고 있었다. 대원들의 심리적 정신적 동요가 갈수록 심해져 갔으며, 대원들의 이탈과 자수가 가속화되었다. 박현채가 속한 부대도 결코 예외는 아니었다. 박현채는 과도기적이고 해방구 사수조차 '어려운 시절'의 분위기를 같이 기억하고 있다.

이 시기는 모든 면에서 과도기적인 상황이었으므로 대원들의 행동 또한 과도기적이었다. 이런 상황 속에서 많은 동료들의 태도는 비위에 어긋났고 그 과정에서 우리를 분격케 했다. 해만 떨어지면 많은 동지들이 서로를 피해 산 구석에 앉아 눈물을 쏟으며 훌쩍이는 것이 일상화 되었다. 나는 그런 것을 피하지는 않았지만, 그런 자리를 만나면 서로 자리를 피해 주는 것이 일상적인 관행으로 되었다. 나는 그런 행위가 죽음을 회피하거나 운명적으로 슬퍼하는 것이라고 하면서도 공식적으로 문제 제기한 적은 없었지만 개인적으로는 이를 지적해서 논의를 제기했었다. 조국을 위한 의무를 수행하다가 죽음에 직면한다면 그것 앞에 서슴없이 기쁜 마음으로 헌신해야 한다는 것이 나의 입장이었다. 그와 같은 태도는 그들에게 가족이 있었다는 점에서 어느 정도는 이해될 수 있는 문제이기는 하지만, 그렇게 해야 하는 것이 조국을 위해 싸우는 길이고 우리가 사는 길이라는 의미에 있어서는 지금도 변함이 없다. 그 시기 나는 많은 동료들의 고뇌 속에서 나 자신을 가누기가 어려웠다. 그리고 이런 것들은 많은 동료들의 죽음과 변신 속에서 해결되어 갔다.[288]

이 시기는 어려운 시기였다. 해방구는 경찰로부터 그 존립을 위협받고 있었다. 남원에 경찰토벌대가 조직되어 백아산 본산 마당바위에 주둔하면서 학천경찰서를 두었으며, 원리 앞 선새제 위에 지서를 토치카로 만들어 놓고 우리 방위부대와 일상적으로 대치, 전투하고 있었다. 우리의 경우 연대는 편성되었으나 편제를 완전히 조직하지 못한 채 전투를 매일매일 진행하고 있었다. (…) 해방구를 일정하게 유지는 하고 있었으나 백아산 정상을 빼앗기는 바람에 계속되는 전투 속에서 외곽지대를 지키는 정도에 지나지 않았다. 이 과정에서 대열의 동요는 심했다. 많은 대원들이 이 시기에 대열을 이탈하거나 자수하고 있었다. 계속되는 빨치산 투쟁에서 이 시기에 대열 이탈자가 가장 많았다. 어떤 녀석은 그날 저녁에 자수하려고 하면서 낮에 잠자는 나를 굳이 깨워 이발을 해주고는 밤에 대열을 이탈, 자수하였다.[289]

대오의 이탈 이외에도 심각한 문제는 산재해 있었다. 가장 심각했던 것은 '보급투쟁'이었다. 전선의 교착으로 북한에서 제공되던 물자가 원천적으로 봉쇄되자, 유격대는 자체적으로 보급투쟁을 전개할 수밖에 없었다. 특히 전쟁 이후 빨치산 활동의 상당 부분은 보급투쟁으로 이루어져 있었다. 초기에는 현물세나 애국성출미 등을 통해 자발적으로 인민의 지원을 받았다.[290] 하지만 점차 인민들의 자발적인 협조에 의한 식량 확보는 어려워졌고, 보급투쟁은 인민에 대한 '약탈'의 형태를 띠게 되었다.[291] 반복되는 전투와 매일 이어지는 보급투쟁 속에서 빨치산은 인민을 잃었을 뿐만 아니라, 자기 자신도 상실해 갔다. 1951년 즈음의 박현채의 기억은 보급투쟁의 심각성을 잘 드러내어 준다.

> 1951년은 전체적으로 유격투쟁을 위한 상황이 안 좋았다. 서유에서 우리들의 겨울 대비는 식량을 비롯한 먹을 수 있는 재화의 비축에서 주어졌다. 이 시기에 재화의 비축이 생감의 수집과 비축으로 이루어진 것도 식량의 겨울 비축을 위한 것이었다. 이 같은 운동은 나중에 상호 경쟁을 낳아 감나무 등의 벌채에 의한 감의 확보경쟁으로 된다. 한 해의 겨울을 보내기 위한 산 나무의 희생은 지나치게 낭비적인 것이었다. 물론 이와 같은 비축경쟁은 뒤에 바로 수정되었지만 많은 감나무들이 베어진 것은 큰 자원의 낭비였다. 상황은 점점 어려워져 가고 나빠진 상황에 대한 우리의 대응 또한 자꾸 악순환이 되는 것이었다. 1950년 겨울에는 산간에 있는 인민들의 가옥에 의존하는 것이었으나 1951년 겨울은 길가의 산야에 무작정 잠자리를 마련하거나 산골짜기의 트에서 불을 피면서 잠을 자는 것이었다. 1952년이 되면서 고정트에서의 생활로 정착화된다. 1951년 겨울 우리는 적의 동기 공세 속에서 노변에서 잠을 많이 잤다. 한 번은 무등산 뒤 도로가를 이동하다가 우리는 길가 소나무 밑 황무지에서 숙영을 했다. 담요를 한 장씩 소지하고 있을 때였기에 몇 사람이 한 조가 되어 한 장을 깔고 몇 장을 같이 덮고 잤다. 눈이 올 때이므로 밤에 자다 일어나 보면 모두가 눈에 잠겨 있고 서있는 것은 나무 밑에 서 있는 보초뿐이었다. 이런 잠자리에서는 중간

에 깨어 다시 잠이 드는 일이 지극히 고난스러운 것이었다. 이 고통을 못 이기고 몇 사람이 투항을 했으니 그 상황은 지금의 나도 이해할 만하다. 게다가 비생산적인 전투 일정이 중첩됨으로서 보급투쟁은 연속적인 활동이 되어 버렸다. 날마다 계속해야 하는 보급투쟁에 성원들은 자기 힘이 더 따라주지 못함을 얼마나 한탄했는지 모른다.[292)]

이제 남로당이 지도하는 유격대 투쟁은 마지막 절벽으로 밀리고 있었다. 그렇다면 박현채는 남로당 그리고 유격대 투쟁에 대해 어떻게 생각했을까? 1953년 8월 26일, 「제5지구당 결정서」를 통해 북조선노동당은 빨치산의 불합리한 운영, 경남 빨치산의 전멸 등의 책임을 물어 유격대 투쟁을 실제로 책임졌던 남로당의 박헌영과 이승엽을 숙청했다.[293)] 하지만 북측의 평가와 달리 박현채는 기본적으로 남로당과 국내파 사회주의 운동에 정통성을 부여했다. 어쩌면 박현채에게는 남로당 이외에 지도를 받을 당이 현실에서 존재하지 않았을지도 모른다. 그는 좌우편향이라는 이상주의를 경계했지만, 현대사에서 국내파에 '정통성'을 부여했다. 대표적인 예가 남로당을 일방적으로 비판했던 이호철의 소설 「남에서 온 사람들」에 대한 그의 분노나, 『해방전후사의 인식』에서 남로당에 대한 평가를 둘러싼 김남식과 대립이었다.[294)]

그렇지만 박현채가 빨치산 활동 시기 남로당에 대해 찬양 일변도였던 것은 아니었다. 그는 시간이 갈수록 관료주의, 전위정당에 걸맞지 않은 당원의 대규모 양산, 비정상적인 당 운영 방식 등을 목도했다. 화순 전투과정에서 세포위원장이 권한으로 '입당'이 이루어졌던 것이 대표적인 사례였을 것이다.

이 시기 투쟁 중에서 크게 기억에 남는 것은 화순 둠벙재에서의 싸움이다. (…) 보급투쟁에서 돌아온 부대가 배낭을 풀고 아침을 준비하는 사이 적이 기습해왔다. 사격의 신호탄이 올랐을 때 우리는 배낭을 벗고 아침을 준비하는 중이었다. "사격 개시!" 소리를 듣고 뒤를 되돌아 봤을 때 바로 옆에 일직선으로 탄흔을 남기면서 사격이 계속되고 있었다. 군사지휘관은 없었고, 광주시당 부위원장과 몸이 안 좋은 중대장 한 명만이 있는 상황이었다. 이런 상황에서 정치일꾼으로서 나는 군사지휘권을 인계받지 않을 수 없었다. 지휘관으로서 나는 탈출로를 생각하지 않을 수 없었으나 무등산으로 가는 길은 막혔고, 거기가 막힌 상황에서 밑으로 가는 모든 길 역시 막혔다고 생각하지 않을 수 없었다. 가장 가능성 있는 길은 동면과 화순 쪽에서 오는 길과 마주치는 삼거리가 있으나, 거기에서는 적과의 전투가 예상됨에 따라 당 세포회의를 소집하여 결사대를 조직하지 않을 수 없었다. 나는 당세포 회의를 소집하여 한 명의 당원(조〇〇 동무)에게 척후로서 앞설 것을 명하고, 대원 가운데서 입당을 원하고 있었던 이〇〇 동지의 입당을 허가하고, 조 동무와의 동행을 명하면서 삼거리로 접근했다. 덤벙재에서의 싸움은 우리에게 중요한 교훈을 주었고 나에게는 최초로 화선당 회의 운용이라는 중요한 경험을 주는 것이었다. 화선당 회의는 부대가 위기에 처했을 때 당 일꾼이 긴급한 상황에서 조선노동당의 이름으로 변칙적으로 운영하는 것이다. 이런 상황에서 당세포위원장은 절대적인 권한을 행사하며 이 시기 당일꾼에 의한 당운영을 당이 사후적으로 추인하도록 되어 있는 비정상적이고 긴급한 시기의 당운영 방식이다. 그와 같은 비정상적인 상태에서 당 운영 방식으로서 주어진 것이 세포위원장에 의한 입당 허용권이다. 화선당 회의에서 세포위원장의 권한은 절대적이다.[295]

하지만 박현채 역시 부대를 떠나 '오일오 결정' 수행과 '팔사 투쟁'을 위해 물건을 조달하려다가 체포되고 만다. 어처구니없게도 그의 체포 역시 거점책이 이중첩자였기 때문이었다. 같이 검거되었던 장기향의 회고를 보면 다

음과 같다.[296)

'팔사 투쟁'은 팔월 오일에 실시될 정·부통령 선거에 대한 교란 및 저지 투쟁이었다. 그런데 아무 일도 시작해보지 못하고 침투하자마자 잡히고 만 것이다. 그 거점책이 이중첩자라는 것을 선요원도 몰랐다는 것이 어처구니가 없는 한편으로, 그 동안 자신들의 조직이 그런 식으로 물이 새고 있었다는 것을 실감해야 했다.

이렇게 박현채는 이중첩자에 의해 검거되었고, 가족의 구명운동으로 구사일생으로 살아남아 40여 년간 '노예의 언어'를 통해 자신의 신념을 표현하고자 했다. 돌이켜 보면, 박현채가 민족경제론을 통해 하고자 했던 이야기는 한국 자본주의가 파국적인 위기에 빠져서 새로운 사회로 변화될 것에 대한 믿음일지도 모른다.[297)] 특히 그는 자신의 빨치산 경험에 대해 '신성시'했다. 박현채의 중학교 시절 벗인 최창학은 친구들과의 회식 자리에서 박현채가 했던 다음과 같은 말을 기억하고 있다.

자네들보다 어린 나이에 빨치산이 된 치들은 없다며? 그렇다면 자네들
이야말로 더 라스트 파르티잔 제너레이션이 아닌가? 아마도 우리 현대
사에 조국 통일을 위해 싸운 영광스러운 전사로 기록될 걸세. 차제에
입산 동지회라도 만들지 그러나…[298)]

이처럼 평생 '마지막 파르티잔 제너레이션'이자 '사회주의자'라고 스스로 생각했던 그는, 자본주의가 무너지면 그 다음에는 사회주의가 올 것이라는 데 의심을 품지 않았다.[299)] 하지만 박현채의 '파국론적 사고'와 달리 파국은 사회주의에서 먼저 일어났다. 유년기 『중국의 붉은 별』을 읽고, 화순 탄

광 노동자들의 주먹밥에 감동하며, 민족을 위해 목숨을 바칠 것을 맹세하고 산으로, 문화중대장으로 투신했던 박현채에게 '사회주의'라는 신념이자 높은 도덕을 포기하라고 강요하는 것은 마치 종교인에게 자신의 신앙을 져버리라는 '배교행위'를 강요하는 것과 다를 것이 없었을 것이다. 이른 10대 시절 정치활동 경험과 생사를 넘나드는 빨치산 체험은 그로 하여금 사회주의를 포기할 수 없게 만들었을 것이다. 그러나 이론보다 현실을 우위에 두되 원칙을 포기하지 않았던 박현채에게 1991년 현실 사회주의의 몰락은 커다란 충격이었다. 타고난 건강 체질이었던 박현채가 갑자기 기운을 잃어버린 것도 그 무렵부터였다. 조정래는 자신이 본 박현채의 모습 가운데 가장 불행해 보였을 때는 소련이 붕괴했을 때라고 언급하면서, 말년의 박현채가, "사회주의가 몰락하지 않으려면 다당제는 아니더라도 최소한 양당제는 했어야 했다"고 말했다고 전한다.[300] 생전에 그는 사회주의권의 몰락을 현실로 받아들이기를 거부했으며, 사회주의의 문제는 흐루시쵸프, 고르바쵸프 등 간신배 탓이며, 관료주의를 경계해야 한다고 말했다는 것이 간간히 전해질 따름이다.[301] 역사학자 에릭 홉스봄이 자서전인 『미완의 시대』에서, "나는 베를린 생활을 통해 일평생 공산주의자로 살아가게 되었다"고 술회했듯이, 박현채도 광주서중과 빨치산 경험을 통해 공산주의자가 되었으며 1960~70년대 생사를 넘나들며 민족경제라는 이론적 실천을 포기하지 않았던 것은 이 시기 부모, 좌익 친척들, 광주서중 시기 활동 그리고 산 생활 시기의 빨치산 체험에서 비롯된 것이다.

그러나 그는 늘 국가의 경계를 응시하고, 자신이 대한민국이 경계지운 악/나쁨에 동조하는 지 스스로 제한했다. 그렇지 않았을 때 검열·공안기관으로부터 돌림병 같은 '간첩-지식인' 의혹을 받을 수 있다는 실체 없는 공포가 그의 일생을 지배했다. 하지만 평생 자신이 세상에 큰 소리로 떠들고 싶은 빨치산이라는 정체성을 숨기고 살아야만 했던 박현채를 4.19의 세례를 받은 개인내지 1960년대와 1970년대의 저항적 지식인으로만 가두어 두는 것은 공정하지 못하다는 것이 내 생각이다. 생존을 위해 박현채가 써대던 수다한 원고들의 한편에는 그가 휘젓고 다니던 백아산의 풍경과 비트의 모습들, 그리고 그와 울고 웃으며 생사를 같이 했던 많은 얼굴의 빨치산들이 그를 언제나 지켜보고 있었기 때문이다. 만일 박현채가 살아 있다면, 삭제된 글이 하드 디스크 어디엔가 남아서 전문가의 손으로 복구되기를 여전히 바라듯이, 빨치산 투쟁과 민족해방의 꿈은 아직도 그의 뇌리, 어딘가에 남아 있다고 말할지도 모르겠다.

제3부

서발턴과
사건들

1. 황량한 '광주'에서 정치를 상상하다

광주대단지 사건

"당국에서는 아무런 대책도 없으면서도 그 추운 겨울에 꼬박꼬박 계고 장을 내어 이에 응하지 않았다고 마을사람들을 개 취급했고, 집을 부숴버리는 것까지는 좋았는데, 당장 올데갈데없는 우리들에게 불까지 질러, 돈이나 천장에 꽂아두었던 봄에 뿌릴 씨앗 등이 깡그리 타버리고 말았다. 하물며 당국에서까지 이처럼 천대와 멸시를 받아야 하는 우리들에게 누가 달갑게 방 한 칸 내줄 수 있겠는가? 옛말에도 있듯이 태산은 한 줌의 흙도 거부하지 않았으며, 대하 또한 한 방울의 물도 거부하지 않았다고 하지 않는가? 세상에 돈 많고 부유한 사람만이 이 나라의 국민이고, 죄 없이 가난에 떨어야 하는 삶들은 모두가 이 나라의 국민이 아니란 말인가?"

– 김현장, 「르포 무등산 타잔의 진상」, 『월간 대화』 8월호, 1977

제3부에서 첫 번째로 소개할 1971년 '광주대단지 사건(8.10 사건, 대단지 사건)'은 아직도 폭도들에 의한 난동이나 폭동 등으로 불리고 있다. 당시 대부분 신문과 방송들도 예외 없이 이 사건에 '난동(亂動)'이란 꼬리표를 달았

다.[1] 비록 대단지사건은 시작된 지 6시간 만에 끝났지만, 그 이름은 박정희 시기에 본격적으로 등장했던 서발턴의 존재를 복원하는 데 중요하고 민감한 역사적 사건이다.

하지만 한국현대사에서 대단지 사건은 말 그대로 '하루 동안에 일어났던 우발적이고 일시적인 사건'으로 간주되거나, 1960년대 후반 이후 수출주도 산업화 과정에서 필연적으로 발생할 수밖에 없었던 '사회구조적인 결과'로 서술되었다. 이처럼 광주대단지 사건은 한국현대사에서 일회적 사건으로 과소평가되거나, 개발독재 시기 필연적으로 발생할 수밖에 없었던 사건이라는 양면적인 평가가 공존하고 있다.

과연 광주대단지 사건이 단지 일회적인 도시하층민의 분노의 표출로 평가될 수 있을까? 나는 광주대단지 사건은 개발독재 시기 도시하층민과 빈민에 의해 전개된 도시봉기라고 생각한다. 현재 진행되고 있는 민주화운동과 과거사 진상 규명 가운데 상당수는 지식인, 학생, 재야, 정치인 그리고 조직화된 민중운동에 초점이 맞추어져 왔다. 하지만 광주대단지 사건과 같이 익명성을 지닌 도시하층민 등 서발턴들이 결부되었던 사건은 잊히거나 사회적으로 망각을 강요당했다. 그렇다면 광주대단지 사건은 왜 공식화된 이름조차 없는 채 오늘까지 이어져 왔을까? 이런 의문들과 관련된 첫 번째 질문은 '1971년 8월 10일, 대단지 사건을 전후로 광주대단지라는 사회적 공간에 대한 정부, 중산층 그리고 도시하층민 등 여러 행위자들의 시각은 무엇인가?'이다. 그리고 또 하나의 질문은 '광주대단지 사건 이후 광주대단지라는 사회적 공간에 대해서 어떤 의미가 부여되었는가?'이다. 마지막 질문은 '같은 시기 학생, 민중운동 등 조직화된 민주주의 운동과 이질적인 광주대단지라는 사건이 지니는 의미는 무엇인가?'이다.[2] 그리고 이러한 의문을 풀기 위한 실마리를 나는 '전성천'이란 인물로부터 찾아볼 것이다.

박정희 시대의 '구빈원'

1970년대 광주대단지와 도시하층민을 둘러싼 지배적인 담론들은 어떤 것이었을까? 박정희 시기 도시위생과 무질서한 도시하층민의 공간적 집중을 막기 위한 가장 손쉬운 방법은 '정착지 이전 방식'이었다. 광주대단지 사건 당시 담당 사무관 가운데 한 명이었던 손정목은 1969년 현지답사 기록에서 대단지 사업에 대한 '희망적인 전망'을 다음과 같이 전하고 있다.[3]

지금까지의 불량건물 정리사업의 소규모적이고 응급처치적인 대책을 벗어나 대규모주택단지를 조성, 이를 불량건물정리대상 시민에게 분양, 정착시킴으로써 기본적으로 합리적인 불량건물정리사실을 도모 (…) 보다 광역적으로 본다면 미개발지역을 주택도시로의 개발은 수도권의 위성도시로 발전시켜 인구와 기능의 지방 분산책을 구현

그러나 이런 희망과 달리 1970년대에 이르러 점차 도시공간을 둘러싸고 중심과 주변이 명확히 구분되는 '도시적 징후' 혹은 '문제적 현상'이 대두되었다. 그리고 이런 징후가 극적으로 폭발했던 것이 1971년 광주대단지 사건이었다. 국가기록보존소에서 비밀 해제된 1971년 8월 11일자 대통령에게 보고된 「보고서」(보고번호 제71-458호, 보고관 정종택)의 첫 페이지에서 박정희는 8월 10일 발생한 광주대단지 사건을 도시폭동으로 간주했다. 이는 "주동자를 엄단에 처하라(主動者를 嚴斷에 處하라)"는 친필 메모에서 분명히 확인할 수 있다. 이는 사건 발생 직후 주동자 처벌 과정에서도 고스란히 드러났다. 주동자 12명이 검거된 뒤, 10명이 더 검거되어 총 22명이 집시법 위반과 폭력 등 처벌에 관한 법률로 구속되었다.[4]

또한 대단지에서 도시봉기의 성격은 사건 당시 외쳐졌던 구호에서도 확인할 수 있다. 입주증 전매금지 조치, 건물취득세 등 정부 정책에 항의해서

발생했던 광주대단지 사건 당시 외쳐졌던, "허울 좋은 선전 말고 실업군중 구제하라" "백 원에 뺏은 땅 만 원에 폭리 말라" "살인적 불하가격 결사반대" "배고파 우는 시민 세금으로 자극 말라, 이간정책 쓰지 말라"였다. 이는 서울에서 광주대단지로 강제이주된 도시하층민에 대한 차별, 빈곤과 실업난, 조세 저항 등이 결합된 도시봉기의 징후였다.[5]

도시봉기의 징후는 당시 정권과 관료들의 도시하층민에 대한 시각에서도 확인할 수 있다. 1970년대 초 서울시 행정 당국자들의 눈에 비친 서울시 판자촌은, "서울시가 온통 시커먼 루핑 지붕을 얹은 올망졸망한 판자촌으로 뒤덮이지 않을까"라고 서술되어 있다. 이는 불길하고 오염되기 쉬운 도시하층민 집단 거주 지역이었던 판자촌에 대한 공포감이었다. 다른 식으로 말해서 1960년대 후반 이후 전개되었던 대규모 철거와 강제이주에서 드러났던 '도시위생과 대중정치의 위험성'에 대한 행정 당국자들의 공포감을 반영하는 것이었다.

하지만 과연 이들의 봉기는 무지한 자들의 난동에 불과한 것이었을까? 1960년대 중반이후 도시하층민들이 서울로 상경해서 자리를 잡았던 해방촌, 금호동, 옥수동 등지에는 정착지(定着地)라고 불린 끝이 없는 무허가 건물로 가득 찬 마을이 형성되어 도심 주택가와 대조를 이루었다. 광주대단지 역시 "숨통을 죄듯이 다닥다닥 붙은 20평 균일의 천변부락"인 단대리 시장 근처와 "100평 대지 위에 세운 슬라브 집인 은행사택이 들어선 고급주택가"인 시청 뒷산이라는 '상반되는 두 지역' 안에 존재했다. 윤흥길의 소설 「아홉 켤레의 구두로 남은 사내」에는 광주대단지에 대한 주민들의 양가적인 감정이 잘 묘사되어 있다. 광주대단지 사건이후 폭설로 도착하지 않는 버스를 기다리는 두 남녀의 대화에서, 대단지에 거주하는 여성은 대단지에 산다는 것을 부끄럽게 여기는 남성에게 다음과 같은 '역설'을 반복한다.[6]

"아가씨 얘긴 성남 사는 게 매우 자랑스럽다는 듯이 들리는 군요."

"그래요. 전 자랑스러워요. 누구한테나 제가 성남 사람이란 걸 떳떳이 내세울 수 있어요. 지금까지 저희 집안은 오랫동안 여기저기 떠돌아다니면서 고향도 없이 살아왔어요. 그랬는데 고향이란 게 생긴 셈예요."

하지만 몇 시간 지나지 않아 여성은 떨리는 목소리로 자신의 거짓말을 고백한다. 아마도 추위와 자기기만에 대한 공포 등이 얽혀서 사시나무 떠는 것 같은 모습이었을 지도 모른다. 다시 그녀의 말을 들어보면 다음과 같다.[7]

"[광주대단지를] 사랑한다는 건 다 거짓말예요. 그리고 조금도 자랑스럽지 않아요. 고향도 뭣도 아녜요. 그저 언제까지나 제겐 타향일 뿐예요. (…) 돈을 벌어서 꼭 우리 아빠 소원을 풀어 드릴께요. 아빠가 다시 서울특별시 사람이 되는 건 아빠의 소원이자 제 소원이기도 해요."

그녀에게 광주대단지는 고향이자 자신의 정체성을 만들고 싶은 공간이 었지만, 대단지사건 이후 주민들은 '이등 국민', '폭도' 등 자신들에게 가해지는 폭력을 일상적으로 예감했다. 서울특별시민이 되고자 하는 그녀의 말은 주변으로서 성남과 중심으로 서울 사이에서 '중심-주변'을 전위시키려는 욕망이었다. 그렇다면 왜 주민들은 서울시민이 되고 싶어 했을까? 그 해답의 실마리를 찾기 위해 1971년 광주대단지로 강제이주되었던 도시하층민의 상황을 잠시 엿보면 다음과 같다.

전기 수도가 없어 호롱불로 불을 밝히고 냇물을 길어다가 쌀을 씻고 인근야산의 생나무를 베어다 밥을 하는 (…) 공중화장실조차 없어 인근 야산은 순식간에 온통 인분으로 뒤덮히는 (…) 이질, 콜레라, 설사

등의 전염병에 시달려 전염병이 심했던 70년 초여름에는 한 천막촌에
서 하루에 서너 구의 시신이 실려 나오는

마치 19세기 중반 흑사병이 지나간 유럽의 빈민촌을 연상시키는 위의
구절은 대단지가 정부가 만들어 놓은 '구빈원'에 다름이 없었음을 드러내 준
다. 어처구니없었던 점은 서울시는, "인구 10만 명만 모아놓으면 어떻게 해서
든 뜯어먹고 산다"는 기막힌 발상을 했다는 사실이었다.[8] 당시 소설가 박태순
이 주민들을 인터뷰했던 자료를 보면, "서울 시내의 귀찮은 존재들인 무허가
주민들을 철거 이주시키자는 목적은 그대로 살아 있고, 광주단지의 유보지
를 팔아서 자원을 마련하는 계획 또한 그대로 살아 있다"고 언급했던 것처럼
주민들의 눈에 비친 서울시의 시각은 분명했다.[9] 또한 사건 직후 언론은 "광
주단지 사태의 교훈―이질감의 불식에 위정(爲政)의 눈을 돌려라"란 사설에
서 난동을 일으킨 사회 밑바닥 층의 심리에 대해 언급하며, 등외지대, 등외
국민으로 버림받고 있는 이들에 주의를 기울여야 한다는, 다시 말하자면 '이
질적인 도시하층민'을 사회 제도 내부로 끌어 들여야 한다는 '경고'도 덧붙였
다.[10] 뿐만 아니라 사건 직전 정부 보고서(「광주대단지 철거민 현황, 문제점 및
대책」)에서도 이들을, "식생활에 쪼들린 나머지 대부분의 주민들은 신경질적
이며 저녁에 폭행 등 싸움이 많음"이라고 도시하층민의 비정상성을 강조하고
있다.[11] 또한 정착지로 이주한 도시하층민들에 대해 '비정상인' 혹은 인간 이
하의 '주변계급'이라는 말을 흘리기도 했다.[12]

광주대단지에 이주해온 이래 사람들은 좌절의 나날을 보내야 했다. 가
끔은 술에 못 이겨 이웃과 다툼이 벌어지기도 했던 것도 이런 탓이었
다. 광주대단지 바깥에선 언론이 [대]단지사회에 대한 억지소문을 사람
들에게 주입시키고 있었다. 사회에 뒤쳐진 놈들이 민둥산에 떼거리로

광주대단지의 천막촌.
[출처: 『광주시사』 제5권, 경기도 광주시청, 2010]

광주대단지는 정부가 만들어 놓은 '구빈원'이나 다름없었다. 어처구니없었던 점은 서울시가, "인구 10만 명만 모아놓으면 어떻게 해서든 뜯어먹고 산다"는 기막힌 발상을 했다는 사실이었다.

몰려 우글거리는 곳이라고. 허구한 날 술이나 먹고 싸움이나 하고 일
도 안하는 놈들이라고…

당시 국회 입법조사관인 이상민의 '광주대단지 사건'에 대한 한 보고서
에서도 도시하층민의 공간적 결집에 대한 공포를 감지할 수 있다.[13]

유독 못사는 철거민만을 이주시키려고 하는 것은 합리적인 해결책이
되지 않을 뿐만 아니라 무모하기 짝이 없는 정책이 아닌가? 그 이유는
첫째, **못사는 다수의 민중을 한 곳에 결집시켜 놓으면 반란 세력을 구
축하기 용이하고 폭동의 흥기(興起)가 쉽다는 점도 있고,** 둘째, 이 상태
에서 15만 명의 빈민집단으로 도시화한다 해도 서울 인구를 분산시키
는 데 어느 정도의 도움을 줄 뿐 도시의 약동하는 생명력과 자립도가
의심스럽고, 또 세계 어느 곳에서도 찾기 힘든 불량하고 불미스런 도시
가 되지 않을까 우려되기 때문이다.

이처럼 지배집단에게 광주대단지는 위험천만한 장소였지만 도시하층민
들에게는 지배자들이 설정한 지리적 단위와 이질적인 동시에 지배담론이 완
벽하게 통제·흡수할 수 없는 사회적 공간이었다. 2부에서 다루었던 탄광촌이
나 도시빈민촌 그리고 박정희 시기 여성 노동자들이 거주하던 쪽방 등이 그
러한 장소였다. 이처럼 도시하층민의 거주지는, 지배담론의 통제가 완벽하게
관철될 수 없는 이질성을 지닌 장소였기 때문에 오히려 루머와 소문 등을 통
해 도시봉기가 일어날 수 있었다.

대단지의 하층민들과 민심의 이탈
그렇다면 1971년 8월 10일 광주대단지에서 일어났던 밑으로부터 봉기는

어디에서 연유했던 것일까? 이미 광주대단지는 그 탄생에서부터 '폭발'의 가능성이 잠재되어 있었다. 문제는 '잠재되어있던 폭발'의 가능성을 누가, 어떻게 점화시키느냐가 관건이었다. 대단지 주민들의 정부, 서울시 그리고 행정당국에 대한 '뿌리 깊은 불신과 불만'은 1969년경부터 시작되었으며, 이는 시간이 갈수록 심화되었다.[14] 다만 주의해야 할 점은 광주대단지에 거주했던 모든 주민들이 같은 불만을 지닌 것은 아니었으며, 불만의 소재에 따라 봉기에 참여와 불참이 나뉘어졌다.

당시 광주대단지에 거주했던 주민은 크게 원주민, 철거민, 전매 입주자 그리고 세입자로 구분될 수 있다. 일부 부동산 투기업자를 제외하고 이들은 기아와 빈곤, 저소득, 불안정한 거주 환경, 상수도, 전기, 교통의 불비(不備), 서울시의 투기 방조로 인한 상실감 그리고 정부, 서울시 그리고 공화당이 제시한 '건설 붐'으로 상징되는 장밋빛 환상의 좌절과 뒤따른 실업의 창궐과 고용불안 등 경험을 공유하고 있었다. 그렇다면 이러한 불만이 '민심의 이탈'로 이어지는 일련의 양상을 추적해보도록 하자.

초기 서울시의 도시빈민들에 대한 대책은 크게 세 가지로 나누어 볼 수 있다. 첫 번째는 무허가 건물의 양성화, 두 번째는 시민 아파트 건축 그리고 마지막이 정착지조성책이라고 불리는 '이주정책'이었다. 이 가운데 서울시가 제일 선호했던 대책은 서울시의 재정불안을 재정위기로 전화시킬 가능성이 제일 낮은, 다시 말해서 비용이 가장 적게 드는 '세 번째 안'인 정착지 조성정책이었다. 강제적인 철거 등 방법을 통한 정착지 조성책은 이미 1950년대 후반부터 시작되었다. 이때도 정착지조성 사업은 '무허가 건물과 마을의 장소 이전'으로 끝났던 것이 아닌, '무허가 건물 공인지대의 조성'으로 이어졌다. 이런 악순환은 1962년부터 1970년까지 계속되어, 전체 20개 지구 4만 3,509가구분의 정착촌이 들어서게 되었다.[15] 이처럼 정착지 조성책은 이주민의 사회경제적인 안정을 도모하기 위한 것이 아니라, '경영 사업'이라고 불린 속칭 '땅

장사'를 통해 서울시의 적자를 메꾸어 보려는 의도가 숨겨져 있었다. 또한 사업인가과정이 서울시-건설부-경기도 행정부처간의 협조로 이루어졌다는 사실 등으로 미루어볼 때, 경영 사업은 '국가적 수준'의 사업이었다.[16]

다음으로, 철거민, 전매 입주자, 세입자 그리고 원주민으로 구분되는 대단지 주민들이 대단지에서 어떤 경험을 했는지 살펴보도록 하자. 먼저 주목해야 할 층은 철거민이다. 1968년에서 1970년 사이에 광주대단지로 이주했던 철거민은, 1969년에 1만 4,150명이, 1970년에는 7만 2,150명이 이주했으며 3년 사이에 약 12만 명이 대단지로 이주했다.[17] 하지만 서울에서 강제로 이주한 철거민들에게 광주대단지는 결코 꿈의 도시가 아니었다. 서울 무허가 주거 지역에 살던 때와 마찬가지로 주거 문제, 조악한 위생 시설, 서울과 광주 간 교통 시설—특히 출퇴근을 위한 시영버스 문제—의 미비로 이들은 그나마 서울에서 다니던 직장마저 잃어버릴 처지였다. 이런 상황에서 철거민들은 택지 분양증을 다시 부동산 업자에게 팔고 서울로 돌아가는 경우가 적지 않았다. 하지만 이들이 대량으로 서울로 다시 들어오는 것을 막기 위해 서울시는 주민등록증이나 무허가주택에 대한 대규모 조사 작업, 철거반 상주 등을 통해 이들의 '서울 재진입'을 막았다.[18] 이러한 조건 아래에서 철거민들이 광주대단지에 머물렀던 유일한 동기는 택지 분양과 공장 유치뿐이었다. 택지를 분양받아서 자기 이름으로 된 집을 소유하는 것 그리고 광주대단지에 공장이 유치되면 일자리가 생기는 것이 이들이 기댈 유일한 '언덕'이었다.

두 번째로, 전매입주자들은 철거민들과 달리 강제로 광주대단지로 이주한 집단은 아니었다. 광주대단지 개발계획이 발표되고, "광주가면 살 판 난다"는 건설 붐이 확산되자, 이농민, 도시빈민, 실업자 그리고 서비스업 종사자 등이 생계 문제 해결과 택지 전매를 통해 자기 집을 마련하기 위해 광주대단지로 몰려들었다. "서울 근교 광주대단지라는 곳에 가면 무허가 건물을 짓고 살 수가 있어 딱지[19]라는 것을 사면 땅도 20평씩 얻을 수 있어, 좀 불편하지만 서울에서 출퇴근이 가능해"란 소문이 삽시간에 전국으로 퍼져나갔다.[20] 초기에는 철거민이 광주대단지 입주자의 다수였지만, 시간이 지날수록 전매입주자의 숫자가 급속하게 증가해서, 철거민의 수를 넘어섰다. 1971년 조사에 따르면 대단지내 철거민 수가 4만 1,596명인데 비해, 전매입주자 수는 6만 8,623명이었다.[21] 하지만 택지전매로 그나마 가진 돈을 모두 써버렸던 전매입주자들도 철거민과 크게 다르지 않았다. 이들은 일용노동이나 노점장사 등으로 연명할 수밖에 없었으며 이들에게 딱지라고 불린 전매권은 '생존의 유일한 끈'이었다. 이러한 사실이 이후 전매입주자들이 봉기에 적극적으로 참여했던 동기 가운데 하나였다.

세 번째 집단은 세입자(혹은 무단입주자)였다.[22] 이들은 서울시가 강제로 이주시키거나 혹은 전매권을 매매하기 위해 자발적으로 광주대단지로 이전하지 않은, 이른바 '초대받지 않은 손님'이었다. 이들은 서울에서 무허가 세입자 또는 노숙자 생활을 하다가, 무허가 거주자들이 광주대단지로 대거 이전하게 되자 이들과 같이 대단지로 이주한 집단이었다. 서울시는 이들에게 전매권을 주지 않았으며, 굳이 이들도 광주대단지에 올 동기는 없었다. 다시 말해서 이들은 광주대단지의 '최하층'이었다. 이들은 1970년 6월 16일 진정서를 통해 서울시에 자신들에게도 전매권을 달라고 요구했지만, 서울시는 일언지하에 거부했다.[23] 이는 세입자 층과 앞서 언급한 두 그룹간의 '차이'를 낳았고, 이런 차이가 8.10 봉기 과정에서 이들이 '소극적인 태도'를 취했던 원인 가운데 하나였다. 세입자들은 대단지에서 시위에 대해, "우리는 가만히 있었으며, 당시 주동은 전매입주자들이었다. 그들이 땅값을 올림으로써 그들에게 이익이 적게 갈 것을 염려해서 난동을 벌인 것이다"라고 주장했다.[24]

광주대단지에 거주했던 마지막 집단은 '원주민'이었다. 다른 지역에서 광주대단지로 이주한 위의 세 집단과 원주민은 '다른 역사'를 지니고 있었다. 산업구조로 볼 때 1차 산업이 90%로 절대적인 우위를 차지했던 이 지역에서 원주민들은 전통적으로 농사를 짓고 살던 사람들이었으며, 초기에는 전매권 등을 둘러싼 이해관계도 없었다. 오히려 유보지를 확보하기 위해 정부가 이들에게 '현금보상'을 하는 것에 대해 긍정적인 태도를 보였다. 이들은 현금을 확보해서 도시로 나갈 수 있는 가능성을 찾았던 것이다. 하지만 서울시의 경영 사업에 대한 정보를 알게 되자 이들의 태도가 다소 변화했다. 원주민들은 저가 현금으로 매매한 택지에 대한 보상을 '환지'를 통해 얻으려고 했으며 이를 둘러싼 쟁점이 형성되기도 했다. 부동산 투기업자들이 대단지 개발 사업 계획을 입수하고, 원주민들에게 서울시가 제시했던 가격보다 높은 가격에 토지를 매매해서 서울시에 웃돈을 얹어 팔려고 했기 때문에, 원주민들의 반응은 점차 변했던 것이다.[25] 하지만 이들 역시 대단지에서 일어났던 봉기에 적극적으로 참여하지는 않았다.

이상에서 살펴본 바와 같이 원주민을 제외한 세 집단—철거민, 전매입주자 그리고 세입자—은 유사한 조건 아래 있었다. 이들은 대부분 일용직, 비정규직, 임시직 노동자로 일했으며, 이는 당시 대단지의 '직업분포도'를 통해서 확인할 수 있다. 1972년 7월 자료를 보면, 대단지의 직업 분포는 자유노동이 52.2%, 상업이 20.1%, 서비스업이 7% 순서였다.[26] 이들은 도시에 거주하는 도시하층민내지 빈민이자 이농민이었다. 하지만 도시하층민의 사회적 위치가 이들의 '이반', 즉 서울시와 정부에 대한 불신으로 곧바로 이어졌던 것은 아니었고, 불만의 수준도 다소 달랐다. 광주대단지 형성을 둘러싸고 이들의 '공통적인 경험'과 '차별적인 경험'이 동시에 공존했던 것이다. 다음으로 대단지 주민들의 구체적인 불만의 소재를 살펴보도록 하자.

우선 대단지 하층민들에게 가장 중요한 불만의 소재는 높은 실업율과 고용 불안이었다. 이들은 서울에서 무허가주택에 거주했지만, 영세 자영업 내지 자유노동 등을 통해 불안정한 고용상태나마 유지할 수 있었다. 하지만 이들이 대단지로 이주한 뒤에도 실업률은 23%에 달했으며, 애초 1971년에 공장·산업시설을 건설하겠다는 약속과 달리 고용효과는 3%에 불과했다. 이에 대한 대책으로 제1, 2공업단지 등 산업 시설이 만들어졌지만, 공장이 가동되어도 취업률은 높아지지 않았고 일당 130원에 주로 10대 여성들이 취업하고 있는 상황이었다. 1968년부터 1971년 사이 대단지 조성사업 실적에 관한 통계 수치를 살펴보면, 공장 유치는 100개소 목표에 49개소만 건립되었고, 특히 목표했던 고용인원은 4만 5,000명이었지만 실제 고용된 인원은 1,570명으로 3%에 불과했다.[27] 이와 같이 애초 공장 건설에 대한 투자가 제대로 이루어지지 않자 술집, 여관, 다방, 식당 등 소비업체만이 줄을 서게 되었다.[28]

다음으로 지적할 수 있는 불만은 '저임금과 빈곤'이었다. 1971년 조사에 따르면 대단지 주민의 42%가 5,000~1만 원의 수입을, 수입이 1만 원 이상인 사람은 18%였으며, 월수입이 3,000원 미만이 13%, 5,000원 미만이 27%였다.[29] 시간이 갈수록 애초 기대와 달리 광주대단지가 자급자족 도시가 되리라는 희망은 사라졌다. 더욱이 1971년 봄 이후 투기 붐이 사그라지고, 주택건설과 공장건립이 중단됨에 따라 집단적인 실업 상태가 이어지자 주민들은 굶는 것을 정상처럼 여겼으며 '생존'의 문제에 집중하게 된다.[30] 실제로 당시 대단지 주민 가운데 세 끼를 모두 먹는 사람은 57.1%였으며 그 가운데 쌀을 먹을 수 있던 사람은 15.9%에 불과했으며, 62.6%가 밀가루로 식사를 해결했다.[31] 이를 반영하듯이 상당수 주민들은 아침에는 죽을, 점심에는 굶고 저녁에는 국수 한 봉지로 연명하는 형편이었다. 이러한 최악의 상황이 지속되자 섭생(攝生)이 부족해서 사망하는 사람이 늘어났고 심할 경우에는 두 달에 16건의 시신을 매장하기도 했으며, 1970년 봄에는 전염병이 번져 한 천막촌에서 서너 구의 시신이 나갈 때도 있었다.[32]

세 번째 불만은 불안정한 거주 환경이었다. 주민들에게 20평의 토지가 분양되었지만 주택을 지을 경제적 능력이 근본적으로 결핍되어 있었기 때문에 이들은 차라리 입주권을 매각하고 기존 무허가 건물에 세 들어 살다가,

기회를 틈타 새로운 무허가 건물을 짓는 것이 훨씬 쉬운 일이었다.[33] 그 결과 이들은 철거를 연중행사처럼 치러야만 했으며 철거민들의 짐은 판자 쪽 다발, 지붕을 이기 위한 루핑 조각과 문짝 그리고 살림살이로 칠이 벗겨진 철제 캐비닛과 밥상이 고작이었다.[34]

마지막 불만은 상수도, 전기, 교통 등의 불비(不備)였다. 광주대단지는 사전에 인프라나 인공성이 근본적으로 결핍된 도시였다. 한 경험자의 말을 빌면, "예산이 사건 터지기 전까지 집행된 것이 17% (…) 경기도로 사업주체를 이관을 해버리는데 경기도는 2년 안에 80% 넘게 지출 (…) 사람들을 집어넣고 나서도 이쪽에서는 사건 터지기 전에 전혀 상수도, 하수도라든지 도시기본시설에 대해서 감이 없었다는 것이다. (…) 이것이 인공성이 전혀 없었을" 정도였다.[35] 뒤늦게 서울시는 1970년 6월에 들어서야 1차적으로 대단지에 상수도와 전기 가설을 발표할 정도였다.[36]

이러한 주민들의 불만과 불안감을 반영했던 것이 '공포의 소문'(내지 루머)이었다. 잇따른 아사자의 발생, 임신한 여성이 배고픔을 참지 못해 아기를 삶아먹었다는 소문은 주민들로 하여금 '나도 그럴 수 있다'는 공포를 자아냈다. 이러한 공포는 개인적인 것이라기보다, 실업, 저임금, 전염병, 정부의 배신 등을 공유한 '집단 기억'이었다. 또한 이는 잠재적인 공포만으로 끝나지 않고 전매권의 일시불 납부와 토지수득세 등의 계기를 통해 행동으로 이어졌다. 그리고 이들의 행동을 매개한 것은 전성천의 '의도하지 않은 민중 선동'과 시정대책위원회라는 '조직'이었다.

민중선동과 봉기: 전성천과 광주대단지

이미 앞에서 말한 것처럼 광주대단지에서 일어났던 도시봉기는 그간 '일회적인 사건'이나 우발적인 집단행동 정도로 이해되었다. 민주화운동사에서도 대단지에서 봉기를 다소 우호적인 경우 '항쟁'이라고 부르지만, 대부분 비숫한 시기에 일어났던 한진상사 파월 노동자와 가족들의 체불임금 요구 농성 및 방화 사건과 더불어 '에피소드' 정도로 서술해왔다. 하지만 광주대단지에서 6시간 동안 일어났던 봉기는 짧았던 시간만으로 설명할 수 없는 복잡한 '쟁점'들을 지니고 있다. 특히 주목해야 하는 점은 전성천과 투쟁위원회(대책위원회 후신)의 성격, 봉기를 전후로 한 대책위원회와 다른 주민 간의 관계 그리고 왜 봉기 참여자들은 집단적인 폭력을 행사했는가 등을 둘러싼 문제다. 여기서는 이들 문제를 '전성천'이란 인물을 실마리로 풀어가 보고자 한다.

1971년 총선 즈음 대단지의 투기·건설 붐은 '절정'이었다. 각종 선심성 공약과 지역발전 대책이 발표되었고 100배 이상 폭등한 땅값은 이런 분위기를 단적으로 반영했다.[37] 실제 서울시가 3월에 실시한 대단지 유보지 매각 공개입찰에서 평당 최고 가격은 20만 9,000원으로, 이는 서울 종로구 신문로 2가나 안국동, 통의동 상업지구와 맞먹는 가격이었다.[38] 이즈음 철거민과 전매입주자 등 주민들은 '정말 낙원이 오는가'라고 생각했을지도 모른다. 실제로 1970년 4월에 서울시장에 임명된 양택식은, 5월 18일에 '광주대단지 개발계획'을 발표했고, 300만 평을 매입 개발해서 5만 5,000가구 35만 명을 수용하겠다고 밝혔다.[39] 더불어 지역 공화당 국회의원 차지철도 국회의원 선거 유세에서, "토지 무상불하, 5년간 면세"를 약속했고, 주민들은 이에 환호했다. 여당 중진 정치인이 그간 막연하게나마 주민들이 가졌던 기대를 '확신'으로 만들어 주었던 순간이었다.[40] 당시 분위기를 지상낙원이라고 묘사한 윤흥길의 소설을 보면 다음과 같다.[41]

지상낙원이 들어선다는 소문이 특히 없이 사는 사람들 사이에 굉장한 설득력을 지닌 채 퍼지고 있었다. (…) 선거철이었다. 지상낙원의 청사진에 갖가지 공약들이 한 획 한 획 첨가되었다. 곳곳에서 기공식들이 화려하게 벌어지고 건설 붐이 일었다. 당장 막벌이 날품팔이들의 천국이 눈앞의 현실로 바짝 당겨졌다.

하지만 '붐'은 붐으로 끝나고 말았다. 국회의원 선거가 끝나자마자 환상을 '불만'으로 돌려놓는 조치들이 연달아 발표되었기 때문이다. 대표적인 것이 전매 금지 조치와 3년 상환이 아닌 일시불 상환 조치의 일방적인 발표였다. 7월 13일부터 14일 사이에 평당 1만 6,000원에서 8,000원까지 20평 내외 토지가격을 7월 31일까지 납부하라는 고지서가 발부되었다. 이 고지서에는, "만약 기한 내에 납부하지 않으면 법에 의해 6월 이하 징역이나 30만 원 이하의 벌금을 부과하겠다"는 단서가 달려 있었다. 이 한 장의 고지서 발부는 하루하루 입에 풀칠하기도 어려웠던 주민들에게 엄청난 충격이었다. 서울시는 토지매수계약을 서둘러 체결함으로써, 광주대단지에 소요되는 개발비용을 충당하고자 했다.[42] 윤흥길의 소설에 등장하는 주인공은 당시 상황을 아래와 같은 몇 마디로 기술하고 있다.[43]

한 장의 통지서가 배부되어 왔다. 6월 10일까지 전매 소유한 땅에다 집을 짓지 않으면 불하를 취소하겠다는 내용이었다. (…) 보름 안에 집을 지으라는 내용이었다. (…) 그는 사타구니에서 방울소리가 나도록 뛰어다니지 않으면 안 되었다. (…) 돈이 되는대로 시멘트와 블록과 각목을 사서 마누라와 함께 한단 한단 쌓아올리기 시작했다.

전매금지 조치가 발표되자마자 투기자본은 차익(差益)을 광주대단지에 투자하는 것이 아닌, 부동산 투기 차익을 갖고 황급히 사라져 버렸고, 그 결과 지역경제는 꽁꽁 얼어버렸다. 정부가 약속했던 택지 3년 분할 상환이 일시불로 바뀌게 되자 경제적 능력이 없던 철거민들은 아무런 대책이 없었다.

또한 이미 전매권을 팔아버린 전매입주자들에게 다시 전매권을 매매해야 한다는 정부 발표는 '이중 매매'로 비추어 졌고 이미 전매권 매매로 모든 돈을 써버린 상태 속에서 치명적이었다. 바로 철거민과 전매입주자들의 '불만의 계절'이 다가왔던 것이다.

이렇게 주민들의 불만이 쌓여가는 가운데 일부 전매권입주자들은 어떻게든지 문제를 정부와 협상이나 담판을 통해서 해결하고자 했다. 이 와중에 등장했던 인물이 제일교회 전성천 목사였다. 전성천은 대단지에 50여 개 존재했던 교회의 목사 가운데 한 명이 아니었다. 1913년생인 전성천은 경북 예천 출생으로, 일본 아오야마 학원(靑山学園)에서 신학을, 1951년 프린스턴 대학에서 석사학위를, 1955년 예일대학에서 철학 박사학위를 받은 뒤 1959년부터 장관급인 공보실장을 역임했고, 1964년부터 1969년까지 신민당 대선 사무차장을 그리고 대단지로 오기 직전에는 경기도 양평 지평교회에서 목회 일을 담당했던 1950~60년대 개신교계의 '최고 엘리트'였다. 그는 준수한 용모에 출중한 달변가로, 선동 연설에서는 당대 최고 수준이라고 한다.

화려한 경력에서 알 수 있듯이, 전성천은 스스로 대단지에 들어와 목회를 시작했으며, 그의 활동은 광주대단지라는 지역을 대상으로 한 것이었다. 원래 그는 57세가 되는 1970년에 미국 웨스턴여자대학의 교수로 갈 예정이었다. 출국 전에 다시 돌아올 수 있을지 모르는 한국을 여행하려던 차에 우연히 대단지 현장을 목격했고, 그는 심한 충격을 받았던 것으로 보인다.[44] 이후 그는 대단지 내 구호, 의료, 봉사, 각종 상담 활동을 도맡았으며 물자, 자금, 인적 지원 등을 끌어오기 위해 자신이 지닌 각종 지명도와 인맥을 동원했다. 7인 위원회를 구성해서 극빈자 115세대에게 쌀과 편물기를 제공했고, 주민이 사망했을 때 뒤처리를 도맡아 해서 '장례전문 목사'로 알려지기도 했다. 그밖에도 경찰서 등 관공서에 주민 민원을 호소했고 가족계획 사업, 영양실조 유아에 대한 우유 배급, 극빈자에 대한 구호사업, 세브란스 병원과 가톨릭의대와 협조해서 무료의료 사업을 추진해서 진료인원이 하루에 3,000명이 넘는 때가 있었을 정도였다. 그는 제일교회를 중심으로 교회 유년학교, 장년학교, 청년회, 여전도회, 제직회 등을 만들어 전체 교인이 180세대에 500여 명에 이를 정도였다.[45] 그는 제일교회라는 조직을 매개로 지역사회에 가장 큰 영향력을 지닌 인물이었다.

한편 문제가 심각해지자 전매입주자들을 중심으로 전성천을 찾아가서 전매권 매매 등 문제를 타개하기 위한 대책위원회 구성을 제안했다. 전성천은 본인이 직접 앞에 나서는 것을 꺼리면서 제일교회 장로인 박진하를 대표로 내세우고, 자신을 고문으로 시정문제 해결을 위한 대책위원회를 결성했다. 대책위원회는 지역 내 11개 구역에서 위원을 선정하고, 전성천 명의로 보낸 구두 사발통문(沙鉢通文)을 통해, "단지 내 각 반별로 유지 몇 명씩을 뽑아 7월 17일 오후에 제일교회로 모이라"고 알렸다. 실제 당일 아무런 약속이 없었음에도 불구하고, 100여 명이 제일교회로 모였다. 상식적으로 생각해볼 때, 아무런 사전 약속이 없이 100여 명이 한날 한 장소에 모였다는 사실은 이해하기 어려우며, 이는 사전에 전성천이 치밀하게 조직한 결과일 가능성이 높다.

이윽고 7월 19일 2,000명이 모인 가운데 '유지대회'가 개최되었다. 예상보다 너무 많은 인원이 모여서 마이크를 통해 '거리 집회'가 열렸으며, 각 구마다 2명의 대표를 추가해 33인으로 위원회를 확대했다. 이를 통해 대책위원회는 정부 측에 자신들의 힘을 적극적으로 보여주는 동시에 '진정서' 제출을 통해 대책위원회를 협상의 대상으로 인정할 것을 요구했다. 당시 결의된 4개항의 요구 조건을 구체적으로 살펴보면, (1) 철거민, 전입자 할 것 없이 단지 내 모든 대지가격을 평당 2,000원 이하로 할 것, (2) 대지 불하자금을 10년간 연부상환토록 할 것, (3) 향후 5년간 각종 세금을 면제할 것, (4) 영세민 취로장 알선과 그들에 대한 구호대책을 세울 것 등이었다.[46]

하지만 서울시는 오히려 분양 가격을 8,000원에서 1만 2,000원으로 올려받겠다고 통보했고, 이에 격분한 주민들은 즉시 데모에 돌입할 기세였다. 하지만 전성천은 이들을 진정시키고 7월 23일 오후 합동대회를 통해 7월 31일까지 대책위원회 결의 내용이 관철되지 않으면 실력행사에 들어간다는 단서를 붙여 1만 5,000가구의 날인을 거친 가족서명으로 서울시장과 경기도 지사 앞으로 진정서를 제출했다. 하지만 정부는 진정서에 대해 아무런 반응을 보이지 않았다. 거기다가 대책위원들의 분노에 불을 붙인 사건이 경기도의 '취득세 납부 통지'였다. 대단지의 건설 붐 그리고 전매권을 둘러싼 약속이 백지화된 시점에 통보된 취득세 납부는 큰 액수는 아니었지만, 저임금과 실업에 시달리는 주민들에게는 '치명적인 것'이었다. 성남출장소가 부과한 건물취득세는 건물 10평당 평균 3,000원 정도였다. 이는 일반적 과세 기준으로 보면 과중한 것이 아니었지만, 대단지 주민들에게는 충격적이었다.[47] 어차피 돈이 없어서 세금은 낼 수 없고, 세금을 내지 못해 감옥에 갈 것이라면 죽으나 사나 궐기해야 한다는 것이 당시 주민들의 생각이었을 것이다.

마침내 8월 3일 대책위원회는 자신들의 요구를 무시한 취득세 납부 통지에 대해 좀 더 강력한 대응이 필요하다는 것을 감지했다. 주민들 사이에서는 "당국은 우리를 죽이려고 계획적인 조치를 취했다"는 이야기가 돌기 시작했다.[48] 대책위원회는 전성천을 중심으로 확대 개편되어, 217명을 위원으로 하는 '투쟁위원회'로 변신했다. 전성천은 교회조직과 투쟁위원회를 통해 다음과 같은 요구 사항을 전단과 팸플릿으로 만들어 집집마다 전달했다. "백 원에 뺏은 땅 만 원에 폭리 말라" "살인적 불하가격 결사반대" 등이 주요 요구사항이었다. 전매입주자들의 전매권을 부인하는 것은 정부가 폭리를 취하려는 '부도덕한 일'이며, 하루 먹고살기도 어려운 사람들에게 세금을 부과하는 것이나 주민들에게 한 약속을 이행하지 않는 것은 주민을 보호해야 할 정부답지 못한 일이라는 것이었다.

하지만 요구사항의 전달과 진정서 제출 그리고 전성천과 대표단의 서울시청 방문에도 불구하고, 정부와 서울시의 태도는 변하지 않았다. 사태의 해결 방향이 보이지 않자 투쟁위원회는 궐기대회를 8월 10일에 개최할 것을 결의하고, 대단지 곳곳을 현수막, 포스터와 "모이자 뭉치자 궐기하자 시정(是正) 대열에!"란 구호가 적힌 전단 3만 장으로 도배했다. 대단지 골목골목 마다 "우리는 더 이상 속을 수 없다" "대책을 세워 달라"는 등 벽보가 어지럽게 붙어 있었다.[49]

사태의 심각성을 알아챈 서울시는 8월 9일 대단지로 내려와서 투쟁위원회와 '직접 협상'을 시도했다. 하지만 투쟁위원회의 요구사항에 대한 결정권이 없었던 최종완 부시장은 궐기대회 개최가 예정되었던 8월 10일 오전 11시에 서울시장이 다시 직접 협상에 나설 것을 약속했다. 실질적으로 투쟁위원회를 주도했던 전성천은 용의주도하게 분위기를 조성해 나갔는데, 불만에 가득 찬 주민들에게 '내일 서울시장이 오니 모두 모이자'는 선전을 치밀하게 준비했다. 부시장 일행이 떠난 뒤 마이크를 단 자동차가 대단지를 누비면서 내일 서울시장이 온다는 사실을 알렸다. 전성천도 '서울시장에게 우리의 힘을 크게 보여줘야, 정신을 차릴 것이다'라고 판단했기 때문에 이런 조치를 취했을 것이다. 이후 궐기대회에서 벌어졌던 폭력에 대해 전성천은 '어쩔 수 없는 과정' '사건의 빠른 해결을 위해 불가피한 일'이라는 기억하고 있는데, 그 내용은 다음과 같다.

더 단적으로 말해서 이들의 흥분이 없었던 들 우리의 요구가 이렇게 빨리 관철되었겠느냐 하는 문제와 이왕 들어줄 수 있는 조건이라면 일이 터지기 전에 왜 들어주지 못하고 뒤늦게 처리해서 불상사를 자아냈느냐 하는 문제가 생긴다.[50]

다른 한편 자칫 궐기대회가 의도하지 않은 방향—"자칫 터질지 모르는 폭력사태에 대비해서"—으로 번질 것을 우려해서 전성천은 미리 경찰에 보호 요청을 해놓았다.[51] 공보부 장관을 역임했고, 4.19라는 도시 대중정치를 경험했던 전성천은 '대중에 대한 공포'를 충분히 예측했을 것이다. 하지만 궐기대회는 그가 '우려하던 방향'으로 나아가고 있었다. 애초 5,000~1만 명이면 대단지의 지도자로서 자신의 힘을 과시할 수 있을 것이라고 생각했던 전성천의 바람과 달리, 궐기대회는 최소 3만, 최대 6만에 이르는 대규모 인파로 넘쳐흘렀다. 수치상으로는 대단지 집집마다 1명씩 궐기대회에 나왔을 정도로 많은 주민들이 자신들의 불만을 토로하기 위해, 또 서울시장이 자신들의 요구를 수용하는 장면을 직접 눈으로 확인하기 위해 몰려들었다. 당시 전체 성남 3만 771가구 가운데, 대단지 인구는 2만 9,405가구였으므로, 참가자를 3만 명이라고 추산할 경우에도 호마다 1명이 참석한 셈이었다.

궐기대회에 참여했던 어떤 사람들은 비장한 결심을 한 듯 입술까지 깨물고 있었으며, 저마다 한 손에는 피켓을, 다른 한 손에는 몽둥이를 들고 있었고, 왼쪽 가슴에는, "허울 좋은 선전 말고 실업군중 구제하라"는 노란색 리본을 달고 있었다.[52] 궐기대회 당시 외쳤던 구호를 살펴보면, 택지는 무상으로 하라, 토지는 세금을 면제하라, 시급한 민생고를 해결하라 등 이었다. 또 요구 조건은, (1) 백 원에 매수한 땅 만 원에 폭리 말라, (2) 살인적인 불하가격 결사반대한다, (3) 공약사업 약속 말고 사업하고 공약하라, (4) 배고파 우는 시민 세금으로 자극 말라, (5) 이간정책 쓰지 말라, 단지 주민 안 속는다 등이었다.[53] 이처럼 많은 사람들이 움직일 수 있었던 이유에 대해 하동근은, "전단을 만들고 요구사항을 내걸면 [충분히 사람들을 움직일 수 있었다] (…) 요새 하는 것처럼 대중성을 확보하기 위해서 의식화를 한다든지 이런 것이 전혀 필요가 없었던 상황이었다고 할 수 있다. 그래서 운동논리로 접근이 어려운 부분이 있다. 주민과 대책위 사이의 거리가 가까울 수밖에 없었던 상황

광주대단지 주민들의 궐기대회 현장.
[사진: 경향신문, 제공: 민주화운동기념사업회]

광주대단지 주민들의 궐기대회 현장.
[사진: 경향신문, 제공: 민주화운동기념사업회]

궐기대회는 최소 3만, 최대 6만에 이르는 대규모 인파로 넘쳐흘렀다. 수치상으로는 대단지 집집마다 1명씩 궐기대회에 나왔을 정도로 많은 주민들이 자신들의 불만을 토로하기 위해, 또 서울시장이 자신들의 요구를 수용하는 장면을 직접 눈으로 확인하기 위해 몰려들었다.

이었다. 어떠한 프로그램을 하지 않더라도 그냥 전단 뿌리고 요구 조건 내걸고 이렇게 하자는 그 말 한 마디에 전부 움직여 버리니까"라고 당시를 설명했다.[54]

만일 양택식 서울시장이 협상 시간인 11시에 맞춰 도착했거나, 더 일찍 와서 협상 타결을 주민들에게 알렸다면 대단지에서 봉기는 일어나지 않았을지도 모른다. 순조로운 협상 타결이 전성천과 투쟁위원회가 바라던 바이기도 했다. 투쟁위원회는 면세와 가격정상화를 중심으로 전매입주자의 요구를 주로 반영했으며, 폭력이나 집단행동 같은 방식이 아닌 합법적인 방식을 고수했다. 전성천 자신도 궐기대회를 서울시에 압력을 넣기 위한 최후의 수단으로 여겼으며, 실제로 궐기대회를 열기보다 서울시장이 대단지에 도착하는 순간 '사태가 보통 일이 아니다'라는 것을 인식하고, 이러한 거대한 조직력을 지닌 자신의 힘을 인정해주기를 바랐다.

하지만 회의와 교통 혼잡으로 11시가 되어도 서울시장이 모습을 드러내지 않자, 주민들은 흥분하기 시작했다. 한마디로 정부가 자신들의 존재를 무시했다는 감정, 다른 식으로 말하자면 '가난한 자들은 국민으로도 보지 않는가'에 대한 박탈감이 점점 퍼져 나갔다. 스피커로 30분만 더 기다리라는 사업소의 공지가 있었지만, 30분이 지나자 흥분한 청년들의 '나가자!'는 외침과 함께 사태는 봉기의 길로 내달았다. 윤흥길은 소설 내 화자를 통해 당시를 다음과 같이 기록하고 있다.[55]

모두들 거리로 뛰쳐나오라고 외치는 소리가 골목을 누볐다. 맨주먹으로 있지 말고 되는대로 손에 잡으라고 그 소리는 덧붙이고 다녔다. 누군지 빈지문이 떨어져나가게 두들기는 사람이 있었다.

이처럼 주민들은 "속았다, 우리를 사람 취급도 하지 않는다"며 공공연하게 분노를 드러냈으며, 성남사업소, 출장소, 관용차량, 소방차, 파출소의 파괴와 방화 등 공공연한 폭력을 행사했다. 또한 이들을 막기 위해 출동한 기동경비대와 '투석전'을 벌이며 대치했다.[56]

출장소 본관 건물은 검은 연기에 휩싸였다. 불을 본 뒤 시위 군중의 흥분은 가열됐고 군중 수는 늘어났다. '죽여라' '밟아 버려라'는 외침 속에 출장소 앞에 세워둔 서울 관 1-356 지프를 불태운 다음, 출장소에서 100미터 떨어진 서울시 파견대단지 사업소에 몰려갔으나 비로 인해 방화에는 실패, 사업소 앞에 있던 경기 관 7-492번 빈 트럭을 불태워 탄리천에 밀어 넣었다. (…) 이들 중 일부는 몽둥이를 들고 서울로 향하는 길목을 막고 택시를 타고 나가는 사람들에게 "우리는 몇 끼니를 걸러 죽을 지경에 이르렀는데 팔자 좋게 택시만 타느냐" "죽어도 같이 죽자, 왜 도망 가려하느냐"면서 모두 차에서 내리게 했다.

청년들은 서울로 빠져 나가려는 택시를 단박에 박살내고 경찰의 최루탄에 투석으로 맞섰다. 그러다가 참외를 실은 삼륜차가 전복되어 쏟아지자, 그곳으로 달려들었다. 당시 정황을 윤흥길은 소설에서 아래와 같이 묘사했다.[57]

참외가 와그르르 쏟아지더니 길바닥으로 구릅디다. 경찰을 상대하던 군중들이 돌멩이질을 딱 멈추더니 참외 쪽으로 벌떼처럼 달라붙습니다. (…) 이건 정말 나체화구나 하는 느낌이 가슴에 팍 부딪쳐 옵디다. 나체를 확인한 이상 그 사람들하곤 종류가 다르다고 주장해온 근거가 별안간 흐려지는 기분이 듭디다.

결국 궐기대회는 봉기로 발전했고, 주민들이 차량을 이용해 서울로 진출할 기미를 보이자, 양택식 서울시장은 대표단과 협상에서 구호양곡 확보, 생활보호 자금, 도로포장, 공장 건설, 세금 비과세 면제 등에 합의하고 시청에 들르지 않고 곧바로 총리공관으로 갔다. 양 시장은 이미 기다리고 있던 오치성 내무부 장관과 신직수 법무부 장관에게 상황을 보고한 뒤, 회의를 거듭한 끝에 주민들의 요구를 전면적으로 받아들이기로 결정했다.[58] 받아들여진 요구사항 가운데 주된 내용을 살펴보면, (1) 전매입자들의 대지 가격도 원 철거 이주자와 같이 취급, (2) 구호양곡 방출, 자조 근로공사 실시, (3) 취득세 부과 보류, (4) 지역발전에 노력 등이었다.[59] 청와대가 요구안을 받아들인 것이 대표단에 알려지자, 전성천이 직접 연단에 올라가서 목사가 축도를 하듯이 결과를 알렸고, 차량이나 마이크 혹은 수습안 전단 등을 통해 주민들에게 요구 사항이 받아들여졌다는 사실을 알리자 시위대는 해산했다.[60]

이상에서 살펴본 바와 같이, 대단지에서 봉기는 대책위원회의 요구사항을 정부가 대부분 수용하는 것으로 방향을 틀었다. 한 마디로 '대성공'이라고 말할 수 있었다. 그렇다면 다시 앞에서 던졌던 질문으로 돌아와서 대단지 주민들의 요구 사항이 관철되도록 이끈 주체는 누구였고 8.10 도시봉기의 성격은 어떻게 볼 수 있을까? 대단지에서 벌어졌던 도시봉기 주체를 둘러싼 문제는 아직도 논쟁 중이지만, 운동의 기획자로 대책위원회(혹은 투쟁위원회)를, 당사자로 철거민을, 주동자로 형사처벌자를 보는 시각 혹은 전세입자자 중심의 운동이란 평가나 대책위원회와 주민간의 인식의 차이를 강조하는 주장도 존재한다. 일단 전제되어야할 점은 궐기대회 직전의 규모로 볼 때, 봉기 주체를 대단지내 특정 주민집단만으로 국한시키는 것은 무리가 있다. 3만에서 5만 명이 궐기대회에 운집했던 사실로 미루어 볼 때, 거의 한 가구당 1명꼴로 대부분 주민들이 궐기대회에 참여했다는 사실이 분명했기 때문이다. 오히려 초기 대책위원회와 투쟁위원회 활동 시기, 즉 궐기대회 이전과 궐기대회가

봉기로 확산되는 과정에서 나타났던 차이에 주목할 필요가 있다.[61]

무엇보다 불만으로 가득 찬 대단지 주민들을 조직과 요구로 묶어세운 것은 제일교회 전성천 목사였다. 일각에서는 교회의 존재를 강조하기도 하지만, 대단지에는 50여 개 교회가 있었지만 상당수 교회 목사들은 새로 파견된 관리들을 초대해서 연회를 베풀고 자신들이 데모에 참여하지 않은 것을 자랑삼아 변명하기에 급급했다.[62] 이 점에서 대단지 교회 일반이 주민들에게 우호적인 것은 아니었다. 반면 전성천은 인적 물적인 네트워크를 중심으로 지역사회에서 강한 영향력을 행사했다. 탁월한 조직가이자 연설가였던 그는 대책위원회를 조직해서 진정서, 협상, 대중적 압력을 행사했을 뿐만 아니라 전단이나 포스터 등 비공식적 매체를 통해 세금, 전매입주권 등을 이슈로 만들수 있는 거의 유일한 인물이었다. 특히 과거 정부 요직에 있던 명망성과 목회와 지역 활동에서 구축한 인적 네트워크를 통해 대단지 문제를 서울시와 '협상 의제'로 만들 수 있던 것은 전성천의 조직력과 지도력 때문이었다. 이 점에서 대단지 대책위원회를 협상의 주체로 만든 것은 제일교회라는 교회 조직의 힘이라기보다, 이를 조직한 전성천에서 비롯되었다.[63]

하지만 대책위원회 활동 과정에서 전성천의 영향력과 활동 방식이 8월 11일 궐기대회와 그 이후까지 일관되게 유지되었던 것은 아니었다. 대책위원회와 궐기대회, 전단과 포스터 제작과 배포를 전성천과 대책위원회가 주도했지만, 역설적으로 그들이 지닌 한계역시 분명했기 때문이다. 전성천 개인의 네트워크와 조직력을 중심으로, 즉 조직의 주도권이 연설가이자 조직가인 개인에게 집중되는 현상은 그의 의지에 따라 조직의 방향이 좌우될 가능성이 높았다. 실제로 전성천은 대책위원회를 중심으로 정부에게 자신의 능력을 과시하고, 이를 바탕으로 중앙정부에 압력을 행사하기 위한 방향으로 대책위원회를 끌고 나아갔다. 초기 대책위원회를 구성했던 유지(혹은 일반입주자), 전매입주자, 교회 장로나 집사들은 이를 받아들일 수밖에 없는 상황이었을 것이다. 공식적인 대표였던 박진하도 조직가나 전문적 활동가라기보다 신자로서 수동적 사회봉사의 일환으로 대책위원회에 참여하는 정도였다.[64] 따라서 대책위원회를 통해 일관된 선동과 정보의 전달, 최소한의 지역별 조직화 그리고 상황에 따른 투쟁 수위의 조절 등은 효과적으로 이루어 졌지만, 철거민이나 세입자 등을 모두 포괄하는 데 한계가 분명했다.

실제로 대책위원회를 구성했던 인물들은 정치적 성향도 보수적이었으며, 이후에도 정치적으로는 여당과 가까우면서 상당한 부를 축적했던 사람들이었다.[65] 물론 전성천 본인은 대책위원회 활동에 정치적 목적은 없다고 말했지만, 그의 주장과 달리 일종의 개인적 위세나 과시욕을 위해 대책위원회가 운영된 측면을 전적으로 부정하기는 어렵다. 전성천은 정치적인 목적이 아닌, 순수한 종교적인 입장에서 대책위원회 활동에 간여했다고 주장했지만 이런 그의 주장은 석연치 않은 점이 많다. 일각에서는 그가 '정치적으로 복권'되기 위해 대단지를 근거지로 삼았다고 주장하기도 하지만, 시종일관 일련의 계획을 가진 것은 아니었다. 하지만 분명한 점은 삼선개헌이후 유신 체제로 이행이 가시화되는 시점에 자신들의 요구를 관철시키기 위해 대책위원회나 궐기 대회를 조직하는 일은 아무나 할 수 있었던 일은 아니라는 사실이다. 물론 광주대단지 사건 이전에도 철거와 조세 저항 등 집단 민원이나 시위는 간헐적으로 존재했다. 1970년 9월 경기도 고양군에서 무허가주택의 철거를 둘러싼 주민과 경찰 간의 투석전, 같은 해 10월 서울 성산동 지구 200여 명이 무허가 건물 철거에 반대하는 시청 앞 시위, 같은 해 11월 영등포구 내 무허가 판자촌 철거에 대항해 주민 2,000여 명의 투석전 그리고 1971년 부평 시장에서 400여 명 노점 상인들의 철거반대 폭동 등이 이러한 '감추어진 사건들'이다. 하지만 1971년 대단지에서 봉기는 1960년대 한일회담 반대 시위와 같은 지식인과 대학생들이 중심이 된 시위와 구분되는 '가난하고 무지하며 비정상적인 자들의 위험한 행동'으로 여겨졌다.[66] 이런 와중에 서울시가 대규모로 광주대단지를 조성했으며, 이는 청와대에서도 관심을 지녔던 사안이었다. 그럼에도 불구하고 전성천이 대단지 주민들이 응집될 수 있는 '공간'을 대책위원회라는, 스스로가 만든 매개를 통해 개방했다는 점은 부인하기 어렵다.

동시에 지적하고 넘어가야 할 문제는 봉기를 전후로 투쟁위원회(그리고 전성천)와 참가자들 간의 요구와 투쟁 방식에서 나타났던 차이이다. 전성천은 결코 봉기나 시위 그리고 집단적 폭력 등 행동양식을 받아들이지 않았을 것이다. 한편으로 전성천은 도시하층민이나 도시빈민에 대해 동정적인 태도를 보였지만 다른 한편, 이들의 폭동적인 요소에 대해서 '근원적인 공포'를 지녔기 때문이었다. 전성천은 대책위원회 일을 시작할 때, "모든 일은 합법적이라야 하고, 실력행사는 최후 수단이요 협상은 최후의 순간까지도 시도되어야 한다"고 언급했다. 이는 주민들의 데모 요구에도 불구하고 서울시와 막판 줄다리기 협상 시도와 법의 테두리를 벗어나서는 안 된다는 명시적 주장에서도 확인할 수 있다.[67]

또한 궐기대회의 의제를 둘러싸고 투쟁위원회는 면세와 가격정상화, 지역사회 지원 등을 내걸었던 데 비해, 궐기대회 참가자들은 보다 근원적인 불만의 소재인 실업군중의 구제나 경영 사업 등 지역주민을 매개로 땅장사를 한 정부에 대한 불신—대표적인 구호로 "빈민구제 핑계대고 땅장사가 웬말이냐!" "배고파 우는 서민 세금으로 자극 말라!" 등—을 좀 더 노골적으로 표출했다. 대단지 사건을 기록한 이문열의 소설 『변경』을 보면, "궐기대회 장소로 가는 사람들 중에는 미리 준비한 듯한 플래카드를 들고 가는 청년들도 보였다. 거기에는 현안과 좀 거리가 먼 '허울 좋은 선전 말고 실업군중 구제하라!'란 구호가 적혀 있었다. 검은 글씨 사이에 섞인 붉은 글씨가 왠지 섬뜩하게 느껴졌다"라고 양자 간의 거리를 서술했다. 하동근도 구술 인터뷰에서 이런 차이에 관해 다음과 같이 이야기하고 있다.

분노의 대상은, 요구사항이 불하가격, 세금, 실업문제였는데, 투쟁위[원회] 자체가 갖는 한계가 그들의 관심은 불하가격을 적게 내거나 안내거나 유예기간을 갖거나 이런 쪽이었다. 투쟁의 동력은 거기서 나온 건 아니고 실업, 이런 것을 나중에 넣을 수밖에 없는 것이었다.

추측컨대 전성천을 중심으로 한 대책위원회는 전매입주자와 유지 중심으로 불하가격 차등을 시정하는 데 중심을 둔 데 비해, 투쟁위원회로 확대된 이후 대책위원회 때보다 대중들은 자신들의 불만을 직접적으로 드러냈다. 이는 궐기대회 이후 전성천이 대회가 성공적이었다고 평가하면서, 그 주된 이유를 '불하가격에 차등을 두는 것을 시정해서 같게 해달라는 첫 번째 목적을 다 이룬 셈'이라는 진술에서도 확인할 수 있다.[68] 이 점에서 전성천과 투쟁위원회는 8월 10일 광주대단지 봉기를 직접 선동하지도, 그럴 의도도 없었지만, 의도하지 않게 봉기를 가능하게 만든 셈이었다. 바로 전성천은 광주대단지 도시봉기의 '의도하지 않은 선동가'였던 것이다.

끝으로 봉기 참여자들의 집단적인 폭력과 관련해서, 언론은 주변에 있던 룸펜들에 의해 방화와 난동 등으로 이어졌다는 담론을 확산시켰다.[69] 전성천은, '일부 젊은이의 폭력'에 대해 유감스럽게 생각했고, 아무 것도 모르고 한 이들을 구제하기 위해 영치금과 구호 활동을 펼쳤다.[70] 하지만 당시 도시빈민에 대한 지배적인 담론인 반사회성, 범죄, 집단폭력 등 이미지는 전성천에게도 그대로 겹쳐져 나타났다.

하지만 그 누구보다 밑으로부터 대중 봉기의 위험성을 잘 알고, 대단지 사건으로 충격을 받은 것은 박정희 자신이었다. 가깝게 1960년 4.19에서도 도시하층민이 참여했지만 학생이 아닌 밑으로부터 대중봉기는 1946년 대구 10.1항쟁, 1948년 4.3 사건 이후 20여 년 만의 일이었으며, 서울 바로 위에 휴전선이 그어진 상황, 특히 1960년대 후반 이후 냉전의 균열과 안보위기라는 상황으로 미루어 볼 때 위험천만하다는 판단을 했을 만하다.[71] 그만큼 광주 대단지 사건은 '안보적' 의제로서 성격이 컸다. 1960년대 말과 1970년대 초반에 이르러서 도시빈민문제가 사회문제로 비화될 위험이 높아졌다. 이런 맥락에서 서울 거주 도시빈민을 광주로 강제이주시키는 결정은 김현옥 시장 개인의 행정 스타일이기도 했지만, 국가안보라는 측면에서 도시빈민이 위험시되자 강제적으로 이들을 관리하기 위한 '집단이동'의 성격도 지녔다. 특히 베트남전 직후 베트콩의 빈민촌 게릴라 투쟁이 성공하자, 정부는 이런 현상이 한국의 대도시에도 나타날 수 있을 것을 우려해 이른바 '제2전선론'을 제기하기도 했다.[72] 당시 보안사에 근무했던 한 행정학 박사는 「성남시 형성에 대한 안보적 효과」라는 논문을 발표하기도 했으며, 1980년 광주민중항쟁과 관련해 열린 1988년 국회청문회에서 국회의원 이해찬의 질의에 대해 당시 진압 담당자는 전라도 광주가 제1의 봉기지라면, 경기도 광주는 제2의 봉기 예상지라고 당시를 회고하면서 실제 경기도 광주지역에 계엄군의 20%가 파견됐다고 증언했다고 한다.[73]

당시 청와대 「진상보고서」에서도 민심수습을 위한 조치 가운데 "난동자에 대한 조치"는 중요한 문제로 제기되었다. 이런 대중정치의 위험성을 인지했기 때문에, 박정희와 정부는 대단지 사건이 일어난 직후 시급히 서울시가 대단지 경영 사업에서 손을 뗄 것을 지시하고, 주민들의 요구 조건을 전면적으로 수용했던 것이다. 하지만 이런 요구의 수용이 자칫 '데모하면 관철 된다'는, 즉 밑으로부터 대중정치의 가능성—'정치문제로 비화될 가능성'—에 대해 정부는 경계하는 입장을 보였다. 사건이 끝난 뒤 다른 보고서에서는, "집단적 행동에 대비하여 사전 동향을 파악, 진압부대를 편성" "저소득층의 집단화로 생계에 대한 불만이 조직화할 우려가 있음" 등을 동향과 대응 방안으로 보고했다.[74]

다시 말해서 이러한 인식은 도시하층민들이 집단적으로 움직일 때 '이성을 상실 한다'는, 이른바 집단으로서 군중의 행동이 지극히 '비합리적'이라는 르봉식의 '대중심리론'의 판본이었다. 하지만 대단지에서 집단적 폭력은 전성천이나 지배담론이 파악했던 것처럼 비합리적인 것은 아니었다. 1971년 대단지 사건에서 폭력으로 파괴된 것이 집계된 내역을 여러 자료들을 통해 정리해서 보면 다음과 같다.[75]

    (1) 성남출장소 건물 1동 및 건물 내 서류 일체 전소
    (2) 대단지내 유리창과 각종 기물 대파
    (3) 차량 피해 22대(소실 4대, 시영버스 대파 5대·소파 13대)
    (4) 경찰 부상자 20여 명, 주민 부상자 7명
    (5) 경찰지서 파괴

이는 주민들의 공격 대상에서도 드러났는데, 평소에 반감을 지녔던 관공서―경찰서, 사무소, 세무서 등―에 대해서는 무차별적으로 공격했지만, 주민들에게 도움을 주었던 기관에 대해서는 그렇지 않았다. 이에 대해 하동근은, "밤에 가서 불 지르고 관공서를 다 불 질렀는데 보건소만 불 지르지 않았다. (…) 그것이 전달하는 메시지가 있다. 다 도둑놈이지만 니네는 좋다… 이런. 옛날에도 폭동이 일어나면 땅문서부터 불 지른 것처럼, 보건소야 불태우면 자기 손해니까"라고 기억하고 있다.[76]

이처럼 대단지에서 폭력은 정부가 대단지에 대한 약속을 지키지 않았기 때문이었지만 일상적으로 주민들을 무시하고 차별해온 관공서의 '태도' 때문이기도 했다. 단적인 예로 대단지 주민이었던 김상운의 기억을 되짚어보자. 그는 딱지 추첨을 위해 전입 신고서를 발급받으러 출장소에 갔으나 추첨을 받고 단지가 확정이 되어야 전입이 가능하다고 해서 수 킬로미터를 걸어서 사업소에 갔지만, 이곳에서는 전입신고서가 있어야 추첨이 가능하다는 말을

전성천과 투쟁위원회의 의도와 달리 주민들의 궐기대회는 이내 폭동으로 번졌다.

[사진(아래): 경향신문, 제공: 민주화운동기념사업회]

주민들은 평소에 반감을 지녔던 관공서—경찰서, 사무소, 세무서 등—에 대해서는 무차별적으로 공격했지만, 주민들에게 도움을 주었던 기관에 대해서는 그렇지 않았다.

들었다. 그가 다음 날 출장소에 다시 가서 자초지종을 말하자, 출장소 직원은 주민등록 카드가 도착했다는 확인증을 발급해주면서, 이것으로 추첨이 가능하다고 말했다. 김상운이 이에 대해 '왜 어제 안 해주고 골탕을 먹였느냐'고 묻자, 담당자는 '철거민이 그런 것도 모르냐'면서 윽박질렀다.[77]

다른 한편 봉기 과정에서 정보기관원들은 카메라로 주동자들을 식별해서 첫날에는 12명, 다음 날에는 10명이 더 검거되어 모두 22명이 집시법 위반과 폭력 등 처벌에 관한 법률 위반으로 구속되었다. 여기서 흥미로운 점은 카메라로 식별되어 첫날 검거된 사람들의 성격인데, 12명 가운데 16~17세인 10대가 7명, 최고령이 33세에 불과했다.[78] 이는 직접적 폭력 행동을 주도했던 층이 대책위원회나 투쟁위원회, 즉 전성천 주변과 무관한 주민들이었음을 드러내준다. 다른 식으로 말해서, 이들은 협상보다 뭔가 확실한 행동과 분노를 보여주는 것 이외에 의사를 표현할 방법이 없었다.

이런 점에서 정부와 언론이 '난동'이라고 불렀던 이들의 폭력은 미리 계획된 목표나 전략을 지니진 않았지만, 일상에서 공통 경험과 집단기억에 기반을 둔 '의사 표현' 방식이었다. 서울시, 청와대, 대단지 사무소, 정당 등 어느 곳에서도 자신들이 겪은 조세 및 택지와 관련된 부당한 처우, 부정의 (injustice)와 차별대우, 관의 일방적 태도에 대해 공감해주거나 도와주지 않았기 때문이었다. 결국 그간 대단지에서 폭력이 화두가 되었던 이유는 대단지에서 봉기를 평가절하하거나 주변화하기 위한 것이었다. 이 점에서 다음과 같은 하동근의 기억은 설득력이 있다(강조는 인용자).[79]

폭동이냐 난동이냐 아니면 생존권투쟁이냐 이런 성격과 관련된 미묘한 사항이라고 생각이 되는데, 굳이 그 부분에 대해서 정제할 필요성이 없다고 생각한다. (…) 분명히 어느 일면을 부각시킨 것은 의도가 깔린 것이고, 그것이 대표성을 가져서는 안 되는 것이지만, **내가 우려하**

는 것은 폭력이나 이런 것을 금기시되면 안 된다. 그 당시 사람들의 유일한 해결책이 그것이었는데 그걸 '과격했다. 폭력적이었다' 이런 식으로 해석해서 그걸 다른 걸로 순치하거나 이러면 실체를 놓쳐버린다는 거다. 유일한 방편이었는데, 그렇게 갈 수밖에 없는… 악에 바쳐있는 상황에서 속았다든지, 악에 받치게 했던 것은 생존조건에서부터 이들이 약속했던 것, 악에 받치도록 몰고 갔기 때문에, 거기서 꿈틀하지 않는다면 뭐 생명이 없는… 일순간에 터질 수밖에 없는, 가장 깊은 곳에서부터 끌어 나오는 분노가 팽만해 있었다. 폭력성만 부각하면, 그것을 추상화시켜서 실체와 동떨어지게 만드는 왜곡 구도가 만들어진다고 보여 지는데, 그것이 아니면 다른 방법이 없었다.

사건의 역사와 다른 정치의 가능성

1971년 대단지 사건 직후 주변 공공건물에는 현수막이 많이 걸려 있었는데, 그 내용은 다음과 같았다.

"권리 주장하기 전에 의무 다하자"

당시 주민들에게 인터뷰를 했던 르포기사를 보면 이들은 대단지 사건 이후 불어 닥친 폭력 혹은 본인에게 닥칠 폭력에 대해 예감하고, 입을 다무는 방어 자세를 취하고 있었다. 당시 대화를 보면 다음과 같다.[80]

"지난 8월 2일, 여기서 노복순 여인이 습기 찬 가마니때기 위에서 이질에 걸려 죽었다면서요?"
"…"
"실례하지만 벙어리십니까?"

"몰라요"

그들은 스스로 입을 닫아 버렸다. 사건 이후 더 큰 폭력을 감당하기에 벅찼기에 침묵으로 맞섰던 것이다. 그렇다면 폭력을 예감하는 겁쟁이들의 수동성과 대단지 봉기라는 사건은 의미가 없는 것일까? 광주대단지에서 봉기는 그간 우발적 사건이나 에피소드처럼 여겨지거나 망각되어 왔다. 물론 "선처를 부탁드립니다" 혹은 "속을 수 없다"나 "당국이 우리를 죽이려는 계획이다" "실업 군중을 구제하라"는 등 도시하층민 자신으로부터 나온 부정적인 적의 언어는 가진 자에 대한 막연한 분노, 행정당국의 속임수에 대한 불만 등 지배담론의 틀 안에서 비롯된 것이었다. 하지만 이는 극심한 가난과 당국의 약속 불이행에서 나온 분노와 절망에서 비롯된 것임을 잊어서는 안 될 것이다. 우리는 언어 없는 대중들이 스스로 소멸해간 역사 속에서 '다른 정치의 장소의 가능성'을 상상할 수 있을 것이다.

나는 대단지 사건을 통해 가난한 이농민, 강제로 끌려온 철거민, 폭동에 참가한 도시 룸펜 그리고 민중 선동에 말려든 대단지의 이름 없는 술주정뱅이와 부녀자들을 비정상인이나 오염된, 공포를 불러오는 유령과 같이 형상화하는 지나친 폄하와 멸시로부터 구해내고자 했다. 이들은 '거대 서사'라고 불리는 사건과 운동 속에서 '묻혀버린 서발턴'들이며, 이제는 목소리조차 되살려 내기 어려운 사람들이다. 사회운동이 발전하기 이전 시기 대중의 저항 형태는 매우 다양하며, 이는 특정한 형태로 고정된 것은 아니다. 1971년 광주대단지 그리고 1979년 부마항쟁으로 이어지는 한국에서 '도시봉기'는 국가와 사회의 대중에 대한 무시, 경멸, 차별 등에 대항한 '언어 없는 서발턴의 역사'를 보여준다. 대단지에서 봉기는 주도세력의 의도와 무관하게 폭동의 형태로 전개되었다. 사무실을 부수고 불태운 일, 짚 차를 불태운 일, 택시 승객을 내리게 한 일, 참외 실은 삼륜차에 달려들어 참외를 모두 먹은 일 등은 무모하고 무계획적인 것이 아닌, 일상과 과거 기억에서 축적된, 자신들을 비정상적인 대상으로 여기는 것에 대한 분노 그리고 권력에 대한 극도의 불만이 표출된 것이었다. 그렇다면 이제 다음 장에서는 유령처럼 박정희 시대를 떠돌던 도시하층민의 '범죄'에 대해 살펴보도록 하자. 우리는 범죄를 통해 도시하층민의 봉기와 범죄 사이의 간극이 그다지 크지 않다는 것을 확인할 수 있을 것이다.

2. 훼손된 영웅과 폭력의 증언
무등산 타잔 사건

철거촌의 기억, 1989~1990 그리고 1977

철거촌. 내게 이 장소는 아스라한 청년기의 한 자락에 깊이 새겨진 기억의 다발 가운데 하나였다. 대학 시절 서초동 법원 청사 뒤편에서 '꽃동네'라는 불리는 철거촌이 자리 잡고 있었고 그곳에는 작은 공부방이 있었다. 잘게 지어진 무허가 건물 여기저기에서 아이들이 튀어나왔고, 대학교 1학년이었던 내가 했던 일은 일주일에 한번 씩 그곳에 가서 2명의 중학교 3학년생에게 공부를 가르쳐 주는 것이었다. 지금 되 돌이켜 보면 그리 대단한 일도 아니었지만 그때는 일주일에 한 번씩 갔던 그 일의 무게가 제법 컸다. 두 아이의 이름은 민정이와 연수였다. 내 머리만큼 큰 키에, 아이들답지 않았던 두 중학생에게 스무 살의 나는 섣부른 의식화 교육을 시킨다고 이상한 이야기를 꺼냈다고 망신을 당한 적도 있었다. 그녀들은 대학생인 내 머리 꼭대기에 올라가 있는, 은희경의 소설 『새의 선물』에 등장할 법한 조숙한 소녀들이었다. "선생님은 언제 떠나요. 다들 1년 지남 없어지든데" "우리 집도 언제 헐릴지 몰라요"란 말을 거리낌 없이 재잘대는 두 소녀를 보며, 처음으로 그간 내가 살아왔던 세계와 다른 세계를 접했던 충격으로 혼란스러웠던 기억이 아직도 남아 있다. 두 아이들의 '예언'대로 나는 1년을 조금 넘긴 뒤에 최루탄과 깃발이 펄럭이는 대학으로 돌아갔다. 그리고 가끔 노래방에서 여행스케치의 〈산다는 건 다 그런 게 아니겠니〉를 부르면서 이제는 30대 후반이 되어 있을 두 여성의 현재를 아스라이 상상해보곤 했다.

그렇게 시간이 흘러 박사 논문을 준비하던 시절, 1970년대 노동문제에 관한 르포 자료들을 찾으러 이 잡지, 저 잡지를 뒤적이다가 우연히 눈에 띈 글 가운데 하나가 '무등산 타잔 사건'이었다. 처음에는 '무등산에도 타잔과 제인이 살았나'라고 의아해하며 한 줄 한 줄 읽다보니 무등산 타잔 사건이란 1977년에 광주에서 일어났던 도시빈민에 의한 살인 사건의 '다른 이름'이었다. 또한 그 르포기사를 썼던 사람은 부미방(부산 미문화원 방화사건)의 주요 인물 가운데 한 명인 김현장이란 사실을 알게 되었다. 아마 김현장이 이 르포를 쓰지 않았다면 무등산 타잔 사건은 기록으로 남아 있지 못했을 것이다.

무등산 타잔 사건으로 알려진 박흥숙 사건은 그간 거의 주목을 받지 못했다. 사건 직후 김현장이 쓴 르포가 1977년 『대화』지에 발표되어 세상에 알려졌지만 이후 박흥숙은 살인자로 알려지거나 도시빈민운동사에서 1970년대 무리한 재개발 과정에서 범죄자가 된 희생양으로 전형화되어 기록되어 있다.[81]

잘 알려져 있지 않지만 박흥숙의 동생 박정자는 1980년 5.18 당시 계엄군이 물러난 5월 21일, 어머니인 심금순과 함께 직접 주먹밥을 지어 시민군에게 전달하는 등 민주화운동에 기여한 공로로 심금순과 함께 2007년에 오월 어머니의 집이 제정한 '제1회 오월 어머니상'을 수상했다. 5.18 당시 계엄군의 외곽 봉쇄 조치로 식량 공급이 끊긴 광주에서 가장 큰 어려움은 먹는 문제였는데 박흥숙의 가족은 시민군을 물심양면으로 지원했다. 그녀는, "당시 도청 안에서는 '독침사건'으로 외부인이 반입한 음식물도 통제되었는데 박흥숙의 동생이라 말하니 쉽게 통했다"면서 "오빠 일이 아니었더라도 1980년 5

월을 목격한 광주시민이라면 누구나 해야 할 당연한 일을 한 것뿐인데 상을 받게 돼 부끄럽다"며 당시를 기억했다.

역사에서 가정이란 것은 성립하기 어렵지만 만일 박흥숙이 1980년 5월에 감옥이 아닌 거리에 있었다면 어떤 선택을 했을까? 실제 1980년 5월 광주의 충격은 옥중에 있던 박흥숙에게도 전해졌다. 박흥숙은 감옥에서 80년 광주에서 집단학살 소식을 듣고 분노하고 괴로워했다.[82] 이런 그의 분노는 당시 일부 부유층을 제외한 대부분 광주시민들의 멘털리티였을 것이다. 만일 박흥숙의 무허가주택이 철거되지 않았다면 박흥숙은 1980년 5월에 어디에 있었을까? 잘 알려진 바와 같이 5.18 참가자와 피해자 가운데에는 생산직 노동자와 서비스노동자의 비율이 유난히 높았다. 만일 박흥숙도 1980년 5월 광주 거리에 있었다면 공수부대의 국가폭력을 증언하는 데 함께하지 않았을까. 살인을 저지른 자와 민주주의를 지킨 시민군을 비교하는 일 자체가 불가능하다고 여길지 모르지만, 1980년 5월 시민군의 위치에 있던 한 개인이 만일 1977년 4월 20일에 박흥숙이 선 자리에 있었다면 그와 다른 선택이 가능했을까?

또한 만일 1980년 5월 광주에서 국가권력에 의한 집단학살이 일어나지 않았다면 항쟁에 참여했던 도시하층민들은 박흥숙과 전혀 다른 존재였을까? 그들 역시 시민군으로 불리기 전에는 비정상인이자 위험한 도시하층민이었으며 1980년대 광주가 금지된 언어였을 때 폭도이자 범죄자였다. 구하의 주장처럼 봉기와 범죄에서 폭력은 서로 겹쳐지는 것일지도 모른다. 범죄가 사적이며 개별적 코드에 의해 규정된다면, 봉기는 공적인 동시에 공동체의 코드에 의하여 결정되는 것이다. 다시 말해서 지배자와 지배담론은 언제든지 이들을 범죄자인 동시에 봉기 대중으로 만들 수 있다. 바로 범죄는 사회적 맥락 아래에서 포괄적 도전의 일부분이며, 범죄와 봉기라는 두 코드가 중첩되고 모호성이 소멸될 때 봉기의 정치성은 드러날 수 있다.[83] 핵심은 이들이 범죄자인가 아닌가를 둘러싼 증거의 문제가 아닌, 왜 이들이 비정상적이고 타락한 혹은 더럽고 불결한 존재로 간주되었으며 언급되는 것조차 위험스러웠던 존재였는지를 둘러싼 담론과 지식의 문제였다.

우선 1977년 무등산 타잔 사건에 대해 소개하는 것이 순서일 것 같다. 1977년 4월 20일 오후 3시경 광주시 동구 운림동 산 145번지 증심사 계곡 덕산골(속칭 무당골 또는 무당촌, 정식 명칭 운림부락)에서 무허가 건물을 철거하러 갔던 광주시 동구청 소속 철거반원 7명 가운데 4명이 살해된 사건이 벌어졌다. 이 사건은 당일 자신의 집이 강제로 철거되어 불에 태워지자 격분한 박흥숙(당시 21세)이 철거반원 4명을 쇠망치로 무참히 살해한 사건으로 기록되어 있다.[84]

당시 언론에 의해 잔인한 살인자로 불렸던 박흥숙에 대한 '서사'는 다음과 같다. 사건 당일 철거반원들은 박흥숙이 살던 무허가 건물의 세간을 집밖으로 꺼낸 뒤 박흥숙이, "지붕 위의 천막이나 상하지 않도록 걷게 해달라"고 원했지만 불을 질렀다. 이때 박흥숙의 모친인 심금순이 몰래 천장에 모아뒀던 돈 30만 원을 챙기기 위해 불길에 뛰어들려다가 철거반원들의 제지로 실신했다. 그러자 박흥숙은 덕산골의 다른 집을 철거하고 돌아오는 철거반장에게 자신이 광주시 양동 철물공장에서 일할 때 만든 사제총(딱총)을 발사하며, "도망친 너희 동료들을 모두 모이게 하라"고 위협했다.[85] 철거반원 김영철은 주위에 엎드려 있던 동료 직원들에게, "사태가 심상치 않으니 속히 내려가 경찰에 신고하라"고 말했다. 철거반원 이건태, 윤수현, 양관승은 두려웠지만 별일이 있겠는가 싶어 박흥숙 앞으로 나갔다. 박흥숙은 인질로 잡힌 철거반원과 여동생을 시켜 철거반원의 몸을 노끈으로 묶게 했다. 상황이 다급해지자 동생 박정자는 전석홍 광주시장에게 전화를 하기 위해 산을 내려갔다. 하지만 박정자가 시청에 전화를 하러 간 사이에 박흥숙은 철거반원 7명 가운데 5명을 위협해 묶이지 않은 사람끼리 서로 묶도록 하고 자신의 공부방을 만들기 위해 파놓은 가로 2.5미터, 깊이 1미터정도의 구덩이에 이들을 몰아 넣고 철거용 쇠망치를 휘둘러 4명의 목숨을 빼앗았다.

그렇다면 위의 '서사'대로 박흥숙은 잔인한 살인자였나? 문제는 박흥숙이 왜 살인이란 선택을 하게 되었으며, 이 사건은 어떤 사회적 맥락에서 일어났느냐이다. 나는 무등산 타잔 사건 안에는 박정희 시대 도시재개발 정책, 도시하층민과 범죄, 근대화와 전통, 국가주의와 새마을운동, 지역주의 이데올로기와 지역불균등 발전 그리고 도시하층민의 정상적인 사회질서에 편입하고자 한 욕망 등 1970년대 한국 사회를 뒤덮었던 다양한 소재들이 함축되어 있다고 생각한다.

무등산 타잔 사건을 해부해보기 전에 1970년대 도시재개발과 철거를 둘러싼 사건들을 간략히 살펴보자. 무등산 타잔 사건은 이전 시기 재개발과 철거민을 둘러싼 중요 사건들과 유사한 조건 아래에서 발생했다. 〈표3-1〉은 1970년대 일어났던 재개발과 철거 관련 주요 사건 일지이다.

〈표3-1〉의 사건들은 1970년대 사회적 반향을 일으켜 비판적 지식인과 종교인들이 도시빈민문제에 관심을 기울이고 빈민현장 활동을 시작하게 된 계기가 되었다. 초기 이들은 수도권을 중심으로 소외지역의 도시빈민을 위한 활동을 전개했다. 특히 1969년과 1971년에 각각 발족한 '연세대 도시문제연구소'와 '기독교 수도권 특수지역 선교협의회'가 중심이 되어 활동을 전개했다. 1976년에 주도적인 역할을 담당했던 관계자들이 반공법으로 구속되어 조직이 해산될 때까지 이들은 다방면에서 도시빈민운동을 지원해왔다.[86] 하지만 무등산 타잔 사건과 같이 지방에서 일어난 사건의 경우, 이들의 지원을 받는 것조차 어려웠으며 사건 직후 잊혀 지거나 제대로 기록되지 못했다. 이들은 민주화운동의 역사에서도 언급조차 불온했던 '민중답지 않았던 존재'에 불과했다.

나는 사건 직후 만들어졌던 지배적 서사와 같이 박흥숙이 살인마이며

〈표3-1〉 1970년대 도시빈민 관련 사건 일지

번호	일자	사건 개요
1	1970.3.27	성산동 철거민 100여 명, 서울시청에서 농성하면서 대책을 마련해주고 철거하라고 요구.
2	1970.4.15	와우아파트 13동 거주민 40명, 철거 보상을 요구하며 옥상 농성.
3	1970.9.19	동대문구 창신3동 무허가 판잣집 철거민 400여 명, '집터를 달라'며 철야 농성.
4	1970.11.6	영등포구 사당동 판자촌 거주민 1,000여 명, 철거반원 및 기동경찰 80여 명과 투석전.
5	1971.8.10	8.10 광주대단지 사건.
6	1971. 8.17	인천시 부평 공설시장 노점상 500여 명, 노점상 단속에 항의하면서 인천 북구청에 몰려가 구청장실과 민원실의 유리창과 사무집기를 부수고 관용차를 뒤엎는 격렬한 시위.
7	1971	연희동 아파트 주민 농성과 청계천변의 시위.
8	1971	실로암 교회의 지원을 받은 송정동 주민 시위에 전투경찰 약 1,000여 명 이상 출동.
9	1971.10.6	천안시 완촌동 빈민들, 무허가 건물 강제 철거 후의 사후 대책을 요구하며 농성.
10	1974	청계천변과 송정동 주민 시위(실로암 교회와 활빈교회의 지원).
11	1975.5.7	동대문구 답십리동 무허가 판자촌 주민들, 철거에 항의하며 7~8일 양일간 가두시위, 52명 연행, 39명 즉결 심판 회부.
12	1976.5.2	면목5동 철거민들은 이문동에서 철거를 당해 다섯 달간 천막생활을 했으나 구청에서 천막을 산산조각 내어 면목동으로 이주, 다시 계고장이 오자 시위 전개.
13	1977	영동 철거민 사건.
14	1978.5.3	용산구 해방촌 주민 500여 명, 남산 3호 터널 개통으로 버스 노선이 폐쇄되자 28번 종점을 돌려달라는 등 구호를 외치며 2시간 동안 농성.
15	1979.8.9	용산구 해방촌 주민 300여 명, 시청 앞 광장에서 불량주택 재개발 사업에 반대하며 농성.
16	1979.9.7	용산구 해방촌 주민 200여 명, 공화당사에서 해방촌 재개발 사업의 전면 철회를 요구하며 농성.

출처: 『한국민주화운동사 연표, 1954~1992』(민주화운동기념사업회, 2006);
정동익, 『도시빈민연구』(아침, 1985, 168쪽)에서 재구성.

사이비종교와 무속에 빠진 영웅 심리 때문에 사건을 일으킨 것인지, 박흥숙의 이런 선택의 이면—폭력적인 도시재개발과 철거 정책, 도시빈민을 비이성적 존재로 간주했던 지식체계 등—을 무시한 채, 그를 살인자이자 범죄자로 몰아간 담론은 무엇인지 탐색할 것이다. 우선 박흥숙이라는 서발턴의 '생애사'부터 살펴보도록 하자.

박흥숙의 생애사: 1954~1980

"1m 65cm 키에 다부진 몸매, 나이 21세, 일명 박정렬, 얼굴은 둥근 편이고 눈썹이 약간 길며 늘상 해군 작업복에 검정색 바지를 입고 다님." 이 인용문처럼 박흥숙은 탄탄한 근육과 날쌘 몸놀림으로 '무등산 타잔'이라는 별명을 갖고 있었다. 하지만 그는 초등학교를 졸업하고 한때 광주시 양동에서 철물공장 노동일을 하면서 사법고시를 준비했던 평범한 도시빈민이었다. 그의 가족은 전형적인 이농민이었다. 박흥숙은 1954년 영광군 불갑면 자비리에서 가난한 농부의 둘째 아들로 태어났다. 초등학교 4학년 때 가족들은 군서면 남죽리 종산마을로 이사했고 박흥숙도 군서초등학교로 전학했다. 당시 아버지는 폐결핵을 앓고 있었고 어머니는 구멍가게를 하며 어렵게 살림을 꾸려갔다. 박흥숙이 6학년이 되던 해에 아버지가 돌아가셨고 이듬해에 형마저 세상을 떠나자 남은 식구들은 박흥숙과 어머니, 여동생, 남동생 둘뿐이었다. 비록 어려운 가정 형편이었지만 박흥숙은 군서초등학교 시절, 4학년 전체 140명 가운데 항상 1, 2등을 했다. 초등학교 생활기록부에도, "머리가 비상하게 좋고 가정형편으로 고민하다 자립하려고 노력한다" "마음이 착하고 남에게 동정 받지 않으려고 하고 혼자 자립하려든다"고 기록되어 있다.[87] 박흥숙의 옆 마을에 살면서 같은 학교를 다녔던 박준수에 따르면, "흥숙은 무척 성숙했으며 의지가 강했다. 인내력도 대단했지만 한 번 폭발하면 못 참을 정도로 급한 성격이었던 것 같다"고 말한다. 또한 "박흥숙과 나 그리고 김병석은 늘 함께 다녔고, 우리는 박흥숙이 만든 파이프 총으로 새나 꿩을 잡으러 다니기도 했다"고 당시를 기억한다.[88]

부친이 사망한 뒤에 그의 가족은 가난에 쫓겨 먼저 무등산으로 떠났으나 박흥숙은 군서에서 학교를 마치기 위해 남아 있었다. 초등학교를 졸업한 뒤 박흥숙은 중학교에 진학할 형편이 아니었지만 담임선생님의 권유로 당시 원불교 재단에서 운영하던 비인가 중학교인 영광중학교에 수석으로 입학했다. 하지만 이 역시 가정 형편 때문에 다니지 못했고 결국 그도 광주에 있던 가족들에게 가서 상점 점원, 양동 열쇠 수리공으로 일하며 돈을 벌러 다녔다.[89] 박흥숙 가족이 무등산까지 오게 된 사정은 광주 시내에 집을 장만할 돈이 없어서 시내에서 멀리 떨어진 무등산에 무허가 움막이라도 짓고 살기 위해서였다.[90]

그 후 박흥숙은 직장을 그만두고 강의록을 사서 본격적으로 검정고시를 위한 독학을 시작했다. 그는 당시 일기에, "약 3개월 공부를 하니까, 코에서는 코피가 터졌고 눈에서는 눈알이 빠지는 아픔 (…) 5개월쯤 되자 검정고시에 응시하여 뜻밖에 합격이 되었다. 4,773명 중에 400명이 합격 (…) 육사를 지원할 생각이다"라고 기록했다. 검정고시에 합격했지만 당시 박흥숙의 여동생은 초등학교 4학년을 중퇴하고 광주 시내에 가정부로, 모친은 전북 내장사에 가서 식모로 일하는 형편이었다.[91] 가난으로 계속 공부하는 것이 여의치 않게 되자 사찰 상좌승으로 들어가면 절에서 공부를 할 수 있다는 생각으로 용흥사, 송광사, 불갑사 등을 방문했지만 이것도 쉽지 않았다. 결국 무등산에 혼자 남게 된 박흥숙은 흩어진 가족이 다시 모여살 수 있고 자신도 공부를 할 수 있는 문제의 무허가 건물을 짓기 시작했다.[92] 그가 만든 건물은 흔히 상상하는 집이라기보다 방 1개와 부엌 1개로 이루어진, 돌을 얼기설기 붙인 '움막'에 가까운 것이었다.[93] 그럼에도 박흥숙은 밥을 굶으면서 외롭고 힘들게 집을 만들었다. 그는 일기에 당시를 다음과 같이 기록했다.[94]

나를 격려하고 위로한 무성한 나무들 그리고 새들, 세월 따라 흐르는 물소리, 이 모든 것들이 나의 둘도 없는 친구였다. 나는 [1974년] 3월경에 조그만 초막 하나를 지었다. 순석이와 같이 한 달 정도 먹는 것도 걸러가면서 방 한 칸을 만들었다. 정말 고달프고 쓸쓸했다. (…) 조그맣고 보잘것없는 집이었으나 어머님을 기쁘게 해드릴 수 있는 유일한 것이었다.

박흥숙이 만든 무허가 건물은 가족을 위한 안식처이자 정착의 장소였다. 문제의 집은 정부 당국에게는 불법 무허가 건물이었지만 적어도 박흥숙에게는 전혀 다른 의미였다. 박흥숙은 1971년 중학교 검정고시를 합격한 이후 이 토담집에서 고등학교 검정고시와 고시를 준비했다. 이렇게 다시 가족이 모여 살게 되었지만 형편은 나아지지 않았다. 박흥숙과 동생은 도롱뇽 알을 주워서 판 돈으로 용돈을 마련했다.[95]

한편 당시 무당골에는 20여 채의 무허가 건물이 있었는데 수차례에 걸친 철거 끝에 사건이 일어날 즈음에는 4채 정도가 남아 있었다. 골짜기 맨 아랫집인 박흥숙의 움막집도 철거 대상이었다. 철거 계고를 받은 뒤 박흥숙은 시내로 나가 방도 수소문해보고 천막 칠 곳을 알아보기도 했지만 마땅한 장소를 찾지 못했다. 또한 주변 신림부락에 7번이나 계고장이 날아와도 무사하다는 말을 듣고 설마 철거가 진행되리라고 생각하지 못했다.[96] 4월 11일자 박흥숙의 일기에는, "내일이면 집이 뜯기게 되는가. 걱정뿐이다. 공부는 다음으로 미뤄야겠다"고 기록되어 있다.[97] 하지만 잇따른 철거 계고에도 불구하고 박흥숙은 철거반원에 대해 적대적이지 않았다. 오히려 그는, '철거하러 오는 사람들도 우리와 같은 서민으로 먹고 살기 위해서 할 수 없이 하는 짓인데 그 사람들을 욕하지 마십시오'라고 말했으며, 나라에서 금하는 무허가 건물을 짓고 사는 우리가 나쁘다고 말했다고 한다. 또한 자신의 공부방이 철거되던 당일에도 가재도구를 직접 들어 내주는 등 협조하는 자세를 보였고 비가 내리는 가운데 아끼는 책들을 모두 꺼내놓고 참나무에 기대어 멍청히 무등산만을 바라보고 있었다고 한다.[98] 이처럼 박흥숙은 사건 직전까지 철거반원이나 정부에 반대하는 생각은 거의 갖고 있지 않았던 것으로 보인다. 이는 박흥숙이 18세이던 1972년 12월 어느 날의 일기에서도 확인할 수 있는데, "엊그제 당선된 제8대 대통령 취임식 날(12월 27일) 나는 대한 국민의 일원으로서 대통령 각하에게 국민총화를 위한 무궁한 지도력과 우리 민족의 숙원인 평화통일을 기원하였다. 박정희 대통령 각하에게 축복이 있기를 빕니다"라고 쓰고 있다.[99]

마침내 사건 당일인 4월 20일, 광주시 동구청 건설과 건축지도계 공무원 오종환 철거반장은 직원 6명을 데리고 동구청을 출발해 오전 11시 30분경 무등산 증심사 입구에 도착해 함께 점심을 먹고 토끼등 쪽으로 향했다.[100] 사건이 일어난 날에 철거반원을 본 목격자에 따르면 이들은 횃불을 붙이고 올라오면서부터 망치로 집들을 부수면서 왔다고 한다.[101] 마침내 철거반원들이 도착하자 어머니 심 씨는 세간을 모두 밖으로 꺼냈다. 박흥숙도 철거를 받아들인다는 듯 순순히 응했다. 가재도구가 빠져 나오자 철거반원 가운데 누군가가 "집에 불을 지르라"고 말했다. 박흥숙은, "기왕에 뜰 집이니 지붕 위에 쳐놓은 천막이나 상하지 않도록 걷고 나서 불을 지르라"고 외치고 곧장 지붕 위로 올라갔다. 박흥숙은 지붕을 덮고 있던 1만 5,000원짜리 천막이라도 건지고 싶었던 것이었다.[102]

이에 철거반장은, "불을 안 지르겠으니 얼른 내려오라"고 그를 설득했다. 지붕에서 내려와 박흥숙은 며칠 전 공부방으로 쓰려고 만든 구덩이가 걱정이 돼서 모친에게, "오전에 일했던 자리에 연장이 그대로 남아 있으니 철거반원들의 눈에 띄지 않게 숨겨놓고 오겠다"면서 100미터 위에 있는 구덩이로 향했다. 그런데 그 사이에 철거반은 다시 집을 지을 수 없도록 목재 등을 모아 소각하려고 했다. 박흥숙은 천막 칠 비닐 조각이라도 건지려고 애원했으

철거 중인 판자촌의 모습(1970년대).

당시 무당골에는 20여 채의 무허가 건물이 있었는데 사건이 일어날 즈음에는 4채 정도가 남아 있었다. 처음에 박흥숙은 철거반원에 대해 적대적이지 않았다. 오히려 자신의 공부방이 철거되던 당일에도 가재도구를 직접 들어 내주는 등 협조하는 자세를 보였고, 비가 내리는 가운데 아끼는 책들을 모두 꺼내놓고 참나무에 기대어 멍청히 무등산만을 바라보고 있었다고 한다.

나 철거반원들은, '이런 것들을 놔두면 또 집을 짓는다'며 불을 질렀다.[103] 당시 동구청 철거반원이었던 이재수는 한 인터뷰에서, 당시 철거반원들을 '망치부대'라고 불렀는데 굳이 소각까지 했던 이유는 철거를 하고 잔재물을 제거하라는 상부의 지시, 즉 본청에 철거한 뒤에 보고하라는 지시가 있었기 때문이라고 기억한다.[104]

이윽고 집에 불이 붙자 그동안 푼푼이 모아 천장에 숨겨둔 돈 30만 원을 찾으려고 집안으로 뛰어 드는 박흥숙의 어머니를 철거반원이 밀쳐 쓰러트려 어머니는 잠시 정신을 잃었다.[105] 소각을 마친 철거반원은 그의 윗집으로 향했다. 잠시 후 넋을 잃고 있던 박흥숙은 여동생에게, "이러다가는 위쪽에 사는 할머니, 할아버지도 위험하다"고 말하며 철거반원을 따라 급히 올라갔다. 김복천의 집을 철거하고 돌아오는 철거반원과 마주치자 박흥숙은, "너희들이 약속을 어기고 우리 집을 태웠느냐"고 소리치며 손에 지닌 사제총을 겨누며 공포 한 발을 쏘았다. 철거반원들이 몸을 피하려는 순간 박흥숙은 다시 한 발을 쏘면서, "도망가면 모두 쏴 죽이겠다"고 위협했다. 그는 철거반장의 등에 총구를 겨누며, "너희 동료들을 모두 이곳으로 모이게 하라"고 위협했다.[106]

철거반원들이 박흥숙 앞으로 나서자 그는 철거반원 이건태를 시켜 동료 오종환을 나일론 끈으로 묶게 했다. 그때 실신한 어머니 곁에 있던 박흥숙의 여동생 박정숙이 '펑' 하는 소리를 듣고 올라왔다. 박흥숙은 여동생에게 나일론 끈을 던져 주며 이건태를 묶게 했다. 박흥숙은 여동생에게, "시장과 담판을 지으러 갈 테니 이들을 다시 꽁꽁 묶으라"고 시켰다. 여동생은 박흥숙을 만류했지만 별 수 없었다. 박정숙은 사태가 긴박함을 감지하고 증심사 입구 보해상회로 들어가 시장실로 전화를 하려고 했으나 전화로는 안 될 것 같아 직접 찾아가기로 했다. 그녀는 시장 부속실 직원에게, "우리 오빠가 사고를 저지를 것 같다. 빨리 사람이 갔으면 좋겠다"고 전했다. 그러자 직원들은 어디론가 전화를 걸더니, "괜찮으니 빨리 가보라"고 했다. 이때가 오후 3시 20분이었다. 여동생은 다시 시내를 거쳐 황급히 계곡으로 향했다. 한참을 올라가는 데 어머니가 경찰에 붙들려 내려왔고 박정숙도 함께 연행되었다.[107] 이미 사건은 그 사이에 일어났던 것이다.

당시 긴박했던 상황을 좀 더 상세하게 재현해 보도록 하자. 박홍순은 철거반원들을 데리고 산 밑으로 내려가다가 철거반원 3명이 그에게 달려들자 얼굴을 차 넘어뜨렸다. 애초 박홍숙은 철거반원들을 데리고 가서 합법적으로 자신의 요구를 주장하려고 했다. 그러나 이들을 끌고 내려오는 도중에 다시 한 번 달려들자 이들을 제압하며, "너희들은 두 번이나 약속을 어겼다. 죽여야 한다"며 철거반원들을 위협해 묶이지 않은 사람끼리 서로 묶도록 하고 직경 3미터, 깊이 1미터정도의 구덩이에 이들을 몰아넣고 모두 뒤돌아보게 한 후 철거용 쇠망치로 뒤통수를 내려쳐 4명을 살해했다.[108] 미리 빠져나온 두 명을 제외하고 유일한 생존자인 김영철은 뇌가 함몰되는 중상을 입었다. 오후 3시 50분이 되어서야 경찰과 기동타격 대원들이 사건 현장에 도착했다.[109]

사건 직후 경찰은 '철거반원피살사건 수사본부'를 설치해 박홍숙을 찾아 나섰으나 별 진전이 없자, 4월 22일에 현상금 50만 원을 내걸었다.[110] 그 사이 박홍숙의 행적을 살펴보면, 사건 직후인 4월 20일 오후 5시 10분경에 박홍숙은 광주 서구 양동 서북사 시계점 주인 고인환의 집에 나타나 '집이 철거됐으니 고향으로 내려가야겠다'고 말했고 그 직후 고 씨는 그 사실을 경찰에 신고했다.[111] 결국 박홍숙은 이틀만인 22일 중앙정보부에 자수했는데, 그의 자수를 둘러싸고 논란이 있었다. 당시 신문기사에는 그가 서울 이모집에서 은신하다가 신고로 체포되었다고 기록되어 있다. 그러나 2차 법정에서는 박홍숙은 검거된 게 아니라 자수했다는 주장이 제기되었다. 그것도 경찰이 아니라 중앙정보부에 제 발로 찾아갔다는 것이었다.

그렇다면 박흥숙은 검거된 것인가, 자수했던 것인가? 박흥숙은 사건 직후 양동 시장에 가서 2만 7,000원으로 하늘색 점퍼를 구입해서, 사건 당시 입고 있던 해군 작업복을 갈아입고, 시외버스공용터미널에서 여수로 향했다.[112] 여수로 가는 차 안에서 외항선을 탄다는 정모를 만났다. 같이 여수로 가는 길에 정모는 '인민공화국'이니 '남조선'이니 이상한 말을 자주 사용했다. 박흥숙은 정모와 여수의 한 여인숙에서 1박을 한 다음날인 4월 21일 아침에 함께 서울행 풍년호 열차를 탔다. 서울에 도착한 뒤 22일 낮 12시경에 박흥숙은 수상하다고 생각했던 정모 씨를 중앙정보부에 신고하면서 자신이 무등산에서 발생한 사건의 범인이라고 자수했다. 박흥숙의 자수와 관련해서 박흥숙의 여동생도, "당시 서울에는 이모네 가족이 살고 있지도 않았다"면서 "사건 직후 나와 어머니가 광주경찰서에 잡혀 있었는데 오빠는 우리 둘을 풀어 주는 조건으로 자수를 했"고 박흥숙을 면회하면서, "중앙정보부에서 있었던 일은 밖에서 말하지 않기로 각서를 썼다는 말도 했다"는 이야기를 들었다고 전한다.[113] 1978년 2월 2일 항소심에서 변호사 이기홍도 박흥숙이 자수하면서 신고한 사람이 진짜 간첩으로 판명되었다는 새로운 사실을 밝히면서 이에 대한 정상도 참작해야 한다는 취지의 변론을 했다. 살인, 총포화약류단속법 위반, 산림법 위반, 건축법 위반으로 구속된 박흥숙의 첫 재판은 1977년 7월 25일 광주지방법원에서 열렸다.[114] 박흥숙은 법정에서 순간의 감정을 억제하지 못하고 저지른 범행을 깊이 뉘우치며, "나의 죄는 백 번 죽어도 사죄할 길이 없다"고 진술했다.[115]

　　그렇다면 광주 사람들에게도 박흥숙은 잔인한 살인자로 비추어졌을까? 『대화』지 르포기사와 김현장의 호소를 듣고 당시 광주YWCA 이사로 일하고 있던 안성례 회장을 중심으로 서명 작업과 구명운동이 벌어졌다. 이 구명회에는 박순천, 김옥길, 오지호 등 63명의 인사들이 참여했다. 당시 구명운동에 참여했던 관계자의 말에 따르면, "박흥숙은 공부해보려고 꿈을 갖고 사는 소시민이었다. 평소 효성이 지극했고, 순진한 성격이었다. 특별한 계기가 없었다면 사람을 네 명이나 잔인하게 살해하지 않을 것이라 생각한다"[116]며, "이 사건은 단순히 한 개인의 사건이라기보다 그동안 우리 사회가 추진해 왔던 고도 경제성장의 그늘 아래서 소외된 도시빈민의 무주택 문제가 빚어낸 사건이자, 대책 없이 진행된 행정상의 횡포가 부른 참극이었다"고 사건의 현재적 의미를 부여했다.

특히 1977년 9월 12일 마지막 결심 공판을 즈음해 구명운동이 활성화되었는데, 박순천, 김옥길 등 50여 명은 극형만은 면하게 해달라는 탄원서를 광주고등법원을 포함한 관계 요로에 제출했다. 그들은 탄원서를 통해 박흥숙의 범행은 너무나도 엄청난 것이었지만 철거반원이 집에 불을 지르고 자기 어머니를 밀어 넘어뜨리는 장면을 보고 우발적으로 저지른 행동이라는 점을 참작해달라고 호소했으며, 1, 2심 기간 동안 각계에서 진정서가 70여 통이나 재판부에 접수되었다.[117] 광주지법에서 열린 공판에서 권진욱 변호사는 희랍 아도플레스의 예를 들면서, "범인 박흥숙 군을 사형에 처하는 것은 아도플레스 왕의 승리와 같아 이 사회의 유익한 점은 없다고 생각 (…) 열다섯 살때 굶어 쓰러지면서 50여 일 동안 걸려 지어서 어머님께 선물로 바쳤던 정든 오막살이 집이 불에 타오름을 보고 이성을 잃고 행동이 앞선 우발적 사건"이라고 변론하며 극형을 면해 다시 사회에 봉사할 기회를 달라고 말했다. 이어 최후진술에서 박흥숙은, "나 같은 기형아가 다시는 이 땅에 발붙이지 못하도록 어떤 극형을 주시더라도 달게 받겠습니다"라고 진술했다.[118] 하지만 각계의 탄원서에도 불구하고 재판부는 박흥숙에게 사형을 구형했고 23일에는, "범행 동기가 비록 행정력의 과잉단속에서 빚어졌다고 하더라도 공무집행 중인 공무원을 4명이나 무참히 때려죽인 처사는 용서받을 수 없는 행위"라며 구형대로 사형을 선고했다.[119]

사형 선고를 받은 뒤 박흥숙은 항소를 포기하기로 마음을 굳힌 뒤 사형을 받아들이겠다는 뜻을 면회 온 가족에게 밝혔다. 그러나 가족의 설득으로 9월 30일 광주고법에 항소하기로 결정했다.[120] 하지만 1978년 2월 18일 항소심 선고공판에서 박흥숙의 항소는 기각되었다. 재판부는, "피고에 대한 관대한 처분을 바란다는 각계의 탄원이 있어 공판을 연기하면서까지 심사숙고했으나 상사의 명에 따라 철거에 나선 공무원 4명을 쇠망치로 때려 숨지게 한 사실은 극형에 처해 마땅"하다고 항소를 기각했다. 5월에 열린 대법원 상고심 공판에서도 사형을 선고한 원심을 확정하고 박흥숙은 광주교도소에서 수인 번호 885번으로 수감된다.[121]

마지막으로 죽음에 이르기 전까지 교도소에서 박흥숙의 삶을 살펴보자. 1978년 6월 28일 광주 전남대생 200여 명이 "민주학생선언"을 발표해, 학생 12명이 구속되었는데 그 가운데 한 명인 박병기는 7월 5일 광주교도소에 수감되어 11월까지 박흥숙과 통방과 운동을 같이 했다. 그는 곁에서 본 박흥숙에 대해, "내가 아는 박흥숙은 학습 능력이 무척 뛰어났다. 머리가 비상할 정도로 좋았다. 토론과 대화 그리고 지속적인 독서를 통해 사회적 의식도 급속도로 바뀌어 갔다. 사회가 뒤집혀야 한다는 얘기도 곧잘 했고 그에 대한 논리적 근거도 설득력이 있었다"라고 기억했다.[122]

사형 선고에도 불구하고 박흥숙은 1980년만 넘기면 살 수 있다는 생각을 갖고 있었던 것 같다. 구명운동도 큰 도움이라고 생각했지만, 박흥숙은 자신의 삶과 죽음에 관한 나름대로의 계산을 하고 있었다. 그는 사형집행은 통상적으로 3년 이내에 이루어진다고 생각했다. 따라서 3년을 넘기면 사형을 면할 수 있을 것이라고 확신했다. 또한 사형집행은 큰 기념일 하루 전에 이루어진다고 판단하고, 1980년 크리스마스 전날인 12월 24일이 최대 고비라고 생각했다. 그가 가장 큰 고비라고 여긴 1980년 12월 24일 오후 6시, 지도들을 마지막으로 입방이 완료되자, "형님!" 하고 무척 흥분된 목소리로 박흥숙은, "몸도 기분도 아주 좋습니다"라고 외쳤다. 자신이 예측했던 사형집행일을 넘겼다는 생각에 비로소 입을 열 수 있었던 것이다. 박홍숙은 지난 일 주일 동안 죽음에 대한 공포와 두려움 속에서 자신과 싸우고 있었던 것이다.[123]

그러나 12월 24일 저녁 9시경에 교도소 교무과 직원 두 명이 박홍숙을 찾아왔다. "박홍숙 나와!"란 소리에 박홍숙은 놀랐지만, 다행히 보안과 직원이 아니었기 때문에 순순히 따라갔다. 교무과 직원은 면회, 감형 등을 관장하는 업무를 하고 있었기 때문에 좋은 소식이 있지 않을까 기대를 갖고 동행했던 것이다. 하지만 박홍숙은 영영 돌아오지 못했다. 이날 저녁 박홍숙은 자신이 매일 운동하던 광주교도소 운동장 뒤편 사형집행실에서 죽음을 맞이했다. 눈이 많이 내린 그날, 동생과 어머니는 눈 바닥에 누워 눈물로 박홍숙을 보냈다. "무기형으로만 떨어져라 그럼 살 수 있다"는 박홍숙의 삶에 대한 간절함을 1980년 겨울은 받아들이지 않았다. 12월 25일, 박홍숙의 주검은 광주시 운림동 배고픈다리 근처 밭 한편에 천막을 치고 살았던 가족들에게 돌아왔다. 죽기 직전에 박홍숙은 자신을 무등산에 묻어 달라는 얘기를 남겼지만 묻힐 땅도 없었고, 당국도 허락하지 않았다. 결국 박홍숙은 지금의 광주대학교 뒤편 기독교 묘지에 묻혔다.[124] 다음으로 무등산 타잔 사건이 일어나게 된 구조적 배경인 도시화와 재개발 정책의 양상에 대해 살펴보도록 하자.

도시는 만원이다

무등산 바람재에서 토끼등으로 가는 길은 무등산의 허리띠다. 산 중턱에 차량이 통행할 수 있는 비포장도로가 뚫린 모양 때문에 허리띠라고 불렸다. 길 중간에 있는 너덜겅 약수터에서는 목을 축일 수 있어서 무등산 탐방로 가운데 붐비는 곳 가운데 하나라고 알려졌다. 바로 이곳이 1977년 4월 20일 무등산 타잔 사건이 일어난 곳인 덕산골이다.[125]

사건 직후 언론과 정부는 덕산골을 무당촌이라 부르며 사이비종교에 광분한 무지한 도시하층민들이 모여 사는 곳으로 묘사했다. 과연 도시하층민들의 거주 지역은 무지, 빈곤 그리고 무질서로 가득 찬 곳이었을까? 1980년대 초반 드라마 〈달동네〉에서 묘사된 것처럼 도시하층민 나름대로의 욕망과 의지 등이 살아 숨 쉬는 곳은 아니었을까? 사건 직전 박흥숙은 자신의 집이 철거됨에도 불구하고 윗집에 사는 노부부를 걱정하며, '저 사람들은 오갈 데 없는 환자인데 이렇게 개돼지만도 못하게 하면 우리는 이 나라 국민이 아니냐'라고 말했던 데서 드러나듯이, 1970년대 도시빈민촌은 공동체로서 상호부조적 성격이 강했던 공간이었다.[126]

이들은 처음부터 광주에서 살던 사람들이 아니라 박흥숙 가족처럼 각자 사정에 따라 떠돌아다니다가 무등산까지 밀려들어온 사람들이었다. 당시 철거촌은 정식 매매 계약이 아니라 동네 건달들이 말뚝을 박아 놓고, '이거 10만 원에 사'라는 식으로 매매가 이루어 졌다.[127] 동시에 무허가 정착지는 도시 중심부에서 밀려난 이들이 자신들의 삶을 영위하기 위한 협력과 유대, 다른 식으로 말해서 근대 도시가 파괴한 전통적 공동체 생활양식이 아스라하게 잔존했던 장소였으며 건설노동, 주부 취업 알선, 노점과 행상 등 거의 모든 취업에서 지역적 네트워크를 형성했다.[128] 하지만 이들을 둘러싼 현실은 공동체라는 말로 낭만화될 수 없는, 가난과 불안정 등으로 뒤덮인 것이었다. 이는 1960~70년대 도시빈민을 주인공으로 한 적지 않은 작품을 썼던 박태순의 소설 「삼두마차」에서도 다음과 같이 묘사되었다. "싸움질, 주먹질이 그치지 않아. 좀도둑이 들끓고 강간 질, 살인 질이 항다반사로 일어나고 있어. 절후를 맞추어 전염병이 만연되고 있고 식수는 엉망이어서 노상 위장병을 앓고 있어. 아마 세상에 이런 특수한 빈촌이란 없을 걸세. (…) 퀴퀴한 변소 냄새가 늘 배어 있어. 공중변소 더럽기란 말도 못할 지경이지. 무당의 푸닥거리가 늘 계속 되고 있어. (…) 정말 개판이야. 사람 사는 곳이 이처럼 타락해본 적도 없고 이처럼 가난해본 적도 없을 거야."[129] 다음으로 1977년 4월 20일 무등산 타잔 사건의 실마리를 1970년대 도시개발정책을 통해 추적해보도록 하자.

흔히 무허가 정착지는 환경미화, 도시위생 그리고 토지의 효율적 활용을 저해하고 사회 불만 세력이나 소외집단의 대규모 거주지라는 이유 때문에 규제와 관리 대상이 되어왔다.[130] 한국전쟁이 끝난 뒤 1950년대 서울과 도시는 어수선한 가운데 빈곤의 문화와 서구 문화가 공존하는 장이었다.[131] 문학작품에서 드러나듯이 1950년대 도시 거리는 '목적지 없이 방황하는 이들'로 가득 차 있었다. 전후 소설들 역시 암울함 속에서 희망을 붙잡고 사는 군중의 모습을 묘사하면서, 서민들의 인정(人情)을 통해 삶의 동력을 긍정적으로 묘사하고자 했다.[132] 또한 한국전쟁 이후 도시는 전재민(戰災民)과 고아소년집단 등으로 넘쳐났다.[133] 특히 1950년대 후반 도시이입인구 대다수가 서울로 집중되어 과잉도시화 현상이 일어나, 서울시 인구의 3분 2를 차지할 정도였다.[134] 이들은 서울로 올라와 도시 주변부에 천막을 치고 구걸을 하며 생계를 이어갔고, 이들 고아들의 행로는 이후 도시빈민의 형성 과정을 암시해 주는 것이었다. 또한 이들의 거주 공간인 천막촌과 판잣집은 식민지 도시빈민들의 '토막민촌'(土幕民村)이 변형된 형태였다. 당시 판잣집은 북쪽 지역에서 내려온 피난민들이 임시 거처를 마련하려고 미군들이 가지고 온 라왕, 미송과 루핑 등을 이용하여 집을 지었던 데서 유래했다. 상자집, 하꼬방 등으로 불렸던 판잣집은 전후 새로운 불량주택의 형태였다.[135] 이런 현실에도 불구하고 1950년대 선거 때마다 민심 이반을 우려해서 정부가 앞장서서 무허가 불량주택지대—이른바 정착지 조성—를 만들었던 사실에서 확인할 수 있듯이 이후에도 무허가주택은 지속적으로 증가했다.[136]

1960년대 들어서도 이농민들은 갈수록 증가했으며 그 결과로 도시빈민과 하층노동자가 대규모로 양산되었다. 이들은 농민-도시빈민-하층노동자로 이동을 경험하며 무허가정착지를 구조적으로 확대하는 주체로 등장했다.[137] 서울뿐만이 아니라, 이 시기 광주도 전입자의 대부분은 전남 농촌 출신이었고 전출과 전입인구가 전체 인구의 45~53%에 이르렀으며 상당수가 도시빈민층이었다.[138] 전남지역의 경우 서울로 인구 집중 때문에 현저하게 인구가 감소했지만 광주시의 경우 지속적인 인구 증가를 확인할 수 있다.[139] 특히 박흥숙 가족 같은 이농 도시하층민은 난민 캠프, 범법자, 폭력배, 강도, 노점상, 부랑민, 자유노동자, 매매춘 여성 등 도시의 '이질적인 타자'로 여겨졌다.[140]

이농에 따라 도시하층민과 무허가주택이 증가하게 되자, 1960년대 들어서 대도시를 중심으로 도시재개발이 시작되었다. 서울의 경우 1960년 주택부족률이 40% 미만이었지만 1966년에는 50%로 증가했으며, 주택 당 인구수도 1958년 8.8명에서 1966년 10.5명으로 늘었다. 당시 주요 정책 목표가 실업인구를 노동빈민 형태로 취업시켜서 상대적 과잉상태인 노동력을 소진시키는 것이었기 때문에, 노동력 재생산을 위한 집합적 소비부문에 대한 투자는 취약했고 그 결과로 이들의 주거조건은 갈수록 악화되었다.[141]

이런 상황을 반영하듯이 1966년 이후 도시 경관 미화란 목적으로 무허가 불량주택들에 대한 대대적인 단속과 철거가 시작되었다. 이런 대대적인 철거가 진행된 맥락을 이해하기 위해 1960년대 중반 도시의 상황을 살펴보면, 1966년 미국 존슨 대통령이 방한했을 때 시청 앞 광장에서 환영식이 열렸는데 남산 중턱에 1930년대 지어진 일본 적산 가옥과 무허가 판잣집들이 들어찬 서울 도심이 미국 카메라에 잡혔다. 이를 본 미국 교포와 유학생들은 가난한 조국의 모습이 창피한 나머지 시청 주변 슬럼가를 깨끗하게 해달라는 탄원서를 청와대에 접수시킨 일이 있었을 정도였다.[142] 이처럼 무허가 판잣집 철거, 도시빈민의 도시 외각으로 강제이주 등을 통해 사당동, 도봉동, 염창동, 거여동, 종천동, 신림동, 창동, 쌍문동 등에 '달동네'라고 불리는 집단 거주지가 생겼다.[143] 그렇다면 강제이주 등을 통한 도시 내 공간적 분화는 어떻게 이루어 졌을까?

공간적 배제와 타락한 성벽

도시빈민과 대조적으로 1960년대 이후 산업화와 도시화의 수혜로 탄생한 집단이 도시 중산층이었다. 이들의 거주지는 도시빈민과 명확하게 구분되는 아파트를 중심으로 형성되었다. 한국 아파트의 역사는 그리 오래되지 않았다. 본격적으로 아파트가 건설되기 시작했던 시기는 1957년 11월 경 서울 성북구 종암동 숭례초등학교 위에 17평 규모의 종암아파트가 건설되면서 부터였다. 뒤이어 1958년에 서울 중구 주교동에 중앙아파트가, 1959년 서울 충정로에 개명아파트 등 층이 낮고 규모가 작은 아파트들이 건설되기 시작했다. 한편 1967년 4월 서울시는 도시를 뒤덮고 있던 무허가 건물 13만 동을 양성화하겠다며 보조비를 지급했지만 개량 실적은 미미했다. 이런 상황에서 서울시가 내놓았던 대안이 시민아파트 건립이었다. 서울시는 1969년부터 1971년까지 3년간 시민아파트 2,000개 동을 공급해 9만 가구가 입주할 수 있게 한다는 계획을 세웠다. 이런 계획에 입각해 1971년 영동지구 사업계획이 발표되었고 1973년에는 이 지역을 개발촉진지구로 지정했다. 하지만 한 달 평균 소득이 1만 원 이하인 불량주택입주자들이 시민아파트에 입주하는 것은 원천적으로 불가능했다.[144] 더군다나 1970년 4월 8일 서울시가 마포구 창전동에 야심차게 추진했던 지상 5층, 15개동 규모의 와우아파트 한 동이 폭석 주저앉는 대규모 사고가 일어났다.[145]

그럼에도 불구하고 1972년부터 1974년까지 부동산 파동을 거치면서 수도권을 중심으로 두 배 이상 뛰기 시작한 아파트 열풍은 식을 줄 모르고 확산되었다. 주택공사가 완공한 반포단지를 시작으로 아파트개발이 본격화되었고 이후 잠실을 중심으로 초대형 아파트 단지가 들어서기 시작했다. 중동 건설에 참여했던 현대건설도 본격적으로 아파트 건설의 대열에 합류하였다.

또한 정부는 부유층을 겨냥해서 동부이촌동과 반포단지 개발을 위해 AID 차관을 받아 최소평수 22평부터 최대평수 복층 64평까지 아파트를 지었다. 이들 아파트의 건설은 빈민가 개발을 아파트 단지 건설로 대신하는 개발 방식의 서곡으로, 이곳에는 대부분 1970년대 급성장한 중산층들이 거주했다.[146]

이런 상황은 광주역시 크게 다르지 않았다. 1972년에 토지가격이 거의 300배 가까이 상승했고, 특히 1970년대 초반부터 본격적으로 토지구획정리 사업이 전개되면서 주택양식이 변모하자 부동산 투기 붐이 일어나기 시작했다. 특히 우산, 풍향, 지산 일대의 지가와 주택가가 급상승했다.[147] 실제로 1970년대 초반 광주시 중심부에 몇 개 동만이 주택가였으나, 점차 상가와 업무지역으로 변화했다. 또한 1970년대 후반기부터 아파트 건설이 본격적으로 시작되어, 1970년대 초반까지만 해도 야산, 논밭이 대부분이던 화정동, 방림동, 주월동, 지산동 등에 대규모 주택단지와 아파트촌이 건설되었다. 그렇다면 서울, 광주 등 도시를 중심으로 진행되었던 아파트 건설에 따른 도시공간의 변화는 어떤 방식으로 재현되었나?

아직 본격적인 강남 아파트 개발 이전이었지만 이호철의 소설 「서빙고 역전 풍경」에서 서빙고역에 하차한 두 사람이 지금의 강남을 보며 나누는 도시의 미래에 대한 대화는 도시의 회색빛 미래를 암시적으로 드러냈다는 점에서 시사적이었다.[148]

"앞으로 서울은 이쪽으로 뻗는다던데요. 벌써 돈 있는 사람들은 저 건너 땅을 무더기로 사두었다던데요."
"암튼 제3한강교가 서겠지."
"여기 사는 사람들은 어떻게 되지요?"
"어떻게 되겠지."

1970년 4월 8일 서울시가 마포구 창전동에 야심차게 추진했던 지상 5층, 15개동 규모의 와우아파트 한 동이 푹석 주저앉는 대규모 사고가 일어났다.
[출처: 『대한민국 정부 기록 사진집』]

서울시는 1969년부터 1971년까지 시민아파트 2,000개 동을 공급해 9만 가구가 입주할 수 있게 한다는 계획을 세웠지만 월평균 소득 1만 원 이하인 불량주택 입주자들이 시민아파트에 입주하는 것은 원천적으로 불가능했다. 1970년대 수도권을 중심으로 불기 시작한 아파트 열풍은 더욱 확산되었고, 이는 빈민가 개발을 아파트 단지 건설로 대신하는 개발 방식의 서곡이었다.

앞에서 언급한 대로 아파트 분양이 본격적으로 시작되자 엄청난 인파가 장사진을 이루어서 정부는 아파트 분양추첨제를 도입하기도 했다. 그러던 중 1977년 9월에 착공한 5차분 분양을 둘러싸고 시비가 벌어졌다. 애초 총 728가구의 절반은 사원용으로, 나머지 절반은 일반 분양용으로 승인받은 아파트가 준공도 되기 전에 3배 이상 가격이 뛰어버렸기 때문이었다. 특히 문제가 되었던 이유는 사원용으로 승인을 받은 아파트를 특수계층 600여 명에게 특혜 분양했기 때문이었다. 이때부터 아파트 분양을 둘러싸고 '복부인과 프리미엄'이라는 신조어가 생겨나면서 각종 비리와 부정부패가 시작되었다. 박완서의 소설 「서글픈 순방」에는 집을 구하러 온 한 주부가 강남 시가지를 보며, "영동 신시가지란 곳엔 참 예쁘게 생긴 집도 많았다. 모양이 어찌나 오밀조밀하고 아기자기하고 색스러운지, 집 같지가 않고 고급 양과점 진열장 속의 데코레이션 케이크 같았다. 나는 설레는 기분으로 이런 예쁜 집들 사이의 잘 포장된 골목길을 걸었다"[149]며 분절된 도시의 현실을 묘사했다.

그러나 아파트에 거주했던 중산층과 달리, 도시하층민은 지속적인 불안정 상태이자, 중산층과 소시민 등 도시 정상인과 비교되는 '위협'내지 '공포'의 대상이었다. 박완서의 소설 「낙토의 아이들」(1977년)에는 강남의 공간적 차별화가 보여주는 '도시위생'이란 문제를 다음과 같이 묘사하고 있다. "구시가에 대한 친근감은 거의 없다. 막연한 혐오감이 있을 뿐이다. 무릉동 사람들이 썩은 강이라고 부르는 강이 그런 거리감을 만들어 주고 있는지, 구시가에 대한 혐오감이 멀쩡한 이름 있는 강을 썩은 강이라고 천대하게 됐는지 그것까지는 확실하지 않다. (…) 무릉동 사람들은 아이들이 강가에 가서 노는 걸 막기 위해 아이들에게 미리 강에 대한 호기심대신 공포를 가르쳐야 했다. 강은 구시가의 공장에서 버리는 독이 있는 물과 구시가 가난뱅이 구식 뒷간에서 직접 흘러내리는 똥오줌 때문에 썩었노라고 죽었노라고. 거기 손이나 발을 담그는 일은 똥통에 손발을 씻는 것만큼이나 비위생적인 일이라고 가르치고 또 가르쳤다."[150] 그렇다면 1960~70년대 공간적 분절과 배제를 뒷받침한 제도적-법적 장치들에 대해 좀 더 구체적으로 살펴보자.

임시조치법과 도시빈민의 공간적 배제

1971년 광주대단지 사건에서 드러나듯이, 1970년대 도시정책의 특징은 재개발, 철거정책과 이로 인한 무허가정착지의 해체였다. 1960년대 무허가정착지 정책의 핵심은 무단으로 점유된 도시 공간의 정비였다. 1960년대에 도심 무허가 건물 정비가 어느 정도 이루어지자, 1970년대 들어서는 자본에 의한 사유지 개발, 즉 도심재개발이 추진되었다.[151] 하지만 1970년대에도 도심의 고지대, 구릉지, 하천변 등에 무허가정착지는 지속적으로 늘어났다. 특히 1971년 광주대단지 사건을 통해 밑으로부터 도시하층민의 생존권 투쟁이 정치적 위기나 사회운동으로 전화될 가능성을 경계하기 시작했던 정부는 다른 전략을 선택했다. 그 선택은 무허가 정착지 주민을 제도내로 포섭하여 철거에 맞서는 이들의 대응을 약화시키는 것이었다. 동시에 이들의 주택 자원과 자조 역량을 활용해서 자원의 유출 없이도 재개발 비용을 끌어내어 주택재개발을 추진하는 것이었다. 바로 1970년대 무허가정착지 정책은 공권력을 동원한 철거정비 정책과 주민의 경제적 동원에 기초한 주택 재개발 정책이 병행되었다.[152]

이러한 발상의 전환에 기초해 만들어진 법이 1973년 3월에 주민의 경제적 동원에 기초한 주택재개발 정책인 "주택개량촉진에 관한 임시조치법"(이하 임시조치법)이었다. 당시 주택재개발 정책은 주민의 자조적인 현지 개량방식을 빌려 국가 주도로 도시빈민에 대한 관리체계를 구축하는 것이었다. 임시조치법을 통해 재개발지구를 지정하는 동시에 공원과 녹지 등 불법 건물을 도시계획법에 따라 합법화하는 법적인 기반이 마련되었다. 또한 이를 통해 주민들이 무허가주택의 소유권을 획득할 수 있는 제도적 조건이 갖추어

졌다.[153]

정부는 임시조치법 3조에 따라 재개발지구로 지정함으로써 도시빈민 주거 지역을 일반 주택지구와 공간적으로 구분 짓는, 즉 '무허가 거주 촌'을 묵인했으며 이를 통해 자본축적의 기반인 노동력을 대도시에 집중시킬 수 있었다. 이후에도 '무허가'를 근거로 자본의 공간적 축적 방식인 '도시재개발'을 위해 무허가 정착지의 주민들을 더욱 열악한 곳으로 추방할 수도 있었다. 도시빈민의 입장에서 보면 임시조치법 3조에 따른 재개발 지구의 지정은 도시빈민의 주거지역을 공간적으로나 사회적으로 일반주택 지구와 구분하고, 이를 통해 이들을 사회적으로 격리시키는 결과를 낳았다.

광주의 경우 한국전쟁 이후 1955~59년 사이에 가구가 37% 증가하자 90%를 상회하던 주택 보급률은 1957년에 67%로 급락했다. 1970년대에 이르러서 도시 인구집중현상이 10여 년 만에 51% 이상 급증하자, 주택 보급율은 54.4%로 하락했다. 1971년부터 1980년까지 광주시 가구 수는 6만 2,819호가 증가했지만, 주택 증가는 2만 9,716동에 불과해 매년 주택 부족률이 증가했다.[154] 이에 시 당국은 다양한 형태의 공영주택을, 1973년에는 철거민 주택을 만들었다. 그럼에도 불구하고 인구증가율과 비교해 볼 때 주택 보급률은 저조했다.[155] 더불어 점차 기존 시가지의 황폐화가 우려됨에 따라 도시재개발법이 개정되었고, 환경 불량으로 인한 범죄 발생 가능성 경감, 동일한 사회계층의 일정 구역 집중으로 인한 지역 간, 사회계층간 괴리현상 등을 해소하기 위해 재개발이 추진되었다.[156]

이런 상황에서 광주에서 최초로 진행된 도시 계획은 1962년 제정된 도시계획법에 따라 1967년에 이루어졌던 도시계획재정비였다. 이는 도시의 무질서한 확산을 막고 자연환경을 보호하기 위해 개발제한구역을 지정했다. 당시 박흥숙의 거주지도 개발제한구역에 속했는데, 광주시는 1972년 건설부 지침에 따라 도시의 무질서한 확산 방지, 도시주변의 자연녹지 보존, 고지대

건축물의 개발억제, 군사시설 및 중요산업 시설 주변 지구의 도시화 억제 등으로 구분하여 개발제한구역을 설정했다.[157]

무등산 타잔 사건과 관련해서, 1972년에 무등산이 도립공원으로 지정되자 무허가주택들이 본격적으로 철거되기 시작했다. 이미 1967년에 무등산 증심사 주변은 도시미관 유지를 위해 미관지구로 지정되었다. 같은 해에도 도시공원법이 제정되어 1972년에 전남지역에서 최초로 무등산 일대가 도립공원으로 지정되었다.[158] 무등산이 도립공원으로 지정되면서 도립공원 내 케이블카 건설계획이 추진돼서 가시거리에 있던 덕산골도 철거 대상에 포함되었다.[159] 아마도 무등산 타잔 사건이 일어나기 3년 전인 1974년에 공원 계획이 수립되어 도시공간에 대한 개발과 관리가 시작되는 과정에서 무당골에 대한 철거는 구상되었을 것이다.

특히 사건이 일어났던 1977년은 전국체전을 앞두고 주택 정비에 박차를 가할 시점이었고 1976년 사회문제가 된 신흥종교 문제 때문에 산림청은 산림 내 암자, 기도원 등 불법축조물 단속을 위해 전국 산림보호직원을 총동원하여 특수지역인 계룡산, 무등산, 용문산, 지리산 등 사이비종교 성행 지구를 단속한다고 발표했다.[160] 광주시도 1977년 4월, 덕산골에 남아 있던 10여 채의 무허가 건물을 철거하기로 하고, 12일자로 철거집행을 통보했다. 당시 철거 명령이 내려진 정황에 관해 피해 철거반원의 부인은, '시찰을 오신다는 듯, 대통령께서 도립공원이 됐으니까, 그러니까 밑의 사람은 철거를 해야 하지 않느냐, 그래 가지고 오더[oder]가 떨어진 듯'하다고 당시를 기억하고 있다.[161] 그러나 박흥숙은 당시 상황을 정확하게 알지 못했는데, 그는 최후진술에서 당시 정황을 다음과 같이 설명하고 있다.

내가 처음 집을 지을 당시 허가 없이 지었다는 것을 알고 있었지만 그 곳이 제한개발구역이라는 것은 꿈에도 생각하지 못했으며 또 그 당시 나이가 어린 탓에 그럼 점에 무관심 (…) 나중에야 이 사실을 알았지만 당장 이사 갈 곳도 없고 참으로 피와 땀의 결정이라고 해도 과언이 아닐 고생, 고생, 그 고생을 해서 지은 집을 차마 내 손으로 부실 수는 도저히 없었습니다. 당국에서도 지난 겨울에 3차 계고 당시 까지는 집 지은 지 5~6년이 지나도록 말한 마디 없었으며 우리들도 그처럼 그런 산골까지 계고장이 나오리라고는 신이 아닌 다음에야 미쳐 상상이나 했겠습니까.[162]

이처럼 박흥순 사건의 배경 역시 1970년대 도시정책의 특징인 재개발, 철거정책과 이로 인한 무허가정착지의 확산 때문이었다. 하지만 철거 계고장이 날아들었을 뿐, 다른 대안이 없던 이들 가족에게 이주 대책은 마련되지 않았다. 여기서 고려해야 할 점은 무등산 타잔 사건이 이런 구조적 원인으로만 설명되기 어려운 좀 더 미시적인 이유들이 존재했다는 사실이었다. 우선 나는 그 실마리를 무속에 대한 당대 시각에서 찾아보고자 한다.

무속에 대한 의구심: 1970년대 신흥종교의 사회문제화

무등산 타잔 사건 직후 언론은 무등산 덕산골을 '무당촌'이라고 부르며 사이비종교의 소굴이자 범죄의 온상인 것처럼 보도하기 시작했다.[163] 당시 기사들에는, "전남의 제1호 도립공원이자 광주의 상징인 무등산이 사이비종교의 아성으로 말썽을 빚더니만 끝내 살인극"[164] "광주 무등산 중턱에 무당·점쟁이·박수 등 미신집단이 모여 무당촌을 형성"[165] "풍치 좋은 계곡이 바로 사이비종교 단체가 집단을 이루고 있는 덕산계곡 … 아무렇게나 그린 불상과 부적을 방안 벽에 붙인 불공방과 방 한 칸, 부엌 한 칸 규모의 무당집"[166] "철거가 진행된 날 당일에도 박흥숙의 집은 예나 다름없이 무당과 점쟁이들의 푸닥거리에 열중했다"[167]라고 기록되어 있다. 한 걸음 더 나아가 언론은, 박홍숙의 어머니는 이곳에서 영업을 하다보니 반(半)무당이 되었으며, "박홍숙은 무당골에서도 가장 뛰어나 굿거리 10여 개를 몽땅 가지고 있어 다른 사람보다 월등히 수입이 많은 무당촌의 실력자였으며 그동안 절약하여 광주시내에다 집을 3채나 샀다"는 등 덕산골의 세력자처럼 박홍숙과 가족을 묘사했다.[168]

하지만 언론 보도와 달리 덕산골은 과거부터 산수가 좋아 광주 시내에 살고 있던 환자들이 병을 고치기 위해 종종 올라와 굿거리를 하곤 했다. 덕산골에 사는 주민 대부분은 광주 시내에 집을 장만할 돈이 없어서 산중턱으로 올라와 살던 도시하층민들이었지 무당이나 사이비종교 신자는 아니었다. 이들은 굿거리를 하러 온 사람들에게 제물(祭物)과 편의를 제공하고 그 사례를 받아서 생계를 유지했다. 오히려 등산객이 많은 무등산에 겨울철과 봄철마다 일어나는 산불은 대부분 이들이 꺼렸다.[169] 당시 철거반원 김영철도, "박홍숙의 집에 막 도착했을 때, 집 앞에는 굿을 하러온 사람 3개 팀 정도가 있었지만 그의 어머니가 직접 무당행세를 했던 것은 아니다"라고 기억했다.[170]

그렇다면 왜 박홍숙과 가족 그리고 덕산골의 도시하층민들은 사이비종교 신자나 무당으로 불렸을까? 그것은 무속, 무당 그리고 사이비종교를 둘러싼 부정적인 담론들이 1970년대 한국 사회에 팽배했기 때문이었다. 물론 이전에도 무당과 무당촌은 최하계급으로 천대와 하대를 받아서 이들이 거주하는 곳의 땅값이 쌌을 정도였다.[171] 1970년대에도 여전히 무당(촌)에 대한 차별과 부정적인 담론은 계속 만들어 졌다. 하지만 정부의 각종 규제에도 불구하고 1960~70년대에 고사나 굿을 하는 것은 보기 어려운 광경이 아니었다. 광주에서도 영업용 차량이나 새로 구입한 차량에 대해서 고사를 지내는 일이 일반적이었다.[172] 심지어 정부나 관공서에서도 굿을 하거나 미신을 타파하지 못한 것이 논란이 되기도 했다. 단적인 예를 들면, 1971년 순천시 풍덕동 모(謀) 관청에서 터가 나빠 흉사(凶事)가 계속된다고 관공서에서 무당굿을 벌이는 사건[173]이 있어났고, 1972년에도 안동 동부동 군청회의실 증축 공사가 나뭇가지 하나 때문에 중단되었는데 그 이유는 가지를 자르면 뒷일이 좋지 않다는 미신 때문이었다.[174]

이렇게 무속은 박정희 시기 대중들의 일상 속에 뿌리 깊게 존재했지만 정부와 지배 담론은 이를 금기시했다. 1961년 군사 쿠데타 이후 군사정부는 풍기문란, 사회불안, 특수범죄 등에 대한 규제를 강화했으며 1970년대 들어서는 새마을 운동의 정신계몽 운동 차원에서 무속과 무당의 존재가 근대화에 역행한다는 이유로 이를 금기시했다. 구체적으로 주술적 무속신앙의 폐해는 비합리적이고 감상적인 사고방식을 낳고 소극적 운명론을 마음에 심어 근대화를 저해한다고 비판했다. 특히 무속신앙의 가장 큰 폐해는 근대화를 지향하는 새마을 정신에 위배되는 동시에 사회발전을 가로막는 퇴영적 사회기풍을 조장하는 점이라고 강조했다. 그 외에도 각 경찰서 마다 밤 늦게까지 굿을 하다가 인근 주민의 고발로 즉결심판을 받는 경우는 있지만 더 이상의 규제는 없다고 지적하며 당국의 강한 규제를 권고했다.[175]

그렇다면 박정희 시기 무속의 사회적 영향력은 어느 정도였을까? 1970년 보사부 통계에 따르면 전국에 산재한 무당의 수는 8,000여 명이었으며 이 가운데 6,000여 명이 여성 무당이고 나머지는 박수라고 불리는 남성 무당이었다. 또한 1974년 전 국민의 13%가 굿을, 26%가 고사를 했으며 주로 하는 사람들은 교통사고를 우려하는 차주, 사업 운을 비는 공장주, 영화 제작을 하는 감독과 극장주, 경기를 앞둔 감독 등이었다. 이런 사실들은 1970년대에도 무속이 대중들의 삶에 뿌리내리고 있음을 보여준다. 심지어 주간지마다 점집 소개 광고로 가득 차는 등 미신 앞잡이 노릇을 하고 있다고 비판하며, 광고 게재 기준 확립이 절실함을 역설하는 기사가 등장할 정도였다.[176]

문제는 1970년대 초중반에 다양한 형태로 나타났던 신흥종교(혹은 유사종교) 문제가 무속에 대한 부정적인 담론을 강화하는 데 한 몫을 했다는 점이었다. 먼저 1971년 문공부 「한국 신흥 및 유사종교 실태 조사」 결과를 보면 총 신도 수가 38만 명으로, 10계 52개 종파 소속이었으며 이 가운데 21만여 명이 창가학회 회원이었고 기타 기독교계 9,900명, 유교계 90명, 불교계 1,420명, 증산계 5만 4,000명, 역효계 9만 6,000명, 단군계 1,100명, 무속 3,050명 순이었다. 이 가운데 창시자가 대부분 무당인 무속계는 선녀 하강이나 만병통치 지압술을 신뢰하는 천지대안교 3,000여 명, 경룡암 신도 5,000여 명 정도였다.[177] 다음으로 1976년 신흥종교문제연구소의 조사에 따르면, 전국 신흥종교는 302개의 종교, 신도 수는 181만 명으로 추산되며 이 가운데 사회적 물의를 일으키고 있는 유사종교가 80% 가량이었다. 이들은 헌법상 보장된 신앙의 자유를 악용하여 각종 교리를 주술화했고 반사회적, 반종교적 행위를 일삼고 있다고 비판받았다. 시기별 신흥종교 증가 현상을 보면 1941~45년 13개, 1946~55년 80개, 1956~65년 88개, 1966~75년 77개로 늘어나는 등 1945년 8.15 이후 만들어진 신흥종교가 전체 82%였다. 지역별 분포를 보면 서울 일원 84개, 충남 65개, 전북 62개, 경북 28개, 부산 14개, 경기 13개, 제주 11개, 충북 10개, 경남 7개, 전남 7개, 강원 1개 순이었다. 이 가운데 70%인 210개가 서울 삼각산과 충남 계룡산 일대에 밀집해 있었다. 신흥종교문제연구소의 보고서에서도 무속 등을 포함한 신흥종교에 대한 담론은 유사했다. 신흥종교는 유신총화 등을 앞세우고 태극기를 변조해서 숭배하도록 하는 교묘한 수법을 사용해서 강제노동을 강요하는 등 사회 부조리의 온상인 동시에, 청소년 혹사, 유언비어 유포, 도벌(盜伐)과 불법건축을 포함하는 자연경관 훼손, 병역거부 등 국가시책 거부, 불순분자 은신처 제공이라는 부작용을 낳고 있다고 보고되었다.[178] 1978년 신흥종교 특별 세미나에서는, 신흥종교 신도를 사회경제적 지위에 따라 구분해 보았는데, 영세유랑민 집단 90%, 농민 70%, 무식자가 80%로 도시하층민이 대다수를 차지하고 있다고 분석했다. 기성 종교와 사회가 현세적이며 기복적 욕망을 지닌 이들을 외면하는 것이 신흥종교가 급증하는 원인이라고 진단했다.[179] 이런 맥락에서 무등산 타잔 사건 이후 박흥숙의 어머니를 무당으로 여겼던 것이나 덕산골 주민들을 신흥종교에 빠진 광신도로 여겼던 것은 도시하층민이 신흥종교에 빠지기 쉬운 비이성적인 존재라는 시각이 지배적이었기 때문이었다.

한편 신흥종교의 양적 증가와 함께 문제가 되었던 것은 매년 다양한 형태도 발생했던 신흥종교 관련 사건들이었다. 1970년대 언론에 기사화되었던 사건들을 정리해 보면 〈표3-2〉와 같다.

1976년을 정점으로 신흥 종교에 대한 경계의 목소리는 다양한 형태로 나타났다. 1971년 감리교 신학대학장 홍현설은, 전국 각지의 신흥종교는 방언이나 신비체험 등으로 신도를 현혹시켜, 그들의 주머니에서 생활수단을 찾으려 하고 있다고 진단하며, 종교계는 이런 현상을 일소하는 운동을 전개해야 한다고 주장했다.[180] 또한 사회학자 한완상도, "신흥의 역기능, 그 배경"이란 칼럼에서 급격한 사회변혁으로 적합한 가치기준을 확립하지 못한 사람들이 윤리의 회색지대에서 방황하고, 기존 사회부조리가 예리하게 감지될 때 신흥종교는 등장하며, 한국은 그 토양이 풍부하다고 주장했다. 기성종교가 분열과 축재에 정신이 없을 때 사이비 신흥종교는 기성교단에 결여된 공동체의식과 희망 있는 사회를 앞세워 공동체를 갈구하는 사람들을 현혹한다는 것이었다.[181]

언론에서도 사이비종교 문제를 사설 등을 통해 여러 차례 다루었다. 몇 가지 예를 들면 민족의 얼을 좀 먹는 사이비 왜색 종교의 실체를 폭로하고(1973년),[182] "유사종교의 정비를 바람"이란 사설에서는 동방교 등은 사회발전을 좀 먹는 독버섯이며, 정부가 확고한 신념을 가지고 과감한 정화작업을 전개할 것을 당부했다(1974년).[183] "사이비종교를 뿌리 뽑자"는 사설에서는 근대화의 진전에도 불구하고 전근대적인 미망(未忘)이 잔존하며 사이비종교 신자들 대부분이 가난하고 사리에 어두운 서민들이고 사이비종교의 온상은 사회

《표3-2》 1970년대 신흥종교 관련 사건 목록

번호	사건 개요	출처
1	영양군에서 사이비종교로 물의를 일으켰던 일월산기도원 7층 성당 및 부대 건물 철거. 이는 400여 명 여신도의 강제노역으로 지어짐.	1971년 1월 10일
2	과거 통일교 혼음 사건 시비, 신앙촌 사건, 용화교주의 여죄수 집단 간음 사건, 태극교의 살인지령, 동방교의 부정축재 등을 사례로 들면서, 사회의 불안, 기성 종교의 타락, 대중의 무지 속에서 신흥종교는 싹트기 마련이라고 경고.	1973년 2월 23일
3	여호와 하느님 성전 정봉민 등이 노상전도를 빙자한 불법집회에서 현 정부가 억지로 어업저지선을 일본에 팔아먹었고 군대에 가게 되면 중동전쟁이 터지니 기피하라는 등 유언비어를 유포했다는 혐의로 비상군법재판소에서 징역 12년, 자격정지 12년 선고.	1974년 3월 8일
4	신도들의 고발에 따라 사기, 추행, 도벌 등 혐의로 장막성전교회 수사. 신도 2,000여 명이 집단거주하며 노역. 문공부는 종교단체 등록 등으로 반사회적 활동을 규제해야 된다는 입장(기독교리 주술화, 자막성전 교주 등 4명 구속).	1975년 4월 3일 1975년 9월 6일
5	서울지검 특별수사부 사이비종교 일제 수사. 허황된 교리로 교인들을 현혹, 금품을 사취하고 미성년자들을 혼음시킨 '천국복음전도회' 교주 구인회와 천국복음전도회 천사장 등 구속. 구 씨는 새마을전도회라는 사이비종교단체를 만들어 내가 하나님의 은총을 받은 재림예수라면서 천계산에서 불기둥이 솟으며 천국이 이루어지는데 돈을 가진 자는 이를 넘지 못하므로 교주에게 이를 바쳐야 한다고 설파해 천국으로 가는 번호표 등을 개당 5~10만 원에 판매. 구 씨는 장막성전교주인 유재열로부터 사이비종교로 서민들을 현혹시키는 방법을 배워 어릴 때부터 신의 계시를 받았다고 하며 신앙촌 교인이 됨.	1976년 2월 11일
6	광주에서 국제도덕협의회란 사이비종교단체가 '미륵불이 나타났으니 불당을 건축해야 한다'며 '돈 내면 성불시켜준다'고 속여 신도로부터 20억 갈취. 이 단체는 전국 120여 법단이 있고 신도 3,000명 중 절반이 전남에 거주.	1976년 6월 19일

출처: 해당 일자 동아일보, 경향신문

복지가 미치지 못하는 층이기 때문이라고 주장(1976년)[184]했다. 이처럼 문제가 심각해지자 1976년 3월 국회 문공위에서도 사이비종교의 발본 대책을 논의했다.[185] 유정회(유신정우회)에서도 모악산 참사를 계기로 유사종교의 일제단속을 건의하고 이들이 부녀자들을 희롱하는 등 윤리적 문제와 산림을 훼손하는 자연파괴 행위를 빈번하게 일으키고 있다고 주장했다.[186]

신흥종교를 규제하고자 하는 움직임은 종교계에서도 나타났다. 1973년 한국 불교회는 일련정종(日蓮正宗) 등 사이비종단 정리를 당국에 건의했다.[187] 1975년에는 기독교 구국십자군이 창단식을 가졌다. 이는 대한구국선교단 산하 조직으로 20만 명을 대상으로 목사를 분대장으로, 소년대, 초등대, 중등대, 고등대, 청년대 등을 조직해서, 교인을 우롱하는 전도관 등 사이비종교 일소, 퇴폐풍조일소, 사회부조리 제거 등을 목표로 삼았다.[188] 또한 사이비종교 타파를 목적으로 한 한국기독교청년협의회가 결성되었는데, 800여 명의 기독교청년을 회원으로 한 이 조직은 반공선교, 불우이웃을 돕기 위한 자선은행 설립 등을 주요 활동으로 삼는 등 신흥종교 문제에 적극적으로 대처하고자 했다.[189] 그렇다면 정부는 무속과 신흥종교 문제에 대해 어떻게 대응했을까?

새마을 운동: 미신 타파

헌법에 보장된 종교의 자유 자체를 부정할 수 없었기 때문에 정부는 다른 방식으로 미신, 무속 그리고 신흥종교 문제에 접근했다. 그 중심에는 새마을 운동이 있었다. 1970년대 초반부터 정부는 새마을운동 차원에서 정신계몽과 미신 타파 등을 설파했다. 1970년 문교부는 국민교육헌장 실천지침을 마련해서 각 시도 교육위원회에 전달했는데, 지침의 내용 가운데에는 미신 타파와 국산품 애용 등 14개 실천사항이 포함되어 있었다.[190] 이후에도 새마을운동 차원에서 정신계몽이나 생활개선 운동의 한 항목으로 미신 타파를 강조한 대목은 여러 차례 발견할 수 있다. 1974년 신문 투고란에서 한 독자는 유신과업과 새마을운동 등 모든 국민이 건전하고 성실하게 살고 있는 이때에 미신 타파는 무엇보다 먼저 이루어야 할 과제라고 주장했다.[191] 같은 해

원유가 인상 이후 소비절약을 위한 국민 캠페인으로 잡곡주식화, 헌옷 재생, 생활개선을 위해서는 미신악습 타파를 소비절약운동 방안으로 제시하기도 했다.[192] 또한 여성저축생활중앙회에서는 주부의 "지혜롭게 사는 길"이란 제명 하에 1975년 12월을 가계건전화운동의 달로 정하고 가정에서 주부도 미신을 타파하고 창의력을 발휘하여 생활을 과학화 합리화해야 한다는 강연을 개최했다.[193]

특히 정부와 언론은 미신 타파가 새마을운동으로 상당 부분 이루어졌음을 강조하기 위해 미신 타파 성공 사례를 자주 소개했다. 몇 가지 예를 들면, 새마을운동을 지원하고 귀경한 공화당 의원들을 소개하며 과거에는 지방노인들이 변소를 옮기는 것도 꺼렸으나 이제 부적대신 새마을 푯말을 붙이는 등 미신도 타파되었다는 기사[194], 울산에서 미신 타파를 위해 점쟁이들이 자진폐업을 하고 가내 수공업 기술을 배우는 사례 소개[195], 영화계에서 미신 40년 타파 바람이 불어 남녀 주인공의 궁합을 보지 않고 연기 위주로 캐스팅하여 성공했다는 기사[196] 등을 들 수 있다.

박흥숙이 거주했던 광주에서도 1970년대는 관주도 새마을운동의 '전성기'였다. 광주시는 1973년 지역 새마을 행정 강화를 위한 정부시책에 따라 각 시군도에 새마을과를 신설했고, 범시민적인 총화참여체제로 이를 추진하기 위해 민간단체 새마을운동협의회와 반상회 등을 조직했다. 1974년도에 들어서는 도시새마을운동과 지역새마을운동, 정신개발 사업 등을 주축으로 도시화에 따른 도시환경과 질서운동을 강조했다.[197] 이런 사실로 미루어 볼 때, 무등산 타잔 사건 당시 미신 타파와 사이비종교 등이 강조되었던 중요한 이유 가운데 하나는 1970년대 근대화를 위한 정신 계몽 차원에서 전국적으로 벌어졌던 새마을운동의 미신 타파 운동 때문이었다.

하지만 앞서 본 바와 같이 무등산 타잔 사건 직후에 광주에서 무속이나 사이비종교가 유달리 성행했다는 증거는 발견하기 어렵다. 당시 언론에서는

"50년의 고질 사이비종교의 고장 광주 무등산 계곡서 괴성 푸닥거리"[198] 등 확인되지 않은 사실을 유포하거나 무등산이 제2의 계룡산이 되는 것을 막기 위해 1975년 도립공원 지정 이후 점쟁이 소굴을 철거대상 지역으로 정했음을 강조했다. 더 나아가서 박흥숙의 남매가 합세하여 철거반원들을 묶고 처참하게 타살한 범행은 가증하고 잔혹했다는 점에서 귀기가 느껴졌으며, 범인을 잡아 정신 상태를 감정해야겠지만 무속집단에 대한 대책도 시급하다고 주장했다.[199]

그러나 '제2의 계룡산화' '무속집단 대책' 등 언론 보도와 달리 박흥숙의 모친인 심금순이 이야기한 무당골의 내력은 소박했다. 광주시내 사람들이 심기가 불안하면 물 좋은 데 와서 불안감을 위로 받고, 이곳까지 음식을 장만해 오려면 힘이 드니까 솥을 직접 가져와 음식을 차려 먹는 정도였다고 한다.[200] 심금순이 무당이라는 주장 역시 사실이 아니었다. 그녀가 했던 일은 사람들이 와서 밥을 해달라고 하면 도와주고 약간의 수고비를 받았던 일종의 날품팔이였다.[201] 이처럼 덕산골은 무속과 사이비종교의 집결지가 아니었다. 하지만 사실 여부와 무관하게 덕산골 주민들은 사이비종교를 맹신하는 비이성적인 존재로, 사건 초반에는 주민이 합세하여 철거반원을 폭행한 것처럼 알려졌다. 이상에서 살펴본 바와 같이 무등산 타잔 사건을 전후로 해서 지배담론은 사이비-신흥종교와 이에 몰입하는 도시하층민의 비정상성, 무속의 수적 증가에 따른 관련 범죄 증가, 생활 합리화 근대화 저해 요인으로서 무속 그리고 무속에 빠진 도시하층민의 거주지 집적으로 인한 예비범죄자와 사회적 불안감 증대 등을 다양한 형태로 강조했다. 하지만 도시하층민의 주택 부족과 이들에게 정착이 지니는 의미, 과잉 철거 대책으로 대표되는 도시의 폭력성을 둘러싼 문제는 교묘한 방식으로 배제되거나 은폐되었다.

폭도, 타잔 그리고 이소룡

바로 앞에서 언급했지만 무등산 타잔 사건에서 또 한 가지 주목해야 할 사실은 초기 언론이 덕산골 주민들도 사건에 합세했던 것처럼 보도했던 점이다. 당시 언론 기사를 보면, "무당촌 무허가 건물 철거하던 구청직원 주민들 뭇매로 3명 절명, 이를 보고 있던 30여 명의 주민들이 낫과 몽둥이로 주민들 집단 난동"[202], "마을 청년 3명이 합세하여 기왕 뜯길 집이나 힘들일 것 없이 불을 지르자고 말한 뒤 방화… 불이 피어오르는 것을 신호로 박군 등은 철거반원 7명을 둘러싸고 개머리판 없는 총을 쏘며 위협"[203] 등의 보도로 주민들을 사건의 공범인 동시에 무당촌을 파괴하려는 것에 반발한 폭도처럼 묘사했다.

하지만 사건 당일 소식을 듣고 현장으로 올라갔던 광주 동구청 건축과 녹지계 공무원 이인행은, "그곳은 이미 철거가 거의 마무리되어 주민들이 거의 살고 있지 않았다"고 당시를 기억했다. 박흥숙의 동생도, "당시에는 우리 집과 그 위로 당뇨병과 폐결핵을 앓고 있는 부부가 살았고, 조금 더 위로 거동도 불편한 할아버지와 할머니가 한 분씩 살았을 뿐이다"라고 증언했다.[204] 이후 정정된 기록을 보더라도 철거 직전에 남아 있던 집은 4~7채 정도로 보인다. 박흥숙도 재판과정에서 마을 사람들을 전부 무당이자 폭도로 모는 것에 대해 분노를 참지 못했는데, "당국에서는 그 마을을 무당촌이라고 했고 그 마을 사람들을 모조리 무당이라고까지 했습니다. (…) 추악하기 짝이 없는 것들을 나에게 뒤집어씌우는 것도 부족해, 말 못하고 쫓기는 짐승처럼 선량하고 불쌍한 그 마을 사람들을 무당이라고까지 하다니… 이 더럽고 비열하기 짝이 없는 수작은 무엇을 의미"하느냐고 물었다.[205]

그러나 이런 사실 여부와 별개로 사건을 전후로 생산된 담론은 지속적으로 도시하층민을 잠재적 폭도나 범죄자로 몰아가려고 했다. 유사한 사례는 1971년 광주대단지 사건에 대한 담론에서도 발견할 수 있다. 국회 입법조사관인 이상민의 광주대단지 사건에 대한 보고서에는, "유독 못사는 철거민 만을 이주시키려고 하는 것은 합리적인 해결책이 되지 않을 뿐만 아니라 무 모하기 짝이 없는 정책이 아닌가? 그 이유는 첫째, 못사는 다수의 민중을 한 곳에 결집시켜 놓으면 반란 세력을 구축하기 용이하고 폭동의 흥기(興起)가 쉽다는 점"이라고 주장했다.[206] 더 나아가서 이러한 사태의 재발을 막기 위해 서는, "도시구성원 계층을 단조로운 일개계층으로 형성시킬 것이 아니라 다 양한 계층으로 변형시켜 범죄우발 가능성을 감소시키고 사회적 명랑성을 조 장 (…) 또 중산층의 적극적인 유치도 한 방법"이라고 제안하고 있다.[207] 도시 하층민의 공간 집중의 '위험성'(혹은 이에 대한 '공포')은 교회 계열의 잡지에서 도 반복되었는데, "비슷한 계층의 사람들을 대개 한 곳에 몰아놓은 서울시 의 머리는 사회정책적 안목에서 보면 그야말로 위험한 조치 (…) 집단의 힘은 개인의 힘의 총화보다 훨씬 크다는 학설도 있고 또 같은 장소에서 얼굴을 맞 대고 있을 때 감정이입이 빠르다는 것이 상식"이라면서 도시하층민의 '집단 거주'에 대한 공포를 은연중에 드러냈다.[208]

도시하층민과 범죄라는 주제는 르포와 소설 등 문학에서도 이른바 '빈 민촌=우범지역'이란 서사를 통해 어렵지 않게 발견할 수 있는 소재였다. 박 완서의 소설 「어느 시시한 사내 이야기」(1974년)는 C동에 사는 중산층들이 산 동네라고 불리는 도시하층민 거주 지역에 대한 시선을 날카롭게 드러내 주었 다. 소설의 일부분을 잠시 살펴보자. "본래 산이었던 곳에 한 집 두 집이 생 기기 시작한 무허가 판자촌이 산을 완전히 점령해서 생긴 동네로 C동 사람 들은 이곳을 산동네라고 불렀고 C동에서 자주 생기는 도난 사건도 모두 이 산동네 사람들의 소행으로 볼 만큼, 산동네는 C동 사람들의 골칫거리였다. C동 사람들도 나무랄 수 없는 게 어쩌다 도둑놈을 퉁겼다 하면 줄행랑을 쳐 달아나는 곳이 산동네였다. (…) 그리고 산동네라면 치를 떨었다."[209]

그밖에도 당대 도시소설에서는 박흥숙과 같은 도시하층민이나 범법자를 재현함으로써 도시공간의 폭력성을 드러냈다. 예를 들어 이문구 초기 소설에 등장하는 범법자들은 폭력배(「야훼의 무곡」), 강도(「부동행」), 사기꾼(「백결」) 등 다양했으며 황석영의 소설에서도 극한 상황에서 살인을 저지르는 제대군인(「이웃 사람」)이 등장했다. 이처럼 당대 소설은 거리의 범죄자들을 둘러싼 구조적 문제를 '악한 소설'이란 개념으로 분석하기도 했다. 이른바 악한 소설의 주인공들은 순수함과 성실함으로 건실하게 살아가지 못한 채 생존을 위해 윤리적 법률적 일탈을 거듭하는 인물들로 묘사되었다.[210] 이들은 모두 박흥숙과 같이 도시−근대 사회 시스템에서 벗어난 일탈자의 모습으로 묘사되었다. 소설의 주인공인 범법자와 마찬가지로, 1961년 5.16 군사 쿠데타 이후 박흥숙과 같은 도시하층민이 선택할 수 있던 길은 근대화에 동참하는 국민이 되거나 사회윤리를 문란하게 하는 문제 집단이 되든지 혹은 신종 범죄자가 되는 길 이외에는 찾을 수가 없었고, 도시 주변층을 점유하고 있던 이들은 미필적 고의로 범법자의 길을 선택했다.[211]

하지만 박흥숙과 무당촌 주민들을 폭도이자 사회질서를 문란하게 하는 집단으로 몰아갔던 담론을 검토하면서 의문이 들었던 것은, 박흥숙이 사제총을 사용하고 무등산 타잔이라고 불릴 만큼 괴력을 가진 인물이라는 주장이었다. 『아리랑』 등 일부 매체에서는 박흥숙이 무당촌으로 이사온 뒤 학교도 다니지 않고 일정한 직업도 지니지 않은 채 산중에서 아령, 링철봉, 낙법기구 등을 구입해서 체력 단련에만 열중했다고 전했다. 또한 박흥숙이 평소에 뒤틀린 영웅 심리가 잠재되어 있을 것이라고 주변 사람들이 말했다고 보도했다.[212] 또한 박흥숙은 무등산 타잔이란 별명을 지녔으며 '무등산 수호신'을 자처했고 '무등산 18기를 정립해야 겠다' '무등산을 운동장 삼아 운동에 매진해서 중국 영화배우 이소룡이 되겠다'고 결심하고 태권도, 유도 등 무술을 연마하면서 무등산의 로빈 후드를 자처하며 흉기를 만들어 감추었다는 등 영웅 심리에 사로잡힌 인물이라고 주장하기도 했다. 심지어 박흥숙의 괴력에 대한 이야기는 계속 만들어져서, 검거된 뒤 광주로 이송되는 과정에서 경찰 포승줄을 '얏' 하는 기합으로 끊기도 했다는 소문이 나돌 정도였다.[213]

그렇다면 과연 박흥숙은 무등산 타잔, 수호신 그리고 영웅 심리로 가득 찬 인물이었을까. 박흥숙이 줄곧 체력 단련을 게을리 하지 않았던 것은 사실이었다. 다만 그 이유는 언론의 주장과 전혀 달랐다. 1980년 8월까지 함께 수감 생활을 했던 김상윤은, 그가 늘 자신감에 차 있는 모습이었으며 자신의 무술을 자랑하는 얘기도 가끔 했다고 전했다. 박흥숙은 "사람이 못할 일이 뭐 있겠습니까"라며 "내가 지금은 묶여 손을 쓸 수 없지만 내 이마에 붙은 파리를 발로 때려잡을 수도 있다"는 말을 했다고 한다.[214] 하지만 박흥숙이 체력 단련을 했던 이유는 영웅 심리 때문은 아니었다. 몇 해 전부터 사법고시를 준비하던 박흥숙은 매일 20시간 이상 공부를 하다 보니 체력이 중요하다고 느껴서 운동을 시작했다.[215] 김현장도, "박흥숙의 토굴 공부방 앞에는 기역(ㄱ) 자로 꺾인 튼튼한 나뭇가지가 있었는데, 내가 뛰어서도 잡을 수 없는 높이로 뻗어 있었다. 나보다 훨씬 작은 박흥숙이 그 나뭇가지에서 얼마나 자주 운동을 했던지 나뭇가지는 닳고 닳아 반질반질해져 있었다"고 기억한다.[216]

오히려 문제시해야 할 점은 박흥숙을 폭력적이고 영웅 심리로 가득 찬 '부정적 영웅'의 상징인 이소룡과 동일시하는 담론들이었다. 박흥숙을 홍콩 영화배우 이소룡에 빗대어 재현했던 이유 가운데 하나는 그를 폭력적인 대중문화의 아이콘과 동일시하기 위해서였다. 1973년을 즈음해서 한국에 이소룡 붐이 불었다. 1970년~1978년 사이에 이소룡이란 이름으로 경향신문과 동아일보 등 신문을 검색해보면 146건 정도가 검색될 정도로, 이소룡은 1970년대 홍콩 무협영화의 전설내지 신화로 영웅시되었다. 1970년대 대중문화에 대한 연구에서도, "드디어 73년 8월 이소룡이라는 맹룡이 과강하여 우리 앞에 출현한다. (…) 이소룡은 당시 우리들에게 이렇게 소개된다. '온통 미국을

하루 20시간씩 사법고시 공부를 하던 박흥숙은
체력을 단련하기 위해 매일 꾸준히 운동했다.

일부 매체에서는 박흥숙이 무당촌으로 이사온 뒤 학교도 다니지
않고 일정한 직업도 지니지 않은 채 산중에서 아령, 링철봉, 낙법
기구 등을 구입해서 체력 단련에만 열중했으며 평소에 뒤틀린 영
웅 심리가 잠재되어 있을 것이라고 주변 사람들이 말했다고 보도했
다. 심지어 박흥숙의 괴력에 대한 이야기는 계속 만들어져서, 검거
된 뒤 광주로 이송되는 과정에서 경찰 포승줄을 '얏' 하는 기합으
로 끊기도 했다는 소문이 나돌 정도였다.

휩쓴 이소룡이란 사나이는?' (…) 〈정무문〉 외 2편을 남겼으나 그는 아깝게 동양의 제임스 딘처럼 32세의 젊은 나이로 72년 타계했다. 우리에게 있어서도 이소룡은 자기 전설과 신화에 절대적으로 복종하는 수많은 신민만 남긴 채 사라진다. (…) 이소룡이 가자 그의 스승을 자처하는 이준이라는 재미교포의 〈흑권〉 같은 영화를 비롯해 (…) '룽(龍)'자를 붙이고 만든 영화들이 난장을 이룬다"고 기록하고 있다.[217] 그밖에 이소룡의 후계자가 한국인 배우라는 등 각종 기사가 연이어 기사화될 만큼 이소룡은 1970년대 대중문화의 아이콘 가운데 하나였다. 하지만 이소룡은 폭력적인 대중문화의 상징이기도 했다. 1975년 11월 경향신문의 "사회정화를 위한 캠페인—섹스, 폭력난무, 저질영화"란 기사는 이소룡의 쌍절곤이 학생들에게 인기를 얻어 대량으로 구매되고 있으며, 청소년의 탈선을 부추긴다고 지적하고 있다.[218] 이처럼 박흥숙을 이소룡과 동일시했던 것은 '이소룡-폭력-영웅'이란 이미지를 교묘하게 박흥숙에게 덮어씌워 그의 폭력을 비난하기 위해서였다. 결국 박흥숙과 가족 그리고 도시하층민들은 무속이나 신흥종교에 몰입하면서 집단적으로 거주하고 있는 위험한 집단 혹은 잠재적 범죄자로 간주되었다. 동시에 박흥숙은 이소룡과 같은 폭력을 상징하는 왜곡된 영웅이란 대중문화의 코드와 겹쳐지면서 영웅 심리에 사로잡힌 비이성적이며 비정상적인 위험한 존재로 낙인(혹은 오명)이 찍혔다. 하지만 이들을 위험하고 비정상적인 존재로 이해하는 것은 타당할까? 이 문제를 박흥숙의 정착에 대한 욕망을 통해 살펴보도록 하자.

불화와 정착

이 문제를 풀기위해 다시 박흥숙의 최후진술로 되돌아가보자. 박흥숙은 최후진술에서 오갈 데 없는 도시하층민에 대한 멸시, 천대 그리고 자신들을 국민으로 여기지 않는 1970년대 한국 사회에를 향해 울분을 터뜨렸다. 다소 길지만 그의 최후진술을 잠시 인용해 보면 다음과 같다.[219]

당국에서는 아무런 대책도 없으면서도 그 추운 겨울에 꼬박꼬박 계고장을 내어 이에 응하지 않았다고 마을사람들을 개 취급했고, 집을 부숴버리는 것까지는 좋았는데, 당장 올데갈데없는 우리들에게 불까지 질러, 돈이나 천장에 꽂아두었던 봄에 뿌릴 씨앗 등이 깡그리 타버리고 말았다. 하물며 당국에서까지 이처럼 천대와 멸시를 받아야 하는 우리들에게 누가 달갑게 방 한 칸 내줄 수 있겠는가? 옛말에도 있듯이 태산은 한 줌의 흙도 거부하지 않았으며, 대하[大河] 또한 한 방울의 물도 거부하지 않았다고 하지 않는가? 세상에 돈 많고 부유한 사람만이 이 나라의 국민이고, 죄 없이 가난에 떨어야 하는 사람들은 모두가 이 나라의 국민이 아니란 말인가?[220]

앞서 박흥숙의 삶과 죽음에서 본 바와 같이, 도시로부터 밀려났던 박흥숙과 그 가족들은 생존을 위해 극한적인 환경과 투쟁했으며 이런 맥락에서 무등산 타잔 사건은 당대 도시—사회체제의 폭력성의 증언이었다. 하지만 폭력의 증언은 도시하층민이란 주체의 의지에 의해 발생한 것이라기보다, 이들을 길들이거나 국외자—난민으로 내몰았던 도시—부르주아 세계와 '불화'를 통해 사건의 형태로 드러났다.[221] 범죄란 모습으로 드러났던 무등산 타잔 사건은 윤리적 부정성을 내포하고 있었다. 동시에 이들이 지닌 원초적인 불안정성과 이질성은 안정적 지위에 있는 도시 정상인—중산층으로 대표되는—에게는 위협이자 공포였다. 이처럼 무등산 타잔 사건, 광주대단지 사건에서 도시 봉기 그리고 철거민의 시위 등 1970년대 일련의 사건들은 지배체제와 불화를 통해 공포를 야기했다.

그럼에도 불구하고 도시하층민들은 어떤 방식으로든 도시의 정상적 삶에 편입되고자 하는 욕망을 지닌 존재였다. 앞에서 본 것처럼 무등산 타잔 사건 이전에 박흥숙이 도시에서 정상적인 삶과 질서를 외면했던 것은 아니었다. 사건 직전 철거가 진행될 때 자신의 공부방을 순순히 내주었던 박흥숙은 땅굴이라도 파서 공부하겠다고 결심했다. 박흥숙은 4월 20일 철거반원이 도착하기 직전까지도 자신의 공부방을 만드는 일을 계속했다.

물론 그가 고시를 준비하고 공부방을 만들었던 것은 도시하층민과 자녀들이 공통으로 경험했던 집단적 기억이 존재했기 때문이었다. 일찍이 박흥숙은 중학교에 수석으로 입학했지만 가난 때문에 학업을 접어야 했다. 당시 박흥숙의 일기를 보면, "[검정고시] 합격자 발표날 가보았더니 정말로 꿈에 그리던 1등 합격이 사실이었다. 정말 눈물이 나왔다. 학교 실력이 나만 못한 애도 학교를 다니고자 교복을 맞추고 야단인데 나는 아버지가 안 계시니 학교는 다닐 수 없고 집안은 가난하여 그야말로 '풍전등화다'"라고 기록되어 있다.[222] 이런 과거의 기억은 고시 합격을 통해 흩어져 살았던 가족을 제자리에 놓고 자신도 정상인으로 살아가고자 하는 욕망을 강하게 만들었을 것이다. 박흥숙은 시험을 준비하며 자신이 녹음한 테이프를 닳도록 들었다고 한다.[223] 최후변론에서도 그는, "내 선조는 무식하고 가난 했기에 그런 전철을 되밟지 않으려고 최선을 다해 노력"했다고 자신의 심경을 밝혔다.[224]

그러나 당시 언론은 박흥숙이 무등산을 찾은 학생들을 따라 고시공부를 해보는 등 '엉뚱한 짓'을 했다고 기록했다.[225] 하지만 그것은 엉뚱한 짓이 아니었다. 그는 토담집 벽면에 좌우명으로 '노력 없이 무엇도 이루어질 수 없다. 피눈물 나는 고생을 두려워 말라'고 적어 놓을 정도로 고시에 몰입했다.[226] 실제 박흥숙은 1976년 3월 사법고시 1차 시험에 낙방했지만, 1~2년만 더 공부하면 합격할 수 있을 것 같다는 자신감을 여동생에게 이야기하기도 했다.[227] 경찰의 조사과정에서도 그는 법관이 되어야겠다고 생각했던 것 같다. 1978년 광주 교도소에 함께 수감되어 있던 박병기에게 박흥숙은, "몇 년 전 나의 경험인데, 법을 다루는 사람들이 문제가 많더라, 내가 직접 법관이 되어 법을 공정하게 집행해야겠다고 생각했다"라고 말하기도 했다.[228] 박흥숙이 검정고시에 합격하고 하루 20시간이 넘게 고시를 준비했던 것은 탈출구가 보이지 않은 자신과 가족에게 고시는 유일한 가능성이기 때문이었을 것이다.

여기서 또 한 가지 주목해야 할 점이 있다. 사건의 직접적인 발단이 된 철거반원에 의해 집이 불탄 것은 단지 건물의 소실뿐만이 아니라, 박흥숙과 가족에게는 어렵게 만들어낸 가정이라는 안식처의 붕괴이자 정착의 상실을 의미했다. 재판과정에서도 그는, "양동에서의 열쇠 수리공 일을 그만두고 60일 동안 굶주려 가면서 무등산에 집을 지었다. 흩어져 살았던 가족들과 함께 살고 싶었고, 나는 이 집을 어머님께 선물로 바쳤다"고 진술했다.[229] 당시 이웃주민의 증언에 따르면, 박흥숙이 만든 집은 시내에서 멀어서 먹고살기가 곤란했으며 흙이나 돌로 지었던 지붕은 양철 헌 것을 고물상에서 사다가 지었고, 불 때는 것은 나뭇가지로 해결했으며 벽지 살 돈이 없어서 신문을 주워서 바르거나 밀가루 부대를 붙였다고 한다.[230] 이렇게 애를 써서 어머니를 위해 만든, 다른 식으로 표현한다면 주거지가 불분명해서 흩어져 살았던 가족들의 유일한 안식처인 집을 불태운 행위에 대해 박흥숙은, "세상에 올바른 두뇌를 가지고 올바른 양심을 가진 자들이라면 그런 비인간적 행위[무허가 가구의 소각을 지칭]를 명령하지 못하리라" "허물어진 담장을 부여잡고 울부짖는 그들은… 국민이 아니란 말입니까. 반 넋이 나가버린 채 초점 잃은 눈으로 멍청히 바라보시던 어머님을 지금도 잊을 수 없"다고 최후진술에서 밝혔다.[231] 사건 직후 일문일답에서도 그는, "어머니가 집 안으로 들어가려 하자 [철거반원들이] 어깨를 밀어 쓰러트려 울렸다. 정말 비통했고 그때 나는 결심했다. 우리 같은 서민에게 너무한 것 같았다"고 억울함을 호소했다.[232] 박흥숙의 동생도 후일 증언에서, "가난했어도 가족들이 같이 살고 그랬으니까 무지 행복하고 그때가 제일 행복한 때였다"라고 당시를 기억했다. 그만큼 박흥숙 가족에게 무허가 움집은 '집 이상'의 의미였다.[233]

이처럼 도시 변두리를 떠도는 도시하층민에게 중요한 욕망 가운데 하나가 정착이었다. 이들은 비정한 도시 내 경쟁을 견디기 어려웠지만 동시에 도시에서 따뜻한 가정을 갖기를 욕망했다. 근대화 이후 도시공간을 가로지르는 방황과 정착의 반복은 이들로 하여금 불안정한 가족—해체된 가족을 정상화시키고자 하는 욕망을 꿈꾸게 했다. 이는 도시하층민의 '가족 서사'를 이해하는 데 중요한 실마리였다. 정상적 가족을 갖고자 하는 이들의 욕망은 근대적—도시적 삶에 안착하기 위한 '집'이란 공간을 갈망하는 형태로 나타났고 이런 욕망은 이들의 실향의식과 결합해 주변부를 떠도는 도시하층민들이 어떤 방식으로든 현실에 적응해 살아가려는 의지의 형태로 나타났다.[234] 그러나 이런 욕망은 쉽게 현실화되기 어려웠다. 정착의 욕망이 실현되기 어려웠던 저변에는 도시하층민에 대한 강력한 지배적 담론이 깔려 있었다. 그 가운데 하나가 앞서 살폈던 도시하층민과 범죄를 연결시키는 담론이었다. 이처럼 정착과 정상적 가족을 향한 박흥숙의 욕망은 사회질서에 포섭되기를 원하면서도 이를 거부할 수밖에 없었던 1970년대 도시하층민의 이중성을 간접적으로 드러냈다. 하지만 도시에서 정상인으로 살아가기를 욕망했던 도시하층민들은 박흥숙처럼 살인과 같은 도덕적 결함으로 비극적인 파탄에 이르렀다.[235] 그렇다면 이들이 범죄를 통해 말하려고 했던 것은 무엇이었을까?

훼손된 영웅과 폭력의 증언

앞서 살펴본 바와 같이 박흥숙은 본래 범죄자는 아니었다. 자본주의와 근대도시 시스템에 포함되지 못한 상태에서—혹은 포함되고자 해도 그것이 불가능한 상태에서—범죄를 선택했던 것이다. 이런 맥락에서 에른스트 만델 (E. Mandel)이 『즐거운 살인』에서 언급한 다음과 같은 주장은 설득력을 지닌다. "왜 [범죄소설이라는] 특정한 문학 장르의 역사에 부르주아 사회의 역사가 반영되고 있느냐고 질문한다면, 이렇게 대답할 수 있다. 즉, 부르주아 사회의 역사는 사유재산의 역사이기도 하며 사유재산 부정, 즉 간단히 말해서 범죄의 역사이기도 하기 때문이다. 또한 부르주아 사회의 역사는 개인들의 욕구나 정서 그리고 기계적으로 부과된 사회개량주의의 형태 사이에서 폭발적으로 증가하고 있는 모순의 역사이기도 하거니와, 범죄 속에서 태어난 부르주아 사회 안에서 부르주아 사회 자체가 범죄를 조성하고 범죄를 가져오기 때문이기도 하다. 결국에는, 아마도 부르주아 사회가 범죄 사회이기 때문이지 않을까?"[236]

그러나 범죄란 선택을 부르주아 사회 고유의 모순으로 환원하는 만델의 주장 역시 일면적이다. 스릴러 소설의 주인공이 아주 훌륭한 경우조차 비극적인 인물이 되듯이, 박흥숙이 일으킨 범죄라는 사건은 범죄를 조장하는 부르주아 사회의 고유한 모순과 위기를 드러낸다. 그러나 그의 범죄는 부르주아 사회의 모순과 단절하거나 초월하지 못했다.[237] 나는 1977년 무등산 타잔 사건을 통해 크게 두 가지 문제를 다루고자 했다. 하나는 서발턴으로서 박흥숙과 도시하층민을 비정상인으로 만들었던 담론과 지식체계였다. 박흥숙과 그의 가족 그리고 주변 도시하층민들을 무속이나 사이비종교에 빠진 위험한 개인들로 몰아갔던 것은 도시하층민의 비정상성과 이들에 대한 공포를 드러내기 위한 것이었다. 구체적으로 무속의 수적 증가에 따른 관련 범죄 증가, 새마을운동 등 생활 합리화와 근대화의 저해 요인화 그리고 무속과 연계된 도시하층민의 집단거주에 따른 예비 범죄자 증가 및 사회적 불안감 증대라는 지배체제의 '공포'를 반영하는 것이었다. 또한 박흥숙은 이소룡과 같은 폭력을 상징하는 대중문화의 코드와 겹쳐지면서 영웅 심리에 사로잡힌 비이성적이며 비정상적인 위험한 존재로 낙인찍혔다. 하지만 부인할 수 없는 사실은 서발턴도 어떤 방식으로든 도시의 정상적 삶에 편입하고자 하는 욕망이 존재했다는 것이다. 그것은 박흥숙에게 고시와 집으로 상징되는 정착과 정상 가족에 대한 욕망의 형태로 표출되었다. 박흥숙과 그의 가족의 정착과

정상적 가족을 둘러싼 서사는 사회질서에 포섭되기를 원하면서도 이를 거부할 수밖에 없었던 박정희 시기 서발턴의 이중성을 드러낸다. 다른 식으로 말하자면 이들의 이러한 욕망은 범죄의 순간조차 지배적 질서에 종속적인 서발턴의 존재를 드러내는 것이었다.

다른 한편 나는 무등산 타잔 사건을 통해 예외적인 사건의 정치성을 드러내고자 했다. 무등산 타잔 사건이 사적이며 개별적 코드에 의해 규정된 것이라면, 1971년 광주대단지 사건이나 1979년 부마항쟁과 같은 도시봉기는 공적/공동체의 코드에 의하여 결정되었다. 다른 식으로 말하자면 박정희 시기 지배권력과 담론은 과학이라는 지식체계—미신, 무속, 대중문화 등은 비과학적이며 대중의 문란함을 부추기는, 규제되어야 할 대상이란 점을 합리화시키는 지식체계—를 통해 언제든지 이들을 범죄자인 동시에 비국민이자 위험하고 공포스러운 봉기 대중으로 만들 수 있었다. 바로 범죄는 사회적 맥락 아래에서 체제에 대한 포괄적 도전의 일부분이며, 범죄와 봉기라는 두 코드가 중첩되고 모호성이 소멸될 때 봉기의 정치성은 드러난다.[238] 여기서 '사건의 정치성'이란 1961년 5.16 군사 쿠데타 이후 침묵하거나 정치적 주체로서 자격을 상실 했던 서발턴들이 지배질서에 따라 정해진 자리, 이들의 셈에 의한 정체성의 분배—단적인 예로 산업전사와 같이 생산성 있는 국민, 건강한 민족공동체의 구성원으로서 자격을 부여받는 행위 등—와 도시봉기, 탈출 그리고 범죄라는 사건을 통해 '단절'(혹은 '불화')함으로써 정치적 주체로 재현되는 것을 의미한다. 다른 식으로 말하자면 인식될 수 있는 재현형식에서 스스로 '탈정체화'(disidentification)함으로써 정치적 주체가 될 수 있는 가능성을 탐색하는 것이다.

이 점에서 박흥숙이 미필적 고의 상태에서 선택했던 살인은—우발적인 것이든 구조적인 희생양이든—그를 범죄자이자 죽음이란 비극적 결말과 윤리적 파국으로 몰아갔다. 그의 삶의 방식은 도시하층민의 생존방식에 실재했던 것이었지만, 개별적 범죄 형태에 머물렀기 때문에 공동체 삶의 원리에 위배되는 것이었다. 동시에 그의 선택은 도시공간에서 비정상적인 삶을 영위해야 하는 도시하층민의 분열적인 모습을 드러내는 것이기도 했다. 물론 박흥숙은 살인자였기 때문에 그의 죽음 이후 누구에 의해서도 영웅으로 형상화될 수는 없었다. 하지만 박정희 시대 근대의 부정성 혹은 도시의 폭력성을 범죄란 부정적인 방식으로 드러낸 '훼손된 영웅'이었다.[239] 이제 3장에서 박정희 시대에 유령처럼 잊히길 강요당했던 소년원생들을 둘러싼 지식체계와 이들의 차이의 공간을 찾아가보도록 하자.

3. 소년원을 탈출한 아이들
비정상인에 대한 시선

3장에서는 무등산 타잔 사건에 이어, 박정희 시기 미성년자들의 숨겨진 반란인 '소년원 탈출 사건'에 대해 다루고자 한다. 1950년대를 전후해서 '소년원 집단 탈출 사건'은 잊을 만하면 반복적으로 발생하던 사건이었다. 당시 사건을 기록했던 기사들을 보면, "집단 탈출(혹은 탈옥)" "탈옥시위" "소년범" "재수감" "학대" "자해" "검거" 등 용어가 빈번하게 사용되었다. 미성년자들에게 사용되었던 이들 용어는 범죄자가 허가 없이 수형시설(受刑施設)로부터 벗어나거나 혹은 범죄를 저지른 개인이나 집단을 지칭하는 '사회화된 용어'였다. 소년원은 성인이 되기 전인 특정한 연령대 남녀를 사회에 적응시키기 위해 교화했던 교육기관이었다. 하지만 실제 이들을 규정했던 용어와 담론들은 교정시설에 수감된 '성인 범죄자'와 큰 차이가 없었다. 이러한 사실부터 소년원생들의 집단 탈출이 반복적으로 일어날 수밖에 없었던 실마리를 찾을 수 있지 않을까? 한국전쟁을 전후로 해서 국가와 사회는 가족이나 학교에서 관리할 수 없는—혹은 통제나 훈육이 불가능하다고 여겨졌던—소년과 소녀들을 소년원이라는 교육시설에서 집단적으로 재교육하고자 했다. 하지만 실제 소년원의 목적은 재교육을 통해 국가와 사회가 원한 '선한 주체' 혹은 '잘

훈련된 성인'으로 훈육하는 것이 아니었다. 오히려 소년원에 수용된 소년과 소녀들은 범죄학, 심리학, 가정관리학, 사회사업, 법학 등 냉전 지식체계에 의해 정상인과 대조되는 '비정상인'으로 낙인 찍혔다.

3장에서는 집단 탈주, 탈옥 그리고 검거 등 사건의 반복이란 형태로 가시화되었던 소년원 탈출 사건을 통해 1960~70년대 이들을 둘러싼 지배담론과 지식체계가 어떻게 이들을 '비정상인'으로 만드는 동시에 비가시적인 존재로 망각하고자 했는지 살펴보고자 한다.[240] 이를 위해 우선 1945년 이후 소년원을 둘러싼 법적, 제도적 그리고 담론적 조건을 시간 순서에 따라 추적하고자 한다. 특히 1961년 군사 쿠데타 직후 '소년범'이라는 범주의 탄생과 1970년대 이후 비정상인에 대한 과학적 지식체계의 제도화라는 두 개의 결정적 국면을 거치면서 어떻게 소년범이나 우범소년들이 비정상인으로 위치 지어졌는지 살펴볼 것이다. 다음으로, 1961년 군사 쿠데타 이후 1970년대에 이르기까지 반복적으로 일어났던 '소년원 집단 탈출 사건'의 역사적 맥락을 살펴볼 것이다. 미성년자, 하층여성, 도시하층민의 자녀들이 수용시설을 뛰쳐나갈 수밖에 없었던 것은 국민이자 사회구성원의 자격을 둘러싼 '자격 박탈'이란 문턱으로 이들을 몰아넣었기 때문이었다. 정상인인 '국민'이 될 수 없었던, '무질서하고 미성숙한' 소년원생들은 '탈출' '방화' '구타' 등의 형태를 띤 소년원 탈출이란 사건을 통해 자신들을 둘러싼 규율 체계로부터 벗어나고자 했다. 이 점에서 소년원 탈출 사건은 박정희 시기 비정상인에 대한 담론과 지식체계가 구조화되어 나타난 결과였다. 동시에 소년원 탈출 사건은 정상적인 국민 혹은 근대화를 위한 생산적인 노동력으로 구성될 가능성을 지닌 청소년과 구분되는 '소년원생'들이 자격 박탈이란 막다른 길목에서 취할 수 있었던 최후의 행동이었다. 먼저 다소 우리에게 낯선 소년원의 역사를 통해 박정희 시대 소년원생들의 행적(行蹟)을 쫓아가보자.

'소년원 탈출 사건'을 둘러싼 지형도: 1945~1979년

소년원은 어떤 기관이며 언제부터 만들어졌을까? 소년원은 소년법과 소년원법에 따라 가정법원 및 지방법원 소년부의 보호처분에 의하여 송치된 소년을 수용해 '교정 교육을 수행할 목적으로 설립된 법무부 산하 특수교육기관'이다. 이처럼 소년원은 법적으로는 수형시설이 아닌, 교육기관이라고 규정되어 있다. 애초 소년원이 만들어진 기원은 식민지 시기로 거슬러 올라간다. 식민권력이 1942년 '조선소년령' '조선교정원령' 그리고 '교정원관제'를 공포하여 서울에 '경성교정원'을 개설했던 것이 소년원의 '식민지적 기원'이라고 말할 수 있다. 1945년 8.15 이후 교정원은 소년원으로 이름이 바뀌었고, 1958년 '신소년원법' 제정 및 1963년에 일부 개정이 이루어졌으며 1988년에 관련 법률이 전면적으로 개정되는 과정을 거치면서 현재에는 학교화를 지향하는 '소년원법'이 시행되고 있다. 법률을 보면, 소년원은 소년원법 3조에 의거해서 법무부장관이 관리하도록 되어 있으며, 16세 미만인 자와 그 이상인 자, 남자와 여자는 분리해서 수용하도록 규정되어 있다(8조). 또한 소년원장은 보호소년의 나이가 22세가 되었을 때 퇴원시켜야 하며(43조), 법무부장관이 교정 교육상 필요하다고 인정할 때에는 소년원을 교과교육소년원, 직업훈련소년원, 여자소년원 및 특별소년원 등 기능별로 분류하여 운영하게 할 수 있도록 정하고 있다(4조).

이처럼 소년원은 사회적으로 문제를 일으킬(혹은 범죄를 저지를) 가능성이 높은 16세 미만의 남성과 여성을 교화(혹은 보호)하기 위해 특정한 장소에 일정 기간 동안 격리하는 시스템이다. 다만 다른 교정기관과 다른 점은 일정 연령(22세)이 되면 이들을 사회로 돌려보내야 한다는 것이다. 이런 맥락에서 볼 때 소년원은 범죄를 예방하는 동시에, 사회적으로 보호받지 못하는 특정 연령대의 개인을 일정 기간 훈육, 보호하는 특수한 교육기관이다. 탈식민 이후 비행소년과 소년범을 위한 보호기관으로 소년형무소, 소년원 그리고

〈표3-3〉 소년원 설립의 역사적 현황

소년원명	설립년도와 연혁	기타
서울소년원	-1942년 4월 20일 개원 -1946년 안양분원 설치 -1947년 뚝도 분원 설치 -1950년 개성 분원 설치 -1963년 춘천 분원 설치 -1964년 대전 분원 설치 -1966년 충주 분원 설치 -1967년 서대문 분원 설치 -1977년 서대문 분원, 서울소년감별소로 승격 -1998년 대덕지원 신설	-전신 조선교정원(1942년), 경성소년원으로 변경(1942년 4월 29일) -1945년 10월 서울소년원으로 명칭 변경 -2000년 고봉정보통신 중고등학교 개교
대구소년원	-1945년 11월 12일 개원 -1947년 7월 1일 대구소년원분실 설치 -1956년 효목분실 설치 -1963년 동촌분원 설치 -1971년 대구소년원 신축 이전 -1971년 대구소년감별소 개원 -1974년 법무부 소년 제3공공직업훈련소 병설 -1980년 9월 2일 중장기 교과 직업훈련소년원 지정	-사법부가 식민지 시기 대화숙(大和塾) 재산 일체를 인수받아 설립 -2000년 8월 읍내정보통신중고등학교 개교
안양소년원	-1946년 10월 1일 개원 -1963년 안양소년원 승격 -1964년 여자원생만 수용 보호 -1966년 분류보호과 신설 -1974년 법무부 소년 제1공공직업훈련소 병설	-일본인 소유 '미영청소년수련도장'과 재산 일부를 기부받아서 설립 -2000년 정심여자정보산업학교 개교
광주소년원	-1946년 11월 7일 개원 -1969년 광주소년분류심사원으로 이전 -1974년 법무부 소년 제5공공직업훈련소 병설 -1980년 9월 2일 중장기 및 직업훈련 소년원 지정	-동명동 대화숙 토지 인수 설립 -2000년 고룡정보산업학교 개교
부산소년원	-1947년 1월 18일 개원 -1963년 7월 2일 김해분원, 김해소년원 승격 -1974년 법무부 소년 제4공공직업훈련소 병설	-일본군 육사관사를 접수, 신설 -1994년 오륜직업전문학교로 변경
김해소년원	-1947년 4월 18일 설립 -1963년 김해소년원 승격 -1974년 법무부 소년 제6공공직업훈련소 병설 -1984년 김해소년원 폐지 부산소년감별소 기능 전환	

춘천소년원	−1963년 9월 9일 서울 소년원 춘천 분원 설치 −1966년 4월 16일 춘천소년원 승격 −1974년 법무부 소년 제7공공직업훈련소 병설	
대전소년원	−1964년 4월 8일 서울 대전분원 설치 −1966년 4월 16일 대전소년원 설치 −1974년 법무부 소년 제8공공직업훈련소 병설	
충주소년원	−1966년 8월 15일 서울 충주분원 설치 −1967년 4월 20일 충주소년원 승격 −1974년 법무부 소년 제9공공직업훈련소 병설	
전주소년원	−1967년 3월 25일 설치령 공포 −1967년 12월 2일 전주충주소년원 개원 −1974년 법무부 소년 제10공공직업훈련소 병설	
청주소년원	−1978년 7월 8일 청주소년원 설치령 공포(대통령령 제9083호) −1978년 11월 15일 개원	

출처: 권명아, 「소년범, 작가, 음란범: J의 탄생과 종말」, 『탈식민 냉전 국가의 형성과 검열』,
2011년 2월 18일~19일, 성균관대 동아시아학술원·HK사업단, 72~73쪽

감화원이 존재했는데[241] 시기별로 소년원의 설립 현황을 살펴보면 〈표3-3〉과 같다.

물론 소년원은 특수교육시설이었지만, 수용시설에 가까웠다. 법적으로 교정과 교육을 표방했지만, 시설, 재원 및 교도인원과 소년원을 둘러싼 조건과 담론은 범죄자를 위한 수용시설에 가까웠다. 그러다가 1960년대 초반, 소년범이라는 독자적인 범주가 설정되었으나, 1960년대 후반에 들어서 소년원은 수용(收容)과 감호(監護)를 위한 시설로서 한계에 봉착하게 되었고, 1970년대에는 소년원생의 훈육을 위한 지식체계, 법, 제도 등이 보다 체계적으로 등장했다. 우선 소년원이 처음 만들어졌던 식민지 시기부터 살펴보도록 하자.

식민지 시기에 소년은 새로운 국민국가를 건설할 계몽의 주체였으며, 1920년대 후반에 들어서는 현재 사용하는 어린이(혹은 아동), 청년과 구분되

"우리는 이 나라의 보배이다. 천품에 양심에 다시 도라가자." 부산소년원 원생들의 반성 광경.
[사진: 경향신문, 제공: 민주화운동기념사업회]

소년원은 사회적으로 문제를 일으킬(혹은 범죄를 저지를) 가능성이 높은 16세 미만의 남성과 여성을 교화(혹은 보호)하기 위해 특정한 장소에 일정 기간 동안 격리하는 시스템이다. 다만 다른 교정 기관과 다른 점은 일정 연령(22세)에 이르면 이들을 사회로 돌려보내야 한다는 것이다.

는 '연령적 분할'이 가시화되었다. 하지만 식민지 시기에도 계몽 대상에 부합되지 않는 미성년의 모습은 '야만'으로 간주되었다. 단적인 예로, 길거리를 배회하는 학교에 다니지 않는 소년들은 사회적 근심거리로 맹렬하게 비난받았고 "잡놈 자식들의 망골의 행태" "회개해야할 무거운 죄"라는 담론이 그들에게 부과되었다.[242]

한편, 1960년대 들어서 사회적으로 문제가 된 소년들은 학교 교육과 가정의 보호와 관리에서 벗어난 '비정상인'으로 여겨졌다. 군사 정권은 이들을 '풍기문란자'라고 지목하면서 사행심, 파렴치의 소산물인 '부정적 정념'으로 가득 찬 반문명적 존재로 간주했다.[243]

특히 1950년대에는 보호의 대상이었던 소년들이 범죄자로 인식되기 시작한 결정적인 기점은 군사 쿠데타가 일어났던 1961년이었다. 이 해에 소년법이 개정되었으며 이들에 대한 강력한 처벌과 훈육 시스템이 정착되기 시작했다.[244] 학교 교육을 받았던 소년들이 미래지향적인 주체로 보호받았지만 소년원의 소년/소녀들—이른바 '소년범'—은 수용되고 관리되어야 하는 비정상적인 주체로 설정되었다. 이들 소년/소녀들은 성인은 아니었지만 이들에 대한 담론, 지식 그리고 제도는 '성인범죄자'—구체적으로는 성인 비정상인—의 것과 동일했다. 이처럼 소년원의 소년/소녀들은 1960년대 전반기까지는 수용-관리되어야 할 대상으로 여겨졌고, 1960년대 후반부터 갱생건설단 등을 통해 근대화에 적합한 '생산적 주체'로 거듭날 것을 강제 받았다. 또한 1970년대 중후반에 이르러서 이들은 직업훈련 등을 통해 기술노동력으로 변신해야 한다는 국가적 요청을 받았다.

그러나 학교, 가정 그리고 국가의 보호와 훈육에 대해 공공연하게 저항했던 소년원 탈출 사건은 1961년 군사 쿠데타 이후 '소년범'이나 '우범소년' 혹은 '풍기문란자'라고 불렸던 도시하층민 출신 미성년자들을 처벌하고 훈육하고자 했던 제도, 담론 그리고 지식체계가 전일적이지 않았음을 드러내는 '사

〈표3-4〉 소년원 탈출 사건일지: 1953~1979년

번호	일시	기사명	비고
1	1953.3.10	피보호소년 15명 탈출 광주소년원에 탈옥 사건	
2	1956.12.22	소년원에서 집단 탈옥 기도 11명이 문을 부수고	
3	1957.5.10	소년범 7명 탈주 9일 새벽소년원에서	
4	1957.4.9	소년범 집단 탈주 36명이 외부연락 막고 소년원서	
5	1957.5.10	소년범 7명 탈주 9일 새벽소년원에서	
6	1960.1.26	25일 새벽 광주소년원에서 15명 집단 탈주	가정이 그리움
7	1960.9.27	불광동 소년원 원생 1,000여 명 탈옥시위, 교사 3명을 규탄, 36명 연행, 소년원생 데모, 대우 개선 요구	
8	1961.9.3	대구소년원 집단 탈주, 하루 두 차례 아침에 7명, 밤엔 9명	
9	1962.1.5	소년원 가의탁자 집단 탈출 60명, 탈주범 28명 검거	추위, 직원의 구타
10	1962.5.23	세상무정 갈 곳 없는 소년, 소년원 나온 지 7일 만에 다시 보내달라고 애원	
11	1962.6.1	대구 소년원 집단 탈출사건 60명 재수감	
12	1962.6.3	탈주한 소년범 72명을 검거	
13	1962.9.17	소년원서 집단 탈출 두 차례 18명은 아직 못 잡아	
14	1966.8.21	소년원생 집단 탈출	
15	1970.7.28	돌아가자는 동료에 칼부림. 탈출소년원생 4명 중상	
16	1970.11.4	소년원서 집단 127명 탈출 소동, 학대에 반발, 방화난투극 학대에 반발 과도한 사역	
17	1971.9.30	대전소년원서 소녀수 7명 집단탈출	과밀 수용, 보도관 살해
18	1971.1.12	소년원 집단 탈출, 급식불만 18명 탈출. 4명 검거	급식불만, 고참 횡포
19	1971.2.19	서울소년원서 20여 명 탈출 기도, 1명 도주	구타, 과도한 규율 부여
20	1973.6.3	소년원생(충주) 10명 철조망 끊고 탈출, 3명은 잡혀	
21	1974.12.27	소년원생 8명 밤중 자해 소동	이감에 불만
22	1976.2.27	소년원생 집단 탈출. 수감 절차 중 7명이 호송원 쓰러뜨리고	
23	1977.3.15	미결 소년원생 집단 탈출, 63명 가운데 51명은 검거-자수, 12명은 못 잡아	

출처: 동아일보, 조선일보 해당 일자에서 재구성

건'이다. 다른 식으로 표현하자면 소년원이라는 교정−감호시설조차 이들에 대한 총체적인 지배라는 목적을 달성할 수 없었다는 사실에 주목해야 한다. 〈표3−4〉는 1953년 휴전 이후 신문기사로 확인할 수 있는 소년원 탈출 사건의 일지이다.

보호 대상으로서 소년−보호와 수용시설로서 소년원: 1945년~1950년대

박정희 시대 소년원에 대해 살펴보기 전에, 1945년 8.15 이후부터 1950년대에 걸친 상황을 검토해보도록 하자. 한국전쟁을 전후로 한 시기와 1950년대에 소년 혹은 미성년자 범죄는 학생풍기, 고아, 영아, 국제 혼혈아 등의 범주를 통해 '보호과 구제'라는 차원에서 다루어졌다.[245] 1945년 8.15 직후부터 소년원 감호를 둘러싸고 도주, 탈주 등 여러 가지 문제가 발생했다. 1949년 전국 소년원의 도주자는 221명이었는데 대개는 수용 후 한 달 이내에 도주했으며, 특히 봄철에 많았다. 다음 해인 1950년에 도주자는 훨씬 줄어 3월 말 현재 15명이었다.[246] 한국전쟁이 끝난 1953년에도 피보호 소년 15명이 광주 소년원에서 탈출했으며[247], 1956년에는 11명이 문을 부수고 집단 탈출을 계획하기도 했다.[248] 1957년에는 서대문 소년원에 수용 중인 36명이 전화를 파손하고 전화선을 절단하는 등 외부와 연락을 두절시키고 집단 탈주한 사건이 일어났으며,[249] 같은 해 5월에도 서울소년원에서 소년수 7명이 탈출하는 사건이 잇따랐다.[250]

그렇다면 이 시기 소년원에 수용되었던 소년들은 어떤 사람들이었을까? 해방과 전쟁 직후라는 혼란스러운 상황을 반영하듯이 당시 소년원에 수용된 소년들은 부랑아라고 불렸던 전재민 고아와 전쟁고아가 대부분이었다. 앞서 〈표3−3〉에서 본 바와 같이, 1949년 당시 소년원은 서울, 대구, 부산, 광주에 4개소가 있었으며, 그 이외에도 안양 독도(蠹島)에 서울소년원 분원, 김해에는 부산소년원 분원이 있었다. 1949년 각 지역별 소년원 재원자 수는 서울

186명, 안양 105명, 안양 독도 46명, 대구 171명, 광주 31명, 부산 130명, 김해 50명이었다.[251] 당시 이른바 부랑소년(浮浪少年)은 2만 명에 달했는데 범죄를 저질러 경찰청에서 소년 심리원으로 이송된 수가 1947년에 3,000명(1,000명 내외의 걸인을 포함), 1948년에 1,500명이었다. 범죄 유형별로 살펴보면 절도(주거침입 포함)가 8할 이상이었고 그 외는 포고령 2호 위반, 사기, 상해, 횡령 순이었다. 구체적인 범행 동기는 대부분 빈곤 때문이었으며 사욕발심(私慾發心)이 다음을 차지했다. 또한 불량소년들 대부분이 문맹이었다는 사실로 미루어볼 때 2만여 명의 소년들은 대부분 교육의 혜택을 받지 못한 상태였을 것이다.[252]

1949년 12월 자료를 보면, "서울 심리원에서 금년 1년 동안 수리한 건수를 보면 약 600건으로 현재 同院의 보호를 받고 있는 자가 약 250명이나 되고 있다. 이에 관계자 말에 의하면 이 숫자는 매월 감소되는 것이라 하나, 실상은 그렇지 않고 경찰이나 검찰에서 훈계 정도로 보호자에 돌리는 것, 寺院·교회 기타 보호단체에 넘기는 것, 소년보호관의 감찰 처분에 부치는 것, 14세 미만의 자를 感化院에 돌리는 것, 신체의 결함이 있다고 볼 때에 병원에 돌리는 것 등의 관대한 처분으로 인연하여 새어나가는 까닭이며 따라서 소년원에 보내는 것과 합한 숫자는 늘어가는 현상으로 추측되고 있다"고 밝혔다.[253] 1950년 대구에는 1,500여 명의 부랑소년이 도시를 떠돌고 있었는데, 당시 기사를 인용해보면 다음과 같다.

> 역전, 서문시장, 남문시장, 신천교 下, 제방, 토굴에 산재한 소년은 1,500을 헤아리고 있다는데 이들의 구호기관으로써는 다만 교정원과 소년학원 兩個處밖에 없는 형편이라 한다. 그 외에 생활고, 불의의 씨 등으로 孤孤의 함성과 함께 기아로써 버림을 받고 고아원 등에 수용되어 있던 천애의 고아들로 인하여 百白고아원, 대구 보육원, 대성학원,

대구 후생원, 포항·영천에 있는 고아원 등은 초만원을 이루고 있을 뿐만 아니라 경영난에 봉착하여 수용이 불가능한 곳도 있다고 전하여지고 있으며 (…)[254]

이처럼 한국전쟁 시기에 부모를 잃고 소년원에 수용된 고아는 1956년 전국에 2,000여 명에 이르렀고, 이들은 교정기간이 끝났어도 보호자가 없었기 때문에 퇴원하지도 못했다. 더욱이 이들은, "혼탁한 사회 환경, 불우한 가정으로 악의 무리에 휩쓸린" 존재로 묘사되었다.[255] 1953년 한국전쟁이 끝난 뒤에도 사회적 혼란 와중에 증가한 난민, 부랑아 그리고 그들의 자녀, 고아들은 '우범자'로 여겨졌으며 예비 검속의 대상이었다.[256] 특히 여성들은 매매춘 여성, 성병 보균자 등 도덕적 우범자로 여겨졌다. 소년원에 수용된 여성들은 대부분 사창(私娼) 출신으로 8~9할 이상이 성병에 걸려 있었으며, 대부분 14~18세 여성으로 가난으로 인해 이 지경이 되었다고 보도되었다.[257] 1959년 보도에 따르면, 서울소년원에 있는 575명의 소녀 가운데 대부분은 사창에서 왔으며, 성병 보균자라고 전해졌다.[258]

이처럼 한국전쟁을 전후로 사회보호와 의무교육 등이 부재했던 조건 아래에서 소년원은 보호의 대상인 전재민과 전쟁고아를 집단적으로 수용하는 기관이었다. 1946년 11월 26일에는 소년범죄의 예방과 보호 지도를 목적으로 오전 7시부터 걸식불량소년의 일제검속을 실시했다. 소년 심판소, 수도경찰청, 서울시청, 군정청, 보건후생부 등 각 관계관청 직원 40여 명이 일곱 대(隊)로 나누어 활동을 개시하여, 시내 각처에서 20세 미만 우범소년과 범죄소년을 붙들어 트럭에 싣고 소년심판소와 경성소년원출장소에 집합시켰는데 정오까지 약 300명이 모였다.[259] 1947년 당시 서울시장 김형민도 기자단 정례회견에서, "거리에 방황하는 부랑아는 종래부터 수차례에 걸쳐 모아 가지고 소년원, 고아원 등에 수용하고 있는데 최근 시내 번화가에 격증하고 있는 부

랑아에 대해서는 경찰관과 연락하여 시급히 처리하도록 하겠다"고 밝혔다.[260]

1947년 7월 24일에 서울시 내 국립·시립 및 사립 구제사업기관은 오후 4시부터 시내 일대에서 걸아(乞兒) 308명과 그 선구자 65명을 검거하여 이발과 목욕을 시킨 다음 의복을 주어 감화원, 소년원 및 수용소에 수용하였다.[261] 1950년 대구지방법원 소년부지원에 따르면 1949년에 다룬 소년 범죄 가운데 수리 건수는 약 1,000건에 달했고 그 가운데 훈계 처분한 것이 511명, 입건되어 심판에 회부한 것이 443명이었으며 대구 소년원(교정원)에 송치한 소년의 숫자는 143명(여자 25명 포함), 소년학원수용은 62명이었다. 나머지는 보호관찰이나 보호자에게 인도되었다.[262] 하지만 모든 부랑아들이 수용시설에서 보호되었던 것은 아니었다. 1954년 보도에 따르면 부랑아 190여 명이 일괄적으로 트럭에 분승되어 천안 근처에 무차별적으로 내다 버려지기도 했다.[263]

한편 1950년대 들어서 이들에 대한 보호 조치가 일부 이루어졌다. 1953년 YMCA는 수색과 난지도 부근의 부랑 소년 57명을 일소하고, '소년의 거리'와 '소년촌'을 만들어 이들을 보호하고자 했다.[264] 하지만 이러한 보호는 실제 '수사'에 가까웠으며, 체계적 대책이 부재한 상태에서 진행되었다. 1950년대 이전이었지만, 아래에 인용한 법무부 장관의 소년범죄자 보호 사업에 대한 시정 방침을 보면 당시 예산과 인력 부족 현황을 알 수 있다.

소년범죄자의 보호사업의 중요성은 再言을 要치 않는 바입니다. 과정에 있어서도 그 중요성에 비추어 종래 서울에만 설치되었던 소년원을 부산·대구·광주 등지에 각각 증설하여 그 면모를 일신케 한 것은 機宜의 조치로 생각하는 바이오나 예산상의 제약으로 그 시설의 충실을 보지 못하고 있는 현상임은 대단히 유감되는 바입니다. 따라서 장래에 있어서는 예산이 許하는 한도 내에서 그 시설설비를 확충 강화하고 소년보호사업을 강력히 추진할 예정이나 각 소년원 전부에 대하여 이러한 조치를 강구함은 국가 재정상 곤란하므로 소년원의 폐합을 단행하여 1개만을 *存置*하고 중점으로 그 시설과 진용을 충실 강화하려 합니다.[265]

　한국전쟁을 전후한 시기에 이들 소년에 대한 시각은 '불쌍한 전재민' '전쟁고아' '피해자'로 이들을 바라보는 것이었다. 하지만 이 시기에도 지속적으로 학생범죄 증가 현상이 강조되었으며 소년원 출신의 소년들의 범죄 가능성 등이 언급되었다. 1950년 자료를 보면, 서울·부산·대구·광주 등 4개 소년원에 수용된 범죄소년은 총 1,110명이었으며 같은 해 4월 현재 수용된 소년의 수는 686명으로 1949년 4월의 483명에 비하여 193명이나 증가했다.[266] 한편 10년이 지난 1958년의 자료를 보면 대대적인 검속과정에서 학생이 711명(전체 2,289명)으로 3할에 달했고, 학생범죄를 막기 위한 문교부와 내무부 연석회의가 열릴 정도였다.[267] 소년원 출신으로 50여 회 절도를 거듭했던 4인조 강도 검거 소식,[268] 소년원에서 탈주한 소년을 잡으려고 나온 소년원생들이 만취해서 택시를 파손하고 운전사를 폭행한 사건,[269] 요정-뽀이 출신 소년의 범죄사건,[270] 탈원(脫院) 후 80% 정도가 우범의 연속인 점[271]은 전쟁고아 출신 소년들의 범죄 가능성이 높다는 것을 드러냈던 일련의 사건들이었다.

　이런 현실을 반영하듯이 정부는 이들을 보호하기 위한 '법 제정의 필요성'을 강조했다. 1949년 국무회의에서 통과된 소년법은 전문 7장 75조로 구성되었는데 죄를 범할 우려가 있는 소년을 보호하기 위하여 특별 교육과 제도를 세우는 데 목적을 두었으며 해당 연령은 20세 미만으로 규정했다. 특히 형벌 법령에 어긋나는 행위를 할 우려가 있는 소년에 대해서는 보호자·사원·교회보호·단체소년보호관·감화원·소년원·병원 등으로 인도할 것을 규정하였다. 더불어 형사처분에 있어서는 범죄자가 18세 미만인 경우에는 내란외환에 관한 죄 또는 존속살해(尊屬殺害)에 해당하는 죄를 제외하고는 사형 또는 무기형을 부과하지 않기로 했다.[272] 하지만 실제로 신소년원법이 제정된 시기는 1958년에 이르러서였다. 이 해에 통과된 소년원 법안은 전문 20조로, 소년원에서 교정 교육 실시 및 16세를 경계로 이들을 분산해서 수용하고 23세가 되면 퇴원시키도록 규정했다.[273] 또한 법무부는 소년범에 대한 전원 보호 수용 방침을 밝히면서, 2억 4,000만 원을 들여 각도에 1개씩 소년원을 만들고, 일부 미복구 소년원도 복원할 것을 추진했다.[274]

이처럼 정부는 이들에 대한 '보호의 필요성'을 인식했지만 이 시기 소년원의 상황은 '구치소'나 '수용소'에 가까웠다. 일부 자료를 보면 '소년원수용소'라는 용어를 발견할 수 있으며, 교정 교육 실시를 발표했으나 체계화된 교정 교육을 위한 설비 및 재원조차 마련되지 못한 상황이었다.[275] 결국 소년원 본래 기능인 교육 기능보다, 감호 기능이 강조되었다.[276] 1950년 서울시 사회과장은, "시내를 배회하는 부랑아 수용 及[및] 그들의 교화문제에 대해서는 이미 그 대책을 강구한 것은 오래 전부터였으나 항시 예산이 없어 그 결과를 보지 못한 것을 깊이 뉘우치는 바이다"라고 어려운 상황을 밝혔다.[277]

1960년 4.19 직전인 1959년의 상황을 보면, 소년원은 예산 부족으로 인한 시설 미비뿐만 아니라, 적지 않은 경우 하루에 300명이 송치되어 교육과 교정이 제대로 이루어지기 어려웠다. 몇 가지 사례를 들면, 7~10명이 다다미 방에 수용되었으며, 겨울 난방조차 이루어지지 않아서 헌 담요 조각으로 연명하는 형편이었다. 그 외에도 원생들에게 공책이나 연필조차 제대로 지급되지 않았으며, 식사역시 명절이나 매달 치러졌던 합동 생일 때만 쌀밥이 제공되었고, 보통 꽁보리밥과 콩나물죽으로 연명해야 했다.[278] 미군, 교회단체 그리고 민간단체에서 소년원 건설을 지원한다든지, 일부 민간 보호시설이 존재했지만 턱없이 부족한 상태였다. 다시 몇 가지 사례를 들면, 1950년 대구에서 육아 시설단체가 도내에 10군데 정도 있었지만 대부분 사설단체였으며 재정난에 봉착한 상태였다. 또한 몇몇은 수용능력은 있으나 부득이 거부하고 있는 상황이었다. 그 뒤에 경북소년보호협회를 발족시켜 일반 독지가의 기금 70만 원으로 소년학원을 설립했으나 불우 소년의 구호에 대한 인식이 박약한 탓인지 경제적 윤택을 얻지 못했기 때문인지 희사자(喜捨者)가 없어서 재정난으로 일대 난관에 봉착하고 있었다.[279] 이런 어려움을 반영하듯이 1953년에 미군 24사단은 녹번리에 '한국소년원'을 개원했는데, 이는 미국의 거룩한 인류애의 발로인 '자선사업'이라고 이름 붙여졌다.[280] 이처럼 1950년대 전쟁고아와 우범 가능성이 있는 미성년자는 '수용-보호의 대상'으로 여겨졌다. 다시 말해서 고아, 영아, 탁아, 양로 등과 유사한 사회적 보호의 대상으로 소년원 생들은 간주되었다.[281] 하지만 1960년대, 특히 1961년 군사 쿠데타 이후 양상은 질적으로 변화했다.

소년범죄의 탄생: 1961년

앞서 말한 바와 같이 1961년 군사 쿠데타 이후 청소년 풍기문란에 대한 단속과 처벌이 급격하게 강화되었다. 이 시기에 들어서 가출인, 걸인이나 부랑아에 대한 단속 등 이른바 '소년범죄'가 새로운 범주로 구성되었다. 군사 쿠데타 세력은 4월 혁명 이후 사회질서의 문란에 대한 경계와 질서를 회복한다는 명분으로 이런 조치를 취했다. 이들은 4.19 시기 구두닦이로 표상되었던 시위에 적극적으로 참여했던 도시하층민의 분출하는 열정을 무지한 대중의 부정적인 정념으로 간주했다. 그 결과로 미성년자와 학생층 일반을 공히 보호와 교육의 대상으로 여겼던 시각 내부에 균열이 생겼다. 4.19 이후 남성-대학생은 자기 목소리를 낼 수 있는 '정치적 주체'로 간주되었지만, 하층 남성(그들의 자녀)과 여성[282]은 사회혼란을 야기하고 여기서 비롯되는 '특수범죄'라는 독자적 범주의 대상인 동시에 규율과 훈육의 대상으로 변했다.[283]

구체적인 과정을 살펴보면, 1960년 국정감사에서 소년보호관련 법제가 미비하다고 지적되자 소년범죄에 대한 처벌강화 및 법제-제도의 정비가 제안

되었다. 1961년 국가재건최고회의는 비상조치법 22조 1항에 특수범죄처벌특별법을 마련하고 사회를 교란시키고 용공행위를 하던 자를 "특수반국가행위자"로 규정하고 1962년 최고회의 차원에서 소년원 운영을 합리화할 것을 지시했다.[284] 특히 1963년에 가사심판법 제정, 소년법 일부 개정 등을 통해 이들을 보호 대상이 아닌 범죄자로 간주함으로써 소년범과 우범소년이란 범주가 만들어졌다. 1963년에 개정된 소년법의 주요 내용은 조사 감별의 강화와 우범소년에 관한 상세한 규정을 마련한 것이었다.[285] 여기서 우범소년이란, 보호자의 감독에 복종하지 않거나 가정이탈 및 범죄성, 부도덕한 자와 교제 그리고 성격이나 환경에 비추어 장래 형벌법령에 저촉되는 행위를 할 우려가 있는 12세 이상의 소년으로 규정되었다. 그렇다면 '소년범죄' 혹은 '특수범죄'로 낙인찍힌 소년원생들은 이러한 오명에 대해 침묵으로 일관했을까?

그렇지 않았다. 1960년대 들어서 소년원생들의 집단 탈출 사건이 점차 가시화되었다. 대표적인 예를 들면, 1960년 광주교도소에서 15명의 원생이 구정을 앞두고 가정이 그립다고 집단 탈주를, 서울소년원에서는 무려 1,000여 명의 탈옥시위가 일어났다.[286] 이들은 수업 중에 원생을 구타한 교사 3인을 규탄하면서, 대우 개선과 이유 없는 퇴원 지연 조치 철회 등을 요구했다. 이들 가운데 주동자 6인은 구속 조치되었으나, 기각되었다.[287] 이듬해인 1961년 9월, 대구소년원에서 아침에 8명, 밤에 9명이 하루 두 차례에 걸쳐 창을 파손하고 천장을 뜯어 지붕으로 탈출한 사건이 발생했다.[288] 하지만 더 큰 탈출 사건은 1962년에 일어났다. 1962년 1월 서울소년원 원생 170여 명이 고함을 지르며 철조망을 뚫고 유리창과 현관문을 파손하며 도주하는 사건이 발생했다. 이들 가운데 미결사범 58명이 탈출했는데, 소년들은 며칠 전부터 탈출을 계획했으며 이들이 탈출했던 원인은 수용인원의 3배가 넘는 과밀한 수용시설, 수용시설 위생 불비, 급식 부족에 대한 불만 그리고 대부분 형이 확정되지 않은 소년들이어서, 형벌 확정에 따른 불안감 때문이었다. 더불어 주범은 석방되고 종범만이 소년원에 수용된 '법의 불공정성'에 대해서도 큰 불만을 지녔다.[289] 그 외에도 1966년에 춘천 소양호 부근에서 캠핑 중이던 소년원생들이 인솔지도 교사의 연대 기합에 반발하여 18명이 집단 탈출하는 사건이 발생했다.[290]

그렇다면 왜 소년들은 소년원에서 탈출했을까? 탈출의 주된 원인이었던 당시 소년원 상황을 살펴보면, 1인당 하루 평균 부식비는 60환에 불과했으며, 1년 생활용품비 역시 5,500환으로 턱없이 부족했고 침구 부족 등으로 취침 때마다 싸움판이 벌어져 큰 혼란이 일어났다.[291] 또한 교도원 수는 65명에 불과해서 도의, 정서, 종교, 성행(性行) 등 교정 교육을 제대로 실시할 수도 없었다. 이처럼 과밀한 소년원 수용, 교도원 전문 인력 부족[292] 때문에 교정 인원 조정의 시급성—단적인 예로 서울소년원의 지방 분원 설치 등—이 제기되기도 했다.[293] 문제의 심각성을 느낀 법무부는 과밀한 소년원 수용인원을 재조정하고 교정 교육을 변화시키려고 했다. 당시 교정 교육은 학과, 실과 그리고 직업보도부로 분화되어 있어서 학과는 일반 고등학교에서 사용하는 교과서가 아닌 법무부에서 지정한 저명인사들이 감수위원으로 참여한 별도의 원생 교재를 사용했으며, 교재 내용은 국어, 산수, 사생, 도덕, 음악, 미술 등으로 나누어져 있었다. 서울소년원에서는, 생활중심주의로 커리큘럼과 레크리에이션 등을 구성하려고 했지만 "허울뿐인 교정 교육"이란 비판 등에서 반복적으로 드러나듯이, 실질적인 효과는 없었다.[294]

이처럼 탈출 사건 등이 사회문제가 되자, 문교부는 교육법에 의거해서, 원생들에 대한 정상교육을 논의한 결과, 소년원에서도 중학교 과정 수업이 진행될 수 있도록 국무회의에서 의결했다.[295] 동시에 '소년원처우규정'을 통해 소년원장이 수시로 원생과 면접하여 불만 사항을 청원할 수 있도록 했고, 원장도 소년들의 신상 관리를 통해 처우와 일신상 사정을 개선할 수 있도록 했다.[296] 그럼에도 불구하고 소년원 내 규율을 둘러싼 문제는 빈번하게 발생했다. 대표적인 것이 앞서 소개한 1961년과 1962년에 일어났던 절도사건과 집단 탈출 사건이었다. 특히 1960~62년 사이에 소년원 교정, 교도, 운영을 둘러싸고 보리죽만 먹는 강제수용소,[297] 수용인원을 초과한 시설, 3평에 25명 수용 및 무차별적인 수용 경향[298] 등 문제가 대두되었다. 그밖에도 소년원 내 폭력 때문에 '처우개선' 문제가 제기되었다.[299] 단적인 사례가 김해소년원에서 가퇴원한 소년이 퇴원 4일 만에 사망한 사건이었다. 퇴원한 이 소년은 좌측 눈에 심한 타박상 자국과 항문에 피 자국이 있었다고 한다. 사망 후에야 소년원측은 사망한 소년이 2달 전부터 악성 인플루엔자를 앓아왔다고 밝혔다. 이에 1961년에 정부는 급식 향상을 지시했고[300] 가위탁생을 별도로 수용하기로 했다.[301]

이런 시도에도 불구하고 출원 이후 소년원생들의 재범 비율이 높았던 사실은 소년원 교정 교육의 근본적 한계를 드러내는 것이었다. 이를 반영하듯이 법무부는 소년범죄에 대해 가급적이면 집행유예를 선고하도록 권고하기에 이르렀다.[302] 또한 소년원의 수용 조건을 고려해 볼 때 더 이상의 소년들을 수용하기에 포화상태임을 인정하고, 차선책으로 '가정귀환조치' 등을 제시했고,[303] 1968년에 이르러서는 소년범에 대해 약식재판을 거쳐 '벌금형' 선고를 권고하는 등 더 이상 소년원만으로는 소년범의 교정에 근본적인 한계가 있음을 자인했다.[304]

이 시기에 또 한 가지 주목해야 할 점은 1967년을 기점으로 군사정부가 범죄소년을 '생산적 주체'로 구성하려고 시도한 사실이었다. 이는 미성년자나 소년범에만 국한된 문제는 아니었지만, 이들에 대한 범법행위, 교화, 갱생 등 규정을 '건설', '생산' 등 당대 근대화 프로젝트라는 맥락과 긴밀하게 결부시켰던 것이다. 대표적인 예로 1967년 3월 법무부는 잔형 2년 미만의 재소자 1,600여 명으로 '갱생건설단'을 구성했고 16세 미만 500여 명의 소년원생으로 '갱생소년건설단'을 만들었다. 이 사업의 목적은 "근로를 통해 속죄심을 촉발하고 건전한 국민사상과 사회복귀를 위함"이라고 밝혔다.[305] 구체적으로 1967년 5월, 서울소년원의 16세 이하에서 20세까지 500여 명의 원생들은 도로공사, 산지 개간 등을 위해 소년갱생단을 결성했다.[306] 정부는 이들에게 유원지 도로확장공사, 제방공사, 산지 개간과 농경지 정리 등을 하도록 했다. 이들은 3~7개월간 국토건설사업에 종사한 뒤 가석방, 가퇴원, 잔형 면제 등 절차를 거쳐 사회에 복귀하도록 했다.[307] 이는 당시 조국 근대화에 미성년범죄자를 참여시킴으로써, 정상적인 사회구성원으로 이들을 훈육하는 과정에서 핵심은 생산성을 향상시키는 것이라는 시각이 전제된 것이었다. 이는 사회구성원의 자격이 1960년대 절대적인 국가 가치였던 '생산성'에 의해 부여되었다는 사실을 단적으로 보여주는 사례였다.[308] 이처럼 생산성과 소년범을 연결시키는 것은 후술할 1970년대 소년원 내 기술교육으로 이어진다.

비정상인에 대한 지식체계 등장: 1970년대

1970년대 들어서 소년원생들의 집단 탈출 사건은 1960년대에 비해 더욱 증가했다. 대표적인 사례를 들면, 먼저 1970년 부산에서 소년원을 탈출한 5명의 소년들이 음주 중에 싸움을 하다가 다시 소년원으로 돌아가자는 4명을 나머지 1명이 면도칼로 찔러 중상을 입힌 사건이 일어났다. 이에 경찰기동대 10명이 출동해서 위협공포를 쏴서 이들을 체포했다.[309] 다음으로, 1970년 11월 3일 부산소년원 가위탁원생(미결수) 127명이 교도관이 취침명령을 한 후 불을 지르고 교도관 150명과 5시간 동안 대치하는 대규모 탈출 사건이 일어났다. 이 탈출 사건은 6개 내무반장 10명의 선동으로 일어나게 되었다. 이들은 신축 3호 청사 전선을 합선시켜 담요 40여 장을 태웠으며, 유리창 300장과 형광등 54개 등을 부수며 저항했으나 150여 명의 무장경찰이 최루탄을 발사하자 6시간 만에 진압되었다. 이번 탈출 사건은 과도한 사역(使役), 가족 면회 시 교도관들의 금품 요구, 교도관의 학대, 식사와 잠자리 등 처우 문제

밭에서 노동을 하고 있는 소년원생들.
[사진: 경향신문, 제공: 민주화운동기념사업회]

1967년을 기점으로 군사정부는 16세 미만 500여 명의 소년원생으로 '갱생소년건설단'을 만들었다. 이 사업의 목적은 "근로를 통해 속죄심을 촉발하고 건전한 국민사상과 사회복귀를 위함"이라고 밝혔다. 구체적으로 원생들에게 유원지 도로확장공사, 제방공사, 산지 개간과 농경지 정리 등을 하도록 했다.

때문에 일어난 것이었다. 사건 이후 주동자 23명이 구속되었으나, 인권옹호연맹은 사건의 원인에 대해 보도당무자의 학대와 횡포 때문이라고 주장했다.[310] 세 번째로, 1971년 1월 서울소년원 가위탁생 18명이 급식 불만과 고참자의 횡포에 불만을 가지고 집단 탈출을 다시 감행했다.[311] 네 번째로 다음 달인 2월에 또 다시 서울소년원생 20여 명이 운동장으로 나오는 틈을 타서 뒷산으로 도주하는 사건이 일어났다. 이들이 탈출했던 이유는 소년원 당국이 심한 매질을 하고 상급자들이 규율을 엄하게 만들어 꼼짝도 못하게 했기 때문이었다.[312] 다섯 번째, 이듬해인 1973년 6월에 충주 국민반에 수용 중이던 10명의 소년원생들이 철조망을 뚫고 탈출하는 사건이 발생했다.[313] 여섯 번째로 대전지방법원 가사과피의자보호대기실에서 심리를 받기위해 대기 중이던 9명의 소년원생들이 대기실 창살을 뚫고 탈출하는 사건이 일어났다.[314] 다음 사건은 1974년 12월에 일어난 자해 소동 사건이었는데, 소년원생 8명이 충주로 이감되는 데 불만을 품고 교도관의 열쇠를 빼앗는 데 실패하자 직원 보도실 유리창을 파손하며, 약 40분간 자해 소동을 벌였다.[315] 여덟 번째로, 1976년 2월, 서울소년원 서대문 분원에서 7명의 소년원생들이 호송과정에서 호송원을 쓰러트리고 집단 탈출하는 사건이 발생했다.[316] 마지막으로 1977년 3월 부산소년원 미결소년원생 63명의 탈출 사건이 일어났다. 이들은 식사를 주려고 문을 연 간수를 구타하고 유리창 50여 장을 부수며 철조망을 넘어 탈출을 감행했다. 이들은 부식이 나쁘고 구박이 심하며 '재판을 받으면 오래 썩어야 한다'는 생각에 각 방에 연락해서 탈출을 모의했다. 이 사건 때문에 부산소년원장은 직위 해제를 당했다.[317]

이상에서 살펴본 것처럼 1970년대에 거의 매년 연달아 일어났던 소년원 탈출 사건은 표면적으로 소년원 내 여전히 잔존했던 시설 미비, 학대와 구타, 급식 불만, 불결한 위생 환경 때문에 일어났다.[318] 언론에 소개된 몇 가지 사례를 소개하면, 1970년 김해소년원의 경우, 300여 명 가운데 100여 명이 악성피부병을 앓아서 제대로 서있지도 못했는데 이는 평소 불결한 식수 상태 때문이었다.[319] 또 1971년 2월 발간된 「전국소년행정종합보고서」에서는 소년원 급식이 성장에 필요한 칼슘, 비타민 등 기본 기준에 미달해서 원생들이 정상 발육에 지장을 받고 있다고 보고되었다.[320] 이러한 상황을 타개하기 위해 보사부는 구호식량을 늘려 생활보호자와 소년원 등에 우선적으로 지급하기로 했으며, 보조금 예산을 확보해서 소년범 감호를 사회단체와 교회 등으로 확대하는 방안을 제시하기도 했다.[321]

그럼에도 불구하고 소년원 내 구타와 치사 사건은 계속되었다. 1970년에는 소년원생 의문사 사건이, 1971년 부산소년원에서는 16세 소년원생이 규율을 어겼다는 이유로 상급원생에게 구타당해 사망하는 사건이, 1972년에는 서울소년원의 19세 소년이 말다툼 끝에 17세 소년을 구타하여 숨지게 한 사건이 일어났다.[322] 또한 1973년에는 변사사건이 발생했고, 1974년 8월에는 서울소년원에서 조장인 소년원생이 인원 점검 때 동료 학생이 지시에 따르지 않았다고 구타하여 사망한 사건이, 1975년 대구에서 탈출 도중 검거된 원생 2명이 보도원에 의해 거꾸로 매달리는 등 매질을 당해 2명이 치사한 사건이 연달아 일어났다.[323] 이는 이즈음에 개최된 전국소년원장 회의에서 처우개선 항목이 발견되고 1975년 대구 소년원 치사 사건 이후 전국 교도소장 회의에서 교정사건에 대한 연대책임, 전방 시 신입식 금지 등을 지시한 일이나 교육기관으로서 소년원의 위상 재정립을 거론한 사설에서도 확인할 수 있다.[324]

하지만 1970년대 소년원이 이전 시기와 구분되는 중요한 특징은 소년범죄의 심각성을 강조하는 담론의 급격한 증가였다. 언론매체와 정부는 소년범죄의 연소화, 폭력화, 폭증을 반복적으로 강조했다. 실제로 1970년 전국소년원장 회의에서는 비행소년 사범이 14%로 1964년에 비해 7배 증가했으며 연령층도 16~17세로 연소화되었고, 14세 이하 범죄율도 24%로 증가하여 사회문제가 되고 있다고 보고되었다.[325] 1971년 법무부 교정국이 발행한 『비행소년 통계 제4집』에서도 소년 범죄가 조포(粗暴), 흉악, 집단화 경향을 보인다고 지적하며, 이에 대한 '사전 예방 조치'를 강조했다.[326] 이를 반영하듯이 1972년 법무부는 소년원생들의 개방형 감호시설에 대한 재검토, 전원 작업복 착용 강제, 소년원생에게 총력안보를 위한 보도교육 강화와 이를 위한 통일 교과서 제작을 지시했다.[327]

이처럼 소년범죄의 급증을 강조하는 담론은 크게 두 가지 방향으로 확장되었다. 하나의 방향은 범죄와 소년원(생)을 연결시키는 담론이었다. 대표적인 담론이 소년원생은 출원 이후 재범의 가능성이 높으며, 이는 소년원생(혹은 비행소년) 자신이 지닌 성향과 밀접하게 연계되어 있다는 것이었다.[328] 물론 1960년대에도 소년원생을 비정상인이나 정신분열증 환자로 간주하고, 그 원인을 가정환경에서 찾는 경우는 존재했지만 1970년대 들어서 양자 간의 관계를 강조하는 담론은 더욱 빈번하게 등장했다.[329] 또한 검거된 범죄자들이 소년원 출신임을 밝히고 범죄사건과 소년원간의 '연관성'을 반복적으로 강조했다.[330] 예를 들어 1970년 8월 '큰 도둑잡기운동' 기간 동안 도둑 2,020여 명을 검거한 소식과 함께, 이중 34명이 소년원으로 이송되었음을 보도했고, 1971년 8월 전국 '치기배 단속기간' 동안 379명이 검거되었다고 보도하면서, 검거된 자들을 소년원생과 연결시켰다.[331] 그 외에 탈출사건을 주도했던 소년들에 대해서도 이들이 대부분 폭력전과자 2~5범이므로, 집단 탈출 사건을 일으키는 것도 '당연'하다는 식의 담론들이 대부분이었다.[332]

또 다른 방향은 소년범죄의 원인을 분석하는 '과학적 지식'의 본격적인 출현이었다. 이 시기 소년원생들을 둘러싼 담론 구조는 특정한 집단—소년범이나 우범소년, 비행청소년 등—의 존재방식 자체를 '심문하는 구조'였다. 다시 말해서 인간을 특정한 속성에 따라 측정해서 '정상, 건전, 상식적, 선량' 대 '비정상, 음란, 파렴치, 물욕' 등으로 구분하는 담론 구조였다.[333] 이러한 담론은 심리학, 정신상담, 성적 혼란(및 성행 교정), 가족과 사회 환경 등 지식체계를 통해 소년원생들을 산업화의 미래 역군인 '정상 소년'과 대조시키는 방식으로 강화되었다. 단적인 예로, 소년범은 강력범, 폭력범, 치기배가 될 가능성이 농후하여 사회악의 전위로 변모했으며 이런 경향은 각박한 사회풍조, 영화나 대중매체 등 범죄 모방, 윤리관 빈곤, 오락사상의 범람 등에서 그 원인을 찾을 수 있다는 것이었다.[334] 당시 소년원의 비행소년을 개념화한 내용을 살펴보면, "비행소년은 세 가지로 나뉘는데, 범죄소년은 형사 책임이 있는 14~20세 사이 소년을, 촉법소년은 죄를 범했으나 형사책임이 없는 14세 미만 소년을 그리고, 우범소년은 보호자의 복종에 따르지 않거나 가정을 외면하고 범죄를 저지를 우려가 있는 소년"을 지칭했다.[335]

소년원(생)을 비정상인으로 규정하기 위한 과학적 지식 체계가 동원되었던 구체적인 사례를 들면, 1971년 미국 문교 담당관은 한국에서 강연을 통해, 문제아의 80% 이상은 가정환경이 원인이라고 진단했다.[336] 1973년에도 '아동과 청소년지도자 세미나'에서 아동전문가들은 소년범죄에 대한 대책을 건의하며 문제아동에 대한 체계적인 예방과 치료 활동을 위해 보호관찰제도, 5년마다 정기적인 실태 조사, 전문 요원 배치를 대안으로 제시했다.[337] 이처럼 1970년대 들어서 소년범죄의 원인을 분석하는 분야와 문헌이 증가하기 시작했다. 구체적으로 소년범죄의 잔인성, 집단성 및 IQ와 정신이상적 병리 원인 분석[338] 등이 제기되면서, 이들을 사회질서에 잠재적 위험 요소로 간주하는 경향이 강화되었다. 서울소년원 연구반에서는 「비행소년의 가치관 변화 연구」라는 보고서를 통해 갈수록 지능화, 폭력화, 조직화되어 가는 비행소년의 비도덕성과 반사회성이 교정될 수 있음을, 80명의 소년원생을 네 그룹으로 나누어 검사하여 과학적으로 증명하고자 했다. 더불어 소년범의 범죄 원인을 '낮은 IQ'에서 찾으면서, '지능이 낮은 아동은 자극에 대해 반응이 약하고 태도가 감정적이며 추리하고 사고하는 능력이 극히 희박하며 추상적인 것을 다루는 능력과 인내력이 부족하며 책임감이 없다'는 등 사회심리학적 특징을 나열하고,[339] 직업보도[340] 외에 지속적인 가치관 교육을 대안으로 제시했다.[341] 1971년 국립과학조사연구소가 서울소년원 원생을 대상으로 한 조사 결과를 보더라도, 비행소년소녀의 '불순성교' 경험이 남성의 경우 63%, 여성은 90%라고 지적했고, 1975년에도 소년원 소녀들의 98%가 성경험이 있다고 지적하면서, 가정불화, 성행위, 임신 그리고 범죄행위는 연쇄작용임을 정신과 전문의의 말을 빌려 강조했다.[342]

이처럼 심리학, 정신분석학, 가정관리학 등 전문가와 지식을 동원해서 소년범죄의 원인을 그들의 '속성'에서 찾았다. 그리고 이들을 길들이기 위해 소년원생의 정신·심리 상태를 포함하는 '성향 체계'에 대한 교정을 강조했다. 1972년에는 서울소년원 상담실 관계자가 3년간 본인의 경험을 소개하며, 청소년 비행 교정에 심리치료와 자율훈련법 등이 효과적이며 심리 상담을 받은 원생의 비행 교정에 높은 효과가 있었음을 강조했다. 그 밖에도 '자녀지도백과'란 이름으로 30년간 청소년 상담을 진행해온 전문가의 말을 빌려 비행의 조기 발견과 조기 교정이 필요하다고 주장하기도 했다.[343]

더 나아가 소년원생의 범죄 원인을 분석했던 과학적 지식체계의 제도화는 두 가지 방향으로 구체화되었다. 한 가지 방향은 당시 사회문제였던 소년범죄의 악성화를 막고 이를 근절하기 위해 이들의 심리, 정신적 상태를 소년원 입원 전에 상담하는 '감별소(鑑別所)'의 설치였다. 감별소는 1972년부터 추진되어 1977년에 들어서 전국적으로 소년 감별이 실시되었다. 감별소에서는 유자격 교사를 포함한 의학, 정신분석학, 심리학, 사회학 등 전문가를 대동하여, 비행소년/소녀의 정신, 심리적 상태를 상담, 검사하고 그 결과에 따라 이들을 조치했다. 구체적으로 1977년 7월 개소된 감별소에서는 비행의 원인을 분석하여 교정과 심판에 활용하기 위해 성격, 적성, 정신감정, 지능 검사 등을 통해 비행 원인을 파악하고, 서울의 경우 연간 6,000여 명에 대한 감별을 실시했다.[344] 그 외에도 서울가정법원과 각 지방법원 소년부는 전문연구기관과 연계하여, 비행소년의 보호관찰 성격감정, 심리지능 검사 등 적극적 카운슬링 제도를 통해 소년들의 정신심리학적 원인 분석을 확대했다.[345] 또한 각 계 전문가의 의견을 소개하면서, 소년원생들은 지능이 낮고 불우한 환경에서 자라났으며 기성세대의 무절제한 사치로 욕구불만이 폭발하여 범죄를 저지르며 이들의 재범을 막기 위해 상담소 설치와 바른 도덕 교육의 필요성을 강조했다.[346] 1977년 소년법 개정안에서도 미성년범죄자를 재판할 때는 정신과 의사, 사회사업가, 교육자 등 전문가의 감별과 진단 결과를 재판에 활용하도록 했다.[347] 이처럼 감별소의 목적은 과학적 지식체계를 동원해서 비행소년의 비행 원인과 자질을 규명하고 가정법원과 지방법원 소년부에서 위임한 비행소년에 대한 감별을 통해 법원 심사와 조사에 유용한 자료를 제공하는 것이었다.[348]

이상에서 살펴본 바와 같이 1970년대에 등장한, 소년원생의 존재방식을 심문하는 과학적 지식체계와 감별소는 근대화의 생산적인 주체인 '국민'의 속성과 소년원생이나 범죄자로 대표되는 '비국민'(혹은 '비정상인')으로서의 '속성'을 무한 나열했다.[349] 비정상인의 속성을 과학이란 방법을 동원해서 국민·정상인의 것과 대조함으로써, 이들의 존재(방식) 자체를 '부정적인 것'으로 규정해버렸다. 이러한 지식체계와 제도가 도입된 이유는, 이들은 자기규율화가 불가능한 동시에 사회 자체의 근간을 무너뜨릴 수 있는 존재라는 공포 때문이었다.

마지막으로 지적해야 할 점은 1970년대 본격화되었던 '기술교육'이다. 비행소년의 급증과 소년원 탈출 사건 등이 빈번하게 일어나자, 1974년 개최된 전국 소년원장 회의에서는 수용기간을 6개월로 단축하고 교육을 직업훈련으로 변화시켰다. 이런 결정을 내렸던 배경은 이전 시기 소년원 교육은 검정고시 진학반을 중심으로 운영되었지만 교화에 효과를 거두지 못했기 때문이었다. 1972년 법무부의 소년원 자체 감사에 따르면, 기능 습득 저조, 문맹 퇴치 실패, 형식적 교정, 전문 교사 부족, 교실 및 교탁 등 시설 부족 때문에 교정 교육이 실효를 거두고 있지 못했음을 자인하며 기능부문 교육에 집중할 것을 지시했다.[350]

이런 결정에 따라 1974년 법무부는 전국 10개 소년원에 '공공직업훈련소'를 설치하여 원생들을 기능공으로 훈련시킬 계획을 수립했다. 전국교도소장 회의에서도 기술 교육을 통해 출소 후 자립 기반을 마련할 것을 강조했다.[351] 1976년 법무부는 소년원을 '기술학교화'한다는 계획을 발표했으며, 소년원생들이 퇴원 이후에도 자립할 수 있도록 1인 1기 교육을 강조했다.[352] 이는 이른바 "신 소년원 운영계획"이라고 불렸으며 과거 행형적 교육방법에서 적극적 교육위주 교정으로 소년원을 변화시킨 획기적 변화라고 스스로 평가했다.[353]

이처럼 '직업훈련'이 소년원 교육의 중심이 되자 소년원에 학교규율체계가 본격적으로 도입되었고, 소년원 교육 내용의 핵심이 노동력 양성을 위한 기술 교육으로 전환되었다. 구체적인 변화 양상을 살펴보면, 소년원생들이 각 기업 직업훈련소에 입소해서 일정 기간 동안 교육 과정을 거쳐 현대중공업, 선경 그룹 등에 취업한 사례들이 소개되기도 했다.[354] 그밖에도 기술교육을 통해 재활에 성공한 모범수들의 첫 직업훈련 수료식, 모범수 기능공의 현대중공업 입사식, 직업훈련 강화를 통해 재범을 방지하려는 방안을 논의하는 전국 소년원 원장회의 그리고 법무부의 재소자 직업훈련 강화를 위해 18억 예산 증액 등이 소개되었다.[355] 이는 1960년대 후반 갱생소년단과 같이 생산적인 근대화를 위한 주체형성 기획의 일환이었다.

자격 박탈이란 문턱 앞에서

한국전쟁 이후 전쟁고아와 전재고아에 대한 보호시설은 존재했지만, 이는 보호를 위한 수용소란 성격이 강했다. 하지만 1961년 이후 소년원은 그 성격이 달라졌다. 1960년대에 들어서 소년범죄라는 독자적 범주가 설정되면서 소년원은 사회혼란, 문란함 등을 유발하는 부절절한 정념을 지닌 존재의 거처인 동시에 미래의 '사회악' '반사회적 인자'인 소년범이나 우범소년 등을 사전에 구금하여 순화하고 통제하기 위한 장소로 변했다.[356] 대부분 소년원 구성원에 대한 담론도 결손 가정, 하층계급, 저학력, 무직, 낮은 지능, 감정적이며 이성적 통제의 불비(不備) 등 전통적인 범죄심리학의 용어를 그대로 차용한 것이었다. 이런 담론이 함의하는 바는 이 시기 '소년'이란 사회적 범주는 성인 범죄자와 동일하게 취급되었다는 것이다.

입시를 둘러싼 경쟁이 치열했던 학교 교육을 받았던 소년들은 '청소년'이라고 호명되었지만, 소년원 구성원들을 규정했던 담론과 제도는 성인 범죄자의 그것과 동일했다. 이러한 사실은 1960~70년대 도시하층민 출신 미성년 남녀는 성인과 구분되는 세대·연령적 범주로 특화되지 않았음을 드러내어 준다. 다시 말하자면 정상적인 사회구성원과 구분되는 사회집단으로 소년범, 비행소년 그리고 우범소년을 관리하고 규율화할 필요성이 1960년대 초반부터 제기되었던 것이다.

특히 1961년에서 1963년에 걸쳐 법제화된 이른바 특수범죄와 소년범죄란 범주의 형성은 1960년 4.19 시위에서 가시화된 도시하층민과 그 자녀들에 대한 '사회적 공포'가 적극적으로 투영된 것이었다. 이러한 맥락에서 1961년 5.16 군사 쿠데타 이후 도시하층민들의 선택지는 근대화에 동참하는 생산성 있는 국민이 되거나 사회윤리를 문란하게 하는 문제 집단이 되든지 신종 범죄자가 되는 길 이외에는 찾을 수가 없었다.[357] 1945년 8.15 직후부터 1950년대는 대한민국의 주권성을 위협하는 요소를 과거 외세라고 불렸던 '외부'에서 주로 찾았다면, 1961년 군사 쿠데타 이후에는 위협 요소가 풍기문란, 소년범 등으로 '내부화'되었다.[358]

더 나아가 1970년대, 도시화와 산업화가 급속히 진행되는 과정에서 박정희 정부는 또 다른 '사회적 불안 요소'를 발견했다. 1965년 베트남전 참전 이

소년원의 교실 모습.
[사진: 경향신문, 제공: 민주화운동기념사업회]

입시를 둘러싼 경쟁이 치열했던 학교 교육을 받았던 소년들은 '청
소년'이라고 호명되었지만, 소년원 구성원들을 규정했던 담론과 제
도는 성인 범죄자의 그것과 동일했다.

후 박정희 정부가 베트남전을 '제2전선'이라고 불렀던 이유는 1960년대 후반 이후 '위험스러운 존재들'이 본격적으로 가시화되었기 때문이다. 1장에서 서술했던 1971년 광주대단지 사건에서 드러나듯이 이른바 '제2전선론'은 일상에서 저항이나 반대, 불만 등을 '적'으로 간주하는, 봉기나 집단행동을 하는 개인과 집단은 '베트남 공비'처럼 섬멸해야 하는 대상으로 사고하게 만들었다. 이른바 반공문명인과 대비되는 야만으로서 비국민, 비정상인, 범죄자, 노예(의 언어를 지닌 간첩–지식인)들은 '적'으로 간주되었다.[359] 1945년부터 50년대 냉전기 국가 형성 과정에서 '비국민–적'으로 배제되었던 집단과 다소 다른 맥락으로, 1960~70년대 근대화 과정에서 눈에 띄기 시작했던 위험한 서발턴들은 범죄자, 무지한 집단, 미개인 등의 형태로 불렸으며 정상인들과 다른 도덕, 규범 그리고 윤리를 지닌 비정상이며 이질적인 존재로 간주되었다.

동시에 이들이 어느 순간 일으켰던 사건들은 체제에게는 '공포감'이었다. 1970년대 체제의 경계 외부에 있던 야만, 미개, 범죄, 비정상으로 의미화된 서발턴들이 일으켰던 사건은 지배층과 중산층의 공포를 동반하는 것이었다. 이런 맥락에서 소년범과 우범소년들은 반공국가를 오염시킬 수 있는 잠재적인 적으로 체제의 경계로 격리되어 침묵을 강요받았다. 이런 과정은 미성년자, 하층여성, 도시하층민과 그 자녀를 사회구성원으로서 "자격 박탈"이란 문턱으로 몰아넣었다.[360]

하지만 정상인인 '국민'이 될 수 없었던 '무질서하고 미성숙한 비정상인'이었던 소년들은 소년원 탈출이란 사건을 통해 비정상인이란 굴레에서 벗어나고자 했다. 애초 의도와 달리 지배담론과 지식체계는 이들이 점유하고 있던 시공간을 완전하게 장악할 수 없었다. 오히려 소년원생들은 잇따른 탈출, 방화 그리고 구타 등 사건의 형태로 공공연하게 저항했다. 이 점에서 소년원 탈출 사건은 정상적인 국민과 구별되는, 혹은 경제성장을 위한 효과적인 인력으로 구성될 가능성을 지닌 청소년과 구분되는 존재였던 소년원생들이 사회구성원(혹은 국민)으로서 자격 박탈이란 문턱에서 선택할 수 있었던 최후의 행동이었다. 그렇다면 서발턴에게 소년원 탈출 사건과 다른 형태의 선택은 존재하지 않았을까. 이제 1979년 부산과 마산에서 도시하층민에 의해 일어났던 도시봉기를 통해 서발턴의 정치가 재현되는 양상을 살펴보도록 하자.

4. 1979년 가을, 부마를 뒤덮은 유령들

　　박정희 시대 18년은 총구에서 출발해 총구로 끝났다. 그 출발은 총과 쿠데타로 시작했지만 그 마침표는 측근 김재규의 총구로 끝났다고 말할 수 있을까? 박정희 시대에 유령처럼 체제의 언저리를 떠돌던 타자, 비정상인 그리고 가사자 등 서발턴은 1979년 가을, 이들에 대해 지배층이 느꼈던 공포를 부산과 마산이란 도시 전체로 확산시켰다. 1970년대 들어서면서 오염된 주체들로 여겨졌던 도시하층민, 구두닦이 그리고 철가방들은 자신을 쓰레기처럼 여겼던 자들에게 분노를 날렸다. 하지만 1960년 4월 그리고 1980년 5월에 그렇게 망각되었듯이 '더러운 아이들'은 거리에서 사라졌고 사람들로부터 잊혀 갔다.

　　1979년 10월 14일부터 19일 사이에 부산과 마산지역에서 일어났던 일련의 사건은 흔히 '부마사태'라고 불렸다. 이 이름은 긴급조치 아래에서 관제언론이 주로 사용했던 용어였다. 단적인 예로 당시 신문 기사를 보면 다음과 같다. "대학생들 시위로 18일 0시를 기해 부산에 비상계엄령, 불순분자 경거망동 발본"[361] "폭동에 가까운 방화·파괴 이틀, 현장에 사제총기 배후에 조직세력 있는 듯"[362] "북괴, 부산사태왜곡 선동, 유혈참극, 학생학살 등 날조"[363]

"공공건물 파괴 등 18~19일 이틀 소요, 마산서장 회견 사제총·각목·화염병 사용"[364] 등이 당시 신문보도였다.

물론 부마항쟁 이전에도 잘 알려지지 않은 도시하층민의 저항들은 존재했다. 하지만 도시봉기를 포함해서, 3부에서 다룬 광주대단지 사건, 소년원 탈출 사건 등 박정희 시기 밑으로부터의 대중저항에 관한 관심은 희박할 뿐만 아니라 도시하층민이 중심이 된 도시봉기에 관해서는 본격적으로 다루어진 바가 없다.[365] 에릭 홉스봄(E. Hobsbawm)의 표현을 빌자면, "거의 알려져 있지 않고 연구되지 않은 '주변적 운동'" 가운데 하나가 1979년 가을, 부산과 마산에서 '도시봉기'였다.[366]

박정희 시기 저항은 재야(在野)나 지식인·학생의 민주화운동이 중심적으로 다뤄졌다. 부마항쟁도 마찬가지로 학생운동이나 민주화운동사의 일부분으로 취급되거나, 도시봉기의 주체인 도시하층민에 초점이 맞추어지기보다 김영삼 제명 이후 나타난 지역주의적 성격, 한미갈등, 정치사회 내 균열 등 전체적인 민주화운동이라는 맥락에서 다루어져왔다.[367] 특히 항쟁에서 도시하층민의 주도적 역할을 강조하는 것—이른바 민중주의에 대한 과도한 경도라고 불리는 해석—은 학생과 지식인의 역할을 폄하하는 '과도한 해석'이라는 평가도 공존하고 있다.[368] 또한 운동의 지향이라는 기준으로 '지도부 없는 자생적 항쟁'이나 '자유주의적 지향의 운동' 등으로 해석되거나 우발적이며 비조직적인 투쟁으로 이해되어왔다. 예를 들어 "[부마항쟁은] 목적지향적 운동이 아니며 주도세력의 부재는 대중에게 집합행동이란 암묵적으로 공유된 목적 이외 체제혁파를 위한 '공유된 가치'를 주입하지 못했다"[369]라든지 "인권보장, 정치제도 합리성에 치우친 자유민주주의적 가치목표가 주도적으로 반영" "반독재민중항쟁" 혹은 "시민 가운데 가난한 하층 시민들의 봉기, 룸펜프롤레타리아적인 부분에 의해 이끌려진 근로대중의 봉기 (⋯) 그것은 본질적으로 프롤레타리아적이라기보다는 룸펜프롤레타리아트적인 것이다"라고 평

가해왔다.[370]

　이들 시각들이 지닌 문제점을 간략히 정리하면, 먼저 이전에 운동을 주도하지 않았던 도시하층민이 왜 항쟁에 대규모로 참여했는지에 대해서 침묵하고 있다. 이들에게 부마항쟁은 유신 체제 붕괴 직전 정치 사회적 위기의 '징후'로만 해석될 뿐이다. 두 번째로, 목적의식성, 의식성 등 기존 사회운동에서 사용되는 준거로 항쟁을 평가하기 때문에 도시봉기의 역동적 전개 과정, 정당이나 국가로 환원되는 정치와 구분되는, 항쟁에서 드러났던 새로운 정치적 가능성에 대한 해석을 근본적으로 불가능하게 만들었다. 마지막으로 민중주도성 혹은 도시하층민의 주도성을 지나치게 강조하는 것이 계급중심성에 대한 과도한 의미 부여라고 평가하는 입장의 경우, 역으로 운동에서 유기적 지식인으로 여겨지는 학생이나 지식인의 역할을 강조한다. 이들은 변혁운동의 순수성을 근거로 부마항쟁을 비조직대중에 의한 투쟁으로 폄하하거나, 변혁전략이라는 기존의 고정된 프로그램 하에서 항쟁을 해석하고 있다.[371]

　더 나아가서 민주화운동사와 민중사에서도 은연중에 박정희 시기 도시하층민을 일탈적이고 위험한 존재 혹은 민주화 운동의 '순수성'과 거리가 먼 '폭도'나 '주변화된 군중', 다시 말해서 '민중답지 않은 집단'으로 여겨 왔다. 항쟁을 심화시킨 도시하층민을 비도덕적인 개인이나 집단으로 운동사 서술에서 타자화 주변화해, 민주화운동의 '순수성'을 강조하는 경우도 있는데, "파출소를 파괴 방화한 사람들 중에는 당국의 발표대로 깡패, 불량배로 불리는 사람들도 간혹 섞여 있었다. 그러나 시위 군중 대부분은 수출자유지역의 근로자들, 넥타이를 맨 회사원들, 대학생들 (…) 이들은 독재를 반대하고 민주화를 갈망하는 착하고 선량한 시민들"이라는 서술처럼 깡패, 불량배 등 '도시하층민＝폭도', '학생, 시민, 노동자＝민주화운동'으로 사유하는 방식이 전형적이다.[372]

이런 해석들은 도시하층민에 대한 편견에 가득 찬 시각인 동시에 민주화·민중운동 담론 생산자층이 자신과 이질적이지만 하나의 정체성으로 통합할 수 없는 주체들을 배제·통합하려는 정치적 기획의 일부였다. 박정희 정권 후반기에 들어서 민주노조운동과 조직노동자들의 저항과 일탈 등 체제와 거리두기가 가속화되면서 빈부격차, 불평등 과세 등이 가시화되었다. 특히 부산과 마산, 두 지역에서 경제위기의 심화와 신자유주의적 양극화, 이로 인한 사회적 문화적 박탈감과 불만의 팽배는 도시하층민의 체제에 대한 이반을 초래했다. 이 점에서 부마항쟁은 '4.19-광주대단지-부마항쟁'이란 계보로 이어지는 '박정희 시대 최후의 도시봉기'라고 부를 수 있다. 부마항쟁은 일시적이고 우발적인 현상 혹은 민중·민주화운동으로 수렴될 수 없는 도시하층민의 이질성과 복합성을 드러내는 도시봉기였다. 또한 억압적 이데올로기적 국가장치와 부유층에 대해 공공연하게 폭력적 집단행동을 했다는 점에서 재야, 야당 그리고 학생운동 진영이 사고했던 정치—이른바 '민주회복'으로 대표되던 정치적 지향—와 근본적으로 '이질적인 정치'의 양상을 드러냈다.[373)]

그렇다면 '도시하층민'과 '도시봉기'가 지니는 함의는 무엇인가. '도시하층민'은 말 그대로 도시에 거주하는 사회경제 문화적으로 주변화 타자화된 집단이자 기존 민중(사)에서 포착되지 못했던 존재를 지칭한다. 도시하층민은 도시노동자, 도시빈민, 실업자, 도시하층 서비스업 종사자 등을 모두 포괄하지만, 특히 부마항쟁의 주도세력에서 드러나는 바와 같이, 노동조합 등 조직대중이 아닌 개인과 집단을 의미한다. 바로 '도시'에 거주하는 하층민이 함축하는 의미는 먼저 민중으로 환원되지 않는 1960년대 후반부터 본격화된 도시화 이후 일상적인 차별과 배제 그리고 사회적 양극화에 따른 공간적 분할의 경험을 공유했던 집단이란 맥락에서 이해할 수 있다. 다음으로 민중 개념으로 충분히 설명할 수 없는 동시에 지배담론에 의해 완벽하게 종속될 수 없는 이질적이지만 비가시적인 사회집단을 뜻한다.

다음으로 도시봉기(urban riot)란 어떤 맥락에서 이해해야 할까? 도시봉기는 전근대 사회 농민반란이나 의적(bandit)과 궤를 달리하는, 농민운동에서 노동자운동으로 이행—농민운동 → 도시봉기 → 노동자운동이란 이행—하는 과도기에 발생했으며 노동자운동이 발전하면 사라질 '운명'이라고 규정되어 왔다. 이런 시각에 따르면 도시봉기는 노동자운동보다 조직적 이념적으로 열등한 과도기적이며 비조직적인 운동이다.[374] 한국에서도 1960년 4.19를 제외하고 도시봉기는 대부분 정치변동의 '결정적 국면'에서 스쳐지나가는 에피소드로 취급되거나 지식인 엘리트가 주도했던 민주화운동의 '주변부'(혹은 하위 구성 요소), 운동의 '과도기적 단계' 혹은 '비가시적인 존재의 일시적 저항' 정도로 여겨져 왔다. 이러한 기존 인식과 달리 내가 주목하는 점은 '4.19-광주대단지-부마항쟁'으로 이어지는 도시봉기의 '계보'이다. 박정희 시기 도시하층민들은 일상적으로 체제에 대한 복종과 동의에 익숙했다. 하지만 광주대단지 사건과 부마항쟁에서 보여지듯이 이들은 민중(사)란 개념으로 환원될 수 없는 주체였다. 동시에 이들은 경제위기, 급격한 도시화 그리고 도시하층민의 타자화 등 1960~70년대 개발주의가 내장하고 있는 사회관계의 내적 모순에 맞서 저항했던 '밑으로부터의 봉기적 실천'의 주체이기도 했다.[375]

특히 내가 1979년 가을, 부마항쟁에 주목하는 이유는 크게 두 가지 때문이다. 먼저 1970년대 저항운동은 민주화 운동으로 불려지고, 1970년대 이후 도시하층민을 중심으로 한 도시에서 시위와 봉기역시 민주화운동으로 수렴되어 그 독자적인 의미는 거의 주목을 받지 못했다. 이런 맥락에서 나는 도시하층민이 중심이 되어 전개된 '도시봉기'를 민중·민주화운동으로 통합·수렴시켜 해석하려는 경향이 지니는 문제점에 주목하고자 한다.

다른 하나의 이유는 박정희 시기 비가시적인 존재였던 서발턴이란 유령과 같은 존재들을 둘러싼 역사 서술의 문제를 근본적으로 다시 생각해보기 위해서이다. 이들은 민중사에서 강조하는 민중과 같이 통일적이며 균질적인 집단이 아니며, 오히려 이질적이고 복합적이며 비대칭적인 집단이다. 따라서 통일적이며 균질적 주체이자 이성의 외침이란 자기 목소리를 지닌 민중을 전제하는 '근대적인 문제 설정' 자체를 문제시할 때 근대역사학으로서 민중사가 지닌 한계를 넘어설 수 있다. 이러한 맥락에서 나는 부산과 마산의 도시봉기 과정에서 등장했던 도시하층민의 봉기적 실천을 통해 복합적이고 이질적인 주체들이 사고하고자 했던 '정치'를 불러냄으로써 근대역사학으로서 민중사를 근본적으로 문제 삼고자 했다. 이제 부산과 마산이란 장소에서 봉기가 일어났던 역사적 맥락을 따라가 보도록 하자.

원한과 분노의 장소들, 부산 그리고 마산

흔히 부마항쟁의 원인과 관련해서, 한미 갈등, 1978년 총선에서 야당 신민당의 실질적인 승리, 민중운동 활성화 등 정치적 배경이나 항쟁 직전의 경제위기가 자주 언급되곤 한다. 당시 부산시경은 「79부마사태의 분석」이란 문건에서 항쟁의 원인을 두 가지로 나누어 분석했다. 이를 원문 그대로 살펴보면 다음과 같다.

ㅇ 간접원인
- 서울 등 전국 대학가의 연쇄적인 소요사태 파급영향.
- 물리적 작용에 의한 부산지역대학가 소요유발의 장기억제.
  ※ 10월 16일 직전 사태 전무.
- 문제목사 최성연과 탈락교수 김동길의 체제비판 특강(1979년 9월, YMCA).
ㅇ 직접원인
- 국립대학으로써 체제유지를 해야 한다는 전체 학생들의 잠재의식.
- 10월 15일, 유신철폐 내용의 불온유인물 배포.[376]

위의 문건에서 확인할 수 있듯이, 부산시경은 부마항쟁의 원인을 학생들의 '유신대학', 한마디로 데모도 못하는 대학생이라는 피해 의식과 서울지역 반체제 학생시위의 영향 때문이라고 분석하고 있다. 그러나 부산시경의 분석은 핵심적인 문제를 놓치고 있다. 바로 '왜 초기에 학생들이 투쟁을 주도했으나 야간시위와 이튿날 시위부터 도시하층민들에게 주도권이 넘어가고 학생들의 참여는 거의 부재했는가'에 대해서 침묵하고 있다. 부산과 마산 양 지역에서 첫날 야간시위부터 시위 주동자는 이른바 '유격대'라 불리는 20대 초반의 젊은이들이었고, 증언자들의 기억에 따르면 부산에서는, "17일까지 끝까지 투쟁한 사람들은 서비스 노동에 종사하는 노동자, 룸펜, 빈민, 노동자"였고, 마산의 경우에도 "앞장서서 시위대열을 이끈 것은 깡패들이었다. 항쟁의 지도자는 그들"이었다.[377] 그렇다면 왜 도시하층민들이 도시봉기의 주도 세력이 됐는가와 관련해서, 1979년을 전후로 한 부산과 마산의 상황을 살펴보자.

1970년대 말 한국 경제는 중화학공업화 중심의 자본축적의 내적 모순이 제2차 오일쇼크라는 세계자본주의체제의 위기와 결합해 심각한 위기에 빠졌다. 특히 중화학공업의 과잉중복투자는 한국 경제를 심각한 위기로 몰고 갔고, 결국 국제통화기금의 구제 금융과 함께 1979년 4월 긴축 등을 골자로 한 '경제안정화정책', 즉 한국 최초로 '신자유주의 정책'을 수용했다. 경제위기를 해소하기 위해 국가는 중화학공업 부문에 대한 투자축소와 경제안정화 정책을 시행하고자 했지만, 이는 독점자본 분파의 반발로 실패하게 된다. 대신 국가는 정치·경제적으로 취약한 중소자본가, 봉급생활자, 도시 노동자와 농민 등에게 경제안정화 비용을 부과할 수밖에 없었다. 이처럼 경제 안정화 정책은 경제위기로 어려운 처지에 있던 중소기업의 도산을 더욱 부채질하여 기업의 부도율이 사상 최고치로 치솟았고 도시 노동자, 하층민의 실업과 빈곤은 갈수록 심화되었다. 이는 가격 인상, 휴폐업과 실업자 증가, 해외자본 투자 철수, 실업자 대책, 도시하층민에 대한 보호책 등을 강조하는 정부의 입장 표명에서도 분명하게 확인할 수 있다. 잠시 이를 시간 순서대로 살펴보면 다음과 같다.[378]

○ "신민당, 정부의 기습적인 가격인상[연탄, 교통요금 등]은 서민대중에 결정적인 타격을 주었다는 성명 발표"(1979년 4월 16일)

○ "박 대통령, 무역진흥확대회의에서 노사협조로 난관을 극복하자, 소득이 낮은 일반 서민의 부담을 경감시켜라, 더 이상의 중화학공업 분야의 투자조정은 없다고 언명"(1979년 7월 12일)

○ "상공업, 구로·구미 등 직할공단의 746개 가동업체 중 휴폐업이 금년 들어 24개사에 달하고 업종별로는 섬유, 전자 부품, 가방제조업이 대부분이라고 발표"(1979년 7월 20일)

○ "경기부양 서두르는 신현확 경제팀. 불황인정 실업에 눈 돌려"(1979년 7월 25일)

○ "실업 55만 명, 작년보다 10만 늘 듯―주 1시간이상 일하면 취업"(1979년 7월 29일)

○ "박 대통령, 긴급경제장관회의를 주재하고 정부의 경제정책이 일관성이 없으면 안 되며 특히 근로자와 중소기업문제에 신경을 쓰라고 발언"(1979년 8월 24일)

○ "박 대통령 지시, 청와대 경제각의 "경제정책 신뢰 회복토록" 원가 올라도 생필품 값 안정을. 申 부총리 보고, 6월말 현재 중소기업 휴·폐업 늘어 조업단축도 8천 업소"(1979년 8월 25일).

특히 지역불균등발전 때문에, 중화학공업화 과정에서 소외받던 노동집약적 제조업이 집중됐던 부산과 마산에서 도시봉기가 일어났던 이유는 이런 사회경제적인 모순과 연관되어 있었다.[379] 1979년 당시 부산의 산업별 생산 구조는 광공업 비중이 42.1%로, 전국의 경우 23.7%인데 비해 광공업취업구 성비가 매우 높은 비중이었다.[380] 특히 부산은 신발, 의류, 합판 등 영세한 자본과 낮은 수준의 기술이 결합한 저부가가치 제조업이 주를 이뤘는데, 부산 제조업 종사자의 비율은 1966년에 73.3%, 1975년에는 77.3%로 커다란 변동이 없었다.[381] 그러나 1979년에 들어서 부산지역 경제상황은 극도로 악화됐다. 부산지역 부도율은 전국의 2.4배, 서울의 3배에 달했고, 수출증가율 역시 전국증가율인 18.4%에 훨씬 못 미치는 10.2%로 하락했다. 이런 연쇄부도와 수출 감소, 실업률 증가는 사회적 양극화와 하강분해를 초래했고, 이 과정에서 노동자, 빈민, 실업자, 서비스업 종사자 등을 포함하는 도시하층민이 증가했다. 특히 도시하층민의 존재 조건을 규정했던 실업과 관련해서, 1979년 9월 당시 24개 업체가 휴·폐업 상태였고 그 결과 6,000여 명이 실업 상태였다.[382] 당시 부산·마산과 관련해서 보도된 부도, 휴·폐업, 실업 관련 기사를 보면 다음과 같다. "일본 닛케이신문, 마산수출자유지역에 진출한 일본기업의 반 이상이 한국에서 철수를 표명하고 있다고 보도"(1979년 8월 4일), "마산수출 자유지역에서 공장 이전의 움직임이 급증―마산수출자유지역기업협회의 조사에 의하면, 입주업체 102개사 중에서 이미 10개 업체가 폐업, 나머지 92개사 중 46개 업체가 적자경영을 이유로 동남아 등 타 지역으로 이동할 움직임에 있음"(1979년 8월 8일), "부산 사상공단의 중소기업 77개사가 휴폐업, 근로자 4,100여 명 실업"(1979년 8월 20일) 등.

부총리 자문역이었던 김기환도 한 인터뷰에서, "10·26의 도화선이 된 부마사태는 박정권 경제정책의 한계에서 비롯된 것이라고 지적 (…) 중화학공업에 치중하다보니 1975~77년 섬유산업에 대한 은행대출이 전체의 40%에서 절반으로 줄고 말았는데, 그 결과 노동집약적인 중소기업들이 몰려있던 부산과 마산 지역에서 반정부시위가 터진 것이다"라고 기록하고 있다.[383] 부

산에서 도시봉기에 대거 참여했던 서비스 업소 종업원들의 구체적인 불만을 보면 다음과 같다.[384]

> 술집, 음식점, 숙박업소 등 이들 업소의 종업원들은 그들의 주인들(업주들은 각종 단속법을 피하기 위해 공무원을 상전처럼 받들어 모셨다고 한다-인용자)보다도 더 깊은 불만을 품고 있었다. 그들의 불만은 관청에 대한 것이 아니었다. 관청과 업주를 포함한 사회 전체를 향한 불만이었다. 낮은 임금과 형편없는 생활환경 이상으로 그들을 사회의 불만층으로 만든 것은 인간답지 못한 대우였다. 손님들과 업주들로부터 받는 경멸과 손찌검은 거의가 청소년들인 이들의 가슴에 원한을 심어놓기가 일쑤였다.

봉기의 불은 밤에 타오르다

이제 구체적으로 부산과 마산에서 도시봉기의 양상을 살펴볼 차례다. 이미 이야기한 것처럼 부마항쟁은 김재규의 총성에 의해 유신체제가 붕괴되기 직전에 발생했던 도시봉기였다. 김재규 스스로도 민란(民亂)이라고 불렀던 부산과 마산의 봉기에서 두드러졌던 점은 무엇이었을까. 우선 주목해야 할 사실은 부산과 마산에서 초기 학생들의 주도 아래 절반 정도는 자생적이며 반정도는 의식적이고 계획적으로 이뤄진 시위가 점차 도시 노동자, 빈민, 실업자 등 도시하층민 주도로 변화했다는 점이다. 특히 가장 충격적이고 놀라운 사실은 시위 형태에서 시위 참여자들이 폭력적인 집단행동을 보였으며, 이는 대부분 젊은 도시하층민, 실업자, 부랑자들에 의해 주도됐다는 점이다. 특히 부유층에 대한 노골적인 적대감, 경찰·언론사·지방 세무서 등 국가기관에 대한 공공연한 폭력과 방화는 이전에 유래를 찾아볼 수 없는 현상이었다. 이제 두 지역에서 봉기의 기운이 유령처럼 스며드는 과정을 재구성해보자.

부마항쟁은 김재규의 총성에 의해 유신체제가 붕괴되기 직전에 발생했던 도시봉기였다. 학생들의 주도 아래 자생적이면서도 의식적이고 계획적으로 이뤄진 시위는 점차 도시 노동자, 빈민, 실업자 등 도시하층민 주도로 변화했다.

남포동, 인파와 최루가스로 뒤덮인 부산극장 부근.
[사진: 김탁돈(전 국제신문 사진부 차장), 제공: (사)부마항쟁기념사업회]

먼저 부산지역의 경우 초기 시위는 부산대 학생들에 의해 주도됐다. 1979년 10월 15일에 벌어졌던 최초의 시위는 부산대 공대의 김진걸과 서울 삼양사 노동자였던 남성철(당시 무직), 황선용(서면 서림 직원)을 한 축으로, 법대 복학생 신재식과 동료 6인을 다른 한 축으로 해 각각 9월부터 준비됐다.[385] 신재식을 중심으로 한 법대 팀의 경우 처음부터 서면, 남포동 등 시내 중심가로 진출하기 위해 1974년 남포동 시위경험이 있는 선배 황태연에게 조언을 구하고 유인물 배포방법, 유인물의 내용과 낭독방법 그리고 조직 동원을 계획했다. 또한 "시위가 있으니까 운동화를 신고 다녀라" "서울 이화여대에서 남자 성기와 가위를 보내 왔다더라"[386]는 소문을 퍼뜨리면서 학생들 간의 분위기를 고조시켰다. 또 10월 15일 정오 정광민은 같은 과 전도걸, 박준식과 더불어 시위 결행을 논의했고 이는 다분히 "누군가 치고 나가면 된다"는 낙관적인 생각에 근거한 것이었다.[387]

10월 16일 부산대 학생운동 지도그룹이었던 정광민에 의해 작성된 선언문을 보면, "고도성장정책의 추진으로 빚어진 부조리와 권력층과 결탁한 재벌독점자본가의 부정 및 소득분배의 불균형으로 야기된 사회의 모순 등을 규탄 (…) 유신헌법은 국민을 위한 법이라기보다는 한 개인의 무모한 정치욕을 충족시키는 도구에 지나지 않는다"고 주장했다. 또한 선언문 뒤의 '폐정개혁안'에서는, "1. 유신헌법 철폐, 2. 안정성장정책과 공평한 소득분배, 3. 학원사찰 중지, 4. 학도호국단 폐지, 5. 언론·집회·결사의 완전한 자유와 보장, 6. YH사건에서와 같은 반윤리적 기업주의 엄단, 7. 전 국민에 대한 정치적 보복의 중지" 등 7개항을 제시했다.[388] 한편 전도걸 등에 의해 배포된 또 다른 유인물에서는 유신정권의 퇴진과 유신헌법의 즉각적 철폐, 대외의존·민중부문에 대한 저임금착취를 정당화하는 경제성장 정책의 수정 등을 담고 있었다. 이런 당시 대학생들의 주장은 이른바 민주회복이라고 불렸던 자유민주주의의 정상화라는 절차적 민주주의에 국한된 것이었다.[389]

다음으로 10월 16일 시위를 살펴보자. 먼저 학생들이 주도했던 초기 단계를 살펴보면, 오후 2시 부영극장 앞에서 시위는 주로 "독재 타도, 유신 철폐"류의 슬로건과 선구자, 우리의 소원은 통일, 애국가 등 노래가 번갈아 불렸다. 3시 30분경 새부산예식장 앞 거리에서 '독재타도' 구호가 등장했으며 학내에서 다 뿌리지 못한 「민주투쟁선언문」 200여 장이 시민들의 손에 쥐어졌다. 4시에서 5시경에는 용두산 공원지역(4시), 제1대청파출소(4시 5분), 청산동 국민은행 앞(4시 30분), 부영극장 앞(4시 35분), 동아데파트 앞(4시 50분), 부산우체국 앞(5시 5분)에서 시위가 벌어졌는데 거리 시위에 참여한 총인원은 2,500여 명이었고 점차 도시 룸펜 청년의 시위 가담이 눈에 띄었다.[390] 여기서 주목할 만한 사실은 오후 5시 40분 언론의 취재차량이 최초로 공격의 대상이 된 것이다. 취재차량을 향해 학생과 시민들의 돌이 화살처럼 날아들었고 "뭣 하러 여기 왔느냐"는 질타가 쏟아졌다.[391]

이윽고 밤이 깊어지자 시위대는 3분만에서 5만 명에 이르렀고 시위대에 화이트컬러, 노동자, 상인, 업소 종업원, 고교생들도 동참했다. 다음 날인 17일이 되자 전날과 달리 도시룸펜, 접객업소 노동자, 영세상인, 반실업 상태 자유노동자, 무직자들이 시위를 주도했다. 앞서 살펴본 부산시경의 「79부마사태의 분석」이란 문건을 보면 데모의 특이양상으로, "20세 전후 불량 성향자 대학생 가장 합세(때미리, 식당종업원, 공원, 구두닦이 등), 시민들 박수/음료수 공급 등 데모학생 동조 고무"라고 서술하고 있다. 정부 역시 시위 주동자에 대한 분석에 근거해서, 10월 22일까지 무기한 폭력배 단속령을 내렸고, 치안본부도 19일에서 22일 사이에 전국 우범자 4,207명을 검거하는 예비 검속을 실시했다.[392] 이러한 흐름은 시간이 흐를수록 학생의 참여가 낮아지고 도시빈민과 도시하층민들의 참여 비율이 높아졌음을 보여준다. 실제 10월 16일 밤 10시 시위에서 대학생의 비율은 5%에 불과했다.[393] 당시 시위 참여자들의 기억을 하나씩 살펴보면 다음과 같다.

"16일 4시쯤 사람들이 많이 모여 들었습니다. (…) 시위대는 시민들의 열렬한 환영을 받으며 경찰이 오면 물을 뿌리는 등 시위대를 보호해 주었습니다. 그리고 7~8시경이 되자 고등학생, 퇴근하던 노동자, 국제시장을 둘러싼 주거민 등 자발적 참여가 늘어났고 시청 앞에서 충무동은 해방공간이 돼 (…) 끝까지 투쟁한 사람들은 서비스노동에 종사하는 노동자, 룸펜, 빈민, 노동자들이었고 학생들은 맨 먼저 이탈했습니다."[394]

"다방 아가씨와 술집의 호스티스까지 나와 박수치고 고함지르고 세상은 이미 달라지고 있었다."[395]

"일반시민들이 저렇게 체계가 잡힌 것같이 시위대를 보호해 주고 어둠이 깔리면 기층 민중들이 구름처럼 몰려들고 하는 정도면 유신도 박정희도 이젠 갔다고 생각했죠."[396]

"17일 극장 앞에서 경찰차를 뒤집는 것을 보았습니다. 도시빈민까지 모두 지지를 보내는 걸 보았습니다."[397]

"앞서서 시위를 주도하거나 파괴에 나섰던 사람들은 작업복 차림이거나 허름한 차림의 룸펜들이 주가 아니었던가 기억됩니다. 시간이 늦어지면서 학생들이 흩어져가는 모습을 많이 볼 수 있었어요. 그러나 새벽까지 남아서 투쟁의 최전선을 지킨 사람들은 일반 시민들, 그러니까 민중들이었습니다."[398]

1979년 부마항쟁과 1980년 광주항쟁에서 가장 공통적으로 확인할 수 있는 사실은 주도세력의 변화 양상이었다. 두 지역 모두 초기에는 학생들이 주도하는 시위에 시민이 호응하는 양상을 띠었다. 하지만 투쟁이 점차 고조되고 경찰과 군의 투입이 가시화됨에 따라 학생들은 이탈했고 마지막까지 투쟁을 주도했던 층은 구두닦이, 식당종업원, 상점종업원 등 도시하층민들이었다.[399]

한편 16일 오후까지 학생들이 중심이 되었던 시위는 방어적이었으나 밤이 어두워지자 시위는 점차 공격적으로 변했고 구체적인 목표물을 정하고 그것을 차례로 파괴·방화하는 양상으로 전개됐다. 16일 밤 시위대는 언론기관 한 곳과 파출소 11곳을 공격했고,[400] "독재타도, 유신철폐, 언론자유"를 계속 외쳤으며, 7시에 이르러서는 5만 명이 시위에 참여했다.[401] 특히 6시 이후에는 공권력의 상징인 도청, 경찰서, 세무서 등에 대한 방화와 공격이 이뤄졌다. 8시 40분경에는 500여 명의 시위 군중이 벽돌과 돌멩이로 남포파출소를 파괴하고 뒤따라오던 순찰차와 작전차를 전소시켰다. 부산에서 시위 양상을 「부산지역 대학생 시위사태 발생보고서」를 통해 살펴보자.[402] 16일 1차 시위에서 부산 대학생들은 오전 10시 3,000명에서 5,000명이 참가했고 7,000명에서 8,000명에 이르는 시민이 동참했으며, 시위 지역은 학교 주변, 시내 남포·광복·창선동 등 중심가였다. 같은 날 밤 10시 30분부터 1시간 동안 동아대 300여 명이 시청에 진입하기 위해 투석전을 벌였고 이를 진압하기 위한 경찰과 난투극이 벌어졌다. 그 결과로 경찰 측은 65명이 중경상을 입었고 남포·창선 2개 파출소 반파(半破), 경찰기동차 2개 전소, 병력 동원차 2차 반파, 관광버스 1대 전파, TBC 텔레비전 차량 1대가 반파되었고 학생 측은 212명이 검거됐다.

다음으로 10월 17일 밤 야간시위를 「부산지역 대학생 시위사태 발생보고서」에 따라 살펴보면, "독재정권 물러나라" "언론자유 보장하라" "유신체제 철폐하라" "박준규 물러가라"는 구호와 "우리의 소원은 자유" "애국가" 등이 불렸다.[403] 여기서 공통적인 점은 첫째, 시위대에 의해 도청, 경찰서, 세무서, 방송국, 신문사 등 공공기관이 파괴됐다는 사실이다. 17일 야간에 데모대는 언론사 3곳, 경남도청과 중부세무서, 경찰서 2곳, 파출소 10군데를 공격했다.[404] 둘째, 경찰의 표현대로 시위 군중이 야간에 '유격대'같이 떼를 지어 다니면서 주로 공공시설을 하나씩 파괴했다는 사실이다. 10월 17일 상황을 「부산지역 대학생 시위사태 발생보고서」를 통해 살펴보면 다음과 같다(강조는 인용자).

1. ① 부산시경국장 승용차(3333호) ② 2관구 사령관차 ③ 헌병 백차 2대 ④ 버스·자가용 5~6대 불타거나 반파됨. ⑤ KBS, 문화방송, 동양TV ⑥ 도청 일부파괴 당함 ⑦ 부산시내 23개 파출소 불타거나 반파됨

1. ㄱ. 1979. 10. 17 밤에는 진압 차 나온 경찰차 12대 중 6대가 완전히 박살났고,

   ㄴ. **서울 某 신문사 광고국 명함을 가지고 있는 자가 차에 불을 지르려다 검거됨. 서울에서 "유격대"라고 불리는 일부 불순세력이 來釜하여 선동하고 있다는 여론도 있음**(관제 여론인지는 확인 불가).

   ㄷ. **이들은 50~60명씩 떼 지어 몰려다니면서 인적이 드물고 한적한 곳을 골라 닥치는 대로 때려 부수고 도망간다고 함.**

3. 1979. 10. 18. 0시를 기해 부산 일원에 계엄령이 선포돼 장갑차를 앞세운 무장군인들이 출동, 주요관공서 및 언론기관을 접수하고 계엄 상황에 들어갔으며 본부를 시경과 시청에 두고 있음.[405]

17일 보고서의 사실 여부를 파악하기 위해 부산시경 측 보고와 당시 시위 참여자의 증언 그리고 신문보도를 교차시키면서 다시 확인해보자. 부산시경의 「79부마사태의 분석」에서는, "10월 17일. 19:20~01:30 각 대학 연쇄시가

지 야간데모(4백~8백 명), 10월 18일. 19:27~21:50 연쇄시가지 데모(200~500여 명) ※육공수부대에 의해 해산"이라고 기록하고 있다. 또한 보고서에는 데모의 특이 양상으로, "주야간 구분 없이 도시게릴라식 폭도화, 경찰차 방화, 파출소·언론기관·관공서 등 공격"이라고 쓰여 있다.[406] 부마항쟁 기념사업회역시 17일 투쟁을 다음과 같이 정리하고 있다.

충무동 방면으로 진출한 시위대는 두 갈래로 갈라져 부산역 방면과 운동장 방면으로 진출했다. 운동장 방면으로 진출해 충무파출소를 박살내고 서부경찰서, 동대신파출소 등의 유리창을 파괴 (…) 부산역 방면으로 진출한 시위대는 초량1파출소를 습격하고 부산진역 방면으로 진출, 1,000여 명으로 증강된 시위대는 동부경찰서에서 경찰과 접전 (…) 밤 9시쯤 중부세무서와 대신3동 사무소가 시위대의 습격을 받았다. (…) 시위대는 영선고개로 진출하면서 제2대청파출소를 박살내고 방범 오토바이를 불태웠다. (…) 항쟁은 1시 30분까지 이어졌다. 모두 21개의 파출소가 파손 내지 방화되고 경찰차량 6대 전소, 12대가 파손됐으며 경남도청, 중부세무서, KBS, MBC, 부산일보 등 언론사가 투석을 당했다.[407]

부산대학교 총학생회와 부마항쟁 기념사업회가 정리한 17일 시간대별 공격대상과 피해 상황을 다시 정리하면 〈표3-5〉와 같다.

앞서 살펴본 바와 같이 부산에서 시위는 밤이 되면서 도시룸펜, 접객업소 노동자, 영세상인, 반실업 상태 자유노동자, 무직자, 구두닦이, 식당종업원, 상점종업원, 고교생 등 도시하층민이 중심이었다. 투쟁이 점차 고조되고 경찰과 군의 투입이 가시화되자 학생들은 대오에서 이탈했고 이들이 투쟁을 주도했다. 바로 이 점이 1979년 가을, 부산 도시봉기에서 드러났던 이질성

〈표3-5〉　시간대별 항쟁 피해 상황

시간	참가인원	주요 공격 대상
7:25	–	충무파출소 박살, 서부경찰서 투척, 동대신파출소 박살
8:20	1,000여 명	초량 1파출소 습격
8:55	1,000여 명	동부경찰서 앞에서 경찰과 접전
–	2,500여 명	중부세무소, 서대신3동사무소 박살
–	–	제2대청파출소 박살
9:35	–	부산일보, KBS 응징, 시청 앞에서 대대적인 격돌

가운데 하나였다. 다음으로 봉기 의제와 투쟁 양식에 있어서 공권력의 폭력, 언론, 실업, 조세 등이 제기되었고, 거리에서 시위 양상도 파출소와 경찰차 방화, 파출소·언론기관·관공서 공격, 관공서, 세무서, 언론사에 대한 투석 등 이전 시기에 거리 시위와 근본적으로 다른 양상으로 전개되었다.

　다음으로 마산에서 시위 양상을 일자 순으로 추적해 보자. 10월 17일 오후 5시 경남대 학생들은 3.15탑 앞에서 시민들이 지켜보는 가운데, "선배님 못난 후배들을 꾸짖어 주십시오. 우린 전국 대학생들이 유신헌법 철폐시위를 벌일 때 학교당국의 농간으로 유신찬성 데모를 해버린 못난 후배들입니다"라는 취지의 묵념을 올리고 "독재타도" "박정권은 물러나라"는 구호를 외치며 연좌농성에 들어갔다.[408] 5시 10분경 날이 어두워지자 시위대는 시외버스주차장 뒷길을 따라 시내로 진출하여 도로변의 벽돌담을 무너뜨리고 벽돌조각을 집어던지면서 폭력적인 시위로 전환했다. 하지만 마산지역에서 투쟁은 경남대에서 200여 명 학생들의 투쟁에서 출발했지만 부산과 전개 양상은 달랐다.[409] 오히려 마산은 처음부터 시위 차원을 벗어나는 봉기의 길로 나아갔으며, 투쟁에서 학생들의 비중이 부산보다 작았고, 중심 주체는 대부분 요식업소 직원과 군소업체 종업원 등이었다.[410]

이제 「마산지역 소요사건 제1차 발생보고서」, 증언 그리고 일간신문을 통해 마산에서 시위 양상을 구체적으로 살펴보도록 하자.[411] 보고서에 따르면, 18일 오후 5시 20분에서 6시 20분 사이에 100여 명에서 1,000여 명으로 시위대 숫자가 늘어났다. 극동다방 앞 50여 명, 희다방 500여 명, 불종거리 200여 명, 가야백화점에 1,000여 명이 시위에 참여했다. 6시 40분까지 시민들은 적극적인 반응을 보이지 않고 구경만 하고 있었다. 또한 같은 보고서에 기록된 10월 18일 연행자 구분을 살펴보면, 전체 297명 가운데 학생은 40명에 불과했고 공원 73명, 근로자 8명, 기타 남자 63명, 무직 남자 25명이었다. 연행자 가운데 기타 남자와 무직 남자의 상당수를 시위의 주도세력인 젊은 실업자나 도시빈민으로 간주한다면 마산에서 시위를 이끈 세력역시 도시하층민들임에 틀림이 없다.[412] 또한 같은 날 영장 신청자 명부를 보더라도, 총 41명 가운데 공원, 종업원, 무직 등 도시하층민의 숫자가 21명에 이르는 것 역시 거리 시위 중심 세력의 변화를 드러내 준다.[413] 10월 19일 보고서에서도 소란자 177명 가운데 학생은 19명에 불과했고 노동 63명, 무직 56명, 기타 16명 등 연행자의 60% 정도가 도시하층민임을 다시 확인할 수 있다. 구속자 명단을 통해 보더라도 총 24명 가운데 대학생 3명, 고교생 5명을 제외하고 공원, 노동, 점원, 상업이 13명인 사실로 미뤄볼 때 시간이 갈수록 주도세력이 광범위한 도시하층민들로 변해갔음을 확인할 수 있다.[414] 이와 관련해서 몇 가지 증언을 보자. "항쟁의 주체는 중국집 배달원, 술집 종업원, 노동자, 기층 시민들이었다."[415] "시위의 주체는 처음에는 학생들 같았는데 나중에는 술집 웨이터, 구두닦이 등이 많았습니다."[416] "대열의 선두는 거의 공원 등 시민이었고 손에 각목 등을 들고 단순무장을 했던 것 같다." "그때의 시위대를 이끈 사람들은 학생들이 아니었다. 어디서 구했는지 몽둥이를 휘두르면서 괴성을 지르고 파출소 유리창을 다 두드려 부수고 불을 질러버리는 사람들은 깡패들이었으며, 10대의 인쇄소와 철공소와 자동차 정비공장의 견습공들이었으며, 구두닦이, 술집 웨이터들 (…)"[417] 이런 증언을 통해 주도세력을 다시 확인할 수 있다.

시위를 이끌었던 집단 이외에도 마산에서 투쟁은 부산에 비해 그 강도가 훨씬 더 격렬했다. 특히 공공기관에 대한 파괴와 방화는 가히 밑으로부터 도시봉기라고 말할 수 있을 정도였다. 당시 일간신문에서는, "이번 소요의 특징은 단순한 시위가 아닌 폭동에 가까운 소요였고 방화·파괴 등이 자행됐으며 화염병, 각목 등과 사제총기(私製銃器)가 사용된 것이다"[418] 혹은 "이틀 동안 학생 소요. 공공건물 등 방화·파괴. 시위 아닌 폭동에 가까운 사태. 살상 가능한 사제총도 사용 (…) 평양군중대회 개최, 북한 학생 반정부투쟁 선동"이라고 보도했다.[419] 정부는 이를 외부 불순분자의 소행이자 폭력과 살상무기를 동반한 소요로 규정하고 있었다. 그러나 왜 마산에서 대규모 도시봉기가 일어났는지 그리고 폭력이 행사되었던 대상과 이슈는 무엇이었는지에 관해서는 명시적으로 밝히지 않고 있다. 앞서 제시한 「마산지역 소요에 대한 보고서」를 따라 도시하층민들의 폭력의 '소재'를 찾아가보도록 하자.

우선 시위대에게 가장 큰 분노의 대상은 공화당사, 경찰서 그리고 파출소였다. 10월 18일에 도시하층민들이 본격적으로 시위를 주도했던 시점은 저녁 시간부터였다. 특히 마산에서 시위대가 신분을 감추기 위해 시내 소등(消燈)을 강제해 시위가 더욱 격렬해졌다. 당시 시위에 참여했던 주대환의 증언을 보면 다음과 같다.[420]

어두워질 무렵, 7시쯤 200명가량 되는 학생들이 움직이기 시작했다. (…) 다시 중심지, 창동 불종거리로 돌아왔을 때에는 일반 시민들이 많이 가세하여 수천 명이 되었다. 그리고서는 누군가 공화당사로 가자고 외쳤다. 모두들 오동동 공화당사 쪽으로 움직이기 시작했다. 그리고 외치기 시작했다. "불 꺼라!" 전등을 끄지 않은 길가 집으로는 돌멩이가

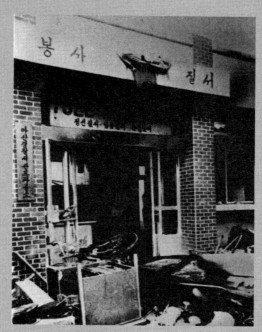

시위대의 습격으로 파괴된 마산 산호파출소.
[사진: 김탁돈(전 국제신문 사진부 차장), 제공: (사)부마항쟁기념사업회]

우선 시위대에게 가장 큰 분노의 대상은 공화당사, 경찰서 그리고 파출소였다. 10월 18일에 도시하층민들이 본격적으로 시위를 주도 했던 시점은 저녁 시간부터였다. 특히 마산에서 시위대가 신분을 감추기 위해 시내 소등을 강제해 시위가 더욱 격렬해졌다.

날아갔다. 불을 끄지 않은 차는, 특히 자가용차는 바로 헤드라이트를 발로 차서 깨버렸다. 곧 마산 시내는 암흑천지로 변했다. 그리고 누구도 사람의 얼굴을 알아보지 못하게 되었다. 비로소 마산은 독재의 공권력이 맥을 추지 못하는 자유의 해방 공간이 되었으며, 사람들은 더 이상 독재 권력을 두려워하지 않게 되었다.

저녁 7시 30분경부터 창동 네거리에서 10대 후반과 20대 초반 청년들이 중심이 된 선봉대가 시위대를 저지하는 경찰을 향해 빈 병, 돌멩이, 벽돌을 던지며 저항하기 시작했다. 특히 경찰의 과잉 진압에 대해 시위대는 쓰레기를 담은 리어카에 불을 붙여 경찰저지선에 밀어 넣기도 했으며, 주위 공사장에서 가져온 각목을 휘두르며 경찰에 맞섰다. 저녁 8시경에는 "공화당사로 가자" "공화당사를 때려 부수자"는 외침과 함께 시위대는 공화당사가 있는 산호동으로 몰려갔다. 시위대는 소방차 1대를 파괴하고 투석세례를 받은 공화당 사무소 주변 일부 점포의 셔터 5개와 대형 유리 50여 장을 부쉈다.[421] 또한 수십 명의 행동적 청년들이 주유소에서 기름을 가져다 공화당 집기와 서류, 현판에 뿌리고 불을 지르자 주위 군중들은 박수를 치며 환호성을 질렀다.[422]

또한 오후 8시 5분경에 시위대는 양덕파출소를 습격하여 대형 출입문 2개, 캐비닛 3개, 책상 5개, 유리창 50장, 전화기 2대를 박살냈다. 「보고서」에 따르면 이때 수출자유지역 노동자 일부가 시위대에 합세했다고 한다.[423] 부마항쟁기념사업회가 수집한 증언에도 이 과정에서 한 청년이 벽에 나란히 걸린 태극기와 박정희 사진 액자를 떼어내, 대통령 사진은 찢어버리고 태극기만 높이 치켜 올리자 시위대는 "잘한다" "박정희 물러가라", "대한민국 만세"라고 환호성을 질렀다고 한다.[424] 그러나 일부 시위 참여자들이 "무기고를 부수자"는 선동에 대해는, "야, 그건 놔두자"는 식으로 대응했다.[425] 시위대는 다시 동성동에 있는 공화당 국회의원 박종규의 집으로 몰려가, "박종규 개새끼,

죽여라!"라고 외치면서 2층으로 된 호화주택을 돌팔매질로 박살냈다.[426] 경찰서를 향한 공격 가운데 가장 극적이었던 것은 북마산파출소(오후 11시 30분)와 회원동파출소(오후 9시)였다.[427] 시위대는 북마산파출소가 불이 나는데도 "죽여라!"고 고함을 질렀으며, 회원동파출소에 불기둥이 오르자 환호성을 지르며 동네주민들도 몰려나와 구경했다.[428]

다음으로 마산 시위에서 가장 두드러졌던 특징은 '부유층'에 대한 공공연한 공격이었다. 10월 18일 저녁 8시경, 대진분식 센터 근처 부림시장 상가 대형직물판매센터의 셔터를 몇 명의 청년들이 부수려는 듯이 격렬하게 발길질을 했다. 그 이유는 이 상점의 소유주가 부유층이기 때문이었다. 이는 다른 기록에서도 확인할 수 있다. 자동차에 대해 통화관제를 하면서 버스나 택시에 대해서는 말로 등화관제를 하라고 요구했지만 자가용차나 관용차가 불을 켰을 경우 사정없이 헤드라이트를 박살내거나 차를 빼앗는 등 노골적으로 부유층에 적대감을 드러냈다. 또한 도로변의 샹들리에가 켜진 고급주택과 고층건물에 맹렬히 돌을 던져 유리창을 부수기도 했다.[429] 이는 도시하층민들이 평소에 얼마나 부유층에 대해 적대감과 증오를 지니고 있었는지를 단적으로 보여주는 사례였다.

세 번째, 세무서에 대한 공격을 들 수 있다. 시위대는 마산시청 맞은편에 위치한 세무서를 향해 "부가가치세를 철폐하라" "부가세를 없애라" "잘 먹고 잘 살아라"라고 외치면서 돌을 던졌다. 이는 일종의 조세 저항이었는데, 봉기가 확산되었던 주된 배경 가운데 하나가 세금의 과중한 징수였다. 1979년 부산 시민들이 낸 세금은 약 3,880억 원으로 1978년보다 32% 증가한 액수였다. 이것이 보수적인 부산 상인들까지 반정부 쪽으로 돌려놓았던 것이다.[430] 이 점은 10.26 직후 김재규의 「항소이유보충서」에서도 지적되고 있는데 그는, "부마사태는 (…) 민란의 형태였다. (…) 그것은 체제에 대한 반항, 정책에 대항 불신, 물가고 및 조세 저항이 복합된 문자 그대로 민란이었다"라고 진술했다.[431] 특히 경기 침체의 가속화와 부가가치세의 무리한 과세는 중소상인과 중산층에게 큰 부담이 됐다. 더구나 부가세 확정 신고 마감일인 10월 25일을 며칠 앞두고 있던 시점에서 이런 일련의 불만은 세무서 공격, 시장 상인들이 시위대를 지원하는 형태로 나타났다.

마지막으로, 신문사와 방송국에 대한 공격을 빠트릴 수 없다. 10월 19일 8시경 시위 군중들 사이에서 "MBC를 때려 부수자"는 고함이 터져 나왔고 경찰과 군인들이 삼엄하게 경계를 펴고 있는 MBC 앞 저지선에서 격렬한 투쟁을 벌였다. 시위대는 관제 언론의 상징인 MBC에 돌을 던지며 건물 3층까지 유리창을 박살냈고 여러 차례 돌을 던지며 방송국 안으로 진입을 시도했으나 실패했다.[432] 이는 당시 시위 참여자들의 증언을 통해서도 확인할 수 있다. "시민들의 주공격 목표는 공화당사, 파출소 등이었고 돌아오면서 마산시청과 세무서, MBC방송국에도 돌을 던지고 야유했다."[433] 이처럼 시위 과정에서 시위대의 공격 대상이 되어 파괴된 관공서와 재산 상황을 정리하면 〈표 5-6〉과 〈표5-7〉과 같다.

도시하층민의 타자화

이상에서 살펴본 바와 같이 부산과 마산에서 도시봉기가 도시하층민을 중심으로 이루어졌던 것은 이들에 대한 '타자화', 즉 민족공동체와 국민국가의 구성원으로서 동질감보다는 깊은 이질감 등이 쌓여 폭발했기 때문이었다. 1960~70년대 산업화 과정에서 도시하층민에게 도시는 중심부를 향한 욕망의 공간이었으며, 누구도 거부할 수 없을 정도로 다수를 끌어들이는 거대한 도가니 같은, 불가사의한 공간이었다.[434] 또한 도시는 자본주의의 안정적 일상성을 획득한 공간, 다시 말해서 자본주의의 중심적 공간인 동시에 자본의 제도적 장치와 이데올로기에 복속된 공간이자, 자본의 욕망에 의해 다양한 층위에서 안정적인 수탈이 실현되는 공간이기도 했다. 특히 한국전쟁이

〈표5-6〉 10월 18일 마산 시위에서 재산 피해 상황

피해 장소	피해 상황
남성파출소	파출소 유리창 전파, 소방차 1대, 소방 지휘차 1대 반파
산호파출소	내부 전소, 경찰 오토바이 1대 전소, 자전거 4대 전소
북마산파출소	유리창 전파, 내부 전소, 순찰 오토바이 1대 전소
회원파출소	내부 전소
양덕·역전·자산파출소	기물 파괴, 유리창 파손
시청, 우체국, 검찰청, 법원	유리창 파손
우체국 앞 공중전화 박스	유리창 박살
부림상가 일부	유리창 파손
구 시민약국	내부 파괴
중앙극장 앞 자가용 승용차	20여 대 유리창 박살
경찰서 앞 시내버스	버스 3대 파괴
김일규 씨 카메라	강탈당함
대진아파트 앞 1톤 트럭	대진백화점 앞에 처박힘

〈표5-7〉 10월 19일 마산 시위에서 재산 피해 상황

피해 장소	피해 상황
전신전화국 공중전화	박스 파괴 2개소, 유리 10여 장 파괴
허민영 의원 사무실	유리 파손
남경 다방	셔터 반파
코오롱 부띠끄	2층 유리 파손
세원 카메라	유리 파손
금잔디 미용실	유리 파손
국민회의대의원 창원지역회	유리 파괴
향원다방	유리 파괴
몽고장유	유리 파괴
오동동 다리 신호등	파괴
포니 승용차	허민영 의원 것으로 추정, 유리 파괴
대진아파트 앞 1톤 트럭	대진백화점 앞에 처박힘

출처: 『보고서1』, 『자료집』, 46~47쪽에서 재작성(〈표5-6〉), 『자료집』, 57, 64쪽에서 재정리(〈표5-7〉).

끝난 뒤 1950년대 도시는 어수선한 가운데 빈곤의 문화와 서구 문화가 공존하는 장이었다.[435] 문학작품에서 드러나듯이 1950년대 도시 거리는 '목적지 없는 방황하는 이들'로 가득 차 있었다. 전후 소설들 역시 암울함 속에서 희망을 붙잡고 사는 군중의 모습을 묘사하면서, 서민들의 인정(人情)을 통해 삶의 동력을 긍정적으로 묘사하려고 했다.[436]

한편 1960년 4.19를 계기로 도시는 급격하게 그 의미가 변화했는데, 그 가운데 한 가지는 근대적 도시·거리문화의 등장이었고, 다른 하나는 4.19라는 도시봉기의 대두였다. 학생과 도시민이 중심이 되었던 4.19는 민주주의의 정상화를 위해 정권에 대항했던, 주체의 측면에서 도시 구성원이 스스로를 능동적인 정치적 주체로 호명했던 전환기적 사건이었다. 동시에 1946년 대구 10월 항쟁 이후 최초로 도시 대중들이 특정한 목적 아래에서 집단적으로 움직였던 '새로운 징후'였다. 특히 도시하층민의 집단적인 움직임은 그 형태가 시위이건 폭동의 형태이건 간에, 이후 정부와 국가권력에게 민감한 사안이 됐다.[437] 그렇다면 4.19를 기점으로 새로운 도시군중으로 자리 잡았던 도시하층민을 둘러싼 문제에 대해 살펴보자.

4.19 이후 도시하층민에게 가장 중요한 문제는 무엇이었을까? 이 시기 무엇보다 심각했던 문제는 실업과 빈곤이었다. 당시 보건사회부 노동국의 통계에 따르면, 실업과 무직자는 587만 명이었고, 1,260만 명의 노동력 보유인구 가운데 취업자는 678만 명에 불과했다. 그 주된 원인은 농촌 잉여 노동력을 제2차 산업으로 전환할 대안이 부재했기 때문이었다. 단적인 예로 대구에는 2,800여 개의 공장이 있었지만 거의 멈춘 상태였고, 관련자들은 "막상 문을 닫자니 그럴 수도 없고, 조업을 하자니 온갖 애로에 죽을 지경"이라는 푸념으로 당시 상황을 표현했다. 이런 실업 문제에 대한 민주당 정권의 대안이 '국토개발사업'이었다.[438] 하지만 "뒷걸음질하는 경제제일주의"[439]라는 한 신문의 힐난처럼, "먹을 것을 달라" "일터를 달라"는 도시하층민들의 절규에도 불

구하고, 장면 정권의 실업자 정책은 과거와 그다지 다르지 않았다. 민주당 정권이 운명을 걸고 추진했던 국토개발사업에는 400억 원의 재정이 필요했는데, 그 대부분이 국내 자원이 아닌 미국 잉여농산물로 충당되었기 때문에 근본적인 한계를 지녔다.

특히 도시하층민의 식량난을 대표했던 것이 '결식아동 문제'였다. 1961년 2월 말 당시 경북 지역에는 8만 9,000여 명의 결식아동이 있었으며, 그 가운데 2만 4,000여 명이 하루에 한 끼밖에 먹지 못했다. 이런 분위기를 반영하듯이, 민족일보 3월 11일자에는 "경북에서 본 4월 위기설: 실업자 불만 겹쳐 동요의 빛 또렷"이란 제목 아래 "의무교육이고 뭐고 다 집어치우라고 소리치고 싶은 충동뿐입니다. 이 아이들을 어떻게 할 작정인지 모르겠습니다. 정말로 굶어죽는 걸 봐야하겠는지"라는 극단적인 반응이 기사에 실리기도 했다. 이처럼 4.19 이후에도 도시하층민에게 '빈곤에서의 탈피'가 가장 큰 과제였다.

하지만 당시 운동 진영의 요구는 도시하층민의 욕구와는 '괴리'되어 있었다. 민중의 빈곤, 절량(絕糧) 문제 해결 등의 과제는 학생운동과 사회운동에게 부차적인 것으로 인식됐다. "실업자의 일터는 통일에 있다"라는 구호에서 볼 수 있듯이 사회운동과 학생운동 내에서 민중생존권과 통일문제의 결합은 무매개적이고 기계적이었다. 당시 운동 진영은 자본주의 세계체제로부터 탈출을 통한 민족자립경제라는 틀 안에서 이를 사고했고, 이는 당시 민중의 요구를 통일운동과 자립경제 건설이란 프티부르주아적 방식의 대안으로 제기했던 것이다.[440] 이처럼 사회운동(그리고 저항엘리트들)과 도시하층민들 간의 '괴리'가 존재하는 조건에서 박정희 정권의 '조국 근대화'와 '빈곤 탈출'이란 슬로건은 1960~70년대 초반에 걸쳐 도시하층민의 집단적인 욕구를 반영하는 대안 가운데 하나였다.

다른 한편 이 시기 도시하층민은 난민 캠프, 범법자, 폭력배, 강도, 노점상, 부랑민, 자유노동자, 매매춘 여성 등 도시의 '이질적인 타자'로 구성됐다.

도시화는 도시하층민에 대한 폭력 구조였으며, 이들은 도시위생학의 대상으로 여겨졌다. 소설『영자의 전성시대』에 그려졌듯이 도시하층민에 대한 태도는 '더러운 청소 대상'에 불과했다. "우리들 중대가 평정지역의 베트콩 잔비(殘匪)를 깨끗이 소탕질했듯이"라는 비유처럼, 도시하층민의 주거지역과 사창가는 욕망의 도가니인 도시의 중심에 들어가지 못하고 주변으로 밀려났던 그 참담하고 절망적인 삶의 역설적 표현과 다름없었다.[441]

이처럼 도시하층민은 지속적인 불안정 상태인 동시에, 중산층과 소시민으로 묘사된 도시정상인에 대한 '위협'으로 간주됐으며, 도시하층민이 정주하는 변두리는 자본주의적 삶의 양식에서 배제된 불안정, 궁핍, 무질서, 비윤리적인 '타락한 성벽'으로 묘사됐다.[442] 동시에 이들을 둘러싼 공간적 분화와 차별 역시 심화되어 갔다. 1970년대 들어서 '문화주택(국민주택)'이 보급된 이후 도시 내 중심-주변화가 본격화됐다. 최일남의 소설 「노새 두 마리」를 보면, 새 동네를 상징하는 문화주택이 새로 들어서면서 구 동네(빈민촌)와 보이지 않는 갈등이 발생한다. 이른바 주거공간을 둘러싼 중심과 주변이란 '경계 짓기'를 조장했던 것이다. 조해일의 「뿔」에 등장하는 지게꾼이 바라본 한강 맨션아파트 역시 하층민이 경험했던 도시 내부 분화의 사례였다. 당시 한강 맨션아파트는 중산층, 공무원, 외국인 주거용으로 20평에서 80평까지 대규모 평수가 공급됐던 최초의 사례였다.[443] 반면 1960년대 중반 상경한 도시하층민들이 자리를 잡았던 해방촌, 금호동, 옥수동에는 정착지(定着地)라고 불린 끝이 없는 무허가 건물 마을이 형성되어 극명한 대조를 이뤘다. 바로 도시위생과 무질서한 도시하층민의 유사 공간에 집중을 막기 위한 가장 손쉬운 방법이 도시하층민들의 정착지 이전이었다.[444]

도시 공간 내 중심과 주변이 명확해지는 '도시적 징후' 혹은 '문제적 현상'이 1970년대 들어 대두됐고, 이런 징후가 극적으로 폭발했던 것이 앞서 1장에서 살펴본 1971년 '광주대단지 사건'이었다. 입주증 전매금지 조치, 건물

취득세 등 정부 정책에 항의해서 일어났던 광주대단지 사건은 당시 외쳐졌던 "허울 좋은 선전 말고 실업군중 구제하라" "백 원에 뺏은 땅 만 원에 폭리 말라" "살인적 불하가격 결사반대" "배고파 우는 시민 세금으로 자극 말라, 이간정책 쓰지 말라" 등의 구호를 통해 그 성격을 파악할 수 있다. 광주대단지 사건은 강제로 이주된 도시하층민에 대한 차별, 빈곤과 실업난, 조세 저항 등이 결합된 도시봉기였다.

다른 한편 도시봉기를 야기했던 원인은 당시 도시하층민에 대한 담론에서도 확인할 수 있다. 1970년대 초 서울시 행정 당국자들은 서울시의 판자촌에 대해 "서울시가 온통 시커먼 루핑 지붕을 얹은 올망졸망한 판자촌으로 뒤덮이지 않을까"라고 생각했으며 또한 도시하층민들을 '비정상인', 인간 이하의 '주변계급'이라는 말을 흘리기도 했다. 그 가운데 일부를 보면, "광주대단지 바깥에선 언론이 단지사회에 대한 억지소문을 사람들에게 주입시키고 있었다. 사회에 뒤처진 놈들이 민둥산에 떼거리로 몰려 우글거리는 곳이라고. 허구한 날 술이나 먹고 싸움이나 하고 일도 안 하는 놈들이라고" 기록되어 있다.[445]

여기서 주목해야 할 점은 '도시하층민 밀집 주거지=사회불안 요소'로 간주됐다는 사실이다. 당시 성남 주민교회 목사였던 이해학은 광주대단지 사건과 관련해 '국가 안보적 측면'이 존재했다고 지적했다.[446] 앞서 1부와 광주대단지 사건에서 '제2전선론'에 관해 언급했지만 1970년대 베트남전에서 빈민촌 게릴라 문제가 제기되면서 정부도 1960년대 후반부터 대규모 도시빈민 형성을 위험한 사회문제로 사고하기 시작했다. 이는 박정희가 광주대단지 사건을 파악했던 시각, 즉 도시폭동으로 바라봤던 시각과 일치했다. 특히 4.19 이후 도시에서 대규모 시위가 존재했지만, 학생시위의 연장이었지 도시하층민 등이 주도한 봉기적 형태는 아니었다. 냉전 균열과 안보위기가 공존했던 상황에서 도시하층민의 결집이나 폭동적 집단행동은 정권으로서는 위험천만한 일이었다.

1979년 부마항쟁도 1970년대 이후 급격한 도시화의 징후와 그 내부에 존재했던 도시하층민의 모순적 존재조건 속에서 탄생했다. 야간시위에서 도시하층민의 주도성과 집합적 폭력은 관공서, 언론, 억압적 국가기구, 부유층에 대한 공격의 형태로 표출됐다. 하지만 결정적인 도시봉기의 기원은 박정희 시기 도시화에 따른 하층민의 주변화와 비가시화 때문이었다. 다시 말해서 이들은 도시화와 근대화에 순응하던 태도에서 점차 이탈하여 체제에 대한 불만을 키웠고, 광주대단지 사건이나 부마항쟁과 같은 사건의 형태를 띤 '봉기적 실천'을 벌였다. 도시하층민에 대한 차별과 배제, 이른바 타자화라는 '새로운 현상', 경공업 중심의 노동집약적 제조업 도시인 부산과 마산에서의 폐업·부도와 실업난 등 사회적 양극화, 경제위기의 부담을 도시하층민에게 전가하는 과정에서 조세 저항 등이 결합된 것이 1979년 부마항쟁이었다. 다시 말해서, 체제의 절차성만으로 '환원할 수 없는' 박정희 시대의 복합적인 모순을 반영한 도시봉기가 1979년 부산과 마산에서 도시하층민들이 사고했던 '정치'였다.

도시하층민의 '정치'

4장의 앞부분에서 살핀 바와 같이 민중이라는 집단은 통일적이며 균질적인 집단이 아니다. 이들이 외쳤던 실업, 빈곤, 조세 문제나 폭력과 봉기적 실천, 시민과 정상인들과 구분되는 위험한 존재로서 비윤리성과 비도덕성, 부유층에 대한 섬광 같은 분노와 같은 이질성이 이를 잘 드러내준다. 그만큼 이들은 이질적이며, 지역, 젠더, 계급 등 범주에 따라 과잉 결정되는 비대칭적인 집단이었다.

단순화를 무릅쓰고 말한다면, 시기에 따라 다소 의미와 결이 달랐지만 민중이란 용어는 1970~80년대 저항적 지식인 집단이 자신의 역사성을 기술

부산시청 앞에 진주한 계엄군의 탱크와 장갑차.
[사진: 김탁돈(전 국제신문 사진부 차장), 제공: (사)부마항쟁기념사업회]

1979년 부마항쟁도 1970년대 이후 급격한 도시화의 징후와 그 내부에 존재했던 도시하층민의 모순적 존재조건 속에서 탄생했다. 야간 시위에서 도시하층민의 주도성과 집합적 폭력은 관공서, 언론, 억압적 국가기구, 부유층에 대한 공격의 형태로 표출됐다. 하지만 결정적인 도시봉기의 기원은 박정희 시기 도시화에 따른 하층민의 주변화와 비가시화 때문이었다.

하는 과정에서 자신과 다른 정체성을 지닌 '타자들'을 통합—배제하려는 일련의 정치적 기획 가운데 하나였다.[447] 예를 들어 "도대체 민중이나 하층민, 거리의 양아치가 뭐가 다르냐?"든지, 혹은 "부산과 마산의 투쟁에서 도시하층민을 과도하게 강조하는 것은 당대 지식인—대학생의 역할을 과소평가하는 것이 아닌지?" 또는 "지식인의 반독재민주화운동과 도시하층민의 투쟁을 대립시키는 것이 아니라, 양자가 수렴되는 것이 타당한 것이 아닌가" 혹은 "국가가 개인(대중)을 국민, 민족 혹은 계급으로 호명하고 개개인이 그 부름에 자발적으로 응할 때 이들은 이미 지배계급의 헤게모니에 종속된 것이 아닌가?" 등의 질문이 이런 문제를 드러내어 준다. 이러한 질문 속에서 서발턴은 여전히 '통합되어야 하는' 강박증적인 대상이거나 '지식인—저항엘리트'들과의 관계 속(혹은 전체 민중—민중운동의 '부분'으로서)에서만 의미를 갖는 존재로 간주된다. 다시 말하자면 이들을 민중이라고 '명명'하는 문제 설정 자체에 대해 재고할 필요가 있다. 이질적이며 상이한 주체들을 '민주화운동'이나 '민중운동'이라는 단일하게 통합된 주체로 여기고, 이들을 '독재에 공모한 대중' 또는 '민주화운동' 혹은 '민중운동'이라고 부르는 '언어 구조' 자체가 부산과 마산에서 존재했던 이질적인 도시하층민을 비가시화하려는 지식인들의 '욕망'의 산물이다.

나는 박정희 시기 연구에 내재한 근대적 문제 설정을 넘기 위한 하나의 발본적인 방식 가운데 한 가지가 민중 혹은 민중운동이란 언어가 아닌, 비가시적이며 이질적인 타자인 동시에 주변부 사회집단의 '환원불가능한 주체성'의 재현으로서 서발턴이라고 생각한다. 잠정적이지만 이들을 민중이라는 개념으로 묶는 것은 1980년대 실천적 개념으로서 발명된 민중사의 '반복'이다. 이제 '질문 자체'를 바꾸어서 그간 박정희 시대를 규정해온 범주와 용어 그리고 개념 자체를 문제시하고 특정한 보편적 주체—민족, 민중, 계급 등—를 만들어가던 지식생산 과정 자체를 '해체적으로 다시 읽어가는' 작업이 1차적으로 필요하다. 앞서 이 책의 제1부와 제2부에서 다루었던 이주여성, 광산 노동자, 노예의 언어를 사용하는 지식인, 전쟁미망인, 기지촌 여성, 도시하층민 그리고 현재화된 이질적 서발턴들을 둘러싼 지식생산의 문제가 그 중요한 매개이다.

라자뤼스는 『이름의 인류학』에서 정치를 외재적인 것이 아닌, 주체의 내재성으로부터 찾는 동시에 그 개별성에 천착했다. 여기서 개별성이란 개별성을 지닌 '사건'—사건이란 사회의 기존 상태를 벗어나는 것을 의미한다—에 대한 강조로 이어진다. 동시에 이는 총체성이라고 불리는 계급주의와 의회주의에 대한 거부와 새로운 사고의 질서로서 정치를 사유하는 것이다. 이 점에서 국가(권력)를 매개로 통합적 보편적인 주체를 근간으로 정치를 소환하려는 것이 아니라, 이질적인 서발턴들이 기존 상태로부터 벗어나는 사건—이 글에서는 도시봉기적 실천—을 통해 정치를 불러오는 작업은 국가, 계급 그리고 대의제·정당으로 정치를 소환시키기 위한 정치적 기획에 근본적인 문제를 제기하는 것이다.

이 점에서 부산과 마산에서 도시봉기 과정에서 드러났던, 민중이나 계급으로 회수 불가능한 서발턴인 '도시하층민'에 대한 관심은—여전히 상당수 용어와 담론 그리고 서술 방식들은 근대적 틀 안에서 허우적대고 있으나—이들이 사고하고자 했던 '정치'를 불러 들여왔다는 점에서 기존의 보편적인 개념과 범주들을 근본적으로 문제시하고 있다.[448] 이것이 잉여이자 사건으로서 정치의 출발이다.[449]

제4부

정치

1. 한국 사회는 서발턴의 목소리를 듣고자 했는가?

이 책의 마지막 제4부의 주제는 정치이다. 앞선 1~3부에서는 기억, 침묵 그리고 사건이라는 주제를 통해 박정희 시기 서발턴의 재현을 살펴보았다. 4부에서는 서발턴 재현을 둘러싼 인식론적 문제를 '기억과 침묵' '실마리' '공감의 윤리학' 그리고 '자기 역사 쓰기'를 통해 검토하고자 한다. 더불어 3부에서 다루었던 봉기, 집단행동, 범죄 그리고 탈출 등 서발턴의 재현에서 사건이라는 문제 설정이 지니는 정치적 함의를 살필 것이다.

내가 처음 개인의 경험과 기억에 관한 연구를 시작했던 1990년대 중반만 해도 '구술사'라는 용어는 그리 널리 사용되지 않았다. 당시에는 민족지, 민속지 그리고 정치인류학이란 이름으로 기록 없는 개인들의 삶에 다가가고자 했다.[1] 그때 내가 구술 작업을 통해 하려고 했던 것은 사료가 남아 있지 않은 존재 혹은 문헌사료로 파악하기 어려운 문화, 정체성, 숨겨진 사실을 발굴해서 재구성하기 위해서였다. 돌이켜 보면 '구술'이 무엇인지, '구술자와 연구자 간의 관계'가 어떠한 것인지 혹은 기억과 망각이 어떤 의미인지 심각하게 고민하지 못한 채, 이른바 현장(field)에 던져져 연구를 시작했다. 이 과정을 통해 연구자에게는 자신의 개념과 방법을 만들어 가는 '이론적 훈련'도

중요하지만, 타자의 목소리나 침묵이 만들어지는 현장과 맞닥뜨리는 과정도 그에 못지않게 중요하다는 사실을 처음으로 알게 되었다.

1994년, 타자의 기억을 역사화하는 데 있어서 내게 중요한 체험이 하나 있었다. 그것은 그해 6월 말부터 12월 초까지 전국노동조합대표자회의(전노협) 교육국에서 주관했던 노동자 기업교육과 노동교육에 대한 조사 연구였다. 그 여름, 나는 동행했던 연구자들과 함께 배편으로 거제도에 도착했고, 그 한편에 자리 잡은 대우조선으로 향했다. 나는 1987년 노동자대투쟁 이후 한국 노동운동을 이끄는 주역들을 만난다는 생각에 꽤나 긴장한 상태였다. 공장 정문에서 노조와 연락을 취해 출입증을 끊고, 노조 사무실로 향했다. 거대한 컨테이너가 내려다보이는 노조 사무실은 왠지 을씨년스러웠다. 그날부터 일주일 동안 현장 활동가의 사택에 묵으면서 노조 사무실, 술집 등에 드나들었고, 그곳에서 처음으로 노동자 그리고 노동자 문화를 목격했다.[2]

이때 나는 작업장과 일상에서 노동자 '의식 형성'에 대한 소중한 인식론적 단절을 경험했다. 당시 놀라웠던 사실은 조합원들의 이중적 의식과 무임승차자(free rider) 심리였다. 나는 1987년 노동자대투쟁 이후 전투적 집단행동을 보였던 노동자들이 노조와 파업에 대해 그런 생각을 갖고 있다는 사실에 대해 놀라움을 금치 못했다. 당시 조합원들은 두 가지 생각을 지니고 있었다. 하나는 노조는 필요하다는 생각이었다. 왜냐고 이유를 물었을 때, 조합원들은 자신의 최소한의 생존을 지키기 위해서라고 대답했다. 그러나 다른 한편으로는 적극적인 노조활동을 꺼려했다. 관리자에게 한 번 찍히면 작업장 위계질서 내의 권력관계에서 멀어지기 때문이었다. 묘한 현상은 파업 찬반투표를 하면 70% 이상의 조합원들이 찬성했지만, 실제 파업에 참여하는 조합원은 7,000명 가운데 몇백 명에 불과하다는 사실이었다. 파업 등 노조의 집단행동은 '찬성'하되, 본인에게 불이익이 돌아오지 않는 수준에서 '개인'의 이익을 추구하겠다는 것이었다.[3] 이는 같은 시기에 조사했던 현대중공업도 크게 다르지 않았다. 현대중공업 조합원들은, 누군가 "회사의 낚싯바늘에 목이 걸려 있어 꼼짝 못하는 자신들을 보호"해주기를 원했고, 그래서 "낚싯바늘을 빼줄 강성 노동조합"을 요구하고 있었다. 그러나 민주노조의 조직력이 약화되어, 노조가 자신들을 보호해줄 수 없다는 사실을 알게 되자 집단적 대응을 포기하고 "자기 자신이 알아서 챙기는" 개인적인 생존 전략을 선택했다. 이처럼 대우조선이나 현대중공업 조합원들같이 자기 목소리를 지닌 존재들도 늘 대항적인 기억을 재현하는 것은 아니었다.

당시 조합원의 이중적 의식도 놀라웠지만 그에 못지않게 내게 중요했던 체험은 일상에서 그들의 삶을 이해하려는 과정이었다. 즉, 구술이나 기억을 통해 연구를 할 때 연구자는 자신이 듣고 싶은 내용만을 취사선택해선 안 된다 것이었다. 뒤에서 다시 언급하겠지만 이러한 과정은 공감을 형성하는 동시에 기억 주체의 고통을 같이 이해하려는 윤리적 문제이기도 했다. 물론 당시에는 이런 '세련된 언어'로 정리하지는 못했다. 하지만 1994년 거제도의 체험을 통해 나는 기억 대상과 연구자 간의 교감, 구술자의 사적 기억과 연구자 간의 소통의 중요성 그리고 이것이 '공통의 문제'임을 조금씩 자각할 수 있었다.

기억은 신뢰할 수 있는가

기억이란 무엇일까? 기억과 역사는 근본적으로 정반대에 서 있는 것 같은 느낌이 든다. 기억은 영원한 진화 속에 존재하고 회상과 망각의 변증법 안에 있으며, 지속적인 변형을 의식하지 못하고 조작되기 쉽고, 오랫동안 잠재되었다가 주기적으로 되살아나기도 한다. 다시 말해서 기억은 우리를 영원한 '현재'에 이어주는 끈이다. 반면 역사는 '과거의 재현'이라고 말할 수 있다.[4] 기억 연구에서는 개인과 집단의 역사를 재현하기 위해 구술, 증언 등 자료를 적극적으로 사용해왔다. 하지만 시간과 공간에 따라 달라질 수 있는, 이른바 가변적인 기억을 어느 정도 신뢰할 수 있을까? 이처럼 기억을 둘러싼 연구에서 자주 등장하는 쟁점이 '주관성'을 둘러싼 문제이다. 기존 역사학 연구는 개인의 주관적인 기억에 대해 사료로서 가치나 객관성에 대해 지속적으로 의문을 제기해왔다. 더불어 사적인 기억인 구술 텍스트가 과연 사례로서 '대표성'을 지니는가에 대해서도 문제 삼아왔다.

이러한 비판에 대해 기억을 분석하는 연구자들은 자칫 '방어적'이기 쉽다. 단적인 예로 "구술자료는 빙산의 일각이자 전체는 아니며 일반화 전략의 차원에서 보면, 구술사 방법론은 약점을 지니고 있다. (…) [제임스 스프레들리는ᅳ인용자] '반복하는 것만이 이를 극복하는 가장 확실한 방법의 하나'"라고 말하거나,[5] 혹은 "구술은 구술자의 개인적 부분적 경험을 담고 있으며, 과거 경험이 기억을 통해 현재까지 전달되고 면담을 통해 발화될 때까지 의식적 무의식적으로 굴절ᅳ망각, 착각, 과장, 혹은 축소, 침묵과 선택, 자기최면과 합리화ᅳ되게 마련"이라고 언급하기도 한다.[6]

하지만 구술자료나 기억이 주관적일수록 더 과거의 현실을 잘 반영한다는 역설적인 언급처럼 기억은 '과거에 대한 사실성' 여부로 제한될 수 없다.[7] 구술 텍스트는 구술자가 믿었던 것 그리고 현재에도 그들이 했다고 믿는 것에 대한 서사이다. 구술사에서 기억은 현재와 과거를 연결해주면서 과거가 현재에 어떻게 작동하는지, 현재가 과거 재현에 어떤 영향을 주는지 알려주는 적극적인 장치이다. 따라서 구술사는 과거에 대한 진실을 규명하기 위한 작업일 뿐만 아니라, 과거와 현재의 관계를 규명하는 도구이기도 하다. 이 점에서 바슈탈은, "역사가는 사실적 자료로서 기억의 내용이나 그 신빙성보다 기억의 작동에 관심을 지녀야 할 것이다. 이제 구술자의 회상은 더 이상 과거에 대한 다소 정확한 성찰이 아닌, 현실의 부분인 재현으로 다루어져야 할 것이다"라고 주장했다.[8] 이처럼 연구자가 구술자의 기억을 듣고 대화를 나누는 것은 개인적이고 주관적인 기억들을 왜 그들이 아직도 믿고 있으며, 현재 기억하고 있고 혹은 왜 현재까지도 침묵하고 있는지 밝혀내는 작업이다.

특히 침묵하는 개인에 주목하는 것은 각별한 의미가 있다. 기존 역사 서술은 조직, 정부, 제도를 주요한 대상으로 삼았지만, 그 안에 개인의 실존과 이를 가로막는 기제들은 '에피소드'에 불과했다. 하지만 개인의 경험과 기억을 놓친 역사는 이들이 겪는 고통과 침묵 등을 분석하지 못한 채, 거대한 구조 속에 잔여물로 남겨놓기 쉽다. 개인의 주체성과 그 형성의 맥락을 파고들 때, 비로소 인간을 이해하는 작업이 가능할 것이다.[9]

이런 맥락에서 나는 기억과 구술 텍스트의 사적이고 주관적인 성격을 약점이라고 생각하지 않는다. 기존 역사 연구에서 강조하는 객관성 역시 '상대적 객관성'일 뿐 절대적 진실성 내지 객관성을 담보하는 것은 아니기 때문이다. 다른 식으로 이야기하자면 '순수하게 객관적인 역사'는 존재하지 않으며, 역사적 사료는 그 시작부터 주관성이 게재되어 있다. 단적인 예를 한 가지 들어보도록 하자. 공식적인 민주노조운동사에서 1970년대 민주노조는 '선'이며, 내부적인 균열이 거의 부재했던 것으로 서술되어 있다. 하지만 시간이 지난 뒤에 민주노조운동 내부의 균열, 특정 개인에 대한 줄 세우기 등 '억압된 기억이 귀환'한 경우를 나는 확인할 수 있었다. 자세한 내용을 보면 아래와 같다.

> 나중에 지부장 선거[동일방직 노조 선거에서 이총각이 지부장으로 당선된 선거]에 나가겠다고 언니[문명순을 지칭]는 저를 설득하려고 했습니다. 지금 같은 투쟁 일변도가 아닌 다른 노조를 모색하고 싶다는 것이었지요. 이총각 언니하고 지부장을 놓고 붙게 된 것인데, 산업선교에서 문명순 언니를 회사의 앞잡이, 배반자, 프락치로 몰아붙였지요. 저는 처음에는 당연히 문 언니를 지지했는데 100% 어용이고 회사 측을 지지한다고 해서 언니가 궁지에 몰리게 되었습니다. 저마저도 나중에는

문 언니를 지지하지 않게 됐지요. 지금은 정말 후회합니다. 문명순 언니는 절대로 노동자를 배신할 그런 사람이 아닙니다.[10]

이처럼 기억, 증언 그리고 구술은 단지 문헌자료로 확인하기 어려운 과거 사실을 보완하여 서술하기 위한 도구가 아니다. 이들의 기억은 현재 시점에서 지속적으로 다시 해석되며 재구성된다. 바로 기억과 증언은 과거 사실에 대한 보고가 아니라, 기존의 공식화된 역사서사와 지배적 역사적 실재가 점유한 공간을 교란시키고 그 경계를 문제시하는 "위법적인 장르(혹은 서사양식)"이다. 기억 연구의 정치적 성격은 바로 이런 데서 발견할 수 있다.[11] 그렇다면 기억, 구술 그리고 이야기로서 역사 서술은 왜 근대 역사서사에서 주변화되었는지 좀 더 살펴보도록 하자.

이야기, 실마리 그리고 상상력

과학적이고 객관적인 역사를 지향하는 근대 역사학이 출현하기 이전 시기에 역사 서술은 서사, 이른바 '이야기체 서술'이었다. 19세기 후반까지 서유럽에서 구술자료와 문서자료가 같이 역사 서술에 사용되었지만 객관적인 사료와 검증을 강조하는 근대 역사학이 등장하면서 '서사적 역사 서술'은 점차 자취를 감추게 되었다. 하지만 대안적 역사로서 구술사나 기억에 기반을 둔 역사 서술은 '서사—이야기'를 바탕으로 텍스트를 구성하고 해석한다. 여기에서 이야기의 기능은 일반화와 계량적 형식화로 인해 왜곡될 수도 있는 사회의 일정한 측면들이 지닌 진정한 기능을 증명해 보이려는 시도라고 볼 수 있다.[12]

서사에 기반을 둔 역사 서술에서 동시에 주목해야 할 점은 구술과 기억이란 텍스트와 실증 사이의 관계이다. 과학적 연구 방법론은 데이터와 사료에 근거한 실증에 기반을 둔 연구지만, 여기서 머물러서는 안 된다. 기억이나 서사에 근거한 역사 서술에서 실증은 이미 주어진 사료 자체를 넘어서 '실마리'를 통한 '개연성 있는 연구자의 상상력'에 기초해야 한다. 실마리를 통한 역사 서술은 미시사가 진즈부르크가 주장했다. 그는, '미세한 흔적들을 보면 보다 더 심층적으로 보통 방법으로 알기 어려운 리얼리티를 이해할 수 있다는 것'을 강조했다.[13] 체계적 지식의 시각에서 본다면 더 가망이 없어 보일 수도 있겠지만, 설사 실체가 불분명해 보이더라도 징후나 실마리처럼 그것을 꿰뚫어 볼 수 있는 영역들이 존재한다. 이런 의미에서 실마리나 추론 같은 유형의 지식은 그 주의 주장을 정식화하기 어렵거나 말로 옮길 수 없다는 의미에서 본질적으로 '침묵하는 지식'이다. '실마리 찾기'란 실증과 해체 어느 한쪽으로 치우치지 않는 방법으로, 사소해 보이는 작은 증거 조각들을 실마리로 삼아 사냥감을 쫓는 사냥꾼처럼, 환자를 진찰하는 의사처럼, 범인을 추적하는 탐정처럼 숨겨진 리얼리티의 진면목에 도달하는 방법이다.[14]

여기서 '개연성'이란 허구를 의미하는 것이 아니라, 역사적 지식을 통해 잘 이어지지 않는 사실 간의 괴리를 메우는 '개연성 있는 상상력'을 뜻한다. 만일 공식적인 사료들이 서발턴의 사회적 실제에 대해 침묵을 강제하거나 조직적으로 왜곡한다면, 천편일률적인 사료보다 흔적, 실마리들, 세부적 사실들—2부와 3부에서 다룬 도시봉기, 소년원 탈출, 자기검열의 일상, 도시하층민의 범죄 기록—을 통해 더욱 심층적이고 비가시적인 층위의 역사(혹은 인간이 스스로가 만들어가고 있다는 것을 알지 못하는 역사)에 도달할 수 있다.[15]

비슷한 예는 미셸 푸코가 사료를 다루는 방식에서도 드러난다. 『감시와 처벌』 등 푸코의 저작에는 프랑스 혁명과 같은 '거대한 사건'들이 누락되어 있다. 이는 권위 있는 학문적 저작들이나 이론들도 마찬가지였다. 푸코는 역사 연구에서 지엽적이며 비정치적이라고 간주된 주제를 탐구하기 위해, 고문서 보관소나 자료 저장고들을 뒤져 '고상하지 못한' 사료와 기록들을 발굴해 활용했다. 대표적인 예가 감옥이나 감화원(感化院)[16]의 등기부와 내규집, 일지,

경찰 기록, 수사 보고서 등이다. 푸코는, "그간 역사와 아무런 관련이 없었고 또한 아무런 도덕적 미학적 정치적 또는 역사적 가치가 없다고 간주되어 왔던"자료들을 이용함으로써 지배적 사유방식과 지식체계를 반박할 수 있었다.[17]

모든 역사 서술을 기록에만 의지한다면 역사학은 건조하고 깊이 없는 학문이 되고 말 것이다. 과거의 사건이나 행적에 관한 기록은 단편적이며, 상당수가 빈틈이 있거나 왜곡될 가능성이 존재하기 때문이다. 자료에 대한 과도한 의존은 상상력이나 추론을 제약하며, 역사적 기록 역시 연구자가 던지는 질문에 불완전한 단서만을 제공할 뿐이다. 이 점에서 연구자가 할 일은 그런 불완전성을 극복하는 일이다.[18] 이러한 한계를 넘기 위한 시도로 추론 그리고 상상력이 충분히 발휘되어야 한다.[19]

하지만 말하지 않는, 침묵하는 주체를 재현할 수 있을까? 기억이 역사적 사료로 사용된 것은 역사의 절대적 가치에 대한 의문에서 비롯되었지만 과연 침묵과 트라우마까지 재현할 수 있는가에 대해서는 여전히 논란이 많다.[20] 예를 들어 지배담론에 포섭되지 않은 기억이란 존재할 수 있는가, 기억 주체가 트라우마를 극복하고 스스로 말할 수 있는가 등 다양하다. 그밖에도 지배로부터 벗어나 자율적인 목소리로 이야기할 수 있는 주체로서 서발턴은 오직 지배담론 내부에서 재현될 수 있다는 문제도 제기되고 있다.[21]

이런 난점을 해결하기 위한 몇 가지 가능성을 살펴보면, 우선 '맥락을 찾는 작업'을 생각해 볼 수 있다. 맥락을 찾는다는 것은 사례의 대표성을 구하는 것이 아니다. 작고 사소해 보이는 개인의 경험이나 기억 등을 다룬다고 해도 그들이 어떠한 역사, 사회 그리고 문화적 맥락에 처해 있는지를 찾는다는 점에서 맥락을 찾는 것은 오히려 깊은 '거시성'을 지니고 있다. 다른 식으로 말하자면 아무리 작은 것이라도 다양한 역사적 정치적 문화적 맥락이 존재한다는 것을 강조하는 것이다.[22] 예를 들면 연구자(혹은 구술자)가 기억을 통해 자신이 일상적으로 겪은 고통, 배제가 사적이고 예외적인 것이 아니라, 사회 대부분에 해당되는 공통의 문제임을 파악하고, 정상인과 구분되는 비정상인이란 범주를 합리화 자연화한 역사가 언제부터 비롯되었으며, 이를 지탱하는 지식체계, 제도 그리고 분류체계의 기원과 변형을 탐구하는 것을 들 수 있다. 나의 『여공 1970, 그녀들의 반역사』(2006) 역시 공식-지배적 역사해석으로부터 타자화된 여성 노동자들의 기억, 익명적 지식, 서사를 재구성함으로써 이들이 배제된 역사적 계보를 추적한 연구였다. 바로 기록과 이름이 없는 서발턴의 이야기는 '특이한 사례'를 살펴보는 것이 아니다. 오히려 그들의 기억과 침묵이 사회의 보편적인 성격과 긴밀하게 연관되어 있음을 드러내는 작업이다.

또 하나의 방법이 '사소한 것들'에 대한 관심이다. 역사 서술에서 작은 연구 대상을 통해 주체를 둘러싼 세계가 지닌 '단면'을 파악할 수 있다. 특히 기존 역사에서 잘 나타나지 않는 개인의 경험과 삶을 '역사 세계' 안으로 편입시킬 수 있다. 다시 말하자면 "의미 없는 것에 의미를 부여하는 작업"이라고 말할 수 있다.[23] 하지만 사소해 보이는 것에 대한 관심이 요구되는 이유는 그 새로움 때문은 아니다. 오히려 다양한 세부적인 사실, 즉 가시적이고 일관된 권력이 작동하는 것이 아닌, 권력의 지배관계가 당연하다고 여겨지는 '국부적인 지점'의 사실과 이에 관한 역사에 초점을 맞추어야 하는 필요성 때문이었다. 이 책 역시 침묵된 기억으로서 파독 여성과 광산 노동자, 마음의 검열 속에서 지식인의 공포, 광주대단지 주민의 딱지, 박흥숙의 집 그리고 소년원생을 둘러싼 과학적 지식체계 등 '사소한 것'에서 출발했다. 그리고 사소한 것에 대한 관심을 통해 제기된 문제는 '왜 박정희 시대 서발턴은 비가시화되었으며, 이들의 목소리를 한국 사회는 들으려하지 않았는가'라는 역사-사회적 맥락과 연결되었던 것이다. 그렇다면 다음으로 개인의 기억이 어떻게 사회적으로 재구성되는지를 둘러싼 문제를 살펴보도록 하자.

기억과 사회적인 것

앞서 언급한 것처럼 기억은 개인의 과거 그리고 현재와 연관된 문제다. 그러나 기억이 전적으로 '개인적인 것'으로만 간주되는 시각 역시 사실과 다를 뿐 아니라, 기억의 사회적 맥락에 대한 오해에서 비롯된 것이다. 과거의 삶을 둘러싼 경험 그리고 기억이 현재화되는 것은 특정한 역사적인 상황과 과정들 간에 상호작용한 결과다. 기억은 개인이 처한 사회역사적인 행위 공간 속에서 상호작용을 통해 구성된다는 점에서 '공적인 것'이기도 하다. 이 점에서 구술이나 기억은 개인이라는 프레임을 통해 이들의 과거와 현재 그리고 미래를 구조적으로 독해하는 작업이다.[24]

개인적 기억과 사회구조 간의 상호작용을 보여주는 사례가 이 책 2부에서 재현한 탄광 노동자들의 기억이다. 2008년 봄과 여름 사이 내가 만났던 도계 진폐협회 회원들은 나와 처음 만날 때부터 본인들의 사회적 소외에 대해 '울분'을 토로했다. 이들은 이제 늙고 병들었지만 합병증이 중하지 않아 정부와 사회로부터 물질적인 지원조차 받지 못하는 자신들에 대해 아무도 관심을 보이지 않는다고 어려움을 호소했다. 박정희 시대 구국자원을 생산했던 탄광촌 도계는 경제성장에 막대한 기여를 했지만, 현재는 정부나 지자체나 지원은 물론 관심조차 없다. 그런 탓에 자신들이 주변 사회단체에 애처롭게 호소하는 처지가 됐다고 분통을 터트렸다. 진폐협회 운영을 위한 소소한 비용조차 지원되지 않는 상황에 대해 이들은 무척 힘들어 하고 있었다. 진폐협회 회원들은 나의 연구가 '우리들에게 뭔가 도움이 될지 모르겠지만'이라고 말하면서도, 누군가가 자신들의 억울함을 사회에 알려주길 간절하게 원했다. 죽음의 공포 속에서도 탄을 캐러 막장 안으로 들어가야만 했던 과거의 기억 그리고 진폐라는 죽음의 현실 속에서 누구의 도움도 받지 못하는 억울함과 분노, 이 모든 것들은 개발주의가 침윤된 1960~80년대 탄광 공동체란 사회적 역사적 맥락과의 상호작용 속에서 분노의 형태로 되살아나 재기억화한 것이다. 잠시 이들의 기억을 들어보도록 하자.

그때, 탄광, 근로자들은 참말로 허무했어. 그래 가지고 내중[나중에]에 이게, 인식이 바뀌니까 점점 이제 자꾸 인제 안 되겠으니, 그전엔 이 진폐, 규폐 그게, 그 이… 법적상의 뭐 규정이 전혀 없었어. 아무 규정 없고 뭐 진폐 걸려도 판정 뭐뭐[진폐 판정을 위한] 어느 규정이 있어야지 뭐 이걸 판결하지. 그래 가지고, 탄광에 일하러 들어가믄, 그저 굴진하는… 이 마스크란 것도 없고, 그냥 하는 거요. 그냥… 보호 장비 없이. 그러니, 돌가루 전부 날려 가지고 하… 목구멍에 와서 뭐 폐에 와서 붙지 뭐. 저저, 저기를[진폐병원을] 가 보면은, 전부 그 뭐뭐, 진폐환자들, 많이 있지만은, 참 그때[1960~70년대는] 그랬소. 그것도 하마 그전에 좀 했던 사람들은 다 죽었어요. 그전에 있던 사람들은. 이 사람들은 그래도, 다행히 그래도 뭐, 그… 탄가루니 저 돌가루 먹어도, 좀 덜한 사람들 이런 사람들인데, 냉중에 법이 생겨 가지고 이 마스크를 쓰고 이래 가지고 해 가지고 했던 사람들은 지금 살아 있어요. 그전에 있던 사람들은 다 죽었어요. 그래 나도 지금 이 진폐 끼가 있어요. 있는데, 이노마들이[이 놈들이] 급수도 안 주고 뭐, 이상이 없다고 지금 일 년에 한 번씩은 신체검사해요.

동시에 유의해야 할 점은 '동일한 시간대 과거'에 대한 현재의 '상이한 기억'을 둘러싼 차이다. 이러한 차이가 발생하는 맥락에 대한, 바로 현재화된 기억을 둘러싼 차이가 나타나는 역사적 사회적 맥락을 해석하는 작업이 필요하다. 단적인 예로 전태일로 상징되는 1970~80년대 대표적인 민주노조였던 청계피복 노동조합을 둘러싼 '복수(複數)의 기억'을 들 수 있다. 흔히 청계피복 노동조합은 내부적으로 강고하게 통일된 일원적인 노조처럼 보였다. 하지만 시간이 지난 뒤 구술자들의 기억은 상이했다. 과거에 대한 공식적 비공식적인 기억들 사이의 경합은 항상 존재하며, 동일한 사건이라도 여러 가지로 재현될 수 있다. 이런 점에서 기억의 정치학은 선과 악, 진실과 허구라는 이분법적 구도와는 거리가 있음을 보여준다.[25] 청계피복 노동조합에 대한 조합원들의 현재화된 복수의 기억은 다음과 같다.

우리가 어떻게 하면 전투적으로 할 것[전투적인 투쟁을 전개할 것]이냐였다면, 최종인 씨 쪽 사람들은 어떻게 하면 조직 자체를 계속 유지해나갈 수 있느냐였거든요. 그런 차이가 있었든 거 같아요.

75, 76년에 이승철 씨가 지부장을 하고 있었는데, 양승조 씨가 이승철 씨를 어용이라고 몰아붙였죠. (얼굴을 찌푸리면서) 그게 뭐, 어용이었겠어요. 말도 안 되는 소리지. 우리가 많이 편승한 것이지. (허탈하게) 지금 생각하면 나쁜 짓이었지… 내가 보기에는 그때 참 감정적이었던 것 같아요.

계속 투쟁 일변도로 가버리니까 개개인의 생각이나 감정, 이런 걸 무시한 경우도 있었던 거고, 그게 원망이 되고 상처가 되고…

이처럼 기억을 통한 역사 서술은 어떤 의미에서 기존 역사 서술이 주목하지 않았던 개인의 '억압되고 강요당한 침묵'에 초점을 맞춤으로써 다른 사유의 층위를 열어 나갈 수 있게 해준다. 다시 푸코의 예를 들어보자. 언어를 가진 존재들은 이성적인 것을 말할 수 있는, 외침이 있는 존재다. 하지만, 광인과 비정상인들은 언어를 갖지 못한 존재들이며, 이들이 중얼대는 말은 소통이 아닌 침묵에 불과하다. 기존 역사 서술은 이성과 문자에 기초한 기록을 서술하는 것, 정치적 사회적 엘리트들의 목소리와 기록에 주목했다. 하지만 푸코는 밑에서부터 침묵을 강요당한 사람들에 주목했으며, 왜 이들이 침묵할 수밖에 없었는지에 관심을 기울였다. 이는 "이성의 언어로 된 역사가 아닌 침묵의 고고학"이라고 부를 수 있다.[26] 이 점에서 침묵의 재기억화를 통한 역사 서술은 역사가 얼마나 비연속성과 불연속성으로 가득 찬 것인지 밝히는 작업이다. 이를 밝히기 위해 푸코가 사용한 방법 가운데 하나가 '계보학'이었다. 잠시 푸코가 생각한 계보학에 대해 살펴보면 아래와 같다.

> 역사 분석의 한 형태인 계보학은 발전의 연속성과 패턴을 발견하려는 충동을 전통적으로 갖고 있는 역사 연구 방법들과 대립된다. 계보학은 발전의 연속성과 패턴 대신에 단절, 불연속, 표층에 관여하고 미셸 푸코가 썼듯이 "어떠한 단조로운 합목적성(finality)에서도 벗어난 단독적 사건들을 기록"하려 시도한다. (…) [푸코는−인용자] 철학과 역사에서 발굴하려 하는 '심층의 의미'란 모든 사상과 존재의 절대적 기반으로서가 아니라 담론에 의한 발명품으로서 존재하는 구축물에 지나지 않음을 입증하려 한다. 계보학은 오히려 총람(總覽)의 성격을 갖고 있으며, 계보학자의 목표는 "사물은 어떠한 본질도 갖고 있지 않다"는 것, 아니 좀 더 정확히 말하면 "사물의 본질은 이질적인 형식들로부터 조각조각 끌어 모으는 방식으로 날조된다"는 것을 입증하는 일이라고 푸코는 주장한다. 따라서 종결, 합목적성, 해석의 종료를 계보학은 기피한다. 오히려 계보학은 담론적 사건의 표층을 검사하는 데에 주로 관여하고, 역사가 객관성을 가장하고 있을 때조차 해석을 통해 역사의 방향을 정하려는 시도가 무수히 많았음을 기록한다.[27]

이와 같이 푸코는 자신의 연구를 개념과 담론의 지층을 파고들어가 그

계보를 추적하고, 이를 통해 개념의 역사 속에 존재하는 연속, 불연속의 과정이 담론의 지층 내부에 어떻게 새겨져 있는가를 밝히고자 했다. 이러한 역사 서술은, 진정한 지식의 이름으로 또는 과학의 권위를 내세워 국부적인 지식에 침투하고 위계질서를 세워 그것을 정돈하려는, 통일적인 이론의 심급에 맞서는 작업이다. 동시에 계보학은 국부적이고 불연속적이며 폄하되고 합법성을 인정받지 못하는 지식에 활기를 불어넣는 작업이다. 서발턴의 기억을 재현하는 작업도 이러한 종류의 지식생산 중 하나이다.

대항기억과 익명적 지식

그렇다면 기억 주체들이 재현하는 기억을 통해 구체적으로 이 문제에 접근해보도록 하자. 인간의 경험은 직간접적으로 기억이란 장치를 통해 여러 형태로 재현된다. 다양한 개인의 다양한 기억 가운데 일부는 사회적 기억으로, 더 나아가 일정한 선택과정을 거쳐 역사적 기억으로 재현된다. 또 그 가운데 일부는 문헌 형태의 사료로서 과학적 가치를 지닌 것으로 여겨지기도 한다. 하지만 문헌사료가 과거 인간 경험의 총체적 재현이 아니듯이, 기억의 재현에도 불평등은 내재되어 있다.[28] 기억은 여러 종류가 있지만 지배적인 공식기억은 대중들에게 특정한 기억에 대해 '제도화된 망각'을 강요한다. 이 책의 2부와 3부에서 다룬 광부들에 대한 망각, 광주대단지 사건이나 무등산 타잔 사건의 망각은 제도화된 망각에 가까운 사례이다. 이에 반해 알브바슈(M. Halbwachs)는 '집합기억' 개념을 제시하면서 기억하는 주체는 개인이지만, 개인의 기억은 사회적으로 각인된 것이며 현재 사회와 무관한 기억은 망각될 수 있다는 점을 강조했다. 즉, 집합기억의 특수성은 특정한 개인이 소속된 다양한 사회집단인 가족, 친구, 정당, 노조에 상응하는 일련의 기억의 엇갈림에 의해 만들어진다는 것이다. 바로 집합기억을 통해 세대 간의 살아있는 연대—이 책의 2부에서 광부들의 기억에서 드러난 트라우마의 '기억공동체'—가 형성되며, 이를 통해 사회적 기억과 정체성의 문제를 제기할 수 있다고 주장한다.[29] 그의 집단기억 이론은 기존 역사 이데올로기에 대한 비판적 문제 제기라는 점에서 의미가 있다. 하지만 그는 집단 기억이 개인기억을 수렴하는 것으로 보았을 뿐, 양자가 매개되는 방식에 대해서는 주목하지 못했다.[30]

한편 대중기억연구회는 대중기억에 가장 근접한 것을 구술 텍스트로 보고, 구술사를 '사회적 실천'으로 여긴다. 이들은 기억이란 공적 재현과 사적 재현이란 방식으로 사회적으로 생산되며, 역사의 공적인 재현에서 과거를 둘러싼 여러 가지 해석간의 경합을 통해서 지배적 기억이 등장한다는 것이다. 지배적 기억과 대중기억 간 관계는 지속적 경합과 협상 관계이며, 공식기억과 대중기억 사이의 잠재적인 괴리를 통해 대항기억이 창출될 수 있는 공간이 개방된다.[31]

유사한 맥락에서 푸코는 지배적 담론과 기억에 반하는 불연속적인 '익명적 지식'을 제기했다. 그는,"공공연하게 발언하는 것은 헤겔이나 오귀스트 콩트를 통해서가 아니다. 신성한 것으로 간주되는 이들의 텍스트들과는 별개로, 정치적 행동에 관한 효과적인 담론을 구성하고 있는 알려지지 않은 다량의 문서들이 존재하는데, 그 안에서 우리는 절대적으로 의식적인 전략, 조직되고 잘 고안 된 전략, 명백히 읽어낼 수 있는 전략을 찾아볼 수 있다"고 언급했다.[32] 여기서 푸코는 두 가지 의미에서 '익명적 지식'을 사용했다. 그 가운데 한 가지는 충분히 가공되지 않은 지식 또는 비개념적인 지식들로 폄하된 일련의 지식, 순진하고 낮은 위계에 속하며 기존 과학의 수준까지 미치지 못하는 하위의 자격이 없는 주변적인 '보통 사람들의 지식'을 지칭한다. 또 다른 의미의 '익명적 지식'은 기능적인 일관성이나 형식적 체계화 안에 감싸진 은폐된 역사적 내용을 의미한다.[33]

푸코가 언급한 익명적 지식이나 대항기억은 과거의 특정한 기억만을 '기억해내도록' 하는 이데올로기를 해체하는 작업의 일환이다. 대중기억은 단지 과거의 조각이 아니라, 현재적 의식의 일부로서 재구성되어야할 대상이다. 하지만 한국에서 과거사와 의문사 진상규명 등 대중 기억을 복원하려는 시도는 사건의 원인과 전개과정 등 사실적 진실성을 드러내는 작업부터 역사적 의의를 평가하는 작업까지 공식기억을 생산하는 작업방식과 유사했다. 진실규명이 우선적인 과제였기 때문에 어쩌면 당연한 방식이었다. 그러나 역설적으로 대항기억을 만들어내는 데는 제한적일 수밖에 없었다. 이러한 와중에 대항기억을 만들어내는 하나의 방법으로 제기되었던 것이 기억에 기반을 둔 구술이었다. 공식기억·역사가 강요하는 허구성을 폭로하고, 개인의 내면에 간직된 기억을 드러냄으로써 공식기억·역사에 의해 구성된 역사를 허물고 대항기억을 통한 대안적 역사 서술을 구술사는 제기했던 것이다.[34]

하지만 기억 주체는 기억보다 '침묵'의 형태로 재현되는 경우가 허다하다. 단적인 예가 '종군위안부' 여성의 증언이다. 1991년 최초 증언 이후 그들은 끊임없이 증언했지만 여전히 그들을 둘러싼 침묵의 기제는 작동하고 있다. 지금도 이들의 증언은 사건을 침묵시키는 기제들과 힘겨운 싸움 중에 있는 언어이다.[35] 종군위안부 여성의 증언은 개인적 경험의 고백이란 차원을 넘어서는, 청중에게 경험의 진실성을 주장하는 정치적 욕망의 서사이다. 다른 식으로 말하자면 자신들의 '정치적 올바름'에 대한 표현이다. 하지만 그녀들의 증언은 한국 민족주의와 가부장제에 시비를 거는 불경스럽고 위험한 정치적 실천이었다. 군위안부를 기억한다는 것 자체가 반역사적인 동시에 기존 민족주의 역사서사를 혼돈에 빠지게 하는, '침묵되어야 할 기억'이었기 때문이다.[36] 다른 식으로 표현하자면 서발턴으로서 이들 여성의 기억을 재현하는 데 근본적인 불구성을 지니고 있던 셈이다.

'재현(representation)'이란 기호를 통해 사물, 사건, 인물 그리고 현실이 기술되고 표현되면서 의미가 부여되는 과정이다. 하지만 재현은 단순한 매개나 수동적인 번역으로 단순화될 수는 없다. 기억이 재현되고 재구성되는 과정은 기억 주체의 능동적인 재현의 연속이란 성격을 지닌다. 그러나 기억 주체의 침묵이라는 난점이 발생하는 것은 한편으로는 왜곡된 재현체계 때문이고, 다른 한편으로는 가해자가 여전히 현실에서 영향력을 행사하고 있는 조건 아래에서, 과거 탄압과 피해로 트라우마를 지닌 서발턴이 과거의 기억에 대해 침묵하려는 경향이 강하기 때문이다. 예를 들어 제1부에서 서술한 기지촌에 거주했다는 자체가 '사회적 낙인'이었던 기지촌 여성들이나 제2부에서 등장한 반공국가 아래에서 고문, 구속 혹은 검열 때문에 언어를 상실했던 박현채와 같은 주체들은 당시에 대한 명확한 증언을 하고 있지 않다. 이렇게 현실에서는 기억하고 말하기보다 침묵하거나 증언을 회피하는 경우가 더 빈번하다. 그렇다면 우리는 트라우마를 지닌 자들에게 침묵을 깨고 증언을 호소함으로써 서발턴을 대항서사의 주체로 완벽하게 재현할 수 있을까?

재현될 수 없는 타자의 가능성

앞서 말한 것처럼 침묵하는 주체의 기억을 재현하는 것은 중요하다. 하지만 그들의 기억을 재현하는 과정에서 반드시 경계해야 할 것은 서발턴의 기억이나 경험이 그 자체로 순수하거나 혹은 지배적 담론이나 공식적 역사로부터 저항적이라는 '가정'이다. 개인이나 집단의 기억은 고정된 대상이 아니며, 오히려 이들이 쉽게 이야기하지 못하는 언어를 어떠한 방식으로 재현할 수 있으며, 이를 위한 매개 내지 수단은 무엇인지에 대해 세심하게 주의할 필요가 있다. 서발턴이 재현하는 기억과 경험은 지배로부터 완벽하게 벗어나서 독자적으로 목소리를 낼 수는 없다. 만일 그렇다면 그들은 이미 서발턴이 아닐 것이다. 예를 들어 지방민의 구술과 기억을 통해 역사를 복원하고 이들을 주체로 자리매김했다는 것은 기존 역사 서술에서 진일보한 것이다. 또한 공식적 역사와 민중사가 대변하는 두 개의 진리 체계 대신 공식적 기억과 사적인 기억 간의 잠재적 괴리에 주목한 점에서 지방민의 목소리에 접근한 것이 사실이다. 하지만 분명한 사실은 기억의 재현이 지배담론의 헤게모니를 불안정하게 만들었지만, 이들이 재현하는 기억 속에는 지배담론과 대항담론이 공존한다는 점이다. 제1부와 제2부에서 베트남 파병 병사와 광부들의 기억에서 볼 수 있듯이, 이들은 자신을 산업전사나 경제성장을 위한 역군으로 동일시함으로써 지배담론을 재현하기도 한다. 하지만 현실에서 자신들을 망각해온 한국 사회의 책임이라는 강력한 비판 서사를 생산하기도 한다. 이 점에서 서발턴의 역사적 주체성을 복원하고자 한다면, 이들의 사회적 위치와 행위성뿐만 아니라, 왜 이들이 여전히 지배담론 내에 정주할 수밖에 없었으며, 지배담론과 차이로 나타나는 침묵의 언어에 머물러 있는지 질문해야 한다.[37]

이런 맥락에서 주목해야 하는 문제가 '침묵' 혹은 '침묵의 언어'에 관한 것이다. 침묵은 기억 주체가 스스로 재현하지 않으려는 기억을 둘러싼 문제다. 제2부에서 재현했던 한 파독 간호사는 자신의 기억 가운데 일부와 반복적으로 단절을 시도했다. 당시 동베를린 사건과 한국인 사회 내 민주화운동에 관한 대화 과정에서 자신은 경제적 이유와 배움을 위해 독일에 갔던 것이지 정치적인 문제와는 관계가 없음을 반복해서 강조했다. 이는 장녀이자 간난한 삶을 살아온 그에게 독일이 '기회와 인정받을 수 있었던 땅'이라는 기억과 오버랩되면서, 일종의 '스스로 망각하고자 함' 혹은 '특정한 역사적 맥락과 거리'를 둠으로써 자신의 현재를 재구성하려는 기억의 내러티브였다.

저는 그런 것[독일에서 유포된 북한 삐라] 못 봤어요. 그리고 제가 그런 것 때문에 베를린 간 것이 아니고, 돈 벌러 갔어요. 아무것도 몰랐어요. 제가 1970년 5월에 갔는데 너무 가난하고, 공부도 하고 싶고, 돈도 벌고 싶고, 그래서 독일 간 거지, 그리고 또 독일이라는 나라에 대해서 알고 싶고 그래서 간 거지, 정치적으로 그래서 간 거 아니에요. 그리고 그런 것[독일 한인 사회의 정치적 성격]을 너무 우리는 과장하는 것 같아요. 지난번에도 보니까 제대로 알고 이야기를 하면 참 좋을 것 같아요. 그때 그… 동베를린 사건 때문에 베를린이요, 위험하다고 가지 말라고 했었어요. 많은 사람들이.

또한 1980년대 중반 구로동맹파업이란 거대한 사건 이후 트라우마—동맹파업 이후 지속된 해고, 블랙리스트, 같이 활동했던 지식인에 대한 배신감 등 다양하다—를 입은 경우에도, 당시 사건과 활동의 기억 자체를 의식적으로 잊으려고 했다. 또한 구술 과정에서 당시 기억이 구체적으로 재현되지 못하는 경우도 존재했다.

저도 의식적으로 [구로동맹파업을] 잊어버리려고 노력했어요. 진짜 치명타적인 거만 안 잊어버렸지, 나머지 기억은 많이 잊어버렸어요. 의식적으로 잊어버리려고 노력해서 그런가… 오래되다 보니까 기억이 잘 안 나요. 제가 의식적으로, 그때 기억이 너무 안 좋아서 막 잊어버리려고 노력을 했어요. 살면서…[38]

이처럼 연구자는 서발턴의 재현 가능성뿐만 아니라 왜 이들이 침묵할 수밖에 없으며, 지배담론과 언어 안에 머물 수밖에 없었는지에 대해 관심의 초점을 맞추어야 한다. 다른 식으로 표현하자면, 기억 주체를 '이상화'하는 데서 벗어나, 서발턴의 '차이'를 인정해야 한다. 문헌사료나 구술 텍스트나 이를 통해 구술자와 기억 주체의 '온전한 복원'이 가능하다는 생각은 연구자(혹은 지식인)가 자신의 틀로 이들의 의식을 완전하게 이해할 수 있다는 사고를 되풀이하는 것이다. 서발턴 연구는 '단일한 민중'을 발명하는 것이 아니다. 서발턴의 의식과 행위가 근대 역사와 '다른 역사'임을 인정하고, 이들의 '다른 역사(other histories)'—후술할 '차이의 공간'이나 '사건으로서 정치' 등을 통해 드러나는—속에서 저항의 가능성을 찾는 방법이다. 단적인 예를 들자면, '서 발턴으로서 종군위안부 여성은 왜 피해자로 남게 되는가'란 질문과 관련해서, '말할 수 없음–침묵함'은 이들을 둘러싼 민족주의 서사, 가부장제, 식민주의 그리고 정조관념 등 정치, 경제, 사회적 맥락이 존재하기 때문이다. 서 발턴은 "구원을 기다리는 식민화된 주체, 침묵하는 타자이기를 멈추어야"[39] 하는 동시에, 연구자는 재현될 수 없는 타자의 가능성, 그 미지의 진실에 눈을 감아서는 안 될 것이다.[40]

공감, 고통의 연대 그리고 임상역사가

이처럼 다소 맥락의 차이는 있지만 역사 서술에서 증언, 기억 그리고 구술이 사용되는 것은 새로운 역사 쓰기라는, 패러다임 전환에 대한 열망을 반영한다. 하지만 이미 지적한 바와 같이 증언, 구술 등의 재현은 결코 투명하지 않다. 누가 재현하는가를 둘러싼 문제는 이차적인 문제다. 증언자나 구술자가 지배적 담론에 따라 스스로를 재현하는 경우는 드문 일이 아니기 때문이다. 따라서 연구자가 증언자와 구술자의 언어를 그대로 사용한다고 해서 의미가 그대로 전달된다거나 증언자의 주체성이 구현되었다고 단언할 수는 없다. 연구자는 이른바 생생한 경험이라는 신화로부터 자유로워져야 할 것이다.[41]

동시에 트라우마를 지닌 서발턴을 피해자로 전형화하여 재현하는 위험성에 대해서 늘 경계해야 한다. 예를 들어 한국 사회에서 종군위안부 담론은 확산되고 있지만 실제 이들을 규정하는 담론은 민족주의에 기반해서 여성들을 피해자로 전형화하려는 욕망으로 넘쳐나고 있다. 이 점에서 구술과 기억은 텍스트화와 연구로 종료되는 것이 아니다. 서발턴의 고통이나 곤경, 희생 등을 과도하게 강조하는 것은 그들에 대한 '연민(sympathy)'만을 강화시킬 뿐, 연구자가 이를 '자기 문제'로 인식하지 못하게 만들 수도 있다. 이 점에서 기억하기조차 힘든 이야기를 말하는 구술자와 그 이야기를 의미 있는 이야기로 경청하는 연구자 간의 연대감이 필요한 것이다. 이제 연민이 아닌 자기 자신과 연관되지 못한 문제에 대해 자기 감성을 개입시켜 '자기화'하는 과정으로서 '공감(empathy)'이 필요하다. 다른 식으로 말하자면 타자와 마찬가지로 자신도 상처 입을 가능성에 노출시킴으로써 가능한 '고통의 연대'가 요청된다.[42]

더불어 주의해야 할 점은 증언 자체가 '타자의 관점'을 견지한 것은 아니라는 사실이다. 다시 말해서 연구자와 구술자 간의 상호작용 과정을 신비화해서는 안 된다. 동시에 연구자와 구술자 간의 관계 형성 자체가 의식 변화나 공감을 위한 실천 조건을 보장해주는 것도 아니다. 이러한 맥락에서 공감은 세밀하게 이들 간의 차이를 서술해주는 것이다. 예를 들어서 "그들은 다 민족의 희생양이죠" 혹은 "참, 힘들게 살아온 사람들이죠"라는 식으로 타자를 '일반화'하는 경우가 적지 않다. 이러한 일반화는 타자와 그 기억에 대한 폭력이 될 수도 있다. 침묵하는 개인과 집단 간의 차이를 인정하지 않는 것은 이들의 가치를 인정하지 않는 것일 수도 있다. 그 이유는 그들을 일반화하는 과정 속에서 타자의 개별성이 사상되기 쉽기 때문이다.[43]

이처럼 서발턴의 기억을 생산해내고 해석하는 작업은 연구자 개인의 몫이 아니라 긴밀한 상호작용의 결과이다. 동시에 낯선 타자의 경험과 세계, 즉 '타자의 언어'를 이해하는 과정이기도 하다. 그럼에도 불구하고 실제로 이들의 침묵과 목소리를 이해하는 것은 쉽지 않다. 하지만 현실에서 연구자는 침묵하는 타자인 서발턴을 대상화하거나 주변화하려는 권위를 지녀선 안 된다. 특히 연구자와 기억 주체간의 권력관계는 이를 어렵게 한다. 예를 들어, "연구하는 것은 실제로 권력과 불평등의 관계이기도 한 사회적 분업에 일치하고, 실제로 그 분업을 심화시킬지도 모른다. 물론 여기에서 중요한 것은 문화적 권력이다"라는 대중기억연구회의 언급은 기억을 둘러싼 권력관계를 정확하게 지적하고 있다.[44] 특히 구술 과정에서 나타나는 사회적 분업은 지식의 평등화를 가로막는, 해결하기 어려운 문제이다. 폴 톰슨과 대중기억연구회는 이러한 딜레마를 다음과 같이 이야기했다.

> 인터뷰가 교육제도와 세상 사이의, 전문가와 보통 사람들 사이의 경계를 허물게 한다는 것이다. 역사가는 배우기 위해 인터뷰에 임한다. 역사가는 사회적으로 계급이 다르고 제대로 교육받지 못했고, 더 나이가 많기 때문에 어떤 것을 더 잘 알고 있는 구술자들의 발밑에 앉아서 인터뷰한다.[45]

> 역사가는 노동계급 증인들의 발밑에 꿇어앉았다. 그리고 불편한 자세에서 피면담자가 아는 모든 것을 배웠다고 주장할지도 모른다. 그러나 마지막 설명을 하는 것도 역사가이고 지배적인 해석을 하는 것도 역사가이며 무엇이 진실이고 아닌지 신빙성이 있는지 거짓인지를 판단하는 것도 역사가이다.[46]

이른바 교육학, 계몽 그리고 지적 차이 등을 둘러싼 난점이 그것이다. 1980년대에 민중교육이란 이름으로 '의식화 교육'이 진행되었다. 하지만 이는 지도자와 피지도자 등 지식노동을 둘러싼 분할을 전제해놓고 이루어졌다. 그 결과로 의식화 교육은 문화, 언어 등 여러 차원에서 '억압적 성격'을 내장했으며, 또 다른 트라우마를 낳기도 했다. 물론 육체노동과 지식노동 그리고 지식노동의 분할·차이를 평등화하려는 문제는 해결하기 쉽지 않다. 2000년대 들어서 계몽주의나 실천적 지식인 등에 대한 문제가 제기된 바 있다. 촛불시위 등의 사건을 거치면서 다중(multitude)이나 대중 등 밑으로부터 역동성을 옹호하는 흐름도 존재했다. 그러나 여전히 지식인들은 진보와 계몽, 민중과 사회를 연결시키는 '역사적 소명'을 지녔다고 주장하는 경우도 적지 않다. 과거와 달리 인터넷상에서 지식을 생산하거나, 생산된 지식을 해석하는 역할을 자임하는 것이 그런 예이다. 나는 이런 경향은 1980년대 의식화 교육과 다른 형태로, 스스로 역사적 역할이나 지식생산의 사회적 기능에 대해 과도하게 의미 부여한 것이라고 생각한다. 그 이름이 무엇이든 사회적 역사적 역할을 스스로에게 부여하는 순간, 지식인인 나와 다른 대중(혹은 민중)의 차이와 위계질서를 스스로 승인하는 결과를 낳기 때문이다.

이 점에서 나는 랑시에르의 저작 『무지한 스승』이 고민의 실마리를 제공해준다고 본다.[47] 프랑스 정치사상가 랑시에르는 1830년대에서 1850년대에 걸친 프랑스 노동자운동의 문서고를 조사하면서 중요한 발견을 했다. 그것은 노동자들이 지식인이나 외부 교육에 의해 지적으로 각성하거나 노동자로서 자의식을 키운다는 전통적인 '의식 외부도입설'을 깨트리는 가정이었다. 랑시에르는 노동자 문서고에서, 낮에는 노동을 하지만 밤에는 시와 철학을 공부해 종속적인 삶에서 벗어나고자 하는 노동자들을 발견했다. 그는 하나의 시인이자 철학자로 사는 이들이야 말로, 다시 말해서 노동하는 인간과 사유하는 인간이란 전통적 분할을 가로지르는 존재로서 프롤레타리아트라고 지칭했다. 바로 랑시에르가 문서고에서 발견했던 것은 다른 사람들과 동일하게 쓰고 말하고 토론할 수 있는 '평등한 지적 능력'이었다. 그는 이러한 발견을 발전시켜 지식의 평등을 둘러싼 문제에 접근했는데, 랑시에르의 주장은 한마디로 '인간은 지적으로 평등하다'는 것이다. 흔히 지적 차이나 지적 불평등을 언급하면서, 지적인 평등을 목표로 삼는다. 하지만 랑시에르에게 지적인 평등은 목표가 아닌 '출발점'이었다.

이처럼 랑시에르는 지적인 평등을 위해 정치투쟁이 필요한 것은 아니라고 주장했다. 오히려 그는 자신이 다른 이들과 동등하게 말하고 사유할 수 있다는 것을 인정하는, 개인의 지적인 해방이 필요함을 힘주어 말했다. 여기서 지적인 평등이란 책을 읽은 양이나 지적 능력이 아니다. 지적 평등은 누구나 가진 능력, 즉 누구나 지적으로 평등해질 수 있다는 '능력의 평등'을 의미한다. 인간은 누구나 지적으로 평등하며 스스로 배울 수 있다. 이를 무지한 자와 아는 자로 구분하고, 무지한 자들의 지적 능력을 폄하하고 교육해야 하는 계몽의 대상으로 여기는 것은 대중과 지식인을 통치자와 피통치자로 구분하는 굴레에서 영원히 벗어나지 못하게 하는 결과를 초래할 수 있다. 결국 이는 무지한 자들이 정치적인 것을 스스로 사유할 수 없음을, 그들로부터 정치적인 것을 소거하는 결과를 재생산할 것이다.

굳이 랑시에르의 말을 길게 인용한 이유는 자신의 언어를 지니지 못한 자와 그렇지 않은 자 간의 이분법이라는 문제 설정을 넘어서야 함을 강조하기 위해서이다. 시장적 가치와 일원화된 지표로 인간이 평가되는 사회에서 자신을 성찰하고 타인과 관계를 사색하는 소통적 공동체, 구성원이 스스로 만든 자치(自治)에 의해 운영되는 사회, 지역 간의 연대가 가능한 사회에 대해 이들은 스스로 충분히 사유할 수 있는 능력을 지니고 있다. 이 점에서 지역사회와 인문학 연구자 그리고 지역 사회운동 단체가 결합한 '지역 역사 쓰기' '일상과 결합한 인문학 답사' 등에는 지역운동으로서 실천적 전망을 지닌 지식의 나눔과 지적 능력의 평등이 전제되어야 한다. 그들이 스스로 광장을 열어 나아갈 수 있도록 공동의 실험을 모색하는 것이 시급하다. 랑시에르 그리고 자코토가 발견한 지적 능력의 평등에 기초한 정치가 사유될 수 있을 때, 정치가 진정한 의미의 민주주의로서 재구성될 수 있기 때문이다.

동시에 연구자는 권위를 지닌 언어와 개념으로 서발턴의 이야기를 편의적으로 해석하는 권력을 행사하려는, '숨겨진 욕망'에 대해 고백해야 한다. 연구자가 특이하고 신기한 서발턴의 이야기나 몇 가지 정보를 통해 텍스트를 만들거나 논문을 쓰는 것으로 기억 연구를 사고하는 것이 그러한 숨겨진 욕망이다. 다른 식으로 말해서 이들의 경험과 체험을 식민화하는 '스파이 민족지'와 다를 것이 없다. 연구자는 서발턴을 대상화하려는 욕망을 고백해야 한다. 동시에 양자 사이에 메울 수 없는 간극 역시 인정해야 할 것이다.[48] 다시 말해서 연구자가 서발턴과 동일자가 될 수 없음을 인정해야 한다. 증언이나 구술을 통해 서발턴의 언어를 모두 연구자가 들을 수 있고 이해할 수 있다는 욕망을 포기해야 한다. 바로 지식인인 나의 인식으로 환원할 수 없는, 서발턴의 고유성에 주목하는 책임과 공감의 윤리를 통해 타자에 반응해야 한다. 이는 일종의 윤리적 관점으로, 말하는 자와 듣는 자의 위치가 교차하는 지점, 즉 타자의 관점에서 사유하려는 태도로, 양자 간의 '경계'가 혼돈화되는 것이다.[49]

특히 타자의 언어를 이해하기 위해서는 그들의 언어와 문화에 대한 심층적인 이해 과정을 통한 '치유 기능'을 강조할 필요가 있다. 상당수 구술자들은 자기 언어를 지니지 못하거나 국가폭력으로 인한 트라우마를 지니고 있다. 폭력, 좌절, 피해의식, 무의식적 증언 기피 등 트라우마를 지닌 구술자와 나누는 대화는 이를 함께 극복하는 '자기해방적 의미'와 '자기성찰적 의미'를 동시에 지니고 있다. 정신분석학자와 심리학자가 인간의 내면을 유년기의 억압기제로 포착하여 치유하듯이 침묵을 강요당해온 이들과 나누는 대화 역시 이들의 내면에 자리 잡은 것을 들추어 조정하고 치유와 연대의 방법을 모색할 수 있는 '하나의 방법'이다. 이러한 점에서 누구든 자기 역사를 씀으로써 스스로를 치유하고, 가족사를 작성하면서 가족의 상처를, 마을의 역사를 씀으로써 자유로운 개인들의 연대를 구성하는 '임상역사가'가 될 수 있을 것이다.[50]

임상역사가로서 역사 서술이라는 문제의식을 실험한 것 가운데 하나가 유경순의 노동자 자기 역사 쓰기 작업이다. 그는 2005년 구로동맹파업(구동파) 20주년 행사를 계기로 당시 관련자들과 구술생애사 작업을 수행했다.[51]

초기에는 정확한 사실의 확인이 목적이었으나, 그들과 대화가 반복되고 분노, 아픔, 고통을 함께 느끼면서 자신과 구술자 사이에 서로를 이해하는 공감이 만들어졌다. 유경순의 회고를 보면 아래와 같다.

> 구술자들은 구술 작업에서 자신의 상처를 드러내면서 감정적 반응을 보이기도 하고, 면담자의 감성적 지지와 공감, 또 면담자와 이야기 과정을 통해 일정하게 자신이 가졌던 상처나 상처준 이에 대한 분노를 다시 돌아보기도 했다. 다른 한편 구술 작업과 기록 작업, 주체들의 자기 역사 쓰기 과정에서 면담자도 영향을 받았다. 시대와 개인의 삶에 대해 소통하지 못했던 개인적 감성을 다시 돌아볼 수 있었고, 특히 학출 [대학생 출신 노동자]을 처음 구술을 하면서 면담자 개인의 경험과 판단 속에 있던 편견을 다시 돌아보거나 정정할 수 있었으며, 1980년대 노동운동이 개인에게 각기 다르게 자리매김한 현실을 새롭게 받아들이기도 했다.[52]

이러한 '자기 역사 쓰기'를 최초로 본격적으로 제안한 것은 역사학연구소가 지은 『노동자, 자기 역사를 말하다』(서해문집, 2005)를 통해서였다. 이들의 시도는 학계에서 소개된 연구 성과와는 궤를 달리했다. 바로 자기 역사 쓰기라는 생생한 교육과 현실에 대한 실천적 개입의 결과를 반영한 것이었다. 이들은 자기 역사 쓰기에 대해, "누구나 자신의 관점으로 자신의 삶을 재구성하는 일이 가능하며 이것이 자기 역사 쓰기다. 노동자가 자기 역사를 쓸 때는 자전적 역사이므로 주관적 관점을 가지고 쓰면 된다. 그 주관성이 개인 역사 쓰기의 특징이 되는 것이다. (…) 기록을 통해 자기성찰의 과정을 밟는 것이 곧 역사 쓰기의 시작이다"라고 말하고 있다.[53]

이들은 역사 쓰기의 주체로서 노동자들의 집합적 자기성찰을 각종 노동자 백서 작업 과정에서 조합원의 변화를 통해 확인했다. 또한 구술자들은 백서 작업 과정을 통해 스스로가 엄청난 변화의 주체였음을 확인할 수 있었다. 이렇게 과거는 조합원들의 기억과 기록 속에서 현재와 미래로 이어졌으며, 참여 주체들의 대화와 주관적인 자기 역사의 진술 자체는 반성적 실천의 과정이었다. 어떤 의미에서 백서 작업에 일종의 '교육학'적 요소가 내재해 있던 것이었다.[54]

자기 역사 쓰기 작업도 기억을 둘러싸고 학계에서 제기되는 유사한 문제에 직면하고 있는데, 그것은 객관성을 둘러싼 문제이다. 이 문제에 대해 자기 역사 쓰기는 서술의 방향이 주체들의 경험과 그 결에 맞추어져 있다고 언급하면서, 다음과 같이 자기 답변을 제시하고 있다. "누가 봐도 객관적인 백서는 사실상 불가능하다는 점을 인정하자는 것이다. 주체들의 경험과 판단을 충실하게 묶어내는 것이 바로 객관성에 접근하는 길이라고 보았다."[55] 바로 자기 역사 쓰기에서는 주체들의 환원 불가능한 개별성—언어, 경험, 문화, 일상, 자기성찰 등—을 강조하고 있는 것이다.

하지만 자기 역사 쓰기는 아직은 초보적인 실험이며, 좀 더 실천적인 논의가 필요하다. 과연 구술사와 증언문학, 르포문학 등 현장성을 지닌 글쓰기와 자기 역사 쓰기에 어떤 차이와 실천적 차별성이 존재하는지에 대한 자기 답변이 필요하다. 또한 자기 역사 쓰기에서 면담자와 자기 역사 쓰기를 이끄는 개인이 '얼마나 현장 속에서 지속적으로 공감을 형성할 것인가' 역시 중요하다. 단적인 예로 국내 구술사 연구에서는 구술자와 긴밀한 라포(rapport)를 형성하기보다, 상당수가 형식적이고 간헐적인 관계를 형성한다. 이런 이유로 현지 조사에 기반을 둔 공감의 형성과 일정한 거리가 발생하고 있다. 이런 상황에서 과연 집단적 실천으로서 자기 역사 쓰기를 시도하는 것이 지역운동, 지역공동체와 연결되어 어느 정도의 현실적임 힘을 지닐 수 있을 것인지는 아직 미지수이다. 마지막으로 계몽주의를 둘러싼 문제다. 자기 역사 쓰기는 자기 역사를 스스로의 힘으로 작성하는 집단적 운동이다. 이 속에서 지식인과 연구자는 글쓰기의 가이드로서 역할을 한다. 자기 역사 쓰기는 글쓰기 주체의 자생적 지식의 중요성을 강조하고, 이를 통한 대안적 지식생산을 지향하지만, 지난 시기 의식화 혹은 계몽의 교육학과 어떤 차이가 존재하는지에 관해 스스로 답변할 필요가 있다.

정리하자면 자기 역사 쓰기는 자기 목소리를 낼 수 있는 주체인 노동자와 민중에 국한되는 실천이 아니라, 침묵을 강요당한 서발턴의 자기 재현과 연결된 문제다. 민중사의 주인공이었던 노동자, 농민 등 민중의 재현과 달리 '침묵을 강요당했던 범죄자나 소년원생과 같은 서발턴은 왜 망각되거나 사회적 정치적 문제로 여겨지지 않았는가'란 질문을 던지고 싶다. 분명히 이들의 의식, 행동 그리고 내면세계에 정치적이고 사회적인 맥락이 존재함에도 오히려 이들을 둘러싼 법, 제도 그리고 담론은 침묵을 강제하고 있다. 서발턴 주변의 사람들도 이들의 이야기를 듣거나 기록하는 자체를 불경하게 생각했다. 프롤로그에서 이야기한 내가 처음 안양교도소에서 평화인문학 강의를 갔던 때와 비슷하게 범죄자를 위해 뭔가를 한다는 일 자체를 내켜하지 않았던 것이다. 이는 박흥숙이나 소년원생 그리고 광주대단지 도시하층민에 대한 담론도 크게 다를 것이 없었다.

자기 역사 쓰기는 '역사의 자기화'란 의미를 지니는 것뿐 아니라, 자신의 삶을 사회적인 것이자 정치적인 것으로 만드는 작업이다. 침묵하는 서발턴에게 필요한 것은 일자리나 직업교육이 아니라, 스스로의 위치를 사유할 수 있게 해주는 '비판적인 사유의 힘'이다. 자기 역사 쓰기는 저명인사들이 쓰는 자서전이 아닌, 침묵을 강요받던 이들이 정치적인 삶을 사는 데 필수적인, 성찰적인 사유를 가능하게 해준다. 동시에, 이들을 공적인 세계로 진입시키는 효과적인 방법론이다.[56] 결국 새로운 역사는 새로이 발견한 역사적 사료에 의해 쓰이는 것이 아니다. 오히려 당대 지배적 역사 서술의 패러다임을 거슬러 갈 때, '다른 역사 서술'의 가능성이 열릴 수 있다.

당신은 서발턴의 목소리를 듣고자 하는가

반복해서 강조하지만 서발턴은 자신을 재현할 언어를 지니지 못했기 때문에 침묵하지만, 그럼에도 불구하고 중요한 것은 그들의 소리를 들으려고 끊임없이 노력을 해야 한다는 점이다. 서발턴의 재현은 기억과 망각이라는 현실과 대면함으로써 증언-구술자와 공감의 윤리를 내면화한 연구자 간의 대화 가능성을 확대하고, 이들이 겪은 상흔을 역사화함으로써 가능해질 것이다. 이들의 트라우마를 치유하는 것 역시 트라우마를 역사화할 때 비로소 가능해질 것이다.[57] 다른 식으로 말하자면 '변경에 서 있는 공존자'[58] 혹은 말하는 자와 듣는 자의 위치가 교차하는 타자의 관점에서 사유하고자 하는 윤리적 관점이 요구된다.[59] 현재 질문되어야 할 것은 서발턴의 목소리를 '들을 수 있는가'이기도 하지만 '과연 한국 사회가 서발턴의 목소리를 듣고 싶어 하는가'라는 문제가 더 핵심적이지 않을까? 다른 식으로 말해서 과연 오늘날 한국 사회가 이들의 목소리나 기억을 들으려고 하는가를 둘러싼 문제이다.

앞에서 나는 서발턴들에게 침묵을 강제했던 것은 무엇이며, 이를 탐구하는 작업이 왜 중요한지를 강조했다. 바로 침묵의 역사와 그 기제들을 밝히는 작업은 그 자체로 인간의 자유 가능성을 탐색하는 작업이기 때문이다.[60] 이러한 자유의 가능성을 탐색하는 작업은 서발턴들을 타자, 비정상인 그리고 역사 없는 주체로 고정화하고 분류한 지식체계의 역사적인 계보를 추적함으로써 이것에 균열을 내는 작업이기도 하다. 서발턴을 규정하는 담론, 제도, 가치 그리고 규범 등 지식체계의 역사적 계보를 파악함으로써, 자신의 현재 위치를 파악할 수 있다. 더불어 어떠한 역사적 조건이 서발턴을 침묵하게 만들었고, 어떤 침묵의 구조가 이들의 자유를 가로막고 있는지 사유할 수 있다. 이 점에서 침묵의 계보를 서발턴의 기억과 서사를 통해 실증하는 작업은 그 자체로 서발턴의 자유의 가능성을 전망하는 지적인 여정이 될 수 있다. 서발턴의 재현에서 연구자가 추구해야 할 방향 가운데 한 가지는 진리 지상주의와 진리 효과 그리고 이를 가능하게 하는 담론 규칙과 지형을 밝히는 것이다.[61]

하지만 이러한 작업만으로는 충분하지 않다. 언어가 있다고 해도 말할 수 없는, 심지어 자신의 고통을 말하는 순간 정신을 놓거나, 오히려 언어가 고통의 살아 있는 경험의 흔적을 지워버리는 경우도 있다. 다시 말하자면, '몸의 외침이 억압되는' 경우이다.[62] 가부장제하에서 침묵을 강요당한 여성들의 경우, '말하기'는 자신에게 공포로 다가오며 자신을 규정하는 가족, 남성 공동체로부터 수치감을 느끼게 하기도 한다. 이러한 말하기의 공포는 스스로를 언어화하지 못한 채 국가나 전문가—특히 남성들에 의해—가 이를 텍스트나 기록으로 전유할 경우에 나타난다. 이럴 때 서발턴은 관찰자의 언어에 의해 채색되어 다시 침묵에 빠져버릴 수 있다. 서발턴이 다시 침묵하지 않기 위해 이들을 재현하는 지식인은, 타자의 전유 과정에서 은폐된 이데올로기적 정치경제적 이해를 해체해야 한다. 더불어 자신의 언어로 환원할 수 없는 서발턴의 이질성과 고유성에 주목해야 한다. 바로 이러한 책임과 공감이 타자에 반응할 수 있는 능력 가운데 하나이다.[63]

연구자는 서발턴을 일관된 이론과 설명을 통해 재현할 수 있는가에 대해 늘 자문해야 한다. 언어와 문자를 중심으로 이들의 기억과 고통을 다시 써내려가려는 것이 오히려 서발턴의 고유성과 이질성을 획일화하려는 연구자의 욕망의 산물이 아닌지 되물어야 할 것이다. 이 점에서 구술과 증언도 대항역사로서 의미를 지니지만, 결국 연구자의 언어를 통해 재현되었음을 항상 염두에 두어야 한다.

제1부에서 언급했듯이 한국에서 국가 형성, 냉전 그리고 근대화라는 국면에서 비가시적이며 이질적인 타자였던 서발턴은 지식인의 시야에 들어오지

않았다. 부분적으로 가시화되었더라도 기존의 '주체화의 문법', 예를 들어 민중사라든지 보편 주체로서 계급과 민중 등 서구(혹은 민족서사)에 기초한 모방의 형태로, 민족주의에 근거한 대항민족서사와 민중사라는, 보편적 인식론과 개념이란 제도화된 지식체계를 통해 재현되었다. 더불어 이들이 공식적 주체로서 자격을 승인받기 위해서는 반드시 '증명 가능한 증거'를 통해 검증되어야만 했다. 이 점에서 서발턴은 지식인에 의해 대변되거나 대표되지 못했던 '잉여의 자리'였다.[64] 이런 맥락에서 서발턴이 스스로 쓴 역사들은 근대 역사 서술의 형식과 내용 그리고 개념에 기초한 것이 더 이상 아닐 수도 있다. 서발턴이 기존 세계의 경계를 파괴하고 그 경계를 다시 쓸 수 있는 존재가 되기 위해선 누군가에 의해 대변/재현되는 대상의 지위에서 벗어나야 할 것이다.[65]

서발턴의 역사는 쓰일 수 있나

그렇다면 이름 없는 혹은 인식되지 않는 서발턴을 연구자들은 어떻게 남다르게 인식할 수 있을까? 중요한 점은 그들이 어떻게 연구자의 질문 속에 들어오게 되었고, 연구자는 왜 서발턴이 자신들의 언어로 스스로를 표현하는 것이 필요하다고 생각하게 되었는가 묻는 것이다. 서발턴이 연구자의 시각을 통해 생산되는 또 다른 타자가 되는 것을 경계하기 위해서는 이러한 근본적인 질문이 중요하다. 서발턴들이 '뒤늦게 주목'을 받게 된 계기, 다시 말해서 이들이 연구자들의 시야 안으로 들어오게 된 계기는 '사건'을 통해서였다. 이들은 존재했으나 스스로 말할 수 없었고—스스로 말할 수 없도록 침묵을 강제 받았으며—사후적으로 지식인의 시야 속에서 파악되었다.

서발턴은 자신의 의지나 연구자의 예언적 시각으로 드러나는 것은 아니다. 오히려 그들을 비가시적인 존재로 만들었던 기존 역사 서술의 설명력이 한계에 도달한 순간인 사건을 통해서이다. 서발턴이 연구자의 지적인 시야 속에 들어오는 것은 그들이 공존하는 구조와 밀접하게 관계한다. 이 점에서 연구자가 그들을 연구 대상으로 선택하는 것도 이미 매우 '정치적'인 것이다.[66] 이 점에서 서발턴이 유령처럼 연구자에게 다가온 것은 비가시적인 이들을 포착하지 못한 인식론적이고 윤리적인 아포리아란 맥락에서 이해되어야 할 것이다.

하지만 내가 보기에 서발턴이 연구자의 시야 속으로 들어오게 한 사건들조차 이른바 현대사의 '정전(cannon)'과는 거리가 있었다. 서발턴은 광주대단지 사건, 동일방직 여성들의 똥물 사건과 나체 시위, 1980년 광주항쟁 이후 루머같이 돌아다녔던 비공식 문건들, 르포문학 같은 제도화된 지식과는 다른 모습의 텍스트를 통해 재현됐다. 서발턴은 서구—보편적 지식체계와 역사 쓰기를 통해 발견되지 않았고 앞으로도 그러할 것이다. 연구자가 이들을 재현하기 위해 혹은 이들의 기억과 목소리를 듣기 위해서는 민족서사와 계급 개념 그리고 연구 대상과 방법에 대한 '근본적 문제'에 관해 성찰해야 한다. 근대 역사의 '해체'라는 의미는 말 그대로 모든 전제를 해체하자는 것이 아니다. 오히려 근대 역사학의 기원이나 보편이라는 기준에 의해 비가시화된 타자의 재현을 통해 끊임없이 역사서사를 재구조화하는 실험을 하자는 것이며, 동시에 이를 통해 타자를 우리의 인식 지평으로 접근시키자는 것이다. 이상에서 살펴본 서발턴의 역사 쓰기와 관련된 나의 논의를 정리해보면 아래와 같다.

먼저, 서발턴의 재현 양식은 근대 역사학의 형태를 띠지 않을 것이다. 서발턴의 역사를 다시 쓰는 것은 이들의 존재를 실증적으로 증명하는 것이 아니며, 그 재현의 형태는 시, 소설, 다큐멘터리, 수기, 르포, 연극, 타령, 춤, 굿, 신세타령, 그림 등 문자로 회귀되지 않는 것일 터이다. 트라우마를 지닌 이들은 자신의 행위 의도를 초과하는 감정과 경험을, 흐느낌이나 울음, 떨림 등 소리 언어와 비언어적 표현으로 드러내거나 육화된 언어로만 표현될 수 있는 재현 형태를 보이기도 한다.[67] 현재 서발턴 재현의 주요 방법론과 실험들인 구술, 증언이나 자기 역사 쓰기도 문자성으로부터 완전하게 자유롭지 못한, 대항 역사 서술로서 자기 한계가 존재한다. 이처럼 서발턴의 재현은 '정전'으로서 역사서사와 충돌하고 거리두기를 반복할 것이다. 동시에 그들의 재현은 근대 역사서사와도 구분되는 '반역사'의 형식일 가능성이 높다. 따라서 고정화된 재현 양식만을 고집하는 것 역시 서발턴의 이질성을 보편적 개념으로 설명하려는 욕망의 산물일 것이다.

더불어 서발턴은 고정된 존재가 아닌, 시기별로 다른 이질성을 지닌 또 다른 이질적인 서발턴을 만들어낸다. 예를 들어 냉전 시기 국가 형성기에는 빨갱이, 전쟁미망인 등이, 근대화기에는 기지촌 여성, 도시하층민, 여공, 범죄자 그리고 1980~90년대의 동성애자, 이주민 등이다. 이렇게 서발턴은 시기별로 상이한 이질성을 지닌 주체였다. 이들은 당대에는 인식이 불가능했으나 어느 시점에 와서 지식인들의 시야에서 가시화되었다. 하지만 또 다른 시기에 이들과 다른 모습을 지닌 비가시적인 서발턴이 불연속적으로 출현했다. 연구자의 시야와 개념으로는 이들을 볼 수 없을 것이다. 이처럼 지배담론과 지식체계는 서발턴을 침묵(혹은 망각)하게 하지만, 동시에 이들을 보편화하려는 욕망도 성공하지 못한 채 또 다른 이질성을 지닌 서발턴을 만들어낼 것이다.

다음으로 서발턴의 재현은 근대-서구-보편 역사서사와 거리두기를 동반한다. 여기서 '거리두기(distancing)'란 서발턴을 둘러싼 지식생산에서 중심과 주변을 가르는 '틀과 문제 설정'에 대한 근본적인 회의와 비판을 동반(同伴)함을 의미한다. 하지만 거리두기가 기존 문제 설정의 전복(subversion)을 의미하는 것은 아니다. 주변성을 극복하려는 시도는 중심/주변이란 위치를 전위(displacement)하려는 욕망, 바로 '전복의 딜레마'에 빠지기 쉽다.[68] 중심과 주변 사이의 위치 바꿈―이른바 주변의 중심화―은 또 다른 주변을 재생산하는 결과로 귀결될 수 있다. 이런 맥락에서 서발턴의 재현에서 거리두기란 중심과 주변을 구분하는 개념과 언어를 지속적이고 근본적으로 문제시하는 보편/기원에 대한 회의란 의미로 이해되어야 할 것이다.[69] 서구와 상이하며 이질적인 서발턴의 역사를 재현할 가능성을 탐색하기 위해서는 비서구 서발턴의 의식, 행동 그리고 문화가 서구의 그것과 동질화되어야 한다고 가정하거나, 민족주의 역사서사처럼 이들을 전근대적이라고 간주하는 근대 식민주의 지식―담론과 거리를 두는 것이 필요하다. 결국 서발턴이 재현될 수 없거나 '역사가 아닌 것'으로 간주되어온 시공간 속에서 '다른 역사의 가능성'을 탐색하는 작업은 근대 역사 서술을 탈역사화하는 출발점이다.[70] 물론 현실 속에서 근대―보편 역사학과 공모(혹은 공존)하는 것이 불가피한 조건 아래에서, 근대 역사학을 거부한다고 선언한다고 해서 그것이 소멸할 리는 없다. 다만 역사학이란 형식 내에서 역사학을 극단까지 밀어붙이는 시도가 필요하다. 다른 식으로 표현하자면 근대 역사학의 중심 개념, 가정 그리고 담론을 내부에서 비판해서 지배적 담론을 해체하고, 근대 역사서사의 구성 과정에서 주변화된 주체와 그 이데올로기의 효과를 탐색하는 것이다.[71] 그리고 그 매개 가운데 하나가 서발턴의 재현을 둘러싼 담론―지식체계의 비판 작업이다.

끝으로, 서발턴의 재현은 제도화된 현실―정치 그리고 지식과 개념체계에 대한 근본적인 재성찰을 의미한다. 여기서 제도란 서구―보편―냉전 지식체계와 서사를 '정상'으로 보증하는 것을 의미한다. 또한 현실에서 제도화는 정당이나 법률 등 제도화된 기구와 정치를 통해 자신의 자리를 배분받는 행위를 의미한다.[72] 예를 들어 1970년대에는 비가시적인 서발턴이었던 여성 노동자들은, 2000년대에 민주화운동이라는 이름으로 제도 내부에서 몫을 분배받을 수 있게 되었다. 반면 개념과 언어라는 차원에서 제도화는 이질적이고 낯선 개념과 언어를 통합하고 보편화하려는 실천을 뜻한다. 하지만 서론에서 언급한 바와 같이 계급, 민중, 인종, 민족, 시민 등 보편적 개념이나 언어로 설명이 불충분한 주체가 서발턴이다. 그만큼 서발턴은 보편적인 설명이 불가능한 비가시화된, 통합이 쉽지 않은, '제도를 초과하는 주체'이다. 기존 개념과 언어의 제도화에도 불구하고 비가시적이며 이질성을 지닌 또 다른 서발턴들은 늘 재생산된다. 바로 지배담론과 지식체계가 끝내 완성하지 못하는 지배의 틈새라는, 서발턴 연구자들의 말을 빌자면 '차이의 공간'에 민족—식민 서사라는 보편—동일성의 타자인 서발턴은 유령처럼 반복적으로 출현한다.

하지만 서발턴 개념 역시 이미 제도화된 개념이나 언어가 될 수 있다는 경계를 늦추어선 안 된다. 이는 서구와 냉전의 시간이라는 '동시성의 비동시성' 때문이다. 한편 앞서 지적한 것처럼 냉전과 탈냉전 이후 한국 민중사 연구는 민중의 재현을 둘러싼 내부적 아포리를 해결하지 못한 상태다. 또한 서발턴과 포스트식민주의의 문제 제기를 거부하거나 논의가 지체되는 현상이 반복되고 있다. 다른 한편 서발턴 개념 역시 비서구 출신 지식인들이 서구 지식사회에서 생산한 개념이란 사실을 잊어서는 안 될 것이다. 특히 서발턴 연구에 포스트식민주의가 깊숙이 개입한 이후—대표적인 예로 스피박의 이론적 개입—서발턴의 재현 가능성을 둘러싼 논쟁이 가시화되면서, 역설적으로 서발턴의 재현이 '무의식적으로 거부'되는 상황이다. 한국에서 논의 지형 역시 구하를 포함한 서발턴 그룹이 제기한 문제 제기보다, 스피박으로 대표되는 포스트식민주의라고 불리는 논자들의 인식론이 '전유'되는 방식으로 논의가 진행되어 왔다. 서발턴을 둘러싼 문제에서 중심적 화두가 '재현'을 둘러싼 문제임을 염두에 둘 때, 이들의 봉기, 범죄, 집단적 실천의 재현은 여전히 지체되고 있다고 볼 수 있다. 이 점에서 한국에서 서발턴 수용을 둘러싼 문제도, 애초 서발턴에 주목했던 문제의식이 이미 서구 지식 사회에서 전개된 서발턴 내부의 논쟁으로 전치되고 있다는 평가로부터 자유롭지 못하다. 다른 식으로 말해서 서발턴 개념 역시 '제도화된 지식권력'이 될 가능성에 대해 경계를 늦추어선 안 될 것이다.

그렇다면 2011년 현재, 한국이란 현실 속에서 서발턴은 가시적인가? 신자유주의 시기 비정규직, 파트타임, 실업자, 노숙자 등은 이미 지식인의 시야에 들어온 주체들이다. 기존 사회과학의 언어와 개념으로 파악이 가능한 주체들을 소수자라고 부를 수 있지만 서발턴은 아니다. 서발턴은 현재 역사−사회과학 패러다임과 개념 틀 안에서 인식되지 않는 존재이며 지배담론에 종속된 동시에 정상/보편과 동일시될 수 없는 '차이' 속에 존재한다. 그렇다면 서발턴의 자기 재현을 보조하는 연구자는 역사 연구 혹은 연구자로서 정체성을 유지하는 것이 가능할까. 근대 역사서사가 아닌 '반역사'로서 역사를 쓰는 순간, 지식인 역시 제도를 초과하는 주체, 근대 역사 서술 자체를 탈역사화하는 '탈정체화'에 빠지게 될 수 있다. 과연 민중사와 비가시적인 대상의 기억과 목소리를 듣고자 했던, 정치−윤리적인 기획이었던 서발턴 연구 뒤에 이어질 것은 무엇일까? 이 문제를 '사건으로서 정치'와 '차이의 공간'이란 문제들을 중심으로 좀 더 구체적으로 살펴보자.

2. 사건으로서 정치와 차이의 공간

사건, 잉여의 출현

앞서 제3부에서 봉기, 탈출 그리고 범죄라는 사건을 통한 서발턴의 재현에 관해 다루었다. 제3부에서 다룬 광주대단지와 부산과 마산의 도시봉기, 소년원생의 집단탈출 그리고 도시하층민의 범죄는 지배담론이나 공식서사 안에 시공간과 근본적으로 상이한 이질적인 장에서 일어났던 사건이었다. 다른 식으로 표현하자면 지배담론이 아무리 흡수하려고 해도 완전히 지배할 수 없던 차이의 공간에서 일어난 사건이었다. 그렇다면 서발턴은 차이의 공간에서 어떤 방식으로 재현되었는가? 이 문제를 사건이란 개념을 통해 살펴보자. 흔히 사건사는 사건을 중심으로 역사의 씨줄과 날줄, 전개 과정 등을 드러내는 전통적인 역사 서술 방식이다. 다시 말해서 엘리트와 지배층이 서술했거나 이들이 중심이 되어 재현된 사건의 역사를 의미한다. 하지만 또 다른 의미의 사건이 존재한다. 이 책에서 다룬 사건은 공식 역사 서술에서 기록이나 목소리로도 존재하지 않던 서발턴의 존재가 극적이고 예외적으로 드러났던 순간을 의미한다. 하지만 일상에서 이들의 존재는 '잉여(surplus)'로 여겨질 뿐, 연구자나 지식인의 시야에 드러나지 않는다. 여기서 잉여란 전체에 의해 셈해지지 않은 채 누락되어버린 자리 혹은 전체란 개념을 통해 포괄되지 않는 잔여의 경험을 의미한다.[73] 한국적 맥락에서 잉여는 비가시적이며 비국민화된 동시에 사회구성원으로서 자격을 박탈당한 서발턴을 의미한다. 잉여로서 서발턴은 지배담론의 한계를 드러내는 사건을 통해서 재현될 수 있다. 일상 속에서 이들은 지배질서와 헤게모니에 종속되어 침묵하는 것처럼 보였다. 하지만, 우발적이고 계기적인 사건이라는 순간을 통해 서발턴은 자신의 존재를 드러냈다. 서발턴은 이들을 보이지 않거나 왜곡된 주체성으로 기술하는 기존 질서의 설명력이 한계에 이르는 계기에서 재현된다. 즉, 고정적인 동시에 필연적인 것으로 여겨진 사회구조의 우연성과 결정 불가능성을 드러내는 사건을 통해 서발턴은 재현된다. 어쩌면 이들은 사건을 통해서만 역사 속에 자신이 존재했다는 것을 드러낼 수 있는 비극적인 존재일지도 모른다.

하지만 사건조차 잘 알려지지 않은 경우도 허다하다. 1960~70년대 박정희 시기, 정부의 무차별적 검열과 대중들의 자기검열 속에서, 많은 사건들이 유언비어나 루머 형태로 입을 타고 전해졌다. 행여 존재하는 기록도 신문 귀퉁이의 단신이나 하루치 기사로만 남겨진 채 사람들의 뇌리에서 잊혀갔다. 특히 이 책에서 다룬 서발턴의 존재와 그들의 실천에 연관된 사건들은 사건으로 기록된 것조차 드물었다.

서발턴에 의한 사건들이 주변화된 이유는 무엇인가? 그 이유 가운데 하나는 지배담론과 지배적 역사 서술의 한계를 드러내는 사건을 전정치적이며 후진적이라고 규정한 '전통'이 존재했기 때문이었다. 단적인 예로 에릭 홉스봄은 『원초적 반란』에서 도시하층민이 직접행동을 통해 정치적 경제적 변화를 이루려는 운동이라고 도시봉기를 규정했다. 도시봉기는 실업문제, 물가앙등에 대한 반발에서 출발해서 시장, 고리대금업자, 세무서가 공통적인 공격의 표적이 된, 이른바 부유층에 대한 투쟁이었다. 하지만 도시봉기는 명료한 언어로 분석하기 어려운 현상이었으며 확고하고 지속적인 정치적 이념적 기준을 지니지도 못했다.[74] 이런 맥락에서 홉스봄은, 도시봉기라는 사건은 의식적인 방식은 아니었지만 근대 세계의 정치적 진화에서 중요한 역할을 담당했다고 주장했다. 하지만 도시봉기는 근대 노동운동이 출현한 이후 다른 집단에 그 자리를 물려주어야 할, 언젠가 사라져야 할 운명을 지닌 현상이라는 '진화론적 관점'을 취했다.

홉스봄처럼 서발턴의 사건에 대해 근본적인 한계를 규정짓는 전통과 달리, 사건의 정치적 의미를 적극적으로 부여한 경우도 찾을 수 있다. 그것은 구하(R. Guha), 랑시에르(J. Ranciere) 그리고 바디우(A. Badiou)의 '사건'이라는 문제 설정이다.[75] 바디우는 하나로 셈해진(혹은 통합된) 것이 아닌, "불안정한 다수성(inconsistant multiplicity)"은 '사건'을 통해서 재현될 수 있다고 주장했다. 즉, 이들은 셈하기가 붕괴되었을 때 드러날 수 있다는 것이다. 바디우에 따르면 자본주의 질서 안에서 노동계급은 안정된 사회 부문 가운데 하나지만, 자본주의를 재생산하는 국가장치의 구성 요소로 온전히 셈해지지 않는다. 이들은 '다른 셈의 질서'를 예고하는 집합 구조이기 때문에, 현존하는 사회질서로 '번역'이 불가능하다. 다만 사회를 횡단하는 우발적인 사건을 통해서 가시화될 수 있다. 이런 의미에서 사건은 기존의 사회적 나눔(혹은 몫의 분배)을 강제적인 무엇인가로 철폐하려는 것이 아니다. 오히려 사건은 기존 사회적 부분들 간의 나눔이 유의미성과 요점을 상실하는, 강렬한 '하나의 순간(moment)'이다. 여기에서 셈하는 역할을 담당하는 것은 국가이다. 국가는 '치안(police)'의 논리를 통해 각자 주어진 자리를 점유하는 '몫을 가진' 부분만을 인정하고, 특정한 지위로 환원되는 개인만을 상대한다. 치안이라는 개념에 대한 오해를 피하기 위해 설명을 덧붙이고자 한다. 치안이란 경찰과 군대를 포함하는 억압적 국가장치(혹은 이에 근거한 국가폭력)를 의미하지 않는다. 제도로서 지식체계와 정치에 관해 언급했던 것과 같이, 치안은 공동체가 특정한 지위와 기능에 의해 규정되는 집단들로 구성되고, 그 지위에 의해 할당된 사람들에 의해 지배되는 제도화된 질서를 의미한다. '치안으로서 정치'란 전체성 내부에 위치한 주체가 치안에 의해 분배된 자리를 점유함으로써 다른 존재들과의 관계가 결정되어 고유한 정체성을 획득하는 것을 의미한다.[76] 치안으로서 정치와 반대로, 사건으로서 정치는 국가가 행하는 부분집합의 셈을 거부하고 그 셈으로부터 누락된 대중의 현실을 직접 셈하는 것을 의미한다.[77]

랑시에르에 따르면, 흔히 정치라고 불리는 사회적 몫의 분배 절차는 정치가 아닌 치안에 불과하다. 특히 치안은 사회의 한 부분으로 '인정을 받은' 이들이 다소간 평등한 방식으로 자신의 몫을 찾아가는 분배 행위이다.[78] 랑시에르에게 인정받지 못한 이들이 주체가 되는 것은 기존 질서에서 자신들을 규정하던 정체성으로부터 스스로를 분리해내는 '탈정체화(disidentification)'를 통해서이다. 이 점에서 정치적 주체가 된다는 것은 기존 사회질서에서 정의되는 것이 아니다. 정치적 주체가 드러나는 것은 기존 자리들의 분배를 무질서하게 만드는 '사건'을 통해 가능하다.[79]

사건을 둘러싼 랑시에르 그리고 바디우의 논의에서 주목해야 할 점은 전체성과 자리가 분배된, 셈과 몫에서 누락된 '잉여' 혹은 '비부분'—몫이 없는 부분과 셈으로부터 누락된 서발턴—의 '정치' 그리고 치안과 국가에 의한 사회적 분할로부터 빗겨난 존재에 대한 관심이다. 다른 식으로 말하자면 모든 주어진 정체성과 차이를 넘는, 그럼에도 불구하고 함께할 수 있게 새로이 갱신되는 '사건적 잠재력'에 대한 믿음이다. 이들은 국가와 치안에 의해 분배된 정체성에 자신을 동일시하는 선택지에 머무르지 않는다. 서발턴은 그들 사이의 '경계'에 위치함으로써 서발턴을 분할하는 방식 자체를 문제 삼았던 것이다. 이렇게 본다면 정치란 경계를 문제 삼는 사건의 형태로 드러나는 '불화'라고 볼 수 있다.[80]

사건으로서 정치

그렇다면 '사건을 통해 드러나는 정치' 혹은 서발턴에게 '사건으로서 정치'란 어떤 의미인가? 과거에 정치의 장소는 정당, 노동조합, 이익집단, 거리 등 다양했지만 시간이 갈수록 그것은 정해진 장소로 고착되고 있다. 정치는 사회를 구성하는 이익집단 간의 이해관계를 조정하고 관리하는 전문가의 업무로 탈정치화되고 있다. 또한 정치의 장소는 의회, 정부, 법률기관이라는 정해진 장소로 고착화되고 있다. 이런 경향을 통합의 상태로서 '정치의 소멸'이라고 부를 수 있다. 본원적 의미에서 정치는 이런 탈정치화 몰정치화된 정치에 맞서는 '불화로서 정치'를 의미한다. 다른 식으로 말하자면 정치는 공동체의 통치에 대한 자격과 정당성이 전문가 등 특정한 개인이나 집단에 귀속되지 않을 때 시작된다. 더 나아가 정치는 권력이 원천적으로 그 어떤 것을 갖고 있지 않은 사람들—이 책에서 서발턴이라고 부른 사람들—에 귀속될 때 시작되는 무엇이다.[81]

이러한 맥락에서 치안에 대비되는 '사건으로서 정치'는 구하의 봉기 분석을 통해 이해할 수 있다. 구하는 인도에서 120년간 봉기를 구성한 기본 요소들, 즉 농민봉기를 일으켰던 농민들의 정치의식과 집단행동의 기초적 측면을 분석했다. 구하는 봉기의 기초적인 측면인 부정, 모호함, 양상, 연대, 전파 그리고 영토성이라는 이질적이며 엘리트 정치와 구분되는 차이들을 통해 서발턴의 의식과 행동을 추출했다. 그에 따르면 봉기는 엘리트 정치와 평행선을 이루었던 또 다른 정치 영역—이른바 '서발턴의 정치 영역'—이었다. 기존 정치가 국가와 관련된 사유였다면 '사건으로서 정치'인 봉기는 지배적인 체계 내부에서 일어나는 기능의 변화이자 담론적 전위(discursive displacement)였다.[82] 또한 이는 폭력적 사건인 동시에 지배이데올로기 '안에서 외부를 지향하는 실천'이며, 봉기를 수행하는 주체들의 환원 불가능한 '단독적 의식'을 드러냈다.[83] 이처럼 구하는 봉기라는 사건을 통해 엘리트 정치의 특징인 수직적

대중 동원, 제도를 통한 대중 결합, 합헌성과 준법성을 통한 대중 통제와 대립적이고 이질적인 정치적 전통을 부활시켰다.[84] 다시 말해서 엘리트 정치와 달리, 봉기에서 정치 동원은 수평적이며, 동원 기제에 있어서 친족, 지역, 계급 조직 등에 의존했다.[85] 그렇다면 사건으로서 정치가 나타나는 양상을 구하가 분석한 봉기의 기본적 특성을 중심으로 좀 더 자세히 살펴보자.

첫 번째, 봉기는 적의 언어에 기초한 '부정적 의식'이란 특성을 지녔다. 봉기는 적들의 권력 표지를 파괴함으로써 자신들의 서발터니티(혹은 종속성, 예속성)라는 징표를 없애기를 바랐다. 하지만 봉기는 그 고유한 성격상 '부정적으로 구성된 기획'이었다. 이들이 파괴하고자 했던 것은 권력구조에서 유래한 것들이었다. 서발턴은 자신의 언어가 존재하지 않았기 때문에 지배 권력에게 빌려온 언어인 '적의 언어'로 자신들의 열망을 표현했다. 단적인 예로 3부에서 재현했던 1979년 부산과 마산의 도시봉기 때 밤에 외쳐졌던 구호와 노래는 "독재정권 물러나라" "언론자유 보장하라" "유신체제 철폐하라" "박준규 물러가라" 그리고 "우리의 소원은 자유" "애국가"였다. 도시봉기에서 이들은 자유민주주의라는 지배담론을 역전시켜 자신들의 언어로 차용했던 것이다.[86] 또한 봉기는 낮은 것과 높은 것을 자리바꿈하는 '전도된 기획(혹은 담론적 전위)'이었다. 하지만 봉기는 새로운 제도와 체제를 구상했던 것이라기보다, 이른바 '전도된 의식'에 기초한 것이었다. 그럼에도 불구하고 이들의 파편화된 봉기의식(fragmented insurgent consciousness)은 봉기의 기초였다. 뿐만 아니라, 봉기 의식은 차이의 공간에서 드러나는 서발턴으로서 이질성을 재현하는 것이었다.

다음으로, 봉기는 파괴적이고 폭력적인 성격을 띠었으며 행정 당국, 지주, 고리대금업자가 소유한 건물이나 문서를 파괴함으로써 고유한 정치성을 드러냈다. 인도 황마 노동자의 경우, 공장 권위에 대한 저항은 복수의 형태를 띠었다. 이들이 폭력을 행사했던 대상은 관리자, 유럽인 감독자 그리고 무장 경비였으며, 그들에게 접근할 수 없는 경우 집과 공장 자산에 대한 물리적 폭력이란 개인적 복수의 형태를 띠었다. 이런 폭력과 복수는 앞서 홉스봄이 비판한 것과 같은 전근대적 현상이 아니었고, 박정희 시대에도 빈번하게 드러났다.[87] 1971년 광주대단지 사건에서 성남사업소, 출장소, 관용차량, 소방차, 파출소를 파괴하고 방화했던 도시하층민의 분노, 1960년대 이후 반복되었던 소년원 탈출 사건에서 발견할 수 있는 교정시설 파괴, 간수에 대한 폭행도 유사한 맥락에서 이해될 수 있다. 또한 1979년 부마항쟁 밤 시위에서 도시하층민들은 고급주택과 고층건물을 향해 맹렬하게 돌을 던졌고, 세무서를 향해 "부가가치세를 철폐하라" "부가세를 없애라" "잘 먹고 잘 살아라"라고 외쳤으며, 관제언론의 상징인 문화방송을 공격해서 건물 3층까지 유리창을 박살냈다. 그러나 이들의 폭력은 무작위적인 것이 아닌, 일상에서 부유층에 대해 지녔던 적대감과 증오감, 공권력에 대한 잠재적 반감의 표출이었다. 이처럼 서발턴이 행사했던 물리적 폭력은 권위에 대한 '원시적 도전'으로 협소하게 해석될 수 없다. 오히려 서발턴의 폭력 형태를 띤 도전의 본질 속에는 그들에게 강제되었던 권위의 본질이 반영되어 있다.[88]

이 책에서 사건을 언급하며 구하, 랑시에르 그리고 바디우의 논의를 끌어들인 이유는 통합·제도화로부터 벗어난 서발턴의 정치 혹은 셈에서 벗어난 부분들—도시봉기 대중, 탈출 소년, 도시하층민을 포함하는 서발턴—을 정치적 주체로 만드는 '정치적인 것의 조건'을 탐색하기 위해서이다. 몫이 없는 서발턴을 정치적 주체로 만드는 것은 시민권이란 자격을 획득—선거권, 평등권, 국민으로서 자격 등—하는 것으로 제한될 수 없다. 오히려 이들은 지배질서에 따라 정해진 자리, 국가의 셈에 의한 정체성 분배와 단절함으로써 정치적 주체가 될 수 있다. 다른 식으로 말해 기존 정치 영역—정당, 의회, 정부, 노동조합, 이익단체 등—에서 인식할 수 있는 재현 형식으로부터 스스로 탈정체화(disidentification)함으로써 정치적 주체가 될 수 있다. 랑시에르의 표현에 따르자면, 정치적 장의 잉여들이 고유한 이름과 확립된 정체성을 갖지 않는다는 사실이야말로 그들의 행위를 치안의 논리로부터 구별시켜주며, 그들을 정치적 주체로 만드는 조건이다.[89]

이처럼 사건을 통해 기존 질서와 치안으로부터 탈정체화되는 주체화 양식을 정치라고 정의한다면, 정당이나 노동조합을 통한 조직화를 통해 정치를 사유했던 전통과 '거리두기'가 필요하다. 여기서 거리두기란 서구 근대 역사(학) 서술과의 거리·차이를 반성적으로 인식하는 것을 의미한다. 더불어 정당이나 노조 등을 통해 정치적 주체 형성(혹은 정치적인 것의 조건)을 사고하던 전통과 거리두기라는 '이중적 의미'를 지닌다. 정치의 장으로서 '사건'은 서발턴을 정치적 주체로 만드는 장소이며, 정치의 장소는 지배담론 내부의 틈새 혹은 균열을 통해, 하나의 집단이나 계급의 이름을 셈 바깥인 것들의 이름과 잇는 이름이다. 동시에 사건으로서 정치는 이름들의 교차에 바탕을 둔 정체성의 교차이기도 하다.[90] 이런 맥락에서 바디우는 이를 '사건의 자리'로, 서발턴 그룹은 '차이의 공간'이라고 불렀으며, 랑시에르는 '불화의 장소'라고 칭했다. 바로 사건으로서 정치는 정치적인 것의 경계를 근본적으로 문제 삼는 활동이다. 동시에 사건으로서 정치는 동일한 세계에 두 세계를 집어넣는 것이자, 정치적 주체에게는 불화의 장면을 무대화할 수 있는 능력을 의미한다.[91]

제3부에서 살펴본 1971년 광주대단지 사건과 1979년 부마항쟁에서 도시 봉기는 분명 '사건으로서 정치'였으나, 그동안 우발적이며 전정치적인 에피소드처럼 여겨졌다. 하지만 치안·질서와 거리를 둔 불화의 장소에서 서발턴들의 실천은 일상에서 식별할 수 없었던 잉여 혹은 국가의 셈에서 누락된 부분이 자신의 논리를 드러내는 사건이란 형태를 띠었다. 소음이나 그림자처럼 여겨졌던 서발턴에게 언어와 신체를 부여하는 사건을 통해서 정치가 실현되었던 것이다.

결국 사건으로서 정치는 치안(혹은 국가)에 의한 조화로운 사회적 몫의 분배, 자리의 분할과의 '불화'를 뜻한다. 다시 말해서 사건으로서 정치는 국가가 정해주는 자리의 분할을 문제시하고 몫의 분배를 무질서화하는 것이다. 바로 사건으로서 정치는 기존 정치적 재현으로부터 '탈정체화'하는 순간에 드러난다. 이 점에서 사건으로서 정치는 서발턴을 특정한 자리에 고정화시키는 기존 정체성으로부터 벗어나 '차이의 공간인 경계'에 위치시킬 때 구현된다. 차이의 공간이란, 지배담론이 완벽하게 종속시키지 못하는 서발턴의 이질성과 타자성이 재현되는 장이다. 주어진 분배된 자리로부터 서발턴이 '탈정체화'하는 사건의 순간은 '차이의 공간'에서 이들에게 강제되는 동질화를 거부하고, 지배담론과 '비동일시'가 이루어지는 순간이기도 하다.

차이의 공간과 정치

그렇다면 서발턴은 차이의 공간에서 어떻게 재현될까? 스피박의 말처럼 서발턴의 존재는 재현 자체가 불가능할까? 또한 스피박의 비판처럼 서발턴들의 역사와 존재의 재현을 '본질주의'라는 이름으로 비판할 수 있을까? 간단한 문제로 보이진 않는다.

여기서 '차이'란 정치적 사회적 문화적인 면에서 지배와 종속이라는 유기적 구성 요소들이 위계적으로 배치되어 있는 권력 관계하에서 지배가 통합을 강제할 때, 그것이 완성되지 못하게 그 안에 틈새를 내는 의식과 실천을 의미한다. 다른 식으로 표현하자면 서발턴의 서발터니티는 지배담론이 '완전하게 전유할 수 없는 타자성'이다.[92] 구하는 서발턴을, "인도 주민 전체와 엘리트들이라고 불리는 자들 사이의 인구학적 차이"라고 정의했다.[93] '인구학적 차이'라는 서발턴 개념으로부터 동질성, 보편성, 총체성을 강제하는 지배권력의 헤게모니에 포섭될 수 없는 차이의 공간에서 모순적 틈새를 만들어내는 정치적 이론적 근거지라는 의미를 도출할 수 있다. 구하는 서발턴 정치와 엘리트 정치의 '공존'을 중요한 역사적 진실의 지표로 생각했고, 지배 엘리트 헤게모니에 포섭되지 않은 서발턴의 독자적 영역이 존재함을 강조했다.[94] 이런 맥락에서 볼 때, 서발턴 그룹은 서발턴의 재현을 본질주의와 실증주의로 환원했던 것은 아니다. 오히려 서발턴을 재현할 수 있는 '차이의 공간'에 주목했다.[95] 따라서 구하와 스피박 모두 통일적 정체성이나 본질을 지칭하는 개념이 아닌, 차이를 드러내는 개념으로 서발턴을 사용했다.

여기서 주목해야 할 개념이 '차이의 공간'이다. 지배담론은 서발턴의 저항적 현존이나 통제 불가능한 서발턴의 '인상'만 기록한다. 지배담론은 서발턴의 서발터니티를 온전하게 포착하는 것이 불가능하다. 지배담론 내부에 존재하는, 이질적인 차이의 공간은 서발턴이 지배담론 안에 존재하면서도, 대항담론을 만들어낼 수 있는 가능성을 보여준다.[96] 앞에서 구하의 농민봉기 분석에 관해 언급했던 것과 같이, 차이의 공간은 동시에 '부정의 공간'이기도 하다. 구하는 봉기에서 발견되는 부정성은 서발턴이 스스로를 지배자에 비해 저열하다고 '자인(自認)'하는 동시에, 지배 엘리트의 권위를 부정하는 '양가성(ambivalence)'을 지닌다고 주장했다.[97] 이러한 부정성은 저항의식의 출발점이다. 즉, 서발턴이 자신의 사회적 존재와 특성이 아닌 엘리트(혹은 상급자)의 특성과 속성을 부정함으로써 자신을 인식할 수 있다는 것을 의미한다. 서발턴은 엘리트의 부정을 통해 적과 동지를 구분하면서 지배집단이 강제한 권위와 질서를 위반하고 아래의 것과 위의 것을 전도시키려고 했던 것이다.[98] 예를 들어 인도 노동자의 종교·인종 폭동은 그들을 분할시키려는 지배담론의 공간 내에 일어났다. 하지만 동시에 종교적 행사, 휴가 등을 얻어내기 위한 반역적 요소를 포함하고 있었다.[99]

그렇다면 '차이의 공간'이 중요한 이유는 무엇인가? 프롤로그에서 지적한 바와 같이 기존 개념과 언어로는 비서구 사회 서발턴을 재현하는 데에 근본적 한계가 존재하며, 결국 서구의 모방-보편화 전략에 종속되기 쉽기 때문이다. 서구 노동계급은 지배담론과 엘리트 외부에 존재하는 의식, 문화 그리고 조직을 통해 자신들의 역사를 구성했다. 이와 달리, 비서구 서발턴들의 역사에는 서구 노동계급의 '화이트 노동사'로 동질화될 수 없는 이질성과 복잡성이 존재한다.[100] 다시 말해서 비서구 서발턴은 근대 역사학에 의해 번역될 수 있지만, 그 번역은 늘 미완성인 동시에 불가능하다. 이런 불가능한 번역 속에 서발턴의 타자성과 이질성이 내장된 서발터니티가 존재한다. 서발턴들의 번역을 둘러싼 난점은 '차이의 공간'을 통해 문제의 해결 지점을 모색할 수 있다.

서발턴이 재현되는 '차이의 공간'은 지배담론에 의해 구성되었지만, 이에 종속될 수 없는 차이와 이질성이 그 안에 공존한다. 그리고 이들의 저항은 지배담론의 틈새 사이에서 출현한다. 다시 말해서 서발턴은 그들을 통제하기 위한 동질화에 의해 근본적으로 포섭이 불가능한 존재다. 동시에 지배담론 내에 연루되어 있지만, 서발턴들은 그것의 작동 속에서 드러나는 차이와 이질성을 통해 역사 속에서 재현된다.

이러한 차이의 공간은 제3부에서 소개한 사례인 소년원 탈출 사건을 통해 설명할 수 있다. 박정희 시대 국가와 사회는 가족과 학교에서 관리할 수 없는 소년과 소녀들을 소년원이라는 집단 교정시설에서 훈육하려고 했다. 하지만 소년원은 국가와 사회가 원한 '선한 주체' 혹은 '생산적이며 훈련된 성인'으로 이들을 길들이는 데에 실패했다. 오히려 집단탈주, 탈옥, 검거 등 사건이 반복되었다. 특히 학교, 가정 그리고 국가의 보호와 훈육에 대해 공공연하게 저항했던 탈출 사건은 지배담론이 결코 서발턴의 신체를 완벽하게 훈육할 수 없다는 것을 보여준다. 다른 식으로 표현하자면, 소년원이란 공간은 총체적 지배라는 목적을 달성할 수 없는 공간이었다. 동시에 소년원 탈출 사건은 소년·소녀들의 이질성이 내장된 '차이의 공간'에서 지배의 틈새를 뚫고 나온 저항이었다.

하지만 잊어선 안 되는 것은 재현할 수 없는 것을 포착하는 것이다. 다시 말해서 '재현의 불가능성'을 망각해서는 안 된다. 차이의 공간에서 서발턴의 이질성과 타자성이 독해될 수 있는가에 대한 답변은 늘 '양가적'이다. 한편 서구 근대성에서 기원하는 범주와 개념 없이 비서구 서발턴의 역사를 사고하는 것은 불가능하다. 따라서 비서구 서발턴 재현에서 서구의 개념과 범주는 '필수적'이다. 그러나 서구 개념들만으로 서발턴의 역사들과 서발터니티를 재현하기에는 '불충분'하다. 여기서 불충분함이란 서구에서 기원하는 개념으로 환원할 수 없는 비서구 서발턴들의 '차이(difference)'를 의미한다.[101] 물론 스피박의 말처럼, 서발턴의 재현에 있어서 '실증적 본질주의의 전략적 활용'은 제한적으로 가능할 것이다. 서발턴들의 이질성과 차이를 인정하되, 한시적 의미에서 전략적으로 본질주의적 개념과 언어를 사용하자는 것이다. 다만 실증주의의 전략적 활용은 궁극적으로 이들의 본질을 확립하기 위한 것은 아니다.

또 다른 맥락에서 서발턴의 재현 불가능성을 망각해서 안 된다는 것은, 근대 역사학의 언어와 용어로 환원할 수 없는 차이와 끝내 포섭할 수 없는 서발턴의 이질성에 주목해야 한다는 의미이다. 사료를 통해 서발턴을 역사 주체로서 '최종적으로 복원하거나 재현할 수 있다'고 확신하는 실증적인 역사 서술은 위험하다. 실증적 역사 서술이 위험한 이유는 다시 서발턴들을 지식인의 '연구 대상'으로 전락시킬 수 있기 때문이다. 따라서 서발턴이 연구자의 지적 시야 안으로 들어오는 것 역시 그들이 공존하는 구조와 밀접한 관계가 있다. 따라서 연구자가 그들을 연구 대상으로 선택하는 것 자체는 '권력으로서 지식'과 연루된 문제이다.

제1부에서 정리했던 것처럼 서발턴 재현에서 난점은 서발턴 그룹과 스피박 등 다양한 논자들이 제기했다. 이들이 제기했던 난점 가운데 핵심은 근대 지식의 형태로 역사학 비판이다. 이들은 역사 서술을 과거의 재현을 통해

현재의 권력을 정당화하려는 세력들 간의 이데올로기적 투쟁으로 이해하고 있다.[102] 이에 대해 이들은 '지방(province)'으로서 서구와 유럽을 다시 설정함으로써 지배담론 '내부'에서 근대적 지식 형태로서 역사학에 균열을 내는 방식으로 비판을 전개했다.[103] 다시 말해 서구에 기원하는 근대 역사학이 자본주의와 권력관계를 재생산하는 지배이데올로기 역할을 하고 있는 것에 대한 '근본적 비판'을 수행하고 있다.[104]

한국에서 비판적 역사서사의 일환인 민중사와 노동사도 서구 근대 역사학의 관념을 모방했다. 그 이유는 '민중사와 노동사도 단일한 시간 위에 인간들의 행위가 일정한 인과관계에 따라 연속적으로 전개되는 과정'으로서, 역사라는 서구 근대 역사학의 전제를 수용했기 때문이다. 즉 서구 근대 역사학과 유사한 서술 방식에 따라 과거를 재현하려는 역사 서술의 모방과 보편화 전략으로부터 자유롭지 못했다. 1980년대 이래 민중사학은 표면적으로 지배적인 주류 역사학과 대립했다. 하지만, 역사 서술에서 서구-식민주의의 개념을 모방하려고 했다는 점에서 민중사는 주류 역사학과 유사했다. 서구 역사서사와 개념의 '지방화'를 제기했던 챠크라바티(Dipesh Chakrabarty)는, 역사에 관한 학문적 담론에 관한 한 유럽은 '인도의 역사' '중국의 역사' 라고 불리는 모든 역사들의 주권적이고 이론적 주체로 남아 있으며, 모든 다른 역사들도 유럽의 역사라고 불리는 지배서사에 대한 '변이형'이 되는 독특한 방식으로 존재한다고 주장했다.[105] 다시 말해 서구와 비서구를 비교할 때 관행적으로 통용되는 지식-담론 자체를 문제시하는 '거리두기' 전략이 필요하다는 것이다.

이런 거리두기를 위해 제기해야 할 문제가 두 가지 있다. 하나는 과거 서발턴을 재현했던 역사 서술에서 어떠한 측면이 삭제되었는가이다. 그리고 다른 하나는 반대로 그 과정을 설명하기 위해 어떤 개념과 이론이 텍스트 속에서 소비되었는지에 관한 문제 제기이다. 단적인 예로, 비서구 서발턴들인 인도 벵골 노동자들의 공동체 의식, 에스니시티(ethnicity), 신분의식 등을 '낮은 계급의식'이나 '전자본주의적'으로 일반화하는 것은 이들을 서구 노동자와 동질적인 존재로 간주하는 모방—보편화 전략에 불과하다. 오히려 전자본주의적 지배 형태가 이들 간의 연대, 조직 그리고 의식을 발전시키기도 했다. 실제로 벵골 노동자들을 노조와 연결시켰던 것은 조직적 규율보다 개인적 일시적 충성의 형태를 띤 리더십, 자민다르 리더십(zamindari leadership)—일종의 지주적 리더십—이었다. 또한 노조 지도자와 조합원 간의 충성 관계도 '바부쿨리 관계(babu-coolie ralationship)'라는 지배—복종 관계와 흡사했다.[106]

이 점에서 이질적인 서발턴의 재현 가능성을 탐색하기 위해서는 비서구 서발턴들의 의식, 행동 그리고 문화가 서구의 그것과 동질화되어야 한다고 가정해서는 안 된다. 다시 말해서 이들의 의식과 행동을 전근대적이라고 간주하는 서구 근대 역사학의 지식·담론과 거리두기가 필요하다. 비서구 서발턴의 의식, 문화 그리고 행동의 이질성을 충분히 인식하며, 이것이 표출되는 '차이의 공간'에서 저항의 계기를 찾아야 한다. 결국 근대 역사 서술 자체를 탈역사화하기 위한 출발점은 서발턴을 재현할 수 없거나 '역사가 아닌 것'으로 간주해온 시공간 속에서 '다른 역사의 가능성'을 탐색하는 것이다.[107] 따라서 서발턴에게서 경계의 시공간으로서 사건에 대한 독해와 서발턴 역사들의 '탈역사화'는 분리할 수 없다. 다시 말하자면, 서발턴의 재현은 이질성과 차이가 재현되는 사건의 장소에서 가능하다. 그리고 이 작업은 기존 역사의 '탈역사화'를 통해 보충되어야 할 것이다.

하지만 여전히 남는 문제는 서발턴 정치의 장소인 차이의 공간에서 '차이'를 읽는 것 역시 한계가 존재한다는 사실이다. 연구자이자 지식인들은 이러한 현재의 한계조차 인정해야 한다. 서발턴이 스스로 말한다면 이미 서발턴일 수 없다. 마찬가지로 타자성과 저항의 흔적을 여기저기 남기는 '서발턴의 서발턴'들은 앞으로도 출현할 것이다. 그렇다면 이를 전통적인 역사학 형식이 아닌 다른 방식으로 서술하는 방법은 없을까? 이는 아마도 더 이상 기존 역사학 형태가 아닌, 역사학의 경계를 벗어나는 실재와 허구 사이의 이야기로서 서사라는 '반역사(anti-history)'의 형태일 것이다.[108]

에필로그
박정희 시대, 서발턴 그리고 유령들의 역사

이제 길고 길었던 이 책의 마지막 장에 이르렀다. 이 책에서 박정희 정권기가 아닌 박정희 '시대'란 용어를 쓴 이유를 먼저 이야기해야 할 것 같다. 흔히 시대란 역사적으로 어떤 표준에 의하여 구분되는 일정한 기간을 의미한다. 하지만 박정희 시대라는 용어를 쓴 것이, 박정희 개인이 이 역사적 기간의 특징을 규정하는 결정적 요인이라는 의미는 아니다. 또한 이 시기에 대한 역사적 평가가 박정희 개인에 대한 평가로 국한된다는 것을 의미하는 것도 아니다. 오히려 박정희 시대란 말을 쓴 근본적인 이유는 1961년부터 1979년까지, 18년에 걸친 박정희 시대의 '고유성' 때문이다. 박정희 시대의 고유성이란 1980년대에 부정하고자 했지만 현재까지도 끈질기게 살아남은 '아버지들의 세계관과 가치'를 의미한다.

박정희 시대는 오늘날 한국 사회의 지배담론, 제도 그리고 지식체계의 '모태(母胎)'가 형성된 시기이다. 발전과 성장의 절대화, 지도자와 영웅 숭배, 국가와 민족에 최우선적인 가치를 부여하는 세계관, 표준에서 벗어난 개인과 집단을 '적(敵)'이라고 부르는 배제와 차별, 군사주의, 직계 혈통 이외 집단과 연대 거부, 순수 혈통에 대한 우월감, 민주주의는 토론이 불필요하다는 사유방식, 성공을 위해서는 어떤 방법을 써도 무관하다는 가치와 세계관의 '원형'이 만들어 진 시기가 박정희의 집권기였다. 하지만 나는 아버지 세대의 세계관과 가치가 박정희 개인에 의해 만들어졌다고 주장할 생각은 없다. 아버지 세대의 가치와 세계관은 박정희 시대를 살아가던 아버지 세대들이 조국과 민족의 가부장인 박정희와 더불어 만든 것이다. 그리고 아버지 세대의 세계관과 가치는 같은 시기에 유년기와 청년기를 겪었던 세대들도 근본적으로 부정하지 못했던 것이다. 제1부에서 이미 언급했지만 아버지 세대를 부정하고자 했던 세대는 어느 순간엔가 자신들이 또 다른 아버지가 되어가고 있음을 알게 된다.

특히 박정희 시대에 아버지 세대가 보지 못하거나 망각하고자 했던 집단이 서발턴이었다. 나는 이 책에서 박정희 시대와 아버지 세대에 의해 망각되고 재현될 수 없었던(혹은 기억되기를 거부당했던) 유령들인 서발턴을 재현하고자 했다. 이들은 한국 사회가 두려워했던 혐오의 대상인 동시에 국민으로서 자격을 박탈당한 자들이었다. 그들로부터 국민의 자격을 빼앗은 때는 1961년 5.16 군사 쿠데타부터였다. 박정희라는 가부장은 보호할 가치가 있는 개인에게는 국민이란 자격을 주었지만, 위험하고 문란한 자들에게는 사회구성원의 자격을 부여하지 않았다.

아버지 세대는 학도호국단, 군사훈련, 민방위 그리고 국민교육헌장이라는 담론과 제도를 통해 남성 형제들이 '건강한 민족공동체의 국민'이 될 수 있는 길을 제시했다. 박정희 시대에 청년들은 가부장이었던 국가와 민족에 충성을 맹세하는 국민이 되거나, 무차별적인 검열 속에서 우울증이나 정신적 혼돈을 겪어야 했다. 그렇지 않다면 여러 가지 다른 이름을 지닌 서발턴이 되어 유령처럼 떠돌아야만 했다. 하지만 그 후 상당한 시간이 흐른 20세기 후반이란 다른 시공간에서 박정희 시대는 되살아나고 있다. 박정희 시대의 재림(再臨)을 드러내는 대표적인 예는 '청년'이다. 1997년 경제위기 이후 최근에 들어서 '청년실업'에 빠진 청년들은 정신적 공황 상태이다. 청년들의 현실은 학력, 학점,

토익 점수 등을 뜻하는 스펙 그리고 이 모든 것들을 압축하는 '경쟁'이란 단어로 묘사되곤 한다. 하지만 청년들의 정신적 공황에서는 박정희 시대, 그들의 아버지가 공유했던 군사주의와 파시즘의 냄새가 난다. 그리고 이들 가운데 일부는 박정희와 같은 '아버지'를 갈망한다. 아버지와 자식들이 비슷한 모습을 지닌 아버지를 갈망하는 역설을, 나는 몇 년 전 양심적 병역 거부를 둘러싼 사법적 판결에 대해 보였던 청년들의 반응에서 확인할 수 있었다.

최근 양심적 병역 거부에 대한 사법적 판결을 둘러싸고 논란이 증폭되고 있다. 종교와 양심 자유에 따른 병역 거부에 대한 사법부의 판결은 '국민으로서 의무'와 '양심의 자유' 간 논쟁에 불을 붙이는 도화선이 되었다. 며칠 전 웹상에서 이를 둘러싼 네티즌들의 반응을 보니 한마디로 '가관'이었다. 흡사 얼마 전 군가산점을 둘러싼 논란이 재연되는 듯한 인상을 받았다. 상당수가 '신성한 국방의 의무'를 내세우며 논리를 전개하지만, 그 안에는 개인으로서 손익계산이 적지 않게 깔려있을 것이다. '나도 군대 갔다 왔으니 남이 안 가면 내가 피해다'라는 식의 인식이 그것이다. 특히 놀라운 사실은 20대 가운데에도 이런 식의 사유 방식을 가진 개인이 적지 않다는 점이었다.

나는 '사상의 자유 시장'을 신뢰하지 않는다. 근대 시민혁명이 '남성 시민'을 만들었지만 '여성 시민'을 배제했고, 세기 초 노동조합운동은 남성 노동자에게 일자리를 줬지만 여성들은 가정 안으로 유폐시켰다. 한국에서도 상황은 유사했다. 한국전쟁은 '국민'과 '빨갱이'란 기준으로 특정한 사상과 양심을 배제·억압했고, 심지어는 이들을 몇십 년 동안 감옥 안에 포박해놓고 양심을 팔도록 강요했다. 근대 사회의 역사는 특정한 집단의 배제를 통한 지배—이른바 정상인을 전제로 한 비정상인의 양산—를 합리화해 왔다. 특히 '군대'는 한국 사회에서 '국민'이

되는 바로미터였기에 선택의 문제가 아닌, 당연한 의무였다. 이런 사유 방식은 한국전쟁 이후 그리고 오랜 군부 정권의 군사주의적 지배 속에서 강화되었다.

1960년대 후반 박정희 시기 정착된 '군사주의' 그리고 '사회의 군사화'는 민간정부가 들어서고 절차적 민주화가 확산되어도 여전히 강화되고 있다. 군사주의는 일상적인 전쟁과 전투 상황을 상정하고, 이 전투에 걸맞는 전사회적 동원 체제를 양산한다. 그리고 그 안에서 주체들은 무의식적으로 '군사주의적 심성'에 길들여진다. 1960~70년대 유년기와 청년기를 겪었던 이른바 민주화 세대들조차 군사주의적 사유 구조가 무척 강하다. 바로 군사주의는 세대를 넘어서 재생산되고 있다. 특히 이번 사건을 통해 사회의 군사화가 아직도 약화되지 않았다는 사실을 확인하니, 걱정보다 '공포'를 떨칠 수가 없다. 간단하게 생각하면 잔존한 군사주의의 유제라고 폄하할 수 있지만 상황이 그리 간단하지만은 않다.

청년실업으로 대표되는 고용불안과 이로 인한 사회적 불안감, 연달아 드러나는 애국주의와 국가주의적 분위기의 확산, 미군 철수 등으로 나타나는 '안보위기감' 그리고 '개혁'이라고 불리는 거리의 황색 열정. 솔직하게 말하면 나는 2002년 월드컵에서 황색 열풍으로 이어지는 분위기를 희망이라기보다, 다소 '불안'하게 바라보았다. 독일 나치 집권 이전 대중들은 대안이 부재한 정신적 공황 상태였고 이 와중에서 자신의 불안을 극단적인 '영웅'을 통해 해소하고자 했다. 그 영웅의 논리는 우생학, 인종주의, 국가주의, 군사주의, 남성주의가 착종된 것이었다. 그 안에 '개인'이나 '인권' 그리고 '양심의 자유' 등이 들어설 자리는 존재하지 않았다. 그 속에서 청년들은 영웅에 열광하며 군사주의 속에 함몰되어 갔다.

내가 양심적 병역 거부에 대한 판결을 둘러싼 청년들의 반응에서 '파시즘의 냄새'를 맡았다는 주장은 지나친 과민 반응일 수도 있다. 하지만 반복되는 군사주의적 사유는 어느 순간 방향을 급선회할지도 모른다. 개인의 가치나 신념보다 국가, 국민, 민족이란 상상의 공동체에 몰두하고 소수자의 자유나 이견이 그 속에 묻히는 사회에서 파시즘과 군사주의는 언제든지 다시 살아날 수 있다. 청년들이 '개인'의 가치보다 국민으로 인정받으려는 '인정 투쟁'에 몰입하는 이유는 무엇일까? 여전히 소수의 목소리가 '국민'이라는 문자에 의해 짓이겨지는 21세기적 현실이 나는 정말 두렵다. 진정한 자유는 소수자의 자유라는 로자 룩셈부르크의 절규는 그 옛날의 이야기가 아닌 것이다.[1]

산업화, 민주화 그리고 선진화로 이어지는 뉴라이트 그룹의 역사 인식 가운데 맨 마지막 항목인 선진화는 최근 '복지'로 변형되어 우리의 눈앞에 다가오고 있다. 선진화라는 슬로건에 의해서도 채워지지 않던 정신적 공황 상태를, 청년들은 누군가로부터 보호받음으로써 해결하려고 하는지도 모른다. 하지만 보호를 받기 위해서 그들은 아버지가 국민의 자격으로 제시하는 가치를 받아들여야 할 것이다. 아비는 '모든 자식'을 보호하지는 않기 때문이다. 가까운 예를 든다면 청년들은 여성, 다른 피부색을 지닌 자, 사회규범을 어길 가능성이 높은 개인들의 고통에 공감하거나 연대의 손을 내밀어선 안 될 것이다. 그들은 열등하고 경쟁에서 뒤쳐진, 국민의 자격 기준에 미달하는 자들이기 때문이다. 아버지는 아들들이 국민의 자격을 지닌 '건강한 자'들과 어울리기를 강요하기 때문이기도 하다. 마치 박정희 시대 서발턴이 공동체에서 추방되어 유령처럼 떠돌았듯이, 2011년 서발턴의 서발턴도 역사, 기억 그리고 공동체로부터 추방당할지도 모른다. 박정희 시대는 특정한 연도를 가리키는 숫자가 아니다. 또 박정희 시대는 지나간 과거의 역사도 아니다. 박정희 시대는 지금도 아버지와 자식들의 내면세계에 자리 잡은 '현재성'이다.

이 책에서 재현하고자 했던 서발턴에게 박정희 시대는, 사회구성원이자 정치적인 것을 구성할 수 있는 주체의 자격을 빼앗긴 때이다. 한 연구자의 표현을 빌면, "이중의 자격을 상실한" 시기였다.[2] 박정희 시대 서발턴의 모습은 도시하층민, 미성년자와 소년범, 가난한 여성, 탄광이란 사회적 게토에 갇힌 광부들 그리고 생계와 안온한 삶의 터를 빼앗기고 살인자가 된 도시빈민 등이었다. 이들에게 박정희 시대는 구두닦이, 슈샤인보이 그리고 도시룸펜이 거리에서 정치에 앞장섰던 1960년 4월의 기억을 빼앗은 때였다. 동시에 박정희 시대는 이들을 '정치의 뒤편'으로 추방했던 시기였다. 광주대단지 도시하층민들은 '폭도'라는 오명을, 박흥숙은 살인자로 '훼손된 영웅'이란 오명을 입었다. 그리고 '소년범'이란 이름으로 정상인의 자격을 빼앗긴 자들은 박정희 시대에 '재현될 수 없었던' 서발턴들이었다.

1987년 민주화 이후에도 여전히 서발턴은 보이지도, 말할 수도 없던 존재였다. 그래서 그들은 재현되기를 거부당했으며 지식인들도 이들의 고통에 연대의 손을 내밀지 않았다. 오히려 '근대화 불가피론'이란 담론으로 이들의 '비가시성'이 강화되었다. 또한 '민주화운동 진상 규명'—진상 규명의 역사적 의미를 폄하하는 것은 아니다—과정에서는 민주화운동이나 민중운동이라는 이름으로 '불릴 만한 사람'들에게만 사회구성원의 자격을 부여해주었다.

박정희 시대 그리고 오늘날에도 서발턴은 망각을 강요당하고 있다. 그럼에도 불구하고 여전히 서발턴은 기억되어야 하며 그들의 증언은 한국 사회에서 공유되어야 한다. 우리는 그들이 남긴 '흔적'을 찾는 일을 멈추어서는 안된다. 또한 서발턴의 고통에 대한 연대의 손을 내미는 데 두려워해서도 안된다. 서발턴은 지배적 역사서사에 의해 언급되는 것조차 불경스럽고 위험하기 짝이 없는 존재들이었다. 하지만 그들은 기억과 사건이라는 '흔적'을 남겼다. 유령과 같은 서발턴을 찾아가는 연구자의 길은 이들이 남긴 흔적을 찾아내어 그들에게 이름을 붙여주고 그들의 침묵과 고통에 공감할 수 있는 장을 마련하는 것이다. 하지만 서발턴에 대한 공포와 이들을 비가시화하기 위한 지식은 2000년대에도 반복되어 나타났다. 그 가운데 하나가 '유전자은행법'이라고 불리는 것이었다.

리들리 스콧은 〈블레이드 러너〉란 영화에서, 서기 3000년경 소수 엘리트 집단이 첨단 과학기술을 독점하며 다수를 통제하는 인류의 어두운 미래를 그렸다. 지난 세기말부터 과연 인류의 미래는 어떤 색조를 띨 것인가에 대해서 이런 저런 이야기들이 많았다. 특히 과학기술의 발전이 반드시 인간의 삶을 장밋빛 미래로 만들어 줄 것인가를 둘러싸고 회의적인 이야기들도 적지 않았다. 어쩌면 사람들은 손에 잡히지 않는 '공포'를 두려워하고 있었는지도 모른다.

이런 공포는 역사적으로 계속 만들어지고 유통되어 왔다. 20세기 초반, 상당수 지식인들은 '서구의 몰락'이란 화두를 통해 잠재적인 공포를 공유했다. 호세 오르테가 이 가세트의 『대중의 반역』이나 1920년대 르봉의 '군중심리론'에 깔렸던 것은 '통제하지 못하는 대중'에 대한 잠재적 공포였다. 산업사회 이후 등장한 새로운 익명 집단인 대중에 대해 지식인들 가운데 일부는 경계의 눈초리를 거두지 않았다.

하지만 얼마 되지 않아 공포는 다른 모습으로 눈앞에 등장했다. 그 이름은 나치즘이나 파시즘으로 불렸던 집단동원 체제였다. 노골적인 인종주의와 집단학살, 상대편에 대한 이유 없는 적대와 증오심 등 여러 가지 요소들이 착종되어 나타난 이 체제는 서구 사회가 그동안 쌓아온 민주주의를 근본에서 흔드는 또 다른 형태의 공포였다. 서구 사회는 좌파와 우파를 막론하고 공동의 적을 물리치기 위해 하나가 되어 싸웠다. 하지만 제2차 세계대전이 종식되면서 다시 다른 공포가 찾아왔다. 그 공포는 냉전이 만들어 낸 '공산주의'라는 적이었다. 이처럼 인류는 끊임없이 적을 생산하며 생존해온 긴 역사를 지니고 있었다.

이 점은 한국도 유사했다. 냉전하에서 국민의 적은 '빨갱이'라고 불리는 비국민이었으며, 적의 재생산은 한 사회의 통합을 유지하는 중추였다. 사회적 불안을 일으키는 적의 존재가 역설적으로 사회 통합을 촉진하는 힘으로 작용했던 것이다. 이 점에서 유전자은행법은 주목할 만한 흐름이다.

최근 경찰청은 법무부와 공동으로 추진하고 있는 '유전자은행법'을 다음 달에 공식적으로 입법 예고할 계획임을 밝혔다. 유전자은행법의 설치가 추진된 것은 이번이 처음은 아니다. 지난 17대 국회에서도 '유전자감식정보수집법안'이 상정되었지만, 인권 단체들의 강한 반발로 법안은 자동으로 폐기되었다. 이 법안은 2008년 '안양 초등생 살인 사건' 당시 다시 등장하여 새로이 정비되었으나, 국회에 법안이 제출되지 못했다. 그러나 올해 연쇄살인범 강호순 사건으로 법제화에 급물살을 탔다. 사건 당시 DNA 물증을 통해 강호순의 범죄 사실을 입증했으나, 이에 대한 체계적 관리 시스템은 미비했으며, 이후 검찰과 경찰은 흉악 범죄를 예방하고 범인의 조기 검거를 위해 '유전자 감식법안'을 추진 중이다.

'유전자 감식법안'은 살인, 강도, 강간, 추행, 절도 등 이른바 11대 강력 범죄를 저질러 구속된 피의자와 형이 확정된 수형인을 대상으로 DNA를 수집하고 관리하는 시스템이다. 또한 피의자나 수형자가 유전자 채취를 거부할 경우, 법원으로부터 영장을 발부받아 강제적으로 채취할 수 있도록 규정되어 있다. 하지만 유전자은행법은 강제적인 DNA 수집 등을 통한 인권침해 논란, 점차 DNA 채취 대상이 확대될 경우의 위험성을 지니고 있다. 또한 수형자가 불기소될 경우 이를 삭제한다고 하지만, 과연 이러한 조치가 실제로 이루어질 것인지 여부를 놓고도 논란이 가속화될 것으로 보인다.

몇 해 전 인권영화제에서 〈여섯 개의 시선〉이란 옴니버스 영화 가운데 〈그 남자의 정사〉라는 소품을 본 일이 있다. 영화의 짧은 줄거리는 한 성범죄자가 자신의 범죄로 인해 집 앞에 지문표시가 새겨지고, 같이 거주하는 공간에서 철저히 격리되고 배제되어가는 과정이었다. 영화는 사회적으로 무시되는 것이 당연하다고 여겨지는 개인의 인권조차 보호될 때야 비로소 진정한 인권이 보장되는 사회임을 역설했다. 한 인간이 죄를 짓는다고 해서 평생 그에게 '낙인'을 찍는다면 그 사람은 죽은 것과 다름없기 때문이다.

이미 한국 사회는 주민등록과 지문을 통해 기본적 개인 정보에 대한 관리를 오랫동안 시행해왔다. 하지만 DNA 자료 수집이라는 생체 자료 수집은 지문이나 주민등록과는 분명히 질적으로 다르다. 이처럼 범죄 예방이나 사회 불안을 이유로 하나씩 늘어가는 국가에 의한 개인 정보 수집은 자칫 잘못하면 사회 안정이란 이름하에 개인의 사생활과 개인 정보에 대한 무분별한 관리와 통제로 이어질 가능성을 배제할 수 없다. 일찍이 제러미 벤담은 학교, 공장, 병원, 감옥에서 이루어지는 감시체계를 파놉티콘이라고 이름 붙였다. 푸코 역시 개인의 모든 행동거지와 관련된 자료가 축적된 데이터베이스가 마치 파놉티콘이 죄수들을 감시하듯이, 개인의 출생에서 죽음에 이르기까지 대중을 통제하고 관리하는 전체주의적 권력의 도구로 오용될 수 있음을 경고한 바 있다. 우리는 범죄 예방을 이유로 파놉티콘의 현대적 재림을 받아들여야 할까, 아니면 죄를 지은 개인의 인권조차 존중하는 사회를 꿈꾸어야 할까? 깊이 생각할 필요 없이 우리가 갈 길은 후자가 아닐까?[3]

혐오감(嫌惡感)이란 특정 대상을 병적으로 싫어가거나 미워하는 감정이다. 이러한 감정을 낳게 하는 원인은 불쾌감을 주는 대상이 더 큰 피해나 재앙을 유발시킬 수 있다는 공포감과 밀접하게 연결되어 있다. 20세기 초반 독일 나치는 유태인을 전염병처럼 여겼다. 마찬가지로 냉전 시기 한국 사회에서 공동체를 위태롭게 할 수 있는 범죄, 사회규범이나 가치관의 파괴, 부도덕과 문란, 특정한 질병을 유발시킬 가능성을 가진 개인과 집단에 대한 증오와 공포의 감정은 계속 재생산되었다. 결국 서발턴은 기억과 역사에서 지워졌다. 하지만 서발턴이 기억과 역사에서 지워지더라도 언젠가 연구자의 시야에서 재현될 수 있다. 또한 현실에서 또 다른 '서발턴의 서발턴'은 나타난다. 오늘날 '서발턴의 서발턴'의 예로 들 수 있는 것이 서비스 노동에 종사하는 기혼 여성들이다. 1960년 4월, 1980년 5월 그리고 1991년 5월에 서로 다른 이름의 서발턴들이 정치적인 것을 구성할 자격을 상실당하고 추방되었다. 2010년 대인 현재에도 서비스, 청소용역에 종사하는 여성들은 아줌마라는 이름으로 '정치로부터 추방'당하고 있다. 그들은 '집에 가서 애나 봐'라는 남성들의 위협 속에서 주부이자 불안정노동자란 자신의 정체성으로부터 벗어나지 못했다. 하지만 2007년 이랜드 여성들의 매장 점거 그리고 2011년 홍익대학교 청소용역 여성들의 점거 농성은 어머니, 청소용역, 아줌마라고 불렸던 자신의 정체성에서 벗어나는, '사건으로서 정치'였다.

특히 2007년 이랜드 점거 투쟁은 '사건으로서 정치'의 상징적인 사례였다. 평소 서비스·유통 산업 여성 노동자인 이들은 목소리가 없던, 식별조차 불가능한 존재였다. 하지만 매장 점거란 사건은 지역이라는 시공간을 매개로 한, '몫이 없는 자들의 정치'가 재현된 장이었다. 매장 점거라는 사건은 지역 사회단체와 정치단체가 결합해서 지역사회를 거점으로 새로운 정치의 가능성을 보여주었다. 매장 점거라는 사건을 통해 기혼 여성들은 '가정으로 돌아가고 싶은 주부이자 여성'이라는 정해진 위치를 거부했다. 동시에 이들은 지배담론에 의해 위치 지어진 모성이자 밥 해주는 존재라는 주체 위치를 사회정의와 평등을 위해 활동하는 존재로 탈정체화시켰다. 특히 "매출 제로 투쟁"이라고 불렸던 놀라운 사건, 매장 점거는 상급 노동조합의 지침에 따랐던 것이 아니라, 여성 조합원의 자기 조직화였다는 점에서 기존 제도정치와 '불화'를 낳았다.[4]

평소 시민들은 이랜드 노조 여성들을 서비스업에 종사한다며 무시하고 차별 대우했다. 하지만 매장 점거라는 사건을 통해, 시민들은 여성 조합원들도 같은 지역 주민이자 시민임을 인식하게 되었다. 다시 말해서 매장 점거란 사건은 지배담론에 의한 '자리 정해짐'에 균열을 냈다. 그러나 여전히 '80만 원 받는 비정규 노동자들의 투쟁'으로 이랜드 여성들이 상징화된 사실, 여성 노동자들을 '우리 누이'라고 호명하거나 민주노총의 '불쌍한 우리 주부들을 집으로 돌려보내야 한다'는 담론에서 드러나듯 지배담론으로부터 완벽하게 자율적이지는 못하다.[5]

이처럼 '사건으로서 정치'는 서발턴을 특정한 자리에 고정화시키는 기존 정체성으로부터 벗어나 '차이의 공간인 경계'에 위치할 때 재현된다. 여성들은 자신에게 분배된 가정, 청소용역 노동자, 어머니, 주부라는 주어진 자리로부터 '탈정체화'하는 사건의 순간에 정치적 주체로 등장한다. 그리고 그녀들은 지배담론의 동질화를 거부하며 곳곳에 서발터니티의 흔적을 남겼다. 그리고 그 흔적을 찾아가며 또 다른 '서발턴의 서발턴'은 사건을 통해 귀환한다.

하지만 서발턴은 박정희 시대 그리고 2011년에도 대다수에 의해 망각된 유령에 가깝다. 그럼에도 불구하고 서발턴과 고통을 공감함으로써 유령과 같은 그들의 흔적을 드러내는 작업이야말로 근대 역사서사와 제도화된 정치의 한계를 드러내는 시작일 것이다. 동시에 박정희 시대와 아비의 유산을 부정할 수 있는 출발점이라고 생각한다. 한 조각 남은 아비의 흔적마저 지워버릴 때 박정희 시대의 유령들이 스스로를 증언할 수 있는 때가 비로소 다가올 것이라고 나는 확신한다.

부록

1. 1960~70년대 박현채 저작 연보

구분	출판년도	제목	출처, 출판사	비고
단행본	1977	民衆과 經濟	正宇社	
		民族經濟論	한길사	
	1978	전후 30년의 세계경제사조	평민사	
	1981	資本主義發達史硏究序說	한길사	
		韓國農業의 構想	한길사	
	1982	現代經濟思想史	전예원	
		韓國經濟의 構造와 論理	풀빛	
	1984	한국 농업문제의 새로운 인식	돌베개	
		韓國資本主義와 民族運動	한길사	
논문과 평론	1969	階層調和의 條件	政經硏究	
	1970	美國의 對外援助 政策과 韓國	비지네스	
		農工倂進에로의 환상과 農業問題의 핵심	思想界	
		植民地 韓國에서의 農業의 展開過程	經濟學會誌	
		韓日關係의 史的展開過程	비지네스	
		美對外援助政策과 韓國	비지네스	
		美 剩餘農産物援助의 經濟的 歸結: 農業問題의 挑戰	政經硏究	

논문과 평론	1971	離農 강요한 農村近代化 政策: 近代化의 疎外地帶	다리	
		새 교육 풍토는 이루어져야 하며 그것은 항상 과제여야 한다	全南教育	
		'72 豫算案에 대한 評價	資本市場	
		國民經濟的 側面으로부터의 評價	政經研究	
	1972	第三次 운크타드 總會와 南北問題	다리	
		GNP: 分析言語를 통해 보는 韓國經濟像	政經研究	
		景氣對策과 物價	紡績월보	
		第2次 5個年計劃의 評價와 第3次 5個年計劃에 대한 若干의 提言	貿協誌	
		第3次 5個年計劃–이대로 좋은가?: 轉換期의 韓國經濟	다리	
		貧富隔差의 深化現象: 韓國經濟의 現實과 指標	創造	
		解放後 韓國勞動運動의 展開過程: 史的槪觀과 그 反省	知性	
		資本係數, 資本産出高比率: 分析言語를 통해 보는 韓國經濟像	政經研究	
		分析言語를 통해 보는 韓國經濟像: 生産性	政經研究	
		日帝植民地統治下의 韓國農業: 1920年부터 1945年까지의 展開過程	창작과비평	
		有效需要: 分析言語를 통해 보는 韓國經濟像	政經研究	
	1973	資源問題의 經濟史的 考察	창작과비평	
		日人資本支配率이 90%以上이었다: 韓·日企業은 어떻게 協力해왔나	現代經營	
		多國籍 企業: 美國資本의 運動樣式… 그 現況과 展開過程	서울평론	
		'73 韓國經濟 決算	商議	
		쌀의 半世紀	新東亞	
		世界 食糧危機와 食糧自給의 可能性: 增産制約要因과 營農技術의 檢討	新東亞	
		世界の食糧危機と自給策: 增産制約要因と營農技術の再檢討	アジア公論	
		經濟現實과 濟濟科學: 韓國經濟 그 運動의「條件」과「自律性」을 둘러싸고	政經研究	討論: 李昌烈·朴玄埰

논문과 평론	1973	經濟學分野의 學界研究가 經濟政策에 미친 影響	財政	
	1974	當面經濟政策의「科學化」問題: 南企劃 새經濟팀의「科學的」意圖에 關聯하여	政經研究	
		國內景氣動向과 展望: 最近의 景氣動向과 展望	商議	
		主油냐 主炭이냐: 에너지政策과 資源民族主義	新東亞	
		貿易의 擴大가 곧 經濟發展이 아니다 : 望夫石輸出의 着想—輸出哲學의 貧困인가	財政	
		日本, 그것은 우리에게 무엇인가	日本研究	
		多國籍企業의 論理와 行態	新東亞	
		가이사의 것은 가이사에게: 생산에 참여한 농민을 의식치 않고 쌀을 다룬다면	농민문화	
		우리나라 食糧自給의 展望	商議	
		開發政策의 基本方向: 開發政策基調에 對한 提案	商議	
		經濟現象의 諸變化와 現實分析力에대한 檢討: 價格現實化와 經濟過程의 비전	政經研究	
		民衆의 生活과 經濟成長: 經濟發展過程에서 疎外된 民衆	世代	
		公害와 高度成長과 國土와 資源危機와, 日本의 宿題「1974」	日本研究	
		食糧危機再論	財政	
		下半期의 資金事情에 對한 展望	商議	
	1975	公正去來法의 制定方向	商議	
		不況은 克服되는가: 不況과 換率의 매카니즘	財政	
		迂餘曲折: 物價政策 10年: 國民經濟 沮害의 諸要因들	世代	
		産業構造의 變貌	기러기	
		한국인의 토지 소유의식	常錄	
		自立經濟는 急迫한 現實的 要求	財政	
		구조적 측면에서의 농지문제: 미결로 남은 농촌 문제들	농민문화	
		世界經濟: 戰後世界 30年의 思想思潮	政經研究	

		巨大 轉期 맞은 經濟狀況 : 貿易과 國際收支를 中心으로 : 76年의 韓國經濟	商議	
		國際景氣는 回復되고 있는가	國際問題	
		資本主義 世界의 構造變化: 世界經濟 攪亂局面과 打開策	政經研究	
		經濟開發計劃은 새로운 創造	商議	
		財閥의 韓國的 特性과 存在樣式	이코노미스트	
	1976	「南悳祐經濟」를 評價한다	新東亞	
		資源武器化와 國際經濟의 展望: 資源戰爭과 世界經濟	新東亞	
		資源政策의 定立方向: 資源 그 現況과 未來	商議	
		經濟發展理論의 實踐的 課題: 「經濟發展論」: 李甲燮 著『書評』	新東亞	
		농촌개발과 YWCA	한국YWCA	
논문과 평론		中小企業問題의 認識	창작과비평	
		런던會議와 先進自本主義	政經研究	
		國富論과 資本論 紛糾, 西歐思想의 分岐	政經研究	
		日本資本主義의 性格과 韓日關係, 韓日關係의 再檢討	對話	
		經濟開發 15年의 得과 失	新東亞	
		産業社會에 있어서의 經濟的 自由, 人間과 自由의 歷史	對話	
		經濟開發十五年のバランスシート, 計劃開發十五年の總量的 平價	アジア公論	
	1977	치솟는 物價曲線 어두운 庶民經濟	教育春秋	
		中小企業에 대한 認識	商議	
		國際金融危機와 韓國經濟	濟州商工	
		中小企業에 대한 認識	馬山商議	
		中小企業의 向方	韓國機械工具	
		世界經濟不況과 現代資本主義, 그 無氣味한 狀況으로부터의 脫出은 可能할 것인가	政經研究	
		國際金融危機와 韓國經濟	商議	

		組稅問題의 本質과 狀況	창작과비평	
	1977	經濟發展과 韓國農業의 諸問題	新東亞	
		高度成長과 國民의 租稅負擔	對話	
		國民經濟로서의 內需産業의 育成, 1百億달러 輸出달성과 韓國經濟	新東亞	
		農民의 立場에서 본 經濟政策	基督敎思想	
		公平課稅 제대로 되고 있는가	新東亞	
		78年의 經濟展望	체신	
		輸入自由化와 國民經濟	경영과마아케팅	
		韓國經濟의 當面課題	廣場	
		産業構造 및 産業組織政策, 100억불 輸出以後의 經濟政策方向	경영과마아케팅	
논문과 평론	1978	農政의 方向과 課題, 1978年의 韓國經濟	銀行界	
		土地에 대한 公槪念의 확대는 왜 필요한가	世代	
		再生小作制度의 經濟制度的 規定에 對한 理論的 問題提起	農業政策研究	
		財閥의 社會性을 묻는다, 아파트 特惠事件의 社會的 病理	新東亞	
		農民運動의 課題와 方向	창작과비평	
		國民經濟 그 當爲와 現實, 그 成長과 發展의 基礎는 무엇이어야 하나	한가람	
		寬容 속의 創造된 調和, 군나 미르달의 計劃民主主義 觀察에	政經研究	
		韓國勞動運動의 現況과 當面課題, 70年代를 중심으로	창작과비평	
		産業社會에 있어서 言論의 使命	新聞研究	
	1979	—		임동규 간첩사건에 연루되어 구속

2. 민민청과 통민청
봉건성, 매판성, 대외의존성

4.19 직후 비판적 지식인 그룹 내에서 두드러졌던 특징은 통일론과 자립 경제론의 대두였다. 4.19 이전에도 전후 복구를 둘러싸고 민주당 신파 계열과 『사상계』가 중심이 되어 '민간주도형 경제개발론'이 제출되었고 초기 군사 정권의 내포적 공업화론의 이론적 근거를 제공했던 '국가주도형 경제개발론' 그리고 자립경제론이라고도 불리는 '사회민주주의형 경제개발론'등이 제기되었다.[1] 그렇다면 4.19라는 정치적 개방 공간하에서 혁신 정당들과 민간 학생·청년운동 진영이 내세운 것은 무엇이었는가? 4.19 직후 7.29 총선에서는 유권자들의 정치적 무관심이 팽배했으며 주된 대립은 보수와 혁신 세력 사이라기보다, 민주당 구파 대 신파 사이의 대립, 다시 말해서 보수정당 내부 파벌 갈등이 신구파 간 공천 갈등의 형태로 나타났다. 극단적으로 민주당의 경우, 신구파는 각각 민주당 공천자보다, 자파 공천 탈락자를 암묵적으로 지원하는 모습을 보이기도 했다.

1)　박태균, 「1950년대 경제 개발론 연구」, 『사회와 역사』 제61권, 2002, 219~249쪽

다른 한편 사회대중당(사대당), 한국사회당(사회당) 등으로 갈라져서 7.29 총선거에 참여한 혁신세력은 명확한 자기정체성이 확립되지 않은, 이른바 민주당 등 제도정치권의 '잔여 세력'이었다. 혁신이란 당시대적 의미도 모호했으며 혁신정당의 구성 역시 '혁신' 혹은 '진보'에 걸맞은 것은 아니었다. 당시 상황에 대해 통민청에 관계했던 김낙중은 다음과 같이 말했다.

　　이 시기 진보정당은 대중적 기초가 부재했지. (…) 특히, 인텔리들이 중심인 진보정당인 경우 통합의 필요성을 별로 느끼지 못했지. 그러니까 '1인 1당'의 성향이 강했지…

　　사대당과 이후 사회당에 참여했던 유한종 선생의 증언에 따르면 당시 활동가 내부에 진보당 계열에 대한 불신이 존재했고, 7.29 총선에서 사대당에 대한 이들의 지지가 반단정 세력(남한 단독정부 수립 반대 세력)의 결집이라기보다, 암묵적인 지지의 성격이 강했음을 보여주고 있다.

　　사회대중당을 조직하는데 진보당계하고 뜻이 잘 안 맞아. (…) 4.19 이후의 국회의원 선거인 7.29 총선이 끝나고 사대당은 좋지 않은 작태를 보이고 엉망이 됐어요. (…) [사대당] 조직을 해가는 과정에서 진보계와 비진보계의 갈등이 심했습니다. 우리 입장에서 봤을 때 윤길중, 김달호 등의 진보계는 개인플레이가 극심해서 정당을 도저히 같이 할 수가 없더군요.[2]

---

2)　　유한종 구술, 「혁신계 변혁—통일운동의 맥」,(『역사비평』 1990년 여름호) 참조.

이러한 조직적 분립에도 불구하고 7.29 총선에 대해 혁신정치 세력은 상당히 낙관적인 전망을 지니고 있었다. 이들은 4.19를, "진정한 민주복지사회 국가를 이룩하려는 일반대중의 의식적 발로에서 비롯된 민주혁명"으로 규정하고, 의회 진출을 통한 보혁구도 창출을 목표로 삼았다. 사대당의 경우, 150~200여 개의 선거구에서 입후보해서, '최저' 60~70명의 당선이 가능하다고 주장하기도 했다. 이러한 낙관적인 분위기는 7.29 총선 이후 통일사회당, 사회대중당, 혁신당, 사회당의 4당 체제에 이르기까지 지속되었고, 당시 활동가들 사이에도 '뭔가 한번 해보자'는 고무적인 분위기가 지배적이었다.

그러나 실제 선거운동에서 혁신정치 세력은 지구당 운영에서 선거 자금에 이르기까지 대부분 열세를 면치 못했으며, 일부에서는 "내가 나라를 위해 일했으니 뽑아 달라"는 식의 감상적 선거운동도 난무했다. 이는 혁신정치 세력이 여전히 혁신이나 진보라고 불리기에는 비현실적인 세력이었음을 보여준다. 반면 민주당은 혁신정치 세력이 내세운 상당수의 정책을 자신의 정책으로 흡수했으며, 이는 결과적으로 보수와 혁신 사이의 분별점을 약화시켰다.

한편 4.19 직후 결성된 민민청과 통민청 그리고 민자통(민족자주통일중앙협의회) 등 학생·청년운동 단체들은 혁신 세력과 다른 모습이었다. 이들의 뿌리는 1950년대 이후 만들어진 진보적인 서클인 신진회, 신조회, 협진회, 부산의 암장, 청년 조직으로서 성민학회(醒民學會), 통일청년회 등이었다. 그 가운데 성민학회, 통일청년회 그리고 일부 신진회 성원이 합류해서 통민청(통일민주청년동맹)이 만들어졌다. 신진회 회원이던 윤식의 증언에 따르면, 신진회는 영국 페이비언 소사이어티에서 착안해 결성되었는데, 미국을 중심으로 하는 서구 자본주의와 공산 진영에서 표방하는 전형적 공산주의를 모두 비판하는 성격의 모임이었다.[3] 통민청은 서울, 부산, 대구, 광주 등을 중심으로 활동을 전개했고, 주요 활동가들로 우홍선, 양춘우, 김영광, 김낙중, 이재문 등이 있었다. 초기 조직 과정에서 통민청은 사회당과 직접적인 관련은 없었지만, 사회당의 실제적인 조직가인 최백근은 젊은이들이 그를 한번 만나면 쏙 빠질 정도로 박식하고 이론적으로 잘 정리된 인물로 이들에게 큰 영향을 미쳤다.

다른 한편 민민청(민주민족청년동맹)은 부산대 이종률 교수의 영향력 아래에서 조직되었다. 1956년 '민족문화협회' 결성에서 출발했던 민민청의 주요 활동가들은 김상찬, 김금수, 하상연 등이었다. 민민청은 1960년 6월 12일 결성된 이후 대구로 조직 확산을 꾀하여, '에스페란토 학회'를 매개로 도예종, 서도원, 송상진 등 활동가들을 조직했다. 당시 이종률이 주장했던 서민성 민주자본주의 노선(혹은 민족건양노선)은 올바른 의미의 민족당, 즉 인민성과 과학성을 지닌 민족당을 지향했으며 반봉건, 반외세, 반민족 매판자본, 즉 삼반(三反)의 터전에서 기계공업적이며 서민적이고 사유재산적인 인민민족자본주의 사회의 건설을 지향했다.[4] 그를 둘러싼 평가와 관련해서 당시 통민청의 성원이었던 김낙중과 민민청 중앙 간사장이던 김금수는 다음과 같이 증언하고 있다.

> 과거 신진회 등 진보적 서클을 했거나, 내심 박헌영이나 여운형을 추종하던 진보적 개인의 일부가 민자통 청년운동에 참여한 것이죠. (…) 내가 당시 두 조직[민민청과 통민청]의 통합 작업을 맡게 되었어요.
> ─김낙중

3)   김정강·윤식 구술, 『내가 겪은 민주와 독재』, 선인, 2001, 165쪽

4)   양 그룹 내에는 이종률의 '서민성 자본민주주의혁명' 이론과 관련해서 혁명을 수행할 계급적 토대의 결여 등에 관한 비판이 제기된다. 김정강의 증언에 따르면, 제1차 인혁당을 주도한 도예종은 이종률을 같이 조직을 할 수 없는 인물로 보았고, 심하게는 부르주아 자유주의자 내지 강단 마르크스주의자로 규정했다고 한다(김정강, 앞의 책, 49쪽; 김동춘·박태순, 『1960년대 사회운동』, 까치, 1991, 116쪽).

4.19 당시 이종률 선생은 한마디로 민족주의자야. 그 밑에 이상찬 씨 등이 있었고, 민민청을 조직하는 등 실천적으로 뛰어난 분이었고… 그런데 이 민민청 강령이란 게 비과학적인 용어가 많았어. 그래서 당시 도예종 선생이 소련 교과서에 나온 민족민주혁명으로 용어를 다 수정하고 갔지. 그리고 이종률 선생 자체의 민민청 내 영향력을 제어해나아가고… 이 양반이 아이디어는 좋은데 우파적 중도계열이었고, 일제 시기 청년운동을 한 양반이라 그런지 남로계에 대해서는 약간 불신이 있었어. (…) 단적으로 김구에 대해서 도예종 선생 같은 경우 테러단 오야붕 정도로 평가하는 데 비해, 이종률 선생은 당시 지리멸렬하던 한독당을 인수하자, 지금은 민족혁명을 할 시기다, 이런 정도지.

−김금수

하지만 민민청의 활동 중심이 점차 부산에서 대구로 이동하고, 특히 대구에서 서도원, 도예종 등 체계적인 이론을 체득한 활동가들이 민민청에 가입하면서 민민청과 통민청 간에 노선상 차이점은 점차 불식되었다. 당시 구체적인 논쟁의 내용은 민족/계급모순의 파악을 둘러싼 문제였다. 사회당의 유병묵 등은 사회주의, 민주사회주의론에 근접한 주장을 했던 반면, 민민청은 반외세적 민족민주혁명론에 입각하여, 전반적인 한국 사회 구조에서 계급모순을 주요 모순으로 볼 수 없고, 당시 사회를 식민지로 파악했다. 격론 끝에 나온 결론은 민족/계급모순이 병존하는 식민지 억압 사회 속에서 반제민족혁명의 민족모순이 상위권의 전략적 과제이며, 양자는 분리가 불가능한 동맹자적 관계라는 것이었다. 이러한 합의점은 1961년 영남일보에 실린 「노동운동과 통일문제」란 민민청의 도예종이 쓴 글에서 확인할 수 있다.

민족혁명의 완수는 통일이며 과제는 세 가지 (…) 첫째는 봉건적 잔재의

일소와 둘째로는 소위 매판소자본가의 배격, 셋째로는 외세의존에서부터 민족자주성의 확립 등

또한 도예종은 「경제적으로 본 통일의 필연성 ③」에서 자립경제의 지향을 분단체제의 극복이라고 다시 강조했다(강조는 인용자).

생산체계의 관점에서 볼 때 남한경제재건의 목표와 성격을 **식민경제적 생산체계를 국민경제적 생산체계에로 재전환**시키는 것인데 남북한의 분립은 이 경제재건의 지상명령인 식민경제적 생산체계를 국민경제적 생산체계에로 재전환시키는 위업에 결정적 타격을 준다.[5]

또한 유사한 시기 영남일보에 기고한 김영춘도 비슷한 맥락에서 통일을 위한 세 단계 가운데 두 번째 단계에서, "**민족경제의 통일적 발전**을 전제로 하고 **남북 간에 생산력의 배치와 자원의 분포에 적응한 분업**을 조직한다"고 주장했다.[6]

---

5)   영남일보, 1961년 1월 24일자(강조는 인용자)
6)   영남일보, 1961년 3월 5일자(강조는 인용자)

3. 남민전
반외세 민족통일

1970년대 후반 결성된 남민전(남조선민족해방전선)은 베트남 민족해방전선의 경험을 참고해서 분단 현실에 대한 인식을 강조했다. 남민전에 참여했던 김남주는 한 대담에서 다음과 같이 말했다.

> 남민전 지도부는 1960년대 베트남 민족해방전선을 실천과 이론에서 모델로 삼아 조직사업을 구상했었다고 하지요. 그런데 당시 베트남 민족해방전선의 이론적 기초를 살펴보면 우리와 같이 민족이 분단된 현실에서 특히 북베트남과의 관계를 어떻게 설정할 것인가가 심각하게 제기되었습니다.[1]

남민전의 1970년대 한국 사회 인식은 신식민지론, 매판자본 그리고 반제통일전선으로 요약할 수 있다. 남민전이 표방했던 한국 사회 성격 및 투쟁

---

1)　　김남주, 『김남주의 삶과 문학 1~2』, 시와 사회, 1994

방향은 먼저, 유신독재정권을 타도하고 민주적인 연합정권을 수립하는 것이었다. 이들은 다음과 같이 한국 사회를 신식식민지로 규정했다. "현대 세계에는 네 가지 모순이 존재해 있다. 자본주의와 사회주의 간의 모순, 자본주의 상호간의 모순, 제국주의와 식민지간의 모순 그리고 노동과 자본 사이의 모순이다. 이 안에서 한국이 직면한 모순은 제국주의와 신식민지간의 모순이다. (…) 여기에서 해방이란 제국주의 지배로부터 탈출하고 비자본주의적 방향으로 발전해가는 것을 가리킨다." 이러한 인식을 기반으로 1970년대 후반 한국 사회 성격으로는 크게 네 가지 정도를 공유했던 것으로 보인다.

(1) 한국 자본주의는 소수 독점재벌과 외국 독점자본이 지배하는 반민중적 지배구조, (2) 한국 자본주의는 매판적이고 관료적인 성격이 농후, (3) 농촌에서 반봉건적 관계가 지배적, (4) 이런 반봉건성이 농후한 대외의존적 재벌독점 경제구조는 민족자주적인 자립경제로 대치되어야 한다.

매판성, 반봉건성, 대외의존성 등의 성격 규정과 이의 대안으로서 자립경제는 한국 사회의 매판·종속적 성격을 강조하기 위한 것이었다. 하지만 당시 반제투쟁이 곧바로 공산주의자로 몰리는 상황에서 이를 위한 여건을 조성하는 반파쇼 투쟁을 1차적 투쟁 과제로 삼았다. 이렇게 계급문제와 민족문제를 전면에 대두시켰던 문제의식은, 남민전과 제3세계 민족해방운동을 둘러싼 차이와 유사성을 통해 파악해야 할 것이다. 특히 1970년대 후반과 1980년대 초반에 걸친, 대표적으로 1975년 4월 베트남 혁명, 1979년 2월 산디니스타 민족해방전선, 1979년 이란 샤의 몰락 등 제3세계 민족해방운동의 급격한 고양은 활동가들로 하여금 투쟁의 대상이 단지 독재가 아니라, 반통일, 반민주, 반외세로 파악할 것을 요구했다. 남민전에 참여했던 김남주는 당시 운동 과제를 아래와 같이 술회했다.

결국 이렇게 볼 때 신식민지 사회에서의 민족해방이란 제국주의로부터의 고리를 끊어내고 최종적인 변혁을 이룰 때까지 민족모순의 과정을 계속해 나아가는 것이지 부르주아 민주주의 단계를 경과한다든가 하는 것은 있을 수 없다는 것이지요.[2]

이는 남민전의 정세 인식에서도 확인할 수 있는데 남민전은, "남한은 미일 제국주의의 식민지로 화했고 그 주구인 매판자본가와 그와 결탁한 군사파쇼집단은 민중을 억압 착취 (…) 민족자본과 중소기업은 특권층과 야합한 매판자본에 의하여 몰락 상태 (…) 이런 정세하에서 노동자, 농민, 소시민, 민족자본가, 양심기업인이 연합하여 통일전선을 형성하고 민중항쟁으로 박정희 정권을 무너뜨리고 민주적 연합정부를 수립해야 한다"고 주장했다. 또한 이를 위한 구체적인 방침으로는, (1) 각계각층의 산발적인 투쟁을 체계화하기 위해 통일적인 단일조직이 필요하며, (2) 그물처럼 얽어놓은 악법의 굴레 때문에 합법 투쟁의 한계가 극히 좁아졌고, 공개 투쟁은 거의 불가능하다는 것이었다.

2)   김남주, 앞의 책 참조.

4. 박흥숙과 호남

박흥숙의 이야기는 몇 해 전 〈무등산 타잔, 박흥숙〉(2005, 백상시네마 제작)이라는 타이틀로 영화화되었다. 광주 출신 영화감독 박우상이 메가폰을 잡고 10년에 걸쳐 기획했다고 전해지는데, 극장에 걸리는 데는 실패하고 말았다.[1] 당시 영화 티저 포스터에 '전라도 새끼가 깡패밖에 할 게 더 있냐?'는 자극적인 문구를 사용해 '지역감정 유발, 전라도 지역민 폄하'라는 비난이 빗발쳤다. 결국 제작사는 광주, 부산, 대구 등 3곳에 6만 장의 포스터를 부착하기로 한 계획을 취소하는 해프닝을 벌였다. 하지만 이러한 호남인에 대한 레테르는 새로운 일은 아니었다. 1993년에 공전의 흥행을 거두었던 드라마 〈모래시계〉에서도 전라도 사투리를 사용하는 종도와 오버랩되던 조직폭력의 이미지는 논란거리였다.

---

1) 영화의 스토리는 실제 사건과 상당히 거리가 있었다. 중학교 수석 합격, 집안 대대로 이어져 내려오는 고서로 신라 무술과 의술 연마, 발이 땅에 닿지 않는 무술 실력으로 무등산 타잔 또는 이소룡으로 불렸던 박흥숙은 사법고시에 합격했지만 빨치산 전력을 지닌 할아버지 때문에 합격이 취소된다. 그 후 박흥숙은 빈민촌 철거 용역 깡패들과 맞서 싸우다 투옥되고, 새조차 탈출이 불가능하다는 교도소에서 누명을 벗기 위해 탈옥을 시도하지만 비극적인 최후를 맞이한다는 것이 대강의 줄거리이다.

무등산 타잔 사건이 후일 '전라도 새끼가 깡패밖에 할 게 더 있냐?'는 방식으로 서사화된 것은 상업영화의 선정성과 수익성이란 문제를 넘어선, 호남인에 대한 '차별적인 이름 짓기'와 밀접하게 연관되어 있다. 박정희 시기에 호남이라는 지역과 범죄를 연결 짓는 담론은 여러 조직폭력단의 주요 활동 지역이나 출신지 지역 등을 통해 서사화되었지만, 일반화되기는 어려운 문제였다.[2] 실제 광주와 전남지역에서 조직폭력, 밀수 등 조직범죄 상황을 보면, 1953년 전남지역 전체 범죄 발생 건수는 7,079건, 1960년에는 1만 4,446건이었고 1961년에서 1970년까지는 1.2배 정도 증가했다. 하지만 이는 다른 지역 범죄율에 비해 크게 높다고 볼 수는 없다.[3] 또한 1971년 대검은 폭력치기배 단속 기간인 46일 동안 1만 7,000여 명을 검거했는데 지역별로 서울이 6,194명이었고 다음으로 부산, 광주, 대구의 순이었다.[4] 또한 1976년 치안본부는 6개 도시에서 도둑 소탕 작전을 벌여 각종 사범 1,166명을 검거했다. 지역별로 서울 638명, 대구 149명, 부산 129명, 광주 107명, 인천 91명, 대전 52명이란 숫자에서 드러나듯이 전국 대도시와 비교해 보았을 때, 광주의 경우 높은 수치는 아니었다.[5]

그렇다면 왜 조직폭력배나 범죄자의 출신 지역을 호남으로 지목하는 담론이 확산되었을까? 그 원인은 구조적인 측면에서 1970년대 지역 불균등 발전과 이로 인한 호남의 저발전에서 찾아야 할 것이다. 호남의 저발전과 이로 인한 지역 격차 문제에 관해서는 많은 연구가 진행되어 소략하게 다루고자

---

2)   몇 가지 예를 들면, "김포공항을 무대로 한 이리파 깡패 6명 구속, 광주 시내 조직깡패 구시민파 검거"(경향신문, 1972년 11월 16일자), "여수지역 밀수조직 허봉용파 등 6개 대규모 조직의 계보 파악 검거 추진"(경향신문, 1975년 9월 13일자), "칼잡이 폭력전과자로 구성된 광주 서방파 7인 구속"(경향신문, 1978년 4월 14일자) 등이었다.

3)   광주시사편찬위원회, 『광주시사』, 광주직할시, 2001 참조.

4)   동아일보, 1971년 9월 1일자

5)   경향신문, 1976년 3월 20일자

한다. 이미 이 문제는 1970년대 초반부터 신문지상에서 다루어졌다. 1970년 보사부 사회보장심의위원회는 지역 격차 시정을 위한 농촌사회 개조 보고서를 통해, "균형 잃은 산업과 경제개발은 인구집중의 부의 편중을 가져와 국가 경제 발전의 저해 요인이 되고 있으며, 이는 갈수록 심화되어 지역적 대립 및 상호불신마저 조장하고 있다"고 진단했다. 또한 향후 사회적 격차를 줄이기 위해 농촌사회 인구 조절, 노동력 확보와 도시 집중화 방지, 미신 타파를 위한 계몽 강화 등이 필요하다고 진단했다.[6] 여기서 지역 격차의 대상은 수도권-영남과 호남일 것이고 지역적 대립이나 사회적 격차란 지역 간 불균등한 발전 수준을 의미할 것이다.

이처럼 호남은 박정희 시기 수출주도형 산업화 과정에서 '한국의 제3세계'로 불릴 만큼 저발전되었다. 이는 구체적으로 호남의 저발전으로 인해 계급 분화가 상대적으로 지체된 사실로부터 확인할 수 있다. 산업구조를 보더라도, 호남은 1968년에 2차 산업 인구가 11.8%, 1974년에는 24.3%였던 데 비해, 3차 산업은 1968년 55.8%, 1974년에는 67.8%를 차지하는 등 서비스 산업 중심의 제조업 저발전 현상이 지속되었다.[7]

하지만 역설적으로 이러한 저발전에 따른 계급 미분화는 주민 간의 공동체 의식을 강화시켰다. 바로 자본가계급의 비중이 낮고 영세하며, 농민층과 비농업 자영업자층의 해체가 지체되어 생산직 노동자계급의 비중이 상대적으로 낮은 결과를 초래했던 것이다.[8] 다시 말해서 호남의 저발전에 따른 계급 미분화는 다른 지역에 비해 상대적으로 박흥숙과 같은 도시하층민과

---

6) 매일경제, 1970년 5월 4일자

7) 광주시사편찬위원회, 앞의 책 참조

8) 광주지역 제조업은 규모에 있어서 100인 미만 사업체가 54%, 200인 이상 기업이 1.4%로 영세성이 두드러졌다. 광주시사편찬위원회, 앞의 책 참조.

비공식 부문 노동자를 포괄하는 즉자적인 민중의 범위와 비중의 증가를 초
래했다. 1980년 광주항쟁에서 드러나듯이 호남의 저발전은 사회적 차별이나
정치적 소외 등으로 동질적인 민중층이 정치적 행위자로 전환하는 데 용이
한 조건을 창출했다.[9]

9)   광주항쟁 과정에서 만들어진 공동체가 이에 해당될 것이다. 손호철, 「80년 5.18 항쟁」, 『현대
      한국정치: 이론과 역사』, 사회평론, 1997, 362~363쪽

5. 구술, 기억 그리고 민중사

한국에서 본격적으로 구술과 기억을 연구에 사용하기 시작한 시기는 2000년대를 전후로 한 시점이었다. 1990년대 후반 이후 미시사, 구술사, 신문화사, 일상사 등 기존 역사 서술과 다른 흐름이 다양하게 소개되었다. 미시사와 신문화사는 과거 사회사의 전통이 지닌 한계를 포스트모던적 글쓰기—작은 것, 뒤집어 보기 등의 전략을 통해—를 통해 극복하고자 했다. 또한 독일 일상사는 전쟁 시기 그리고 전간기(inter-war period) 파시즘에 대한 독일 민중(혹은 보통 사람들)의 공모에 착목하면서 과연 대중들의 일상 속에 감추어진 것은 무엇인지 탐구하고자 했다.

한국에서 초기 구술 자료의 수집을 통한 연구는 과거 냉전 체제하에서 반공주의와 정치적 이유로 증언을 할 수 없었던 개인을 대상으로 진행되었으며, 대표적으로 1980년대 후반 『역사비평』에서 현대사 주요 인물에 대한 '증언 텍스트'의 생산을 통해 이루어졌다. 이 시기 구술 자료는 '증언(testimony)'이란 형태로 생산되었으며, 증언 채록을 통해 문헌자료를 보완하기 위한 목적으로 이루어졌다. 하지만 당시 증언은 민중의 다층적인 목소리를 재현하기보다 1980년대 지향했던 민중사학의 경계 안에서 진행되었다.

민중사의 인식론적 기반이었던 민중론은 1970~80년대 비판적 지식인이 발명한 최고의 가치로, 해방서사로서 민중을 복원하고자 했다. 하지만 민중은 지식인이 만들어낸 상상 속에 존재하는 가공물이었으며, 실제 민중의 모습은 해방적이지만은 않았다. 민중사의 대표적인 한계는 기록과 언어를 지니지 못했던 민중의 재현을 둘러싼 방법론의 부재, 저항 주체의 특권화 그리고 남성 중심성과 여성을 주변화하는 문제였다. 또한 민중이라고 불렸던 피지배층 내부의 다양한 차이와 균열을 계급이나 민족이란 개념으로 단순화시켜 이들이 지배와 포섭 그리고 저항을 가로지르는 복합적이고 양가적인 존재임을 충분히 인식하지 못했다.[1]

한편, 이러한 민중사의 한계에 대한 비판이 1990년대 중후반을 즈음해서 역사학과 사회과학 내부에서 '사회사와 노동사' 그리고 '밑으로부터 역사' 등의 흐름으로 등장했다. 대표적인 예가 한국역사연구회 사회사 연구반을 중심으로 기존 정치사 중심의 역사 서술에 대한 비판적 평가 속에서, 미군정기 농민, 교육, 도시 기층사회 등을 주제로 밑으로부터 역사를 재구성하고자 하는 움직임이었다. 그 외에도 탈식민주의 이론, 에드워드 팔머 톰슨 식의 밑으로부터 역사학, 구술 자료를 이용해 노동자와 농민이 남긴 기록에 기초하여 이들의 역사를 실증적으로 재구성하고자 했다.[2]

그러나 여전히 1980년대 이래 한국 민중사는 역사를 민중의 주체성이 확대되는 과정으로 해석하는 동시에 민중이 주인이 되는 사회를 건설하기 위한 변혁 전망을 모색하는 실천성을 강조했다.[3] 구체적으로 민중사는 미완의 근대—분단과 식민지 체제—를 극복하기 위한 국민국가 건설의 주체로

---

1) 민중담론의 변천과 성격에 관해서는 김원, 『잊혀진 것들에 대한 기억』, 이매진, 2011; Kim Won, "The Making of Minjung", *The Review of Korean Studies* 11:4, 2008; Lee, Namhee, *The Making of Minjung: Democracy and the Politics of Representation in South Korea*. Ithaca, N.Y.: Cornell University Press, 2007 등 참조.

민중을 상정했다. 결국 민중사도 정치론으로서 민중(피해대중, 민중경제, 민중사회학)이자, 미완의 민족국가 건설을 위한 국가·민족에 종속된 민중이란 근본적인 한계를 극복할 수 없었다.[4] 또한 방법론적 측면에서도 한국 민중사는 근대적 지식체계로서 역사학이라는 분과 학문의 정체성에 관해 근본적으로 사유하기보다 근대 역사학이 전제하는 실증과 인과관계에 기초해서, 즉 민중이 남긴 기록에 의존해 이들의 역사적 실체에 접근하는 한계를 지녔다.[5]

다른 한편 인류학, 특히 역사인류학 분야에서는 문헌과 중앙정치 중심의 역사 서술에 대한 비판적 문제의식 아래에서 현지 조사에 기반을 둔 지방사 연구가 시작되었다. 이들은 개인의 기억과 회상에 근거한 구술 텍스트를 만들어 나갔고, 이들 텍스트에 대한 해석을 중심으로 연구를 진전시켰다. 이들의 연구는 텍스트의 사실성 여부보다 기억의 주관적인 해석에 무게 중심을 두었다. 더불어 개인을 둘러싼 문화적 생활세계를 이해함으로써 과거와 현재의 문화적 배경을 이해하고 해석하는 데 집중했다. 이 시기 역사인류학자들은 서구에서 도입된 구술 텍스트를 둘러싼 방법론과 현지 조사 방법을

---

2)   역사학에서는 이용기, 「미군정기의 새로운 이해와 '사회사'적 접근의 모색」(『역사와 현실』 35호 2000년 3월, 2~36쪽)을, 구술사에 입각한 노동사 연구 성과들로는 김준, 「1970년대 여성 노동자의 일상생활과 의식: 이른바 '모범근로자'를 중심으로」(『역사연구』 제10호, 2002); 김준, 「1974년 현대조선 노동자 '폭동'의 연구: 문헌 및 구술 자료에 기초한 재구성」(『사회와 역사』 통권 69호, 2006); 성공회대학교 노동사연구소, 『1960~70년대 한국의 산업화와 노동자 정체성』(한울, 2004); 성공회대학교 노동사연구소, 『1960~70년대 노동자의 생활세계와 정체성』(한울, 2005); 성공회대학교 노동사연구소, 『1960~70년대 노동자의 작업장 문화와 정체성』(한울, 2006) 등 시리즈물을 참조.

3)   김성보, 「민중사학, 아직도 유효한가」, 『역사비평』 가을호, 1991

4)   자세한 내용은 윤해동, 「식민지 근대와 대중사회의 등장」(『국사의 신화를 넘어서』, 임지현·이성시 엮음, 휴머니스트, 2004) 참조.

5)   물론 최근에 들어서 민중(혹은 대중)의 복수성을 인정하면서, 지배하는 민중과 저항하는 민중은 분리된 것이 아니라 공존하며, 국민국가와 분리된 민중을 사유해야 한다는 주장도 제기되고 있다(윤해동, 앞의 글; 허수, 「새로운 식민지 연구의 현주소: '식민지 근대'와 '민중사'를 중심으로」, 『역사문제연구』 통권16호, 2006, 9~32쪽).

기초로 본격적인 '구술사 연구'의 서막을 열었다고 할 수 있다.[6]

　　이상에서 소개한 흐름들은 동일한 접근 방식이나 문제의식은 아니었지만, '대중에게 역사를 돌려주자' 내지 '대안적 역사 서술을 모색했다'는 점에서 유사했다. 그러나 이런 흐름에 대한 주류 역사학의 반응은 여전히 우호적이지 않았다. 주류 역사학계의 주된 입장은 구술과 기억에 기반을 둔 텍스트와 그 해석의 가능성에 대해서는 부분적으로 인정했지만, 구체적인 역사적 사실의 검증과 기존 연구 성과를 극복하지 못하는 한 기억에 근거한 역사 연구는 근본적 한계를 지닌다는 것이었다. 이러한 역사학계의 반응은 전통적 역사학과 기억에 근거한 역사 해석 간의 '역사를 바라보는 인식론'의 차이를 드러내준다. 즉 역사 서술의 객관성을 강조하는 역사학과 다양한 기억에 근거한 역사 서술의 다양한 판본 가능성을 모색하는 구술사 연구 간의 차이라고 할 수 있다.[7]

　　하지만 나는 '실증'과 '구술 텍스트'를 대립시키기보다 서발턴에게 침묵을 강제하는 제도, 가치 그리고 규범 등 지배적인 계보를 치밀하게 추적함으로써, 무엇이 주체를 침묵하게 하고 있는지 분석하는 것이 중요하다고 생각한다. 이러한 맥락에서 침묵의 계보를 서발턴의 기억과 경험을 통해 규명하는 작업은 '다른 의미'에서 실증적인 연구라고 할 수 있다.

6)　　역사인류학자들의 연구에 대한 소개는 윤택림·함한희, 『새로운 역사 쓰기를 위한 구술사 연구 방법론』(아르케, 2007, 36쪽) 참조.

7)　　강성호, 「구술사의 한계에 갇힌 역사인류학」, 교수신문 2003년 9월 19일자 참조.

6. 화이트 노동사

노동사는 엘리트 중심의 역사 서술에서 배제되어온 노동자들을 휴머니즘적 주체로 내세워, 이들이 지배권력 외부에서 어떻게 역사를 만들고 사회를 변화시켜왔는지 서술해왔다. 바로 하나의 역사적 총체로서 노동계급을 전제하고, 노동자들이 단일한 시간대 위에서 어떻게 계급의식을 획득하고 노동조합운동에 참여하게 되었는지 서술함으로써, 노동자 역사의 전체 상을 드러내고자 했다. 단적인 예로, (1) 자본주의 산업화에 따른 초기 계급 형성과 집단적 정체성 형성, (2) 노동운동과 집단행동의 공간 창출에 따른 의식화와 계급의식의 현존, (3) 집단적 정체성의 장으로서 노조, 정당, 노동문화 등이 노동사 연구의 주요 분석 대상이었다.[1]

하지만 이런 접근은 제3세계와 비서구 노동자를 서술의 주인공으로 내세우기도 하지만, 서구를 보편화시킨 대문자 역사에 종속되는 '식민지 역

---

1) 이러한 범주에 근거한 대표적인 연구로는 Ira Katznelson and Aristide Zolberg, eds., *Working-Class Formation*(New Jersey: Princeton University Press, 1986)을 참조.

사 서술'이란 비판으로부터 자유롭지는 못했다.[2] 나는 이런 서구 중심적이고 식민지적 역사 서술의 연원을 '화이트 노동사(white labor history)'란 문제 설정을 통해 규명해볼 수 있다고 생각한다. 화이트 노동사라는 다소 낯선 용어는 로버트 영(R. Young)이 『백색신화』에서 언급한 "화이트 마르크스주의"를 은유한 용어이다. 로버트 영은 전 지구적이고 초민족적인 정의와 평등을 위한 불균등한 투쟁으로 표현되는 남부—아시아, 라틴아메리카, 아프리카 등—의 다양한 역사를 옹호하기 위해 포스트식민주의로서 '트리콘티넨탈리즘(tricontinentalism)'을 제안했다. 그는 파농, 체게바라 그리고 마오쩌둥으로부터 영향을 받은 아시아, 라틴아메리카, 아프리카 등 세 대륙 대중운동에 기반을 둔 마르크스주의로 트리컨티넨탈리즘을 제시했다. 로버트 영이 이러한 제안을 했던 이유는 역사주의에 침윤된 마르크스주의를 비판하면서, 비유럽 마르크스주의와 대중운동이 걸었던 길을 탐구하며 유럽이란 이름과 결부된 단일한 포괄적 서사(혹은 단일한 서구의 테마) 안에 담을 수 없는 어긋나는 이질적인 '다수의 역사'를 구상하기 위해서였다. 바로 '화이트 마르크스주의'는 마르크스주의 자체라기보다 유럽과 북미에서 당시까지 거의 가시화되지 않았던, 마르크스주의의 특정한 문제인 백인성과 유럽중심주의를 비판하기 위해 만든 용어인 것이다.[3]

<hr />

2) 근대 역사학에서 시간(temporality) 개념은 진보라는 선형적 특징을 지니며, 인과적 연속적 동질적인 시간을 전제한다. 시간성 개념은 보편적이고 총체적인 담론으로 대문자 역사(History)의 기본 요소이다. 이러한 대문자 역사를 받아들일 경우, 비서구─(탈)식민지 사회의 역사는 봉건제에서 자본주의, 전제정치에서 법치정으로 나아가는 필연적인 이행의 역사가 된다. 그 결과로 비서구 사회의 역사는 서구의 보편적 계몽주의 서사에 편입될 뿐, 고유한 독자성을 상실하게 된다(김택현, 『서발턴과 역사학 비판』, 박종철 출판사, 2003, 198쪽).

3) 자세한 내용은 로버트 영, 『백색신화』(김용규 옮김, 경성대학교 출판부, 2008, 21~22쪽); 로버트 영, 『포스트식민주의 혹은 트리컨티넨탈리즘』(김택현 옮김, 박종철출판사, 2005, 23~27, 113쪽); 안준범, 「현대 지성사의 "알뛰세르 효과"에 대하여: 트리컨티넨탈리즘의 맥락에서」(『사림』 겨울호 2006, 312~315쪽) 참조.

그간 노동사는 계급의식의 형성을 방해하는 요인을 규명하는 데 많은 노력을 기울였다. 산업혁명과 노동자계급의 양적인 성장을 가로막는 식민주의, 그리고 비서구 노동자계급이 전근대적인 종교, 언어, 종족적 구속에 묶여 있기 때문에 계급의식의 형성이 지체되고 있다고 판단했다. 하지만 '화이트 노동사'에 내장된 문제는 서구 그리고 비서구 노동자들 간의 이질적인 차이에도 불구하고 이들이 자본주의를 '동일한 방식으로' 경험한다고 전제한다는 사실이다. 서구 노동사의 딜레마는 서구 자유주의 유산을 특권화하는 동시에 탈식민지 비서구 사회 노동자계급의 차이를 진보와 근대성에 종속시키는 보편주의적 틀에 갇혀 있다는 점이다.[4] 더불어 서구 노동사는 근대 지식 체계로서 '역사학'이라는 분과 학문의 정체성에 의문을 제기하거나 이를 둘러싼 난점을 근본적으로 사유하고 재구성하기보다 노동자들이 남긴 기록에 기대어 역사적 리얼리티를 실증적으로 밝히는 데에 주력해왔다. 따라서 어떻게 서구 노동사 역사 서술이 비서구의 '차이'를 위해 개방될 수 있는지, 다른 식으로 말하자면 화이트 노동사가 평가절하해온 서구 외부 노동계급의 기억과 경험을 어떻게 '번역'할 것인가를 둘러싼 문제가 대두된다.

그러나 아직도 상당수 노동사 연구는 무의식 중에 서구와 비서구 노동자를 비교한다. 즉, 서구 노동자계급의 의식 발전에 대한 서사를 '기준'으로 삼고 비서구 노동자들의 역사를 서술하는 것이다. 이는 보편 서사에 근거해 이들을 '단수-통합적 주체'로 호명할 위험성을 지닌다. 이런 경향은 『영국 노동계급의 형성』으로 잘 알려진 에드워드 팔머 톰슨의 논의 중 '목적론'적인 부분을 변용하는 방식으로 비서구 노동자계급에 관한 서사를 반복적으로 구성하는 것이다. 이런 노동자계급 서사의 반복은 비서구와 서구 간의 사회

---

4)   Chakrabarty, Dipesh, *Rethinking Working-Class History* : *Bengal, 1890~1940*, Princeton University Press, 1988, pp. 220~230

적 문화적 의식 차이를 인식하는 것을 어렵게 만든다. 아울러 서구 노동자계급의 역사는 초역사적인 것으로 간주되어 비서구 노동자들의 의식, 행동, 문화 등을 측정하는 보편적인 기준이 된다. 이는 보편적인 생산양식 서사와 이와 결부된 보편적인 계급 담론인 "백인 신화가 대문자 역사로 다시 돌아오는 가면"이라는 비판으로부터 자유롭지 못하다.[5]

---

5)   Prakash, G., "Can the Subaltern Ride", *Comparative Studies of Society and History*, vol. 34, no. 1, 1992, pp. 178~9; 로버트 영, 앞의 책, 19쪽

주석

프롤로그 유령을 찾아가는 길

1) 김원, 「식모는 위험했나?」, 『여공 1970, 그녀들의 반역사』, 이매진, 2006

2) 김소영, 「근대성과 여자 귀신」, 『한국학논집』 제30집, 계명대 한국학연구소, 2003, 113쪽

3) 김소영, 앞의 글, 118, 123쪽

4) 김소영, 『근대성의 유령들』, 씨앗을 뿌리는 사람들, 2000, 17, 120~121쪽

5) 91년 5월 투쟁 시기 밥풀떼기를 둘러싼 담론에 대한 기록은 김원, 「1991년 5월 투쟁, 80년대와 90년대의 결절점」(『그러나 지난 밤 꿈속에서 이 친구들이 나에 대하여 이야기하는 소리가 들려 왔다 1991년 5월』, 이후출판사, 2002); 김소진, 「열린 사회와 그 적들」(『열린 사회와 그 적들』, 솔, 2002) 등을 참조.

6) 이 문제는 서울대 사회학과 김민환 선생과 이야기를 나누다가 들은 말이다. 필자에게 좋은 통찰력을 제공해주신 점에 감사드린다.

7) 몇 차례에 걸쳐서 이 문제를 지적해준 국사편찬위원회 황병주 선생에게 감사드린다.

8) 이 글은 예전에 내가 개인적인 단상들을 남겨두었던 '개인 홈페이지'에 '박명수와 정준하'라는 제목으로 썼던 글이다.

9) 「세계화 이후 한국 이주노동을 둘러싼 담론들에 대한 분석」, 『세계화, 정보화 시대 국가-시민사회와 한민족의 위상』, 서강대 사회과학연구소,

2005년 3월

10) 앞의 글과 동일하게 내 홈페이지에 썼던 '한낮의 한담'이란 단상이다.

11) 여기에서 '경계'란 특정 사상과 이론, 대학의 내부와 외부, 제도권과 비제도권, 국내와 국외, 인문학과 사회과학, 보편적 지식인과 특수적 지식인 등 다양한 층위를 지칭한다.

12) 「87년 이후 학문사상지형의 변화」, 『한국 민주주의의 현실과 도전: 6월 민주항쟁 20년 기념학술토론회』, 민교협, 학단협, 민주화운동기념사업회, 2007년 6월

13) 「1979년 부마민주항쟁과 도시하층민」, 『1979년 부마민주항쟁의 역사적 재조명』, (사)부산민주공원, 2006년 10월

14) 「1971년 광주대단지 사건 연구」, 『기억과 전망』 18호, 민주화운동기념사업회, 2008년

15) 김소진, 「열린 사회와 그 적들」, 『열린 사회와 그 적들』, 솔, 1993, 72, 78, 86~87쪽

16) 이영남, 『푸코에게 역사의 문법을 배우다』, 푸른역사, 2008, 96쪽

17) 자세한 내용은 이 책의 제2부 제3장을 참조(원 출전은 「1970년대 도시하층민의 범죄와 정치: 무등산타잔 사건을 중심으로」, 고려대학교 민족문화연구원 2010년 7월 발표문).

18) 기얀 프라카쉬, 「포스트 식민주의적 비판으로서 서발턴 연구」(『식민지 경제구조와 사회주의운동』, 역사학연구소 편, 풀빛, 1998) 참조.

제1부 박정희 시대와 서발턴들

1. 박정희 시대의 역사서사

1) 「여성 야당지도자와 '젠더정치'」, '교단에서 본 세상', 서강학보 2004년 5월 31일자

2) 박근혜의 새마을운동에 관해서는 김원, 『여공 1970, 그녀들의 반역사』(이매진, 2006, 328~332쪽)를 참조.

3) 김일영, 『건국과 부국: 현대한국정치사 강의』, 생각의 나무, 2004, 11~12쪽

4) 김일영, 앞의 책, 371쪽

5) 교과서포럼, 『대안교과서 한국근현대사』, 기파랑, 2008, 6~7쪽

6) 김일영, 앞의 책, 453쪽

7) 『대안교과서 한국근현대사』, 기파랑, 2008, 181, 186쪽

8) 김일영, 앞의 책, 455쪽

9) 김일영, 앞의 책, 320, 449~451쪽

10) 자세한 내용은 뤼시마이어, 『자본주의 발전과 민주주의: 민주주의의 비교역사연구』(박명림 외 옮김, 나남, 1997)를 참조

11) 베링턴 무어, 『독재와 민주주의의 사회적 기원』, 진덕규 옮김, 풀빛, 1990, 503쪽

12) 그간 논쟁에 대해서는 임지현·이상록, 「'대중독재'와 '포스트 파시즘'」(『역사비평』 2004 가을호); 조희연, 「박정희 체제의 복합성과 모순성—임지현 등의 반론에 대한 재반론」(『역사비평』 2005 봄호); 임지현, 「대중독재 테제」(『대중독재 2』, 임지현·김용우 엮음, 책세상, 2005, 602, 612~613쪽) 등을 참조.

13) 임지현, 「'대중독재'의 지형도 그리기」(『대중독재: 강제와 동의 사이에서』, 임지현·김용우 편, 책세상, 2004); 임지현, 「민중, 희생자인가 공범자인가: 파시즘의 진지전과 '합의독재'」(『당대비평』 2000년 가을) 등을 참조.

14) 장문석, 「왜 다시 대중독재론인가」, 『한겨레21』 2006년 4월 25일자

15) 그 외에도 대중독재론 안에는 사회관계의 물질성, 적대성에 대한 문제의식이 부차화·생략되어 있다는 비판도 제기될 수 있다.

2. 왜 서발턴인가?

16) Guha, Ranajit, 1988. *Selected Subaltern Studies*, Oxford University Press, p.36

17) 안토니오 그람시, 『그람씨의 옥중수고 I, II』, 이상훈 옮김, 거름, 1992

18) Guha, Ranajit, *A Subaltern Studies Reader, 1986–1995*, University of Minnesota Press, 1997; Guha, Ranajit, *Elementary Aspects of Peasant Insurgency in Colonial India*, Duke University Press, 1999.

19) Guha, Ranajit, *A Subaltern Studies Reader, 1986–1995*, University of Minnesota Press, 1997

20) 호미 바바, 『문화의 위치』, 나병철 옮김, 소명, 2002; 가야트리 가야트리, 『스피박의 대담: 인도 캘커타에서 찍힌 소인』, 이경순 옮김, 갈무리, 2006; 가야트리 스피박, 『다른 세상에서: 문화정치학 에세이』, 태혜숙 옮김, 여이연, 2003

21) 가야트리 스피박, 『다른 세상에서: 문화정치학 에세이』, 태혜숙 옮김, 여이연, 2003; Gayatri Spivak, "Can The Subaltern Speak?", In *Marxism and the Interpretation Culture*, ed. by Cary Nelson and Lawrence Grossberg, (Urbana: University of Illinois Press, 1988)

22) 가야트리 스피박, 『다른 세상에서: 문화정치학 에세이』, 태혜숙 옮김, 여이연, 2003

23) 피터 차일즈·패트릭 윌리엄스, 『탈식민주의 이론』, 김문환 옮김, 문예출판사, 2004, 332쪽

24) 스피박, 『다른 세상에서: 문화정치학 에세이』 참조.

25) 모튼 스티브, 『스피박 넘기』, 이운경 옮김, 앨피. 2005; 패트릭 윌리엄스·피터 차일즈, 『탈식민주의 이론』, 김문환 옮김, 문예출판사, 2004

26) 정혜욱, 「스피박과 여성」, 『여성학연구』 제18권 1호, 2008

27) 로버트 영, 『백색신화』, 김용규 옮김, 경성대학교 출판부, 2008, 35쪽

28) Chakrabarty, Dipesh, *Rethinking Working-Class History : Bengal, 1890–1940*, Princeton University Press, 1988, pp. 219~230

29) 자세한 내용은 이용기, 「'새로운 민중사'의 지향과 현주소」(『역사문제연구』 제23집, 2010); 허영란, 「민중운동사 이후의 민중사: 민중사 연구의 현재와 새로운 모색」(『역사문제연구』 제15호, 2005) 참조.

30) 가야트리 스피박, 『다른 세상에서: 문화정치학 에세이』(태혜숙 옮김, 여이연, 2003) 참조.

31) 도미야마 이치로, 『폭력의 예감』(송석원·손지연 외 옮김, 그린비, 2009) 참조.

32) 정근식은 승리한 자로 전쟁영웅, 제대군인, 상이군인 등을, 패배한 자로 전사자, 포로, 피학살자, 예비검속과 예방학살, 부역자, 미망인, 전쟁고아들을, 그리고 패배했으나 승리한 자들로 호국전사자, 무명용사 등을 들고 있다. 자세한 내용은 정근식, 「냉전과 서발턴: 한국현대사에서 존재했지

만 흔적이 없었던 사람들」(성균관대학교 동아시아 학술원, 사문사 공동 개최 심포지엄 '냉전과 서발턴', 2011년 2월 10일~11일) 참조.

33) 김성례, 「국가폭력과 여성체험: 제주 4·3을 중심으로」, 『창작과 비평』 봄호, 1998 참조.

34) 허은, 「20세기 총력전하 한국인의 정체성과 식민지주의」, 『한국사연구』 150호, 2010, 254쪽

35) 윤충로, 「베트남전쟁 시기 한미월 관계에서 한국의 정체성 만들기」, 『담론 201』 9권 4호, 2006, 182쪽

36) 허은, 앞의 글, 248~249, 252쪽

37) 허은, 앞의 글, 231쪽

38) 허은, 앞의 글, 240쪽

39) 김성례, 앞의 글 참조.

40) 권명아, 「정조 38선, 퇴폐, 그리고 문학사: 풍기문란과 냉전 프레임(frame) 을 중심으로」, 『여성문학연구』 22권, 2009, 217쪽

41) 권명아, 「소년범, 작가, 음란범: J의 탄생과 종말」, 『탈식민 냉전 국가의 형 성과 검열』, 성균관대 동아시아학술원·HK사업단, 2011년 2월 18~19일, 68쪽; 권명아, 「이브의 범죄와 혁명」, 『동남어문논집』 29집, 2010, 27쪽

42) 권명아, 앞의 글, 22, 25~26, 29쪽; 권명아, 「소년범, 작가, 음란범: J의 탄 생과 종말」, 67쪽

43) 권명아, 「이브의 범죄와 혁명」, 22, 32쪽

44) 60년대 초반 케네디 행정부는 50년대 후반 비동맹 운동의 고양에 따라 위기를 감지하고 평화부대 창설, 제3세계 근대화론으로 집약되는 신식민 주의, 군사조약과 동맹, 외국 군사기지 등을 통해 '동아시아 전략'을 수정 했다. 이런 변화를 반영하듯이 1960년대 중반 이후 사상계, 청맥에 나타 났던 지식담론에서는 세계정세와 한일협정, 베트남전쟁 등 아시아에 대 한 인식 확장을 보였다. 이는 미국의 동아시아 전략 재편, 한일협정반대 투쟁의 실패 그리고 주한미군의 공개적 폭력 등이 가시화되면서 나타났 던 대응의 일환이라고 평가할 수도 있다.

45) 박태균, 「박정희의 동아시아인식과 아시아·태평양 공동사회 구상」, 『역사 비평』 76집, 2006, 131쪽

46)   허은, 앞의 글, 254쪽

47)   자세한 내용은 허은, 앞의 글 참조

48)   박태균, 「한국군의 베트남전 참전」, 『역사비평』 80집, 2007, 299~300쪽

49)   윤충로, 앞의 글, 185쪽

50)   윤충로, 앞의 글, 188쪽

51)   카츠넬슨, 「비상사태를 조장하는 교활한 정치학」(『냉전과 대학』, 정연복 옮김, 당대, 2001) 참조.

52)   실제로 민족정통성과 애국애족의 국가관에 기초한 제3차 교육과정에서는 교육과정 기본 방향을 민족주체의식 고양, 전통을 바탕으로 한 민족문화 창조, 개인의 발전과 국가 융성 조화 등으로 제시함으로써 국사의 위상이 급격하게 높아졌다. 이어 1972년 3월에 문교부는 영남대 총장 이선근을 위원장으로 하는 '국사교육강화위원회'—박종홍, 고병익, 이기백, 이광린, 한우근, 김철준, 김용섭, 이우성 등으로 구성—를 구성하여 '국사교육강화 방안'을 건의했다. 이처럼 국사 교육 강화 과정에 학계를 동참시켰던 이유는 민족주의 사학과 국사교육을 강화하고자 했던 학계의 움직임에 편승하여, 학계가 국사교육 강화 정책에 호응한 것처럼 보일 필요가 있었기 때문이었다. 학계는 1972년과 1973년에 걸쳐 국사교육 강화를 정부에 건의했으며 그 내용은, 주체적 민족사관, 시대사적 특성 반영, 보편·특수성의 조화 그리고 전통에 대한 올바른 인식 등이었다. 김원, 「'한국적인 것'과 '혼종성'의 문화정치학: 1970년대 일상과 문화」, 『한국 근현대 100년, 일상생활의 변화』, 한국학중앙연구원 현대한국연구소·한국사회사학회 학술대회, 2010년 8월 17일

53)   자세한 내용은 윤해동, 「숨은 神'을 비판할 수 있는가?: 金容燮의 '內在的 發展論'」(『한국사학사학보』 제14집, 2006, 105~134쪽)을 참조.

3. 박정희 시대 서발턴의 역사들

54)   교과서포럼, 앞의 책, 193쪽

55)   허은, 앞의 글, 232, 238쪽

56)   허은, 앞의 글 참조.

57)   윤충로, 「베트남전쟁 참전군인의 집합적 정체성 형성과 지배이데올로기의

재생산」, 『전쟁의 기억, 냉전의 구술』, 선인, 2008, 292, 297쪽

58) 대표적인 사건으로 알려진 것이 1969년 백마부대원 린선사 승려 살해사건, 1972년으로 추정되는 백마부대원의 모녀 윤간 살해사건과 맹호부대원의 마을 주민 성희롱 사건이었다. 김현아, 『전쟁과 여성』, 여름언덕, 2004, 59쪽

59) 이태주, 「전쟁기억과 집단기억의 동원-베트남 참전용사 단체를 중심으로」, 『전쟁의 기억, 냉전의 구술』, 선인, 2008, 248쪽

60) 윤충로, 앞의 글, 304쪽

61) 이태주, 앞의 글, 261~263쪽

62) 자료에 따르면 5~10% 정도로 추정된다. 자세한 내용은 이태주, 앞의 글, 63쪽 참조.

63) 이태주, 앞의 글, 263, 266~267쪽

64) 1995년 김숙희 교육부 장관이 베트남전을 "용병으로 참여했던 전쟁"이라고 한 발언, 1998년 김대중 대통령의 '과거사 유감표명', 1999년에서 2000년에 걸친 베트남진실위원회의 활동과 《한겨레21》의 연재 기사 등이 대표적이다.

65) 이태주, 앞의 글, 270쪽

66) 이태주, 앞의 글, 274쪽

67) 2세 가운데 51명이 후유증 판정을 받았다고 한다. 고엽제에 관한 상세한 내용은 윤충로, 앞의 글, 296쪽 참조.

68) 이태주, 앞의 글, 278쪽

69) 이희영, 「이주노동자의 생애 체험과 사회운동: 독일로 간 한국인 1세대의 구술 생애사를 중심으로」, 『사회와 역사』 68호, 2005; 최재현, 「일상생활의 이론과 노동자의 의식세계: 서독 거주 한국인 노동자에 대한 질적 조사 연구의 예」, 『열린 사회학의 과제』, 창작과 비평, 1992; 박찬경 외, 『독일로 간 사람들』, 눈빛, 2003

70) 박찬경 외, 앞의 책, 18~19쪽

71) 박태균, 앞의 글, 129쪽

72) 원병호, 『나는 독일의 파독광부였다』, 한솜미디어, 2004, 107쪽

73) 박찬경 외, 앞의 책, 22쪽

74) 원병호, 앞의 책, 110~113쪽

75) 이희영, 앞의 글, 300쪽

76) 장재영, 『西獨의 韓國人: 서독파견 한국인 광부의 수기』, 제3출판사, 1971, 24쪽

77) 원병호, 앞의 책, 225쪽

78) 장재영, 앞의 책, 31, 36쪽

79) 장재영, 앞의 책, 23, 61쪽

80) 원병호, 앞의 책, 214쪽

81) 장재영, 앞의 책(92, 105, 185쪽)과 박찬경 외, 앞의 책(24쪽)에서 재인용.

82) 박찬경 외, 앞의 책, 39쪽

83) 이희영, 앞의 글, 307쪽

84) 1964년 4월 크로크너 한국인 광산 노동자들은 투쟁위원회를 중심으로 4일간에 걸쳐 파업을 단행했으며, 1977년 강제추방 조치에 항의하는 간호사들의 서명운동이 전개되어 무기한 노동권이 쟁취되었다. 이에 따라 광산 노동자들은 간호사와 결혼할 경우 체류가 연장될 수 있었고, 독일 한국인 사회가 존속할 수 있었다. 장재식, 앞의 책, 57~59쪽; 박찬경 외, 앞의 책, 46쪽

85) 이희영, 앞의 글, 312쪽

86) 교과서포럼, 앞의 책, 232쪽

87) 김연자, 『아메리카 타운 왕언니, 죽기 오 분 전까지 악을 쓰다: 김연자 자전 에세이』, 삼인, 2005, 123, 147쪽

88) 이승호, 『옛날 신문을 읽었다: 1950~2002』, 다우, 2001, 186~187쪽

89) 윤점균은 부친이 사망한 후 새어머니와 이복동생들이 그녀의 호적을 파서 집어 던져버린 기억을 지니고 있다. 윤점균, 「기지촌 여성, 윤점균」, 『한국여성인물사 2』, 숙명여대 아시아여성연구소, 2005, 173, 134쪽

90) 문영미, 『아무도 그녀의 이야기를 들어주지 않았다: 딸이 쓴 한국 사람보다 더 한국적인 어머니 페이 문의 이야기』, 샘터, 1999, 234쪽

91) 당시 미군 부대에서 배포한 유인물에는 "슈즈 $10, 롱타임 $10, 숏타임 $5, 가방 $5"란 제목이 적혀 있었다고 한다. 이는 한국 물가와 여성의 몸값이 비싸다는 불만에 찬 요구였다. 문영미, 앞의 책, 217쪽

92) 윤점균, 앞의 책, 151~152쪽; 김연자, 앞의 책, 106쪽

93) 김연자, 앞의 책, 131쪽

94) 윤점균, 앞의 책, 162쪽. 특히 흑인 혼혈아들은 폭력적이고 춤과 노래를
     잘하고 더럽고 힘이 세다는 근거 없는 편견이 퍼져 있었다(문영미, 앞의
     책, 264쪽).

95) 김연자, 앞의 책, 192쪽

96) 윤점균, 앞의 책, 177쪽

97) 윤점균, 앞의 책, 135쪽

98) 이 부분은 이 책의 제3부 1장과 4장 가운데 일부를 재구성한 것이다.

99) 박태순, 「광주단지 4박5일」, 『월간중앙』 10월호, 1971, 270쪽

100) 오창은, 「한국 도시소설 연구: 1960~1970년대 작품을 중심으로」, 중앙대
      학교 국어국문학과 박사학위 논문, 2005, 70, 83쪽

101) 김태경, 「광주대단지 철거민 현황, 문제점 및 대책」, 1970년 5월 16일, 대
      통령비서실, 1971

102) "그해 여름 무슨 일이 있어났을까? (1): 광주대단지투쟁을 말한다", 성남
      뉴스 2002년 8월 5일자

103) 교과서포럼, 앞의 책, 202~203쪽

104) 정덕준, 「1970년대 대중소설의 성격에 대한 연구: 도시생태학, 그 좌절과
      희망」, 『한국문학이론과 비평』 제16집, 한국문학이론과 비평학회, 2002,
      87쪽

105) 손정목, 「광주대단지 사건」, 『도시문제』 제38권 제420호, 대한지방행정공
      제회, 2003, 95쪽

106) 차성환, 「부마항쟁과 지역 노동자 대중」(『기억과 전망』 17호, 2007) 참조.

107) 광주대단지 사건의 자세한 내용은 이 책의 제3부 1장을 참조.

108) 차성환, 앞의 글 참조.

109) 김보현, 「유신체제 시기 저항지식인들의 인식과 그 의의」(『박정희 정권의
      지배이데올로기와 저항담론: 우리의 교육지표 선언 30주년 학술심포지
      엄』, 2008년 6월 27일, 전남대학교) 참조.

제2부 타자의 기억

1. 두 이주여성 이야기: 파독 간호사의 이주노동에 대한 기억

1) 박한쌈의 약력은 아래와 같다. 1948년 부여 출생, 1967년 국립중앙의료원 간호보조원 근무, 1968년 부여보건소 결핵요원 근무, 1970년 5월에 간호사로 독일에 파견, 1970년 8월부터 1979년 4월까지 베를린 시립병원 산부인과 분만실 간호사, 우르반 병원 및 베링첼렌도르프 근무, 1980년 4월 베를린 국립자유대학 입학, 1980년 DAAD 장학 지원 이화여자대학교 대학원 유학, 서울의 봄과 광주항쟁 경험하며 사회학, 사회교육학, 고려대학교 가족사회학 연수, 1984년 독일인 남편과 사별(등반 사고), 1985년 3월 베를린 국립자유대학 석사 수료(학위 논문 「19세기 한일여성의 지위」), 1990년 11월 베를린 국립자유대학 사회과학 철학부에서 사회학 박사학위 취득, 1996년 귀국한 뒤에 한신대, 서울여대에서 강의를 했고 현재 경남 함양 녹색대학에서 대안교육, 다문화가족 지원에 힘쓰고 있다. 박한쌈은 구술자의 요청에 따라 가명으로 처리했다.

2) 재독한국여성모임은 1977년 고용 허가를 둘러싼 간호사들의 투쟁 과정에서 탄생한 이래 여성을 위한 정치운동, 한국의 정치, 경제 및 문화적 상황 등을 가지고 세미나를 진행해오고 있다. 이 모임에서는 정기적으로 『재독한국여성모임』이라는 문집을 매년 발간했고, 1990년대에는 다양한 책자를 독일어로 발간함으로써 한국 여성노동자와 여성에 대한 문제점과 차별을 고발하고자 했다. 대표적인 사례로 전북 이리시에 있던 독일계 의류회사의 한국 공장이었던 '플레어 패션(Flair Fashion)' 여성 노동자들의 노동조건을 독일 언론과 노조에 알리고 독일 본사에 압력을 가하기도 했다(김용찬, 「한인여성노동자 국제이주와 여성조직의 발전」, 한국국제정치학회 학술대회 발표논문집, 한국국제정치학회, 2006, 13쪽).

3) 신길순의 약력은 다음과 같다. 1948년 서울 출생, 1967년 서울 상명여고 졸업, 1968년 12월 파독 간호사 파견(서독 슈투트가르트 뵈브링엔), 1972년 한국 귀국 후 1975년 결혼(1남 1녀), 1976년부터 파독 간호사 우정회 활동, 독일문화원 보조강사, 경희의료원, 법무부 등에서 각종 통역사 활동, 1998년 뇌종양이 발병했으나 수지침 대체의학으로 치유되어서 현재

유럽 각지에 고려수지침 교육 활동을 하고 있다.

4) 이주(migration)란 12개월 이상 기간 동안 의도적으로 체류하는 국제적 거주 이동을 의미한다. 동시에 일시적인 취업을 목적으로 외국으로 거주를 옮긴 노동자도 포함한다. 이수안, 「이주 여성의 타자성과 관용의 상호 발현에 대한 이론적 모색: 재독 한인 여성의 이주 정착 과정을 중심으로」, 『사회와 이론』 12집, 2008, 74쪽

5) 나혜심, 「파독 한인여성 이주노동자의 역사」, 『서양사론』 100호, 2008, 279쪽

6) 김용찬, 앞의 글, 3쪽

7) 로테이션 정책이란 일정 기간 동안 이주 노동자를 받아들였다가, 기간이 종료되면 이들을 돌려보내고 새로운 이주 노동자를 받아들이는 정책을 의미한다.

8) 나혜심, 「독일 한인간호여성의 노동의 성격」, 『독일연구』, 2009, 263~272쪽; 재외동포재단, 『유럽 한인사: 프랑스와 독일을 중심으로』, 재외동포재단, 2003, 441쪽

9) 나혜심, 앞의 글, 262쪽

10) 1957년 주한 독일인 신부의 간호학생 파견, 1958년 이종수의 간호학생 파견 등이 기록되어 있기도 하다(이수길, 『개천에서 나온 용』, 리토피아, 2007, 14쪽). 상세한 내용은 나혜심 「독일 한인간호여성의 노동의 성격」, 263, 273쪽을 참조.

11) 아산사회복지사업재단, 『한국의 해외취업: 어제, 오늘, 그리고 내일』(아산사회복지사업재단, 1988, 125쪽), 조선일보 1963년 11월 3일자, 조선일보 1964년 11월 7일자 참조.

12) 나혜심, 「파독 한인여성 이주노동자의 역사」, 268쪽

13) 아산사회복지사업재단, 앞의 책, 132쪽

14) 나혜심, 앞의 글, 265~266쪽; 아산사회복지사업재단, 앞의 책, 131~132쪽

15) 이수길, 앞의 책, 12쪽

16) 1964년 상공부 장관이 독일을 방문한 이후 한국 정부는 하급 기술자 파견, 도로건설노동자, 한국 소녀들의 병원, 양로원, 휴양시설 세탁일 등 잡무 파견 여부를 지속적으로 문의했다. 하지만 당시 독일의 입장에서는 굳

이 유럽 내에서 확보할 수 있는 인력을 한국에서 들여올 필요가 없었다. 이를 반영하듯이 당시 신문기사에는, "잡역부 파독 성사 안 될 듯, 잡역부 2,000여 명을 서독에 파견하려는 노동청의 계획은 서독 측이 교섭에 응하지 않아 좌절될 듯 (…) 서독 측이 우리 측이 요구하는 임금, 계약 기간 등을 달갑지 않은 듯 교섭을 질질 끌고 있다"라고 기록되어 있다(조선일보 1966년 10월 21일자).

17) 마지막 한국인 광부는 2003년에 정년퇴직했다고 한다.

18) 이수자, 「지구화와 이주과정에서 발현되는 문화혼성성: 재독 한인여성과 재한 외국인여성의 문화적응 비교분석을 중심으로」, 『한독사회과학논총』 16집 2호, 2006, 193쪽; 이영석, 박재홍, 「재독일 교민의 역이주와 귀향의식에 대한 연구: 남해군 '독일마을' 입주 교민들의 경우」, 『독어교육』 제36집, 2006, 444쪽

19) 이영숙은 1953년 전라남도 해남에서 일곱 자매 가운데 장녀로 태어났다. 1971년 해외개발공사에서 간호보조원 자격증을 취득하고, 1972년에 독일로 떠났다. 그녀는 독일 에센가톨릭대학에서 간호사로 일하며 대학입학자격시험인 아비투어를 통과하여 튀빙겐대학 의대에 입학하게 된다. 자세한 것은 이영숙, 『누구나 가슴 속엔 꿈이 있다: 독일에서 의사가 된 간호사 이야기』(북스코프, 2009, 27쪽) 참조.

20) 재외동포재단, 앞의 책, 302쪽; 아산사회복지사업재단, 앞의 책, 131쪽

21) 아산사회복지사업재단, 앞의 책, 124, 144~146쪽; 김용찬 앞의 글, 10쪽

22) 아산사회복지사업재단, 앞의 책(142~143쪽); 이수길, 앞의 책(17쪽); 이영숙, 앞의 책(26, 42쪽)을 참조.

23) 이영숙, 앞의 책, 28쪽

24) 김용찬, 앞의 책, 7쪽

25) 이영숙, 앞의 책, 40쪽

26) 1964년에 독일로 간 광부였던 권이종에 따르면 당시 월평균 임금이 600마르크 내외였는데, 이는 당시 한국에서 쌀 10가마, 공무원 월급의 7~8배에 해당하는 금액이었다고 한다. 권이종, 『교수가 된 광부』, 이채, 2004, 85쪽

27) 이수길, 앞의 책, 34쪽

28) 1965년 당시 한국 간호사 월평균 급여 6,000원은 서울에서 대학생이나 고교생 동생을 2인 정도 데리고 자취할 수 있는 금액이었다. 자세한 내용은 김용찬, 앞의 글(7쪽); 이수자, 앞의 글(203쪽); 김상임, 「세상 읽기: 한국인 파독 간호사가 말하는 이주노동자의 삶」『노동사회』 90호 2004, 63쪽); 아산사회복지사업재단, 앞의 책(138~139쪽) 참조.

29) 이영숙, 앞의 책, 33쪽

30) 이영숙, 앞의 책, 69~70쪽

31) 이영석, 박재흥, 앞의 글, 459쪽

32) 이영숙, 앞의 책, 33쪽

33) 이영숙, 앞의 책, 25~26쪽

34) 이수자, 앞의 글, 203쪽

35) 해외이주법은 1962년 3월에 공포되었는데, 이주 유형을 집단, 계약, 특수이주로 구분하고 해외이주는 보건사회부의 허가를 통해 가능하게 했다. 또한 해외이주를 대행하는 법인과 정부산하기관 설립을 규정했다(김용찬, 앞의 글, 4쪽).

36) 나혜심, 「파독 한인여성 이주노동자의 역사」, 267, 270쪽

37) 이수길, 앞의 책, 37쪽

38) 이수길, 앞의 책, 24쪽

39) 조선일보 1967년 8월 1일자

40) 그 외에도 간호보조원 자격증을 따는 과정에서 브로커의 현금 요구, 독일에 가기 위한 신원조회를 빨리 끝내기 위해 경찰에 돈 봉투를 건네 주어야했던 일(이영숙, 앞의 책, 30쪽), 난민구제회가 파독 여성들을 고아라고 속여 서독감리교부인봉사회로부터 여비, 숙식비 등을 받아낸 일(동아일보 1966년 12월 16일자) 등 사건이 일어나기도 했다. 또한 광부 선발과정에서도 개발공사 브로커들의 비리는 널리 알려진 사실이라고 전하고 있다. 자세한 내용은 이수길, 앞의 책(24, 65, 69쪽); 동아일보 1966년 12월 14일자; 동아일보 1966년 12월 21일자 등 참조.

41) 조선일보 1974년 5월 19일자

42) 나혜심, 앞의 글, 263쪽, 269쪽; 아산사회복지사업재단, 앞의 책, 127쪽; 김문실 외, 『간호의 역사』, 대한간호협회, 2003, 303쪽

43) 이수길, 앞의 책, 40, 44, 77쪽

44) 이는 광부들도 마찬가지였다. 모집 이후 독일어 강좌와 장성 등지에서 탄광 실습 몇 주 등 형식적으로 교육이 이루어졌다. 실제 파독 광부 가운데 곡괭이나 삽조차 잡아보지 못한 이들도 많았다.

45) 김문실, 앞의 책, 306쪽

46) 권이종, 앞의 책, 14, 76~7쪽

47) 이영숙, 앞의 책, 31쪽

48) 이수길, 앞의 책, 27쪽

49) 이영숙, 앞의 책, 32쪽

50) 김용찬, 앞의 글, 6쪽

51) 서베를린에 20% 이상의 간호원들이 근무했던 이유는 다소 특수했다. 베를린은 동독 영토로 둘러싸인 섬과 같은 장소였기 때문에 한국인 체류에 주의가 필요한 지역이었다. 그럼에도 불구하고 파독 간호사들이 2,000여 명이나 근무했던 이유는 월 임금이 높았을 뿐만 아니라, 지역 수당이 다른 지역에 비해 200마르크나 많았기 때문이었다(아산사회복지사업재단, 앞의 책, 150쪽).

52) 아산사회복지사업재단, 앞의 책, 137~138, 149쪽

53) 이수길, 앞의 책, 32, 54쪽

54) 이영석, 박재홍, 앞의 글, 455~457쪽

55) 이영숙, 앞의 책, 39쪽

56) 그 이외에도 언어소통이 어느 정도 될 때까지 투약을 허용하지 않는 경우도 존재했다. 이수자 , 앞의 글, 207쪽

57) 이수길, 앞의 책, 17쪽

58) 이수자, 앞의 책, 207쪽

59) 나혜심, 앞의 책, 264, 275쪽; 이영숙, 앞의 책, 37, 43쪽

60) 이수안, 「이주 여성의 타자성과 관용의 상호 발현에 대한 이론적 모색: 재독 한인 여성의 이주 정착 과정을 중심으로」, 『사회와 이론』 12집, 2008, 92~93쪽; 이수자, 앞의 글, 208쪽

61) 이수자, 앞의 글, 211쪽

62) 광부들의 경우도 유사했는데, 생마늘을 먹고 난 뒤 광산에 일하러 갈 때

독일인들은 어디에서나 곁에 오지 않았으며, 심지어 차를 몰다 교통신호를 위반해도 스티커를 끊지 못할 정도였다(권이종, 앞의 책, 122쪽).

63) 이영숙, 앞의 책, 38쪽

64) 조선일보 1974년 9월 7일자

65) 아산사회복지사업재단, 앞의 책, 142쪽

66) 이영숙, 앞의 책, 38쪽

67) 김용출, 『독일 아리랑』, 에세이, 2006, 292쪽

68) 여기서 '간판파'란 당시 여대생 가운데 한 부류를 지칭했던 말이다. 여대생을 학술파, 직업파 그리고 간판파로 나누면서, 공부에는 그다지 흥미가 없으면서 그럭저럭 낙제나 면하면서 졸업 간판이나 얻어가지고, 그야말로 대학졸업장을 간판으로 좋은 자리로 시집가자는 데 목적이 있는 여대생을 비하해서 사용한 말이다. 양명문, 「대학을 결혼을 위한 간판으로 아는 데 대해」, 『여원』 1월호, 1967, 150~151쪽

69) 양명문, 「대학을 결혼을 위한 간판으로 아는 데 대해」, 『여원』 1월호, 1967

70) 1972년에는 파독 간호사 3명이 자살한 사건이 발생했는데 이 가운데 2명은 독일 남성과 실연의 충격으로, 나머지 1명은 한국에 대한 그리움으로 자살했다고 한다. 김용출, 앞의 책, 290쪽

71) 아산사회복지사업재단, 앞의 책, 142쪽

72) 조선일보 1970년 5월 2일자

73) 조선일보 1976년 2월 7일자

74) 조선일보 1976년 2월 18일자

75) 이영석·박재홍, 앞의 글(468쪽); 이수길, 앞의 책(44쪽) 참조. 그 이외에도 이수길의 기록에는 자살 미수 사건, 근무 병원의 불평불만 시정 요청, 병원 측의 간호사의 연애 사건에 대한 시정 요청 등이 기재되어 있다(이수길, 앞의 책, 51~52쪽).

76) 이수길, 앞의 책, 156~158쪽

77) 권이종, 앞의 책, 41, 50쪽

78) 이영숙도 자신의 고향은 서울일수도, 아들이 태어나고 남편이 묻힌 튀빙겐일 수도 있다고 술회하고 있다(이영숙, 앞의 책, 12쪽).

79) 김상임, 「세상 읽기: 한국인 파독 간호사가 말하는 이주노동자의 삶」, 「노동사회」 90호, 2004, 64쪽; 최재현, 「일상생활의 이론과 노동자의 의식세계: 서독 거주 한국인 노동자에 대한 질적 조사 연구의 예」, 「열린 사회학의 과제」, 창작과 비평, 1992, 121~122쪽; 이수길, 앞의 책, 49~50쪽

80) 이 내용은 필자와 신길순의 구술면접 과정에서도 나왔던 이야기이다. 잠시 인용해 보면 다음과 같다. "아니, 어떻게 병원에서 맨날 사람이 죽냐고, (웃음) 이건 너무 과장이 심하다. 물론 병원에서 사람이 죽으면, 한국 간호사라고 하지 말라거나 그런 건 없다. 할 수는 있지만, 이건 아니다. 그랬더니, 내가 어떻게 해결해주면 되겠느냐고 그랬더니, 정정기사를 실어주던지, 독자 투고란에 글을 하나 써서 실어달래요. 그래서 선생님 이름을 갖다가 인터넷으로 다 뽑아가지고 주필 좀 만나자고 그랬더니, 뭐 연결도 안 시켜주더라고요. 그걸 어떻게 해. 공갈 협박을 했죠. 우리 간호사들 다 조선일보사로 쳐들어갈 거라고. 마음대로 하라고 그랬더니 주필이 전화를 받더라고요."

81) 이영석, 「재독일 교민의 한국에 대한 기억」, 「독일어문학」 40호, 2008, 336쪽

82) 흥미로운 사실은 국내 신문에서 서독 간호사와 광부들을 대상으로 북한의 파업 선동 삐라가 뿌려진 것이 보도된 점이다. 1976년 11월 18일자 조선일보에는 자칭 주체란 단체가 3개월에 한번씩 75페이지에 달하는 한국어 잡지에서 사보타지를 선동할 것을 주장했다고 크게 보도하고 있다.

83) 〈공장의 불빛〉은 김민기가 1978년 한국교회사회선교협의회의 후원으로 가수 송창식의 녹음실에서 비공개적으로 만들어졌다. 이후 〈공장의 불빛〉은 2,000여 개의 테이프로 복사되어 대학가와 공단으로 퍼졌다. 이 작품은 1970년대 후반 민주노조로 널리 알려진 동일방직 사건을 배경으로 본격적인 노동문제를 다루었으며, 당시로서는 카세트테이프라는 파급력이 높았던 매체를 통해 이후 민중문화 운동에 많은 영향을 미쳤다.

2. 죽음의 기억, 망각의 검은 땅: 광부들의 과거와 현재

84) "직업—광부", 경향신문 1968년 7월 8일자

85) 김세건, 「찌들은 몸: 사북지역의 탄광개발과 환경문제」, 「비교문화연구」

제10집 제1호, 2004, 158쪽

86) 윤동환, 「탄광촌의 주변문화」, 『탄광촌 사람들의 삶과 문화』, 민속원, 2005, 299쪽; 정연수, 『탄광촌 풍속 이야기』, 북코리아, 2010, 353쪽

87) 이 책에서 등장하는 광부들의 이름은 개인정보 보호를 위해 모두 가명으로 처리했다.

88) 기존에 탄광지역과 광산 노동자의 역사에 관해서는 아래 연구들을 참조할 것. 박철한, 「사북항쟁연구: 일상·공간·저항」, 서강대 대학원 석사학위 논문, 2002; 사북청년회의소 편, 『탄광촌의 삶과 애환: 사북·고한 역사 연구』, 선인, 2001; 삼척시립박물관 편, 『탄광촌 사람들의 삶과 문화』, 민속원, 2005; 유범상 외, 『진폐근로자 재활프로그램 개발: 질병의 치료와 빈곤의 해결』, 한국노동연구원, 2002; 정선지역발전연구소 편, 『1980년 4월 사북』, 정선지역발전연구소, 2000; 정성호, 「강원남부 탄광지역의 쇠퇴와 인구사회학적 변화」, 『한국인구학』 제27권 제2호, 2004; 김원, 「광산 공동체 노동자의 일상과 경험: 1950년대 광산 노동자를 중심으로」, 『1950년대 한국노동자의 생활세계』, 한울, 2010

89) 김성례, 「한국무속에 나타난 여성체험」, 『한국여성학』 7호, 1991, 14쪽

90) 기억 연구는 과거의 다양한 역사를 쓰는 데 머무는 것이 아니라, 1960~70년대 광부들이 처했던 사회역사적인 배경 아래에서 재구성되는 이들의 행위지향을 재구성함으로써 이후 사회 변화의 동력을 읽어내는 작업이다(이희영, 「사회학 방법론으로서의 생애사 재구성」, 『한국사회학』 39집 3호, 2005, 124쪽 참조).

91) 김성례, 앞의 글, 13쪽

92) 김성례, 「한국 여성의 구술사: 방법론적 성찰」, 『젠더, 경험, 역사』, 조옥라, 정지영 엮음, 서강대학교 출판부, 2004, 35쪽

93) 김성례, 「한국무속에 나타난 여성체험」, 29쪽

94) 당시 광업소에서는 광부의 자녀를 취업시키기 위한 제도적 장치로, 재해 발생 시 가족의 취업 혜택을 단체협약으로 명문화했다고 한다. 자세한 내용은 정연수, 앞의 책, 279쪽

95) 대한석탄공사, 『대한석탄공사 50년사』, 대한석탄공사, 2002, 24~25, 184쪽

96) 남춘호, 「1960-70년대 태백지역 탄광산업의 이중구조와 노동자상태」, 『지

역사회연구』 13권 2호, 2005, 16쪽

97) "장성사고를 계기로 본 탄광촌의 오늘", 경향신문 1977년 11월 24일자

98) 윤동환 앞의 글, 313쪽; "탄광촌-내연하는 현장을 짚어본다 (4)철새의 마을", 경향신문 1980년 4월 29일자

99) 이 부분은 무녀이자 혼자 사는 여성으로서 자신이 겪은 수난을 같은 무녀였던 할머니의 추방으로부터 재해석한, 과거로부터 내려온 운명으로 본 문심방의 구술 해석에서 시사를 받았다. 자세한 내용은 김성례, 「한국무속에 나타난 여성체험」(21쪽)을 참조.

100) 혈암(血巖)광업소를 지칭한다.

101) "탄광촌-내연하는 현장을 짚어본다 (3)허술한 후생복지시설", 경향신문 1980년 4월 28일자

102) 병원 요양이 가능한 합병증은 활동성 폐결핵, 흉막염, 기관지염, 기관지확증증, 기흉, 폐기종, 원발성 폐암, 비정형 미코박테리아 감염 등이다(김세건, 앞의 글, 181쪽).

103) 김세건, 앞의 글, 181쪽; 정연수, 앞의 책, 315쪽

104) 김세건 앞의 글, 181쪽

105) 김세건 앞의 글, 152, 178쪽

106) 탄광에서 5년 이하로 근무할 경우 7.1%, 6~10년 근무의 경우 32.2%, 11~15년은 50.5%, 16~20년 56.6%, 20년 이상은 76.3%의 진폐증 발병률을 보였다. 11년 이상 일한 광부의 50% 이상이 진폐증을 앓는 셈이다. 자세한 내용은 김세건, 앞의 글, 179쪽; 정연수, 앞의 책, 313~314쪽 참조.

107) 박정희의 탄광산업과 광부들에 대한 관심은 마지막 결론의 '기억공동체: 망각의 트라우마'에서 자세히 다룬다.

108) 김세건, 앞의 글, 173쪽

109) 구술자와 가족의 신분을 보호하기 위해 자녀의 이름은 ○○○으로 처리한다.

110) 남춘호, 앞의 글, 24쪽

111) 정연수, 「탄광촌 민요에 타나난 탄광촌 정체성 연구」, 『강원민속학』 제20집, 2006, 650쪽

112) 윤동환, 앞의 글, 330쪽

113) 정연수, 앞의 책, 278쪽

114) 先山夫, 사키야마(일본어)로 탄광의 막장에서, 실제로 석탄을 캐는 숙련 노동자를 의미한다.

115) 後山夫, 아토무키(일본어)로 선산부가 캔 석탄을 운반하는 노동자를 지칭한다.

116) 정연수, 앞의 책, 225~226쪽

117) '여적', 경향신문 1967년 9월 6일자; "장성사고를 계기로 본 탄광촌의 오늘", 경향신문 1977년 11월 24일자

118) "탄광촌—내연하는 현장을 짚어본다 (4)철새의 마을", 경향신문 1980년 4월 29일자

119) 정연수, 앞의 책, 236쪽

120) 생산량에 쫓기는 탄광에서는 개광 이후 3교대 작업을 지속해왔다. 구체적으로 갑방(甲方, 08:00~16:00), 을방(乙方, 16:00~24:00), 병방(丙方, 24:00~8:00)으로 순환 근무를 했다. 1주일을 주기로 밤낮이 바뀌는 3교대 노동 체제는 광부들의 신체적 고통을 가중시켰다. 정연수, 앞의 책, 216쪽

121) 정연수, 앞의 책, 217쪽

122) 광부들을 돼지라고 불렸던 이유는 막장에서 나온 광부들의 몸이 까맸기 때문이기도 했지만, 가난했던 시기에 수입이 많았기 때문이었다. 자세한 내용은 김용환·김재동, 「석탄산업의 생태와 역사」(『문국문화인류학』 29집 1호, 1996, 236쪽); 정연수, 앞의 책(239쪽) 참조.

123) 이한길, 「민요와 설화」, 『탄광촌 사람들의 삶과 문화』, 민속원, 2005, 766, 779쪽

124) "광부의 아내", 경향신문 1977년 4월 28일자

125) 노부리란 경사진 면을 올라가면서 채탄 작업을 하는 막장의 갱도를 뜻한다(정연수, 앞의 글, 651~652쪽).

126) 남춘호, 앞의 글, 24~25쪽

127) "탄광촌—내연하는 현장을 짚어본다 (4)철새의 마을", 경향신문 1980년 4월 29일자

128) "직업—광부", 경향신문 1968년 7월 8일자

129) 윤동환, 앞의 글, 295쪽

130) "탄광촌−내연하는 현장을 짚어본다 (6)불식되어야 할 편견", 경향신문 1980년 5월 1일자

131) 남춘호, 앞의 글, 21~22쪽; 윤동환, 앞의 글, 286~287쪽

132) 김도현, 「탄광촌의 의식주」, 『탄광촌 사람들의 삶과 문화』, 민속원, 2005, 340쪽

133) 정연수, 앞의 글, 650쪽

134) 정연수, 앞의 책, 223쪽

135) 작업복은 1974년부터 광부들에게 1년당 1벌씩 지급되었지만, 부족분은 여전히 개인적으로 시장에서 구입해야 했다. 1975년부터는 작업화도 같이 지급했다고 한다(김도현, 앞의 글, 354쪽).

136) 정연수, 앞의 책, 250쪽

137) "탄광촌−내연하는 현장을 짚어본다 (3)허술한 후생복지시설", 경향신문 1980년 4월 28일자

138) 남춘호, 앞의 글, 16~17, 24, 30쪽

139) 정연수, 앞의 책, 313쪽

140) 김세건, 앞의 글, 179쪽

141) 김도현, 앞의 글, 392쪽

142) 정연수, 앞의 글, 658~661쪽

143) 관리직과 차별과 이로 인한 모멸감이 축적되어 탄광에서 시위나 집단행동이 벌어졌을 때 제일 먼저 외쳐졌던 것은 '사원들의 집을 때려 부수자'는 주장이었다. 예를 들어 "사원들 사택 때려 부수러 가자, 불 지르러 가자" 등이었다. 비슷한 예는 현대조선소 폭동 때도 반복되어 나타났다. 정연수, 앞의 책(289~291쪽); 김준, 「1974년 현대조선 노동자 '폭동'의 연구: 문헌 및 구술자료에 기초한 재구성」(『사회와 역사』 통권 69호, 2006, 83~120쪽) 참조.

144) 정연수, 앞의 책, 275쪽

145) "광부전용 새마을회관 개관", 경향신문 1975년 8월 26일

146) "박 대통령, 새마을 지도자, 모범 근로자와 환담", 경향신문 1975년 12월 9일자; "장학기금 대폭 늘려 광부 연립주택 건립 등 내년 48억 지원", 경

향신문 1975년 12월 18일자

147) "박 대통령, 상공부에 지시 내용", 경향신문 1976년 1월 30일자; 1976년 2월 10일자

148) "박 대통령, 보사부 순시서 지시, 근로자 처우, 환경개선에 최선", 경향신문 1976년 2월 10일자

149) "박 대통령 지시, 정부, 여당 회의서, 석탄산업 근대화에 집중", 경향신문 1977년 9월 17일자

150) "박 대통령 시정연설 요지", 경향신문 1977년 10월 4일자

151) "박 대통령 지시, 대형사고 예방에 만전을", 경향신문 1977년 11월 25일자

152) "박 대통령 지시, 광부들에 다목적 복지시설", 경향신문 1978년 2월 4일자

153) "박 대통령 지시, 통일원, 동자부서 평화정착 이론 정립", 경향신문 1978년 2월 9일자

154) 최호근, 「부담스러운 과거와의 대면: 독일에서의 홀로코스트 기억」, 『서양사론』 84권, 2005, 299~302쪽

3. 박현채, 소년 빨치산과 노예의 언어

155) 천정환, 「사상전향과 1960~70년대 한국 지성사 연구를 위하여」, 『탈식민 냉전 국가의 형성과 검열』, 2011년 2월 18일~19일, 성균관대학교 동아시아학술원, 2011, 276, 285쪽. 냉전기 전향자로서 동베를린 사건의 임석진과 통혁당 사건의 김질락에 관해서는 같은 글을 참조.

156) 천정환, 앞의 글, 275쪽

157) 유임하, 「마음의 검열관, 반공주의와 작가의 자기 검열」, 『상허학보』 제15집, 2005, 130쪽

158) 『민족경제론』은 최근 조사에서 리영희, 백낙청, 브루스 커밍스 등의 저작과 더불어 현대사에서 가장 큰 영향을 미친 책으로 평가되었다.

159) NDR이란 사회주의든 자본주의를 지향하든 일차적으로 후진성을 탈피해서 자립적 생산력 발전을 도모하는 경향을 총칭한다.

160) 초기적 민족·자립경제의 맹아는 1950년대 '농업희생적 자본축적'이란 현실에서 태동했다. 이 시기 각종 농민수탈과 농업정체화를 통해 농업 부문의 잉여가치가 도시 부문으로 유출되었다. 다시 말해서 1950년대 농업

정체화의 근거는 농업생산성 정체와 적자영농, 이농현상 때문이었다(조석곤, 「민족경제론 형성의 사회경제적 배경과 그 이론화 과정」, 『동향과 전망』 48호, 박영률출판사, 2001, 18쪽). 이처럼 원조물자, 관료자본, 잠재적 실업자로 특징 지워지는 관료독점체가 지배했던 1950년대 사회에 대해 비판적 지식인들은, 1950년대 사회경제적 현실에 대한 안티테제로서 민족·자립경제를 사고했다. 바로 경제적 자립과 외세로부터의 진정한 독립이라는 대항이데올로기가 운동 진영 내부에서 맹아적으로 형성되었던 것이다.

161) 탁희준·이정재, 「大邱社會의 動態」, 『사상계』 1961년 5월

162) 김동춘·박태순, 『1960년대 사회운동』, 까치, 1991, 159~169쪽

163) 김정강·윤식 구술, 『내가 겪은 민주와 독재』, 선인, 2001, 47쪽

164) 김동춘·박태순, 앞의 책, 186~189쪽

165) "민족적 민주주의 장례식 강행, 1,500학생관 메고 데모", 동아일보 1964년 5월 20일자

166) 김동춘·박태순, 앞의 책, 189, 196쪽

167) 자세한 내용은 이 책 제3부 제1장 '황량한 '광주'에서 정치를 상상하다: 광주대단지 사건' 참조.

168) '민족경제론'은 박현채가 저술한 일련의 이론 체계만을 지칭하는 것은 아니다. 민족경제론은 몇 가지 범주로 구분할 수 있다. 박현채의 『민족경제론』이란 저서를 중심으로 한 이론 체계, 민중적 민족주의와 급진적 민족주의를 지향했던 1960~70년대 일군의 학자들의 활동 그리고 60년대 외자 의존형 산업화 과정에서 대두했던, 자립경제를 중심으로 한 비판적인 인식론 등이 그것이다. 물론 '민족경제론'이란 용어를 본격적으로 사용한 것은 박현채였지만, 이는 그의 개인적 창작물이라기보다 4.19 이후 사회운동의 흐름 속에서 형성된, 비판적인 지식인들이 '공유한 인식론'이 아닌가 싶다. 또한 이는 1950년대 후반을 즈음해서 범람했던 '후진국 경제론' 가운데 제3세계 공업화를 이루어내기 위한 공통분모로 여겼던 내포적 공업화론, 균형성장론, 내자동원에 의한 민족자본 육성 등에서 그 뿌리를 찾을 수 있다(자세한 내용은 조석곤, 「민족경제론 형성의 사회경제적 배경과 그 이론화 과정」, 『동향과 전망』 48호, 박영률출판사, 2001, 21쪽 참

조). 특히 군부정권에 의해 한일국교가 정상화되고 국가주도형 경제개발 정책이 정착했던 1960년대 중반에 이르러 농촌 해체, 임노동관계의 확대에 따른 계급 간 불평등과 지역 간 불균등 발전 등이 가시화되는 과정에서 민족경제·자립경제라는 지향은 경제적 대외의존에 대한 비판을 토대로 한국 사회에 대한 비판적 분석을 수행했다.

169) 김정강, 앞의 책, 115쪽

170) 장두석, 「박현채 형을 기리며」, 『아! 박현채』, 해밀, 2006, 287쪽

171) 박현채, 『한국경제의 구조와 논리』, 풀빛, 1982, 304쪽

172) 박현채, 앞의 글, 303쪽

173) 박현채, 『민족경제론』, 한길사, 1978

174) 식민지 시기 검열 양상에 관해서는 검열연구회 엮음, 『식민지 검열, 제도, 텍스트, 실천』(소명출판사, 2011); 김건우, 「1960년대 담론 환경의 변화와 지식인 통제의 조건에 대하여」, 『탈식민 냉전 국가의 형성과 검열』(성균관대학교 동아시아학술원, 2011, 265쪽) 참조.

175) 김건우, 앞의 글, 267쪽

176) 이이화, '이이화—민중사 헤쳐온 야인 27', 한겨레신문 2010년 11월 18일자

177) 이이화, 같은 글

178) 김경광은 고문 후유증으로 1994년에 60세를 일기로 타계했다. 김병태, 「대중경제론에 얽힌 사연」, 『아! 박현채』, 해밀, 2006, 54쪽

179) 유임하, 앞의 글, 130쪽

180) 천정환, 앞의 글, 277쪽

181) 유임하, 앞의 글, 131쪽

182) 김낙중, 「박현채와의 인연」, 『아! 박현채』, 해밀, 2006, 38~41쪽

183) 송기숙, 「만년 야인, 박현채」, 『아! 박현채』, 해밀. 2006, 161쪽. 자세한 8.15 직후 박현채의 상황에 관해서는 후술한다.

184) 문순태, 「백아산 시절을 이야기하다」, 『아! 박현채』, 해밀, 2006, 125쪽

185) 경주호 해상월북사건은 1960년 12월 김사배, 정회근 등에 의한 여객선 경주호의 납북 미수 사건을 지칭한다.

186) 이춘형, 「유달리 정이 많았던 친구여」, 『아! 박현채』, 해밀, 2006, 224쪽

187) 이대근, 「박현채 선생과의 만남」, 『아! 박현채』, 해밀, 2006, 194쪽

188) 기세문, 「박현채 선생을 추모하며」, 『아! 박현채』, 해밀, 2006, 25쪽

189) 『박현채 전집』 7권, 406쪽(이하 『박현채 전집』은 『전집』과 권호수만을 표기하도록 한다).

190) 김낙중, 「박현채와의 인연」, 『아! 박현채』, 해밀, 2006

191) 김금수, 「문화부 중대장의 이상과 실천」, 『아! 박현채』, 해밀, 2006

192) 권오헌, 「당시께서 잠드신 세계엔 차별도 분단도 제국주의도 없겠지요」, 『아! 박현채』, 해밀, 2006, 16쪽

193) 김정남, 「1964년 여름」, 『아! 박현채』, 해밀, 2006, 88쪽

194) 1970년대 경락회와 남민전에 관해서는 권말의 〈부록 3〉을 참조.

195) 임헌영, 「박현채 선생에 대하여」, 『아! 박현채』, 해밀, 2006

196) 오병철, 「생각하면 떠오르는 두 눈빛, 그리고」, 『아! 박현채』, 해밀, 2006, 178쪽

197) 이강, 「아! 민봉! 위대한 박현채 교수」, 『아! 박현채』, 해밀, 2006, 187쪽

198) 이미숙, 「병상에 누운 민족경제론, 박현채의 인생역정」, 『말』 1994년 7월호, 104쪽

199) 송기숙의 증언에 따르면, 당시 채용되지 못했던 이유는 빨치산 경력 때문만은 아니었던 것으로 보인다. 자세한 내용은 송기숙, 앞의 글(162쪽) 참조.

200) 김금수, 앞의 글, 31쪽

201) 김정남, 앞의 글, 83쪽

202) 천정환, 앞의 글, 276쪽

203) 유임하, 앞의 글, 139쪽

204) 김정남, 앞의 글, 87쪽

205) 상세한 박현채의 저술 목록은 권말의 〈부록 1〉을 참조.

206) 당시 그의 이론적 지반은 마르크스, 리스트 그리고 뮈르달의 경제이론이었다. 자세한 내용은 이미숙, 「병상에 누운 민족경제론, 박현채의 인생역정」(『말』 1994년 7월호, 102쪽) 참조.

207) 좀 더 자세한 해석이 필요하지만 박현채는 국민경제의 자율적 재생산의 기반을 국내시장에 둔 내포적 공업화, 다시 말해서 무역 의존을 최소한으로 줄여서 외자에 기초한 무역이 국민경제 재생산의 기반이 되는 것을

제어하는 것을 지향하지 않았나 싶다. 한 좌담에서도 박현채는 비자본주의적 발전의 길에 대해 비현실적이란 견해를 피력한 바 있다(정민, 「대담: 민족경제론—민족민주운동의 경제적 기초를 해명한다", 『현단계』 제1집, 한울, 1986 참조).

208) 『전집』 7권, 376쪽
209) 박현채, 『민족경제론』(한길사, 1978) 참조.
210) 이와 관련해서 박현채는, "국가는 민족경제의 자립을 위한 주체적 담당자인 민족자본을 육성하고 국민경제의 자립이란 전략목표를 실현하기 위해 자본의 논리와 힘에 대항하기 위한 수단으로 국가자본의 영역을 (…) 확대해야 한다. (…) 국영기업을 수단으로 한 국가의 적극적인 경제 개입은 민족자본과의 연합에 의해 국내 매판적 제 세력에 대항하기 위한 유효한 수단"이라고 논한다(박현채, 『한국경제의 구조와 논리』, 풀빛, 1982 참조). 이 점과 관련해서 박순성은 민족경제론이 박정희의 국가주도형 수출 전략과 차이가 있지만, 국가의 경제에 대한 개입, 경제계획의 중요성 강조, 중공업 우선 발전전략 그리고 민족주의에 대한 강조는 식민 지배를 벗어난 제3세계에서 가능했던 발전전략의 기본 성격에 있어서 '유사한 인식'을 갖고 있었음을 보여준다고 논한다(박순성·김균, 「정치경제학자 박현채와 민족경제론: 한국경제학사의 관점에서」, 『동향과 전망』 48호, 박영률 출판사, 2001, 94쪽)
211) 『전집』 7권, 462쪽
212) 임동규 간첩사건은 1970년대 이후 임동규를 중심으로 1960년대 후반 검거된 통혁당을 재건하려는 움직임이 있었다는 간첩단 사건이다.
213) 『전집』 7권, 122쪽
214) 제2차 인혁당 사건이라고 불렸던 조직사건의 경우, 당국 발표와 달리 인민혁명당이란 조직은 존재하지 않았으며, 대신 경락연구회라고 불린 소규모 전통의학 연구회가 4.19이후 운동세대들에 의해 운영되었다.
215) 박중기, 「지금 우리는 민족·자주·평화를 잊고 있다」, 코리아 포커스 2005년 10월 8일자
216) 김낙중, 앞의 글, 42~44쪽
217) 당시 강사는 천관우(민족사관), 양호민(민주사회주의), 임헌영(민족문학),

조영건(근현대사) 등이 맡았다. 권오헌, 「당신께서 잠드신 세계엔 차별도 분단도 제국주의도 없겠지요」, 『아! 박현채』, 해밀, 2006, 15~16쪽

218) 김낙중, 앞의 글, 44쪽

219) 『전집』 7권, 393쪽

220) 김낙중은 1969년에 유격전 전개 여부를 둘러싸고 박현채와 술내기를 했지만 그다음 해에도 술은 얻어먹지 못했다고 회고하면서, 아마도 박현채가 1970년대 초반까지 유격전의 가능성에 대해 포기하지 않았던 것이 아닌가, 하고 추측한다. 자세한 내용은 김낙중, 앞의 글(42~43쪽) 참조.

221) 이강, 앞의 글, 186쪽

222) 천정환, 앞의 글, 276쪽

223) 천정환, 앞의 글, 285쪽

224) 김금수, 앞의 글, 35쪽

225) 이대근, 앞의 글, 196쪽

226) 김상현, 「내가 본 박현채」, 『아! 박현채』, 해밀, 2006, 64쪽

227) 1966년 논쟁을 계기로 1967년 조선일보의 기획기사 '중산층 논쟁'이 전개되었다. 김대중은 1969년 11월 『신동아』에 「대중경제론을 주창한다」를 기고하고, 자신이 운영하는 내외문제연구소를 중심으로 논의를 진행했던 것으로 알려져 있다. 자세한 내용은 정상호, 「대중경제론의 형성과정과 정치적 의의에 관한 연구」, 민주화운동기념사업회 연구용역 최종발표회, 2007년 8월 20일(미발간 원고) 참조.

228) 그 뒤에 90년대 민중당 운동에 대해서도 박현채는 "좌편향 관념주의" 혹은 "선거 후 민중정당을 창당한 것은 운동권의 현실을 반영하지 못한 행태이며 운동을 퇴보시키는 고약한 발상"이라고 격하게 비판했다고 한다. 자세한 내용은 이미숙, 「박현채 선생과 함께 한 10년」(『아! 박현채』, 해밀, 2006, 199~200쪽) 참조.

229) 『전집』 7권(512~513쪽)과 임동규, 「아! 박현채」(『아! 박현채』, 해밀, 2006) 참조.

230) 『전집』 7권 참조.

231) 유임하, 앞의 글, 149쪽

232) 『전집』 7권, 438쪽

233) 송정석, 「그리운 친구여 아! 박현채」, 『아! 박현채』, 해밀, 2006, 168쪽

234) 김금수, 「문화부 중대장의 이상과 실천」, 『아! 박현채』, 해밀, 2006

235) 김경추, 「새 단계의 싸움에 추는 격문」, 코리아포커스 2005년 10월 5일자

236) 조정래, 「아직도 떠나지 않은 선생님」, 『아! 박현채』, 해밀, 2006

237) 1993년 박현채가 유년 시절과 빨치산 활동 시기에 대해 직접 쓴 회고록
은 인터넷신문 코리아포커스(2005년 10월 18일~10월 28일)에 8회에 걸쳐
연재되었다. 이후 이 원고는 『전집』에 회고록 형태로 실렸다. 이 책에서는
코리아포커스의 자료에 기초해서 이하에서 「회고록」으로 표기하고자 한
다(「회고록」 3회).

238) 김경추, 「새 단계의 싸움에 추는 격문」, 코리아포커스 2005년 10월 5일자

239) 「회고록」 3회

240) 『전집』 7권, 430쪽

241) 사로계는 사회로동당 계열을 의미하는 것으로 1946년 10월, 여운형, 백
남운, 강진 등이 결성한 좌파정당을 지칭한다. 1946년 8월초 조선인민당
의 제안으로 조선공산당, 조선인민당, 남조선신민당의 3당 합당 논의가
본격적으로 시작되었다. 하지만 조선공산당 내부에서는 박헌영 중심의
지도체제에 대해 반발하며 당 대회를 소집하여 합당 여부를 결정하자는
'반(反)간부파'(또는 대회파)가 출현하는 등 합당의 방법과 속도를 둘러싸
고 분열이 가속화되었다. 결국 조선공산당 대회파, 조선인민당 31인파, 남
조선신민당 반(反)간부파 등 남조선노동당(남로당)으로 합당과정에서 이
탈한 세력들은 10월 16일 합당 교섭위원들의 토의를 거쳐 합동의정서와
강령 초안을 발표하고 사회노동당을 결성했다. 하지만 사회노동당은 남조
선노동당과의 합당 문제를 둘러싸고 여전히 내부갈등을 노출한 채 별다
른 활동을 하지 못했다. 1946년 11월 23일 남조선노동당의 결성 및 북조
선노동당으로부터의 비판(사회노동당에 관한 결정서)은 지속적으로 사로
당 조직과 간부의 대량이탈을 가져왔으며, 1947년 2월 27일 정식으로 대
회를 열어 당 해체를 선언했다.

242) 「회고록」 3회

243) 『전집』 7권, 522쪽

244) 『전집』 7권, 442쪽

245) 김경추, 「새 단계의 싸움에 추는 격문」, 코리아포커스 2005년 10월 5일자

246) 화순 탄광의 역사는 1904년으로 거슬러 올라간다. 1904년 화순의 박현경에 의해 동면 복암리 일대의 석탄이 확인되자, 1905년에 한국인이 최초로 석탄 광업권을 얻었다. 이후 1908년에 채탄을 시작하였으나 상업성이 떨어져서 채탄을 중단했다가 1927년 일본 지질학자의 조사 결과 무연탄과 토상 흑연광상이 매장되어 있다는 사실이 밝혀져 본격적인 채탄에 들어갔다. 한편 1945년 8.15 직후 화순 탄광 노동자들이 '노동자 자주관리'로 광산을 운영했으나, 미군정은 12월 6일 군정법령 33호 포고를 통해 일제가 남긴 국·공유 재산뿐 아니라 사유재산까지 접수하겠다고 밝혔다. 이에 반발한 노동자들이 1946년 8월 15일 해방 1주년을 맞아 광주에서 개최된 기념식에 참석하고 '완전한 독립'과 '더 많은 쌀 배급'을 요구하며 행진했다. 그러나 광주에서 화순으로 넘어오는 너릿재에서 미군정에 의해 30여 명이 학살되었고 500여 명이 부상당하는 비극이 일어났다. 이후 화순 탄광 노동자들이 10월 30일 재차 파업에 들어갔으나 미군정의 탄압으로 실패하였으며, 이때 일부는 입산해서 빨치산 활동을 시작했다. 화순지역 탄광 노동자들은 한국전쟁이 발발한 이후에도 전남지역 빨치산의 주요한 동력이 되었다.

247) 「회고록」 3회

248) 「회고록」 2회

249) 『전집』 7권, 380쪽

250) 김경추, 앞의 글 참조

251) 장기형, 「나헌티 현채는 구세주였제: 태백산맥 선요원 장기형 인터뷰」, 코리아포커스 2005년 10월 18일자

252) 『전집』 7권, 525쪽; 최장학, 「이 고로 저 고로 박고로여」, 『아! 박현채』, 해밀, 2006, 344쪽

253) 김경추, 앞의 글 참조

254) 「회고록」 4회

255) 「회고록」 4회

256) 김경추, 앞의 글 참조

257) 「회고록」 4회

258) 「회고록」 1회

259) 『전집』 7권, 445쪽

260) 「회고록」 1회

261) 김금수, 「문화부 중대장의 이상과 실천」, 『아! 박현채』, 해밀, 2006

262) 김경추, 앞의 글 참조

263) 「회고록」 2회

264) 부대원들은 30명을 약간 넘었고, 일부 서울 출신 의용군을 제외하고는 농민 출신이었다. 자세한 내용은 「회고록」 2회 참조.

265) 『전집』 7권, 371쪽

266) 장두석, 「박현채 형을 기리며」, 『아! 박현채』, 해밀, 2006, 282쪽

267) 장기형, 앞의 글 참조

268) 김경추, 앞의 글 참조

269) 『전집』 7권, 336, 447쪽

270) 박현채, 「민족경제론과 박준옥 교장 선생님」, 『사회평론』 92권 8호, 1992

271) 이종범, 「인연과 기억」, 『아! 박현채』, 해밀, 2006, 204~205쪽

272) 「회고록」 2회

273) 장기형, 앞의 글 참조

274) 「회고록」 2회

275) 「회고록」 2회

276) 「회고록」 5회

277) 『전집』 7권, 384쪽

278) 김금수, 앞의 글 참조

279) 「회고록」 6회

280) 조정래, 「아직도 떠나지 않은 선생님」, 『아! 박현채』, 해밀, 2006

281) 이선아, 「한국전쟁 전후 빨찌산의 활동과 성격」, 성균관대학교 사학과 석사학위 논문, 2003, 18~21쪽

282) 이선아, 앞의 논문, 44, 49쪽

283) 송기숙, 앞의 글 참조

284) 박현채는 어머니 덕분에 또 다른 죽음의 고비를 피한 적이 있다. 그는 한 번 관통상을 당했는데, "총알이 호주머니에 넣어둔 지폐 뭉치에 맞았던

거야. 한 겹 접은 두께가 이 정도였는데 실탄이 돈을 뚫고 나가다가 마지막 장에 멈춰 있더라구. 탄두가 신통하게도 마지막 장에 멈춰 있는 거야. (…) 비상금으로 간수하고 다녔던 거지. 집을 나올 때 우리 어머니가 주신 거였어"라고 회고하고 있다(『전집』 7권, 493쪽; 송기숙, 「만년 야인 박현채」, 『아! 박현채』, 해밀, 2006, 157쪽; 「회고록」 7회).

285) 송기숙, 앞의 글

286) 「회고록」 7회

287) 이선아, 앞의 논문, 34쪽

288) 「회고록」 7회

289) 「회고록」 6회

290) 현물세란 수확물을 세금으로 직접 내는 농업현물세를 의미한다.

291) 이선아, 앞의 논문, 52쪽

292) 「회고록」 8회

293) 이선아, 앞의 논문, 40쪽

294) 이미숙, 「박현채 선생과 함께 한 10년」, 『아! 박현채』, 해밀, 2006, 199쪽

295) 「회고록」 8회

296) 장기향, 앞의 글 참조

297) 『전집』 7권, 392쪽

298) 최창학, 「이 고로 저 고로 박고로여」, 『아! 박현채』, 해밀, 2006, 347쪽

299) 『전집』 7권, 375쪽

300) 프레시안 2006년 6월 8일자

301) 황건, 「박선배의 신념과 매력」, 『아! 박현채』, 해밀, 2006, 386쪽

제3부 서발턴과 사건들

1. 황량한 '광주'에서 정치를 상상하다: 광주대단지 사건

1) 辛相雄, 「廣州大團地」, 『創造』 10월호, 1971, 119쪽

2) 이 글에서 사용하는 자료를 잠시 소개하면 다음과 같다. 첫 번째, 1차 자료로 자서전과 수기를 들 수 있다. 대단지 사건을 직접 경험했던 담당자

가 생산했던 자료로는 제일교회 전성천 목사와 당시 담당관이었던 손정목의 기록이 있다(손정목, 「8.10사건의 경위: 서울시의 입장에서」, 『광주대단지 사건의 역사적 재조명』, 성남문화원, 2004; 전성천, 『십자가 그늘에서: 전성천 회고록』, 동영사, 2001). 이들은 대단지에서 도시하층민들의 경험을 직접 대변했던 인물은 아니지만, 정책 담당자의 도시빈민에 대한 시각과 초기 지역민의 요구와 불만을 조직했던 인물로서 시각을 비교적 정확하게 기록하고 있다. 그 이외에 보조 자료지만 당시 언론사와 잡지, 학생운동 진영 등에서 기록한 르포와 연재물 등을 통해 광주대단지 거주민의 일상의 윤곽을 파악할 수 있다(박기정, 「광주대단지」, 『신동아』 10월호, 1971; 박태순, 「廣州團地 4泊5日」, 『月刊中央』 10월호, 1971; 辛相雄, 「廣州大團地」, 『創造』 10월호, 1971; 李根茂, 「廣州大團地住民騷動: 混亂 속에 선 그리스도」, 『基督敎思想』 11월호, 1971; 이상민, 「빈민집단의 사회 정책적 성격」, 『정경연구』 10월호, 1971). 두 번째 자료는 정부 측 자료이다. 최근 국가기록원에서 당시 대통령 비서실에서 제출한 몇몇 보고서를 공개했다(정종택, 「광주대단지 현안문제 해결 보고」, 대통령 비서실, 1971년 10월 14일; 정종택, 「광주성남대단지 난동사건 진상 보고」, 대통령 비서실, 1971년 8월 11일; 대통령 비서실, 「서울시 철도연변 철거민 경기도 광주군으로의 이주정착 사업」, 1969년 6월 5일). 주로 박정희와 국무총리에게 보고되었던 이들 자료를 통해 왜 정부 측이 도시빈민의 공간적인 밀집과 이들의 집단행동에 대해 공포심(혹은 위기의식)을 가지고 있었는지 파악할 수 있었다. 세 번째로는 소설과 르포문학 자료들이다. 이미 대단지 사건은 윤흥길의 연작 소설을 통해 인문사회과학보다 문학을 통해 널리 알려졌다. 사건 직후 성남에 거주했던 윤흥길과 관련 문학작품을 통해 도시빈민과 지역민들의 일상과 이들을 둘러싼 사회적 시각을 파악하고, 1차 자료의 부족한 부분을 보완할 수 있었다.

3) 권태준·손정목, 「수도권 위성도시 현지 르뽀: 광주지구 대단지 조성사업—그 현지를 가다」, 『도시문제』 5월호, 1969, 73쪽.

4) 주요 언론도 "6.25 이후 이번 같은 성격의 큰 사태를 경험해 본 일이 없다"며 "매운 다스림"을 주문했다(조선일보, 1971년 8월 12일자).

5) 이상민은 사회궁핍화 경향은 광주대단지의 민중폭동을 유발하는 원인이

되었고, 더 나아가 광주대단지 사건과 평화시장 조세 저항 파동에서 사태의 진행과정으로 볼 때 집단적 저항이었다는 점에서 동질성과 상호관련성을 지닌다고 분석했다. 이상민, 「빈민집단의 사회정책적 성격」, 『정경연구』 10월호, 1971, 33쪽

6) 윤흥길, 『아홉 켤레의 구두로 남은 사내』, 문학과 지성사, 2007, 93쪽

7) 윤흥길, 앞의 책, 99쪽

8) 주목되는 사실은 이미 1969년 현장 답사 보고서에서 거주민 아동의 교육, 식수, 변소, 의료 시설 등 대단지 사건 당시 발생한 문제점들이 상당수 예측되고 있었다는 점이다. 자세한 내용은 권태준·손정목, 앞의 글 참조.

9) 박태순, 「廣州團地 4泊5日」, 『月刊中央』 10월호, 1971, 270쪽

10) 조선일보, 1971년 8월 12일자

11) 김태경, 「광주대단지 철거민 현황, 문제점 및 대책」, 대통령 비서실, 1970년 5월 16일

12) "그 해 여름 무슨 일이 있어났을까? (1)광주대단지투쟁을 말한다", 성남뉴스 2002년 8월 5일자; "'광주대단지' 재조명한다", 성남뉴스 2001년 10월 9일자

13) 이상민, 앞의 글, 31쪽 (강조는 인용자)

14) 하동근, 2001년 구술 면접

15) 손정목, 「1966년과 불도저 시장 김현옥의 등장」, 『한국도시 60년 이야기 1』, 한울, 2005, 87쪽

16) 김수현, 「1971년 광주대단지 사건 연구」, 서강대 정치외교학과 석사학위논문, 2007, 29쪽

17) 성남시사편찬위원회, 『성남시사』, 성남시사편찬위원회, 1994, 395쪽

18) 조선일보, 1970년 11월 24일자; 1970년 12월 20일자

19) 초기 시내 철로 변에 거주했던 철거민들은 철도청장이 발행한 분양증을 가지고 대단지에 들어왔는데, 이를 '무딱지'라고 불렀다. 무딱지는 구획만 정해져 있을 뿐, 구체적 지번은 정해져 있지 않았다. 반면 대단지에 들어와서는 은행 알을 굴려 지번을 추첨했는데, 이렇게 받게 된 입주권을 '딱지'라고 불렀다(박태순 앞의 글, 263쪽).

20)   손정목, 「1966년과 불도저 시장 김현옥의 등장」, 95~96쪽

21)   성남시사편찬위원회, 앞의 책, 395쪽

22)   다만 생계가 막연해진 일부 철거민이나 전매입주자 가운데 딱지를 매각
       하고 세입자로 전락한 경우가 많았다. 처음부터 대단지에 세입자로 유입
       된 경우도 적지 않았지만, 전매입주자나 철거민 가운데 세입자로 전락한
       '유사 세입자'가 많았다는 점에서 이상과 같은 분류는 좀 더 세심한 관찰
       이 필요하다.

23)   조선일보, 1970년 6월 16일자

24)   박기정, 「광주대단지」, 『신동아』 10월호, 1971, 178쪽

25)   이 문제를 둘러싸고 원주민들은 '광주대단지 성남지구 환지위원회'를 조
       직해서 시 당국과 대립했다. 자세한 내용은 김수현, 앞의 논문, 37~38쪽
       을 참조.

26)   자세한 내용은 성남시사편찬위원회, 앞의 책을 참조.

27)   서울시사편찬위원회, 『서울시사』, 1996, 669쪽

28)   편집부, 「70년대 성남지역 운동사」, 『성남연구』 제1호, 성남지역사회발전연
       구소, 1992, 153쪽. 심지어 군대를 다녀온 20대 남성조차 취업하는 것이
       쉽지 않았다. 당시 대단지에서 직장을 구하던 군필 남성이 공장 관계자에
       게 들었던 증언이 실린 르포를 인용하면 다음과 같다. "군대까지 갔다 온
       몸으로 (…) 한 달에 이삼천 원 받고 일할 수 있겠소?"(박태순, 「廣州團地
       4泊5日」, 『月刊中央』 10월호, 1971, 276쪽).

29)   신상웅, 앞의 글, 120쪽

30)   편집부, 「70년대 성남지역운동사」, 『성남연구』 제1호, 성남지역사회발전연
       구소, 1992, 153쪽

31)   이광일, 「근대화의 일그러진 자화상: 광주대단지 폭동 사건」, 『기억과 전
       망』 제1호, 2002, 176쪽

32)   홍사홍·정형주·김준기, 「성남지역 사회의 어제와 오늘과 내일」, 『성남연
       구』 제1호, 성남지역사회발전연구소, 1992, 7쪽; 박기정 앞의 글, 173쪽

33)   손정목, 앞의 글, 94쪽

34)   김상운, 「광주대단지 철거민들의 애환」, 『신동아』 3월호, 1986, 521쪽

35)   하동근, 2001년 구술 면접

36) 조선일보, 1970년 6월 4일자

37) 조선일보, 1971년 6월 10일자

38) 한국일보, 1971년 3월 21일자

39) 김수현, 앞의 논문, 54쪽

40) 신상웅, 앞의 글, 129쪽

41) 윤흥길, 앞의 책, 174~1755쪽

42) 손정목, 앞의 글, 100~101쪽; 김수현, 앞의 논문, 53쪽

43) 윤흥길, 앞의 책, 175쪽

44) 전성천, 『십자가 그늘에서: 전성천 회고록』, 동영사, 2001, 178쪽

45) 자세한 내용은 전성천, 앞의 책(189~190, 192, 197~200, 230쪽)을 참조.

46) 손정목, 앞의 글, 101~102쪽

47) 손정목, 앞의 글, 104쪽

48) 박기정, 앞의 글, 170쪽

49) 박기정, 앞의 글, 169쪽

50) 전성천, 앞의 책, 228~229쪽

51) 전성천, 앞의 책, 211쪽

52) 박기정, 앞의 글, 169쪽

53) 손정목, 앞의 글, 105쪽

54) 하동근, 2001년 구술 면접

55) 윤흥길, 앞의 책, 177쪽

56) 편집부, 「70년대 성남지역운동사」, 『성남연구』 제1호, 성남지역사회발전연구소, 1992, 154~155쪽; 박기정 앞의 글, 171쪽

57) 윤흥길, 앞의 책, 182쪽

58) 대표단과 양택식 간의 협상 과정은 전성천 앞의 책(220~221쪽)을 참조.

59) 손정목, 앞의 글, 107쪽

60) 전성천, 앞의 책, 224~226쪽

61) 앞서 본 것처럼 전매입주자를 중심으로 운영된 대책위원회와 투쟁위원회의 한계 그리고 사건 당일 이들과 철거민 등 다른 참여자 사이에는 요구와 투쟁 방식에서 차이가 있었다. 하지만 좀 더 정치한 분석이 되기 위해서는 단순 참여자와 봉기 참여자를 구분하고, 주민 구성별, 계층별 차이

를 밝히는 것이 필요하다.

62) 김재준, 「광주단지에는 50여 개의 교회가 있다는데」, 『基督敎思想』 11월 호, 1971, 55쪽

63) 광주대단지 사건에서 전성천의 역할과 관련해서, 대단지 사건을 특정 개 인의 지도력으로 파악하는 엘리트주의적 접근 혹은 전성천의 개인 능력 이 지나치게 부각되었다는 반론이 제기될 수 있다. 물론 초기 대책위원회 와 주민 동원 과정에서 그의 역할은 부정할 수 없지만, 투쟁 양식, 도시 하층민에 대한 시각, 도시봉기로 전화되는 과정에서 대책위원회와 전성 천의 한계와 주민과의 차이에 대해서는 이미 지적한 바와 같다. 이 점에 서 그는 도시봉기의 '의도하지 않은 선동가'가 된 셈이다.

64) 하동근, 「8.10사건에 대한 입장들 」, 『광주대단지 사건의 역사적 재조명』, 성남문화원, 2004, 33쪽

65) 하동근, 2001년 구술 면접

66) 자세한 사건은 조선일보, 1970년 9월 29일자; 1970년 10월 1일자; 1971년 5월 21일자 등을 참조.

67) 전성천, 앞의 책, 231쪽

68) 전성천, 앞의 책, 226쪽

69) 홍사홍 외, 앞의 글, 9쪽

70) 전성천, 앞의 책, 206쪽

71) 1960년대 후반 김신조 사건과 주한미군 철수 등 '안보위기'가 조성된 조건 아래에서 밀집지가 조금이라도 휴전선에 가까워진다는 것은 정권에게는 위험 요인으로 인식되었다. 자세한 내용은 손정목, 「광주대단지 사건」(『도 시문제』 제38권 제420호, 대한지방행정공제회, 2003, 91~92쪽) 참조.

72) '제2전선론'에 관해서는 이 책의 '제1부'를 참조.

73) 이는 2001년 8월 10일 8.10사건 30주년 기념사업추진위원회에서 개최한 심포지엄에서 나온 토론 내용에 근거한 것이다. 유사한 내용은 손정목, 「광주대단지 사건」(『한국도시 60년의 이야기 2』, 한울, 2005, 113쪽) 참조.

74) 정종택, 「광주대단지 현안문제 해결 보고」, 대통령 비서실, 1971년 10 월 14일; 정종택, 「광주성남대단지 난동사건 진상 보고」, 대통령 비서실, 1971년 8월 11일

75) 손정목, 「1966년과 불도저 시장 김현옥의 등장」, 111쪽

76) 하동근, 2001년 구술 면접

77) 김상운, 앞의 글, 522~523쪽

78) 손정목, 앞의 글, 111쪽

79) 하동근, 2001년 구술 면접

80) 辛相雄, 앞의 글, 131쪽

2. 훼손된 영웅과 폭력의 증언: 무등산 타잔 사건

81) 대중문화에서 재현된 박흥숙과 호남에 대한 담론에 관해서는 〈부록 4〉 참조.

82) "77년 무등산 철거반원 살해 (하)", 광주일보, 2004년 6월 23일자

83) 구하, 『서발턴과 봉기』, 김택현 옮김, 박종철 출판사, 2008, 305쪽

84) 매일경제, 1977년 4월 21일

85) 이 사제총은 쇠파이프로 화약을 터트리는 딱총 종류로, 박흥숙은 금남 로의 모(謀) 총포사에서 꿩 사냥용 실탄 9발을 사서 5발은 실험 발사했 고 나머지 2발은 사건 당시 사용했다. 이하 내용은 김현장, 「르포 무등산 타잔의 진상」, 『월간 대화』 8월호, 1977; 문화방송, 〈이제는 말할 수 있다: 무등산 타잔 박흥숙〉, 2005년 5월 15일 방송; 경향신문, 1977년 4월 23일 자 등에서 재구성한 내용이다.

86) 정동익, 『도시빈민연구』, 아침, 1985, 143쪽; 최인기, 「70년대 도시빈민과 광주 무등산 타잔 박흥숙 사건」, 참세상, 2010년 4월 14일

87) 문화방송, 〈이제는 말할 수 있다: 무등산 타잔 박흥숙〉

88) "77년 무등산 철거반원 살해 (중)", 광주일보, 2004년 6월 16일자

89) 김현장, 앞의 글, 122~123쪽; "77년 무등산 철거반원 살해 (중)", 광주일 보, 2004년 6월 16일자

90) 김현장, 앞의 글, 121쪽

91) 1980년대 초반까지도 도시빈민 여성이 취업할 수 있는 직종은 단순노동, 영세자영업, 가내부업 등 비공식 부문이 대부분이었다. 특히 품팔이노동, 노점상, 행상 등 영세단순노동과 가내 부업이 주를 이루었다(광주시사편 찬위원회, 『광주시사』, 광주직할시, 2001 참조).

92)   김현장, 앞의 글, 123쪽

93)   문화방송, 〈이제는 말할 수 있다: 무등산 타잔 박흥숙〉

94)   김현장, 앞의 글, 124쪽

95)   김현장, 앞의 글, 125쪽

96)   유인물, 「호소문」(박흥숙 구명을 위한 회, 1978)에 실린 최후진술; 김현장, 앞의 글, 127쪽

97)   "77년 무등산 철거반원 살해 (상)", 광주일보, 2004년 6월 9일자

98)   김현장, 앞의 글, 128쪽

99)   김현장, 앞의 글, 126쪽

100)   "77년 무등산 철거반원 살해 (상)", 광주일보, 2004년 6월 9일자

101)   문화방송, 〈이제는 말할 수 있다: 무등산 타잔 박흥숙〉

102)   "77년 무등산 철거반원 살해 (상)", 광주일보, 2004년 6월 9일자

103)   유인물, 「호소문」, 박흥숙 구명을 위한 회, 1978.

104)   철거를 진행했던 공무원들도 모두 저임금에 시달렸으며 사망한 피해 철거반원 부인도, "그날 아침[1977년 4월 20일]에도 나가면서 철거 가기 싫어서, 그렇게 고민을 하고 나가시는 것을 보았다"고 증언했다. 문화방송, 〈이제는 말할 수 있다: 무등산 타잔 박흥숙〉

105)   김현장, 앞의 글, 130쪽

106)   "77년 무등산 철거반원 살해 (상)", 광주일보, 2004년 6월 9일자

107)   김현장, 앞의 글, 130~131쪽; "77년 무등산 철거반원 살해 (상)", 광주일보, 2004년 6월 9일자

108)   김현장, 앞의 글, 132쪽

109)   "77년 무등산 철거반원 살해 (상)", 광주일보, 2004년 6월 9일자

110)   "77년 무등산 철거반원 살해 (상)", 광주일보, 2004년 6월 9일자

111)   경향신문, 1977년 4월 22일자

112)   경향신문, 1977년 4월 23일자

113)   김현장, 앞의 글, 132~133쪽; "77년 무등산 철거반원 살해 (중)", 광주일보, 2004년 6월 16일자

114)   경향신문, 1977년 4월 25일자

115)   "77년 무등산 철거반원 살해 (중)", 광주일보, 2004년 6월 16일자

116) 문화방송, 〈이제는 말할 수 있다: 무등산 타잔 박흥숙〉,

117) 경향신문, 1978년 2월 13일자; 동아일보, 1978년 2월 20일자

118) 김현장, 「형제 자매 여러분」, 1977년 9월; "77년 무등산 철거반원 살해
      (하)", 광주일보, 2004년 6월 23일자

119) 경향신문, 1977년 9월 12일자; 동아일보, 1977년 9월 23일자; 경향신문,
      1977년 9월 24일자

120) 김현장, 「형제 자매 여러분」, 1977년 9월; 동아일보, 1977년 10월 5일자

121) 경향신문, 1978년 2월 20일자; 동아일보, 1978년 2월 20일자; 경향신문,
      1978년 5월 10일자; 유인물, 「호소문」, 박흥숙 구명을 위한 회, 1978

122) "77년 무등산 철거반원 살해 (중)", 광주일보, 2004년 6월 16일자

123) "77년 무등산 철거반원 살해 (하)", 광주일보, 2004년 6월 23일자

124) "77년 무등산 철거반원 살해 (하)", 광주일보, 2004년 6월 23일자

125) http://blog.naver.com/mkleopard?Redirect=Log&logNo=130084954304

126) 문화방송, 〈이제는 말할 수 있다: 무등산 타잔 박흥숙〉

127) 1971년 광주대단지 사건 당시 '딱지 장사'를 연상하면 될 것이다. 문화방
      송, 〈이제는 말할 수 있다: 무등산 타잔 박흥숙〉

128) 정동익, 앞의 책, 134쪽

129) 박태순, 「삼두마차」, 『창작과 비평』 1968년 여름호

130) 장세훈, 「도시화, 국가 그리고 도시빈민」, 『불량주택 재개발론』, 김형국
      편, 나남출판, 1998, 231쪽

131) 1950년대 상황에 대해서는 다음을 참조하라. 강인철, 「한국전쟁과 사회의
      식 및 문화의 변화」, 『한국전쟁과 사회구조의 변화』, 백산서당, 1999

132) 오창은, 『한국 도시소설 연구: 1960~1970년대 작품을 중심으로』, 중앙대
      학교 국어국문학과 박사학위 논문, 2005, 59쪽

133) 식민지 시기 이후 고아에 관해서는 소현숙, 「경계에 선 고아들: 고아문제
      를 통해 본 일제시기 사회사업」, 『사회와 역사』 통권 73호 (2007년 봄),
      107~141쪽 참조.

134) 장세훈, 앞의 글, 233쪽

135) 백지연, 「1960년대 한국 소설에 나타난 도시공간과 주체의 관련 양상 연
      구: 김승옥과 박태순의 소설을 중심으로」, 경희대학교 국어국문학과 석

사학위 논문, 2008, 84쪽

136) 자세한 내용은 손정목, 「서울 무허가 건물과 와우아파트 사건」(『도시문제』 2003년 6월호, 92~93쪽) 참조.

137) 장세훈, 앞의 글, 235쪽

138) 광주시사편찬위원회, 앞의 책

139) 1960~70년 사이 전남 지역의 인구는 −62%, 1970~80년 사이에는 −157%로 다른 지역에 비해 압도적인 인구 감소를 보였다. 광주시사편찬위원회, 앞의 책을 참조.

140) 정덕준, 「1970년대 대중소설의 성격에 대한 연구」, 87쪽

141) 장세훈, 앞의 글, 236쪽

142) 손정목, 『서울도시계획이야기』, 한울, 117~128쪽

143) 송은영, 「현대도시 서울의 형성과 1960~70년대 소설의 문화지리학」, 연세대학교 대학원 박사학위 논문, 2008, 92쪽

144) 당시 쌀 한 가마가 5,220원, 연탄 1개에 16원, 담배 한 값에 60원 정도였다. 손정목, 앞의 글, 97~98쪽

145) 최인기, 앞의 글 참조.

146) 송은영, 「현대도시 서울의 형성과 1960~70년대 소설의 문화지리학」, 연세대학교 대학원 박사학위 논문, 2008, 91쪽

147) 광주시사편찬위원회, 앞의 책

148) 이호철, 「서빙고 역전 풍경」, 『이단자』, 창작과비평사, 1976, 203쪽

149) 박완서, 「서글픈 순방」, 『박완서 단편소설 선집』, 문학동네, 2006, 411쪽

150) 송은영, 「현대도시 서울의 형성과 1960~70년대 소설의 문화지리학」, 연세대학교 대학원 박사학위 논문, 2008, 166쪽 재인용.

151) 장세훈, 앞의 글, 247쪽

152) 이런 정책 변화의 기저에는 국가주의 동원 전략인 새마을운동을 도시에 적용시키려는 정치적 요구도 작용 했다. 장세훈, 앞의 글, 247~8쪽

153) 최인기, 앞의 글 참조.

154) 봉우종, 「光州市 都市化 戰略에 關한 考察: 教育·住宅·交通·上下水道 問題를 中心으로」, 朝鮮大學校 大學院 석사논문, 1983, 23~24쪽

155) 광주시사편찬위원회, 앞의 책 참조.

156) 광주시사편찬위원회, 앞의 책 참조.

157) 광주시사편찬위원회, 앞의 책 참조.

158) 광주시사편찬위원회, 앞의 책 참조.

159) 당시 철거 대상 건물에 대한 계고장 발부 및 철거 집행은 광주 동구청 건설과에서 담당했고 자료에 따르면 "가시거리를 깨끗이"란 표어가 붙어 있었다. 문화방송, 〈이제는 말할 수 있다: 무등산 타잔 박흥숙〉

160) 매일경제, 1976년 3월 5일자

161) 문화방송, 〈이제는 말할 수 있다: 무등산 타잔 박흥숙〉

162) 유인물, 「호소문」, 박흥숙 구명을 위한 회, 1978

163) 경향신문, 1977년 4월 21일자

164) 한국일보, 1977년 4월 22일자

165) 중앙일보, 1977년 4월 21일자

166) 전남매일신문, 1977년 4월 21일자

167) 朴相熙, 「무등산 타잔이 빚은 끔찍한 殺人劇」, 『아리랑』 23권 7호, 1977, 249쪽

168) 전남매일, 1977년 4월 21일자; 朴相熙, 「무등산 타잔이 빚은 끔찍한 殺人劇」, 『아리랑』 23권 7호, 1977, 250쪽

169) 김현장, 앞의 글, 120쪽; 유인물, 「호소문」, 박흥숙 구명을 위한 회, 1978; "77년 무등산 철거반원 살해 (상)", 광주일보, 2004년 6월 9일자

170) "77년 무등산 철거반원 살해 (상)", 광주일보, 2004년 6월 9일자

171) 최길성, 『한국무속지: 전남, 전북, 경남편』, 아세아문화사, 1992, 62~65쪽

172) 광주시사편찬위원회, 앞의 책

173) 경향신문, 1971년 7월 13일자

174) 동아일보, 1972년 6월 8일자

175) 동아일보, 1972년 4월 3일자

176) 동아일보, 1974년 8월 23일자

177) 경향신문, 1971년 3월 30일자

178) 동아일보, 1976년 2월 12일자. 같은 해 문공부 발표에서도 미등록 종교단체가 전국적으로 250여 개이며 이들은 사회 저변층을 대상으로 포교, 치병, 무속 등 반사회적 행위로 사회악을 조성하고 있다고 보고했다(경향신

문, 1976년 3월 22일자).

179) 경향신문, 1978년 6월 13일자

180) 동아일보, 1971년 2월 13일자

181) 경향신문, 1975년 6월 17일자

182) 동아일보, 1973년 8월 25일자; 동아일보, 1973년 10월 8일자 '횡설수설'에 서도 유사한 언급이 발견된다.

183) 경향신문, 1974년 6월 5일자

184) 동아일보, 1976년 2월 13일자

185) 매일경제, 1976년 3월 20일자

186) 모악산 참사는 1976년 8월에 모악산 기도원 한쪽 건물이 무너지면서 21 명의 목숨을 앗아간 사건이었다(매일경제, 1976년 8월 7일자; 매일경제, 1976년 8월 12일자).

187) 경향신문, 1973년 8월 23일자

188) 경향신문, 1975년 6월 11일자

189) 경향신문, 1975년 11월 19일자

190) 동아일보, 1970년 3월 10일자

191) 경향신문, 1974년 1월 14일자

192) 동아일보, 1974년 2월 15일자

193) 매일경제, 1975년 11월 28일자

194) 경향신문, 1972년 4월 12일자

195) 동아일보, 1974년 3월 27일자

196) 경향신문, 1975년 7월 29일자

197) 광주시사편찬위원회, 앞의 책 참조.

198) 한국일보, 1977년 4월 22일자

199) 『아리랑』과 같은 대중잡지에서는 무당산에 무당촌이 생긴 것은 10여 년 전 무등산신을 모신다는 장군사가 생긴 이후이며, 기암괴석을 따라 해를 거듭 할수록 무당, 점쟁이, 박수 등 한때 60여 세대까지 늘었다고 주장했 지만, 구체적인 증거는 찾기 어려웠다(朴相熙, 「무등산 타잔이 빚은 끔찍 한 殺人劇」, 『아리랑』 23권 7호 1977, 250쪽; 경향신문, 1977년 4월 22일자).

200) 김현장, 앞의 글, 120쪽

201) 김현장, 앞의 글, 121쪽

202) 동아일보, 1977년 4월 21일자

203) 신아일보, 1977년 4월 21일자

204) "77년 무등산 철거반원 살해 (상)", 광주일보, 2004년 6월 9일자

205) 유인물, 「호소문」, 박흥숙 구명을 위한 회, 1978

206) 이상민, 「빈민집단의 사회정책적 성격」, 『정경연구』 10월호, 1971, 31쪽 (강조는 인용자)

207) 이상민, 앞의 글, 32쪽. 이런 시각은 같은 시기 르포를 쓴 박태순(박태순, 「廣州團地 4泊5日」, 『月刊中央』 10월호, 1971, 287쪽)이나 언론에도 비슷하게 반복되어 나타났다.

208) 李根茂, 「廣州大團地住民騷動: 混亂 속에 선 그리스도」, 『基督敎思想』 11월호, 1977, 55쪽

209) 송은영, 「현대도시 서울의 형성과 1960~70년대 소설의 문화지리학」, 연세대학교 대학원 박사학위 논문, 2008, 139쪽

210) 오창은, 앞의 글, 148~149쪽; 김한식, 「1970년대 후반 '악한 소설'의 성격 연구」, 『상허학보』 10집, 2003, 203쪽

211) 미필적 고의란, 자기의 행위로 인하여 어떤 범죄의 발생 가능성을 인식 (혹은 예견)하였음에도 불구하고 그 결과의 발생을 인용(認容)한 심리 상태를 의미한다.

212) 동아일보, 1977년 4월 23일자

213) 林相熙, 「무등산 타잔이 빚은 끔찍한 殺人劇」, 『아리랑』 23권 7호, 1977, 249쪽

214) 하지만 김상윤도 박흥숙의 능란한 무공을 실제로 보지는 못했다. "77년 무등산 철거반원 살해 (하)", 광주일보, 2004년 6월 23일자

215) 김현장, 앞의 글, 133쪽

216) "77년 무등산 철거반원 살해 (중)", 광주일보, 2004년 6월 16일자

217) 이성욱, 『김추자, 선데이서울 게다가 긴급조치』, 생각의 나무, 2004, 37~38쪽

218) 경향신문, 1975년 11월 27일자

219) 유인물, 「호소문」, 박흥숙 구명을 위한 회, 1978

220) 김현장, 앞의 글 참조.

221) '불화' 개념에 관해서는 이 책의 제4부를 참조할 것.

222) 김현장, 앞의 글, 122~123쪽

223) 문화방송, 〈이제는 말할 수 있다: 무등산 타잔 박흥숙〉

224) 유인물, 「호소문」, 박흥숙 구명을 위한 회, 1978

225) 중앙일보, 1977년 4월 23일자

226) 전남매일신문, 1977년 4월 21일자

227) 김현장, 앞의 글, 126쪽

228) 1974년에 박흥숙은 친구들과 사소한 일로 싸워 벌금형을 받아 폭력전
과 1범(전남매일 4월 23일자) 딱지를 달았다. 또한 박흥숙의 여동생인 박
정숙은 이 사건에 대해, "동네 아주머니와 어머니가 우리가 심은 나무를
놓고 다툰 적이 있었다. 그때 오빠가 싸움을 말리는 중에 아주머니가 넘
어져 오빠가 경찰서에서 조사를 받았다. 하지만 아주머니의 부상은 오
빠 때문이 아니라 그전에 염소 뿔에 받쳐 입은 부상이라는 것이 판명되
었고, 염소 주인이 충분한 보상을 해줘 잘 마무리되었다"고 밝히고 있다.
"77년 무등산 철거반원 살해 (하)", 광주일보, 2004년 6월 23일자

229) 유인물, 「호소문」, 박흥숙 구명을 위한 회, 1978

230) 문화방송, 〈이제는 말할 수 있다: 무등산 타잔 박흥숙〉

231) 유인물, 「호소문」, 박흥숙 구명을 위한 회, 1978

232) 전남매일신문, 1977년 4월 28일자(김현장, 앞의 글, 131쪽 재인용)

233) 실제로 광주시청 고위 간부들은 소각 등 무리한 철거 집행이 외부에 알
려지는 것을 우려했다. 이들은 사건 직후 언론사에 찾아와서 기사에 '불'
이란 단어를 쓴 기자의 팔목을 잡고 불을 질렀던 것을 감추려고 애를 썼
다고 한다. 이는 당시 전남매일신문 기자였던 박화강의 증언으로, 실제
신문기사에서 소각에 대한 내용은 눈에 띄지 않았다. 문화방송, 〈이제는
말할 수 있다: 무등산 타잔 박흥숙〉

234) 백지연, 「1960년대 한국 소설에 나타난 도시공간과 주체의 관련 양상 연
구: 김승옥과 박태순의 소설을 중심으로」, 경희대학교 대학원 석사학위
논문, 2008, 90쪽

235) 오창은, 앞의 글, 177~178쪽

236) 에른스트 만델, 『즐거운 살인: 범죄소설의 사회사』, 이동연 옮김, 이후, 2001, 241쪽

237) 만델, 앞의 책, 224쪽

238) 라나지트 구하, 『서발턴과 봉기』, 김택현 옮김, 박종철출판사, 305쪽

239) 오창은, 앞의 글, 155~156쪽

3. 소년원을 탈출한 아이들: 비정상인에 대한 시선

240) '사건'이란 공식 역사에서 기록이나 목소리조차 존재하지 않는 개인과 집단의 존재가 극적이며 예외적으로 드러나는 계기이다. 서발턴 연구 등의 논의를 빌자면, 서발턴은 지배담론의 한계를 드러내는 사건을 통해서만 인식될 수 있다. 일상 속에서 이들은 지배질서와 헤게모니에 대해 침묵했지만, 우발적이고 계기적인 사건을 통해 자신의 존재를 드러내게 된다. 서벌턴은 보이지 않거나 왜곡된 주체성으로 기술하는 기존 질서의 설명력이 한계에 다다르는 계기, 즉 고정되고 필연적인 것으로 여겨진 사회구조의 우연성과 결정 불가능성을 드러내는 사건을 통해 재현된다. 자세한 내용은 Guha, Ranajit, *Elementary Aspects of Peasant Insurgency in Colonial India*, Duke University Press, 1983; Guha, Ranajit, *Selected Subaltern Studies*, Oxford University Press, 1988 참조.

241) 김영자 외, 「비행소년에 대한 연구」, 『사회학연구』 3호, 1964, 2쪽

242) 자세한 내용은 조은숙, 「근대계몽담론과 "소년"의 표상」(『어문논집』 46집, 2002, 213, 225쪽) 참조.

243) 권명아, 「소년범, 작가, 음란범: J의 탄생과 종말」, 『탈식민 냉전 국가의 형성과 검열』, 2011년 2월 18~19일, 성균관대 동아시아학술원·HK사업단, 2011, 59, 63쪽

244) 권명아, 앞의 글, 63쪽

245) 권명아, 「이브의 범죄와 혁명」, 『동남어문논집』 29집, 2010, 29쪽

246) "늘어가는 소년범죄의 실태와 환경", 서울신문, 1950년 5월 23일자

247) "被保護少年 十五名 脫出 光州少年院에 脫獄事件", 동아일보, 1953년 3월 10일자

248) "소년원에서 집단탈옥 기도. 11명이 문을 부수고", 조선일보, 1956년 12월

22일자

249) "少年犯 集團脫走 36名이 外部連絡 막고 少年院서", 동아일보, 1957년 4월 9일자

250) "소년범 7명 탈주. 9일 새벽소년원에서", 조선일보, 1957년 5월 10일자

251) "서울시장 미취학아동수용 등으로 기자회견", 경향신문, 1947년 7월 17일자

252) "소년 범죄 증가 추세", 경향신문, 1949년 3월 15일자

253) "올해 소년범죄 600여 건 기록", 한성일보, 1949년 12월 29일자

254) "부랑소년이 격증하여 대구 시내에만 1,500명이 거리를 방황", 남선경제신문, 1950년 3월 9일자

255) "父母를 찾는 어린이들 全國各地 少年院에 수두룩 矯正期間 끝났건만 保護者없어 退院 못해", 동아일보, 1956년 3월 13일자

256) 대표적인 예로 "첫날에 二八九名 檢擧 卽決審判·檢察·少年院등 送致 學生이 三割 全國 一齊깡패團束"(동아일보, 1958년 3월 30일자); "少年院出監한 四人組竊盜團"(동아일보, 1958년 12월 3일자) 등 참조.

257) "법창과 야화 나락에서 외치는 호곡 윤락녀와의 문답", 국민보, 1955년 12월 14일자

258) "날씨도 차고 사회도 차고. 서울소년원의 실태. 8할 이상이 초범", 조선일보, 1959년 11월 14일자

259) "걸식불량소년 일제검속", 조선일보, 1946년 11월 27일자

260) "서울시장 미취학아동수용 등으로 기자회견", 경향신문, 1947년 7월 17일자

261) "서울지역 乞兒 300여 명, 소년원 등에 수용 보호", 경향신문, 1947년 7월 31일자

262) "부랑소년이 격증하여 대구 시내에만 1,500명이 거리를 방황", 남선경제신문, 1950년 3월 9일자

263) "실어다가 아무데나 내버려", 조선일보, 1954년 8월 17일자

264) "난지도에 소년의 거리", 조선일보, 1953년 8월 14일자

265) "李仁 법무부장관, 제1회 82차 국회본회의에서 시정방침을 보고", 『시정월보』, 창간호, 1949년 1월 5일

266) "늘어가는 소년범죄의 실태와 환경", 서울신문, 1950년 5월 23일자

267) "첫날에 二八九名 檢擧 卽決審判·檢察·少年院등 送致", 동아일보, 1958년 3월 30일자

268) "少年院出監한 四人組竊盜團", 동아일보, 1958년 12월 3일자

269) "택시를 破壞코 暴行 少年院生을 拘束", 동아일보, 1959년 11월 26일자

270) "고학생 치상한 요정 하원뽀이 소년원에 송치보호", 조선일보, 1954년 8월 6일자

271) "날씨도 차고 사회도 차고. 서울소년원의 실태. 8할 이상이 초범", 조선일보, 1959년 11월 14일자

272) "국무회의, 소년법안을 통과", 서울신문, 1949년 3월 15일자

273) 그 외 가위탁생(미결소년범)은 별도로 수용할 것을 규정했다. 자세한 내용은 "소년법과 소년원법안 심의를 개시"(조선일보, 1958년 7월 9일자); "소년원법안 통과. 교정 교육실시를 규정"(조선일보, 1958년 7월 16일자) 참조.

274) "少年院을 復舊擴張 全犯法者를 保護收容토록 推進", 동아일보, 1959년 1월 25일자

275) "소년원생에 중등교육까지. 직업 전도도", 조선일보, 1959년 11월 14일자

276) "少年犯敎化事業에 赤信號 施設·敎導準備가 貧弱한 少年院 한 坪에 七二名을 收容「竊盜犯」에「强盜手法」배워줄 憂慮까지 送致數字는 激增一路", 동아일보, 1959년 4월 13일자. 또 1960년에는 "세 坪에 25名 收容 異狀있는 少年院運營"(동아일보, 1960년 7월 19일자)이 보도가 되기도 했다.

277) "부랑소년이 격증하여 대구 시내에만 1,500명이 거리를 방황", 남선경제신문, 1950년 3월 9일자

278) "날씨도 차고 사회도 차고. 서울소년원의 실태. 8할 이상이 초범", 조선일보, 1959년 11월 14일자; "少年犯敎化事業에 赤信號 施設·敎導準備가 貧弱한 少年院 한 坪에 七二名을 收容", 동아일보, 1959년 4월 13일자

279) "부랑소년이 격증하여 대구 시내에만 1,500명이 거리를 방황", 남선경제신문, 1950년 3월 9일자

280) "거룩한 인류애의 발로. 녹범리에 소년원을 건설, 美2사단용사가 모은 4만불로", 조선일보, 1953년 8월 14일자; "미후방기지사령부 동북소년원을

원조", 조선일보, 1954년 9월 7일자

281) 권명아, 앞의 글, 29쪽

282) 특히 1960년대 후반에서 1970년대 초반에 걸쳐 여성에 대한—특히 여성
      의 결속을 둘러싼—시각이 변화했다. 여대생 등 이른바 '상층' 여성에 대
      해서는 계, 친목회, 동창회 혹은 식모 등의 사례를 들며 근대화와 사회질
      서 확립에 역행하는 '허영'의 대상으로 파악하고 '사회윤리' 차원에서 이
      들을 교화의 '대상'으로 규정했다. 바로 여성을 가정 외부에서 정치적 결
      속을 도모할 수 없는 주체인 동시에 가정 안에 위치해야 하는 주체로 고
      정화시켰다. 하지만 여대생이나 엘리트 여성 등 상층 여성은 교화의 대상
      인 동시에 주체였던 반면, 하층 여성들은 교화대상이자 '특수 범죄의 주
      체'로 호명되었다. 1950년대에 전쟁미망인, 생활고에 시달린 여성 등이 피
      해자, 보호의 대상이었던 데 비해 1960년대 이후 하층 여성들은 '범죄'
      의 주체로 고착화되었다. 하나의 사례를 보면 1971년 9월에 대전소년원에
      서 소녀수 7인이 탈출했는데, 이 과정에서 여성 보도원을 목 졸라 살해
      한 사건이 발생해 8명의 소녀들은 실형을 선고 받았다. 1971년 10월 경향
      신문에서는 이 사건을 두고 "잔인한 여심"이란 사설을 통해, "좁은 방에
      떼 수용 염증을 느끼게 해… 성경 낭독 감화시키지 못해"라고 지적하는
      등 이들을 범죄의 주체로 지목했다. 자세한 내용은 권명아, 「이브의 범죄
      와 혁명」(23~24쪽); "대전소년원서 소녀수 7명 집단 탈출"(동아일보, 1971
      년 9월 30일자); "소년원 수용 소녀 7명, 여보도원 살해, 탈출"(경향신문,
      1971년 9월 30일자); "잔인한 여심"(경향신문, 1971년 10월 1일) 등을 참조.

283) 권명아, 앞의 글, 22, 25~26, 29쪽; 권명아, 「소년범, 작가, 음란범: J의 탄
      생과 종말」, 67쪽

284) 권명아, 「소년범, 작가, 음란범: J의 탄생과 종말」, 68쪽; 권명아, 「이브의
      범죄와 혁명」, 27쪽; "소년원 운영을 합리화. 최고회의서 지시", 조선일보,
      1962년 8월 19일자

285) 권명아, 「소년범, 작가, 음란범: J의 탄생과 종말」, 70~71쪽

286) "25일 새벽 광주소년원에서 15명 집단 탈주", 조선일보, 1960년 1년 26
      일자; "少年院生 16名 集團脫出 舊正앞두고 家庭이 그립다고", 동아일보,
      1960난 1월 26일자

287) "불광동 소년원 천여원생들이 탈옥시위. 교사 3명을 규탄, 36명 연행", 조선일보, 1960년 9월 27일자; "소년원 데모주동자 전원 귀원조치", 조선일보, 1960년 9월 28일자

288) "대구소년원 집단 탈주 하루 두 차례 아침에 7명, 밤엔 9명", 조선일보, 1961년 9월 3일자

289) 자세한 사건 전모는 "서울소년원서 "초저녁의 탈주" 미결형사범 58명. 철조망 부수고 경비원엔 폭행"(조선일보, 1962년 1월 5일자); "서울소년원 탈주범들 절반은 검거 부진"(조선일보, 1962년 1월 6일자); "소년원 탈주사건 주범 2명 검거"(조선일보, 1962년 1월 6일자); "서울소년원 사건의 진상. 그들은 왜 탈출했나? 법의 불공정에 반항"(조선일보, 1962년 1월 7일자) 등 기사를 참조. 이 사건의 결과로 가위탁 소년원생의 별도 수용이 제기되었다. "假委託少年들 別途收容建議 少年院集團脫出 事件契機로", 동아일보, 1962년 1월 6일자

290) "소년원생 집단 탈출", 조선일보, 1966년 8월 21일자

291) "「善導」라는 이름의 虐待", 동아일보, 1962년 1월 19일자

292) 1963년 당시는 교도원 1인당 60명의 소년을 담당해 교정 교육이 현실적으로 어려웠을 뿐만 아니라 교도를 위한 전문 지식도 부족한 상태였다. "우범소년 수용 교도 보다는 가정에 맡기도록 법무부서 전국 검찰에 지시. 가급적 집행유예 처분 방침, 소년원 비좁고 손모자라 도리어 악에 더 젖을 우려", 조선일보, 1963년 7월 5일자

293) 소년원생들도 남성의 경우 흡연과 싸움 때문에 질서가 문란했다. 또한 대부분 사창가에서 소년원으로 온 소녀들도 10대 나이에 맞지 않게 파마, 짙은 립스틱을 바르는 상황이었다. 자세한 내용은 "역경의 지역을 찾아. 서울소년원편. 교정 교육은 이름뿐. 수용인원 조정 시급"(조선일보, 1961년 2월 21일자) 참조.

294) 김영자 외, 앞의 글, 71쪽

295) "少年院院生에 不常敎育構想 5日 關係官들 모여 論議", 동아일보, 1960년 2월 2일자; "少年院에서도 學校課程修業 國務會議 議決", 동아일보, 1960년 6월 11일자

296) "중학 과정까지 교육, 소년원 처우 규정 공포", 조선일보, 1962년 3월 23

일자

297) 극단적인 사례이지만 목포 까치섬에 40명의 소년이 소년강제수용소에 수용되어서, 하루에 보리죽 두 그릇에 고된 노동을 강요받았다. 이를 반영하듯이 소년원장 회의에서는 소년원에 정상적인 영양 공급을 지시했다. ""給養向上시키라" 少年院長會議 道義教育指示", 동아일보, 1961년 12월 19일자; "金成基 소년 탈출로 판명. 말로만 보호…짓밟힌 새싹. 까치섬엔 강제수용소도. 하루보리죽 두그릇, 고된 노동", 조선일보, 1961년 5월 5일자

298) "세 坪에 25名 收容 異狀있는 少年院運營", 동아일보, 1960년 7월 19일자

299) 1960년 소년원생 변사 사건과 관련, 경찰과 소년원 측이 원생에 대한 폭행 사실을 부인함에도 불구하고, 목격자가 나타나서 조사가 진행되었다. 자세한 것은 "少年院 職員과 中部署員 召喚 今明間에 우범少年 變死事件 全貌判明"(동아일보, 1960년 1월 7일자) 참조.

300) ""給養向上시키라" 少年院長會議 道義教育指示" 동아일보, 1961년 12월 19일자

301) 자세한 내용은 "소년원생 아리송한 죽음"(조선일보, 1970년 6월 10일자) 참조.

302) 대표적인 사례로 "소년원 탈출한 원생들 잡아오라고 두소년 시내에 출장시켰더니 시내뻐스 타고있는 사람의 팔뚝 시계를 날치기해서 2천환에 팔아먹어"(조선일보, 1960년 10월 25일자); "소년원 나온지 두 시간만에 도둑질"(조선일보, 1962년 10월 13일자); "소년원 나와 또 강도. 어젯밤 2건을 검거"(조선일보, 1962년 12월 7일자); "대담한 10대 형제 날치기. 소년원서 나와 사흘만에 또범행. 잡히자 형사를 매수하려고까지"(조선일보, 1964년 7월 22일자) 등을 들 수 있다.

303) "우범소년 수용교도 보다는 가정에 맡기도록 법무부서 전국검찰에 지시. 가급적 집행유예 처분방침, 소년원 비좁고 손모자라 도리어 악에 더 젖을 우려", 조선일보, 1963년 7월 5일자

304) "소년범에 벌금형. 검찰품신 "소년원만으론 실효 없어", 조선일보, 1968년 7월 12일자

305) "잔형 2년 미만의 재소자 갱생건설단 창설", 경향신문, 1967년 3월 22일자

306) "소년갱생건설단", 경향신문, 1967년 5월 10일자

307) "건설사업 등에 동원", 동아일보, 1967년 3월 22일자

308) 권명아, 『이브의 범죄와 혁명』, 30쪽

309) ""되돌아가자"는 동료 칼부림. 탈출 소년원생 넷 중상", 조선일보, 1960년 7월 28일자

310) "부산서 127명 소년원생들, 방화-난동", 경향신문, 1970년 11월 3일자; "부산 100여 명 과도한 사역에 불만 소년 미결수 탈주 기도", 동아일보, 1970년 11월 3일자; "소년원서 집단 탈출 소동. 학대 반발…방화 난투극", 조선일보, 1970년 11월 3일자; "주동자 23명 구속 소년원생 방화, 난동", 경향신문, 1970년 11월 4일자; "인권옹호연맹에서 밝혀 학대와 횡포 때문에 소년원 난동", 동아일보, 1970년 11월 17일자

311) "소년원 집단 탈출. "급식불만" 18명…4명 검거", 조선일보, 1971년 1월 12일자

312) "서울소년원서 20여 명 탈출 기도 1명 도주", 조선일보, 1971년 2월 19일자; "소년원생 20여 명 집단 탈출 소동 1명만 잡아", 경향신문, 1971년 2월 18일자

313) "소년원생(충주) 10명 철조망 끊고 탈출 어제 3명은 잡혀", 조선일보, 1973년 6월 3일자

314) "소년원생 6명 대기실서 탈출", 경향신문, 1973년 11월 22일자

315) "소년원생 8명 밤중 자해 소동", 조선일보, 1974년 12월 27일자; "유리 깨 자해도 탈출기도 실패하자 소년원생 8명 난동", 경향신문, 1974년 12월 26일자

316) "소년원생 집단 탈출. 수감 절차 중 7명이 호송원 쓰러뜨리고", 조선일보, 1976년 2월 27일자; "소년원생 집단 탈출", 동아일보, 1976년 2월 27일자

317) "미결 소년원생 집단 탈출. 63명 부산 51명 검거—자수…12명은 못 잡아", 조선일보, 1977년 3월 15일자; "甘善圭 소년원 원장 해임", 조선일보, 1977년 3월 15일자; "부산소년원생 63명 집단 탈출, 부식 나쁘고 구박 심하다", 경향신문, 1977년 3월 14일자

318) 경남 김해소년원생 460여 명 가운데 100여 명은 식수가 나쁘고 습기가 많아서 평소에도 각종 악성피부병, 배앓이, 눈병으로 1개월 전부터 걷지

도 못하는 형편이었다("소년원에 피부병", 동아일보, 1970년 2월 10일자). 그 밖에도 1973년 충주에서 탈출한 소년원생들의 차림새가 검은 색 옷과 고무신 차림이었다고 기록된 것으로 미루어 보아도, 그들의 상태를 미루어 짐작할 수 있다("소년원생(충주) 10명 철조망 끊고 탈출 어제 3명은 잡혀", 조선일보, 1973년 6월 3일자). 또한 1972년 당시 소년원 시설은 구치소 같은 수준이었으며, 국내 최대 규모의 서울구치소조차 한 사람의 원생이 반 평도 차지하지 못했고 가위탁생과 일반 소년원생의 동시 수용 및 남녀 소년원생의 공동 수용 등을 둘러싼 문제의 소지가 크다고 지적되었다. 자세한 내용은 "소년원, 구치소 같은 선도 시설"(동아일보, 1972년 5월 16일자).

319) "소년원에 피부병", 동아일보, 1970년 2월 10일자

320) "정상발육을 저해", 경향신문, 1971년 2월 17일자

321) "구호양곡 늘려 지급", 경향신문, 1976년 9월 25일자; "대법원, 내년 보조금 예산 확보 소년범 사회단체에", 경향신문, 1976년 11월 2일자

322) "소년원생이 폭행치사", 동아일보, 1971년 3월 25일자; "소년원생 구속, 원생 때려 숨지게 해", 경향신문, 1972년 9월 6일자

323) "소년원 내 폭행 잇달아", 동아일보, 1974년 8월 30일자; "탈출하다 잡힌 소년원생 보도원 2명이 폭행 치사", 동아일보, 1975년 5월 12일자

324) "전국소년원장회의", 매일경제, 1970년 5월 13일자; "소년원에 정책 조명을", 동아일보, 1975년 5월 13일자; "감방 신입식 엄금", 동아일보, 1975년 8월 13일자

325) "법무부 분석 소년범죄 집단 연소화", 경향신문, 1970년 5월 13일자

326) "소년범죄 날로 격증", 동아일보, 1971년 3월 17일자

327) "범죄 늘고 폭악화로 소년원생에 교육 강화", 경향신문, 1972년 2월 25일자

328) "75%를 검거 소탕령 이후", 동아일보, 1970년 3월 10일자

329) "소년원서도 큰 꿈 꾸는 열아홉 살 정신분열증 소년. 3천여 자의 혈서 협박 두 차례에 李秉喆 씨 찾아가 차 살 돈 내라고, 「총탄 6발을 보여드려야 아시겠읍니까?」", 조선일보, 1960년 2월 17일자

330) "10대 도둑 둘 검거 100만 원 어치 훔쳐", 경향신문, 1970년 7월 13일자

331) "도둑 2천 120명 검거", 경향신문, 1970년 8월 4일자; "379명 검거 치기배

단속 기간", 경향신문, 1972년 8월 6일자

332) "소년원생 8명 밤중 자해 소동", 조선일보, 1974년 12월 27일자

333) 권명아, 「정조 38선, 퇴폐, 그리고 문학사: 풍기문란과 냉전 프레임(frame) 을 중심으로」, 『여성문학연구』 22권, 2009, 221쪽

334) 김성호, 「소년범죄의 현황과 그 대책」, 『석우논문집』 2(1), 1974, 111쪽

335) "잡학소사전—불량소년과 비행소년", 동아일보, 1976년 5월 28일자

336) "미문교 담당관 홍성옥 씨 강연, 문제아의 80%는 가정환경이 원인", 경향 신문, 1971년 7월 24일자

337) "아동전문가들 대책 건의, 문제 청소년은 사회환경 탓", 경향신문, 1973 년 5월 18일자

338) 단적인 사례로 정신박약아들이 방치되면 사회범죄를 일으키는 불안 요인 이 될 수 있음을 지적했다. 자세한 내용은 "응달서 시드는 정신박약아에 사랑의 손길을"(동아일보, 1972년 3월18일자) 참조.

339) 이영은, 「서울지방법원 소년부 지원」, 『교육연구』 제14호, 1960, 75쪽

340) "청소년비행 교정 예방에 자율훈련 심리요법", 경향신문, 1972년 5월 5일 자

341) "서울소년원 연구반 性行교정 방안 제시, 비행소년 가치관 바꿀 수 있다", 조선일보, 1975년 6월 27일자

342) 최규남, 「소년범죄의 실태조사와 체육적 선도의 가능성에 대한 견해」, 『아 카데미논총』 1집, 1973, 74쪽; "사춘기의 순결교실–가장과 비행", 경향신 문, 1975년 12월 10일자

343) "자녀지도백과 바르고 건전하게 (1)소년비행", 경향신문, 1977년 6월 15일자

344) "법무부, 소년 감별소 내년 신설", 동아일보, 1976년 11월 3일자; "서울 소 년감별소 국내최초로 개소", 동아일보, 1977년 7월 27일자

345) "소년범죄에 대처 카운슬링제 적용", 경향신문, 1972년 9월 9일자

346) "폭악해지는 청소년범죄, 물질위주 사회에 책임", 경향신문, 1974년 3월 25일자; "애정 기울여 도덕관을 길러줘야", 경향신문, 1974년 5월 24일자

347) "소년법 개정안 미성년 범죄자의 재판 경우 전문가 진단 등 참작", 동아일 보, 1977년 9월 26일자

348) 권명아, 「소년범, 작가, 음란범: J의 탄생과 종말」, 75쪽

349) 권명아, 「정조 38선, 퇴폐, 그리고 문학사: 풍기문란과 냉전 프레임(frame)을 중심으로」, 223쪽

350) "실효 못 거두는 소년원생 교도", 경향신문, 1972년 4월 3일자

351) "소년원에 직업훈련소 10곳 설치, 기능공 양성", 경향신문, 1974년 4월 2일자; "전국 교도소, 구치소장 회의", 경향신문, 1974년 4월 9일자

352) "법무부, 소년원을 기술학교화", 경향신문, 1976년 4월 14일자

353) "소년원생에게 꿈과 희망을", 경향신문, 1976년 4월 15일자

354) "안양소년원 직업훈련원 입소식", 조선일보, 1978년 2월 22일자; "소년원생 직업훈련소 입소식", 경향신문, 1978년 2월 22일자; "선경그룹 지원 안양소년원생 20명 직업훈련소에 입소", 매일경제, 1978년 2월 23일자; "대구교도소 훈련원서 교육—현대중공업에 모범수 300명 100% 취업", 경향신문, 1978년 3월 6일자

355) "기술 익혀 재활의 길로", 매일경제, 1978년 3월 8일자; "모범기능공 입사식", 경향신문, 1978년 3월 18일자; "직업훈련 강화 소년원장 회의", 동아일보, 1978년 4월 26일자

356) 권명아, 「이브의 범죄와 혁명」, 31~32쪽

357) 권명아, 「이브의 범죄와 혁명」, 22, 32쪽

358) 냉전 시기 오염의 공포에 관해서는 이 책의 제1부를 참조. 권명아, 「정조 38선, 퇴폐, 그리고 문학사: 풍기문란과 냉전 프레임(frame)을 중심으로」, 217쪽

359) 윤충로 「베트남전쟁 시기 한미월 관계에서 한국의 정체성 만들기」, 『담론 201』 9권 4호, 2006, 188쪽

360) 이러한 자격 박탈에 대한 선택이 사건적 형태로 나타났던 것이 광주대단지 사건과 같은 도시하층민의 봉기, 생계형 살인 사건 등이었다. 권명아, 앞의 글, 32쪽

4. 1979년 가을, 부마를 뒤덮은 유령들

361) 동아일보, 1979년 10월 18일자

362) 동아일보, 1979년 10월 20일자

363) 동아일보, 1979년 10월 22일자

364) 동아일보, 1979년 10월 22일자

365) 부마항쟁에 대한 현재까지 축적된 자료, 증언, 연구로는 다음을 참조하라. 부산대학교 총학생회, 『거역의 밤을 불사르라: 10월 부마민중항쟁사』, 1985; 부마민주항쟁 기념사업회·부마항쟁 10주년 기념사업회, 『부마민주항쟁 10주년 기념 자료집』, 1989; 한국기독교협의회 인권위원회, 「부마항쟁」, 『1970년대 민주화 운동』(IV), 한국기독교협의회 인권위원회, 1986; 조갑제, 『有故! 1, 2』, 한길사, 1991; 이수언, 「부마 사태의 전모를 밝힌다」, 『신동아』1985년 5월호

366) 에릭 홉스봄, 『원초적 반란: 자본주의 발전에 따른 유럽 소외지역 민중운동의 제형태』, 진철승 옮김, 온누리, 1984, 19쪽

367) 정근식, 「한국민주화와 부마항쟁」, 『부마항쟁의 역사적 의미와 과제』, 부마항쟁 20주년 기념사업회, 1999; 손호철, 「1979년 부마항쟁의 재조명: 정치적 배경을 중심으로」, 『해방 60년의 한국정치』, 이매진, 2006

368) 박철규, 「5.18 민중항쟁과 부마항쟁」, 『5.18은 끝났는가』, 푸른숲, 1999, 191쪽

369) 임현진, 「다시 보는 부마항쟁」, 『사회이론과 사회변혁』, 한울, 2003, 344쪽

370) 자세한 것은 다음을 참조하라. 박철규, 「5.18 민중항쟁과 부마항쟁」, 186~189쪽; 임현진, 「다시 보는 부마항쟁」, 338, 343쪽

371) 단적인 예를 들면, "기존 연구들은 항쟁 초기 학생들의 일정한 역할을 인정하면서도 구속자들의 직업 분석에 기초하여 항쟁의 민중성을 강조 (…) 민중주의에 대한 과도한 경도는 상대적으로 청년·학생들의 역할을 폄하하는 미필적 고의를 범할 수 있다. 우리는 초기 변혁운동의 점화나 확산에서는 지나친 계급 중심적인 쟁점을 강조하거나 기층 민중을 핵심 주체로 설정하는 것은 올바른 변혁 전술이라 볼 수 없다는 지적에 귀를 기울일 필요가 있다"는 유의 주장이 그것이다(박철규, 「5.18 민중항쟁과 부마항쟁」, 191쪽).

372) 김하기, 『부산민주항쟁』, 민주화운동기념사업회, 2004, 95쪽

373) 기존 정치와 다른 '정치'의 사유 가능성에 대해서는 이 글의 마지막 절을 참조.

374) 홉스봄도 도시봉기는 도시하층민의 직접적 행동을 통해 정치 경제적 변

화를 이루려는 운동이라고 규정하고 있다. 그는 도시봉기(혹은 도시폭동)가 명료한 언어로 분석하기 어려운 현상이지만, 늘 부유층에 대한 투쟁이었으며, 확고하고 지속적인 정치적 이념적 기준을 지니지 못했으며, 실업 문제, 물가앙등에 대한 반발로 출발해서 결국 시장, 고리대금업자, 세무서 등이 폭동에서 변함없이 표적이 되는 공통점을 발견할 수 있다고 논했다. 그러나 홉스봄도 도시봉기는 근대 노동운동이 출현한 이후 또 다른 집단(노동자운동 등)에 그 자리를 물려주기 전까지 중요한 역할을 담당했다는 식의 '진화론적 관점'을 취하고 있다는 점에서 나의 주된 비판 대상이다. 홉스봄, 『원초적 반란』, 19, 135, 149쪽

375) 도시봉기와 관련해서, '부마항쟁의 주체가 도시하층민이었다는 규정만으로 봉기라고 규정하기에는 제한적이지 않은가'라는 문제 제기도 가능하다. 하지만 내가 부마항쟁을 도시봉기라고 규정 한 것은 기존 사회운동과 상이하고 이질적인 주체의 성격뿐만이 아니라, 봉기의 의제와 투쟁의 양식에서 드러난 기존 정치적 양식과 다른 정치를 사유할 수 있는 가능성을 부각시키기 위해서였다. 이 점이 도시봉기를 진화론적, 과도기적 운동으로 파악하는 입장과 나의 입장 간의 차이점이다. 다만 이 책에서 나는 밑으로부터 집단적이고 봉기적 실천이라는 맥락에서 도시봉기와 항쟁을 번갈아서 사용했다.

376) 부마민주항쟁기념사업회·부마항쟁 10주년 기념사업회, 『부마민주항쟁 10주년 기념 자료집』, 1989, 71쪽. 이하 본문에서 인용할 때에는 '증언자, 『자료집』, 쪽수'만 명기할 것이다.

377) 김정호·주대환 증언, 『자료집』, 123, 212쪽

378) 조선일보(1979년 7~8월 각 일자); 『70년대 한국일지』(편집부 엮음, 청사, 1984)에서 재구성.

379) 임혁백, 『시장, 국가, 민주주의』, 나남, 1994, 321~323쪽. 이런 맥락에서 손호철과 윤소영은 부마항쟁을, "유신 체제를 무너뜨린 민주화운동 이전에 최초로 신자유주의에 저항한 운동"이기 때문에 중요하다고 주장했다. 다음의 논의를 참조하라. 손호철, 「1979년 부마항쟁의 재조명: 정치적 배경을 중심으로」; 윤소영, 『일반화된 마르크스주의 개론』, 공감, 2006

380) 황한식 엮음, 『부산지역 노동시장의 구조에 관한 연구』, 부산상공회의소·

부산경제연구센터, 1982, 133쪽

381) 임현진, 「다시 보는 부마항쟁」, 341~342쪽; 김석준, 「부산지역의 계급구
조분석 시론」, 『공동체를 위하여』, 동보, 1986, 52~53쪽

382) 박철규, 「5.18 민중항쟁과 부마항쟁」, 179쪽

383) 주태산, 『경제 못 살리면 감방 간대이: 한국의 경제부총리, 그 인물과 정
책』, 중앙M&B, 1998, 154쪽

384) 조갑제, 『有故! 1』, 307쪽

385) 한겨레신문, 1988년 10월 15일자

386) 김영 증언, 『자료집』, 134쪽. 이는 전국에서 가장 데모를 할 줄 몰라 유신
대학이라는 별칭을 지닌 부산대학교의 투쟁을 촉구하는 상징적인 의미
를 지녔다. 한겨레신문, 1988년 10월 15일자

387) 정광민 증언, 『자료집』, 108쪽

388) 이는 동학농민전쟁 당시 전봉준의 '폐정개혁안'에서 따온 이름이라고 한
다(『자료집』, 32~33, 267쪽).

389) 부산대에서 배포된 다음의 선언문을 참조하라. 「민주선언문」(1979년 10월
15일), 『자료집』, 31쪽

390) 부산대학교 총학생회, 『거역의 밤을 불사르라』, 324~325쪽. 이 자료의 중
요한 부분은 다음 책에 부록으로 실려 있다. 조갑제, 『有故! 1』, 한길사,
1991, 301~337쪽. 이 글에서는 이 책의 쪽수를 사용한다.

391) 부산대학교 총학생회, 『거역의 밤을 불사르라』, 325쪽

392) 박철규, 「5.18 민중항쟁과 부마항쟁」, 190쪽

393) 부산대학교 총학생회, 『거역의 밤을 불사르라』, 333쪽. 이는 17일 오전 부
산진 경찰서에 연행된 31명 가운데 학생은 10명도 안 되었다는 자료에서
도 확인할 수 있다. 조갑제, 『有故! 2』, 17쪽

394) 김정호 증언, 『자료집』, 122~123쪽

395) 이대우 증언, 『자료집』, 128쪽

396) 최성묵 증언, 『자료집』, 154쪽

397) 김영 증언, 『자료집』, 136쪽

398) 허진수 증언, 『자료집』, 140쪽

399) 박철규, 「5.18 민중항쟁과 부마항쟁」, 190쪽

400) 16~17일 양일간 습격을 받았던 언론 기관은 부산문화방송, 한국방송공사 부산방송국, 부산일보사였다. 이들 기관에 대한 공격은 분풀이 때문이 아닌, 유신 체제 아래에서 언론이 보여준 왜곡 보도에 대한 나름대로 판단에 근거한 것이었다. 조갑제, 『有故! 2』, 41~42쪽

401) 10시경 시위 군중들 속에서 "김영삼! 김영삼!" 연호가 튀어나왔다. 기록에 따라 다소 차이가 있지만 16일 오후 6시경에 처음으로 김영삼을 연호하는 구호가 시청 앞 시위에서 등장했다고 한다. 김하기, 『부산민주항쟁』, 민주화운동기념사업회, 2004, 73쪽

402) 『자료집』, 36쪽

403) 『자료집』, 37쪽

404) 조갑제, 『有故! 2』, 41쪽

405) 『자료집』, 37쪽

406) 『자료집』, 72쪽

407) 『자료집』, 276쪽

408) 한겨레신문, 1988년 10월 19일자

409) 마산지역 학생들의 반유신 투쟁 준비에 관해서는 다음을 참조. 『자료집』, 278쪽; 한겨레신문, 1988년 10월 19일자

410) 조갑제, 『有故! 2』, 67쪽

411) 이 자료는 당시 경남매일 사회부 남부희 부장과 김현태 기자의 사건 취재록으로 『자료집』을 통해 공개됐다. 이들이 경남매일에 제출한 보고서는 두 가지 종류가 있다. 하나는 「馬山地域 大學生 騷擾事件 1·2次 發生報告書事」이고, 다른 하나는 「10.19 소요 사태 현황」과 「제2의 3.15」라는 이름의 메모 형식의 보고서이다. 이 글에서는 네 가지 보고서를 비교해 일치하는 부분을 찾아내고, 사실과 일치하지 않는 보고서에 관해서는 다른 증언과 교차 비교하면서 정리하는 방식을 취하고자 한다(이하 앞의 두 자료는 「보고서 1」, 뒤의 자료는 「보고서 2」로 표기).

412) 「보고서 1」, 48쪽

413) 「보고서 1」, 49쪽

414) 「보고서 1」, 57쪽; 「보고서2」, 65쪽

415) 이선관 증언, 『자료집』, 216쪽

416) 양석우 증언, 『자료집』, 218쪽

417) 김명섭 증언, 『자료집』, 195쪽; 주대환, 「폐허 위에서 다시 싹튼 사회주의
운동: 1970년대 학생운동, 부마항쟁, 한국노동당과 주대환 위원장」, 『이론
과 실천』 창간준비(제4호), 2002

418) 조선일보, 1979년 10월 21일자. 실제 사제총이 사용되었는지에 관해서는
의견이 엇갈리고 있다. 항쟁 당시 경찰 무기고는 보존된 것으로 알려진
반면 한 증언에 따르면 "코아[core, 중앙]에서 경찰들과 대치하고 있을 때
총소리 같은 게 났다. 나중에 소문을 들으니 사제총기를 쏘았다는 이
야기가 있었다"는 증언도 있다(강신형 증언, 『자료집』, 203쪽).

419) 국제신문, 1979년 10월 21일자

420) 주대환, 「폐허 위에서 다시 싹튼 사회주의 운동: 70년대 학생운동, 부마항
쟁, 한국노동당과 주대환 위원장」, 『이론과 실천』 창간준비(제4호), 2002

421) 「보고서 1」, 42쪽

422) 『자료집』, 285쪽

423) 「보고서 1」, 42쪽

424) 『자료집』, 285쪽

425) 이듬해인 1980년 서울의 봄 시기 사북항쟁과 광주항쟁 초기에도 무기는
시민들에 의해 탈취되지 않았다. 이에 대해서는 다음을 참조하라. 김창
진, 「광주민중항쟁의 발전구조: 무장투쟁과 민중권력」, 『광주민중항쟁연
구』, 정대화 엮음, 사계절, 1989

426) 『자료집』, 289쪽

427) 「보고서 1」, 42~44쪽

428) 『자료집』, 290~291쪽

429) 『자료집』, 287쪽

430) 조갑제, 『有故! 1』, 105쪽

431) 조갑제, 『有故! 2』, 256쪽

432) 『자료집』, 297쪽

433) 김명섭 증언, 『자료집』, 195쪽

434) 정덕준, 「1970년대 대중소설의 성격에 대한 연구: 도시 생태학, 그 좌절과
희망」, 『한국문학이론과 비평학회』 제16집, 2002, 84쪽

435) 1950년대 상황에 대해서는 다음을 참조하라. 강인철, 「한국전쟁과 사회의 식 및 문화의 변화」, 『한국전쟁과 사회구조의 변화』, 백산서당, 1999

436) 오창은, 『한국 도시소설 연구: 1960~1970년대 작품을 중심으로』, 중앙대 학교 국어국문학과 박사학위논문, 2005, 59쪽

437) 이하 내용은 다음 글 가운데 일부를 수정해서 전제한 것이다. 김원, 「4월 항쟁과 민중(3): 민중과 결합하지 못한 '민중'운동」, 『진보정치』 8월호 제56 호, 2001

438) 국토개발사업은 수리, 조림, 소방사업 등으로 실업자에게 취업의 기회를 주고, 보릿고개에 접어든 절량농가에게 양식을 주어 춘궁기를 극복한다 는 목표 아래 실시됐다.

439) 민족일보, 1961년 2월 22일자

440) 이런 현상은 사회운동에서만 나타났던 것이 아니었다. '민족문학(民族文 學)'이라고 불렸던 1960~70년대 저항문학은 당시대의 억압적 현실과 부조 리에 대한 비판 그리고 반체제 민주화운동을 서사화하는 흐름이 주류를 이루었다. 하지만 이런 흐름은 도시소설 혹은 대중소설에서 묘사된 당대 도시하층민의 비루한 일상과 주변적인 삶에 대해서는 거의 관심을 보이 지도 않았고 구체적인 평가도 이뤄지지 않았다. 류희식, 『1970년대 도시소 설에 나타난 '변두리성' 연구: 박태순·조선작·조세희 소설을 중심으로』, 영남대 국어국문학과 석사학위 논문, 2003, 27쪽

441) 정덕준, 「1970년대 대중소설의 성격에 대한 연구」, 87쪽

442) 안남연, 「황석영 소설의 역사인식과 민중성: 황석영의 1970년대 소설 연 구」, 『상허학보』 8월호 제13집, 2004, 514, 516쪽; 류희식, 앞의 논문, 16쪽

443) 오창은, 『한국 도시소설 연구』, 70, 83쪽

444) 광주대단지 사건의 배경에 대해서는 다음을 참조하라. 손정목, 「광주대단 지 사건」, 『한국도시 60년의 이야기 2』, 한울, 2005, 86~95쪽

445) "그해 여름 무슨 일이 있어났을까? (1)광주대단지투쟁을 말한다", 성남뉴 스, 2002년 8월 5일자; "'광주대단지' 재조명한다", 성남뉴스, 2001년 10월 9일자

446) 이 점에 관해서는 제3부 1장의 326~328쪽에 자세히 서술되어 있다.

447) 권명아, 『역사적 파시즘』, 책세상, 2005, 62~64쪽

448) 사건으로서 정치는 결론에서 재론할 것이다. 자세한 것은 라자뤼스, 『이름의 인류학』, 새물결, 2001 참조.

449) '사건으로서 정치'에 관해서는 이 책의 제4부 491~495쪽을 참조.

제4부 정치

1. 한국 사회는 서발턴의 목소리를 듣고자 했는가?

1) 테드 류웰린의 『정치인류학』(일조각, 1995년)이 번역되면서, 정치 현상을 인류학적으로 접근하는 시도들이 있었으며, 나도 대학원 시절 정치인류학이란 이름의 수업을 처음으로 수강했다. 『잊혀진 것들에 대한 기억』도 이 수업의 결과물 가운데 일부였다(자세한 내용은 김원, 『잊혀진 것들에 대한 기억』, 이매진, 2011 참조).

2) 아래의 내용은 전노협, 『조선업종 교육선전 담당자 세미나』(1994년 10월 22일, 미출간 자료집); 전노협, 『노동조합 교육방법: 1995년 자료모음』; 노동조합기업경영분석연구상담소, 『현대그룹 계열사 노사진단 연구 발표회 발제문』(1994년 9월 24일, 미발표 자료집) 등 보고서와 개인·집단 인터뷰의 결과물에 근거한 것이다.

3) 고경임, 「노동자 주체성의 특징과 교육적 형성과정에 대한 연구」, 숙명여대 교육학과 박사학위 논문, 2000, 212쪽

4) 피에르 노라, 「기억의 장소들」, 『구술사, 기억으로 쓰는 역사』, 윤택림 엮음, 아르케, 2010, 124쪽

5) 김귀옥, 「한국 구술사 연구 현황, 쟁점과 과제」, 『사회와 역사』 통권 71호, 2006, 322쪽

6) 이용기, 「구술사의 올바른 자리매김을 위한 제언」, 『역사비평』 통권 58호, 2002, 364~384쪽

7) 얀 반시나, 「기억과 구전」, 『구술사, 기억으로 쓰는 역사』, 윤택림 엮음, 아르케, 2010, 75~76쪽

8) 나탕 바슈텔, 「기억과 역사 사이에서」, 『구술사, 기억으로 쓰는 역사』, 윤택림 엮음, 아르케, 2010, 103쪽

9) 이영남, 『푸코에게 역사의 문법을 배우다: 한 젊은 역사가의 사색 노트』, 푸른역사, 2008, 126쪽

10) 김원, 『여공 1970, 그녀들의 반역사』, 이매진, 2006

11) 김성례, 「여성주의 구술사의 방법론적 성찰」, 『한국문화인류학』 제35집 2호, 2002, 52~53쪽

12) 조반니 레비, 「미시사에 대하여」, 『미시사란 무엇인가』, 곽차섭 엮음, 푸른역사, 2002

13) 여기서 흔적이란 프로이트의 경우 징후 혹은 증상을, 셜록 홈즈의 경우 실마리 등을 의미한다.

14) 이는 흔히 '가능성의 역사'라고 불리는 데, 여기서 가능성이란 증거와 대비되는 말로, 증거의 단편성이 문제가 될 경우, 증거와 증거 사이를 잇는 최선의 가능성을 탐색하는 방법을 의미한다. 카를로 진즈부르그, 「미시사에 대하여 내가 알고 있는 두세 가지 것들」, 『미시사란 무엇인가』, 곽차섭 엮음, 푸른역사, 2002; 카를로 진즈부르그, 「이름과 시합: 불평등 교환과 역사책 시장」, 『미시사란 무엇인가』, 곽차섭 엮음, 푸른역사, 2002

15) 이영남, 앞의 책, 236쪽

16) 감화원은 보호 처분을 받은 소년이나 소녀를 수용하여 감화하거나 선도하는 시설을 의미한다.

17) Foucault, Michel Colin Gordon ed. and trans., *Power/Knowledge: Selected Interviews and Other Writings, 1972-1977.* New York: Pantheon, 1980, pp. 50~52; Deleuze, Gilles, "Foucault and the Prison", in Barry Smart(ed.) *Michel Foucault: Critical Assessment*, Vol. 3. London: Routledge. 1994, p. 266.

18) 백승종, 『18세기 조선의 문화투쟁 정조와 불량선비 강이천』, 푸른역사, 2011, 341쪽

19) 백승종, 앞의 책 참조.

20) '트라우마'란 전쟁, 재앙, 사고 등 극단적인 충격으로 인해 정상적인 의식에서 이탈되어 무의식에 억압되어 있으면서도 지속적으로 환각, 악몽, 플래시백 등의 형태로 되돌아오는 체험의 양상을 의미한다(전진성, 「기억의 정치학을 넘어 기억의 문화사로」, 『역사비평』 2006년 가을호, 476쪽).

21) 전진성, 앞의 글, 459, 477쪽

22) 이영남, 앞의 책, 313쪽

23) 조한욱, 『문화를 보면 역사가 달라진다』, 책세상, 2000, 82쪽

24) 이희영, 「사회학 방법론으로서의 생애사 재구성」, 『한국사회학』 39집 3호, 2005, 124쪽

25) 유경순, 「노동자, 스스로를 말하다: 구술로 살펴본 청계노조의 역사」, 『노동자, 자기 역사를 말하다: 현장에서 기록한 노동운동과 노동자교육의 역사』, 서해문집, 2005, 124~125, 135~136, 166쪽

26) 이영남, 앞의 책, 70~71쪽

27) 자세한 내용은 『현대 문학·문화 비평 용어사전』(게리 헨치, 조셉 칠더즈 엮음, 황종연 옮김, 문학동네, 1999) 참조.

28) 윤택림, 「기억에서 역사로」, 『한국문화인류학』 25집, 1994, 274쪽

29) 윤택림·함한희, 『새로운 역사 쓰기를 위한 구술사 연구 방법론』, 아르케, 2007, 63쪽

30) 전진성, 앞의 글, 472~473쪽

31) 대중기억연구회, 「대중기억의 이론, 정치학과 방법론」, 『구술사, 기억으로 쓰는 역사』, 윤택림 엮음, 아르케, 2010, 199쪽

32) Deleuze, Gilles, "Foucault and the Prison", in Barry Smart(ed.) *Michel Foucault: Critical Assessment*, Vol. 3, London: Routledge, 1994

33) 디디에 에리봉, 『미셸 푸코』, 박정자 옮김, 시각과 언어, 1995; 미셸 푸코, 『사회를 보호해야 한다』, 박정자 옮김, 동문선, 1998, 24쪽

34) 자세한 내용은 이용기, 앞의 글 참조.

35) 양현아, 「증언과 역사 쓰기: 한국인 '군 위안부'의 주체성 재현」, 『사회와 역사』 통권 60집, 2001, 61쪽

36) 김성례, 앞의 글, 47~48쪽

37) 전진성, 앞의 글, 466~468쪽

38) 유경순, 「구로동맹파업과 노동자 자기 역사 쓰기: 『아름다운 연대』, 『같은 시대 다른 이야기』를 중심으로」, '위기에 선 역사학: 민중사의 새로운 모색' 역사학연구소 창립 20주년 심포지움, 2008

39) 양현아, 앞의 글, 92~93쪽

40) 전진성, 앞의 글, 480~481쪽

41) 김수진, 「위안부 증언 연구를 돌아보다: 트라우마의 서사로부터 역사를 쓸 수 있는가」, '냉전과 서발턴' 성균관대학교 동아시아 학술원, 사문사 공동 개최 심포지엄, 2011년 2월 10일~11일

42) 김성례, 앞의 논문 참조.

43) 이영남, 앞의 책, 92, 101쪽

44) 대중기억연구회, 「대중기억의 이론, 정치학과 방법론」(『구술사, 기억으로 쓰는 역사』, 윤택림 엮음, 아르케, 2010) 참조.

45) 폴 톰슨, 「구술사, 과거의 목소리」, 『구술사, 기억으로 쓰는 역사』, 윤택림 엮음, 아르케, 2010, 47쪽

46) 대중기억연구회, 「대중기억의 이론, 정치학과 방법론」, 『구술사, 기억으로 쓰는 역사』, 윤택림 엮음, 아르케, 2010, 206쪽

47) 『무지한 스승』에서 랑시에르는 조제프 자코토라는 프랑스 교사의 이야기를 소개한다. 벨기에 루뱅대학 강사인 자코토는 네델란드어를 전혀 하지 못한다. 그래서 그는 말이 통하지 않는 학생들에게 『텔레마스코의 모험』이란 책의 프랑스어–네델란드어 대역판을 교재로, 프랑스어를 익히라고 주문했다. 그런데 놀라운 일이 일어났다. 자코토가 학생들에게 주문했던 것은 프랑스어 자습이었다. 하지만 학생들은 스스로 프랑스어를 익혀 작가 수준의 프랑스어를 구사하게 된다. 이 과정을 통해 자코토는 유식한 자나 가르치는 자가 가진 논리 체계를 뒤집어야 하며, 이해하지 못하는 무능력을 바로잡기 위해서 설명이 반드시 필요한 것은 아님을 알게 되었다. 역으로 무능력이라는 것은 설명하는 자나 유식한 자들의 세계관이 지니는 허구라는 것이다. 이런 맥락에서 랑시에르는 자코토 같은 『무지한 스승』의 역할은 '어떤 앎도 전달하지 않으면서 다른 앎의 원인이 되는 스승'이라고 강조한다.

48) 김성례, 앞의 글, 57쪽

49) 김성례, 앞의 글 참조.

50) 이영남, 앞의 책, 300~301쪽

51) 최근에 이의 후속 작업으로 1970~80년대 그리고 현재 여성 노동자들의 자기 역사 쓰기를 재구성한 『나, 여성 노동자』(유경순 엮음, 그린비, 2011)

가 출간되었다.

52) 유경순, 앞의 글 참조.

53) 정경원, 「노동자 자기 역사 쓰기—백서작업을 중심으로」, 『노동자, 자기 역사를 말하다—현장에서 기록한 노동운동과 노동자교육의 역사』, 서해문집, 2005, 88쪽

54) 정경원, 앞의 글, 85쪽

55) 정경원, 앞의 글, 92쪽

56) 이영남, 앞의 책, 326~327쪽

57) 김성례, 앞의 글, 49~50쪽

58) 김수진, 앞의 글 참조.

59) 김성례, 앞의 글, 54, 57쪽

60) 이영남, 앞의 책 참조.

61) 전진성, 앞의 글, 455쪽

62) 김성례, 「국가폭력의 성정치학」, 『흔적』 2호, 1998, 290~292쪽

63) 정혜욱, 「스피박과 여성」, 『여성학연구』 제18권 1호, 2008

64) 정혜욱, 앞의 글 참조.

65) 정혜욱, 앞의 글 참조.

66) 이 점에 관해서는 성공회대 이승원 선생의 지적으로부터 많은 도움을 받았다.

67) 이희영, 앞의 글, 138쪽

68) 김수환, 「전체성과 그 잉여들」, 『사회와 철학』 제18호, 2009

69) 거리두기라는 문제 틀은 스피박의 말에서 문제의식을 얻었다. 스피박은 서발턴의 의식을 서사화하려는 서발턴 그룹의 기획은 서발턴의 의지와 관점 등을 복원한다는 이론적 허구를 상정하고 있다고 주장한다. 하지만 서발턴 그룹이 이에 매몰될 때, 다시 말해서 서발턴 의식과 관계에서 거리두기를 부인할 경우, 이들의 기획은 서발턴을 통제하고 대상화시키는 결과를 초래할 것이라고 경고한다(Gayatri Spivak, 1988. "Can The Subaltern Speak?", In *Marxism and the Interpretation Culture*, ed. by Cary Nelson and Lawrence Grossberg, Urbana: University of Illinois Press, 1988, pp. 295~296).

70) 김택현, 『서발턴과 역사학 비판』, 박종철 출판사, 2003, 195쪽

71) 김택현, 앞의 책, 200~202쪽

72) 치안(police)으로서 정치에 관해서는 이 책의 488~490쪽을 참조.

2. 사건으로서 정치와 차이의 공간

73) 김수환, 앞의 글, 74쪽

74) 홉스봄, 『원초적 반란』, 온누리, 1983, 19, 135, 149쪽

75) 구하의 사건으로서 '봉기'에 대해서는 이 책의 491~494쪽을 참조.

76) 김수환, 앞의 글, 77쪽

77) 서용순, 「철학의 조건으로서의 정치」, 『철학과 현상학 연구』 제27집, 2005, 112쪽; 서용순, 「바디우 또는 철학에 의해 다시 사유되는 정치」, 『진보평론』 봄호, 2008, 65쪽

78) 자크 랑시에르, 「동시대 세계의 정치적 주체화의 형태들」, 중앙대학교 강연 원고, 2008년 12월, 247~249쪽

79) 랑시에르, 앞의 글 참조.

80) 김수환, 앞의 글, 90~91쪽; Ranciere. J, "Who is the Subject of the Rights of Man," *The South Atantic Quarterly* 103, Number 2/3, Spring/Summer 2004, pp. 303~304.

81) 랑시에르, 앞의 글, 243~244쪽

82) Guha, Ranajit, *Selected Subaltern Studies*, Oxford University Press, 1988, p. 39.

83) Spivak, *op., cit.*

84) 1968년 이후 신사회운동(NSMs)이 구사회운동과 구분되는 특징은 정치적인 것의 영역을 확장하고 구좌파의 엘리트적 접근 방식을 거부한 것이었다. 서발턴 그룹도 전통적 정치 영역 외부에서 활동하고, 이들이 무시했던 쟁점들—예를 들어 여성, 동성애, 흑인, 불가촉천민 달리트, 인디언 해방운동 등—에 초점을 맞추어 정치 영역을 확장했다(로버트 영, 『백색신화』, 김용규 옮김, 경성대학교 출판부, 2008, 65~66쪽).

85) Guha, *op. cit.*, pp. 39~40

86) 지배담론의 부정적 전도로서 대항 이데올로기에 관한 유사한 사례를

1980년 5.18에서도 찾을 수 있다. 자세한 내용은 김정한, 「대중운동의 이데올로기 연구: 5.18 광주항쟁과 6.4 천안문운동의 비교」(서강대 정치외교학과 박사학위 논문, 2009) 참조.

87) Chakrabarty, Dipesh, *Rethinking Working-Class History : Bengal, 1890–1940*, Princeton University Press, 1988, p. 157, 185

88) Chakrabarty, *op. cit.*, p. 185

89) 다만 몫 없는 자들이 자신을 체제의 '일원'으로 받아들여주길 요구하는, 다시 말해서 공동체 구성원으로 사회 전체에 기여하는 자신들의 존재를 인정받고자 하는 욕망에서 출발하는 행위—단적인 예로 '우리도 국민이다' 등—로는 열린 주체적 범주로 탈바꿈하기 어렵다(김수환, 앞의 글, 89쪽; 랑시에르, 앞의 글, 137, 143~144쪽).

90) 랑시에르, 앞의 글, 141~142쪽

91) Ranciere, *op. cit.*, pp. 303~304

92) G. Prakash, "Can the Subaltern Ride?," *Comparative Studies of Society and History*, vol. 34, no. 1, 1992, pp. 287~288; 김택현, 앞의 책, 94, 189쪽

93) Guha, Ranajit, *Subaltern Studies I*, 1982, p. vii,

94) Guha, *op. cit.*, pp. 41~42

95) 지배담론은 근본적 가치를 전복할 가능성이 존재하는 것을 배제하고 주변화하는 계서적 전략을 선택하는데, 이는 지배담론이 구축한 의미구조의 폐쇄성 때문이다. 여기에서 '탈구축'이란 본래 자크 데리다가 주목했던 개념으로, 지배담론에 의한 타자의 억압은 늘 불완전하기 때문에 지배담론은 타자를 일정한 기원을 가진 것, 그 기원으로부터 본질이 전개되는 것으로 구성하며, 이런 과정을 통해 타자에 의한 억압의 징후를 지워버리려고 한다. 하지만 탈구축 전략을 통해 지배담론이 구축한 본질을 드러내고 그 본질에 포섭되지 않는 '차이의 구조'를 드러낼 수 있다(김택현, 앞의 책, 59, 187~189쪽).

96) 김택현, 「다시 서발턴은 누구인가」, 『역사학보』 제200집, 2008, 650쪽

97) Guha, Ranajit, *Elementary Aspects of Peasant Insurgency in Colonial India*, Duke University Press, 1983

98) 구하, 앞의 책 참조.

99) Chakrabarty, Dipesh, *Rethinking Working-Class History : Bengal, 1890~1940*, Princeton University Press, 1988, p. 295.

100) 화이트 노동사에 관해서는 이 책의 〈부록 5〉 참조.

101) Chakrabarty, Dipesh, *Provincializing Europe : Postcolonial Thought and Historical Difference*, Princeton University Press, 2002, pp. 15~17.

102) 김택현, 앞의 책 참조.

103) Chakrabarty, *op. cit.*

104) Guha, *op. cit.*

105) 로버트 영, 앞의 책, 31쪽

106) Chakrabarty, Dipesh, *Rethinking Working-Class History*, pp. 4~6, p. 139

107) 김택현, 앞의 책, 195쪽

108) 역사학과 다른 구성된 서사로서 역사를 재구성한 실험으로는 김원, 『87 년 6월 항쟁』(책세상, 2009) 참조.

에필로그 박정희 시대, 서발턴 그리고 유령들의 역사

1) 김원, 「교단에서 본 세상-'군사주의'인가, 양심의 자유인가?」, 서강학보 2004년 5월 31일자

2) 권명아, 「이브의 범죄와 혁명」, 『동남어문논집』 29집, 2010, 33쪽

3) 김원, 「유전자은행법, 디스토피아 혹은 범죄 예방?」, 대안지식연구회 '정 치사회비평' 2009년 4월 14일자

4) 2007년 이랜드 투쟁에 관한 자세한 내용은, 김원, 「민주노조 패러다임의 극복과 지역, 여성 그리고 연대」(『우리의 소박한 꿈을 응원해줘』, 권성현 외 엮음, 후마니타스, 2008) 참조.

5) 이랜드 노조 사례에 대한 자세한 소개는 (『우리의 소박한 꿈을 응원해 줘』, 권성현 외 엮음, 후마니타스, 2008) 참조.

참고문헌

1. 1차 자료

경향신문, 광주일보, 국민보, 국제신문, 남선경제신문, 동아일보, 매일경제신문, 민족일보, 서울신문, 성남뉴스, 신아일보, 영남일보, 전남매일신문, 조선일보, 중앙일보, 한겨레신문, 한성일보

『박현채 전집』 1~7권, 해밀, 2006

『시정월보』

김태경, 「광주대단지 철거민 현황, 문제점 및 대책」, 1970년 5월 16일, 대통령비서실, 1971

대통령 비서실, 「서울시 철도연변 철거민 경기도 광주군으로의 이주정착 사업」, 1969년 6월 5일

정종택, 「광주대단지 현안문제 해결 보고」, 대통령 비서실, 1971년 10월 14일

정종택, 「광주성남대단지 난동사건 진상 보고」, 대통령 비서실, 1971년 8월 11일

2. 한국어 문헌

강성호, 「구술사의 한계에 갇힌 역사인류학」, 교수신문 2003년 9월 19일자

강인철, 「한국전쟁과 사회의식 및 문화의 변화」,『한국전쟁과 사회구조의 변화』,

백산서당, 1999

검열연구회 엮음, 『식민지 검열, 제도, 텍스트, 실천』, 소명출판사, 2011

고경임, 「노동자 주체성의 특징과 교육적 형성과정에 대한 연구」, 숙명여대 대학
　　원 박사학위 논문, 2000

곽차섭 엮음, 『미시사란 무엇인가』, 푸른역사, 2002

광주시사편찬위원회, 『광주시사』, 광주광역시, 2001

교과서포럼, 『대안교과서 한국근현대사』, 기파랑, 2008

권명아, 「소년범, 작가, 음란범: J의 탄생과 종말」, 『탈식민 냉전 국가의 형성과 검
　　열』, 성균관대 동아시아학술원·HK사업단, 2011

권명아, 「이브의 범죄와 혁명」, 『동남어문논집』 29집, 2010

권명아, 「정조 38선, 퇴폐, 그리고 문학사: 풍기문란과 냉전 프레임(frame)을 중심
　　으로」, 『여성문학연구』 22권, 2009

권명아, 『역사적 파시즘』, 책세상, 2005

권오헌, 「당신께서 잠드신 세계엔 차별도 분단도 제국주의도 없겠지요」, 『아! 박
　　현채』, 해밀, 2006

권이종, 『교수가 된 광부』, 이채, 2004

권태준·손정목, 「수도권 위성도시 현지 르뽀: 광주지구 대단지 조성사업, 그 현
　　지를 가다」, 『도시문제』 5월호, 1969

기세문, 「박현채 선생을 추모하며」, 『아! 박현채』, 해밀, 2006

김건우, 「1960년대 담론 환경의 변화와 지식인 통제의 조건에 대하여」, 『탈식민 냉
　　전 국가의 형성과 검열』, 성균관대 동아시아학술원·HK사업단, 2011

김경추, 「새 단계의 싸움에 추는 격문」, 코리아포커스 2005년 10월 5일자

김귀옥, 「한국 구술사 연구 현황, 쟁점과 과제」, 『사회와 역사』 통권71호, 2006

김금수, 「문화부 중대장의 이상과 실천」, 『아! 박현채』, 해밀, 2006

김낙중, 「박현채와의 인연」, 『아! 박현채』, 해밀, 2006

김남주, 『김남주의 삶과 문학 1~2』, 시와 사회, 1994

김도현, 「탄광촌의 의식주」, 『탄광촌 사람들의 삶과 문화』, 민속원, 2005

김동춘·박태순, 『1960년대 사회운동』, 까치, 1991

김문실 외, 『간호의 역사』, 대한간호협회, 2003

김병태, 「대중경제론에 얽힌 사연」, 『아! 박현채』, 해밀, 2006

김보현, 「유신체제 시기 저항지식인들의 인식과 그 의의」, '박정희 정권의 지배이
　　　데올로기와 저항담론' 우리의 교육지표 선언 30주년 학술심포지엄, 2008
　　　년 6월 27일

김상운, 「광주대단지 철거민들의 애환」, 『신동아』 3월호, 1986

김상임, 「세상 읽기: 한국인 파독 간호사가 말하는 이주노동자의 삶」, 『노동사회』
　　　90호, 2004

김석준, 「부산지역의 계급구조분석 시론」, 『공동체를 위하여』, 동보, 1986

김성례, 「국가폭력과 여성체험: 제주 4.3을 중심으로」, 『창작과 비평』 봄호, 1998

김성례, 「한국무속에 나타난 여성체험」, 『한국여성학』 7호, 1991

김성례, 「국가폭력의 성정치학」, 『흔적』 2호, 1998

김성례, 「한국 여성의 구술사: 방법론적 성찰」, 조옥라·정지영 엮음, 『젠더, 경험,
　　　역사』, 서강대학교 출판부, 2004

김성보, 「민중사학, 아직도 유효한가」, 『역사비평』 가을호, 1991

김성호, 「소년범죄의 현황과 그 대책」, 『석우논문집』 2(1), 1974

김세건, 「찌들은 몸 :사북 지역의 탄광개발과 환경문제」, 『비교문화연구』 제10집
　　　제1호, 2004

김소영, 「근대성과 여자 귀신」, 『한국학논집』 제30집, 계명대 한국학연구소, 2003

김소영, 『근대성의 유령들』, 씨앗을 뿌리는 사람들, 2000

김소진, 『열린사회와 그 적들』, 솔, 2002

김수진, 「위안부 증언 연구를 돌아보다: 트라우마의 서사로부터 역사를 쓸 수 있
　　　는가」, '냉전과 서발턴' 성균관대학교 동아시아 학술원, 사문사 공동개최
　　　심포지엄, 2011

김수현, 「1971년 광주대단지 사건 연구」, 서강대 정치외교학과 석사학위 논문,
　　　2007

김수환, 「전체성과 그 잉여들」, 『사회와 철학』 제18호, 2009

김연자 『아메리카 타운 왕언니, 죽기 오 분 전까지 악을 쓰다: 김연자 자전 에세
　　　이』, 삼인, 2005

김영자 외, 「비행소년에 대한 연구」, 『사회학연구』 3호, 1964

김용찬, 「한인여성노동자 국제이주와 여성조직의 발전」, 『한국국제정치학회 학술대회 발표논문집』, 한국국제정치학회, 2006

김용출, 『독일 아리랑』, 에세이, 2006

김용환·김재동, 「석탄산업의 생태와 역사」, 『한국문화인류학』 29집 1호, 1996

김원, 「광산 공동체 노동자의 일상과 경험: 1950년대 광산 노동자를 중심으로」, 『1950년대 한국노동자의 생활세계』, 한울, 2010

김원, 「민주노조 패러다임의 극복과 지역, 여성 그리고 연대」, 『우리의 소박한 꿈을 응원해줘』, 권성현 외 엮음, 후마니타스, 2008

김원, 『87년 6월 항쟁』, 책세상, 2009

김원, 「한국적인 것'과 '혼종성'의 문화정치학: 1970년대 일상과 문화」, '한국 근현대 100년, 일상생활의 변화' 한국학중앙연구원 현대한국연구소·한국사회사학회 학술대회, 2010

김원, 「1991년 5월 투쟁, 80년대와 90년대의 결절점」, 『그러나 지난 밤 꿈속에서 이 친구들이 나에 대하여 이야기하는 소리가 들려 왔다 1991년 5월』, 이후, 2002

김원, 「1971년 광주대단지 사건 연구」, 『기억과 전망』 18호, 민주화운동기념사업회, 2008

김원, 「4월 항쟁과 민중(3): 민중과 결합하지 못한 '민중'운동」, 『진보정치』 제56호/8월, 2001

김원, 『잊혀진 것들에 대한 기억』, 이매진, 2011

김원, 『여공 1970, 그녀들의 반역사』, 이매진, 2006

김일영, 『건국과 부국: 현대한국정치사 강의』, 생각의 나무, 2004

김재준, 「광주단지에는 50여 개의 교회가 있다는데」, 『기독교사상』 11월호, 1971

김정강·윤식 구술, 『내가 겪은 민주와 독재』, 선인, 2001

김정남, 「1964년 여름」, 『아! 박현채』, 해밀, 2006

김정한, 「대중운동의 이데올로기 연구: 5.18 광주항쟁과 6.4 천안문운동의 비교」, 서강대 정치외교학과 박사학위 논문, 2009

김준, 「1970년대 여성 노동자의 일상생활과 의식: 이른바 '모범근로자'를 중심으로」, 『역사연구』 제10호, 2002

김준, 「1974년 현대조선 노동자 '폭동'의 연구: 문헌 및 구술자료에 기초한 재구성」, 『사회와 역사』 통권69호, 2006

김창진, 「광주민중항쟁의 발전구조: 무장투쟁과 민중권력」, 정대화 엮음, 『광주민중항쟁연구』, 사계절, 1989

김택현, 「다시 서발턴은 누구인가」, 『역사학보』 제200집, 2008

김택현, 『서발턴과 역사학 비판』, 박종철 출판사, 2003

김하기, 『부산민주항쟁』, 민주화운동기념사업회, 2004

김한식, 「1970년대 후반 '악한 소설'의 성격 연구」, 『상허학보』 10집, 2003

김현아, 『전쟁과 여성』, 여름언덕, 2004

김현장, 「르포 무등산 타잔의 진상」, 『월간 대화』 8월호, 1979

나혜심, 「독일 한인간호여성의 노동의 성격」, 『독일연구』 17호, 2009

나혜심, 「파독 한인여성 이주노동자의 역사」, 『서양사론』 100호, 2008

남춘호, 「1960~70년대 태백지역 탄광산업의 이중구조와 노동자상태」, 『지역사회연구』 13권 2호, 2005

노동조합기업경영분석연구상담소, 『현대그룹 계열사 노사진단 연구 발표회 발제문』, 1994년 9월 24일, 미발표 자료집

대한석탄공사, 『대한석탄공사 50년사』, 대한석탄공사, 2002

류희식, 「1970년대 도시소설에 나타난 '변두리성' 연구: 박태순·조선작·조세희 소설을 중심으로」, 영남대 국어국문학과 석사학위 논문, 2003

문순태, 「백아산 시절을 이야기하다」, 『아! 박현채』, 해밀, 2006

문영미, 『아무도 그녀의 이야기를 들어주지 않았다: 딸이 쓴 한국 사람보다 더 한국적인 어머니 페이 문의 이야기』, 샘터, 1999

민주화운동기념사업회, 『한국민주화운동사 연표, 1954~1992』, 민주화운동기념사업회, 2006

박기정, 「광주대단지」, 『신동아』 10월호, 1971

朴相熙, 「무등산 타잔이 빚은 끔찍한 殺人劇」, 『아리랑』 23권 7호, 1977

박순성·김균, 「정치경제학자 박현채와 민족경제론: 한국경제사의 관점에서」, 『동향과 전망』 48호, 2001

박완서, 「서글픈 순방」, 『박완서 단편소설 선집』, 문학동네, 2006

박중기, 「지금 우리는 민족·자주·평화를 잊고 있다」, 코리아 포커스 2005년 10월 8일자

박찬경 외, 『독일로 간 사람들』, 눈빛, 2003

박철규, 「5.18 민중항쟁과 부마항쟁」, 『5.18은 끝났는가』, 푸른숲, 1999

박철한, 「사북항쟁연구: 일상·공간·저항」, 서강대 정치외교학과 석사학위 논문, 2002

박태균, 「박정희의 동아시아인식과 아시아 태평양 공동사회 구상」, 『역사비평』 76집, 2006

박태균 「한국군의 베트남전 참전」, 『역사비평』 80집, 2007

박태균, 「1950년대 경제 개발론 연구」, 『사회와 역사』, 제61권, 2002

박태순, 「삼두마차」, 『창작과 비평』 여름호, 1968

박태순, 「廣州團地 4泊5日」, 『月刊中央』 10월호, 1971

박현채, 「민족경제론과 박준옥 교장 선생님」, 『사회평론』 92권 8호, 1992

박현채, 『민족경제론』, 한길사, 1978

박현채, 『한국경제의 구조와 논리』, 풀빛, 1982

백승종, 『18세기 조선의 문화투쟁 정조와 불량선비 강이천』, 푸른역사, 2011

백지연, 「1960년대 한국 소설에 나타난 도시공간과 주체의 관련 양상 연구: 김승옥과 박태순의 소설을 중심으로」, 경희대학교 국어국문학과 석사학위 논문, 2008

봉우종, 「光州市 都市化 戰略에 關한 考察: 敎育·住宅·交通·上下水道 問題를 中心으로」, 朝鮮大學校 大學院 석사학위 논문, 1983

부마민주항쟁기념사업회·부마항쟁 10주년 기념사업회, 『부마민주항쟁 10주년 기념 자료집』, 1989

부산대학교 총학생회, 『거역의 밤을 불사르라: 10월 부마민중항쟁사』, 1985

사북청년회의소 엮음, 『탄광촌의 삶과 애환: 사북·고한 역사연구』, 선인, 2001

삼척시립박물관 엮음, 『탄광촌 사람들의 삶과 문화』, 민속원, 2005

서용순, 「철학의 조건으로서의 정치」, 『철학과 현상학 연구』 제27집, 2005

서용순, 「바디우 또는 철학에 의해 다시 사유되는 정치」, 『진보평론』 봄호, 2008

서울대학교 법과대학 사법학회, 『광주대단지 빈민실태 조사보고서』, 1971

성공회대학교 노동사연구소, 『1960~70년대 한국의 산업화와 노동자정체성』, 한 울, 2004

성공회대학교 노동사연구소, 『1960~70년대 노동자의 생활세계와 정체성』, 한울, 2005

성공회대학교 노동사연구소, 『1960~70년대 노동자의 작업장 문화와 정체성』, 한 울, 2006

성남시사편찬위원회, 『성남시사』, 성남시사편찬위원회, 1994

소현숙, 「경계에 선 고아들: 고아문제를 통해 본 일제시기 사회사업」, 『사회와 역 사』 통권73호, 2007

손정목, 「서울 무허가 건물과 와우아파트 사건」, 『도시문제』 6월호, 2003

손정목, 「1966년과 불도저 시장 김현옥의 등장」, 『한국도시 60년 이야기 1』, 한울, 2005

손정목, 「8.10사건의 경위: 서울시의 입장에서」, 『광주대단지 사건의 역사적 재조 명』, 성남문화원, 2004

손정목, 「광주대단지 사건」, 『도시문제』 제38권 제420호, 대한지방행정공제회, 2003

손정목, 『서울도시계획이야기』, 한울, 2009

손호철, 「80년 5.18 항쟁」, 『현대한국정치: 이론과 역사』, 사회평론, 1997

손호철, 「1979년 부마항쟁의 재조명: 정치적 배경을 중심으로」, 『해방 60년의 한 국정치』, 이매진, 2006

송기숙, 「만년 야인, 박현채」, 『아! 박현채』, 해밀, 2006

송은영, 「현대도시 서울의 형성과 1960~70년대 소설의 문화지리학」, 연세대학교 국어국문학과 박사학위 논문, 2008

송정석, 「그리운 친구여 아! 박현채」, 『아! 박현채』, 해밀, 2006

辛相雄, 「廣州大團地」, 『創造』 10월호, 1971

아산사회복지사업재단, 『한국의 해외취업: 어제, 오늘, 그리고 내일』, 아산사회복 지사업재단, 1988

안남연, 「황석영 소설의 역사인식과 민중성: 황석영의 1970년대 소설연구」, 『상허 학보』 제13집/8월, 2004

안준범, 「현대 지성사의 "알튀세르 효과"에 대하여: 트리컨티넨탈리즘의 맥락에서」, 『사림』 겨울호, 2006

양명문, 「대학을 결혼을 위한 간판으로 아는 데 대해」, 『여원』 1월호, 1967

양현아, 「증언과 역사쓰기: 한국인 '군 위안부'의 주체성 재현」, 『사회와 역사』 통권 60집, 2001

오병철, 「생각하면 떠오르는 두 눈빛, 그리고」, 『아! 박현채』, 해밀, 2006

오창은, 『한국 도시소설 연구: 1960~1970년대 작품을 중심으로』, 중앙대학교 국어국문학과 박사학위 논문, 2005

원병호, 『나는 독일의 파독광부였다』, 한솜미디어, 2004

유경순, 「구로동맹파업과 노동자 자기 역사 쓰기: 『아름다운 연대』 『같은 시대 다른 이야기』를 중심으로」, 역사학연구소 창립 20주년 심포지움 '위기에 선 역사학: 민중사의 새로운 모색', 2008

유경순, 「노동자, 스스로를 말하다: 구술로 살펴본 청계노조의 역사」, 『노동자, 자기 역사를 말하다: 현장에서 기록한 노동운동과 노동자교육의 역사』, 서해문집, 2005

유범상 외, 『진폐근로자 재활프로그램 개발: 질병의 치료와 빈곤의 해결』, 한국노동연구원, 2002

유임하, 「마음의 검열관, 반공주의와 작가의 자기 검열」, 『상허학보』 제15집, 2005

유한종 구술, 「혁신계 변혁—통일운동의 맥」, 『역사비평』 여름, 1989

윤동환, 「탄광촌의 주변문화」, 『탄광촌 사람들의 삶과 문화』, 민속원, 2005

윤소영, 『일반화된 마르크스주의 개론』, 공감, 2006

윤점균, 「기지촌 여성, 윤점균」, 『한국여성인물사 2』, 숙명여대 아시아여성연구소, 2005

윤충로, 「베트남전쟁 시기 '월남재벌'의 형성과 파월(派越)기술자의 저항: 한진그룹의 사례를 중심으로」, 『사회와 역사』 통권79호, 2008

윤충로, 「베트남전쟁 시기 한미월 관계에서 한국의 정체성 만들기」, 『담론 201』 9권 4호, 2006

윤충로, 「베트남전쟁 참전군인의 집합적 정체성 형성과 지배이데올로기의 재생산」, 『전쟁의 기억, 냉전의 구술』, 선인, 2008

윤택림, 「기억에서 역사로」, 『한국문화인류학』 25집, 1994

윤택림·함한희, 『새로운 역사 쓰기를 위한 구술사 연구방법론』, 아르케, 2007

윤해동, 「숨은 신을 비판할 수 있는가?: 김용섭의 '내재적 발전론'」, 『한국사학사
        학보』 제14집, 2006

윤해동, 「식민지 근대와 대중사회의 등장」, 『국사의 신화를 넘어서』, 임지현·이성
        시 엮음, 휴머니스트, 2004

윤흥길, 『아홉 켤레의 구두로 남은 사내』, 문학과 지성사, 2007

이강, 「아! 민봉! 위대한 박현채 교수」, 『아! 박현채』, 해밀, 2006

이광일, 「근대화의 일그러진 자화상: 광주대단지 폭동 사건」, 『기억과 전망』 제1
        호, 2002

李根茂, 「廣州大團地住民騷動: 混亂 속에 선 그리스도」, 『基督教思想』 11월호,
        1971

이대근, 「박현채 선생과의 만남」, 『아! 박현채』, 해밀, 2006

이미숙, 「병상에 누운 민족경제론, 박현채의 인생역정」, 『말』 7월호, 1994

이상민, 「빈민집단의 사회정책적 성격」, 『정경연구』 10월호, 1971

이선아, 「한국전쟁 전후 빨치산의 활동과 성격」, 성균관대학교 사학과 석사학위
        논문, 2003

이성욱, 『김추자, 선데이서울 게다가 긴급조치』, 생각의 나무, 2004

이수길, 『개천에서 나온 용』, 리토피아, 2007

이수안, 「이주 여성의 타자성과 관용의 상호 발현에 대한 이론적 모색: 재독 한
        인 여성의 이주 정착 과정을 중심으로」, 『사회와 이론』 12집, 2008

이수언, 「부마사태의 전모를 밝힌다」, 『신동아』 5월, 1985

이수자, 「지구화와 이주과정에서 발현되는 문화혼성성: 재독 한인여성과 재한 외
        국인여성의 문화적응 비교분석을 중심으로」, 『한독사회과학논총』 16집 2
        호, 2006

이승호, 『옛날 신문을 읽었다: 1950~2002』, 다우, 2001

이영남, 『푸코에게 역사의 문법을 배우다』, 푸른역사, 2008

이영석, 「재독일 교민의 한국에 대한 기억」, 『독일어문학』 40호, 2008

이영석, 박재홍, 「재독일 교민의 역이주와 귀향 의식에 대한 연구: 남해군 '독일마

을' 입주 교민들의 경우」, 『독어교육』 제36집, 2006

이영숙, 『누구나 가슴 속엔 꿈이 있다: 독일에서 의사가 된 간호사 이야기』, 북스코프, 2009

이영은, 「서울지방법원 소년부 지원」, 『교육연구』 제14호, 1960

이용기, 「'새로운 민중사'의 지향과 현주소」, 『역사문제연구』 제23집, 2010

이용기, 「미군정기의 새로운 이해와 '사회사'적 접근의 모색」, 『역사와 현실』 35호, 2000년 3월

이용기, 「구술사의 올바른 자리매김을 위한 제언」, 『역사비평』 통권58호, 2002

이이화, 「민중사 헤쳐온 야인 27」, 한겨레신문 2010년 11월 18일자

이종범, 「인연과 기억」, 『아! 박현채』, 해밀, 2006

이춘형, 「유달리 정이 많았던 친구여」, 『아! 박현채』, 해밀, 2006

이태주, 「전쟁기억과 집단기억의 동원: 베트남 참전용사 단체를 중심으로」, 『전쟁의 기억, 냉전의 구술』, 선인, 2008

이호철, 「서빙고 역전 풍경」, 『이단자』, 창비, 1976

이희영, 「사회학 방법론으로서의 생애사 재구성」, 『한국사회학』 39집 3호, 2005

이희영, 「이주노동자의 생애 체험과 사회 운동: 독일로 간 한국인 1세대의 구술 생애사를 중심으로」, 『사회와 역사』 68호, 2005

임지현, 「대중독재 테제」, 『대중독재 2』, 책세상, 2005

임지현, 「'대중독재'의 지형도 그리기」, 『대중독재: 강제와 동의 사이에서』, 임지현·김용우 엮음, 책세상, 2004

임지현, 「민중, 희생자인가 공범자인가: 파시즘의 진지전과 '합의독재'」, 『당대비평』 가을, 2000

임지현·이상록, 「'대중독재'와 '포스트 파시즘'」, 『역사비평』 가을호, 2004

임헌영, 「박현채 선생에 대하여」, 『아! 박현채』, 해밀, 2006

임혁백, 『시장, 국가, 민주주의』, 나남, 1994

임현진, 「다시 보는 부마항쟁」, 『사회이론과 사회변혁』, 한울, 2003

장기형, 「나헌티 현채는 구세주였제: 태백산맥 선요원 장기형 인터뷰」, 코리아포커스 2005년 10월 18일자

장두석, 「박현채 형을 기리며」, 『아! 박현채』, 해밀, 2006

장문석, 「왜 다시 대중독재론인가」, 『한겨레21』 2006년 4월 25일자

장세훈, 「도시화, 국가 그리고 도시빈민」, 『불량주택 재개발론』, 김형국 엮음, 나남출판, 1998

장재영, 『서독의 한국인: 서독파견 한국인광부의 수기』, 제3출판사, 1971

재외동포재단, 『유럽 한인사: 프랑스와 독일을 중심으로』, 재외동포재단, 2003

전노협, 『노동조합 교육방법: 1995년 자료모음』, 1995

전노협, 『조선업종 교육선전 담당자 세미나』, 1994년 10월 22일, 미출간 자료집

金聖天, 『십자가 그늘에서: 金聖天 회고록』, 동영사, 2001

전진상, 「기억의 정치학을 넘어 기억의 문화사로」, 『역사비평』 가을, 2006

정경원, 「노동자 자기 역사 쓰기: 백서 작업을 중심으로」, 『노동자, 자기 역사를 말하다: 현장에서 기록한 노동운동과 노동자교육의 역사』, 서해문집, 2005

정근식, 「냉전과 서발턴: 한국현대사에서 존재했지만 흔적이 없었던 사람들」, '냉전과 서발턴' 성균관대학교 동아시아 학술원, 사문사 공동개최 심포지엄, 2011

정근식, 「한국민주화와 부마항쟁」, 『부마항쟁의 역사적 의미와 과제』, 부마항쟁 20주년 기념사업회, 1999

정덕준, 「1970년대 대중소설의 성격에 대한 연구: 도시 생태학, 그 좌절과 희망」, 『한국문학이론과 비평』 제16집, 한국문학이론과 비평학회, 2002

정동익, 『도시빈민연구』, 아침, 1985

정민, 「대담: 민족경제론―민족민주운동의 경제적 기초를 해명한다」, 『현단계』 제1집, 한울, 1986

정상호, 「대중경제론의 형성과정과 정치적 의의에 관한 연구」, 민주화운동기념사업회 연구용역 원고, 2007, 미발간 원고

정선지역발전연구소 편, 『1980년 4월 사북』, 정선지역발전연구소, 2000

정성호, 「강원남부 탄광지역의 쇠퇴와 인구사회학적 변화」, 『한국인구학』 제27권 제2호, 2004

정연수, 「탄광촌 민요에 타나난 탄광촌 정체성 연구」, 『강원민속학』 제20집, 2006

정연수, 『탄광촌 풍속 이야기』, 북코리아, 2010

정혜욱, 「스피박과 여성」, 『여성학연구』 제18권 1호, 2008

조갑제, 『有故! 1~2』, 한길사, 1991

조석곤, 「민족경제론 형성의 사회경제적 배경과 그 이론화 과정」, 『동향과 전망』 48호, 2001

조은숙, 「근대계몽담론과 '소년'의 표상」, 『어문논집』 46집, 2002

조정래, 「아직도 떠나지 않은 선생님」, 『아! 박현채』, 해밀, 2006

조정래, 『태백산맥』, 한길사, 1989

조한욱, 『문화를 보면 역사가 달라진다』, 책세상, 2000

조희연, 「박정희 체제의 복합성과 모순성: 임지현 등의 반론에 대한 재반론」, 『대중독재 2』, 책세상, 2005

주대환, 「폐허 위에서 다시 싹튼 사회주의 운동: 70년대 학생운동, 부마항쟁, 한국노동당과 주대환위원장」, 『이론과 실천』 창간준비 / 제4호, 2002

주태산, 『경제 못 살리면 감방 간대이: 한국의 경제부총리, 그 인물과 정책』, 중앙M&B, 1998

차성환, 「부마항쟁과 지역 노동자 대중」, 『기억과 전망』 17호, 2007

천정환, 「사상전향과 1960~70년대 한국 지성사 연구를 위하여」, 『탈식민 냉전 국가의 형성과 검열』, 성균관대학교 동아시아학술원, 2011

최규남, 「소년범죄의 실태조사와 체육적 선도의 가능성에 대한 견해」, 『아카데미 논총』 1집, 1973

최길성, 『한국무속지: 전남, 전북, 경남편』, 아세아문화사, 1992

최인기, 「70년대 도시빈민과 광주 무등산타잔 박흥숙 사건」, 참세상 2010년 4월 14일자

최장학, 「이 고로 저 고로 박고로여」, 『아! 박현채』, 해밀, 2006

최재현, 「일상생활의 이론과 노동자의 의식세계: 서독 거주 한국인 노동자에 대한 질적 조사 연구의 예」, 『열린 사회학의 과제』, 창작과 비평, 1992

최호근, 「부담스러운 과거와의 대면: 독일에서의 홀로코스트 기억」, 『서양사론』 84권, 2005

탁희준·이정재, 「大邱社會의 動態」, 『사상계』 5월, 1961

편집부 엮음, 『70년대 한국일지』, 청사, 1984

편집부, 「70년대 성남지역운동사」, 『성남연구』 제1호, 성남지역사회발전연구소, 1992

하동근, 「8.10사건에 대한 입장들」, 『광주대단지 사건의 역사적 재조명』, 성남문화원, 2004

한국기독교협의회 인권위원회, 「부마항쟁」, 『1970년대 민주화 운동 IV』, 한국기독교협의회 인권위원회, 1986

허수, 「새로운 식민지 연구의 현주소: '식민지 근대'와 '민중사'를 중심으로」, 『역사문제연구』 통권16호, 2006

허영란, 「민중운동사 이후의 민중사: 민중사 연구의 현재와 새로운 모색」, 『역사문제연구』 제15호, 2005

허은, 「20세기 총력전하 한국인의 정체성과 식민지주의」, 『한국사연구』, Vol.150, 2010

홍사홍·정형주·김준기, 「성남지역 사회의 어제와 오늘과 내일」, 『성남연구』 제1호, 성남지역사회발전연구소, 1992

황건, 「박선배의 신념과 매력」, 『아! 박현채』, 해밀, 2006

황한식 엮음, 『부산지역 노동시장의 구조에 관한 연구』, 부산상공회의소/부산경제연구센터, 1982

3. 외국 문헌 번역본

가야트리 스피박, 『다른 세상에서: 문화정치학 에세이』, 박혜숙 옮김, 여이연, 2003

가야트리 스피박, 『스피박의 대담: 인도 캘커타에서 찍힌 소인』, 이경순 옮김, 갈무리, 2006

기얀 프라카쉬, 「포스트 식민주의적 비판으로서 서발턴 연구」, 『식민지경제구조와 사회주의운동』, 역사학연구소 엮음, 풀빛, 1998

나탕 바슈텔, 「기억과 역사 사이에서」, 『구술사, 기억으로 쓰는 역사』, 윤택림 엮음, 아르케, 2010

대중기억연구회, 「대중기억의 이론, 정치학과 방법론」, 『구술사, 기억으로 쓰는 역사』, 윤택림 엮음, 아르케, 2010

도미야마 이치로, 『폭력의 예감』, 김우자 외 옮김, 그린비, 2009

디디에 에리봉, 『미셸 푸코』, 박정자 옮김, 시각과 언어, 1995

디트리히 뤼시마이어, 『자본주의 발전과 민주주의: 민주주의의 비교역사연구』, 박명림 외 옮김, 나남, 1997

라나지트 구하, 『서발턴과 봉기』, 김택현 옮김, 박종철 출판사, 2008

로버트 영, 『백색신화』, 김용규 옮김, 경성대학교 출판부, 2008

로버트 영, 『포스트식민주의 혹은 트리컨티넨탈리즘』, 김택현 옮김, 박종철출판사, 2005

모튼 스티브, 『스피박 넘기』, 이운경 옮김, 앨피. 2005

베링턴 무어, 『독재와 민주주의의 사회적 기원』, 진덕규 옮김, 풀빛, 1990

실뱅 라자뤼스, 『이름의 인류학』, 이종영 옮김, 새물결, 2001

안토니오 그람시, 『그람시의 옥중수고 I, II』, 이상훈 옮김, 거름, 1992

얀 반시나, 「기억과 구전」, 『구술사, 기억으로 쓰는 역사』, 윤택림 엮음, 아르케, 2010

에른스트 만델, 『즐거운 살인: 범죄소설의 사회사』, 이동연 옮김, 이후, 2001

에릭 홉스봄, 『원초적 반란』, 진철승 옮김, 온누리, 1983

이라 카츠넬슨, 「비상사태를 조장하는 교활한 정치학」, 『냉전과 대학』, 당대, 2001

자크 랑시에르, 「동시대 세계의 정치적 주체화의 형태들」, 중앙대학교 강연 원고, 2008년 12월

자크 랑시에르, 『무지한 스승』, 양창렬 옮김, 궁리, 2008

조반니 레비, 「미시사에 대하여」, 『미시사란 무엇인가』 곽차섭 엮음, 푸른역사, 2002

조셉 칠더즈 엮음, 『현대 문학 문화 비평 용어사전』, 황종연 옮김, 문학동네, 1999

카를로 진즈부르그, 「이름과 시합: 불평등 교환과 역사책 시장」, 『미시사란 무엇인가』, 곽차섭 엮음, 푸른역사, 2002

패트릭 윌리엄스·피터 차일즈, 『탈식민주의 이론』, 김문환 옮김, 문예출판사, 2004

폴 톰슨, 「구술사, 과거의 목소리」, 『구술사, 기억으로 쓰는 역사』, 윤택림 엮음, 아르케, 2010

푸코 미셸, 『사회를 보호해야 한다』, 박정자 옮김, 동문선, 1998

피에르 노라, 「기억의 장소들」, 『구술사, 기억으로 쓰는 역사』, 윤택림 엮음, 아르케, 2010

피터 차일즈·패트릭 윌리엄스, 『탈식민주의 이론』, 김문환 옮김, 문예출판사, 2004

호미 바바, 『문화의 위치』, 나병철 옮김, 소명, 2002

4. 외국어 문헌

Chakrabarty, Dipesh, *Rethinking Working-Class History : Bengal, 1890-1940*, Princeton University, 2000

Chakrabarty, Dipesh, 2002. *Provincializing Europe : Postcolonial Thought and Historical Difference*, Princeton University Press, 2002

Deleuze, Gilles, "Foucault and the Prison", in Barry Smart(ed.) *Michel Foucault: Critical Assessment*, Vol. 3. London: Routledge, 1994

Foucault, Michel, Colin Gordon ed. and trans., *Power/Knowledge: Selected Interviews and Other Writings, 1972-1977*. New York: Pantheon, 1980

Gayatri, Spivak, "Can The Subaltern Speak?", In *Marxism and the Interpretation Culture*, ed. by Cary Nelson and Lawrence Grossberg, (Urbana: University of Illinois Press, 1988)

Guha, Ranajit, *A Subaltern Studies Reader, 1986-1995*, University of Minnesota Press, 1997

Guha, Ranajit, *Elementary Aspects of Peasant Insurgency in Colonial India*, Duke University Press, 1999

Guha, Ranajit, *Selected Subaltern Studies*, Oxford University Press, 1988

Katznelson, Ira & Zolberg, Aristide, eds., *Working-Class Formation*, New Jersey: Princeton University Press, 1986

Kim Won, "The Making of Minjung", *The Review of Korean Studies* 11:4, 2008

Lee, Namhee, *The Making of Minjung: Democracy and the Politics of Representation in South Korea*. Ithaca, N.Y.: Cornell University Press, 2007

Prakash, G., "Can the Subaltern Ride?", *Comparative Studies of Society and History*, vol. 34, no. 1, 1992

Ranciere, J., "Who is the Subject of the Rights of Man", *The South Atantic Quarterly* 103, Number 2/3, Spring/Summer 2004

박정희 시대의
유령들
기억, 사건 그리고 정치

첫 번째 찍은 날   2011년 5월 31일

지은이   김원
펴낸이   김수기

편집   신현창, 여임동
디자인   김재은
제작   이명혜

펴낸곳   현실문화연구
등록번호   제300-1999-194호
등록일자   1999년 4월 23일
주소   서울시 종로구 교북동 12-8번지 2층
전화   02-393-1125
팩스   02-393-1128
전자우편   hyunsilbook@paran.com

값 28,000원
ISBN 978-89-6564-019-6 03900